共富时代
财富管理

肖钢 金李
主编

杨凯生　吴波　周延礼　漆艰明　谢卫　洪小源　刘玉珍
联袂打造

中信出版集团｜北京

图书在版编目（CIP）数据

共富时代财富管理 / 肖钢，金李主编 . -- 北京：中信出版社，2024.6
ISBN 978-7-5217-6468-0

Ⅰ．①共… Ⅱ．①肖… ②金… Ⅲ．①金融业－研究－中国 Ⅳ．① F832

中国国家版本馆 CIP 数据核字（2024）第 059639 号

共富时代财富管理
主　编：肖钢　金李
出版发行：中信出版集团股份有限公司
（北京市朝阳区东三环北路 27 号嘉铭中心　邮编　100020）
承印者：北京通州皇家印刷厂

开本：787mm×1092mm　1/16　　印张：41.25　　字数：481 千字
版次：2024 年 6 月第 1 版　　　　印次：2024 年 6 月第 1 次印刷
书号：ISBN 978-7-5217-6468-0
定价：128.00 元

版权所有·侵权必究
如有印刷、装订问题，本公司负责调换。
服务热线：400-600-8099
投稿邮箱：author@citicpub.com

序

对共同富裕而言,金融无疑是一个积极的产业视角,尤其是财富管理,将中低收入人群和高收入人群之间的金融交易和金融需求打通,让金融在社会交易结构中有效发展,为中低收入人群提供更多金融产品和金融服务,是共同富裕下金融行业的使命和担当。

财富管理助力共同富裕的普惠性

中国特色社会主义的性质决定了我国金融业必须面向亿万人民群众,更加重视新发展理念,更好发挥金融在调整产业结构、改善收入分配和增进社会福利方面的作用。金融在实现全社会共同富裕中可扮演服务普惠性的重要角色,这一方面是金融本身的功能以及多样化工具属性使然,另一方面也是各类金融机构的自觉追求。通过发展普惠金融和优化财政转移支付可以促进居民增收,同时也应大力发展普惠金融在促进居民就业、增加居民工资性收入和财产性收入方面的重要作用。

以笔者所在的全国社会保障基金理事会为例,社保基金以"长期投资、价值投资、责任投资"为投资理念,审慎开展投资运营管理,确保基金安全,实现保值增值,体现了共同富裕中的普惠性。在"长期投资"方面,坚持长周期考核,着眼于分享国民经济增长的长期收益和资本市场健康发展的成果；在"价值投资"方面，引导投资机构通过深挖优质投资标的并长期持有，力争超越市场平均水平，也向资本市场输出并传递正确的投资理念；在"责任投资"方面，社保基金肩负"为民理财"的重大社会责任，实现基金安全和保值增值的同时，积极关注环境、社会、治理等多重责任。

社保基金兼具资产管理和财富管理的功能，通过直接投资和委托投资相结合的方式，为社会带来稳定的财富保值增值。截至2022年年底，社保基金的资产总额为2.88万亿元，自2000年成立以来，年均投资收益率7.66%，累计投资收益额1.66万亿元。为了应对人口老龄化，近年来推出的个人养老金制度，推动和完善了我国养老体系第三支柱的发展，也充分体现了为人民谋福利的普惠性。

无论是购买房产还是购买权益基金，老百姓在过去这几年难以获得长期稳定的收益，原因在于缺乏配置的平衡性或者对冲性。而类似家族办公室的专业机构，则可以基于超越多次周期的长期分析，对家庭进行全生命周期的广谱配置，帮助家庭财富长期保值增值。财富管理为高净值人群服务是市场化的选择，家族办公室不仅有助于家族财富的平稳过渡，而且有利于社会长期稳定的发展。所以，每个家庭都值得拥有自己的家族办公室，这是时代的需求。数字化时代下，金融科技可以降低交易费用并对金融加以赋能，通过数据、流量、资源推动金融进步，将高净值财富管理模式推广到普通老百姓，这是对社会共同发展与共同富裕的促进，也是本书探讨的两个重要部分，未来财富管理转型将关注"一高一低"，即高净值人群和普通老百姓的财富管理。

财富管理助力共同富裕的包容性

党的十九届五中全会明确了2035年基本实现现代化的三个重要指

标：一是城乡区域发展差距和居民生活水平差距显著缩小；二是基本公共服务实现均等化，特别要关注优质基本公共服务均等化；三是中等收入群体显著扩大。这三个指标的设定兼顾了各个方面，有很强的包容性。

如果说，金融和财富管理的普惠性追求的是广度和可得性，那么包容性追求的则是无微不至的触达，是处理好发展中的各种关系，既涉及把社会财富的蛋糕做大，又涉及三次分配的优化。

包容性应体现在金融业的协调发展上。一是保持培育金融业发展的包容性生态环境。金融业在完成各种产业政策的同时，也需要把握好自身包容性发展的尺度。金融弱而百业弱，金融强而百业强。这一点在中国经济几十年的发展中已被反复证明。二是保持金融业自身的包容性增长，一方面重视银行、保险、证券等各子业的发展，另一方面更要发挥综合金融实力。在保持传统金融机构做大做强的同时，充分发挥民营银行、互联网银行以及金融科技的力量。毕竟金融发展得越充分，包容性越强，就越有利于服务共同富裕的全方位需求。三是保持监管与行业发展的包容性关系，更多地采用新的监管科技手段，培育市场主体良好的风险管理文化。四是保持开放与创新的包容性关系。我们诸多的金融创新都来源于金融开放，开放是中国经济高速发展的重要引擎之一，创新和开放为共同富裕打下了基础，也可以让我们的金融机构拥有在全球市场的深海中遨游的精湛技能，更多地为国民创造财富，为推进"双循环"新发展格局出力。

以社保基金为例，作为资本市场重要的机构投资者之一，其包容性体现在社保基金的资产配置上。过去社保基金的资产配置相对保守，未来在全面优化投资风险管控体系的条件下，应积极主动配置股票和股权资产。一方面，权益类资产配置是社保基金锚定长期稳定收益的重要因素，面对资本市场超预期波动和基金短期回撤压力，始终坚定信心，保持战略定力，坚定看好国内股票的长期投资价值，发挥稳市场、稳预期、稳信心的积极作用。另一方面，主动围绕国家战略重点领域优化投资布局，更好地发挥引导作用，支持实体经济发展和现代化产业体系建设。

《共富时代财富管理》这本书探讨了创新财富管理助力共同富裕的新模式，分别从做大、做优和分好蛋糕三个角度讨论了机构的转型路径，在这个过程中也平衡了上述四个包容性。

财富管理助力共同富裕的安全性

共同富裕是人民群众物质生活和精神生活都富裕。人们常说的"金融使生活更美好"首先是金融带给人们的安全感。这种安全感不仅仅是有了可以下锅的"鱼"饭，更是懂得了结网撒网之法的"渔"术，是一种生存之道，而这种生存之道的根基是诚信致富，勤劳致富，又恰好契合了共同富裕的核心理念。

第一，安全性来自财富的保值增值，来自财富的传承安排。金融可以助力财富的保值增值，而金融对财富传承的使命与机遇，还是一个非常受关注的新话题。有序平稳传承，既可以带来经济运行的持续安全，也可以保护几代人的积极性。传承和捐赠是一对"孪生姐妹"，有了好的传承安排，人们会更愿意捐赠。

第二，安全性来自金融能够提升人们的风险管理意识，增强人们风险管理的能力。安全感是共同富裕的前提。金融向善的理念，以及各种金融产品与服务的安排可以带给人们持久的安全感。在金融的诸多属性中，风险管理是最本质的，不同门类的金融，管理经济活动中的不同风险。共同富裕提倡的是一种以丰养欠、勤俭持家、有准备和理性的人生。现实中，人们当对风险有所认知，并把风险分解在日常事务的管理中时，就会产生一种安全感。书中有关普惠型财富管理的内容，也重点关注了家庭的短期流动性风险、预期内的"灰犀牛"

（教育、养老等），以及预期外的"黑天鹅"（医疗等）。

财富的传承不只是个人的行为，也事关社会和国家。一方面优化金融结构，通过盘活长期耐心的资本，促进资本市场的稳健发展，从而支持科技创新和可持续发展等战略性目标的实现；另一方面促进居民财产性收入稳定增长，提高居民消费信心和能力，从而激发经济高质量发展的内生动力。《共富时代财富管理》深刻探讨了共同富裕和财富管理的内涵，从理论和实践角度探讨了财富管理助力共同富裕的可行性和路径，同时也梳理了金融各业态的发展历程、国内外发展经验以及未来发展的转型模式和政策性建议。

财富管理的健康发展，不仅需要政府支持，更需要全行业机构、从业者和投资者共同的参与和努力。

王忠民
全国社会保障基金理事会原副理事长
深圳市金融稳定发展研究院理事长

前言

话题的提出

在这个充满变革与挑战的时代，金融的力量需要被正确使用和发挥。2023 年，中央金融工作会议首次提出建设金融强国的宏伟目标，强调科技金融、绿色金融、普惠金融、养老金融和数字金融五篇大文章。在这个关键时刻，《共富时代财富管理》应运而生，深刻把握金融工作的政治性和人民性，探讨新时代财富管理的转型方向。

中国作为世界上最大的发展中国家，近几十年来经济取得了跨越式的发展，人民生活水平显著提高。然而，快速的经济增长也带来了财富分配不均、社会分层固化等问题。为此，我国政府提出了全民共同富裕的目标，旨在通过高质量的发展，促进社会公平正义，使全体人民过上美好富足的生活。

正是基于以上背景，提出"财富管理助力共同富裕"这一话题恰逢其时。共同富裕不仅是长期的任务，而且能够缓解当前内需不足的问题，同时财富管理是当下盘活人们手中资产的关键。

对几个关键问题的探讨

1. 澄清对共同富裕的误解

我国的财富分布仍处于金字塔阶段，与理想的橄榄型社会尚有较大差距。因此，我们亟须采取措施，提升低收入者的收入水平（"提低"）、扩大中等收入群体（"扩中"），并对高收入者进行合理规范。近年来，许多民众对于共同富裕的理念存在误解，因此，澄清这一概念的含义对于凝聚共识、激发斗志、齐心协力向前发展至关重要。

需要强调的是，共同富裕的前提是"富裕"，市场化的勤劳致富是基础性原则，保护合法收入、取缔非法收入是重要保障。此外，共同富裕要求更加注重人的全面发展，并且要认识到共同富裕并非同步富裕，而是一个具有阶段性和渐进性的过程。

我们在本书的开篇详细阐述了共同富裕的背景，探讨了其内涵、原则和实现路径。同时，也深入讨论了新时代财富管理的内涵、发展过程、面临的挑战以及新机遇，并明确了各业态在财富管理中的角色定位。通过这些讨论，我们旨在为读者提供一个全面而清晰的理解，以指导我们在共同富裕的道路上稳步前行。

2. 财富管理究竟是加剧还是缩小贫富分化？

当看到本书的书名时，读者很可能会产生一个疑问：财富管理究竟是加剧了贫富分化，还是有助于缩小这一差距？从现实经验和学术研究中，我们可能会发现财富管理往往服务于高净值人群，从而在一定程度上加剧了贫富分化。而我们也必须实事求是地承认，金融在支持共同富裕的过程中也存在消极作用，这种影响甚至可能在扩大。长期来看，贫富分化的根源在于高收益的投资和资产配置方式长期被富裕阶层所垄断，而大多数民众未能充分享受到经济发展带来的收益，甚至不断被"割韭菜"，所以我们必须要讨论如何解决"财富管理只为富人服务"的问题。

财富管理实际上具有双重性，可以通过创新的途径和方式为更广泛的群体提供服务。在市场化和法治化的基础上，借助智能化手段降低服务成本，还能够在初次分配阶段就提升多数居民的财产性收入，从而在实现共同富裕的"提低"和"扩中"目标中发挥积极作用。

未来的财富管理将关注"一高一低"两大群体：高净值客户仍将是核心客户群，而普惠性财富管理将成为未来发展的最大增量。随着中等收入人群的数量从 4 亿扩大到 8 亿，普惠性财富管理市场的潜力巨大，这也成为行业转型升级的方向和机遇。

我们还要明确，金融并非万能的，财富管理在助力共同富裕方面的作用是有边界的，并且财富管理所能发挥的作用也是有限的。本书将针对这些问题进行深入探讨。

在本书接下来的部分，我们将从国内外文献研究中分析财富管理助力共同富裕的理论可行性，探讨财富管理是否能够助力共同富裕、实现的路径，以及在这个过程中需要平衡好的四大关系，梳理中国和美国在智慧财富管理方面的发展对比，并探讨慈善事业在中国和美国发展的实践经验。

3. 财富管理如何有效助力共同富裕？

为了实现共同富裕，财富管理需要首先解决自身面临的问题。本书深入分析了当前财富管理行业的挑战。一是财富管理如何从传统的"卖方销售"模式转变为更加注重客户需求的"买方投顾"模式；二是在为高净值人群提供综合性服务的同时，如何为普通民众提供更加普惠的服务；三是如何将金融科技，尤其是包括 ChatGPT 在内的人工智能技术，有效地应用于财富管理行业，并通过数字化转型提升整体服务能力。

从金融机构的角度出发，我们探讨了上述问题，并提出了共同富裕下未来财富管理的创新模式：一是通过专业化转型，财富管理可以帮助扩大财富的总体规模；二是通过普惠化转型，财富管理可以更加公平地分配财富；三是通过生态化转型，财富管理可以优化财富的配置和利用；四是结合城市的自身优势，探讨如何打造国际财富管理中心。

我们从政策的角度出发，提出了财富管理助力共同富裕的思考和政策建议：一是引导高收入人群的财富观念，促进财富的合理分配；二是提出财富管理行业生态化的政策建议，包括大财富管理战略的转型；三是提出财富管理供给端规范化的政策建议，以提升行业整体标准；四是提出财富管理需求端多样化的政策建议，以满足不同群体的财富管理需求。

共绘一幅蓝图

本书各章节将从银行、证券、保险、信托、基金、金控、行为金融七个方面入手，基于中国实践，实事求是地认清过去发展中的问题，同时积极借鉴国际经验。我们系统性地回顾和探讨了各行业的过去，总结了发展的经验和教训，讨论了当前发展阶段的挑战和机遇，并总结了行业内财富管理支持共同富裕的已有实践，梳理了各行业海外发展趋势及其经验启示，绘制了未来行业转型发展模型，以及提出相应的政策性建议。各章节清晰地梳理了各业态金融机构在动态发展中的角色和定位、联系和区别、业务和职能等。

商业银行将以其广泛的客群覆盖面、完善的产品体系、全面的综合服务能力，在居民财富积累和收入结构改善的过程中发挥更加积极的作用。

券商将在投研和资本市场运作方面拥有强大的综合服务能力，凭借经纪、研究、投行、资管等业务的协同优势，成为大财富管理赛道的另一主要力量。

保险机构将凭借广泛用户触点、特殊的产品属性和大类资产配置能力，在满足客户复杂保障类产品需求上具有优势，且有角逐大财富管理市场的潜力。

信托行业将以其广谱配置的能力，特别是同时连接资金方和资产方，在服务实体经济与增加人民财产性收入等方面形成内在统一，提供一站式财富管理服务。

公募基金将依靠其强大的投研能力和普惠性优势，成为整个资产管理市场中投资门槛最低、大众覆盖率最高的行业之一。

金融控股公司在未来的发展趋势将围绕"综合金融服务"展开，以协同效应、资源整合等为发展重点，助力发展财富管理新模式。

此外，我们也聚焦财富管理中的行为金融，探讨我国从机构监管向功能监管和行为监管的转型过程中，代理人的非理性行为在金融活动中的规律、不同主体的行为偏差以及相互博弈的结果。

结语

展望未来，金融市场的转型将以大财富管理为核心，形成一个健康、良性循环的大金融生态圈。财富管理的健康发展不仅需要政府的支持与监管，更需要全行业机构、从业者和投资者的共同参与与努力。

在共同富裕的宏伟蓝图中，财富管理行业的健康发展具有举足轻重的地位。《共富时代财富管理》以其洞察力、逻辑框架和实践案例，希望为读者提供一份指导手册。它不仅为财富管理从业者提供行动的蓝本，也为政策制定者、学术研究者和广大读者提供全新的思考视角。

我们期待，财富管理行业能够更好地服务于人民，为实现全体人民共同富裕的中国梦贡献力量，引领大家共同迈向一个更加繁荣、公平、和谐的未来。

肖钢　金李

目录

第一章 共富时代的财富管理 / 1

- 共同富裕和财富管理的内涵及概况 / 3
  - 财富管理助力实现共同富裕的理论与实践 / 22
  - 创新财富管理助力共同富裕的新模式 / 37
- 财富管理助力共同富裕的思考与政策建议 / 54

第二章 共富时代的银行财富管理 / 69

- 中国的银行财富管理 / 71
  - 银行财富管理支持共同富裕的初步探索 / 92
  - 共同富裕下银行财富管理的机遇与挑战 / 104
  - 中国银行财富管理行业发展趋势及海外银行
    财富管理机构经验启示 / 123
- 共同富裕下推进银行财富管理高质量发展的思考与建议 / 147

第三章　共富时代的证券业财富管理 / 157

- 证券公司财富管理发展迎来新机遇 / 160
  - 境内外券商财富管理转型路径启示 / 179
  - 证券公司财富管理的转型方向 / 201
- 对证券行业的发展与监管建议 / 230

第四章　共富时代的保险业财富管理 / 237

- 保险业风险管理助力居民财富管理事业 / 239
  - 中国的保险产品和服务市场 / 262
  - 保险业财富管理在促进共同富裕中的主要做法、成效及问题 / 288
  - 财富管理视角下的保险业政策研究 / 313
  - 保险业财富管理促进共同富裕的建议 / 340
- 保险业财富管理助力共同富裕相关案例研究 / 350

第五章　共富时代的信托业财富管理 / 363

- 信托的概念、渊源与发展 / 365
  - 中国信托业财富管理概况 / 379
  - 信托业财富管理在共同富裕中的作用 / 392
  - 信托业财富管理助力共同富裕的探索和实践 / 405
- 信托业财富管理相关政策建议 / 421

第六章　共富时代的基金业财富管理　/ 437

- 小康社会进程下的公募基金财富管理业务　/ 443
  公募基金财富管理在履行行业使命中的问题、
  　挑战与机遇　/ 461
  新发展阶段公募基金财富管理的发展趋势、重点
- 　任务与相关建议　/ 474

第七章　共富时代的金控财富管理　/ 497

- 金控财富管理发展概况　/ 499
  新发展阶段的金控财富管理　/ 508
  金控财富管理转型举措　/ 520
- 金控全面风险管理　/ 548

第八章　共富时代的行为金融与财富管理　/ 559

- 共同富裕下的行为金融与财富管理　/ 564
  基于行为金融学的个性化财富管理与助推　/ 572
  助推个人养老金参与　/ 588
  完善公募基金评价指标体系　/ 602
  公募基金评级行业的现状与困境　/ 616
- 理财顾问行业的行为与规范　/ 627

致谢　/ 637

第一章

共富时代的财富管理

共同富裕和财富管理的内涵及概况

共同富裕的时代背景

2017年，党的十九大正式提出中国当前主要的社会矛盾为"人民日益增长的美好生活需要和不平衡不充分的发展之间的矛盾"，经济发展目标从"高速增长"转向"高质量发展"，共同富裕也成为经济工作的重点。

当前贫富差距急剧扩大的现象，是共同富裕的现实基础。新冠疫情后的经济形势严峻，为共同富裕带来了挑战。

贫富差距扩大：共同富裕的现实基础

改革开放以来，一系列的经济政策导向大大激发了社会市场主体的活力，中国的经济建设取得了举世瞩目的成就。2022年中国人均GDP（国内生产总值）超过世界平均水平，达到1.28万美元。[①]1978—2018年这40年来，中国的实际人均GDP增长了8倍，而美国在1900—2020年的120年中，实际人均GDP增长了10倍。中国改革开放40年的发展堪称"中国奇迹"。

但是经济快速发展带来的不平衡问题也日益凸显。发展的不平衡，

---

① 资料来源：麦迪森项目数据库2020（Maddison Project Database 2020）。

体现在财富、收入和机会的不平等上。而结构层面的不平衡，体现在城乡差距、地区差距和行业差距等方面。

第一，居民财富的差距在不断拉大。1995年，中国前1%和后50%群体的财富比例基本在16%左右，但是2021年前1%的高富人群拥有财富的比例超过30%，而后50%人群拥有的财富只占6%左右（见图1.1）。

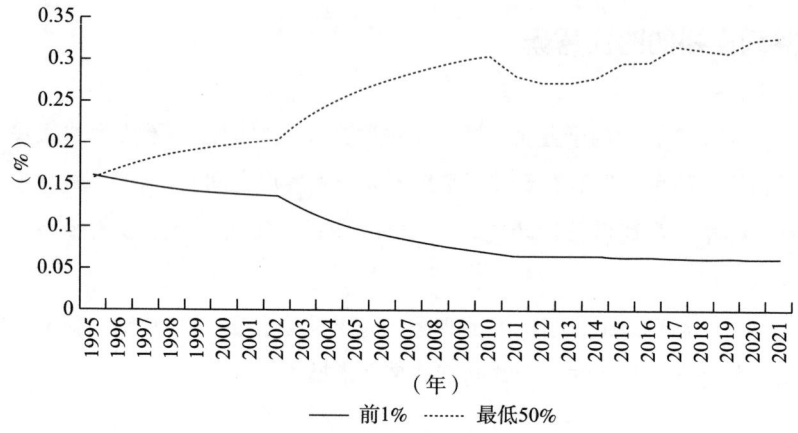

图1.1 中国最高1%和最低50%群体的财富份额

资料来源：世界财富与收入数据库（WID）。

如果将中国财富群体分为三组——前10%、中间40%和后50%，可以看到最富有的10%人群的财富，从1995年的40%增加到2021年的68.8%，中间40%人群的财富比例从43%下降到25%，而最低50%人群的财富比例从16%下降到6.17%（见图1.2）。

第二，收入差距也在不断扩大。如果将所有成人按收入从高到低排序，按人数平均分为五组，每组人数占比20%，第一组是收入最低的20%群体，第二组是收入在20%~40%的群体，以此类推，第五组是最富有的前20%群体，可以看到最高收入群体的收入增速与其他群体的差距正在持续扩大（见图1.3）。

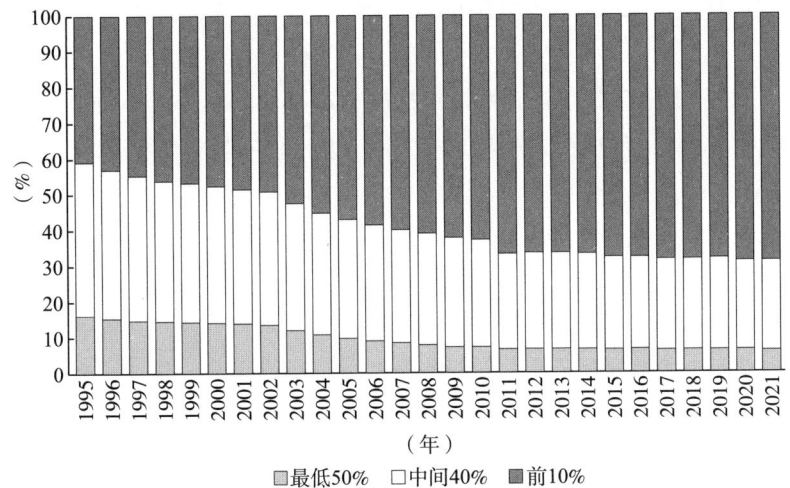

图 1.2 中国各群体财富份额

资料来源：世界财富与收入数据库。

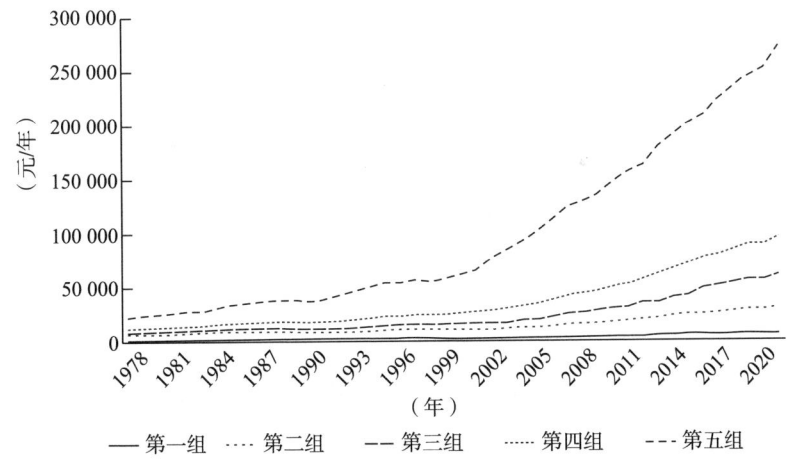

图 1.3 中国各群体人均可支配收入

资料来源：世界财富与收入数据库。

中国居民的财富和收入差距扩大的现象，是共同富裕诉求需要得到全社会高度支持的根本原因，也是共同富裕的现实基础。

经济形势严峻：共同富裕的新挑战

当前中国经济形势面临很大挑战。从拉动经济的三驾马车来看，首先是消费动力不足。虽然新冠疫情后居民的短期消费恢复，但是长期消费不足，比如汽车、家居和大件电器等。其次是投资不足，一方面基建投资和房地产投资无法持续成为拉动经济的动力，另一方面民营经济发展的活力不足。最后是由于外部环境的挑战导致出口对中国经济增长的贡献下降。

中共中央政治局2023年7月24日召开会议，分析研究了当前的经济形势。虽然国民经济持续恢复，但同时也面临新的困难。那么，在当前经济面临严峻挑战的背景下，提出财富管理助力共同富裕是否合适？是否与恢复经济发展的目的相悖？

第一，共同富裕是长期正确的任务。一方面，共同富裕对于社会长远稳定发展是极其重要的，不能因为短期困难就止步不前。另一方面，我们也需要充分考虑当下的形势来部署工作重点。效率和公平不一定是矛盾对立的，可以实现相互兼顾、相互促进、相互统一。

第二，共同富裕可以缓解长期内需不足的问题。当前的情况是，富人有钱不消费，中低收入人群想消费但是没钱。如果在法治化和市场化的条件下，增加中低收入人群的收入，那么长期来看可以极大地拉动内需。

第三，财富管理也是当下盘活人们手中资金的关键。其实当前社会并不缺钱，主要问题是资金没有流转起来，即有钱人不投资，普通人不消费。金融行业本身不直接创造价值，只是搬运金融资源，提高配置效率。一方面，为了提升整个系统的回报，金融行业需要更加精准地配置金融资源；另一方面，社会经济活动也需要产生更多优质的"种子"、更多能够长成参天大树的树苗，即更加优质的创新创业活动。金融和科技创新创业更好地结合，能够助力全社会的财富增长。

共同富裕的内涵、原则和实现路径

为什么要共同富裕：构建大同社会和扩大内需

1. 共同富裕有助于构建大同社会

首先，近现代历史证明，社会财富分配的过度不平等会带来严重的社会动荡。近年来全球收入不平等问题突出，一些国家贫富分化严重，中产阶层塌陷，导致社会撕裂、政治极端化、民粹主义泛滥等现象，教训十分深刻。

其次，长期历史数据分析和理论研究也证实了这些教训。法国经济学家托马斯·皮凯蒂在《21世纪资本论》中，通过分析过去300多年来的财富分配数据，表明贫富分化严重到一定程度时，社会最终会以极端方式削减贫富分化问题。这是一种非常暴力的形式，过程中也会造成大量社会财富的毁灭。

因此，社会需要在尽量保持活力和激励的前提下，通过共同富裕等自我净化的手段，来不断纠正过于悬殊的贫富分化问题，从而创建长期可持续发展的大同社会。

2. 共同富裕有助于扩大内需，加快国内大循环的发展

中国在全球供应链重组的过程中面临着巨大的挑战。曾经我们生产的产品销往全世界，但是在"中国+1战略"（China Plus One Strategy）的冲击下，我们的一部分商品难以销售到别国，导致产能和库存过剩，这就需要我们进一步扩大内需，加强国内大循环。

首先，扩大内需最根本的方法，就是增加居民的财富和收入，尤其是中低收入群体和中产群体的收入。我国贫富差距不断扩大，收入分配结构不合理也导致居民消费偏低。因为低收入家庭的边际消费倾向较高，所以中低收入家庭的可支配收入增长较慢时，社会整体消费水平难以提高。

其次，通过完善国家社会保障体系，可以稳定居民对未来收入和支出的预期，提升消费支出意愿，从而扩大内需。养老、医疗、失业和最低生活保障等社会保障能对消费产生积极的影响。一方面，社会保障体系通过改变收入分配方式将财富从高收入向低收入家庭转移，整体提高低收入家庭的消费水平。另一方面，社会保障制度降低了居民对未来的不确定性，由此减少预防性储蓄，从而增加当期消费。也就是说，只有降低所有人对于未来生活的担忧，才能提升人们的消费意愿。

共同富裕的内涵和基本原则

要实现共同富裕，就要构建一个有流动性的，中间大、两头小的橄榄型社会。2022年，我国低收入群体占总人口比重超过70%，而中等收入群体只占27%左右，这表明我国的财富结构当前处于金字塔阶段，与橄榄型社会仍然有较大差距。① 所以我们需要提高低收入者收入（"提低"），扩大中等收入群体（"扩中"），合理规范高收入者收入。这几年许多民众对共同富裕存在一定的误解，澄清概念内涵，有利于凝聚共识、踔厉奋发、勠力前行。

第一，共同富裕的前提是"富裕"。要实现全体人民共同富裕的宏伟目标，最终靠的是高质量发展。高质量发展是从"有没有"到"好不好"、从"量的积累"到"质的飞跃"的发展，是持续不断做大做好"蛋糕"的必要前提和有力保证。

第二，市场化的勤劳致富是基础性原则。共同富裕不是平均财富，而是需要依靠市场的力量，根据个人的职业、学历、年龄等因素来区

---

① 国家统计局定义，家庭年收入10万~50万元的为中等收入群体，收入不达10万元的家庭为低收入群体。当前我国大约有4亿中等收入群体。

分出收入差距，包括劳动、资本等要素收入。与此同时，提高劳动要素收入的比重，让劳动者在初次分配获得财富，能够产生对劳动者的正向激励，更能体现效率与公平的统一。此外，通过完善最低工资制度，有助于保护劳动者权益。目前我国普通劳动者在工资议价中处于弱势地位，而企业资本则处于明显强势地位，这是造成收入分配失衡、贫富差距扩大的症结之一。

第三，保护合法收入、取缔非法收入是重要保障。共同富裕不是劫富济贫。市场在资源配置中起到决定性作用，而市场经济的有效运转也需要有完善的法治体系做保障。如果合法收入没有保障、非法收入逍遥法外，劳动者的积极性会受到严重损害，影响经济长期稳定发展。此外，要鼓励大型企业搭建良好的生态，为相关的中小企业提供生存机会和空间，从而可以不断激发行业的活力。

第四，共同富裕要求更加注重人的全面发展。共同富裕不只包含物质层面的生活富裕，也包含人本身的发展和精神的富足。共同富裕的目标要求不再把目光聚焦于经济数量的增长之上，而是把发展的目的回归人的本身。

第五，共同富裕不是同步富裕，而是有阶段性和渐进性的。共同富裕第一阶段的目标是在"十四五"末，减小人民收入和消费水平的差距；第二阶段是到2035年，共同富裕取得明显进展，部分指标包括人均GDP超过2万美元，达到全球的两倍，基尼系数减到0.4左右；第三阶段是到2050年，全体人民共同富裕基本实现，部分指标包括人均GDP达到世界的4倍，基尼系数减到0.35左右。

实现共同富裕的路径

1. 高质量发展是共同富裕的前提和基础

共同富裕的前提是"富裕"，要实现全体人民共同富裕的宏伟目标，最终靠的是高质量发展。未来国民经济的高质量发展，将会从"房地产—土地财政—银行"旧三角循环，转向"产业升级—科技创新—资本市场"新三角循环。我们必须坚持创新、改革和开放的态度，培育未来经济增长新动能，助力做大蛋糕。

第一，国际形势要求我国加快产业升级。在国际大循环中，虽然我国工业产业链已相对完整，拥有联合国定义的全部500多个工业门类，但整体制造业呈现典型的"大而不强"的特征。一方面，我国大部分制造业在全球价值链中处于中低端，处于全产业链利润空间较低的环节。另一方面，在中高端基础零部件、基础材料和设备等方面较多依赖进口。在百年未有之大变局下，这也要求中国必须进行产业升级。

第二，科技创新是实现产业升级的重要路径。我国将进一步促进新型产业和新业态发展。一是促进新型产业发展。加快发展数字经济、绿色经济、共享经济等新兴领域，提升我国在全球产业链和价值链中的地位。二是推动传统产业改造升级，加快淘汰落后产能，推进供给侧结构性改革，实现制造业数字化、网络化、智能化、绿色化转型。三是培育创新型、灵活型和包容型的新业态。比如加快平台经济、知识经济、共享经济等领域的发展，这些领域能带来更多中小微创业，从而激发社会创新创业活力。

第三，金融对实体经济的发展起到了重要作用。回顾我国40多年改革开放历程，金融市场的贡献功不可没，尤其是在企业成长、国企改革、房地产发展、基建投资、创新创业等方面发挥了积极作用。测算表明，2002—2021年，金融对实体经济的融资贡献度在绝大多数年份保持在50%~60%，个别年份甚至超过了80%。

2. 收入分配制度的调整是共同富裕的关键

在初次分配中，坚持劳动分配为主，增加居民财产性收入，多渠道增加收入。比如建立健全工资集体协商制度，完善最低工资制度。

目前我国普通劳动者在工资议价中处于弱势地位，而企业资本则处于明显强势地位，这是造成收入分配失衡、贫富差距扩大的主要症结之一。此外，增加居民财产性收入这一话题将会在后面的小节中详细讨论。

在二次分配中，建立健全税收体系和征管制度。发达经济体充分利用个人所得税、房产税和遗产税等不同税种对收入差距进行调节，有效地缩小了收入差距。此外，需要在税收改革过程中建立健全税收管理体系，建立健全税收监控、税收网络和税收执法程序。

在三次分配中，完善慈善捐赠制度，培育慈善文化。我国的三次分配启动较晚，规模较小，缺乏激励机制和政策鼓励企业和个人进入慈善事业和公益事业，同时相应的监管机制也未完善。一方面是因为慈善捐赠动力不足，富人税体系不完善，没有税收优惠激励；另一方面是慈善机制管理有缺失，透明度不够，群众不够信任。

3. 建立现代化社会保障体系是共同富裕的保障

第一，促进教育公平。一是完善教育资源配置的平衡机制；二是加大对贫困地区的教育经费投入，缩小城乡和区域教育差距；三是在全社会培养公平教育思想，引导建立学术教育和职业教育平等的理念。

第二，促进医疗服务均等化。海外国家主要通过引导药品降费和提高医生待遇来规范医疗秩序。对于我国来说，除了实行带量采购引导降价外，长期还可考虑逐渐破除以药补医的机制，推行"医药分离"制度，同时提高医生薪资水平和社会地位。

第三，完善养老保障。海外主要发达经济体均建立了相对完整的养老金体系和相对完善的保险制度，例如，北欧国家三支柱养老金为应对老龄化支出提供了更多资金保障，而我国的三支柱结构发展尚不均衡。

第四，完善保障性租赁住房机制。当前，我国房地产调控趋于常态化。为实现住有所居，除了控制房价，还要加大保障住房供给，大力推动廉价住房建设，同时支持福利性公共住房建设。

共同富裕下人民财富的提升路径

1. 高富人群：鼓励企业家精神助力高质量发展

高富人群作为社会经济的重要组成部分，在其中扮演着重要的角色，对整个社会和国家的发展产生着积极的推动作用。

高富人群对中国经济的发展贡献巨大。一是我国的高富人群许多是一代民营企业家，民营企业贡献了相当大比例的财政税收、GDP、就业岗位和创新动力来源，是国民经济的重要力量。二是高富人群在科技创新、产业变革中也起着不可忽视的作用。三是成功企业家的示范效应，也带动和激励了新一代创业者的创业激情和活力。

新时代下，企业家精神的内涵也需要重构和升级，要全面、完整、准确地贯彻新发展理念。一是企业家应主动采用新技术、创造新产品和新模式，实现创新发展；二是践行低碳可持续绿色发展；三是打造高水平开放的发展模式，走国际化经营路线；四是主动检视自身，打破平台垄断，实现与中小企业协调发展；五是应主动作为，在战略层面上将创富成果与更多利益相关者共享。

2. 扩大中等收入群体：形成橄榄型社会的关键

"扩中"是指扩大中等收入群体规模，这是构建橄榄型社会的关键。"扩中"的关键在于通过促进机会公平增加低收入人群的收入，吸纳更多人进入中等收入群体。首先，扩中的主要对象为拥有一定知识和技能的高校和职业院校毕业生、技能型劳动者、农民工等群体。其次，扩中的方法主要有以下几点：

第一，增加居民收入是扩大中等收入群体的直接手段。一方面是提高劳动报酬在要素分配中的比重，毕竟绝大部分人的收入依靠劳动获取；另一方面是完善要素分配制度，即通过土地、资本等方面增加要素收入。

第二，降低居民生活成本是扩大中等收入群体的间接手段。具体方法是解决民生问题，包括教育、医疗、养老、住房等。另外，政府通过社会救助、推动公共服务均等化和稳定物价等，减少居民必要开支并提供基本的生活保障。

第三，打通向上流通机制是扩大中等收入群体的根本手段。打通向上流通机制的目的在于增加人口纵向流动，防止阶层固化，为个人提供更多上升机会，激发劳动者的积极性，主要的方式有户籍制度改革、保障教育公平、大力开展职业技术培训等。

3. 提高低收入者收入：多渠道增加要素性收入

在"提低"方面，农业、农村、农民这"三农"问题是工作重心。根据第七次全国人口普查数据，2020年居住在乡村的人口约5亿，占比约36%，所以如果"三农"问题无法解决，就无法真正实现共同富裕。

2021年，我们实现了第一个百年奋斗目标，在中华大地上全面建成了小康社会，历史性地解决了绝对贫困问题，脱贫攻坚取得全面胜利。近1亿农村贫困人口全部脱贫，中国提前10年完成了联合国可持续发展议程的减贫目标。

接下来，我们仍然需要提高低收入者创收的内生动力并丰富其创收的工具手段，通过发展高质量产业，以市场化的方式全面推进助力实现乡村振兴。比如，通过农业科技提高农业生产效率，通过农产品电商拓宽销售渠道，为低收入群体提供更多家政等劳动密集型工作的职业培训，通过乡村旅游增加多元化收入方式，增加土地等要素收入等。

财富管理的内涵、挑战、机遇和各业态角色

财富管理的内涵：以客户为中心

首先，需要理清资产管理与财富管理的区别。财富管理，是根据客户的多样化需求，制订个性化的财富管理综合方案，并提供相应的服务。财富管理从需求侧出发，更多关注于"客户"，即了解你的客户（know your customer，简写为 KYC）。资产管理，是指金融机构接受投资者的委托，对投资者财产进行投资和管理的金融服务，目的是资产增值。所以资产管理从供给侧出发，关注"产品"本身，即了解你的产品（know your product，简写为 KYP）。

类比来看，投资银行就是原料提供者，发行股票、债券等底层金融资产；资产管理机构是食品生产者，可以将原料加工成某道菜；而财富管理机构就是营养师，不仅需要了解客户的营养状况和用餐偏好，也要综合考量每一道菜的特点，为客户定制个性化菜谱（大类资产配置），即提供个性化的综合财富管理方案。

财富管理的发展与面临的挑战

1. 中国财富管理行业发展：从"卖方代销"到"买方投顾"

过去几十年，中国的财富管理行业正在经历"卖方代销"模式。财富管理的主体主要分为传统大型机构下属的财富管理机构和独立的第三方财富管理机构。

第一，传统大型机构的下属财富管理机构面临利益不一致问题。对于商业银行、基金公司和证券公司等的下属机构，销售产品，特别是自家产品成为主要任务，没有独立性，导致财富管理服务与客户利益不一致。

第二，独立第三方财富管理公司应运而生，但仍然没有解决"向谁收钱"的问题。大多数家庭不愿意为财富管理服务买单，第三方财富管理公司为了生存也只能通过销售产品赚取佣金，破坏了第三方的独立性，随后加剧了客户的不信任，形成了佣金模式下的恶性循环。

第三，为了打破恶性循环，财富管理机构进行了两方面的转型以解决佣金问题。一种是向前端转变，财富管理公司尝试发展自己的资产管理机构，有自己的产品，其中典型的代表是诺亚财富集团旗下的全资子公司歌菲资产。另一种是向后端转变，一些优秀的资产管理机构开始布局财富管理模式，典型代表是嘉实基金的全资子公司嘉实财富。在这两种模式下，财富管理公司作为集团的战略公司，一定程度上解决了服务质量和佣金收取关系的问题，但销售产品来源的偏好问题仍然存在。

第四，国内财富管理机构使用FOF（Fund of Funds，基金中的基金）为客户进行资产配置，即成立一个母基金，这个母基金专门投资其他公募、私募等子基金。FOF模式通过收取管理费的方式收取佣金，解决了"向谁收钱就向谁提供服务"的问题。但是FOF难以定制化，无法通过产品创新实现千人千面，并且存在多层收取管理费的问题，增加了客户的管理成本。

2. 财富管理的行业价值、机构、产品面临的挑战

第一，社会各界对财富管理行业的价值保持怀疑。一是大部分老百姓认为财富管理只是富人需要的事情，并且认为是资产管理而不是财富管理产生了价值。二是监管部门在分业监管时，对于混业经营的财富管理市场定位不清晰。三是财富管理从业者自身存在认知误区，认为自己只是产品的"推销员"，甚至都不知道底层资产是什么。四是中国的高净值财富人群通常擅长"创造财富"，不擅长"管理、保有和积累财富"。

第二，财富管理机构与客户和员工的黏性不足。一是财富管理机构和客户的黏性不足。财富管理新用户每两年流失30%左右，半衰期大约为4年。一方面的原因是，机构认为既然客户不能长久存留，那么不一定要与客户的长期利益一致。另一方面，客户也往往保持与多家财富管理机构的联系。此外，有一部分原因是分业监管的要求，客户尚难在一家财富管理机构获得所需的全部服务。二是财富管理机构和理财师的黏性不足，即员工流失率高。原因就是激励机制的问题，大型金融机构的财富管理只是战略性部门之一，业务具有跨部门交叉特性，难以设定和量化独立的激励机制。

第三，财富管理资产端的优质资产不足，种类也不够丰富，同时缺乏全球资产配置。即使国内的QDII（合格境内机构投资者）基金能够投资海外，但是长期表现有待提升。由于没有优质的供给，所以许多财富家庭选择了海外成熟的财富管理机构，导致海外资产流失。

3. 经济增速放缓给财富管理带来新的挑战

当前资本市场有待进一步活跃，凸显了当前资产管理行业的普遍不足，也凸显了财富管理通过综合配置产生价值的重要性。资产管理机构的目标是赚取超额回报，赚市场的阿尔法。在市场波动的情形下，许多曾经创造优秀业绩的资管机构神奇不再，表明资管机构想单纯依靠阿尔法长期打败市场是非常艰难的。

在资本市场价值重估的过程中，我们更需要意识到，长期来看大部分投资者只能顺势而为，挣大类资产配置的钱，即市场贝塔所带来的收益。财富管理的资产端就是追求市场中性，尽可能在任何市场波动情况下，助力客户财富的保值增值，而不是追求高收益。

当前财富客户和财富管理行业，都需要意识到财富管理的本质和初心。这也是资本市场成熟过程中必经的阶段，即使是成熟的资本市场，也需要经过几轮不理性波动，才会让被动投资、指数投资等大类资产配置型投资方式成为全民共识。

财富管理行业面临的新机遇

1. 财富管理行业市场前景及政策支持

从市场的角度来看,我国经历了 40 多年的改革开放,经济高速增长促使居民财富大量积累。根据麦肯锡报告,当前我国已经成为全球第二大财富管理市场。① 2022 年我国财富管理市场规模达到 118.49 万亿元,同比增长 8.7%。根据第三方机构的预测,到 2023 年年底,我国财富管理市场规模将有望达到 132.56 万亿元,同比增长 11.9%。②

从政策的角度来看,财产性收入是衡量国民富裕程度的重要指标。党的多次报告都明确了财产性收入对于增加国民收入的重要性,这对切实保障和改善民生、赋能高收入群体继续合法合规创造更多财富、持续扩大中等收入群体、提高低收入群体收入来说,都具有十分重要的现实意义(见表1.1)。

表 1.1 我党有关财产性收入的报告

报告	财产性收入相关内容
党的十七大报告	"创造条件让更多群众拥有财产性收入"
党的十八大报告	"多渠道增加居民财产性收入"
党的十九大报告	"拓宽居民劳动收入和财产性收入渠道"
党的二十大报告	"完善按要素分配政策制度,探索多种渠道增加中低收入群众要素收入,多渠道增加城乡居民财产性收入"

2. 居民财富快速增长

居民财富,是财富管理市场潜在的资金来源。2021 年中国居民财

---

① 参见《麦肯锡中国金融业 CEO 季刊》发布的《未来十年全球财富管理和私人银行的趋势及制胜战略》。
② 资料来源:尚普咨询。

富总量达 687 万亿元人民币，2005—2021 年年均复合增速高达 14.7%，远超日美等发达国家。

麦肯锡报告显示，中国富裕及以上家庭个人金融资产占比在过去 5 年持续提升，从 36% 升至 40%，预计 2025 年占比将达到 46%。未来 5 年，富裕和高净值及以上客户资产增速更快，预计将以 13% 的年复合增长率增长，高于大众家庭资产增速。其中，高净值及超高净值客群的个人金融资产将占到总量的近 1/3。

3. 居民财富结构转变：从房地产到金融资产

家庭资产配置的转变为财富管理提供了海量资金。在家庭资产配置转型方面，房地产等非金融资产逐年下降。未来在房地产政策的调控下，我国居民家庭资产配置将持续从房地产等实物资产转向金融资产，中国的财富管理市场会有海量的增量资金。

在财富增加的贡献因素中，房地产贡献率已由 2020 年的 69.9% 降至 2022 年的 63.9%，金融资产贡献率则上升 11.2 个百分点至 32.4%。① 在此背景下，预计 2030 年居民金融资产规模将达到 486 万亿元，② 与实物资产比例调整优化为 4∶6，进一步向欧美发达国家的 7∶3 靠拢。

4. 老龄化加速，为养老财富管理带来挑战和机遇

中国由于出生率的大幅下降和预期寿命的不断增加，老龄化进程呈现加快趋势。国家统计局发布的数据显示，截至 2022 年年底，我国 60 岁及以上人口为 2.8 亿，占全国人口的 19.8%，进入中度老龄化阶段。国家卫健委预测，2035 年我国 60 岁以上的老人将突破 4 亿，占比

---

① 资料来源：中国家庭金融调查与研究中心发布的《中国家庭财富指数调研报告》（2020 年和 2022 年）。

② 资料来源：中金公司 2022 年发布的《中国财富管理 2030：大产业、大变局、大机遇》。

超过30%，进入重度老龄化阶段，接近每三个人中就有一位老人。

如何积极应对人口老龄化，成为我国相当长时间内必须面对的问题。这个问题为共同富裕带来了新的挑战，同时也为养老财富管理带来了新的发展机遇。

金融业态在财富管理中的角色和作用

1. 银行业财富管理：庞大客群基础

银行业作为我国金融领域资产占比最大的行业，在发展财富管理方面具备多元的天然优势。截至2022年年末，工、农、中、建四行个人客户分别达7.2亿、8.62亿、3.5亿、7.39亿。

商业银行能够凭借渠道优势和科技能力，拥有更广的客群覆盖面、更完善的产品体系、更全面的综合服务能力。银行财富管理在普惠性、有效性、可及性等方面的优势将更加明显，也必将在今后居民财富积累和收入结构改善的过程发挥更加积极的作用。

2. 证券业财富管理：强大的产品创新等综合服务能力

中国财富管理市场正处于高速发展的蓝海期，证券公司作为联结资本市场和居民投资理财的中介机构，迎来了重要的发展机遇。中国证券业协会统计数据显示，截至2022年年末，证券公司服务投资者数量达到2.1亿人，较上年末增长7.46%，服务经纪业务客户资金余额达到1.88万亿元。

券商在投研和资本市场运作方面拥有强大的综合服务能力，也拥有一定的投资类资产配置权。券商凭借经纪、研究、投行、资管等业务的协同优势，有效连接资金端与资产端，从而成为大财富管理赛道的另一主要力量。一是证券公司助力企业上市融资和提供综合性服务；二是证券公司通过深入的行业研究，助力上市公司规范化；三是证券公司可以通过经纪业务等，使得广大股民可以通过参与资本市场分享企业发展红利获得收益;四是证券公司能够盘活社会资金,将其配置到新发展领域。

3. 保险业财富管理:风险保障能力和培育耐心的资本

保险公司凭借广泛的用户触点、特殊的产品属性和大类资产配置能力,在满足客户复杂保障类产品需求上具有优势,且有角逐大财富管理市场的潜力。一方面,保险公司可以为个人及家庭打造"安全垫",提供保险保障负贝塔,以抵御外部风险。另一方面,保险资管还拥有资产配置的能力,能够为市场提供耐心的资本。比如当今中国较长久期的金融产品,可能很多都来自养老保险。保险也成为其参与大财富管理赛道的优势之一。

财富管理的基础目标是实现保障,并在此基础上追求更高品质的生活,而保险公司可以提供兼顾财富收支平衡的管理手段和提升生活品质与效用体验的服务。一是保险的保障功能能够补充经济损失,二是保险资产管理能够实现财富增值,三是保险产品的长周期性能够实现财富传承,四是保险能够优化家庭的税务负担,五是保险能够减缓家庭养老和子女教育负担。

4. 信托业财富管理:拥有广谱配置的能力

信托公司通过提供风险管理和资产管理的工具,帮助投资者进行有效的财富管理,信托公司管理并运营这些信托,将收益分配给投资者。

信托最大的优势是拥有广谱配置的能力。其他大部分业态受到分业监管限制,无法提供全频谱全生命周期的财富管理,功能上有很多缺失,导致客户很难做到"一站式采购财富管理服务"。在理论上和法律监管上,信托可以更专注高端客群的家族办公室,做到一站式服务,这是信托业最强大的生命力来源。

由于信托业财富管理业务涉及领域的广泛性,特别是同时连接资金方和资产方,在服务实体经济与增加人民财产性收入等方面形成了内在统一,信托业在助力共同富裕方面形成了独特优势,在做大蛋糕、做优蛋糕、分好蛋糕等方面体现了积极作用。

5. 基金业财富管理：强大的投研能力和普惠性优势

首先，投资研究能力是公募基金的核心竞争力。公募基金是一种集合投资工具，通过资金池的方式将大量小额投资集中起来，使得投资者可以投资于更广泛的资产，从而分散风险，并获得专业的资产管理服务。同时，基金公司依托长期积累的市场化投资团队与经验，致力于提升主动和被动的资产管理能力和公募基金产品创新能力，同时积极探索基金投顾业务的覆盖面与生态合作机会，以更好地满足大众客层的多元化投资需求并辐射其他客户层级。

其次，公募基金是当前普惠性范围最广的金融行业之一。公募基金顺应了广大人民财富管理的需求，服务投资者超过 7.2 亿，成为整个资产管理市场中投资门槛最低、大众覆盖率最高的行业之一。

6. 金融控股与财富管理：打造资源协同生态圈，提升综合型金融服务

金融控股公司是综合经营、金融创新、市场竞争等多重因素共同推动的结果，其本质特征在于对两个或两个以上不同类型的金融机构拥有实质控制权。金融控股本身不是一种业态，而是多种业态的统一。金控公司不直接提供针对财富客户的零售端业务，更多是履行机制设计、股权管理、战略制定、评价考核等职务。相比单个金融机构，金控拥有多元化金融业态和丰富的客户触达渠道等，能够更全面地洞察客户需求，更广泛地提供一站式综合金融服务，在推动财富管理普惠化、大众化方面具有独特竞争力。

金控公司在未来的发展趋势将围绕"综合金融服务"展开，以协同效应、资源整合等为发展重点，这对于财富管理行业而言意义重大。

7. 行为金融与财富管理：探究行为偏误和金融素养等基础问题

在财富管理的研究中，行为金融学主要研究代理人的非理性行为在金融活动中的规律，代理人不仅可以是投资者，也可以是评级机构、基金公司、理财顾问等。

在当前的发展阶段，我国财富管理机构面临多种挑战和问题，例如财富产品单一、服务模式僵化、缺乏专业人才和规范机制，以及投资者金融素养不足、监管不完善等。这些问题需要得到有效解决。此外，当前我国在从机构监管向功能监管和行为监管的转型中，研究不同主体的行为偏差，以及相互博弈的结果，是重要的问题。

财富管理助力实现共同富裕的理论与实践

财富管理助力共同富裕的理论可行性

经济发展和不平等关系的研究综述

学术理论界对共同富裕的研究不够重视，更多聚焦在经济发展和发展不平等方面，主要有以下几个方向：

第一，研究发展中国家的经济发展。世界银行2006年提出"中等收入陷阱"概念，即发展中国家到中等收入阶段，往往陷入经济增长的停滞期，不仅没有人力成本优势与低收入国家竞争，也无法在高科技领域与富裕国家竞争。对于发展中国家经济发展主要的研究方向有两类：一类是研究发展中国家如何成功跨越"中等收入陷阱"，实现高质量发展（Eichengreen，2011、2013；陈斌开和伏霖，2018）；另一类是研究发展中国家出现经济停滞的原因（Pritchett和Summers）。

第二，研究不平等的影响因素和机制。学术界通过国家全球化参与度、技术变革、金融发展程度、税收或转移支付制度等变量，研究对国家的收入不平等、财富不平等和机会不平等的影响。

第三，研究经济发展和不平等的关系。库兹涅茨（1955）是研究经济发展与不平等关系的开创者，提出了经济发展与收入不平等呈"倒U形"关系。增长和不平等在经济发展过程中，不是单方面的影响，是相互作用的关系（Galor 和 Moav，2004）。即对于贫穷国家来说，经济的发展能够缓解不平等，但是发展到一定程度后，经济的发展反而加重了不平等。

第四，皮凯蒂在研究不平等问题时，强调了金融体系在经济发展中发挥了核心作用。皮凯蒂认为，长期贫富分化的原因在于，富人能够通过财富管理等方式，保持其财富收益率长期大于社会平均收益率，这导致贫富差距会越来越大，到经济增速放缓时更明显。

绝大部分文献并没有研究财富管理，而是研究金融对经济发展和不平等的影响。财富管理是金融的核心部分，一边对接资金端，满足客户保值增值需求；另一边对接资产端，满足客户和企业的投资新需求。所以在理论研究中，我们用金融的发展来近似替代财富管理的发展，但我们要时刻注意两者仍然存在一些差别。

财富管理对高质量发展的实证和机制分析

财富管理是否能够通过高质量发展，助力做大蛋糕呢？

财富管理的发展，对经济的作用有复杂性。一部分学者认为，财富管理的发展对经济增长有促进作用，即通过减少信息和交易成本，改善公司治理（Levine，2005）。另一部分学者认为，财富管理对经济增长有抑制作用，如果财富管理资产端的信贷增长，没有伴随着实际产出的增长，财富管理的发展将对经济有负向作用（Ductor 和 Gretna，2015）。还有一部分学者认为，财富管理的发展对经济有非线性作用（Law 和 Singh，2014；杨友才，2014），当一个国家的发展超过临界值时，财富管理才会起到促进经济增长的作用，即过度贫困国家发展财富管理难以见效，并且当财富管理发展超过某一临界值时，财富管理的发展会对经济增长产生不利影响（林毅夫，2006、2009；Law 和 Singh，2014）。

财富管理助力高质量发展的主要机制包括有效利用居民的储蓄为资本市场提供海量长期的资本（Levine，1991；Bencivengo 和 Smith，1991）、优化资源配置（Greenwood 和 Jovanovic，1990）、降低信息不对称、缓解企业创新的融资困境等方式。

财富管理对收入不平等的实证和机制分析

财富管理是否能够通过缓解不平等，从而助力切好蛋糕呢？

2008 年的次贷危机，导致不同国家和不同阶层人群的贫富差距持续扩大，理论研究开始更加关注财富管理对经济的负面影响，特别是对收入不平等的影响。

第一，理论研究表明，财富管理的深度发展与不平等关系的机制较为复杂。财富管理深度发展的程度，通过财富管理规模/名义 GDP 等指标来衡量。Demirg-Kunt 和 Levine（2009）以及 Clihak 和 Sahay（2020）表明，在一定条件下，财富管理会促进经济增长和减少不平等，原因是财富管理的发展降低了服务价格，触达更多弱势群体，从而缓解不平等（Becker 和 Tomes，1970、1986；Greenwood 和 Jovanovic，1990）。但是研究也表明，无论是财富管理发展不足还是过度发展，都有可能加剧不平等，主要原因是财富管理专属服务高净值客户，加剧了原本的不平等（Green Wood 和 Jovanovic，1990）。

第二，理论研究表明，财富管理的广度发展和不平等的机制也较为复杂。财富管理的广度，主要用财富管理覆盖不同收入群体的普及率等指标来衡量。理论上，财富管理的广度能够为中低收入群体提供更广泛的投资和保值增值机会，有利于缩小收入差距。在实践中，财富管理广度的扩大，需要相应的制度安排和政策导向，并且通过数字技术来助力发展。但实际中，财富管理广度的扩大，并不一定能缓解不平等，反而可能会进一步加剧贫富分化。例如，当财富管理普及全民时，一旦金融出现系统性风险，那么可能会带来普通人财富的毁灭，而高净值人群可以通过各种方式提前规避一部分风险。所以财富管理广度的扩大，也不一定会缩小贫富差距。

所以我们看到，无论财富管理的深度发展还是广度发展，都不一定能够助力缓解收入不平等问题。理论研究表明，财富管理市场的规范和合理的引导，是助力做大蛋糕和分好蛋糕的重要变量。

财富管理助力共同富裕的探讨、路径和指导思想

财富管理能否助力共同富裕

财富管理到底是加剧了贫富分化，还是缩小了贫富分化？无论根据现实经验还是学术研究，或许我们得出的结论是财富管理为高净值人群服务，加剧了贫富分化。

皮凯蒂认为，长期贫富分化的原因在于富人的资产收益率长期大于社会平均收益率，这导致贫富差距越来越大，到经济增速放缓时更明显。所以，贫富分化的本质原因是，高收益的投资和配置方式长期被富人垄断，大部分群众没有享受到经济发展带来的红利。如果能解决"财富管理只为富人服务"的问题，那么财富管理有望助力缩小贫富分化。

1. 财富管理在共同富裕中的双重性

当今社会中财产性的收益方式更能享受国家整体经济增长带来的红利。无论哪一个现代化国家，广义的财富管理收益率都是经济的晴雨表。美国的股市指数、中国的房地产指数，在过去30年与本国的经济高速增长高度相关。虽然在不同国家的不同时期，经济增长动力可

能不同，但是财富管理机构可以通过灵活的投资方式，达到资本与经济发展的同步增长。

而中低收入人群资本相对较少，获取并享受财产性收益的机会和途径也有限。我们如果能够加大对于普惠型财富管理的探索力度，让中低收入群体在风险可控的情况下，通过合理的方式享受到国家经济发展带来的成果，那么就可以在一定程度上打破财富管理加剧贫富分化的局面，甚至可以缩小贫富分化。

由此，我们可以看到财富管理拥有双重性。一方面，传统的财富管理更加聚焦于为少数高净值人群服务，这是市场机制调节的结果。另一方面，财富管理也可以通过创新途径和方式为大众服务。在市场化、法治化的前提下，可以适当引导财富管理通过合理的手段向大众服务，并借助智能化的手段，降低服务的边际成本。

财富管理如果实现了真正的普惠，从初次分配就提升了居民的财产性收入，就能更好地扮演助力实现共同富裕"提低"和"扩中"目标的积极角色。

2. 财富管理助力共同富裕的边界和局限性

在普惠型财富管理的实施过程中也需要注意科学性。财富管理促进共同富裕的前提，是市场化、法治化的可持续发展。例如，资本市场的运行以公平公正公开为原则，在共同富裕目标之下的财富管理也要尊重市场原则和市场规律。若没有充分尊重市场原则和规律，不仅不能帮助中低收入群体增加收入，还会进一步加剧收入不平等的现象。财富管理促进共同富裕，不是搞政策性金融，更不是搞慈善。

同时也要认识到，财富管理在实现共同富裕道路上的作用是有限的。实现共同富裕是系统性的工作，需要财政、税收、教育、社保等多方面的系统性安排，而财富管理只是其中财产性收入相关的方面。

财富管理助力实现共同富裕的路径和机制

1. 财富管理通过资金端和资产端助力高质量共同富裕

从财富管理职能的角度看，财富管理可以通过资金端和资产端助力共同富裕。

第一，财富管理在资产端助力"做大做优蛋糕"，通过盘活居民手中的金融资源，能推动直接融资和资本市场的发展。一方面，财富管理能够促进企业创新，助力国家实现高质量发展，从而做大社会财富蛋糕。另一方面，财富管理也能够引导资金承担社会责任，比如助力脱贫攻坚战、乡村振兴、"双碳"绿色发展、企业 ESG（环境、社会和公司治理）战略等，从而助力做优和做好社会财富蛋糕。

第二，财富管理在资金端助力"分好蛋糕"，满足居民的资产保值增值以及家庭规划等需求。一方面，能够提高居民的资产要素收入；另一方面，通过合理的规划来保障家庭的财务安全，降低居民未来的不确定性，提升居民生活的幸福感。这两个方面可以同时助力实现"提低"和"扩中"的目标。

2. 财富管理通过三次分配助力实现高质量共同富裕

从收入分配制度的角度看，财富管理能在三次分配中起到推动共同富裕的重要作用。

在第一次分配中，财富管理能够助力增加要素和财产性收入。一方面，财富管理能够通过连接资产管理实现资本要素增值，增加居民财产性收入。另一方面，财富管理在助力中小企业创新高质量发展的过程中，能够带来大量的就业机会，增加居民的就业率，同时也能提高劳动性收入和经营性收入。

在第二次分配中，财富管理培养高净值人群的规范纳税意识，也能改善企业税务成本。一是部分财富人士规范纳税意识较为淡薄，甚至采用"藏"的极端手段来对抗。财富管理服务引导客户从

"藏"到"筹",有效地增加纳税基础。二是财富管理通过企业现金流计划改善企业的税务成本,并在事实上帮助国家实现更优质的二次分配。

在第三次分配中,财富管理能够引导企业承担社会责任。第三次分配是基于道德和社会责任自发进行的财富分配。在海外经验里,企业家和高净值人群在第三次分配中占据非常重要的位置。《美国慈善年鉴》调查显示,1%的顶尖美国富豪的慈善捐款,占了所有捐款的1/3。社会和国家对于高净值人群也应该有相应的政策引导,比如完善慈善信托税收优惠等政策。

共同富裕下的财富管理须平衡四大关系

共同富裕下的财富管理的探索,是在市场化和法治化前提下的探索,我们要遵守基本的客观规律,不能为了共同富裕而共同富裕,从而破坏了市场的有效性。

第一,要平衡好高质量发展和居民财富管理需求的关系。居民有财富保值增值的需求,高质量发展的科创企业有融资的需求,某些情况下,两者的收益、风险和流动性不一定能够匹配,所以需要平衡好两者的关系。

第二,要平衡好普惠性与实现商业经营目标之间的关系。财富管理有自身的经营目标,包括盈利、与母公司协同发展等,如果开发普惠性的产品和服务,短期可能无法直接实现经营目标,甚至会有冲突,这就需要平衡好相互之间的关系。

第三,要平衡好监管规范与财富管理业务创新的关系。在探索财富管理创新业务的过程中,需要兼顾相应的监管规范,平衡好创新与监管的关系。

第四,要平衡好财富管理业务独立性与母行协同性的关系。财富管理要"以客户为中心",理财公司需要保持自身的独立性。同时,作为子公司,需要与母行战略性协同发展。

财富管理助力共同富裕的实践案例

美国智慧财富管理的发展:智能投顾

智能投顾,指的是利用数字化的手段提供财富管理服务,这也是智慧财富管理的一种表现形式。

智能投顾是大众客户的"私人银行",让以前只有高净值人群才能享受到的财富管理服务普惠至普通民众,具有普惠性。智能投顾的本质是买方投顾+人工智能,主要的优势在于服务效率高、用户投资门槛低、用户费率低,并提供个性化服务,其投资的特点是以 ETF(交易型开放式指数基金)作为投资标的,进行大类资产配置,但也存在缺少人工陪伴、前期投入大且盈利难等问题。

1. 美国投资顾问的发展历史:智能投顾的诞生

美国的投资顾问行业起步早,其发展主要经历了六个时期。

前四个时期分别为萌芽期、规范期、发展期和成熟期,为传统投资顾问行业奠基了市场和制度基础。20 世纪 30 年代为萌芽期:20 年代美国股市经历大繁荣,直到 1929 年进入大萧条,30 年代保险人员开始提供简单资产规划咨询服务,初见投资顾问业务的雏形。40 年代为规范期:美国颁布《投资顾问法》,助力投顾业务规范发展。50 年代为发展期:二战后美国富裕阶层增加,投顾业务进入快车道。70 年代为成熟期:1974 年推出个人退休账户(IRA)、1978 年推出 401(k)计划,助力养老金规模扩大。

后两个时期是买方投顾转型和数字化转型时期。从 1980 年开始,头部投顾机构率先取消代销费用,后续出现了仅收取客户端服务费的纯独立投顾。2008年，Betterment等独立智能投顾公司横空出世，随后大型传统金融机构也开始转型。

总结来看，财富增长、政策制度、养老金入市、居民财富配置需求、买方投顾转型、金融科技的发展等，是催生出智能投顾行业的重要因素。

2. 全球智能投顾的发展概况

根据Statista的统计数据，2021年全球智能投顾管理资产规模高达1.43万亿美元，拥有近3亿用户，用户平均资产规模达4 876美元。2021年美国智能投顾规模高达9 990亿美元，全球规模最大，占比近70%；中国智能投顾规模927亿美元，排名第二，占全球份额6.4%，差距仍然较大。智能投顾作为新兴行业，主要有三类企业。

第一类是以Betterment、Wealthfront为代表的独立性初创公司，倾向于通过低门槛、独立性等特质招揽客户，凭借领先的技术优势和差异化服务开创智能投顾市场，试图颠覆传统的投资咨询行业。其最大的优势是灵活、业务模式的创新能力强。

第二类是以先锋领航、嘉信理财为代表的大型金融机构，倾向于整合已有资源来提升协同效应，依托已有的渠道、客户、产品的优势，推出自家的产品，快速占领市场。

第三类是传统金融机构直接收购智能投顾初创企业，快速进入智能投顾领域，例如贝莱德收购Future Advisor、景顺收购Jemstep等。

3. Betterment的业务模式和发展

根据Robo-Advisor Pros的数据，2021年，规模最大的智能投顾机构是先锋领航，约2 300亿美元；排名第三的是独立企业Betterment，管理规模约330亿美元，拥有70余万客户，平均账户规模4.7万美元。

第一，Betterment的基础服务没有最低投资要求，面向的客户更广。在产品方面，传统金融机构多推荐自己旗下的产品，而Betterment

的产品推荐更有独立性,甚至可以选择竞争对手发行的ETF。

第二,Betterment对不同客户群体提供差异化的解决方案。第一类是直接投资业务,根据个人投资者的投资范围、风险偏好、收益目标提供资产配置建议。第二类是注册投资顾问平台,与来自600多家财富管理公司的约2 000名财务顾问合作。第三类是针对企业雇主的平台,包括401(k)养老金计划和学生贷款业务等。

第三,Betterment的发展进程有三个阶段。2010—2015年,掀起了智能投顾的浪潮,估值超过5亿美元。2015—2020年,挖掘企业端服务,与独立持证投资顾问合作,为用户提供一对一咨询服务。2020年至今,不断上线新业务,包括现金账户管理、税收筹划、养老金业务等。2021年公司估值达13亿美元。

第四,Betterment的盈利模式是主要依靠账户管理费和其他的增值服务。其中普通套餐费率为0.25%、高级套餐费率为0.4%。

中国智慧财富管理的发展和启示

1. 中国智能投顾的发展和模式分析

2015年,国内的智能投顾开始起步,并且发展迅速。根据Statista的数据,截至2021年年末,中国智能投顾规模达927亿美元,全球第二,用户数量超过1亿。

我国零售端智能投顾的主要参与主体有三类。

第一是传统金融机构的智能投顾,代表案例有华泰证券的"AORTA·聊TA"、招商银行的摩羯智投等。银行、券商和公募基金在现有产品和服务的基础上,通过科技赋能和战略转型在竞争中取得一席之地,最大的优势是拥有服务高净值客户的经验、投顾服务的能力和资产配置的能力等。但是因为体量庞大和监管要求,其创新难度较大。

第二是互联网公司的智能投顾,代表案例有蚂蚁财富、京东金融等。互联网公司在拥有丰富的用户流量和场景的优势下，结合大数据、人工智能等技术，能够对用户精准画像，在技术创新和服务效率上更有优势。但是也存在一些不足，比如资产配置能力、投顾经验、风控意识不足等，此外仍然是"卖方销售"运营模式，没有做到与客户利益一致。

第三是财经垂直平台的智能投顾，代表案例有东方财富、盈米基金等。财经垂直平台是指提供财经类咨询和服务的互联网平台，优势在于拥有大量金融属性较高的用户，并提供财经领域的全生态化场景，灵活性也较强。虽然平台的获客总量不大，但是流量转化率高。

2. 中国智能投顾面临的挑战

根据投顾领域监管政策的要求，我国大量银行智能投顾在2022年6月底完成了整改，原因在于大多数银行没有基金投顾牌照，新规定将智能投顾纳入基金投顾的范围。监管对行业的规范有利于智能投顾行业的可持续发展，但当下智能投顾行业仍然存在一些挑战。

第一，智能投顾当前是"卖方代销+人工智能"的模式。人工智能是放大器，在行业没有真正做好"买方投顾"转型时，并不适合大范围推广智能投顾，这样有损广大普通投资者的利益。

第二，智能投顾普遍缺乏透明度。当前的智能投顾没有完善的信息披露机制，更像是FOF，用户在平台难以找到具体如何筛选基金的详细信息。

第三，智能投顾的产品单一，难以多元化配置。国内的大部分智能投顾，只销售追求阿尔法的主动性基金，而不是ETF。可能原因是大类产品ETF不够丰富，缺乏固定收益、大宗商品、外汇、房地产、海外市场等大类资产的ETF。

第四，业务模式单一。智能投顾的本质是线上化的智慧财富管理，如何购买基金只是财富管理的一个环节，大部分智能投顾业务缺少家庭资产负债表的构建、现金流规划、保障、教育、养老等财富管理业务。

3. 中国智能投顾的未来展望

中国智能投顾的发展，离不开行业买方投顾模式的转型、多样化的金融底层资产和规范化的资本市场。在这些改革之外，中国智能投顾发展的未来，需要坚持以客户为中心的理念和加强行业之间的合作。

首先，智能投顾需要回归"以客户为中心"的理念。智能投顾，需要为客户提供一站式全方位的财富管理服务，包括现金流规划、保障规划、教育规划、养老规划、购房规划、资产保值增值规划等业务，满足客户全生命周期的需求。此外，也需要打通各类平台，提供更多生活场景服务，比如购物、旅游等，成为客户的私人管家。当前 Betterment 等海外独立性企业也正在拓展此类业务。

其次，传统金融机构可以与互联网公司或初创企业合作，更好地发挥各自优势、取长补短。一方面，传统金融机构具有现成的资管服务资质、庞大的投资客户群、优秀的服务品牌等优势，引入智能投顾将是大势所趋。另一方面，互联网公司和初创企业具有科技优势及较高的业务灵活性，同时有些大型互联网公司也具有强大的客户群及良好的品牌效应。

美国慈善事业的发展、激励机制和监管机制

1. 美国慈善公益事业概述

美国慈善公益事业在经过多年的发展后，目前已经形成了一个较为成熟的慈善捐赠体系。2021 年，美国慈善捐赠总额达到了 4 848.5 亿美元，同比增长 4%，占 GDP 的比重为 2.3% 左右。

第一，美国慈善捐赠四大来源分别是个人、基金会、遗产、企业，分别占比 67%、19%、9% 和 4%，个人捐赠占支配性地位。相比之下，中国的主要来源是基金会，个人比例较低。

第二，从结构来看，捐赠人群有"头重脚轻"的特点。超高净值群体捐赠金额增大，但是总捐赠人数在减少。慈善越来越依赖少数富人，而不是广泛大众的支持。

第三，美国全民捐赠的十大流向，占比最大的是宗教，其次是教育，即大部分普通人的捐赠对象是教堂。高净值人群捐赠的流向，57%是医疗和医学研究，42%是教育，即高净值人群的捐赠更偏向得到更好的医疗服务和子女的教育机会。

2. 推动美国慈善事业的激励机制和惩罚机制

个人捐赠是美国慈善事业的主体，美国慈善事业之所以能够快速发展，税收激励机制起到了十分重要的作用。税收制度分为两类，一是激励机制，即通过对个人捐赠支出进行所得税减免，来鼓励个人进行捐赠；二是抑制机制，设立了极高税率的遗产税和赠与税。

第一种是激励机制，美国允许个人捐赠支出在综合应收所得税之前扣除，同时需要满足一些要求：捐赠的受益对象必须有不特定性、当年承诺的捐赠必须当年兑现、捐赠者必须主动对税前扣除提出申请等。在衡量非货币的捐赠额时，美国也设立了较为完善的评估体系，有专门的价值评估公司帮助进行相关商品的价值认定。

第二种是抑制机制。美国遗产税和赠与税分别在1916年和1924年开始征收，且两者合并计入总遗产，最高征收25%的税。后续遗产税和赠与税率经过了多轮改革，1941年最高税率提高到77%、1976年《税收改革法案》颁布后持续下调，2010年下降到25%，2012又提高到40%。

当然，总遗产的起征点也在不断提高，1997年《税收减免法案》将免征额从60万美元提高到100万美元，2010年提升至500万美元，2020年进一步提升至1 158万美元。

高遗产税和赠与税也催生了慈善基金会的发展。许多富豪设立基金会来避税，通过股权设置等方式，让自己的亲属在基金会任职。根据美国《国内税收法典》的规定，生前赠与和将遗产捐赠给慈善组织，可以享有100%的税前扣除优惠，而且慈善组织获得捐赠也是免税的。同时，基金会在日常运营时，支出基金资产市值的5%即可。

3. 推动美国慈善事业的监管机制

第一是政府的监督。联邦政府有国家税务局，州政府有州首席检察官，所有慈善机构每年要上报年度财务报表，详细写出经费来源、使用情况以及其他信息披露，并且设立了非常严格的惩罚制度，一旦慈善机构董事未履行责任，董事必须用个人私有财产来补偿慈善机构的损失。

第二是独立的评估机构监督，弥补政府监督机制的不足。美国评估机构大致分为两类：第一类是网络评价平台，该组织不对慈善组织评估，只是社会公众评价的平台；第二类是专门的认证机构，组织专业的财务、法律人员对慈善机构评级，相对来说专业性较强。

第三是媒体和公众的监督。这是非正式监督机制，有很强的威慑作用，公众也可以通过投诉网站等渠道对慈善组织进行监督。

中国慈善事业的发展

1. 中国慈善事业的发展历程

改革开放前，慈善事业以国家为主体。1978—1993年，国内慈善组织开始出现，例如1981年成立的中国儿童少年基金会。1993—2011年，慈善事业稳步发展，例如1999年开始施行的《中华人民共和国公益事业捐赠法》。2011—2018年，慈善事业逐渐法治化、规范化，慈善组织数量和规模稳步走高，例如2016年颁布了《中华人民共和国慈善法》（简称《慈善法》）。2019年至今，慈善事业与第三次分配相结合，成为中国分配制度的重要组成部分。

2022年12月，《关于规范信托公司信托业务分类有关事项的通知》

（征求意见稿）》发布，理清了各类信托的区别和服务内涵，将信托业务分为资产管理信托、资产服务信托和公益慈善信托三大类。"新分类"在一定程度上解决了信托业务维度多元、交叉混合的问题，引导信托回归本源。

2. 中国慈善事业的现状

中国慈善联合会与中国信托业协会联合发布的《2022年中国慈善信托发展报告》显示，2022年我国慈善信托的发展速度加快，截至2022年年末，慈善信托累计备案数量达1 184单，累计备案规模达51.66亿元。其中，2022年备案数量达392单，比2021年增加147单；备案规模11.40亿元，较2021年增加4.93亿元。

近几年，可以看出慈善信托的发展趋势。一是企业捐赠占比较大。中国慈善联合会2019年发布的数据显示，企业捐赠占比61.7%，自然人捐赠占比26.3%。二是慈善信托以短期为主。5年以下的慈善信托占比近50%，10年以上的中长期慈善信托合计占比15%。三是慈善信托积极探索"慈善+"的业务模式，助力乡村振兴、扶老、助残、生态保护等重点领域发展。

值得注意的是，国内互联网慈善在过去几年有明显的发展。以腾讯基金会为例，社会对互联网慈善认可度越来越高，2013年筹集总额突破1亿元，而截至2021年10月，腾讯公益累计募集金额达到167.5亿元，参与人数达到5.7亿人次。

3. 中国慈善事业发展模式的未来展望

目前来看，中国慈善事业进一步发展的最大障碍就是税收优惠力度不足、监管不到位和资金管理不透明问题，这不仅损害了慈善机构的公信力，还消耗了社会的捐赠热情。

第一，完善慈善捐赠税收优惠制度。一是建立完善的非货币捐赠评估机制，鼓励社会公众进行实物捐赠。二是通过电子化捐赠票据，简化税收抵免流程。三是颁布名誉奖励，对信托公司慈善信托展业情况进行年度考评或颁奖,给予荣誉激励等。

第二,完善监管机制的建设。一是完善行政监管。《慈善法》虽规定了慈善组织应当定期公开项目情况,但是对于公开年报的内容、披露格式没有进一步规范;另外近年来互联网公益和网络众筹平台快速兴起,法律法规的设定也要与时俱进。二是提高评估机构的独立性。目前许多慈善组织是官方或者半官方的,其资金来源、组织成员结构与官方密切相关,评估和被评估机构可能存在资金往来,独立性欠缺。三是完善社会监督。目前社会监督渠道较少,国内慈善公益组织的信息披露制度不完善。

第三,完善信息披露的建设。一是借助互联网等工具,提高公益慈善组织的透明度。比如,可以结合大数据等现代信息技术,建立起实时更新的捐赠物款信息系统,有效跟踪捐款资金的去向与使用情况。二是完善慈善组织信息公开制度建设,比如,要求基金会等慈善组织公开近几年的财务报表等基础数据,规定慈善组织按照某一固定格式进行信息披露。

创新财富管理助力共同富裕的新模式

首先,财富管理行业需要向做大和分好蛋糕方向转型。一是在战略端,分别建立"以客户为中心"的高净值客群和大众客群的财富管理。二是在机构端,分别从集团的组织架构、集团的业务模式、集团的内部协作模式三个方面,探讨如何服务"一高一低"。三是在资金端,探讨高净值客户仍然是核心客群,普惠型财富管理是未来发展最大的增量。四是在产品端,财富管理的产品将进行多元化和普惠化转型。

其次，财富管理行业需要分别从资金端、资产端和人才端优化投资者理念，提高机构和从业者的服务能力，并通过数字化助力财富管理生态化转型，从而做优财富蛋糕。

最后，就机构集聚发展的营商环境而言，财富管理行业的发展需要的生态要素已经形成集聚。北京、上海、深圳、青岛等城市国际财富管理中心试点的经验，有助于全国范围内财富管理行业的健康发展。

财富管理专业化助力做大蛋糕的创新模式

战略端：回归本源，"以客户为中心"

第一，我国的财富管理将从卖方代销模式，向买方投顾模式转型。买方投顾模式，以客户财富增值需求为中心，其盈利基本摆脱了对销售佣金的依赖，更多地根据AUM（资产管理规模）向客户收取资产管理费。我国目前的主流仍是"卖方销售"模式，盈利模式主要靠销售佣金。相对来说，"买方投顾"模式将机构、投资顾问和客户的利益联系在一起，拥有更强的独立性，也更不易滋生道德风险和损害客户利益。

第二，买方投顾的下一个阶段，就是财富管理机构全权委托的模式。在全权委托模式下，客户不参与投资决策，财富管理机构有权直接对客户财富进行配置。当前，全权委托资产管理模式在欧美国家已成为主流，并广受高净值客户认可。

第三，财富管理机构的服务不仅满足了客户的家庭财富管理需求，也与其公司业务密切融合。比如，我国多家银行在2021年年报中，披露了私人银行业务与公司银行、投资银行、资产管理等业务进行有机结合，体现了私人银行"亦私亦公"的特点。此外，在私人银行服务体系和产品体系方面，多家银行均提出了面向个人、家族、企业的多层级、多元化服务体系。

第四，未来的财富管理行业，不仅满足客户财务性需求，也能通过扩展的增值服务满足客户非财务性的多元化需求。增值服务以组件化的方式，集中满足各类客户群体的核心需求，如教育、医疗、养老、住房、健康、社交、家族财富传承、跨境财富管理等。

所以，未来的财富管理将不仅仅是对钱的打理，更是对一个家庭生活的跟踪和全面管理。广义的财富不仅仅是钱，也包括了身体健康、内心通达、家人和睦、人际融通等。所以，理想中的财富管理机构和从业者不仅需要懂投资、懂科技，也需要懂生活、懂教育、懂价值取向。

机构端：打造高净值财富管理综合业务

第一，集团的组织架构，向以财富管理为核心、多部门协作的模式转型。比如，在海外经验中，瑞银集团是全球顶级的财富管理银行，拥有四大板块业务，分别是全球财富管理、零售与商业银行、资产管理和投资银行。瑞银集团将四大板块业务进行了整合，构建起一个以财富管理业务为核心、四个部门协同作战的"生态系统"。

第二，集团的核心业务，向以客户需求为导向转型，提供私人业务、资产配置、家庭保障和企业管理等综合化解决方案。比如，在海外经验中，摩根大通建立了六对一的团队覆盖模式，为每位客户配备了专门的客户经理、投资顾问、融资顾问、财富规划顾问、信托顾问和日常服务专员，以更好地满足超高净值客户的多元化、定制化需求。

第三，集团将打造开放式平台，建立高效的内部联动机制。从海外经验来看，虽然外资财富管理业务的组织架构并不相同，但均与其他相关业务部门形成有效联动，通过明确的客户分层和清晰的分润机制，充分调动各部门的积极性，各业务条线以客户需求为中心形成合力，实现"一点接入，全面响应"，从而使集团协同效应最大化，提升客户体验和服务效率。

资金端：高净值客户仍然是核心客群

高净值客群仍然是财富管理市场持续增长的核心驱动力。相比境外成熟市场，境内的财富管理服务还存在许多短板，并不能十分成熟地解决财富客群面临的问题。

当前企业面临代际接班和财富传承问题。老一代民营企业家大都在改革开放中成长起来，在过去40多年中对中国经济做出过巨大贡献，也分享了巨大的利益和荣耀。目前，老一代民营企业家正在逐渐交棒，在大量财富以家族企业和家族财富的形式存在的情况下，如何顺利、高效、成功地完成企业代际传承，是第一代民营企业家面临的问题，也同样是关系到大量家族企业财富的保存和发扬光大的社会问题。

因此，财富管理需要提供优质的服务，包括如何服务企业家群体，保护企业家精神，提升企业家二代的创业守业能力，或者鼓励那些二代不具备接班条件的家族企业转变成职业经理人管理的社会化企业等，以这种方式，使这些来之不易的企业及其财富在继续惠及家族后代的同时，也更多地支撑社会经济发展。

产品端：多元化产品满足客户配置需求

当前，我们缺乏优质的底层资产。为了符合今后国民经济的中长期发展趋势，财富管理机构在积极响应国家战略，围绕国家中长期发展目标进行产品创新，丰富差异化产品供给，推出服务区域经济发展、专精特新、ESG、养老理财、绿色金融、乡村振兴等主题理财产品。

1. 科创金融：为财富管理提供优质的底层资产

科创金融的发展，将会为财富管理提供优质的股权资产。

未来财富管理的产品将发生结构性调整，相对于债券类产品，权益类产品占比提升。与此同时，科技创新也将逐渐成为未来经济增长的新动能。

第一，科技创新和金融发展两者相辅相成。一方面，科技创新的发展离不开金融的支持。科技创新投入大、周期长、风险高，有很强的外部性。创新主体自身的资本积累与积极性均不足，往往需要借助金融的力量引入资本。另一方面，金融也需要顺应科技创新趋势实现转型。随着经济转型升级和产业机构调整，开拓科创金融业务是金融机构转型的必然选择。

第二，财富管理的资金来源特点能够匹配科创资金的需求。科创的资金需求和传统金融投资方式不匹配，科创企业需要耐心的资本，并且盈利的不确定性大，而投资人往往没有足够的耐心等待财务回报，不愿意承担过大的风险。如果是家庭财富管理提供的资金，比如养老金，天然是耐心的资本，并且如果能够通过机构进行分散化科创投资，就能够规避单个项目过大的风险。

由此，强大的科创金融产品和市场，不仅能够为财富管理提供优质的底层资产，也有助于科创企业进一步创造财富。

2. 跨境金融：丰富财富管理品种的多样性

财富管理行业的长远发展，离不开丰富的可投资金融产品。跨境金融的进一步开放，能够丰富财富管理品种的多样性，助力财富管理行业实现客户保值增值。

目前境内投资者主要通过"港股通"、粤港澳大湾区"跨境理财通"、QDII、跨境收益互换等方式进行跨境投资。这些跨境投资方式由于管理标准不统一，无法满足投资者一站式全球资产配置的需求。

第一，港股通/中华通于2014年推出。港股通是内地投资者通过内地证券公司买卖港交所指定范围的股票的通道，中华通是香港投资者买卖内地股票的通道。2022年，港股通成交额占港股全市成交额的23.4%，中华通成交额占A股全市场成交额的10.4%。

第二，跨境理财通于2021年10月推出，也是内地和港澳资本市场互通的重要机制。根据中国人民银行广州分行公开披露的数据，其业务试点总额为1 500亿元人民币，截至2023年4月19日，南向通已用额度0.41%，北向通已用额度0.17%。使用率低的主要原因是投资范围仅限于R1~R3公募基金和风险等级为1~3的公募理财，无法有效满足跨境投资需求。

第三，QDII于2006年4月推出，合格境内投资者可以投资于允许的境外市场和产品。截至2023年3月31日，国家外汇管理局批准额度为1 627亿美元，其中证券和信托额度较小，仅为9.2%和5.5%，有较大的提升空间。

第四，跨境收益互换于2015年推出，是证券公司和交易对手在场外签订涉及境外品种的金融衍生品合作。截至2023年2月，规模约6 310亿元，但仅限于机构投资者。

当前跨境财富管理潜力巨大，海外资产配置需求持续增长，但是机构能力、资产配置、投资渠道、政策空间都存在一些问题。未来跨境金融的进一步开放，将会为财富管理提供更加丰富的金融产品。

3. ESG金融：推广环境友好型可持续发展的金融理念

未来，ESG类理财产品需求将会逐渐增加。近年来，ESG理念逐渐渗透，国内包括商业银行、券商等各类金融机构不断探索将ESG理念贯穿到公司风险管理以及决策流程中的方式。面对"双碳"目标的巨大资金需求，环境保护、低碳转型、绿色发展将成为ESG投资的核心领域。财富管理机构也将推出ESG理财产品积极拓展新型业务，推广"环境友好型"金融理念。

财富管理普惠化助力分好蛋糕的创新模式

战略端：基金投顾和智能投顾

当前，公募基金是普惠性范围最广的金融行业之一，智能投顾能够大幅度降低投顾的边际成本，触达更多客户，助力投顾普惠化。公募基金顺应了广大人民财富管理的需求，服务投资者超过7.2亿人，成为整个资产管理市场中投资门槛最低、大众覆盖率最高的行业之一。当下财富管理行业正由过去以产品销售为中心的"产—供—销"模式，转向以客户为中心的"顾—供—产"买方投顾模式。获益模式也由此从中间商赚差价演变为从客户资产增长中获益。

首先，基金投顾既是一种以投资者利益为先的"买方投顾"基金销售模式，同时也是一种"以客户为中心"的客户陪伴和服务模式。基金投顾可以让专业的投资顾问帮助投资者做出投资决策，提高投资的纪律性，可以适度抑制投资者追涨杀跌的不理性行为，解决"基金赚钱基民不赚钱"的问题。

其次，事实证明，我国基金投顾试点三年多，确实在改善投资者服务体验方面取得了积极成效。公募基金要在总结试点经验的基础上，完善相关配套法规体系建设、加快推动试点转常规，立足于中国实践大力发展基金投顾业务。

在业务模式上，公募基金要联合基金销售机构，各自发挥特长，推进以管理型为代表的基金投资顾问业务，为投资者提供包括需求分析、资金规划、资产配置、策略匹配在内的高质量基金投顾服务。

在服务形式上，一方面公募基金要探索应用智能投顾技术，依托互联网平台做好线上服务，将高效率、高性价比的基金投顾服务广泛覆盖广大的中小投资者；另一方面要加强与银行等拥有广泛线下渠道的销售机构的合作，依托理财经理等财富管理业务人员为投资者提供个性化的线下基金投顾服务。

机构端：打造普惠型财富管理综合业务

近年来，各类金融机构对财富管理业务进一步升级，在组织架构、业务布置等方面都进行了优化。

第一，在组织架构层面，部分集团进行了架构调整。在高净值服务财富管理部门的基础上，进一步整合零售业务的财富管理业务部门，关注财富管理的"一高一尾"。比如，部分股份制银行进行了"财富管理部+私人银行部"的双部门设置，为财富管理业务基于不同客群的精细化管理提供了基础，未来针对高净值客群和普通客群的服务体系、产品体系、销售体系或将有进一步的差异化策略。

第二，在业务层面，积极探索零售业务财富管理的转型。一方面是锚定全量客户，从高净值客户、财富管理客户到长尾客户等顾客群，提供全生命周期服务，推动财富管理进入寻常百姓家。另一方面构建大场景，围绕个人客户花钱、借钱、赚钱、管钱等需求，全面审视客户"生活+金融"场景，将财富管理服务嵌入教育、医疗、养老、消费等数十个场景，深入挖掘和满足客户财富管理需求。

第三，集团协调各部门，联合提供全方位的大众化财富管理服务。集团通过整合财富管理团队和零售业务板块协同作战，借助低投资门槛的智能投顾平台，覆盖广大的中小投资者。

资金端：普惠型财富管理是未来发展最大的增量

预计到2035年，中国中等收入群体将从4亿扩大到8亿，[①] 当前

[①] 资料来源：国家信息中心经济预测部。

6亿的低收入群体数量减半，普惠型财富管理市场空间广阔。财富管理行业需要积极探索普惠型新模式，将服务于高净值客户的技能，应用于服务全量客户。

与高净值家庭不同，绝大部分普通家庭面临的最大的财务问题不是没有财富增值，而是没有合理的财务规划。

普惠型家庭财富管理，是指根据生命周期理论，通过合理的财务规划，实现家庭的收支平衡、财务安全和财务自由，从而实现现金流和生命的等长，获得人生的满足感。

一方面，普通家庭通过合理的规划，能规避基本财富风险，不需要为未来的生活担忧，从而在物质上和精神上实现全民的共同富裕。另一方面，普惠型财富管理可以有效增加财产性收入，拓宽居民的收入来源，从而在一定程度上弥补城乡、不同地域、不同收入人群间财产性收入的巨大鸿沟，促进高质量共同富裕的发展。

产品端：普惠型养老金融产品

1. 养老金融生态体系建设

在老龄化的背景下，养老金融将会是财富管理重点关注的领域。近年来，各个地区在养老金融上进行了许多宝贵的探索，在养老理财、养老目标基金、专属养老保险、商业养老金等方面进行了先行试点，取得了丰富的成效和发展经验。

第一，银行打造了养老的金融生态。一是金融适老化改造和服务提升，主要包括智慧网点和银发金融特色服务。二是养老资金托管和运营。三是参与和扶持养老产业发展。银行利用信贷政策和融资工具，优先支持实力较强的养老机构融资需求。

第二，证券业、基金业做大养老金规模。一是养老产品的供应，基金公司提供养老目标的基金和其他养老产品，助力养老金保值增值。

二是养老投顾的服务，证券公司代销养老基金，投顾业务提供定制化的资产配置解决方案。三是参与养老金投资管理。

第三，保险业积极参与养老产业全链条。一是建设推进养老保障体系。二是不断试点养老保险产品。各地落地实施新业态的养老保障，为以快递员、网约车司机为代表的灵活就业人员提供多层次、多样化的养老金融服务，增加他们的养老收入来源和安全感。三是协同布局养老产业链。保险机构不断加大对养老产业的投资力度，促进医疗、养护、健康等产业的不断融合及银发经济的快速发展。

尽管全国机构在养老金融方面做出一些尝试，但仍然存在明显的问题。一是金融产品局限多和同质化严重，收益不尽如人意。二是养老金融产品以储蓄产品为主，无法满足居民的陪护、健康、医疗等养老服务，没有延伸到养老服务领域，对银发经济支持力度不足。

2. 个人养老金体系的完善

未来我国个人养老金市场潜力巨大。中金公司和招商证券测算，未来 5~10 年，乐观预期下个人养老金累计金额可能达到万亿元以上的水平，展望未来 15~20 年，或能突破 10 万亿元。

2022 年 11 月 4 日，个人养老金政策正式落地，我们针对个人养老金的未来发展，提出以下几点转型方向：

第一，提高个人养老金缴费额度，建立养老心理账户。一方面提高养老税收优惠额度，另一方面从多角度鼓励人们多存养老金。对很多个人养老金实体账户而言，一年 1.2 万元的额度对于提高退休后的替代率帮助有限，只有引导客户在同一平台存放更多的资金，帮助客户进行更大范围的账户资产配置，才能真正提高最终退休后的替代率。

第二，允许个人养老金财富管理机构的发展。账户里的资金既可以自己管，也允许交给专业投资机构管理，并适当减免投资收益税费。财富管理机构可以针对个人养老金，根据客户的定制化需求，制订量身定做的资产配置方案。

第三，增加投资品种多样性。除了现有的理财、存款、基金、保险等投资品种，还可以选择更多的产品。例如，在公募基金中，除了养老目标基金，还可以选择股票基金、混合基金、债券基金等各种类型的产品。更进一步地，在符合规定的条件下，还可以适当地通过母基金方式配置股权投资等高回报的资产。国家可以适度引导这笔资金带动创新创业发展。

第四，打造用户友好的个人养老金账户。所谓用户友好的账户是指方便客户开户、缴款、抵税，相当于电子钱包。它让客户通过账户缴费的方式形成习惯，让客户的养老资金在账户中形成一个闭环。以国内的余额宝为例，余额宝的本质是货币基金，但是给客户的体验感是账户，即使收益率很低，客户也有巨大的黏性，这是其他普通货币基金做不到的。

科技端：数字化助力实现普惠型家庭财富管理

普惠型家庭财富的服务对象是普通家庭，但是不同家庭有很大差异，传统的财富管理模式难以满足客户个性化需求，所以需要借助互联网和人工智能等数字技术，助力普惠型家庭财富管理的发展。

大数据和人工智能技术让家庭财富管理的普惠性成为可能。一是智能家庭财富规划。财富管理机构通过客户画像，更好地理解客户的需求和行为模式，提供更准确和个性化的财富管理方案。二是智能投顾平台。平台可以根据客户的风险承受能力和投资目标，自动进行资产配置和投资组合的优化，降低了投资的门槛和成本，让更多人能够参与财富增长。三是智能超级管家。智能管家不仅需要懂投资，也需要懂生活、懂教育等，为客户提供超越财务的服务。

财富管理生态化助力做优蛋糕的创新模式

资金端：投资者教育

推动投资者教育，是行业健康发展的重要环节。因为投资者的理念和要求会影响到资金的性质，进而影响到财富管理从业人员的行为选择。通过投资者教育引导投资者正确理解市场规律，将有助于市场长期稳健可持续发展。

首先，需要打造全方位的投资者教育和陪伴体系。针对目前我国投资者教育体系存在的分工不明确、缺乏共享机制等情况，建议积极发挥各类投资者保护机构在投资者教育中的引导作用，联合行业自律组织和各类金融机构共同强化投资者教育，打造以满足投资者教育需求为核心的、层次清晰、分工明确、各有侧重的全方位投资者教育体系。

其次，扩大投资者教育的深度和广度，进一步加大对"资管新规"，特别是对"破刚兑""净值化"等内容的教育和普及力度，从根本上改变投资者的"刚兑"思维，传递净值化理念。

此外，建议积极倡导长期投资和价值投资理念，引导鼓励理财客户根据资产配置需求适度开展长期投资，避免短期过度关注产品净值波动而带来的"追涨杀跌"效应。通过长期投资和价值投资获取稳健回报，树立正确的财富观念，推动更多居民逐渐从"储蓄养老"向"投资养老"转变。

资产端：提高资产管理能力和大类配置能力

资产管理公司需要在考核机制、投研体系、内控建设、投资能力等多个维度逐点发力，进一步夯实投研核心能力，更好地为人民财富的保值增值保驾护航。

第一，健全投资业绩的长期考核机制。在考核上弱化对规模排名、短期业绩、收入利润等指标的考核，强化对基金经理合规风控水平、三年以上长期投资业绩、投资者实际盈利等方面的长期考核机制，严格执行薪酬递延制度，驱动投资人员以投资者长期利益为核心开展投资管理工作。

第二，完善投研与内控体系建设。首先，要加快构建团队化、平台化、一体化的投研体系，完善投研人员梯队培养计划，扭转过度依赖"明星基金经理"的发展模式，做好投研能力的积累与传承。其次，要强化宏观、策略、行业和公司全维度的研究覆盖，夯实信用风险研究能力。再次，坚持长期投资、价值投资理念，坚守投资纪律，严格限制"风格漂移""高换手率"等博短线行为。最后，有效发挥研究、交易、风控、合规、监察等各环节的监督制衡作用，增强市场风险抵御能力，守牢不发生系统性风险的底线。

第三，增强投资风格的辨识度。基金管理人应严格遵守契约精神，构造基金产品更清晰的收益与风险图谱，以便个人投资者进行投资选择。一是产品设计端应更加精准，注重大类资产配置，为不同需求构建不同风险收益特征的投资策略。二是坚持产品风格稳定不漂移，不偏离基金合同确定的风格和业绩基准，不能因为市场环境和热点的切换而突破合同约束、引发风格漂移。

第四，利用人工智能大模型进一步提升投研的能力。量化投资是指一种投资方式及工具，基金管理人可以根据自身强大的投研能力，利用好这一工具，进一步提升资产配置的综合能力。

第五，提升大类资产配置的能力。全球资产配置之父加里·布林森（Gary P. Brinson）的研究表明，从长远看，超过90%的投资收益都是来自成功的大类资产配置。随着资本市场的规范化、成熟化，长期来看机构难以赚到超过市场的利润，所以大类资产配置赚取市场贝塔的模式，将拥有越来越重要的地位。

人才端：提高财富管理师服务能力

首先，财富管理从业人员需要全方位提升自身能力。一方面，提升了解客户现状与理解客户需求的能力，从而为客户制定合适的目标。另一方面，还需要提升资产配置能力、产品筛选能力，以及风险管理的能力。

其次，培养财富管理复合型人才。行业将会加强标准化、综合化服务团队建设，培养复合型人才。一方面，通过科技赋能和标准化流程设计，持续提升前台服务团队的专业能力和展业技能，在满足日益严格的财富管理行业从业标准的同时，也帮助服务团队个人成长。另一方面，重点培养和吸纳诸如社会心理学、金融工程、大数据分析等专业复合型人才，支撑数字化体系。

科技端：数字化助力财富管理服务生态化转型

麦肯锡基于对全球财富管理行业趋势和领先财富管理机构最佳实践的研究，提出财富管理机构数字化转型通常分为三个阶段：线上化和自动化，专业化和智能化，开放化和生态化。

1. 财富管理的前两个阶段：线上化和自动化、专业化和智能化转型

第一是线上化和自动化转型。当前多数财富管理机构业务流程仍存在不少手工环节，管理效率低、客户体验差。领先的机构可以基于客户分群，以客户端到端流程为核心，梳理包含客户经营、产品研究及投顾咨询、中后台支持和运营三大关键环节流程，体系化推进前台业务流程端到端线上化、自动化。

第二是专业化转型，利用新技术驱动建立"专业化投顾体系"。当前财富管理行业专业投顾稀缺，难以提供个性化服务。领先的机构将利用人工智能、大数据等前沿技术，搭建涵盖客户交互、专业赋能、过程管理的一站式财富管理平台赋能投顾。

第三是智能化转型。当前客户结构分化、各自客群需求及价值主张越发鲜明,所以需要大数据驱动"客层经营"走向精细化、精准化、千人千面的"客群经营"。领先机构将致力于从单纯财富能级分层向生态化、立体化的客群经营升级。比如,通过大数据深度挖掘客户需求,建立360度客户画像,基于数据洞见匹配差异化交互平台和精准营销。

通过前两个阶段的数字化转型,不仅可以降低各环节成本,也能够推动不同部分、公司和行业间的信息顺畅流通。

2. 财富管理的第三个阶段:开放化和生态化转型

第一,未来财富管理行业的发展将深化金融各部门之间的合作,以共同建设大财富管理生态圈。银行、证券、保险、信托、基金、金融控股各部门之间当前竞争大于合作,同质化竞争明显。各类金融部门应加强合作,优势互补,双向赋能,共同为客户创造价值。

第二,积极搭建开放式产品服务及内容平台,打造"开放合作伙伴生态"。行业领先的机构搭建开放产品服务平台,利用大数据、机器学习、智慧图谱、多维交叉验证等技术,建立基于全量信息的产品评价体系、全生命周期产品追踪、智慧投研、智能产品筛选及精准推送能力。同时,开放客户经营和优质投教营销内容,建立"开放合作伙伴生态"。

第三,建立科学完善、高度连接、敏捷轻型的新一代财富科技和数据架构。传统"烟囱式"系统架构内部割裂、协同性差,存在数据孤岛、响应慢、专业性不足等问题。全球领先机构围绕价值链自上而下搭建科学完善的端到端系统架构,并推动底层架构的云化和分布式布局;同时,构建能支持数据自动化提取汇聚、自动清洗、可视分析和管理等功能的数据架构,支撑大数据及科技应用的敏捷迭代需求。

第四，通过财富及资管科技加速器等，与外部金融科技公司开放创新合作。财富管理科技已成为新风口，发展迅猛。应用领域主要体现在智能投顾、投顾赋能解决方案、客户精准画像、精准营销、智能化投资组合管理等。领先机构通过"战略并购、战略合作、创新数字中心、科技加速器"等多种方式打造创新合作生态圈，扩展能力边界。

3. 数据确权是生态化转型的前提

数据互通，是数字经济转型中奠基性的任务。当前人工智能发展进入新阶段，并不是靠模型驱动，而是需要依靠数据的数量和质量来驱动。当前各个行业的不同公司各自拥有一套私有的数据，这在一定程度上制约了数字经济的发展。即使是美国也没有良好的数据互通解决方案，这将是中国数字经济弯道超车的机遇与挑战。

首先，数据互通需要有法律和技术等方面的准备。法律上，需要推动数据确权，确定数据的权利主体和内容，分别对数据所有者、生产者、使用者和管理者四个角色进行确权。技术上，需要推进隐私计算等技术，让数据可用不可见，在保证数据隐私的前提下，解决数据流通和应用等数据服务问题。

其次，对于财富管理行业，需要打通同行业的横向互通和跨行业的纵向互通。一方面，是同行业数据的横向互通。如果只知道用户的一部分资产，投顾无法提供合适的财富管理报告。未来可以考虑互通加密后的客户资料，也可以互通客服的问答语料。当然还要考虑数据质量问题，以及不同公司的业务匹配性等问题。另一方面，是跨行业数据的纵向互通。真正的财富管理需要全局规划，而目前的情况是即使知道客户在所有大券商的资产，也无法提供合适的财富管理报告，所以也需要打通银行、证券、保险、信托、基金、金融控股之间数据的互通，这样财富管理才能真正实现"以客户为中心"的生态化转型。

结合城市资源禀赋打造国际财富管理中心

财富管理行业的健康发展有着长链条、富生态、优环境等方面的特征和要求。北京、上海、深圳、青岛等城市结合自身发展的资源禀赋，都提出打造国际财富管理中心的战略定位。综合来看，各城市都在产业集聚、科技赋能、跨境管理、生态体系四个方向上提出一些战略举措，有助于全国范围内财富管理行业的健康发展，助力实现共同富裕目标。

第一，促进财富管理机构集聚，完善财富管理产业体系。各地政府支持各类金融机构及子公司在当地落户发展财富管理业务，并对符合条件的落户财富管理机构给予奖励。促进私募基金、私募证券集聚发展，支持大中型科技企业设立企业风险投资基金（CVC基金），支持设立市场化私募股权投资二级市场基金（S基金），促进第三方财富管理机构规范发展，支持信用评级、资信服务、不动产项目运营管理等专业服务机构加快发展。

第二，支持财富管理行业创新，加快财富管理数字化转型。境内各国际财富管理中心鼓励境内外各财富管理机构开发ESG基金和REITs（不动产投资信托基金）等创新产品。支持养老金融创新发展，鼓励各类财富管理机构开发养老理财产品、养老目标基金等养老金融产品。鼓励利用自由贸易试验区、综合改革试点等制度创新机制，探索推进信托财产登记制度建设，推动信托财产非交易过户试点。按照"一产业集群、一专项基金"要求完善政府引导基金布局，撬动更多创投资本和社会财富流向战略性新兴产业集群和未来产业。支持财富管理机构数字化转型，推进智能投顾行业的标准化建设，合规提供"一站式"资产配置解决方案。

第三，加强跨境财富管理合作，扩大财富管理市场开放。各国际财富管理中心城市支持本地财富管理机构在合规前提下深入参与"跨境理财通"业务试点,推动基础设施建设领域 REITs 等投资产品纳入"沪港通""深港通"互联互通投资标的。一方面,支持符合条件的香港家族办公室,在各国际财富管理中心城市注册成立专业机构申请金融产品销售、基金投资顾问等业务牌照,或申请登记为私募基金管理人,合法依规拓展内地市场。另一方面,鼓励境内财富管理机构在香港及国际以新设机构、兼并收购、战略入股等方式提升服务境外投资者及全球资产配置的能力。

第四,优化财富管理营商环境,营造行业良好发展生态。各财富管理中心城市政府大力支持建设金融核心区域,形成高品质规划建设财富管理集聚区,推动全市域财富管理行业协调发展。同时建设跨业态的财富管理行业协会,鼓励开展行业合规建设、标准制度制定、行业人才培训、财富管理产品评级、金融消费者权益保护等公共活动。

财富管理助力共同富裕的思考与政策建议

高富人群的财富观念

认识个人财富与社会发展的关系

我国改革开放时间较短,在短时间内创造和积累大量财富的企业家传承不过一代,所以也对财富的长期传承和社会长期发展之间的关系比较模糊,需要了解一些普适性的财富观念。

首先,需要理解财富失衡和贫富分化的严重后果。皮凯蒂认为,社会财富自动分配的强大机制会动态加剧贫富分化,而这个力量并不会自动减弱或者消失。如果贫富分化严重到一定程度，几乎必然带来战争或者社会动乱，最终以极端方式削减贫富分化问题，导致社会不可持续发展。这是一种非常暴力的形式，过程中也会造成大量社会财富的毁灭。

其次，需要理解社会可持续发展是高富人群生存的必要条件。共同富裕的推进正是为了经济社会长期可持续，这不仅对整个社会特别是中产和中低收入人群有巨大的意义，对高富人群也意义重大。古今中外的经验表明，在贫富分化巨大的社会环境下，将会出现各种重大变革和动荡，而最先受害的往往是高富人群。

此外，需要深刻认识社会发展变革的客观规律，追求天人合一的和谐发展。古代的富人，如果为富不仁、德不配位，就有可能会在各种变革中倾家荡产。所以我们才会有"积善之家，必有余庆；积不善之家，必有余殃"的说法。这是高富人群长远发展的本分，古今中外皆如此。所以，积善不仅仅是单纯的道德要求，也是通过回馈社会的方式，助力社会可持续发展、实现自身财富的长期可持续传承的必要条件。

物质财富与精神财富平衡发展

高富人群虽然很早已经满足了物质诉求，但是在高速发展的物质社会中，许多高富人群缺乏社会属性的诉求和精神层面的诉求，所以应该树立以下观念：

第一，物质财富不可能无限增长。对于高富人群来说，物质财富的积累是浅层次的追求，而且物质财富在超长期的历史中，其增长速度不可能超过世界的物质产出速度，这是事物发展的客观规律，无限追求物质财富是不现实的，终将误入歧途。

第二，精神财富能够流传千秋万代。对于高富人群来说，应该有更高层次的精神需求，即社会属性、文化属性和精神属性的需求。高富人群应当发挥自身主观能动性，逐渐提升对于精神财富的重视程度，意识到兼济天下不仅是情怀，也是经济社会发展的必然选择。

第三，企业应拥有多元化目标。企业做大做强后，需要从单一维度的股东利益最大化目标向多元目标转变，形成更加全面的公司治理体系，更加充分考虑各个利益相关方，包括股东、员工、高管、供应商、客户、社区乃至社会，形成一整套复杂多元的利益相关体系。

由此，我们对政府也提出相关政策建议。建议搭建一套奖励高富人群回馈社会的体系，即制定《推进高质量发展和共同富裕奖励条例》，可设立经济贡献奖，创造就业、创造税收、创造财富和创造竞争力等特别贡献奖。

当前，许多企业家在致富以后回乡造桥修路，许多富裕人群也开始捐赠高等教育。比如，耗资200亿元的民办西湖大学有许多捐赠者，曹德旺发起筹资100亿元的民办公助福耀科技大学等。同时一些企业和富裕人群也在助力科学研究，比如，腾讯10年投入100亿元，助力中国基础科学创新研究，美的创始人个人出资30亿元成立"何享健科学基金"等。这些都是富裕人群在社会文化和精神层面的需求，做到了"达则兼济天下"，社会将会回馈这些有社会责任感的高富人群与企业，其善举将会流传千秋万代。

共同富裕下财富管理行业生态化的政策建议

财富管理统一化：战略地位、统一监管和行业聚集

第一，确立大财富管理的战略地位。一是明确财富管理是推动高质量发展的需要。当前经济从高速增长转向高质量发展阶段，结构性

而不是总量问题成为经济运行面临的主要问题。我们不仅需要高质量创造财富，也需要高质量管理财富。二是明确财富管理是适应社会主要矛盾变化的需要。我们国家财富创造能力强，但是国民的富裕获得感有待培育和进一步加强，大财富管理能够促进居民财富的积累与社会发展同步。

第二，建议推动财富管理行业统一监管框架。财富管理行业的发展是以客户为中心理念下的金融行业综合性变革，需要银行、证券、保险、信托、基金等行业共同发力。在目前行业分业监管的格局下，依托何种机构开展财富管理业务仍不清晰，须注重建立健全统一的财富管理监管体系，避免财富管理机构在不同的"游戏规则"下同台竞技。比如，明确理财产品分业发行、销售的平等市场地位和监管待遇，进一步明确理财产品银行间债券市场开户规则，促进公平竞争等。

第三，建议促进行业间资源集聚，构建推进共同富裕的"生态圈"。当前许多不同金融机构都在开拓财富管理相关的业务，一个机构一套体系，相互之间的竞争大于合作，并且产品同质化也较为明显。要促进行业间的合作，不仅需要金融机构间自发的行为，也同样需要政府的顶层设计和促进。

财富管理本源化：促进买方投顾转型

建议尽快建立"买方投顾"配套法规体系，比如通过建立公募基金投顾业务，引导公募基金从投顾端收费，而不是从销售端盈利，从而催生买方投顾市场。

美国在1940年推出《投资公司法》的同时就配套颁布了《投资顾问法》，与共同基金一起同步建立起了完善的投资顾问法律体系。所以建议监管机构从法律、行政法规、部门规章等各层级由上至下地对公募基金行业开展基金投顾业务形成规范，为公募基金"买方投顾"

的推广普及创造"有法可依、有章可循"的良好制度环境。

2023年6月证监会就《公开募集证券投资基金投资顾问业务管理规定（征求意见稿）》向全社会公开征求意见，为基金投顾试点转常规和未来规范的高质量发展打下基础，建议以此为契机，尽快建立"买方投顾"配套法规体系。

当前市场上部分获得试点的基金销售机构，出现了投顾端和销售端双重成本等问题。面对相同的情况，美国证券交易委员会对基金投顾的双重收费进行了严格管控，促使基金销售机构在提供"买方投顾"服务过程中只收取客户端费用、不收取基金端的销售佣金。建议我国监管层牵头销售机构，探索避免双重收费的可行机制，研究实现费用返还、单边收费的可行业务规则及流程，以确保投资者利益得到保护。

与此同时，建议促进佣金自由化及免佣基金，催生买方投顾市场。1975年美国禁止基金固定佣金，导致各基金不断降低佣金。1977年先锋领航推出了免佣基金，客户购买基金不需要支付申购费、销售服务费和管理费中尾佣部分。这种免佣基金改变了利益链条，进一步催生了对投资顾问的需求，基金市场从以产品为中心的销售模式向以投顾为中心的销售模式转移。

财富管理数字化：建立身份统一的财富管理账户

政府需要助力全行业数字化转型。企业内部的数字化可以依靠机构，但是大财富管理时代各金融业态的数据互通，需要依靠行业协会和政府支持。

第一，建议建立居民自然人身份统一的财富管理账户。当前居民在不同机构拥有不同金融账户，并没有统一的财富管理账户，导致金融机构无法真正了解客户的全貌，也无法为客户提供全局性和针对性的财富管理服务。此类全量数据是任何一家金融机构无法做到的,所以需要政府和监管机构牵头解决。

第二,建议推动数据标准化、数据确权和数据交易条例等配套法律。为了实现居民身份统一的财富管理账户,我们需要制定统一的数据标准,并且通过数据确权的方式,鼓励当下金融机构通过数据交易的方式参与财富管理账户的搭建。一是数据标准化。当前不同的金融机构数据格式不同,即使两家机构愿意,也难以合并数据,所以大财富管理行业的数据标准化和规范化是重要的一方面。二是数据确权。数据确权是数据交易的前提,只有确定了数据的所有权,才能作为要素在不同主体之间交易,包括确定数据的权利主体和内容,对数据所有者、生产者、使用者和管理者四个角色分别确权。

第三,建议政府通过转向政策给予行业数字化转型企业奖励和补贴。对数字化转型的补贴,能够降低中小型财富管理机构的数字化转型成本,加速其转型进程,从而促进财富管理产业链不同机构间的数字化互通互联,呈现规模化发展,实现全行业的数字化降本增效。

财富管理全球化:推动金融高水平对外开放

从国际经验来看,财富管理市场的成熟,必将伴随着供需两端逐渐向全球化发展。建议以粤港澳大湾区为试点,以财富管理行业的国际化合作与交流的形式,推动金融高水平对外开放。

随着中国金融市场的不断开放,一方面,建议允许外资机构进一步以更积极姿态布局中国财富管理行业,加快外资机构以全资或合资等形式设立银行理财、公募基金等财富管理机构,积极参与中国财富管理行业的竞合发展;另一方面,建议允许国内机构更加积极布局全球市场,加强全球投研、资产配置、协同服务等建设,以满足不同客群对全球市场服务的需求。

共同富裕下财富管理供给端规范化的政策建议

资本市场规范化、长期化

当前中国的资本市场存在一些问题,我们不仅需要长期稳定的治理结构、良好的披露机制,而且更需要耐心的资本。当下,我们更应该提倡和引导长期稳定可持续的投资。

首先,建议监管机构持续打造健康可持续的多层次资本市场,进一步丰富各类金融工具,特别是指数的长期稳定发展。打造健康良好的资本市场环境是财富管理发展的前提。当前全面推进注册制改革,是资本市场规范化的重要一步,也是指数长期稳定增长的必要条件,本质是把选择权交给市场,并且强化市场约束和法治约束,严厉打击欺诈发行和财务造假等违法行为,让上市和退市全过程更加规范和透明,给企业和投资者提供更多的投融资选择。

其次,建议适当放宽资管和养老基金的投资限制,培育耐心的资本。在成熟的资本市场中,保险资产管理,社保基金,第一、第二和第三支柱的养老基金,是天然的耐心的资本。居民购买保险和养老等基金,目的是应对人生后几十年的生活。当前资本市场投机氛围浓厚,很大一部分原因是资金来源就自带投机属性。如果这些耐心的资本能够逐渐进入资本市场,那么资本市场也将迎来长期可持续的发展。当然,耐心的资本也需要盈利,引导养老金入市不是单一的做法,需要与资本市场的规范等政策配套实施。

财富机构规范化、透明化

第一,建议通过法规规范财富管理的相关机构和从业人员行为,解决与客户利益不一致的问题。一是评级机构存在与投资者利益冲突的问题，评级机构向被评级机构收费，对被评级机构负责，无法真正站在投资者的角度进行理性评级。二是公募基金存在基金公司赚钱但是基民不赚钱的问题，一些公募基金依靠扩大规模、收取管理费的模式盈利，并没有直接与投资者利益共进退，业绩不佳时依然稳赚不赔。三是理财顾问的收入大都来自代销理财产品，会出现优先推荐高渠道费产品的问题，有损客户的利益。四是券商主要的盈利来源是佣金，即客户交易的手续费，这间接促进了客户买卖的频率。

第二，建议优化市场评级机制，引导个人和机构投资者长期投资。基金评价机构要优化基金产品的长期评级方法，从考核上引导公募基金坚持长期投资、价值投资。比如，作为基金业的权威奖项，《中国证券报》举办的基金"金牛奖"评选全面践行长期性原则，自2020年起，优化基金奖项设置，取消1年期基金评奖，突出3年期、5年期等长期奖项，增设7年期基金奖项，这为市场上的基金评价机构在如何引导长期投资方面做出了良好表率。

第三，建议进一步健全信息披露机制。建议证监会在《公开募集证券投资基金信息披露管理办法》的基础上，进一步细化公募基金的信息披露规则，特别是在基金相关费用结构与费率水平、潜在利益冲突、基金投资策略、风险揭示等与投资者利益息息相关的方面提出更严格和具体的要求，确保投资者能够充分、全面、及时地了解基金产品的运作情况。

第四，建议完善财富管理的从业规范。2021年12月29日，中国人民银行正式发布《金融从业规范财富管理》，从服务流程、职业能力、职业道德与行为准则、职业能力水平评价等几个方面对财富管理从业者的执业标准进行了详细的界定。这是中国财富管理行业规范的开始，有着重大意义，同时也需要进一步完善。一是从业规范主要关注传统金融机构，而当前互联网财富管理平台的客户在规模上也占据相当大的比例，因此需要考虑第三方财富管理公司、金融科技服务公司的参与，以及非传统金融机构从业人员、独立理财顾问等从业者。二是完善后续的资格考试、认证等配套措施，形成一个相对完整的财富管理从业人员评价体系，助力财富管理行业的专业度提升。

财富机构多样化、差异化

财富管理机构是财富管理行业发展的核心力量。财富管理机构的市场化，将会促进财富管理行业的创新。

首先，在我国资本市场日渐成熟的背景下，建议适当对中小型财富管理机构或是部分风险较小的资产类别及特定服务开放注册制试点，降低财富管理机构准入门槛。这样有利于各类机构通过自身的资源禀赋自由选择其在产业链上的位置，实现财富管理商业模式的"百花齐放"。对于市场化的财富管理机构，要进一步探索把保护投资者利益放在首位的方式，增加服务机构从为客户创造价值中收费的途径，激励其发力探索和建设多样化可持续的买方投顾商业模式，促进新时代下财富管理行业的发展。

其次，建议加大差异化发展政策支持力度。现阶段，我国公募基金管理人的业务类型与发行的基金产品同质化情况较为严重，既不便于投资者进行选择比较，也较难满足广大人民未来多元化的财富管理需求。相比之下，海外国家基金业差异化发展程度较高，比如，先锋领航集团专注于低费用的指数型产品，富达投资则侧重于主动管理型产品。建议在落实《关于加快推进公募基金行业高质量发展的意见》过程中参考海外经验，在推动行业差异化发展方面进一步加大政策出台力度，如通过放宽指数基金注册条件、拓宽公募基金投资范围和策略等方式为基金产品朝着差异化、多样性方向发展创造有利条件，鼓励推动在公募REITs、股权投资、基金投资顾问、养老金融服务等领域设立专门子公司或进行重点布局，促进我国公募基金为广大人民提供兼顾多元化与专业性的财富管理服务。

信托机构专业化：完善信托配套制度

为了促进家族信托、慈善信托等在内的信托本源业务的快速发展，有必要进一步完善信托相关的配套制度建设。

第一，建议统筹完善信托财产登记制度。目前家族信托主要以现金设立，而财富管理客户群体包含大量股权、房地产等非现金资产，需要进行信托财产登记，包括明确以特定财产设立信托需要办理信托登记的详细制度规定，规范登记范围、登记机构、登记手续、登记内容等事项。

第二，建议进一步完善信托涉及财产转移、收益分配等方面的合理税收制度。统筹设计信托税收安排，既避免信托财产转移环节重复征税，又同时防止受益人获取信托利益环节税收流失等问题，解决股权信托、不动产信托设立难、税收过高的问题。比如，税务机关普遍将信托财产的置入视为一次市场交易行为，由此产生了高额税负。

第三，建议落实慈善信托税收优惠政策。优先解决设立环节委托人出资财产的所得税税前扣除需求，对慈善信托进行"税前扣除资格"认定，明确应当符合的条件和办理程序。比照慈善捐赠的财产非交易过户政策，制定慈善信托财产登记制度，明确事项，更好地体现信托财产的独立性，进一步推动信托制度优势在财富管理领域的有效发挥。

第四，建议进一步完善家族信托、慈善信托业务监管体系。一是加强家族信托、慈善信托备案指导，统一备案标准和设立要求。二是提升对家族信托、慈善信托运行效果评估，保障家族和慈善信托目的的实现。三是强化慈善信托信息披露，出台慈善信托信息公开、关联交易、会计处理等相关规定，提升慈善信托整体信息披露质量。四是尽快推动完善包括特殊需要信托、遗嘱信托、家庭服务信托等领域的政策规范与支持。

第五，扩大信托公司的服务试点。一是扩大信托公司在社保基金、企业年金受托服务中的资格认定。二是鼓励信托公司在与"三次分配"等关系人民群众切身利益、社会需求最迫切的领域，开展资产服务信托试点。三是引入信托公司对特定的生态或文化资产开展信托试点等，扩大信托参与、服务共同富裕的范畴。

第六，加强创新引领，大力推动慈善信托模式创新。一是发挥"慈善+金融"优势，扩大慈善财产来源，提升慈善财产运用持续能力，扩大财产运用方式；加强资金运用效果评估，推动慈善信托管理模式创新。二是简化慈善信托财产追加程序，提升慈善财产捐赠规模，进一步夯实慈善信托发展路径。三是拓展慈善捐赠方式，探索产权、股权、专利、技术、有价证券捐赠等新型捐赠方式。

第七，加强宣传推动，充分发挥慈善信托社会治理效能。一是以《慈善法》修订为契机进行普及宣传，鼓励慈善信托基层化发展，发挥慈善信托在助力社区慈善事业、完善基层社会治理中的积极作用。二是完善慈善信托褒奖制度，引导和鼓励企业及个人设立慈善信托，增强社会公众对慈善信托的信任度。

保险机构专业化：促进商业保险和社会保险融合

社会保险与商业保险各自具有独特的优势和功能。统筹两者的协同发展，加快体系制度建设，才能为全体人民共同富裕提供有力支撑。一方面，社会保险作为政府按公平原则提供的风险保障，遵循"广覆盖、保基本"的原则，确保了大部分人民在面对各种风险时都能得到基本的经济支持。另一方面，商业保险作为保险企业按商业化或市场化原则经营的风险保障，凭借其市场化机制，展现出更高的经营效率、

管理能力和技术水平。在未来的社商协同模式下,我们有以下三个方面的建议:

第一是持续的政策支持。国家应持续推动和释放支持商业保险与社会保险融合发展的相关政策,与时俱进地满足市场和民众的实际需求。特别是在基本养老、医疗保险、个人养老金制度及年金制度等关键领域,政策的细化和完善将为商业养老和医疗健康保险市场创造更为广阔的发展空间。

第二是推动跨部门合作。跨部门合作是实现社会保险与商业保险融合发展的桥梁。人力资源和社会保障部、国家医疗保障局等相关政府部门与国家金融监督管理总局之间的协同应更为紧密。以健康保险为例,现阶段基本医保已经实现全民覆盖,医保部门掌握详尽的医保结算数据,通过医保大数据测算分析可以对待遇支出进行精准测算,按照"以收定支、收支平衡"的原则,可以科学确定保费标准。

第三是完善管控体系。在社商协同保险的运行过程中,以"惠民保"为代表的模式已经证明,稳健的运行不仅依赖于保费收缴和参保率的精确测算,更需要一个全方位的管理体系来对费用进行严密监控。政府应在推动普惠性补充医疗保险的过程中,特别注重配套管理机制的建设。具体来说,可以将医保部门的管理经验和手段统筹运用于健康保险管理当中,充分利用支付方式改革、基金监管等现有监管机制,将商业保险管理有机融入医保经办管理体系中。

共同富裕下财富管理需求端多样化的政策建议

财富人群理性化:投资者教育

推动投资者教育,是行业健康发展的重要环节。因为投资者的理念会影响资金的性质。投资者是客户,客户的要求会影响到许多基金经理人的选择。如果投资者一味地选择高收益、低风险和短期回报快的投资方式，市场也会形成比较浮躁的风气。

建议监管机构、行业自律性组织甚至教育机构等共同参与和推动投资者教育，培养大众投资者长期投资、价值投资、理性投资等健康投资理念。基金业协会等行业自律组织要为市场机构开展投教工作创造更广阔的平台，比如，在"一司一省一高校"系列投教活动的基础上，进一步推动基金投教宣传走进农村、走向更多欠发达地区。

财富人群老龄化：深化养老金融服务

在人口老龄化大环境下，养老财富对推动共同富裕意义重大。现阶段，我国养老保险体系仍存在发展不平衡、不充分的问题，需要进一步完善顶层制度设计，为我国更好地满足广大人民多样化的养老财富管理需求创造更有利的市场环境。

第一，大力推广个人养老金制度。个人养老金制度试点启动后，账户覆盖率快速提升，但参加人的缴费积极性并不高，配置个人养老金基金产品的资金规模有限，整个社会和行业需要从投教宣传、产品创新等方面进一步发力，让更多人群享受到包括公募基金在内的专业化个人养老金投资管理服务。

第二，推进企业年金增质扩面。近几年企业年金面临着管理规模增长较为乏力、覆盖面难以扩大等问题，可以考虑从引入自动加入机制、增设默认投资选项、简化建立流程、增选优秀管理机构等多方面入手，进一步增质扩面，让更多城镇职工拥有一份补充养老保障。

第三，推动第二、三支柱协同发展。建议借鉴海外经验，在法律权责关系、税收制度、资产转移机制、自动加入机制、服务模式等方面进一步推动我国年金制度和个人养老金制度的协同发展，为我国养老金更全面地服务人民养老财富管理拓宽路径。

第四，优化税收政策。一是通过差异化政策进一步提高个人养老金税优力度：针对高收入人群，建议适当提高缴费的税前扣除额度，鼓励多缴费、多投资；针对中低收入或灵活就业等未达到纳税门槛的人群，建议给予一定的缴费补贴，提升其参与个人养老金并缴费投资的意愿。二是统筹利用第二、三支柱的税优政策，将缴费税收优惠额度赋予个人，允许个人灵活选择运用于年金或个人养老金，同时统一领取征税规则，为广大人民在年金和个人养老金之间的资产转移和养老金领取创造条件。

第五，建议进一步扩大养老理财产品试点，明确理财子公司等机构在养老金第一、二支柱等方面的投资管理人和产品供给方资质，促进养老金管理人和养老金投资产品的多元化。

第二章

共富时代的银行财富管理

党的十八大以来，以习近平同志为核心的党中央把握新发展阶段新变化，把逐步实现全体人民共同富裕摆在更加突出的位置，对共同富裕做出全面擘画、系统设计，明确了时间表、路线图，取得了新的伟大成就。党的二十大报告进一步指出，共同富裕是中国特色社会主义的本质要求。党的二十大报告同时指出，分配制度是促进共同富裕的基础性制度，探索多种渠道增加中低收入群众要素收入，多渠道增加城乡居民财产性收入。这对新时代的银行财富管理提出了更高、更具体的要求，进一步明确了今后一个时期银行财富管理发展的着力点，同时也为新时期我国银行财富管理的未来发展提供了重大的发展机遇。财富管理业务无疑将是今后商业银行服务共同富裕的重要途径，也将成为未来我国商业银行转型发展的重要方向。

中国的银行财富管理

银行财富管理的内涵

财富管理的内涵在学术界并没有严格明确的定义，而多源于业界的实务经验，其内涵和外延也一直在不断地发展和扩充。一般认为，财富管理业务强调以客户为中心，通过分析客户的财务状况发掘其财富管理需求，再根据客户的财富管理需求设计出一套全面的财务分析、财务规划，向其提供现金、信用、理财、保险等一系列金融产品，对客户的资产、负债、流动性进行管理和优化，提供一体化的金融服务，以满足不同客户在不同阶段的财务需求，帮助客户达到降低风险、增值财富的目的。① 简言之，财富管理业务，一是根据客户需求，为客户提供合适的金融服务；二是根据客户需求，为客户推荐合适的金融产品。

与之相对应，银行财富管理大体可以分狭义和广义两种范畴来理解。**狭义的银行财富管理**主要指商业银行的私人银行业务，即向高净值人群提供的投资组合管理、税务筹划、遗产规划、离岸资产管理、不动产管理、慈善安排等相关服务。而**广义的银行财富管理**则在私人银行业务的基础上进一步涵盖了个人金融、银行理财、网络金融等多个业务板块，是商业银行渠道、产品和客户服务体系的有机整合，覆盖大众客群、中产客群和高净值客群，在为更多客户提供更全面金融服务的同时，也在商业银行服务实体经济、对接投融资需求等许多方面发挥着重要的枢纽作用。从产品和服务的角度来看，银行财富管理高度重视为客户提供咨询建议，围绕客户财富的增长、保护、传承等目标提供包括银行核心产品、贷款类产品、保险和保护类产品、广义投资管理、咨询建议类服务和管家式服务六大类产品和服务（见表2.1）。

表2.1 银行财富管理提供的产品和服务类型

主要服务类型	具体产品类型
银行核心产品	活期账户、定期存款、现金管理
贷款类产品	透支服务、信用卡、房地产抵押贷款、交通工具和艺术品贷款
保险和保护类产品	财险、寿险、健康险和年金险
广义投资管理	经纪类、顾问类、全委托服务，金融和非金融资产管理
咨询建议类服务	财富规划、资产管理、家族信托、家族基金、公益慈善等
管家式服务	医疗健康、子女教育、旅游出行等

---

① 资料来源：孙娟娟. 大资管时代金融机构财富管理业务的差异化拓展——基于财富管理与资产管理的辨析 [J]. 南方金融，2017（1）.

接下来，我们主要基于广义财富管理的概念，讨论银行财富管理对共同富裕的推动作用。需要进一步说明的是，在市场运行的实践中，部分市场参与者经常将财富管理、资产管理、银行理财、零售银行、私人银行等概念混淆使用。事实上，这些概念之间既有一定联系，又有着严格的区分。

一般来说，**资产管理**通常是指管理人接受投资者委托，在相关法律法规允许及合同约定的投资范围内，以专业的技能对受托资产进行投资管理，并由投资者承担风险、享受收益，同时管理人收取相关管理费用的活动。在广义的财富管理概念之下，资产管理只是金融机构所提供的财富管理服务的"产品供应商"。除资产管理之外，金融机构还需要运用其他多样化手段满足客户的其他个性化需求。在一定意义上，可以将资产管理理解为财富管理的"下游"，尽管二者在一些语境下有所重叠。**零售银行与私人银行**均以客户为中心开展业务，属于银行财富管理内涵下的子集，但零售银行和私人银行的侧重点各有不同。传统的零售银行对网点和人力投入要求高，主要面向长尾客户；而私人银行客户户均金融资产更多，提供更为个性化的私人金融服务，客户规模相对更小。

在我国的银行财富管理业务当中，银行理财的地位相对特殊。

一方面，从概念上来看，银行理财业务的概念更接近资产管理。2018年9月26日，原银保监会发布《商业银行理财业务监督管理办法》，该办法中所界定的银行理财业务是指"商业银行接受投资者委托，按照与投资者事先约定的投资策略、风险承担和收益分配方式，对受托的投资者财产进行投资和管理的金融服务"；银行理财产品是指"商业银行按照约定条件和实际投资收益情况向投资者支付收益、不保证本金支付和收益水平的非保本型理财产品"。可以看出，银行理财业务的本质是"受人之托、代客理财"，银行与购买非保本理财产品的客户之间是信托法律关系，而非银行与存款客户之间的债权债务关系。这一点可以从银行理财产品的资产负债表上得到充分体现：银行理财产品的权益归属于客户，投资收益由客户享有，投资风险由客户自担；银行履行代客理财的职责，管理费用或业绩报酬属于产品负债，销售费、托管费等费用也计入产品负债；银行按照与客户的约定，进行投资管理和运作，形成理财产品的资产。银行理财产品的资产负债表，不仅反映了表外资产管理业务与表内资产负债业务在会计计量方面的显著差异，更体现出资产管理业务在盈利、产品管理、投资管理、风控等经营模式上特有的发展规律。

另一方面，从银行理财业务的经营主体——银行理财子公司的业务范围和牌照许可来看，银行理财子公司的战略定位实际上已经超越了传统意义上以提供产品为主的资产管理公司的范畴。按照《商业银行理财子公司管理办法》相关规定，银行理财子公司可以申请经营下列部分或者全部业务：（1）面向不特定社会公众公开发行理财产品，对受托的投资者财产进行投资和管理；（2）面向合格投资者非公开发行理财产品，对受托的投资者财产进行投资和管理；（3）理财顾问和咨询服务；（4）经国务院银行业监督管理机构批准的其他业务。这意味着，银行理财子公司不单单是理财产品的供应商，同时也具备开展投顾和咨询等典型财富管理业务的全牌照。相比一般资管机构的业务范围，银行理财子公司在长期战略定位上更接近涵盖传统资产管理和财富管理业务的综合金融服务供应商。此外，从商业银行财富管理业务的整体架构来看，银行理财连接着客户与产品、投资需求与融资需求，起着承前启后的关键作用。而银行理财的普惠特性和服务全量客户的特点、稳健为主的产品体系也与共同富裕的推进方向有着天然的适配性。从这个意义上来看，银行理财无疑将成为未来银行财富管理助力共同富裕最为重要的着力点之一。

银行财富管理的发展历程与现状

银行理财的发展历程与现状

1. 银行理财的发展历程

起步阶段（2002—2006）。2002年之后，我国银行财富管理逐渐兴起。在这一阶段，产品的设计及品种借鉴了海外市场的结构性存款及汇兑产品，且主要针对私人银行客户。2002年国内商业银行发行第一款理财产品，为美元结构性存款业务。2004年，光大银行推出首只外汇结构化存款产品"阳光理财A计划"；同年9月，光大银行推出首只人民币理财产品"阳光理财B计划"，以合同方式承诺3%的年化收益率，实现银行理财从无到有的创新。2005年原银监会颁布《商业银行个人理财业务管理暂行办法》，首次定义商业银行的个人理财业务。随着市场环境和监管政策的变化，银行理财产品逐渐由结构性存款向固收类、贷款类信托产品拓展，且整体理财市场规模快速发展。2006年前后，我国多数商业银行均已开展财富管理业务，理财产品已达100余个品种。2007年中国银行成立了第一家私人银行部门，银行财富管理体系和客户的选择范围大幅扩张。

快速发展阶段（2007—2013）。2007—2008年，为了应对宏观经济运行中出现的一些问题，人民银行进行了多次加息并大幅提高了存款准备金率，从而约束了商业银行的表内放贷能力。为满足当时实体经济依旧旺盛的融资需求，商业银行转而依托表外，通过设立信托理财产品等方式为企业提供资金支持。在当时的背景下，银信合作的模式在一定程度上满足了实体经济融资需求，也起到了帮助商业银行获取客户的作用。但由于当时表外理财产品具有隐性刚兑的属性，而银行表内指标并不反映这部分资产的质量，也不覆盖其潜在风险，因此，银信合作运作模式不透明、风险揭示不足等方面的潜在隐患决定了这种业务模式难以长期维系。

2008年全球金融危机爆发之后，我国为应对危机冲击，采取了以"4万亿计划"为主的一揽子刺激政策。在这一时期，伴随着宽松的货币政策，资金供给大幅扩张，但在危机影响下，海外需求萎缩，国内实体经济资金需求不足，导致国内出现了一定程度的流动性过剩。叠加我国以银行为主导的间接融资结构，这一方面导致了这一时期大量低成本资金流向房地产、钢铁、煤炭等传统行业，一定程度上造成了后期我们所熟知的"两高一剩"和"房地产泡沫"问题；另一方面，过剩的流动性也在客观上助推了这一时期银行理财的高速发展。2009年，伴随着监管部门收紧银信合作模式，银行理财逐步转向以"资金池"为主的运作模式，即商业银行通过滚动发行期限较短的银行理财产品，将资金投资于期限相对较长同时收益相对较高的资产，从而获得期限利差。在"资金池"模式下，银行理财产品具有"滚动发售、集合运作、期限错配、分离定价"的特征，投向的标的也更为丰富（包括存款、债券、票据、回购、信贷资产、信托受益权等）。随后，2012年资管业务"一法两则"① 的出台使得券商资管和基金子公司获批成为银行理财新的业务通道，进一步推动了银行表外理财规模的快速扩张，各类资管行业子行业之间的竞合关系更加充分，行业运作新模式不断出现，不同类型、不同策略、不同标的、不同风险偏好特征的资管产品多样化发展。

规范转型阶段（2014—2017）。随着中国经济增长放缓、利率市场化快速推进以及央行货币政策的调整，存款利率持续下行，使得理财产品的需求继续增大。2014—2016年，基于"资金池"模式运行的银

---

① "一法两则"即2012年10月18日证监会正式下发的《证券公司客户资产管理业务管理办法》、《证券公司集合资产管理业务实施细则》以及《证券公司定向资产管理业务实施细则》。

行理财规模迎来爆发。在此阶段，银行理财凭借明显的渠道优势迅速发展，资产管理规模由 2013 年的 10.2 万亿元增长至 2017 年的 29.5 亿元，CAGR（复合年均增长率）达 41.83%。但是十分宽松的流动性环境，也使得这一时期"同业存单—同业理财—委外"的模式较为普遍，资金在金融系统内部空转的现象较为突出。银行理财在这一模式中承担资金通道的"桥梁"作用，即中小行通过发行同业存单获取低成本资金，将其投资于收益更高、期限更长的同业理财计划。大型银行的同业理财委外套利，通过加杠杆、加久期和降信用的方式创造利润。与此同时，这一时期表外理财业务风险管理措施和体系仍需完善，投资者没有真正承担市场风险和信用风险，有关风险在一定程度上由银行承担。2016 年年末，债市回调叠加流动性收紧暴露了银行理财的潜在风险，促使监管部门考虑采取必要措施。2017 年年初，原银监会开展"三三四十"① 系列专项治理行动，当年年底资管新规征求意见稿正式向社会公开征求意见，标志着银行理财规范转型的序幕正式拉开。

高质量发展阶段（2018 年至今）。2018 年以后，为防范金融风险，资管行业着手建设统一的监管体系，银行财富管理进入深化阶段，净值型产品成为银行财富销售的主力产品。2018 年 4 月 27 日，央行、原银保监会、证监会、外汇局联合发布《关于规范金融机构资产管理业务的指导意见》，即"资管新规"，旨在"破刚兑、控分级、降杠杆、禁资金池、除嵌套、去通道"，银行理财业务向净值化有序整改。随后，原银保监会分别于 2018 年 9 月和 12 月相继出台针对银行理财业务的《商业银行理财业务监督管理办法》和《商业银行理财子公司管理办法》（合称为"理财新规"），制定了银行理财业务的规范细则，

---

① "三三四十"即 2017 年 3、4 月份原银监会开展的"三违反、三套利、四不当、十乱象"专项整治。

允许符合条件的银行设立理财子公司,督促理财回归资管本源。自此银行理财开启净值转型,保本保收益的产品成为历史。2021年《关于规范现金管理类理财产品管理有关事项的通知》,即"现金理财新规"正式落地,商业银行理财业务配套政策进一步补齐。相关政策发布之后,市场上多家银行做出了迅速决策和工作部署。截至2023年6月底,已有31家理财公司获批筹建,包括26家银行理财子公司和5家由外资控股的合资理财公司,均已正式开业。银行理财业务正在向市场化、专业化、规范化的方向发展。理财子公司在产品形式、销售门槛、资产投向上灵活度更高,借助母行优势,品牌价值和牌照价值显著提升(见表2.2)。

表2.2 理财子公司获批及开业情况

类型	名称	注册地点	注册资本(亿元)	批筹日期	开业日期
大型银行理财子公司	中银理财	北京	100	2018年12月26日	2019年6月24日
	建信理财	深圳	150	2018年12月26日	2019年5月20日
	农银理财	北京	120	2019年1月4日	2019年7月22日
	交银理财	上海	80	2019年1月4日	2019年5月28日
	工银理财	北京	160	2019年2月15日	2019年5月20日
	中邮理财	北京	80	2019年5月28日	2019年12月3日
股份制银行理财子公司	光大理财	青岛	50	2019年4月16日	2019年9月24日
	招银理财	深圳	50	2019年4月16日	2019年10月31日
	兴银理财	福州	50	2019年6月6日	2019年12月13日
	平安理财	深圳	50	2019年12月27日	2020年8月17日
	华夏理财	北京	30	2020年4月26日	2020年9月11日
	广银理财	广州	50	2020年7月13日	2021年12月29日
	浦银理财	上海	50	2020年8月4日	2022年1月9日
	信银理财	上海	50	2019年12月4日	2020年6月12日

续表

类型	名称	注册地点	注册资本（亿元）	批筹日期	开业日期
股份制银行理财子公司	民生理财	北京	50	2020年12月7日	2022年6月15日
	渤银理财	天津	20	2021年5月12日	2022年9月11日
	恒丰理财	青岛	20	2021年6月21日	2022年8月3日
城商行理财子公司	杭银理财	杭州	10	2019年6月24日	2019年12月20日
	宁银理财	宁波	15	2019年6月26日	2019年12月19日
	徽银理财	合肥	20	2019年8月21日	2020年4月23日
	苏银理财	南京	20	2019年12月19日	2020年8月17日
	南银理财	南京	20	2019年12月9日	2020年8月17日
	青银理财	青岛	10	2020年2月6日	2020年9月11日
	上银理财	上海	30	2022年3月4日	2022年3月15日
	北银理财	北京	20	2922年11月4日	2022年12月23日
农村金融机构理财子公司	渝农商理财	重庆	20	2020年2月18日	2020年6月28日
外资控股理财公司	汇华理财	上海	10	2019年12月20日	2020年9月24日
	贝莱德建信理财	上海	10	2020年8月11日	2021年5月13日
	施罗德交银理财	上海	10	2021年2月22日	2021年1月26日
	高盛工银理财	上海	10	2021年5月20日	2022年8月1日
	法巴农银理财	—	—	2022年10月24日	2023年6月8日

资料来源：中国理财网，课题组整理（数据截至2023年6月末）。

2. 银行理财的发展现状[①]

从《中国银行业理财市场半年报告（2023年上）》公布的数据

[①] 本小节相关数据均来源于中国理财网：https://www.chinawealth.com.cn/。

看，银行理财市场的发展现状呈现以下三个特点。

一是银行理财市场发展有序推进，主体结构进一步规范化。 截至2023年6月末，全国共有265家银行机构和30家理财公司有存续的理财产品，共存续产品3.71万只，较年初增长6.88%，存续规模25.34万亿元（见图2.1），较年初下降8.35%。

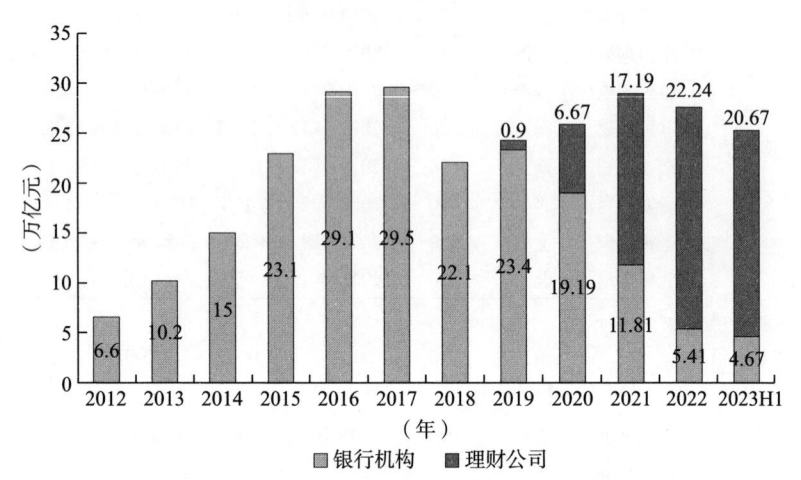

图2.1　2012—2023年中国银行理财存续规模

注：H1指上半年。
资料来源：中国证券投资基金业协会，课题组整理。

分机构类型来看，截至2023年6月底，理财公司存续产品数量和金额均最多，存续产品数为1.62万只，存续规模20.67万亿元，较年初下降7.09，占全市场的比例达到81.55%。其次是城商行存续规模为2.18万亿元，占全市场的比例为8.8%（见图2.2和图2.3）。从存续规模来看，理财公司为重要机构类型，理财市场已呈现出以理财公司为主、银行机构为辅的格局。银行理财公司和外资控股公司的陆续成立，为银行理财市场注入新生力量。各个理财公司打造特色产品体系，形成竞争优势，市场格局进一步向专业化方向演进。

二是业务净值化转型成效显著，产品结构不断优化。 资管新规落

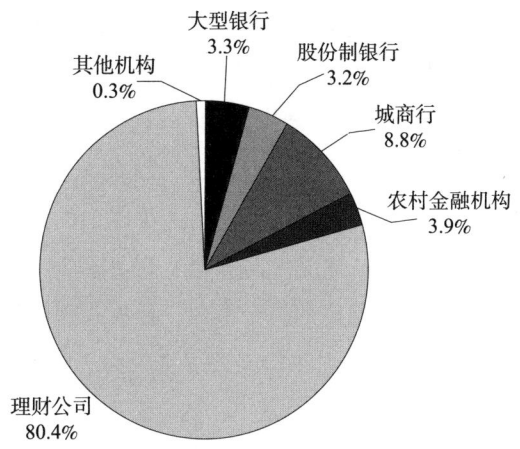

图2.2 存续银行理财产品规模占比

- 大型银行 3.3%
- 股份制银行 3.2%
- 城商行 8.8%
- 农村金融机构 3.9%
- 理财公司 80.4%
- 其他机构 0.3%

注：数据截至2023年6月末。
资料来源：中国理财网，课题组整理。

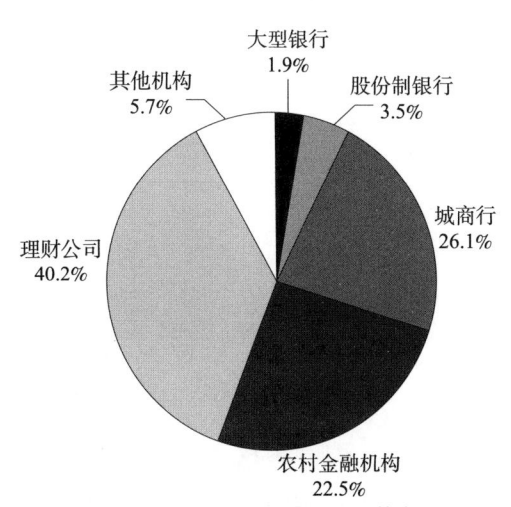

图2.3 存续银行理财产品只数占比

- 大型银行 1.9%
- 股份制银行 3.5%
- 城商行 26.1%
- 农村金融机构 22.5%
- 理财公司 40.2%
- 其他机构 5.7%

注：数据截至2023年6月末。
资料来源：中国理财网，课题组整理。

地实施以来，理财业务规范化转型效果明显，2021年年底，全市场保本理财产品规模已由资管新规发布时的4万亿元压降至零，如期完成银行理财业务过渡期整改任务。同时，理财产品净值化转型程度持续提升。截至2022年年底，净值型理财产品存续规模26.40万亿元，占比95.47%，较资管新规发布前增加21.24万亿元，产品净值化转型进程显著（见图2.4）。产品结构优化调整，2023年6月末新发封闭式理财产品期限加权平均期限为326~381天，1年以上的封闭式产品存续规模截至2023年6月末占全部封闭式产品的比例达71.48%（见图2.5），为市场提供了长期稳定的资金来源。开放式理财产品规模及占比不断提高，截至2023年6月末，其存续规模为20.26万亿元，占全部理财产品存续规模的79.95%。其中，现金管理类理财产品存续规模为7.21万亿元，较上年同期下降14.98%，占全部开放式理财产品存续规模的比例为35.59%。

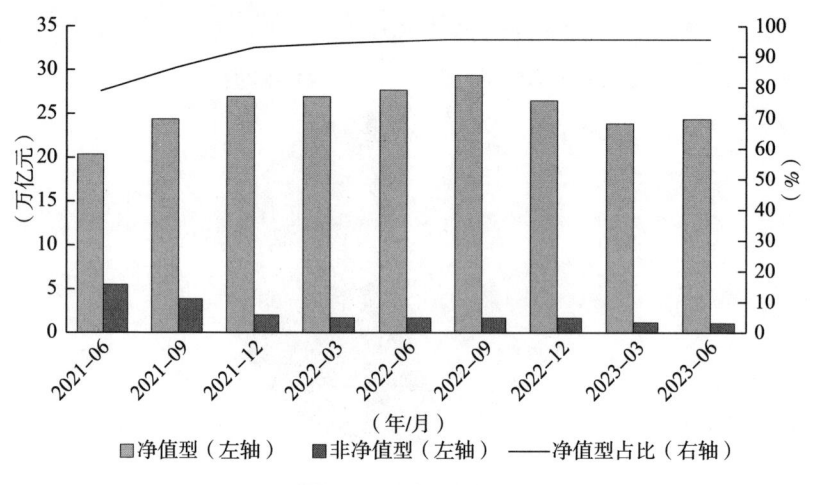

图2.4 净值型理财产品规模和占比情况

资料来源：银行业理财登记托管中心，课题组整理。

此外，由于目前理财客户的风险偏好相对较低以及银行理财暂不具备股票二级市场的主动管理优势等，理财产品仍以固收类产品为主，权益类产品规模占比仍较低。截至2023年6月末，固定收益类产品存

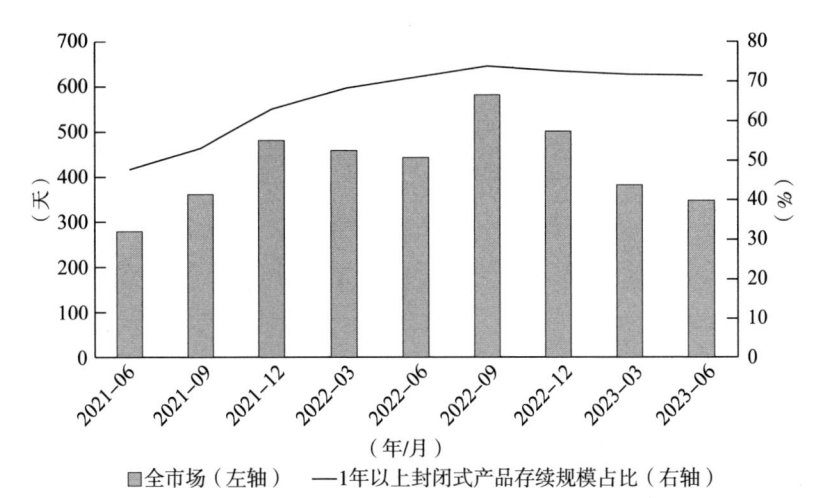

图 2.5　1 年以上封闭式银行理财产品余额占比

资料来源：银行业理财登记托管中心，课题组整理。

续规模为 24.11 万亿元，占全部理财产品存续规模的比例达 95.15%；混合类产品存续规模为 1.11 万亿元，占比为 4.38%；权益类产品和商品及金融衍生品类产品的存续规模相对较小，分别为 800 亿元和 400 亿元，占全部理财产品存续余额的 0.31% 左右（见表 2.3）。

表 2.3　银行及理财公司理财产品存续情况

产品投资性质		银行机构	理财公司	合计
固定收益类	净值（万亿元）	4.22	19.89	24.11
	占比（%）	90.36	96.23	95.15
混合类	净值（万亿元）	0.41	0.7	1.11
	占比（%）	8.78	3.39	4.38
权益类	净值（万亿元）	0.04	0.04	0.08
	占比（%）	0.86	0.19	0.31
商品及金融衍生品类	净值（万亿元）	0.00	0.04	0.04
	占比（%）	0	0.19	0.16

第二章　共富时代的银行财富管理

续表

产品投资性质		银行机构	理财公司	合计
总计（万亿元）		4.67	20.67	25.34
产品运作模式		银行机构	理财公司	合计
封闭式产品	净值（万亿元）	1.14	3.94	5.08
	占比（%）	24.41	19.06	20.05
开放式产品	净值（万亿元）	3.53	16.73	20.26
	占比（%）	75.59	80.94	79.95
其中：现金管理类产品	净值（万亿元）	0.54	6.67	7.21
	占比（%）	15.30	39.87	35.59
总计（万亿元）		4.67	20.67	25.34

资料来源：银行业理财登记托管中心，课题组整理。

三是专业化水平持续提高，投资收益保持稳定。理财新规发布以来，理财产品的投资门槛大幅下降，产品种类不断丰富，理财投资者队伍持续增长。截至 2023 年 6 月末，持有理财产品的投资者数量为 1.04 亿个，较年初增长 7.24%，同比增长 13.41%。持有理财产品的个人投资者数量新增 679.06 万人，机构投资者数量新增 21.38 万个（见图 2.6）。在投资者队伍继续壮大的同时，经过 4 年多的转型升级，银行理财自身的专业化能力得到大幅度提升。在产品端，银行理财已经开始从单一的理财产品供给方，向为不同风险偏好的客户提供差异化、综合化理财方案的服务供应商逐步升级转变；在投资端，银行理财一方面传承了母行在风险管理方面的经验优势，另一方面也结合银行理财业务特点进一步完善和提高了自身的信用风险识别能力，持续发挥自身在大类资产配置等方面的优势，保持了产品投资收益的整体稳健，积极发挥了为广大投资者保值增值的作用。在资管行业打破刚兑的背景下，银行理财借助其长期稳健的资金供给渠道、专业优质的资产管理能力、丰富多元的创新产品设计等优势，实现较为平稳的产品收益，2023 年上半年，理财产品整体收益稳健，累计为投资者创造

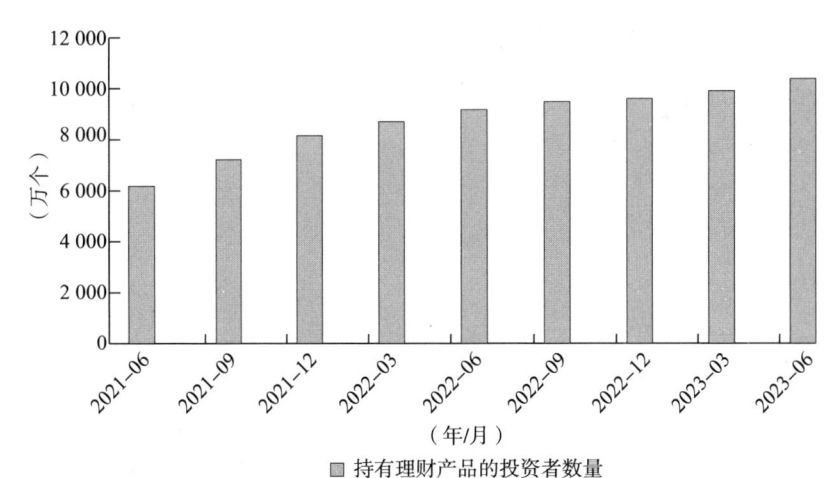

图 2.6　持有理财产品的投资者数量变化趋势

资料来源：中国理财网，课题组整理。

收益 3 310 亿元，其中，银行机构累计为投资者创造收益 836 亿元；理财公司累计为投资者创造收益 2 474 亿元，同比增长 19.61%。2023 年上半年各月度，理财产品平均收益率为 3.39%（见图 2.7）。

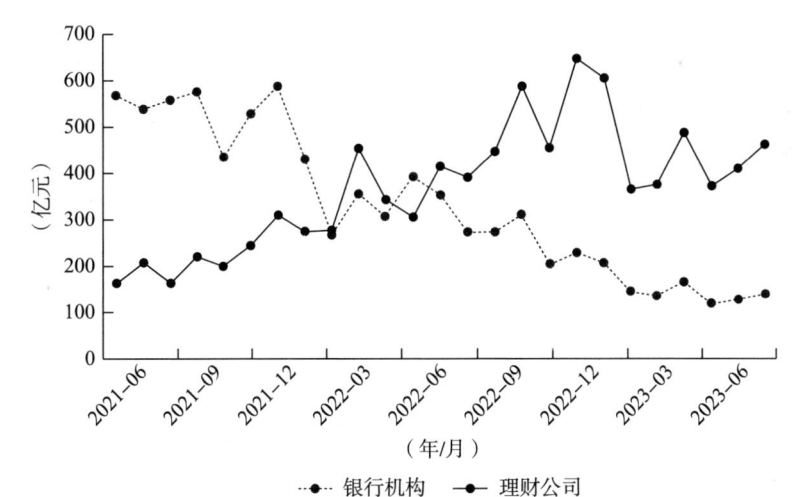

图 2.7　银行机构和理财公司产品兑付客户收益情况

资料来源：中国理财网，课题组整理。

第二章　共富时代的银行财富管理　85

我国私人银行业务的发展历程及现状

1. 中资私人银行的发展历程

中资商业银行于2007年开启私人银行业务，此后各大银行先后进入私行市场，按各类商业银行进入私行市场的时间划分，私行发展历程主要可以分为三个阶段。

（1）起步发展期：2007年3月，中国银行成立私人银行部，标志着中资商业银行正式进入私人银行市场，至2010年年末，国有大行和部分股份制银行都已经设立了私人银行部。

（2）快速发展期：大部分股份制银行先后开启了私人银行业务，同时，部分发达地区的城商行也开始进入私人银行市场。

（3）稳定发展期：2015年以来，更多的区域性银行随之成立私人银行部，各类中资银行全面进入私人银行市场（见表2.4）。

表2.4 各类中资商业银行私人银行部成立时间

时间	阶段一：2007—2010年			阶段二：2011—2014年			阶段三：2015年至今		
具体年份	2007	2008	2010	2011	2012	2013	2015	2016	2017
国有大行	中国银行	工商银行	农业银行						
		建设银行							
		交通银行							
股份制银行	中信银行			光大银行	浦发银行	华夏银行	浙商银行		
	招商银行			兴业银行		平安银行			
						广发银行			

续表

时间	阶段一： 2007—2010年		阶段二： 2011—2014年		阶段三： 2015年至今		
区域性 城商行			北京 银行	上海 银行	江苏 银行	南京 银行	晋商 银行
				杭州 银行		宁波 银行	

资料来源：公司财报，BCG（波士顿咨询）《中国私人银行2017》，课题组整理。

按照2022年《中国私人银行发展报告》所公布的数据，中资私人银行的资产管理规模于2021年年底达到19.59万亿元，同比增长12.94%。私人银行客户数从2020年的125.60万人增至2021年的143.03万人，增长率达13.54%。2017—2021年的4年间，行业资产管理规模与客户数量的年复合增长率分别达12.81%与14.09%，发展态势迅猛，客户财富管理需求旺盛（见图2.8和图2.9）。随着以资管新规为核心的行业统一监管框架的落地实施和不断完善，今后在大财富管理领域，中资银行将与互联网第三方、基金、券商、保险、私募等老牌管理人在统一监管规则下同台竞技，共同推动我国财富管理市场高质量发展。

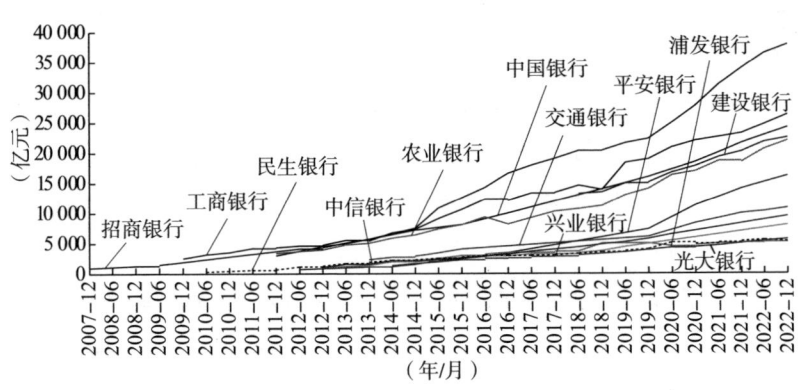

图2.8　12家主要内资私人银行历史AUM

资料来源：公司财报，万得资讯，课题组整理。

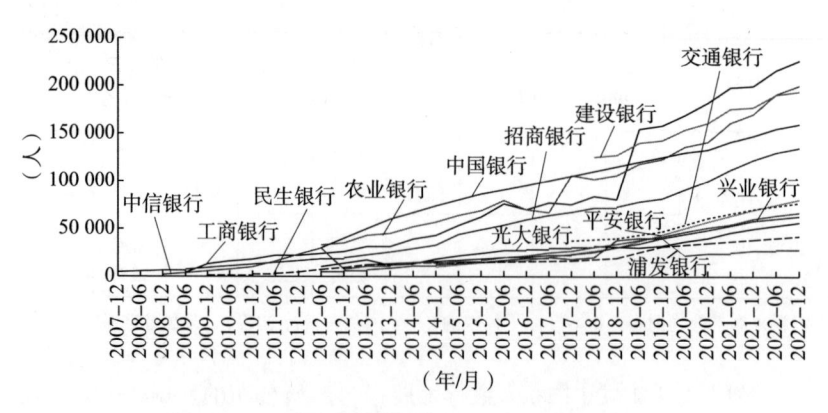

图 2.9　12 家主要内资私人银行历史客户数

资料来源：公司财报，万得资讯，课题组整理。

2. 我国私人银行的发展现状

一是我国私人银行市场格局呈明显的梯队化发展趋势。

从 2022 年年末私行 AUM 规模来看，当下大型中资私人银行可分为三个梯队。第一梯队私行 AUM 在 2 万亿元以上，包括招商银行和国有四大行，其中招行有较大领先优势。第二梯队私行 AUM 在 1 万亿到 2 万亿元之间，包括平安银行和交通银行。第三梯队私行 AUM 在 5 千亿到 1 万亿元之间，包括中信、兴业、光大等几家股份制银行（见图 2.10）。

从私行客户数和人均 AUM 的角度来看，四大行的客户数有绝对领先优势，2022 年年末四大行客户数均在 15 万以上，其中工行和农行已经突破 20 万。招商银行和平安银行在人均 AUM 方面有较大优势，2022 年人均 AUM 在 2 000 万元以上（见图 2.11）。

二是高净值人群总资产稳步上升，高净值人群结构更趋多元。

从高净值人群及其资产总量发展来看，2006—2021 年，我国高净值人群数量以及高净值人群可投资资产总额增长迅速，CAGR 分别为 20.52% 和 21.45%（见图 2.12 和图 2.13）。

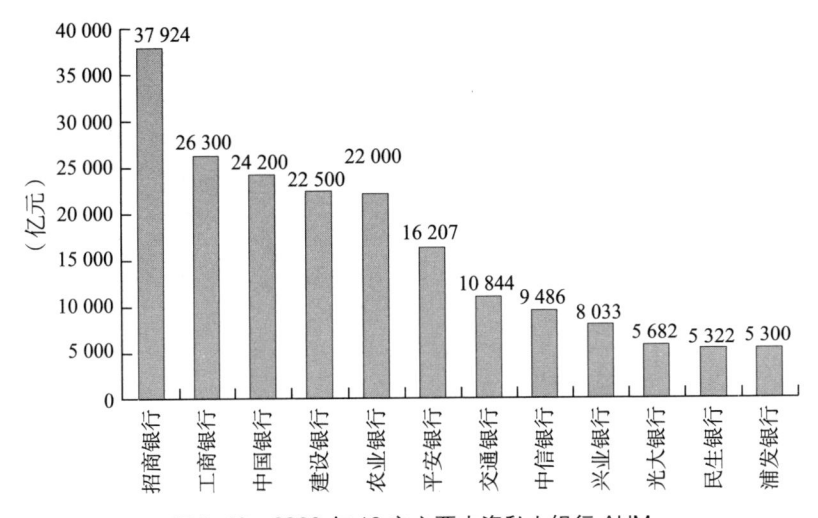

图 2.10　2022 年 12 家主要内资私人银行 AUM

资料来源：公司财报，万得资讯，课题组整理。

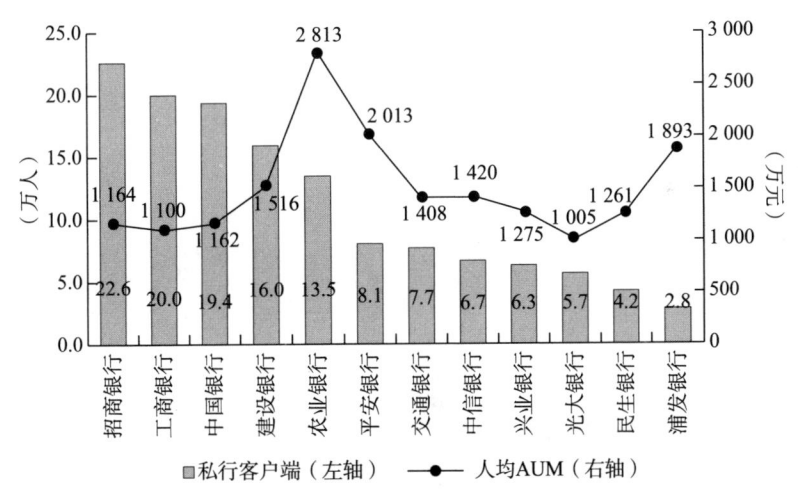

图 2.11　2022 年 12 家主要内资私人银行客户数与人均 AUM

资料来源：公司财报，万得资讯，课题组整理。

从高净值人群职业分布变化来看，高净值人群私人银行市场发展初期，中国高净值人群以创业企业家为主，2009 年占比达 70%。

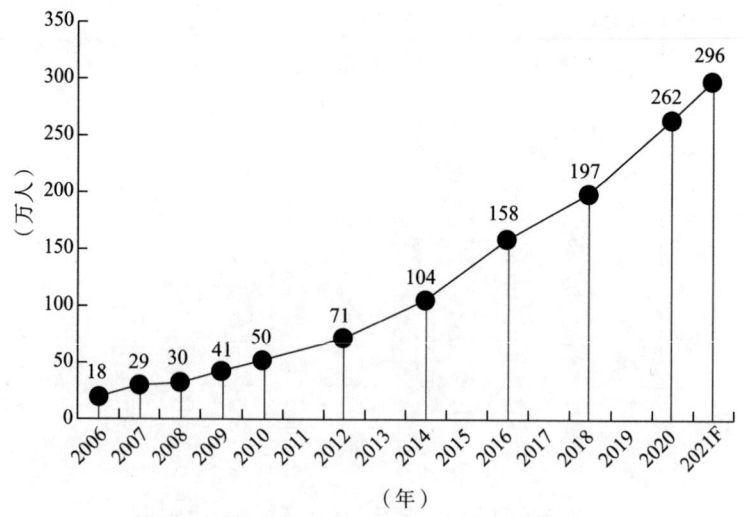

图 2.12　2006—2021 年高净值人群数量

注：高净值人群为可投资资产超过 1 000 万元的个人。

资料来源：招商银行与贝恩咨询，《中国私人财富报告》。

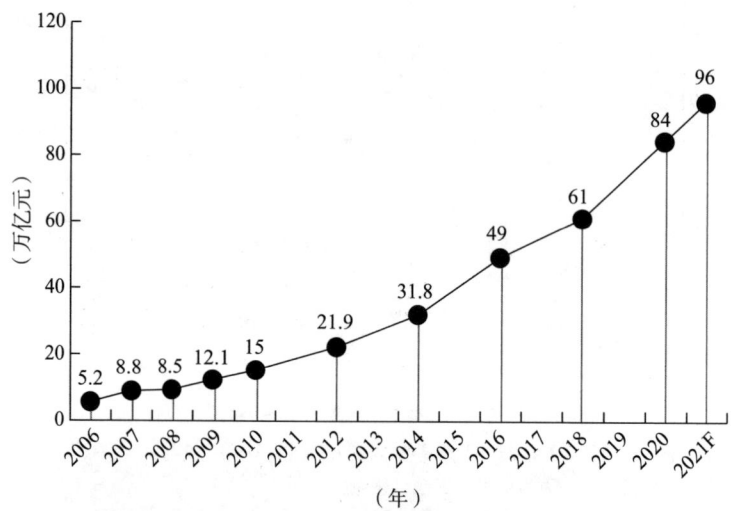

图 2.13　2006—2021 年高净值人群可投资资产总额

注：高净值人群为可投资资产超过 1 000 万元的个人。

资料来源：招商银行与贝恩咨询，《中国私人财富报告》。

至2021年,"创一代"占比下降至25%。包括职业经理人、企业高管及专业人士的职业金领快速增长,逐渐成为高净值人群主力,2021年占比提升至42%。包括全职太太以及各类社会名流等其他高净值人群占比也逐年增长,2021年占比提升至19%。同时,自2017年起,二代继承人客户逐渐成为一个重要群体,2021年占比已达12%(见图2.14)。

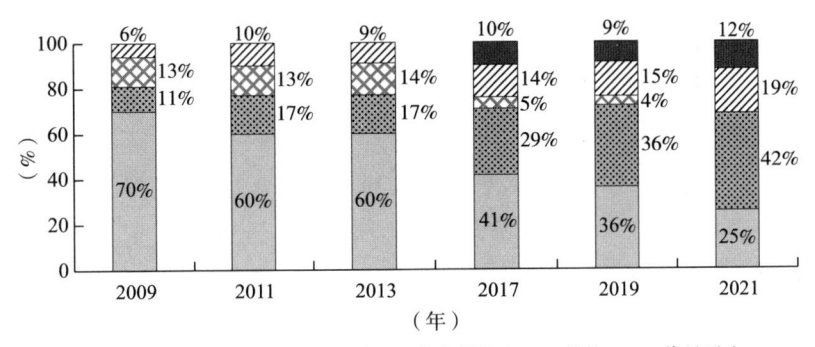

图2.14 2009—2021年高净值人群职业分布

资料来源:招商银行与贝恩咨询,《中国私人财富报告》;课题组整理。

从高净值人群的资产配置变化来看,自2009年以来,受金融环境、监管要求等多方面发展与变化的影响,高净值客户各类资产配置占比亦历经复杂变化。股票及债券的直接投资占比总体呈下降趋势,由2009年的27%/5%下降至2021年的16%/3%。同时,公募基金占比大幅上升,2009年占比仅为5%,2021年占比提升至29%。银行理财和信托产品占比经历大幅波动,2009年占比仅为8%/1%,2017年占比提升至25%/13%,但受2018年资管新规出台的影响,此后增速明显放缓,2021占比下降至9%/5%。

银行财富管理支持共同富裕的初步探索

共同富裕下银行财富管理的重要作用

党的二十大报告中指出：中国式现代化是全体人民共同富裕的现代化，共同富裕是中国特色社会主义的本质要求，也是一个长期的历史过程。

按照经典的库兹涅茨曲线，一国的贫富差距会随着该国经济社会的发展程度先拉大后缩小，整体呈非线性的"倒 U 形"。而从金融发展理论的角度来看，经济增长与金融发展是相互促进的，特别是对于发展中国家来说，金融发展由于消除或缓解了"金融抑制"，为企业提供了更好的投融资环境而促进了经济增长。因此，金融主要通过推动经济增长进而影响社会收入分配。从这个角度来看，不同于一般认为的财富管理具有"嫌贫爱富"、放大"马太效应"的狭义理解，在我国经济社会进入高质量发展的新阶段，财富管理作为现代金融体系的重要组成部分，既是服务实体经济的有效手段，也是满足居民财富管理需求的重要载体，在共同富裕实现过程中能够发挥重要的促进作用。

在我国的财富管理行业当中，银行财富管理凭借渠道优势和科技能力，拥有更广的客群覆盖面、更完善的产品体系、更全面的综合服务能力。在今后扎实推进共同富裕，着力提高中低收入群体收入，逐步形成中间大、两头小的橄榄型分配结构的过程中，银行财富管理在普惠性、有效性、可及性等方面的优势将更加明显，也必将在今后居民财富积累和收入结构改善的过程发挥更加积极的作用。

首先，财富管理是商业银行助力提升初次分配效率性的重要途径。

财富管理是商业银行服务经济社会高质量发展和满足人民美好生活需要的重要力量。商业银行财富管理覆盖了所有市场主体和客户，财富管理以优化市场主体和客户资产负债的有效匹配，实现资产增值为目的，一方面发挥了市场配置资源的决定性作用，有效提升了客户资源配置的效益和质量；另一方面实现了客户财富配置需求与各类市场主体融资需求的对接，创造了有效投资需求，服务实体经济发展。此外，财富管理帮助客户管理风险并引导其风险预期与宏观经济偏好趋于一致，助力宏观经济稳健运行。商业银行财富管理以专业的投研和价值管理能力实现了个人投资活动门槛降低，让各类客户充分参与经济发展，为客户创造投资收益；商业银行财富管理提供由子女教育到健康养老的全流程服务与产品，可以满足各类客户、各时段的不同需求，有助于多渠道增加城乡居民财产性收入，让客户共享经济社会发展成果，进一步规范财富积累机制，更好满足人民群众对美好生活的向往。

其次，财富管理是商业银行推动提升再次分配公平性的关键一环。财富管理业务通过充分发挥机构的专业化资产配置和投资运作能力，能够有效对接广大居民的财富管理需求，实现更广泛意义上的资源有效配置，是实现共同富裕"分好蛋糕"的重要途径之一。同时，财富管理也是商业银行响应客户需求的必然要求，特别是随着经济发展环境的复杂性、严峻性、不确定性上升，居民迫切希望有专业机构来帮助其管理个人财富，有效降低管理风险，实现财富的保值、增值和传承。此外，商业银行财富管理业务通过支持扶贫基金、乡村振兴基金、普惠理财等方式可以成为政府二次分配调节机制中的有效补充。

再次，财富管理是商业银行带动提升三次分配自愿性的重要抓手。在实现三次分配的过程中，财富管理业务可以在引导居民提升社会责任意识、履行应有社会责任等方面发挥积极作用，从而促进社会财富的优化流动。同时，财富管理业务本身也包括财富的代际传承等功能，能够帮助更广泛意义上的社会财富的积累。

此外，财富管理还是加快商业银行转型和提升国家经济金融实力的重要手段。从银行经营角度看，财富管理基于高素质人员结构和完善的风险管理能力，以轻资本轻资产的机制在为客户提供服务的同时，也为银行创造了巨大的商业价值；从服务角度看，财富管理机构高质量的形势分析和投研报告可以成为宏观经济部门制定相关政策的重要依据，助力财政政策和货币政策有效引导市场预期；从竞争能力角度看，只有提高财富管理水平和能力，才能助力国家参与国际竞争。财富管理能力不仅可以成为吸引外资的重要平台，为国内客户在国际市场寻求发展机会，更重要的是提升了国家信用水平。

银行财富管理支持共同富裕的已有实践

伴随着我国经济的持续较快增长，我国社会财富总规模也在快速积累。财富管理市场高度契合新时期我国经济社会发展趋势，而银行财富管理凭借渠道优势和科技能力，拥有更广的客群覆盖面、更完善的产品体系、更全面的综合服务能力，在优化社会资源配置、促进直接融资体系发展、承接居民财富管理需求、改善居民收入结构等方面都发挥了积极作用。在我国经济社会转向高质量发展的新时期，银行财富管理在促进共同富裕方面的积极作用正逐步提升。

服务实体经济，做大共同富裕的物质基础

银行财富管理积极响应国家政策号召，充分发挥优化配置功能，提高直接融资比重，推动经济高质量发展。一方面，通过多种路径引导金融资源流向实体产业，积极发行"专精特新"等主题产品，持续加大对现代化产业体系的资金支持力度。截至2023年6月末，银行理财产品通过投资债券、非标准化债权、未上市股权等资产，支持实体

经济资金规模约19万亿元，理财资金投向绿色债券规模超2 300亿元，投向"一带一路"、区域发展、扶贫纾困等专项债券规模超1 000亿元，为中小微企业发展提供资金支持超3.5万亿元。为助力我国碳达峰、碳中和目标实现，理财市场2023年上半年累计发行ESG主题理财产品67只，合计募集资金超260亿元。截至2023年6月末，ESG主题理财产品存续规模达1 586亿元，同比增长51.29%。理财行业不断推出特色产品，2023年6月末存续专精特新、乡村振兴、大湾区等主题理财产品超200只，存续规模超850亿元。

---案例---

华夏理财私募股权投资产品

2021年9月，华夏理财发布国内首款专项投资于北交所拟上市企业的接力基金——"北京首发展华夏龙盈接力科技投资基金"，以支持拟在北交所上市的专精特新企业发展。该基金目标募集规模为100亿元，由首都科技发展集团担任GP（普通合伙人）管理人，华夏理财通过发行私募股权类理财产品募集资金，认购全部LP（有限合伙人）份额。

践行普惠理念，着力提升社会整体财富水平

首先是通过创新合理的产品设计和专业投资管理能力推动财富管理下沉，使财富管理成为广大中低收入居民基本工资收入以外增厚财富的有效方式，多渠道增加城乡居民财产性收入。2013—2022年的10年间，银行理财产品累计为客户创造收益近9.05万亿元，年均增速达9.7%（见图2.15）。其次是顺应老龄化发展趋势，发挥自身的客群和

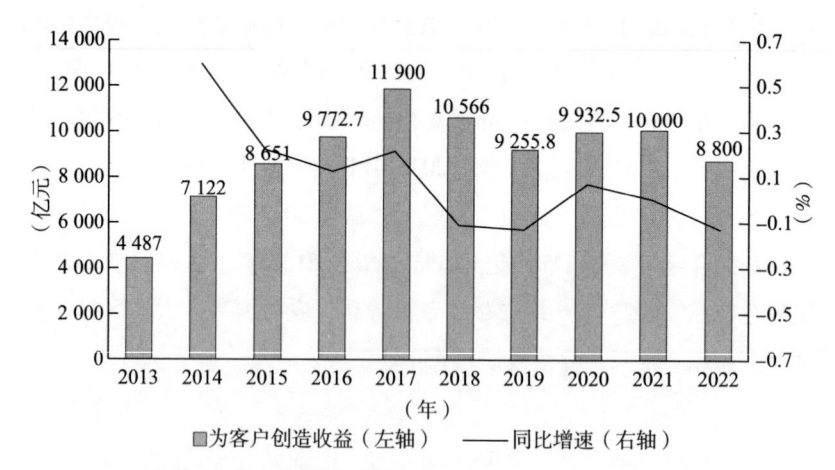

图 2.15　2013—2022 年银行理财为投资者创造收益情况
资料来源:《中国银行业理财市场年度报告》(2013—2022 年),课题组整理。

渠道优势积极参与养老第三支柱建设。截至 2023 年一季度末,养老理财产品共发行 51 只,累计发行规模 1 004.9 亿元,投资者人数合计 46.7 万。再次是发挥商业银行渠道优势,拓展理财客群覆盖的深度和广度,精准匹配乡村县域客户特点和理财需求,利用多元化的财富管理手段,大力支持乡村振兴战略。截至 2022 年年末,银行理财投向乡村振兴和扶贫等专项债券规模超过 1 200 亿元。比如,工银理财通过"理财万里行""828 理财节"等活动,延伸营销触角,加强渠道赋能,取得良好成效。农银理财推出面向县域客户销售的乡村振兴惠农产品,管理产品超过 20 只,规模超过 540 亿元。

―――――| 案例 |―――――

工银理财养老理财产品

2021 年 12 月,工银理财在武汉、成都试点发售首期养老理财产品，累计募集超 30 亿元。截至 2022 年年末，工银理财存续养老理财产品 11 款。2023 年 2 月工银理财首批发行个人养老金理财产品，除税收优惠以外，不收取销售费和超额业绩报酬，个人养老金专属份额综合费率较原份额降 30bp（基点）。从产品期限来看，目前存续的养老理财产品以封闭式为主，投资期限均为 3 年以上。从产品类型和风险等级来看，目前存续的养老理财产品以固收类产品为主。同时，投资个人养老金理财产品的每位投资者可以享受每年 12 000 元的最高税优额度，在缴费及投资环节不征收个人所得税。

农银理财乡村振兴惠农产品

2021 年 2 月，农银理财推出乡村振兴理财产品。农银理财围绕其经营方针，推进乡村振兴惠农系列理财产品升级，综合费率为 0.12%，低于市场同期水平。"乡村振兴惠农"系列产品涵盖了灵动、定开、期次等不同开放类型，期限从两个月至三年不等，销售范围为县域开立账户的全体客户。"乡村振兴惠农"专属产品通过贴补管理费率等方式，产品业绩基准较常规产品高 10~30bp。截至 2022 年年底，农银理财存续乡村振兴惠农和共同富裕系列产品规模合计 655 亿元，较上年末增长 59%。

个人养老金理财产品

2023 年 2 月，中国理财网相继公布两批个人养老金理财产品名单，共计 18 只产品入围。至此，"储蓄、理财、保险、公募"四类个人养老金产品均已公布。

截至 2023 年一季度末，工银理财、农银理财、中邮理财、中银理财发行个人养老金理财产品 18 只。在运作模式方面，均采用开放式模式运作，其中最小持有期型为主要形式，产品数量占比达到 89%；在运作周期方面，产品周期包括 1 年、1 年半、2 年、3 年、5 年不等，其中 1 年期产品数量比重最大，达到 39%；在风险等级方面，以中低风险等级（PR2）为主，产品数量占比 67%，其余部分为中风险等级（PR3）；在投资性质方面，以固定收益类产品为主，数量占比达到 83%；在业绩基准方面，大部分产品均为 4%~5%。成立以来，个人养老金理财产品业绩表现稳健，全市场年化收益率约为 3.85%。

丰富多元产品服务供给，促进社会财富调节和流动

丰富的产品与服务既是财富管理的核心，也是共同富裕进程中推动资金流通、收入分配和调节的有效手段。一方面，银行财富管理大力推进产品创新，丰富差异化产品供给，根据自身资源禀赋探索差异化的产品体系。例如，工银理财打造了"稳鑫智远"产品体系，根据客户购买理财产品的不同需求，对各种风险策略类型实现全覆盖，构建起了资产属性明确、风险等级清晰、客户理解直观的全量理财产品货架；信银理财则坚持以"稳健"作为品牌核心，围绕"温度、稳健"的小暖象品牌内涵，将做大做强固收稳健类产品作为经营重心，致力于打造风险收益特征鲜明、具有阶梯层次的产品网络，为投资者提供多元化理财货架。另一方面，银行财富管理机构也在持续围绕小微企业主、老年人、乡村县域、低收入群体等重点客群对金融服务的特殊需要，通过发行专属产品、降低申购起点、深度参与养老理财等方式，有效提高理财服务的覆盖率和可得性。此外，部分机构还积极发行公益慈善理财产品，探索建立银行财富管理支持三次分配的有效路径。截至 2022 年年底，全市场累计发行乡村振兴、公益慈善等社会责任主题理财产品 131 只，募集资金约 500 亿元（见表 2.5）。

表2.5 部分理财子公司产品体系概况

理财公司	产品体系	产品线
工银理财	"稳鑫智远"产品体系	"稳"系列主打低回撤，定位为固收PR1产品，包含现金管理和非现PR1；"鑫"系列主打回撤可控、收益灵活，定位为固收PR2产品，包含纯债和固收PR2增强两大类；"智"系列主打均衡配置，定位为固收PR3产品，形态以1年以上封闭式低、中、高波"固收+"产品为主；"远"系列主打长期投资，定位为混合类及其他类产品
建信理财	"1+5"产品体系	1条主线：以粤港澳大湾区高质量发展指数为主线 5条子线：粤港澳大湾区价值蓝筹、红利低波、科技创新、先进制造、消费升级
中银理财	四大理财系列+特色新品	四大系列："乐享"现金管理系列、"稳富"标类固收系列、"睿富"非标系列、"智富"混合系列 特色新品："全球配置"外币产品，"福、禄、寿、禧"养老产品，"鼎富"股权投资产品、指数产品
交银理财	主打稳健固收，布局多策略主题	主打稳健固收：把固收类产品打造为拳头产品和旗舰产品 多策略主题产品：商业养老、科创投资、长三角一体化、要素市场挂钩等策略
农银理财	"6+N"净值型产品体系	"6"为"六心"产品品牌，共包括安心、匠心、同心、恒心、精心、顺心六大系列；"N"包括乡村振兴惠农、共同富裕等，是具有农银特色的创新产品
中邮理财	"财富管理+资产管理"双维度架构	"财富管理"维度："养老""抗通胀""盛兴"等分类品牌，和"卓享""尊享"等分层品牌 "资产管理"维度：纯固收类"鸿运"、固收+"鸿锦"、偏固收混合类"鸿元"及私募产品"鸿业远图"等八大产品系列
招银理财	五大产品线	"招赢睿智卓越"分别对应现金管理产品、固定收益型产品、多资产型产品、股票型产品、另类产品及其他五大系列产品
兴银理财	发力"固收+"与权益类	"固定收益+"：契合银行理财主要客群的低风险偏好 权益类：兴银理财形成差异化竞争、提升业务价值的重要抓手

续表

理财公司	产品体系	产品线
光大理财	"七彩阳光"净值型产品系列	红——权益系列、橙——混合策略类、金——固定收益类、碧——现金管理类、青——另类资产、蓝——私募股权类、紫——结构化投融资类
宁银理财	中低风险+权益类	主打中低风险产品,逐步推出权益类,实现"全产品、全市场"

资料来源:《中国银行业理财市场年度报告》(2020年),课题组整理。

———— 案例 ————

慈善理财产品

2021年,青银理财推出了全国理财公司首款"慈善理财"产品,预计年化收益率为4.38%,客户在购买产品时签署约定,将理财收益中年化0.3%的部分作为捐赠金额,由青银理财从到期清算资金中扣划至青银慈善基金会捐款专用账户,用于特定公益慈善项目,专款专用。

信银理财与浙江省慈善联合总会合作,推出了信银理财同富系列产品。在产品设计上,投资人在购买特定慈善理财产品时,通过协议约定,可以将部分理财收益作为捐赠款直接转至浙江省慈善联合总会账户,用于开展包括推动共同富裕、乡村振兴、绿色发展等在内的各类慈善项目和公益活动。截至2023年1月,信银理财金睛象项目优选(同富)系列封闭式理财产品已累计发行4期,规模达11.7亿元,产品产生的超额收益已全部实现捐赠。

私人银行与公益慈善互动发展

1. 2023年3月,中国工商银行联合信托机构发布国内首个基于捐赠人建议基金模式(DAF)的慈善信托——工银私人银行"君子伙伴慈善信托"生态圈2.0版本（见图2.16）。该服务平台为客户提供两种慈善信托服务方案，一是永续集合型慈善信托服务，是由多个私人银行客户、客户家族信托、客户企业作为共同委托人，由工商银行发挥集团资源优势精选优质慈善项目并提供相关慈善服务安排，同时下设独立的管理委员会，统筹决策信托财产的慈善运用；二是定制化慈善信托服务，其以客户或客户家族信托作为发起委托人设立慈善信托，工银私人银行作为慈善信托综合顾问，监督慈善信托运营，并提供综合性服务（见图2.17）。

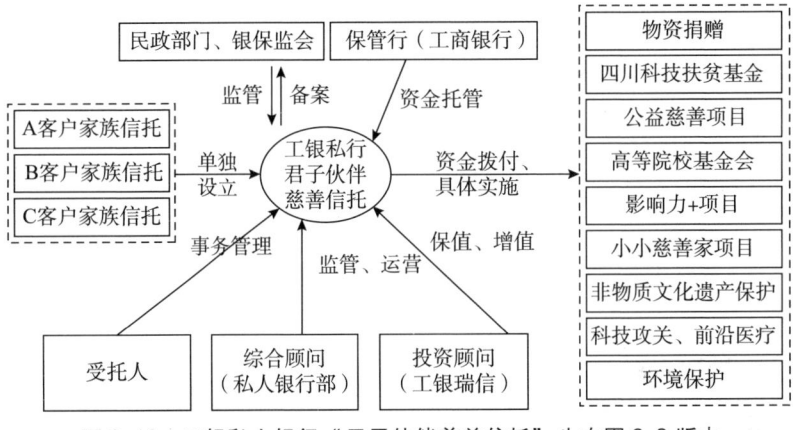

图2.16 工银私人银行"君子伙伴慈善信托"生态圈2.0版本

2. 建行私人银行推出慈善理财、慈善信托、慈善基金会等产品服务，累计捐赠近5 500万元，组织开展一系列公益活动。2019年，注册申请了"善建益行"商标，成为银行业首个金融慈善服务品牌。在2020年新冠疫情初发阶段，总行私行部发行专属公益类产品、实现定向总捐赠1 015万元，提供免费电话医生、在线健康咨询等远程服务，运用建行e私行等工具开展客户线上服务40多场、服务客户近4 000人。

3. 2021年5月，平安银行私人银行在业内推出一站式慈善规划服务，依托平安集团的公益资源，筛选出一批基金会与公益机构，为高净

```
民政部门、银保监会      保管行（工商银行）        物资捐赠
        ↕监管 备案         资金托管          专项慈善基金
客户家族信托  单独设立  专属慈善信托  资金拨付、具体实施  教育资助
                                                环境保护
       事务管理   监管、运营   保值、增值       科技攻关
                                                前沿医疗
    受托人   综合顾问（私人银行部）  投资顾问（工银瑞信）
```

图 2.17 定制化慈善信托服务

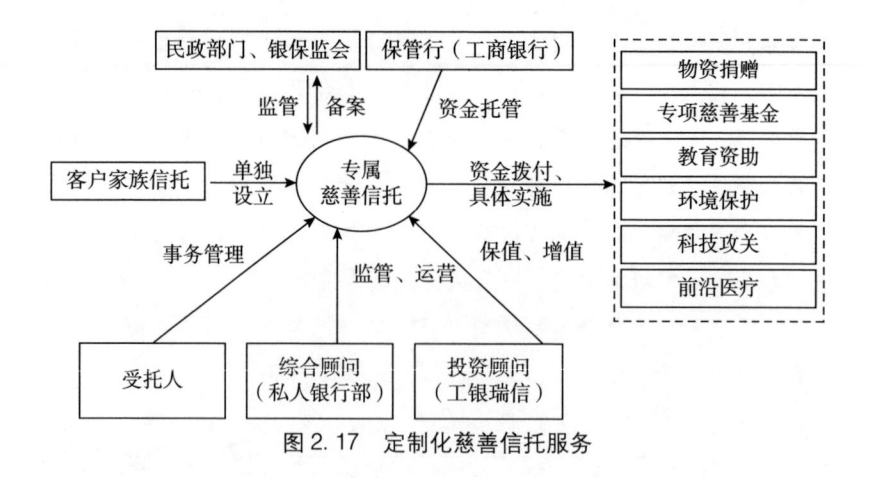

值客户提供定制式慈善服务。在捐后管理方面，私人银行根据委托客户要求，对公益机构和公益项目提出管理标准和考核机制，要求基金会定期通报项目的执行情况。2022 年，平安私人银行将协助客户设立慈善信托的起始金额降至 20 万元，以此推动更多人参与慈善。截至 2022 年年底，平安私人银行已协助客户设立慈善信托累计规模逾 5 500 万元。

推动投资者教育与陪伴，引导社会树立正确的财富观念

通过帮助广大居民逐步树立起正确的投资和财富观念，逐渐认识并接受金融市场的正常波动，有助于平抑追涨杀跌等极端情绪，促进形成更加良好的投资环境，进而推动财富管理机构更好地投资和服务投资者，形成良性循环。这一点对银行财富管理促进共同富裕的意义尤为重要。银行财富管理具有明显的客户数量大、风险偏好低的特点。截至 2022 年年底，个人理财投资者数量为 10 254.38 万人，占比 98.87%；机构投资者数量为 117.33 万个，占比 1.13%。从投资者风险偏好分布情况来看，近年来随着市场波动有所加大，理财投资者的整体风险偏好更趋保守。截至 2023 年 6 月末，持有理财产品的个人投

资者数量最多的是风险偏好为二级（稳健型）的投资者，占比34.31%（见图2.18）。在这一方面，在有关监管部门的引导和支持下，近年来部分银行财富管理机构已经进行了积极的尝试。

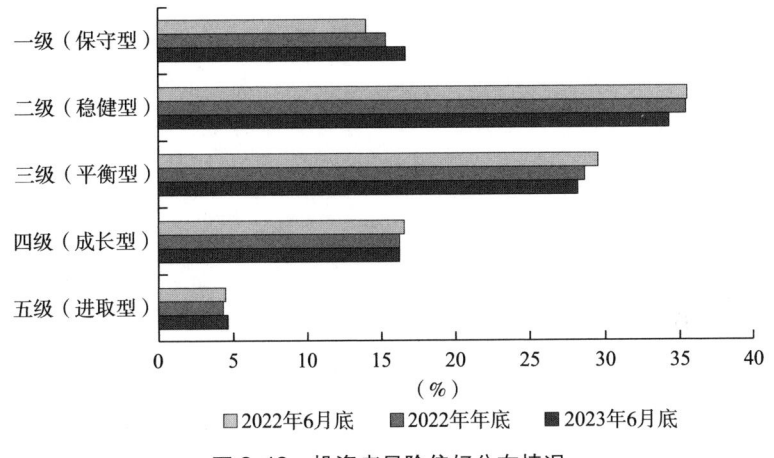

图2.18 投资者风险偏好分布情况

| 案例 |

工银理财投教体系

工银理财紧跟监管指引和客户关切，规划"陪伴式"理财销售工作要点，将投资者教育陪伴贯穿销售、产品和服务的全过程，初步形成了"有梯度、有温度、有深度"的投资者教育和陪伴体系。

一是紧扣投资者认知盲区和痛点，对"症"输出投教内容。围绕"基础理财知识、市场热点分析、投资理念引导"等主题，面向不同客群持续开展"陪伴式"投教宣传，目前已经形成了"一套投资理财掌上书、一组投资理念微课堂"以及每周市场行情解读等不同梯度的内容体系。同时，为顺应短视频时代的传播风口，创新开展了情景剧、短视频等客户喜闻乐见的宣传形式,提升投教内容的趣味性和传播性。

二是充分发挥集团资源优势,探索"互联网+"投教模式。集中优势资源,于每月16日打造了"工银理财投教品牌日",线上线下联动开展系列投教宣传活动。线上依托集团手机银行财富社区、流量直播平台等宣传主阵地,通过直播等形式,邀请资深行业专家、投资经理与投资者面对面交流;线下发挥工商银行网点众多的优势,协同各分支行"投教宣传员"和部分网点的特色投教专区,实现以投教赋能营销、以投教驱动业务。

三是广泛加强投教外部合作,逐步打造理财投教联盟。积极与监管、同业、高校、媒体等各类机构跨界合作。在活动层面逐步落地了"理财知识进万家""投资理财知识进高校""同舟行动"等各类让投资者"看得见、能参与、有反馈"的理财投教活动;在内容层面与中证报、普益标准等核心媒体建立投教专区,通过内容的引入与输出,发挥各自资源禀赋,形成理财投教合力,逐步壮大成熟投资者队伍。

共同富裕下银行财富管理的机遇与挑战

共同富裕下银行财富管理正处于重要战略机遇期

居民财富积累为银行财富管理健康发展打开增长空间

从总量上看,新发展阶段中居民财富保持趋势性增长。随着我国经济社会的快速发展和综合国力的显著增强,居民收入水平稳步提升,人均可支配收入增速与经济增长基本同步。据统计,2021年年末我国居民财富总量近 700 万亿元，①增速领先美、日，已成为全球第二大财富管理市场、第二大在岸私人银行市场。②同时，财富分配差距逐步缩小，十年间城乡居民人均可支配收入之比由 3.03∶1 降低到 2.45∶1，③ 中等收入群体规模突破 4 亿人，预计 2030 年该群体占比将会超过 50%，④"中间大、两头小"的橄榄型收入分配结构正在进一步形成，为居民财富积累的可持续性提供充分保障（见图 2.19）。

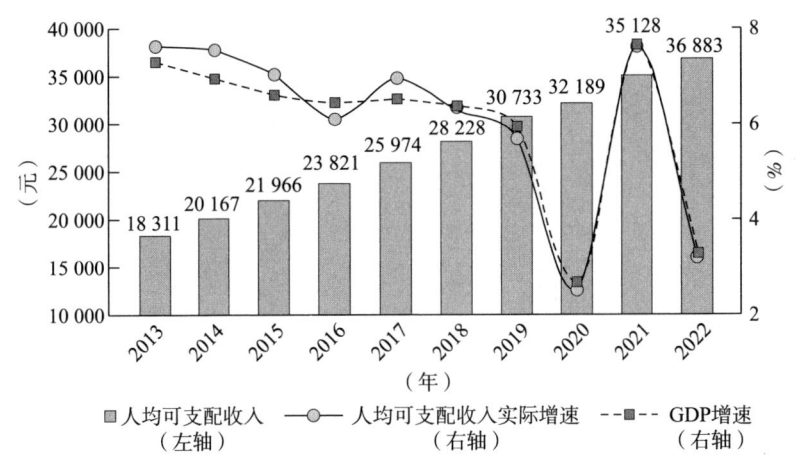

图 2.19　2013—2022 年我国居民人均可支配收入与 GDP 情况
资料来源：国家统计局，课题组整理。

从结构上看，新发展理念引领资产配置更趋合理多元。 财富结构是居民对经济增长预期的映射，在国内房地产市场平稳发展的导向下，其投资属性逐渐弱化、吸引力边际下降，溢出资金和增量资金开始有

---

① 资料来源：新湖财富，《中国财富报告 2022》。
② 资料来源：麦肯锡，《中国金融业 CEO 季刊》。
③ 考虑到数据可得性，2013 年农村居民可支配收入按照纯收入进行计算。
④ 资料来源：国务院发展研究中心《以消费为主导　有效扩大和更好满足内需》的研究报告。

选择性地流入金融资产。对财富增加的贡献因素中，房地产贡献率已由 2020 年的 69.9% 降至 2022 年的 63.9%，金融资产贡献率则上升 11.2 个百分点至 32.4%。① 在此背景下，预计 2030 年居民金融资产规模将达到 486 万亿元，② 与实物资产比例调整优化为 4∶6，进一步向欧美发达国家的 7∶3 收敛。而银行业作为我国金融领域资产占比最大的行业，在财富管理、资产管理、投资银行等领域的全链条优势也将更加明显（见图 2.20）。

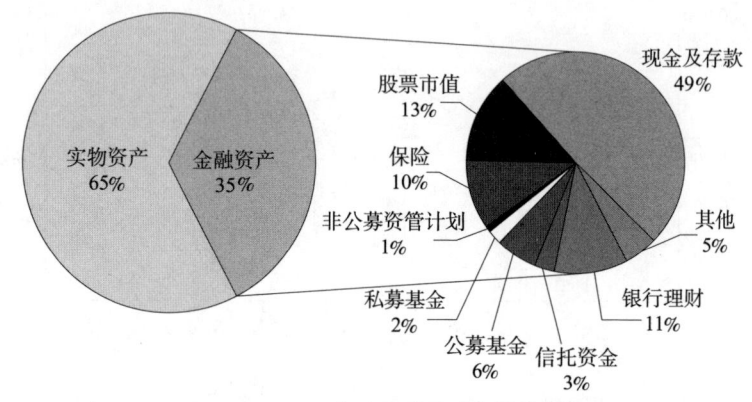

图 2.20　2021 年我国居民资产结构情况

资料来源：万得资讯，中金公司，课题组整理。

从客群上看，新发展格局下各类财富管理需求合理扩张。对于占比近 20% 的老年人群体，"三支柱"养老保障体系协调发展是关键，而商业银行正是养老金融体系建设的主力军。目前，商业银行个人养老资金账户开立近 3 000 万户、③ 特定养老储蓄业务余额 263 亿元，理

---

① 资料来源：中国家庭金融调查与研究中心，《中国家庭财富指数调研报告》，2020 年和 2022 年。
② 资料来源：中金公司，《中国财富管理 2030：大产业、大变局、大机遇》。
③ 资料来源：《证券时报》，截至 2023 年 2 月末。

财公司存续养老理财产品51只、投资者累计购买金额超1 000亿元。①对于以3亿新市民为代表的中低收入群体,受限于工作稳定性低、社保参与度低、可支配收入低等因素影响,短期内较难实现财富积累。但调研数据表明,该群体在投资理财、金融投教等方面明显存在供给缺口,②商业银行通过完善金融服务、扩大金融供给、提升均等性和便利度,将有助于其财务规划和金融健康管理。对于总资产超160万亿元的高净值群体,③财富管理需求的综合化、多元化程度正在加深,将资产交由专业机构配置的意愿也在加强。大型商业银行得益于稳健均衡的经营风格和全面高效的服务体系,仍是高净值群体首选,占比超60%。④

生态体系优化为银行财富管理健康发展提供坚实基础

监管体系持续完善健全营造了行业发展的良好环境。为促进行业高质量发展,近几年监管部门加快从顶层设计上做好规划,推动资产管理业务体系趋于完备、弥补财富管理业务领域相关空白。2018年4月27日,中国人民银行等联合印发《关于规范金融机构资产管理业务的指导意见》,即"资管新规",通过去通道、破刚兑、限错配、降杠杆等措施,引导行业监管标准和规则得以统一,回归"受人之托、代客理财"的本源。此外,随着《商业银行理财业务监督管理办法》《商业银行理财子公司管理办法》等资管新规配套细则的陆续出台,

---

① 资料来源:银保监会,截至2023年1月末。
② 资料来源:21世纪金融研究院,《2022新市民金融服务调查报告》,2023。
③ 资料来源:胡润百富,《2022中国高净值人群家族传承报告》,2022。其中,"高净值群体"为拥有1 000万元人民币净资产的家庭。
④ 资料来源:招商银行,《2021中国私人财富报告》,2021。

30家银行理财公司获批开业，存续规模峰值超30万亿元，持有理财产品的投资者数量约9 700万个。① 当前，商业银行及理财公司在新的监管框架下有序经营，依靠专业能力、服务能力进行良性竞争，形成了更加合规、稳健的财富管理行业生态（见表2.6）。

表2.6　银行业财富管理主要监管规定梳理

	重点内容	进度进展
顶层设计	整治部分第三方财富管理机构不持有任何金融牌照，但实质开展财富管理业务的现象	2016年形成《通过互联网开展资产管理及跨界从事金融业务风险专项整治工作实施方案》，全行业顶层设计仍在完善中
顶层设计	规范金融机构资产管理业务，统一同类资产管理产品监管标准，有效防控金融风险，引导社会资金流向实体经济，更好地支持经济结构调整和转型升级	《关于规范金融机构资产管理业务的指导意见》，2018
	推动多样化投顾服务模式发展，加快推进投资咨询式投顾业务发展，引导更多类型机构加入试点，给予消费者接受投顾服务更多的选择权，真正解决投资顾问与客户利益一致性的问题	2019年形成《关于做好公开募集证券投资基金顾问业务试点工作的通知》，全行业顶层设计仍在完善中
	促进财富管理行业规范化起步，对行业从业者的服务流程、职业能力、职业道德与行为准则、职业能力水平评价等方面的标准进行界定	《金融从业规范财富管理》，2021
	推进多层次、多支柱养老保险体系建设，促进养老保险制度可持续发展，满足人民群众日益增长的多样化养老保险需要	《国务院办公厅关于推动个人养老金发展的意见》，2022

---

① 资料来源：银行业理财登记托管中心，《中国银行业理财市场年度报告》， 2023。

续表

	重点内容	进度进展
商业银行及理财公司	加强对商业银行理财业务的监督管理,促进商业银行理财业务规范健康发展,依法保护投资者合法权益	《商业银行理财业务监督管理办法》,2018
	加强对商业银行理财子公司的监督管理,依法保护投资者合法权益	《商业银行理财子公司管理办法》,2018
	规范金融机构资产管理产品投资,强化投资者保护,促进直接融资健康发展,有效防控金融风险	《标准化债权类资产认定规则》,2020
	规范理财公司理财产品销售业务活动,促进理财业务健康发展	《理财公司理财产品销售管理暂行办法》,2021
商业银行及理财公司	加强对商业银行、理财公司现金管理类理财产品的监督管理,促进现金管理类产品业务规范健康发展,依法保护投资者合法权益	《关于规范现金管理类理财产品管理有关事项的通知》,2021
	督促理财公司完善流动性管理机制,提高管理能力,更好推动理财产品净值化转型	《理财公司理财产品流动性风险管理办法》,2021
商业银行及理财公司	进一步明确适用资管新规的资产管理产品会计处理,提高会计信息质量	《资产管理产品相关会计处理规定》,2022
	加强金融法治建设,推动理财公司依法合规经营和持续稳健运行,按照诚实信用、勤勉尽责原则切实履行受托管理职责	《理财公司内部控制管理办法》,2022
	加强商业银行资本监管,维护银行体系安全、稳健运行,保护存款人利益	《商业银行资本管理办法(征求意见稿)》,2023

资料来源:中国人民银行,原银保监会,课题组整理。

资本市场全面深化改革提供了资金配置的重要渠道。财富的基础来源于物质生产,所以财富管理必须与经济增长、经济转型相结合。党的十八大以来,通过聚焦金融服务实体经济、建设多层次资本市场、持续深入推进注册制等重大改革,资本市场已经成为拓宽居民投资渠道的关键途径和财产性收入的重要来源。2022年,我国上市公司现金分红超1万亿元，银行理财为投资者创造收益8 800亿元，形成了经济发展成果惠及人民群众的共享局面。特别是银行业财富管理一端连接居民日益增长的财富保值增值需求，另一端连接实体经济多元化投融资需求，是助力畅通储蓄与投资、金融与产业之间动态循环的最基础、最重要的一环。近几年，银行理财公司不断推出专精特新、ESG等主题理财产品，以投资债券、非标、未上市股权等方式支持实体经济超22万亿元，对小微企业、科技创新、绿色发展、基础设施等重点领域和薄弱环节起到关键性支撑作用（见图2.21和图2.22）。

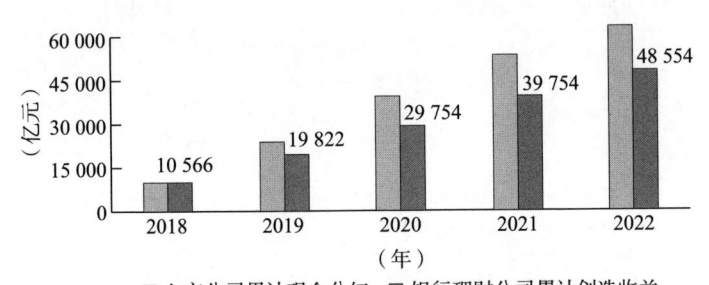

图2.21 2018—2022年资本市场回报情况

图2.22 2013—2022年IPO（首次公开募股）及占比情况

资料来源：万得资讯，中国银行业理财市场年度报告，课题组整理。

对外开放稳步有序推进形成了竞相发展的良性格局。 2018年以来，我国先后推出50余项金融开放政策，在华外资银行机构数量和资产稳步增长，国际一流金融机构在管理理念、投研能力、产品创新上的成熟与先进，不仅有助于满足居民差异化财富管理需求，而且促进了内外资优势互补、协同发展。截至2022年年末，高盛工银理财等4家合资公司产品存续规模合计近760亿元，法巴农银理财作为第五家合资公司也获批筹建。此外，继沪深港通、债券通等业务后，跨境理财通试点正式落地，目前已有31家银行为4.36万名个人投资者提供金融产品及服务，涉及跨境资金汇划超26亿元，[1] 进一步丰富了居民可投资产品范围和选择空间。

商业银行正处于推动财富管理健康发展的关键阶段

商业银行发展财富管理具有充足内生动能。 受经济增速和信贷需求减弱、金融机构让利实体经济以及资本监管强化等因素的影响，商业银行传统信贷业务盈利空间收窄、资本压力上升，需要尽快构建新的、不依赖规模驱动的收入增长曲线。从资本消耗上看，财富管理是商业银行中间业务收入的重要组成，区别于以资本充足率为核心的资产负债表监管，财富管理不占用银行核心资本，"轻资本"特征突出，资本回报率高于传统商业银行业务；从经营周期上看，作为传统意义上典型的顺周期行业，商业银行每提升1个百分点的中间业务收入/营业收入，就能增加0.22个百分点的风险加权资产回报率，[2] 特别是自净值化转型以来，理财投资的信用风险、市场风险等不再由银行承担，有利于进一步增强抗周期能力和经营稳定性。因此，在政策引导、息

---

[1] 资料来源：中国人民银行，截至2023年2月末。
[2] 资料来源：银行业转型与中国金融现代化学术研讨会，2023。

差收窄、金融脱媒的背景下,银行业迎来财富管理布局及转型的重要窗口期。近些年,我国商业银行资产规模在世界银行排名中不断升级进位,但以财富管理业务为代表的国际竞争能力明显不足,商业银行心怀"国之大者",已经把提升国际竞争能力纳入发展战略,随着我国经济总量增长和对世界经济贡献的不断提升,在人民币国际化的带动下,大财富管理必将成为商业银行服务国家战略的重要选择(见图2.23)。

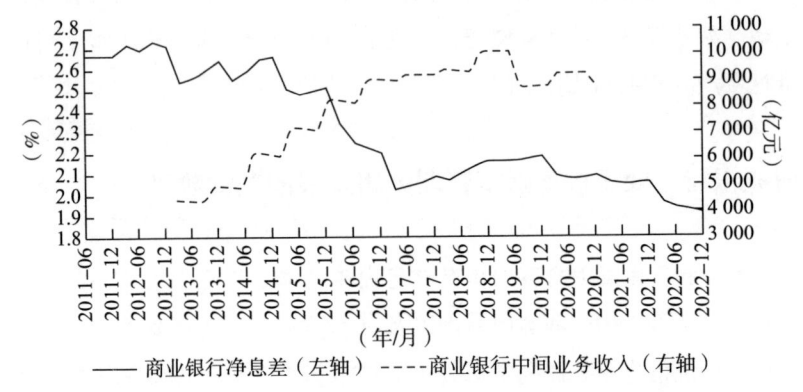

图2.23 2011—2022年商业银行中间业务收入及净息差情况
资料来源:万得资讯,上市银行公告,课题组整理。

商业银行发展财富管理具备多元天然优势。一是拥有"大客群"基础,可以面向全量客户开展财富管理业务,更有效地触达、唤醒与服务广大居民,围绕共同富裕目标为大众客户提供全生命周期服务,截至2022年年末,工、农、中、建四行个人客户分别达7.20亿、8.62亿、3.50亿、7.39亿。[①] 二是拥有"大循环"链条,可以全方位布局"财富管理—资产管理—投资银行",发挥联动优势,以客户资金流为脉络,寻求客户投资需求与社会融资需求对接,形成需

---

① 资料来源:四行2022年度报告,其中中国银行以2021年值估算。

求与供给高水平匹配的产品创设模式。三是拥有"大平台"协同，可以高质量实现线上、线下有机融合，一方面依托手机银行、网上银行等，推介标准化产品、披露售后信息、展示客户端收益率；另一方面依托营业网点、客户经理团队等，形成互补，提供财富管理业务客户触达渠道。以工商银行为例，2022年11月上线财富管理社区以来，已为客户遴选优质产品百余只，其理财子公司财富号"粉丝"数突破120万。四是拥有"大场景"布局，可以全面融入居民"生活+金融"场景，围绕花钱、借钱、赚钱、管钱等需求，将财富管理服务嵌入教育、医疗、养老、消费等环节，深入挖掘和满足客户财富管理需求。五是拥有"大风控"体系，依托完善的全面风险管理和稳健的合规经营水平，可以对客户投资组合及产品全生命周期开展风险管理，实现各类风险的识别、控制、化解，推动风险总体可控。对比而言，部分第三方财富管理机构由于门槛较低、佣金驱动、监管缺失等，易出现无序竞争并催生金融乱象，对客户权益造成损害。截至2020年年末，企业名称或经营范围包含财富管理但不持有相关金融牌照的公司已有6 194家，疑似经营家族办公室业务公司30余万家，[①] 远超我国全部登记在册的3.5万家金融机构。

共同富裕下银行财富管理仍面临一定困难与考验

银行财富管理要更好地实现助力共同富裕的目标，关键是从投资者的利益出发，通过银行资产管理机构和财富管理投资顾问提供专业的产品和服务，使投资者多样化的风险偏好及投资需求与实体经济多样化的融资需求达成最优动态匹配，从而实现增加居民财产性收入和满足实体经济融资需求等核心功能。但目前银行财富管理

---

① 资料来源：《证券时报》，2023.3。

在发挥上述功能的路径上还存在一些堵点或断点，需要在下一阶段着力研究解决。

营销服务端：净值化转型仍存在错位，与投资者利益相一致的财富顾问机制有待发展

一是从"卖方销售"向"买方投顾"的模式有待转变。长期以来，商业银行依托账户优势、网点优势以及客户经理优势，逐渐形成了"以产品为中心"的卖方思维，财富管理收入＝管理规模×管理费率＋代销规模×销售费率，即收入利润、考核激励等均与营销规模挂钩，导致机构与投资者的利益关系背离：前者旨在推动渠道扩充和客户增量，后者旨在实现资产保值增值，不同的目标增加了交易成本、加剧了追涨杀跌、加深了信任鸿沟，也导致银行财富管理波动性较大、成长性较低。2022年，招商银行非息收入中的净手续费及佣金收入、公允价值变动损益、投资收益等均同比下降，其中大财富管理收入减少6.10%、财富管理手续费及佣金收入减少14.28%，并且2023年一季度仍呈下滑态势。[①] 从全行业看，商业银行在财富管理营销端的转型进程也落后于基金、券商等同业，自2019年基金投顾试点落地以来，已有60家机构获得资格，仅有工商银行、招商银行和平安银行3家银行加入试点且均未展业。[②] 因此，与投资者利益相一致的财富顾问机制尚未充分建立，销售机构的自身利益与投资者利益的冲突问题没有得到彻底解决（见表2.7）。

[①] 资料来源：招商银行年报及一季度报，2023。
[②] 资料来源：国家金融与发展实验室，《投顾业务的全球实践与中国展望》，2023。

表 2.7　中国基金投顾试点资格获批机构

批次	获批时间	公司类型	获批数量	公司名称
第一批	2019年10月25日	基金及基金子公司	5	易方达基金、南方基金、嘉实基金、华夏基金、中欧基金
	2019年12月13日	第三方销售机构	3	腾安基金、盈米基金、先锋领航投顾
	2020年2月29日	商业银行	3	工商银行、招商银行、平安银行
		证券公司	7	国泰君安证券、中信建投证券、银河证券、中金公司、国联证券、申万宏源证券、华泰证券
第二批	2021年6月25日	基金及基金子公司	10	工银瑞信基金、博时基金、广发基金、招商基金、兴证全球基金、鹏华基金、汇添富基金、华安基金、银华基金、交银施罗德基金
		证券公司	7	兴业证券、招商证券、国信证券、东方证券、中信证券、安信证券、浙商证券
	2021年7月2日	基金及基金子公司	7	建信基金、景顺长城基金、华泰柏瑞基金、万家基金、申万菱信基金、民生加银基金、富国基金
		证券公司	11	平安证券、光大证券、山西证券、东兴证券、南京证券、中银证券、中泰证券、华安证券、国金证券、东方财富证券、财通证券
	2021年7月9日	基金及基金子公司	2	国泰基金、国海富兰克林基金
		证券公司	2	华宝证券、华西证券
补充		基金及基金子公司	1	农银汇理基金
		证券公司	2	华创证券、渤海证券

资料来源：国家金融与发展实验室，课题组整理。

二是"卖者尽责、买者自负"的投资理念尚未完全建立。2018年以前，银行理财以预期收益型产品为主，在复杂嵌套及池化运作下，呈现出保本保息、低波高息等特征，理财客群也逐渐习惯于"旱涝保收"，甚至将理财产品视同银行存款进行投资。而资管新规颁布以来，底层资产的收益表现越来越多地直接反映在产品层面，净值波动成为常态，同时净值型产品存续规模从6.01万亿元增长至26.40万亿元，占比达95.47%，①"洁净起步"的理财公司更是100%为净值型产品。但对于理财客群而言，由于投资者教育并不充分、客户画像不精准、投资陪伴不到位等问题，净值化转型进程相对缓慢，客户对于产品净值波动仍然存在不习惯、不适应、不理解的情况，特别是在市场弱势震荡或极端复杂情形下，容易形成悲观情绪，做出非理性决策，造成"净值下跌—客户赎回—赎回压力—机构被动抛售—净值下跌—客户继续赎回"的负反馈效应。截至2022年年末，全市场约有21.5%的理财产品跌破净值，② 理财存续规模较上年减少1.35万亿元。

产品投资端：产品多样性有待提升，优质金融资产供应不足

一是产品端多偏于低风险化、短期化，多元化不足，难以有效满足多层次投融资需求。受客户偏好影响，商业银行向市场供给的产品集中在风险收益曲线相对较低的若干区域，产品持有体验有待改善，普惠性也有待加强，长期多元化资金来源不足。2023年一季度，持有一级（低）风险理财产品的投资者数量占比进一步增长，

---

① 资料来源：银行业理财登记托管中心，《中国银行业理财市场年度报告》，2020、2023。
② 资料来源：中国银行研究院，《银行理财进入净值化时代》，2023。

较年初增加 2.71 个百分点，较上年同期增加 11.14 个百分点，持有一级（低）风险和二级（中）风险等级投资者数量占比分别达 56.1% 和 38%；持有 T+0 产品的投资者数量占比进一步增长，一季度末达到 61.14%，较年初增长 1.93 个百分点，较上年同期增长 6.51 个百分点。资产管理产品低风险化、短期化的问题较为突出，产品体系日益同质化，在满足投资者多样化投资需求，提高居民财产性收入方面仍存在堵点。同时对于高风险偏好客户的挖掘不够充分，使得权益类、商品衍生品类等风险等级较高的产品发行数量和规模过低，导致促进形成权益性资本以及支持创新型经济活动的能力不足，难以有效匹配实体经济的融资需求，也降低了全市场的风险分散程度。

二是资产端还未解决标准化需求增长与合意资产不足的显著矛盾。 近年来，市场利率整体处于震荡下行趋势中，叠加结构性资产荒，加大了商业银行财富管理及资产管理难度。从需求侧看，随着穿透式监管力度不断增强，机构资产配置更加谨慎，理财资金对债券等标准化资产的需求大幅提高，2018—2022 年，银行理财投向债券类资产规模占比由 53.35% 提升至 63.68%，投向非标资产规模占比由 17.23% 下降至 6.48%。特别是自 2022 年市场剧烈波动以来，投资者风格更趋保守，中低风险偏好投资者数量合计增加 1.65 个百分点，银行理财为避免产品净值大幅回撤，也更加偏好配置短久期、高等级资产（见图 2.24）。从供给侧看，我国标准化市场整体规模的容量相对有限，债券市场作为银行理财和各资管机构投资的主要标的，容量约为 120 万亿元，股票市场约为 80 万亿元，二者合计提供 200 余万亿元资产，[1] 而我国资管行业规模目前已达 130 万亿元，若未来仍以 6%~8% 的年均复合增长率稳步发展，标准化市场容量能否支撑规模增长将成为全行业共同面临的问题（见图 2.25）。特别是在监管趋严的背景下，以地产、

---

[1] 资料来源：中国财富管理 50 人论坛，2022。

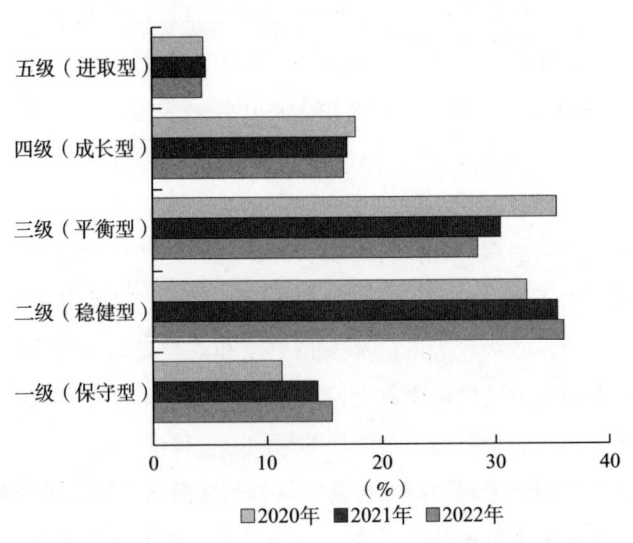

图 2.24　理财产品各类风险偏好投资者数量分布

基建为主的传统行业融资下降,带动相关优质合意资产供给减少、欠配现象突出。以制造业投资为例,该领域投资约占总投资需求的1/3,是增加就业机会和扩大消费的有效手段,但由于制造业龙头企业较多和债券期限较短,普遍存在发债量少、收益率低、违约率高等情况,[①]而资管新规实行后银行理财主要进行标准化债券投资,既需要考虑市场容量,也需要统筹风险收益和流动性因素,因此面临期限不匹配、价格不匹配等现实困难。此外,由于无风险利率和信用利差的下降,客户从债券类资产获取的回报逐步走低。同时客户从权益等类资产获取的回报也不高,2020年,我国企业部门利润总额为当年我国GDP的22.8%,而同一年我国居民从企业部门得到的分红总额仅为当年GPD的0.4%,还不到当年企业总利润的2%。

---

① 从发债量看,数量占比和规模占比均低于3.7%;从收益率看,制造业中高于3.3%的债券占比较全市场少10个百分点;从违约率看,制造业较全市场高6.3个百分点。

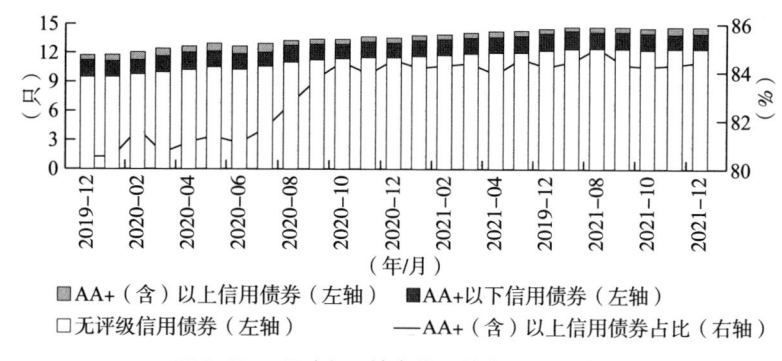

图 2.25　理财产品持有信用债券的评级情况
资料来源：中国银行业理财市场年度报告，课题组整理。

基础设施端：机构基础设施建设和资源投入与共同富裕下的发展要求之间存在缺口

一是组织架构形态并未充分体现出对财富管理业务的战略性投入。当前，我国商业银行财富管理转型仍处于相对初级阶段，大多采用竖井式架构，按照业务条线划分部室，但这在一定程度上导致财富管理链条上前、中、后台存在割裂，增加了部门内部及部门之间协同联动的摩擦成本。近年来，招行、兴业、中信等股份制商业银行已开展组织架构调整，将财富管理部门升级为一级部门，不过在协作流程、收益分配、激励机制等方面较国际一流财富管理机构仍存在差距。以摩根士丹利为例，其机构证券（ISG）与财富管理（WM）之间的协同既包含简单的产品供给、交易执行等方面，也涵盖复杂的底层架构共享、客户关系管理等领域，通过明确的收益分享协议和组织架构改进充分提高协作效率，推动集团层面财富管理文化形成（见图2.26和图2.27）。

二是人才激励大幅落后同业，成为财富管理业务所面临的关键挑战。财富管理是典型的知识密集型、人才密集型业务，对人才队

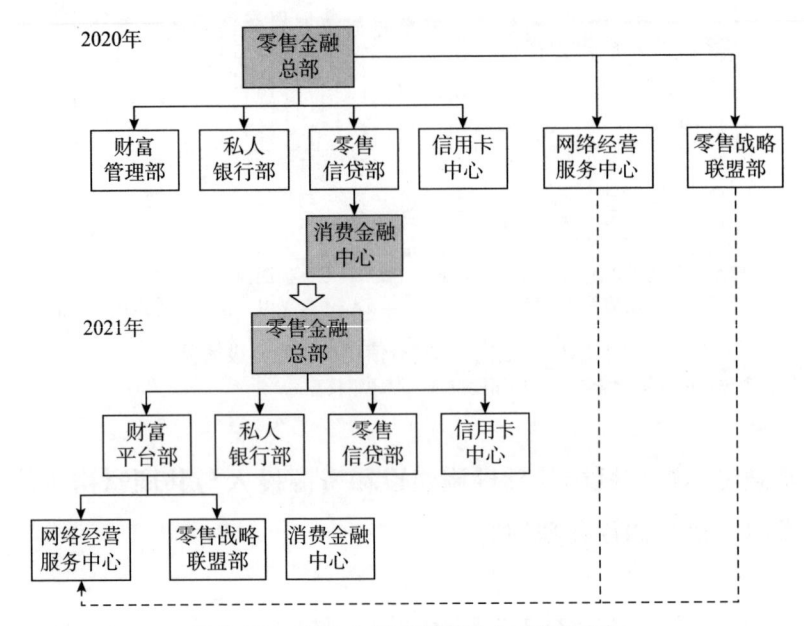

图 2.26　2021 年招商银行设立财富平台部

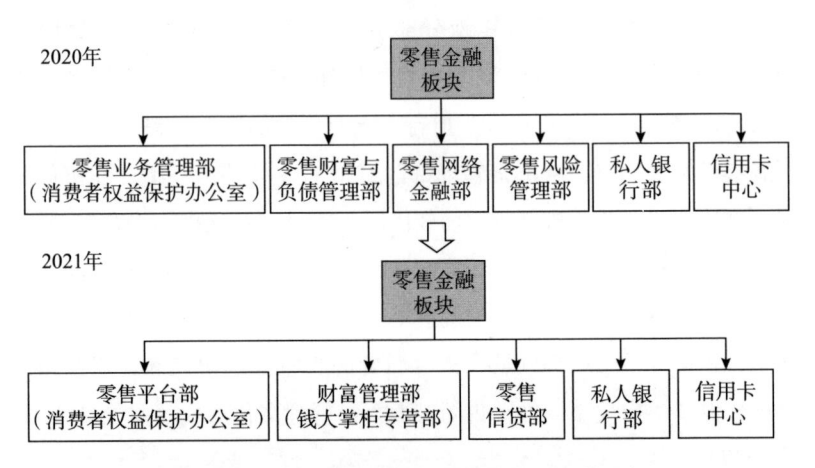

图 2.27　2021 年兴业银行调整设立财富管理部
资料来源：商业银行业绩交流会，课题组整理。

伍的专业化程度要求很高，不仅需要充分了解客户的需求和风险偏好，还要加强对各种金融产品和市场整体风险认知，在此基础上为客户开展资产配置并不断完善服务方案。现阶段，尽管商业银行各类财富管理机构以子公司形态设置，但公司管理还是偏母行化行政化的。以银行理财子公司为例，除个别理财公司以市场化招聘管理人员外，大部分理财公司的主要负责人均来自母行资管板块，这部分人员虽然具备较好的业务素质和经验，但囿于公司治理的行政化、投研水平、产品创新和投顾服务等能力，无法完全满足快速增长的客户理财需求。就激励机制而言，受母行整体薪酬水平的制约，大多数理财子公司的薪酬激励有限，不仅与券商等机构相差较大，与国外同业相比差距更大。从国际对比看，全球银行财富管理条线的成本收入比一般为60%~80%，其中人员薪酬占了很大一部分，而国内银行的成本收入比低于50%，特别是国有大行一般不超过30%。

三是商业银行数字化转型力度较强，但对财富管理业务的支持赋能还有很大空间。作为技术和知识密集型的行业，商业银行具有天然的数字化基因和应用信息技术提升业务效率的内生需求，经过多年的发展与积累，在资金、人才、技术投入和储备上已经相对充足，2022年六家国有大行在金融科技上的投入金额均超过百亿元。但从财富管理视角来看，如何以用户为中心解决好服务过程中的断点、堵点、难点等体验问题，仍然是商业银行提升数字化、智能化水平的重要方向。以银行理财为例，虽然在资管新规实行后的短短5年内，各头部理财公司已基本建立起相对完善的业务系统，在关键业务环节实现了系统化管控，但与国内外领先的资管同业相比，还有很大的提升与加速空间。比如，博时基金构建了智能化投研分析辅助决策系统，贝莱德打造了集高效运营和投资管理需求为一体的"阿拉丁"平台，而多数理财公司的系统建设刚刚起步，很难满足银行理财业务复杂、流程环节长、投资品种多、监管要求严的新时期特征，距离运用智能化手段和数据要素有力提升财富管理服务质效的目标仍有较大差距，亟须加大自身科技投入力度和母行科技资源倾斜（见图2.28和图2.29）。

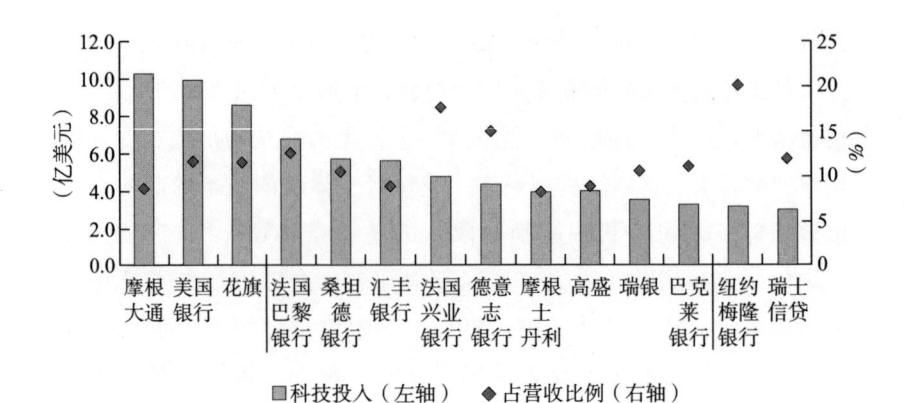

图2.28　2020年外资大行科技投入及占比

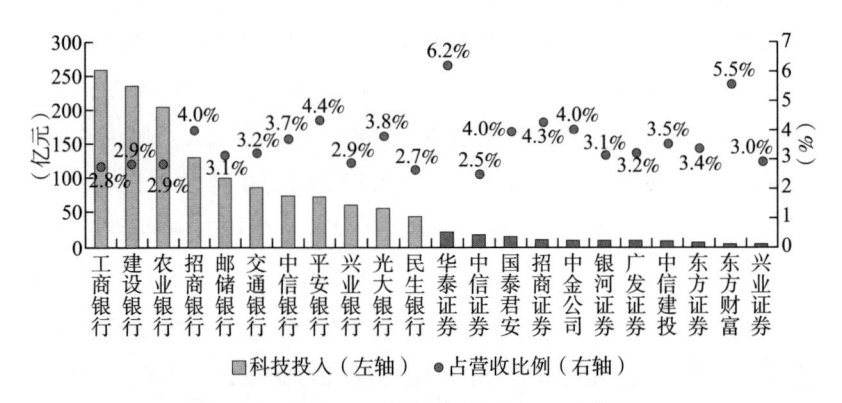

图2.29　2021年金融机构科技投入（测算值）

资料来源：中金公司，课题组整理。

中国银行财富管理行业发展趋势及海外银行财富管理机构经验启示

当前中国银行财富管理行业的发展趋势

近年来，随着我国经济社会发展进入新时期，对银行财富管理提出了新要求，国内主要银行在财富管理业务的组织架构、客群维护、产品体系、销售渠道方面进行了进一步的优化调整，体现出以下几个方面的主要发展趋势。

从战略层面看，财富管理业务在银行零售业务中的重要性持续提升

近年来，商业银行对财富管理业务的重视程度进一步提高，部分银行在整体战略和组织架构等方面都针对财富管理业务进行了提级和优化。

在集团战略层面，中国建设银行将大财富管理列入全行"十四五"规划战略重点，着力打造"一横一纵"大财富管理运作机制，即横向上打通"财富管理—资产管理—投资银行"价值链，纵向上畅通"投研—投顾—客户服务"专业传导链。2023年围绕"普惠、智慧、专业、专注"四大战略主轴，着力打造"国内领先、体验最优、科技驱动"的一流财富管理银行。打造"普惠"的财富管理，针对超7亿全量个人客户构建"分层、分群、分级"的客户服务体系，推进数字化与财富管理深度融合，通过"零钱管理、保险保障、稳健投资、追

求回报"四笔钱精准识别客户需求，提供匹配的资产配置方案和财富管理产品，让高品质财富管理服务更好地满足更广大人民群众对美好生活的向往。打造"智慧"的财富管理，打造覆盖线上线下渠道的一站式的大财富管理平台，对内升级财富顾问、客户经理、产品经理三大工作台，对外打造"财富规划—资产配置—产品优选—投后陪伴"的服务闭环，为客户提供全生命周期的财富管理服务。打造"专业"的财富管理，推动财富管理投研专家、财富顾问和对私客户经理"三支队伍"建设，配置人数增长近14%，强化名单制管理，持续开展能力传导和专业培训，以专业能力为客户创造长期价值。打造"专注"的财富管理，推动形成以个人客户金融资产为核心的经营管理体系，考核指标、经营计划和资源配置锚定个人客户金融资产规模增长，专注推动大财富管理转型，实现个人存款和个人客户金融资产协同发展。

此外，在组织架构层面，部分股份制银行零售业务条线组织架构调整，在原有私人银行部的基础上进一步整合零售业务部门，组建专门牵头财富管理业务的部门或职能机构。财富管理业务在零售战略中的基石作用更加突显。目前"财富管理部+私人银行部"的双部门设置，为财富管理业务基于不同客群的精细化管理提供了基础，未来针对高净值客群和普通客群的服务体系、产品体系、销售体系或将有进一步的差异化策略。

从客群层面看，银行财富管理业务日趋注重差异化、精细化管理

一方面，银行财富管理日益重视提高高净值客群的质量。多家银行将私人银行业务与公司银行、投资银行、资产管理等业务进行有机结合，在服务体系和产品体系方面，逐步面向个人、家族、企业提供多层级、多元化的服务体系（见表2.8和图2.30）。

表2.8 主要上市银行私人银行业务最新经营策略

上市银行	最新策略
工商银行	顺应财富管理的买方市场趋势,把握私人银行客户多样化需求,从单一产品营销向综合化服务转变,构建"个人—家业—企业—社会责任"多场景共建的私人银行客户综合化服务生态
建设银行	私行着力满足高净值客户对财富管理、资产配置和品质服务的需求。实施私行资产配置服务试点,提供定制化、差异化财富规划与资产配置服务方案
中国银行	建立公私联动、境内外联动、商投行联动的一体化服务机制,形成"私行+投行+商行"多轮驱动的私行服务体系
招商银行	在打造大财富管理价值循环链的背景下,围绕私人银行客户需求变迁,由原来聚焦于向高净值客户提供零售服务转变为向私行客户及其背后企业提供更多元的"人家企社"综合服务
中信银行	打造私人银行差异化、特色化服务模式,正式发布"云企会"品牌,强化私行和投行联动,为私人银行客户提供"个人+家庭+企业"的综合解决方案
平安银行	在高净值客户服务升级上,建立顶级私行经营中心,在业内首创"1+1+N"服务,强化公私联动,为超高净值客群提供覆盖其"个人+家族+企业"的长周期、综合性解决方案
兴业银行	私人银行基于公司"投行与资管"的禀赋优势,推出"兴企荟"企业家客群专属服务方案,搭建"个人—企业—家庭"一揽子金融服务体系

资料来源:各公司财报,课题组整理。

客户分层	主打权益		优选权益	
顶级私行客户	私人管家 7×24小时专属管家	+ 家庭化服务	·家庭财富资源 ·家庭社会资源 ·家庭企业资源	·家庭礼宾资源 ·家庭人力资源 ·企望金资源
超高净值客户	私人礼宾 专属礼宾团队	+ 高端定制套餐	·高端健康管理 ·国际精英教育 ·高端商旅计划 ·高尔夫果岭套餐	·高端医美服务 ·国内教育服务 ·精选生活商品
私行客户	"1"权益 八大系列,灵活选择	+ "N"权益	·生活服务 ·时尚美妆 ·文化艺术 ·高球	·出行 ·健康 ·教育 ·美食
钻石客户 财富客户	积分	+ 标准化权益	覆盖产品/账户/出行 健康/教育/公益等品质报críticas	

图2.30 平安银行围绕高净值客户的分层增值服务体系

资料来源:公司官网,课题组整理。

另一方面，银行财富管理日益重视提升基础客群的黏性。2021年以来，多家银行推出了财富开放平台，核心在于搭建财富管理生态，实现由传统"产品超市"模式向"服务聚合"模式的转变，进而强化客户黏性，通过"手机银行MAU（月活客户数）/零售客户总量"可在一定程度上评价银行零售基础客群的黏性水平，目前看招行、平安等零售特色银行占比基本在40%左右（见图2.31和图2.32）。

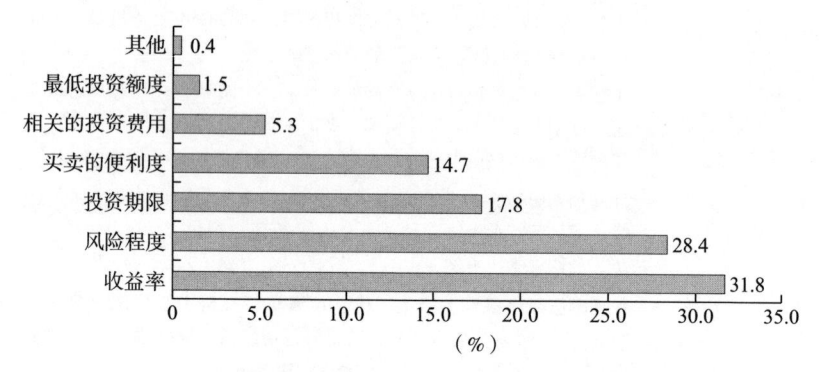

因素	占比(%)
其他	0.4
最低投资额度	1.5
相关的投资费用	5.3
买卖的便利度	14.7
投资期限	17.8
风险程度	28.4
收益率	31.8

图2.31 对于零售基础客群而言，财富管理业务更看重的是渠道便利度、投资费用率等因素

资料来源：中国证券投资基金业协会，《全国公募基金投资者状况调查报告》。

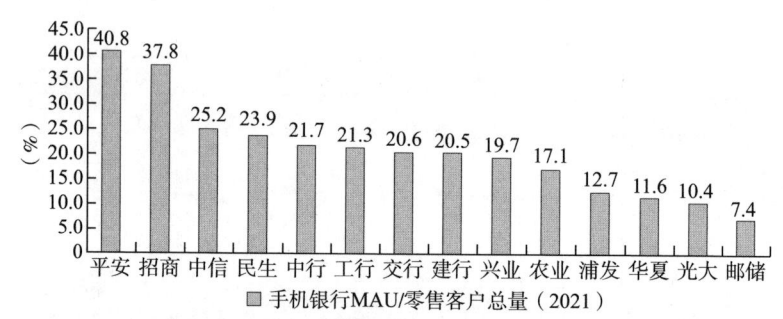

银行	手机银行MAU/零售客户总量（2021）(%)
平安	40.8
招商	37.8
中信	25.2
民生	23.9
中行	21.7
工行	21.3
交行	20.6
建行	20.5
兴业	19.7
农业	17.1
浦发	12.7
华夏	11.6
光大	10.4
邮储	7.4

图2.32 "手机银行MAU/零售客户总量"可在一定程度上评价银行零售基础客群的黏性水平

注：由于未单独披露手机银行MAU数据，光大银行以上统计为阳光惠生活App（应用程序）。
资料来源：各公司财报。

从机构层面看，银行财富管理步入高质量的纵深发展阶段

截至 2023 年 6 月末，共有 31 家银行理财公司获批成立（包括 6 家大型银行、11 家股份行、8 家城商行、1 家农村金融机构理财公司，以及 5 家外资控股的合资理财公司）。简单评估，若将母行总资产规模、理财业务 AUM 作为参考指标，以当前获批理财公司中青银理财作为基础标准，则下一阶段存在准入空间的银行或不足 20 家，银行理财公司发展或步入发展质量为重的纵深发展阶段。结合我们前期面向 34 家银行理财机构的调研结果来看，未来银行理财行业的市场格局，预计会出现以下三个维度的发展趋势。

趋势一，银行理财市场的整体竞争程度将日益加深。虽然当前银行理财的市场规模在我国资管市场中仍具有一定优势，但资管新规颁布后，各资管子行业被逐步拉入同一"赛道"，监管带来的行业优势不断弱化，银行理财面临来自其他资管子行业的激烈竞争；同时，随着理财公司的陆续设立，银行理财市场的参与机构种类更加丰富，银行理财行业内部的竞争也更加激烈。理财市场的竞争主要体现在产品、人才、渠道等方面。

首先，理财产品间的竞争将更加激烈。商业银行长期深耕固收市场，在低风险资产及固收类资产领域存在传统优势，而在权益类资产等资产上的投研能力尚有不足。调研显示，高达 72.73% 和 54.55% 的受访银行理财机构认为，与非银资管相比，银行理财产品的定位更侧重于绝对收益和低风险策略，由于商业银行的投资能力特征相似，在创设理财产品时，商业银行采取的投资策略往往趋于一致，容易导致产品间的竞争加大。在激烈的产品竞争中，真正以投研能力作为支撑的"真资管"产品将会脱颖而出。

其次，人才的竞争力度加大。随着净值化转型的推进，商业银行理财将逐步补齐自身在投研能力、风控能力、估值能力等方面的短板，

这些都离不开人才团队的建设,因此,银行资管对于优秀人才的需求将不断增多。另外,作为独立、专业化、市场化运营的资管机构,理财公司的人才岗位结构更复杂,需求的数量更多,要求也更高,随着未来更多理财公司获批,薪酬体系更加市场化的理财公司将为行业带来新的市场竞争。

最后,销售渠道的竞争加剧。商业银行的理财产品销售多依靠自身的网点优势,以直销作为主要的销售渠道,而理财公司由于起步较晚,尚未建立起完善的直销渠道,因此短期内其理财产品的销售渠道主要以代销为主。在《理财公司理财产品销售管理暂行办法》发布后,大部分非银销售机构特别是互联网平台目前暂不能作为理财公司理财产品合规的代销渠道。而部分中小银行选择通过代销业务继续参与理财市场,打造具备自身特色的理财产品"超市"。除母行渠道之外的三方代销渠道正成为理财公司渠道建设的重要补充力量。事实上,2022年,已成立的29家理财公司中,仅4家理财公司的理财产品只由母行代销,其余25家理财公司的理财产品除母行代销外,均打通了其他银行的代销渠道。此外,还有16家理财公司开展了直销业务,全年累计直销金额0.26万亿元(见表2.9)。

表2.9 部分上市银行目前代销他行理财产品情况

类别	上市银行	代销他行理财产品
大型银行	建设银行	交银理财、招银理财、兴银理财
	农业银行	光大理财、华夏理财
	中国银行	交银理财、信银理财、招银理财、兴银理财、光大理财、平安理财、汇华理财
	交通银行	中银理财、信银理财、招银理财、兴银理财、光大理财、华夏理财、汇华理财
	邮储银行	中银理财、交银理财、招银理财、光大理财、平安理财、华夏理财

续表

类别	上市银行	代销他行理财产品
股份行	中信银行	中银理财、交银理财、招银理财、兴银理财、光大理财
	招商银行	建银理财、农银理财、中银理财、交银理财、信银理财、兴银理财、光大理财、华夏理财
	民生银行	中银理财、交银理财、光大理财、华夏理财
	兴业银行	中银理财、交银理财、中邮理财、光大理财、苏银理财、南银理财、宁银理财、杭银理财、青银理财
	光大银行	交银理财、信银理财、兴银理财、平安理财
	平安银行	工银理财、中银理财、交银理财、兴银理财、光大理财
城商行	北京银行	交银理财、信银理财、平安理财
	南京银行	中银理财
	宁波银行	中银理财、交银理财、信银理财、招银理财、兴银理财、光大理财、平安理财、华夏理财
	江苏银行	中银理财、交银理财、中邮理财、信银理财、招银理财、兴银理财、光大理财、华夏理财、宁银理财、杭银理财、青银理财、渝农商理财
	杭州银行	信银理财、兴银理财、光大理财、华夏理财、南银理财、青银理财、渝农商理财
	上海银行	招银理财、兴银理财、光大理财、杭银理财、苏银理财

资料来源：各银行官网。

趋势二，行业主体进一步多元化，理财公司定位凸显差异化。我们发起的问卷调研结果显示，各公司主要有以下两方面的差异。

一是战略目标的差异。从战略目标来看，国有大行、全国性股份制商行、部分具有一定规模①的城商行（约占全部受访城商行和农商行的7%）的理财公司普遍致力于发展成为"全能型"资管机构，全面服务客户的理财需求，占比为24%。而在被调研的城商行和农

---

① 规模大体分布在1 000亿~5 000亿元。

商行中，有59%的选择做"小而美"精品机构①，精准对接客户某类需求，如稳健性理财需求，15%的受访银行②选择做"财富管理"类机构，通过使用市场中的理财产品和工具来帮助客户做好资产配置（见表2.10）。

表2.10 银行理财战略目标的差异

选项	小计	比例
做"全能型"资管机构，全面覆盖客户理财需求	8	23.53%
做"小而美"精品机构，精准对接客户某类需求（如稳健型理财需求）	20	58.82%
做"财富管理"类机构，使用市场中的理财产品、工具，帮助客户做好资产配置	5	14.71%
其他	1	2.94%

资料来源：CWM50（中国财富管理50人论坛）、课题组整理。

二是投研团队建设的差异。从是否自建投研团队的选择来看，定位发展成为"全能型"资管机构的理财公司普遍选择自建覆盖多类资产、多种策略的投研团队，占比为29%；而定位做"小而美"资管机构的理财公司普遍选择自建以债券为主的投研团队，同时用投顾、FOF或者MOM（管理人中管理人）的形式来匹配权益、商品等其他策略，占比为71%（见表2.11）。

趋势三，理财公司数量逐步进入稳定期，行业集中度逐渐提升。随着理财业务相对成熟的银行理财公司相继成立，理财公司在数量上

---

① 规模大体分布在500亿~1 000亿元。
② 规模在500亿元以下。

表 2.11 银行理财投研团队建设的差异

选项	小计	比例
自建投研团队，包含债券、股票、多策略等	10	29.41%
自建债券投研团队，用投顾/FOF/MOM 等形式匹配权益、商品等策略	24	70.59%
全部采用投顾/FOF/MOM 等形式委外	0	0
其他	0	0

资料来源：CWM50、课题组整理。

将逐步进入稳定期。目前虽然仍有部分商业银行在积极申设理财子公司，但是对于其中部分业务转型速度相对较慢、投研能力相对较弱、人才团队相对不足的中小型商业银行来说，成立单独的理财子公司已并非最优选择。正如我们的调研结果显示的那样，这部分商业银行更应发挥自身深耕部分区域的地域优势，以代销头部机构理财产品为主，赚取代理费。

我们的问卷调研显示，受访机构认为 5 年后 AUM 规模超过 10 000 亿元的机构占比为 17.6%，比当前实际规模占比提升接近 9 个百分点；规模在 1 000 亿~10 000 亿元的机构占比为 44.1%，比当前占比提升约 21 个百分点；规模低于 1 000 亿元的机构占比为 38.3%，比当前占比降低约 29 个百分点。此外，按照 AUM 来计算，目前已经发放牌照的 29 家理财公司已经覆盖了近 90% 的银行理财市场。在未来新增牌照数量有限的背景下，头部效应可能会越发明显，投研能力突出、产品收益率稳健，同时兼具渠道优势的头部机构优势将日益明显。

从产品层面看，银行财富管理产品设计日益注重兼顾短期市场波动与长期发展方向

一方面，银行财富管理在短期产品设计和供给上注重应对市场波动。净值化背景下，应对市场变化，特别是2022年以来股债较大幅度的波动，银行理财产品采取了拉长封闭期限、增加中低风险产品布局的策略，重点是收益较为稳健、波动回撤较为可控的固收类产品，部分理财公司亦增加了对于相对价值、曲线套利、品种套利等中低风险交易的运用。

另一方面，银行财富管理在长期产品体系构建方面侧重符合今后国民经济的中长期发展趋势，锚定长效发展。理财公司也在积极配合国家战略，围绕符合国家中长期发展目标持续加强投研能力建设，进行产品创新，丰富差异化产品供给，推出服务区域经济发展、专精特新、ESG、养老理财、绿色金融、乡村振兴等主题理财产品。

从科技层面看，银行财富管理的数字化转型正在推动业务转型升级和客户体验提升

随着大数据、云计算、人工智能、区块链等前沿技术得到更加广泛的应用，银行财富管理业务服务客户、投研决策、风险管理的方式、方法与效率正在发生深刻变革，并呈现出一些新的特征。

一是互联网化。近年来，越来越多的商业银行开始围绕资产配置、持有陪伴等用户投资全生命周期，探索相应的服务模式，理财直播、财富社区等已经基本成为银行客户陪伴与投教的标配，从产品的互联网化转向服务的互联网化趋势显著。比如兴业银行推出了兴业管家、钱大掌柜、兴业普惠、兴业生活、银银平台等线上品牌，实现了品牌

之间的互嵌和客户门户的统一。特别是钱大掌柜作为兴业银行的互联网财富管理平台，注册用户数约 1 650 万户，MAU 较 2022 年年初增长 12.17%。

二是智能化。 随着自然语言处理、机器学习、知识图谱、多轮对话等智能技术应用，智能理财助手和专业理财经理相配合的"人机协同"模式，使客户分层服务更高效、精细化、专业化。特别是全委托的智能投顾方兴未艾，未来人工智能将在"顾"的方面发挥更大作用。比如招商银行推出了 App 智能财富助手"AI（人工智能）小招"，通过整合投资、社区、现金流等财富管理业务主题，建立专业的投资理财知识图谱。2023 年上半年，"AI 小招"共为 1 172.88 万名客户提供智能问答服务，初步构建了"人+AI"的协同模式。

三是开放化。 数字财富管理服务的探索，既得益于智能技术加速应用，也离不开银行业开放共建的生态模式。当前，大型银行普遍打造了开放式的财富管理平台，帮助资管机构低成本、高效率地开展数字化服务，也通过平台汇聚不同机构的专业优势，丰富服务厚度，创造增量价值。比如建设银行推出了以"财富管理+生态系统"智慧赋能的"建行龙财富"，依托企业级客户信息平台，针对全量个人客户构建分层分群分级的客户服务体系，捕捉客户特征，建立客户视图，并辅以智能专家决策，提供资产配置优化建议，进而构建覆盖消费、投资、保障三大场景的财富管理生态系统。

可以发现，银行财富管理业务具有天然的数字化基因和转型动力，通过数据与技术的双要素驱动，有利于加速财富管理业务模式、管理模式的创新重塑。以工商银行为例，其"财富"与"科技"高度耦合，不仅推出了面向未来的集团数字化品牌"数字工行"，而且基于"数字生态、数字资产、数字技术、数字基建、数字基因"五维布局，持续构建数智化大财富管理体系。比如持续强化大数据、人工智能底层支撑，依托"智慧大脑+运营引擎"，构建"工银研选"核心产品池，提供基金、理财产品投研分析，资产配置，营销推荐和投后跟踪监测等服务。又如打造开放运营的财富社区，搭建全新合作方财富号服务与管理平台，截至2023年6月末，粉丝数突破1650万，累计有150余万客户线上购买基金、理财产品合计1 726亿元。特别是工银理财作为工行财富管理的旗舰平台，致力于推进理财市场标准化、数字化建设，是最早接入中央数据交换平台的理财公司之一，也作为首批机构通过了个人养老金理财行业平台现场验收和灰度测试，在产品销售、投资交易、风控合规等重点领域和关键环节均实现了系统化管控，同时制定了全面信息化、经营数字化、业务智能化"三步走"战略，数字化转型进程居同业前列。

海外银行财富管理机构的发展经验与启示

瑞银集团——以财富管理为核心的生态系统

瑞银集团（UBS）是全球领先的财富管理银行，深耕美洲、亚太、瑞士和EMEA[①]四大市场，目前是全球最大的私人银行。瑞银集团有四大业务板块，全球财富管理（Global Wealth Management）、零售与商业银行（Personal & Corporate Banking）、资产管理（Asset Management）及投资银行（Investment Bank）。瑞银集团将这四大业务板块进行了整合，构建起一个以财富管理业务为核心，四个业务部门协同作战的"生态系统"（见表2.12）。

---

① EMEA 指欧洲、中东和非洲地区。

表 2.12 瑞银集团四大业务板块介绍

业务部门	提供服务	业务范围
全球财富管理	首席投资办公室（CIO）提供"UBS House View"，识别投资机会；客户策略办公室根据客户反馈、"投资者观察"定期调查结果以及智能高级分析团队的建议来深入分析客户需求；产品专家提供投资策略，为客户寻求最佳解决方案	美洲、瑞士、EMEA、亚太
零售与商业银行	向个人银行客户提供丰富多样的产品、传统银行业务（包括信用卡、网上银行和手机银行业务）、贷款（主要为抵押贷款）、投资和养老金服务；向企业和机构客户提供投融资解决方案、结构性信贷、私募配售、租赁和传统融资服务等	瑞士
资产管理	为客户提供各种资产的投资产品和服务，包括全权委托、顾问委托以及注册投资基金等	美洲、瑞士、EMEA、亚太
投资银行	为企业、机构和财富管理客户提供专家建议、解决方案、国际资本市场投融资及兼并收购等战略咨询建议等，帮助客户在公募和私募市场等集资金	美洲、瑞士、EMEA、亚太

资料来源：公司年报（2021），课题组整理。

1. 以财富管理业务为核心，四个业务部门协同作战打造"生态系统"

瑞银集团内部一直强调"one bank"，即"一体化"理念，四大业务板块相互合作，让整个集团共同为客户提供产品和服务。全球财富管理、资产管理、投资银行以及零售与商业银行四大业务板块在向客户提供自身服务的同时，利用各自专业能力和资源禀赋，向集团其他板块的客户提供相关服务。瑞银集团还成立了全球家族办公室、全球贷款部门、资本市场团队等部门和团队，帮助各板块协同合作（见表2.13）。

表 2.13　瑞银集团打造一个"生态系统"

功能/平台	内容	涉及业务部门
财富管理平台	瑞士的私人和企业银行客户以及美国以外的全球财富管理客户共享全球财富管理平台，该平台界面更加直观，整合了各渠道产品，产品丰富；瑞银与Broadridge（布罗德里奇）合作搭建专为美国客户使用的美国财富管理平台，投资顾问可通过该平台的智能分析提高工作效率	财富管理、零售与商业银行
美洲独立管理账户激励政策	免费向美洲全球财富管理客户使用独立管理账户（SMA），使得客户能够享受更优质的服务	财富管理、资产管理
瑞士客户推荐	在瑞士地区，当客户有其他需求时，零售与商业银行板块会将客户推荐至其他业务板块。例如当对公客户有资产配置/融资需求时，将客户推荐至资产管理板块以获取资产配置方案，或推荐至投资银行以获取资本市场服务等；当企业家有财富管理需求时，将客户推荐到全球财富管理板块	零售与商业银行
全球家族办公室	整合全球财富管理、资产管理和投资银行板块的资源，为财富客户提供定制化的服务，包括帮助客户从公募和私募渠道融资、投资咨询服务等	财富管理、资产管理、投资银行
全球贷款部门	2020年成立全球贷款部，为投资银行和全球财富管理板块客户提供贷款服务，且投资银行家和全球财富管理顾问合作，为客户提供产品与服务	投资银行、财富管理
统一的资本市场团队	成立资本市场团队，整合系统风险，简化跨板块业务操作流程，促进全球财富管理和投资银行板块战略协同，提升超高净值客户的价值	财富管理、投资银行

资料来源：公司年报（2021），课题组整理。

2. 以客户需求为导向，提供综合化服务

瑞银以客户需求为导向，提供私人事务、资产配置、家庭保障以及企业管理等综合化解决方案。瑞银分支机构遍布全球，构建了全球智能库，可向客户提供全球一体化的综合性服务。同时，瑞银拥有独特的财富管理理念和完善的内部投研支持体系，从投资产品、投资解决方案、财务计划以及财富管理解决方案四个层级布局，提供定制化服务，针对不同投资目标的客户提供差异化的产品和服务，满足客户多元需求（见图2.33）。

	0~25万美元	25万~100万美元	100万~5 000万美元	>5 000万美元
	零售	核心客户	高净值人群	关键客户
银行产品	共同基金(公募)	固定收益、基金组合、组合管理		
金融计划	—	家族信托	个人与家族信托	专门信托
另类产品	—	对冲基金、私募股权、地产		对冲基金、私募股权、地产、一篮子策略
结构化产品	—		收益增强产品（挂钩估值）	杠杆（比如权证）

图2.33 全球财富管理板块针对不同层级客户提供不同的产品
资料来源：瑞银集团投资者推介材料（2006），课题组整理。

3. 培养高质量投顾团队，提升客户服务水平

瑞银集团初期通过兼并重组等扩大财富管理队伍，提升市场份额。其后，随着业务的快速发展，瑞银逐渐培养其与自身公司文化、业务发展需要、客户特点相匹配的高质量投顾队伍，全球投顾人数基本稳定在9 000人左右，同时投顾服务效率稳步提升，2016—2021年投资顾问人均管理客户资产/创收的年均复合增速分别为13.37%/8.09%，增速处于同业领先水平（见图2.34和图2.35）。

4. 金融科技赋能财富管理业务发展

瑞银集团注重数字化转型，从2012年开始，逐步将金融科技贯穿于财富管理业务中，瑞银集团每年在科技领域投入占集团总收入的10%以上，利用云技术、人工智能等，提高服务效率；开发高效财富管理平台，提升客户体验。瑞银研发财富管理在线平台使得客户在线上就可获取最新的投资组合信息，以此优化其投资组合。2017年瑞银开发财富管理大平台One WMP（One Wealth Management Platform），该平台界面更加直

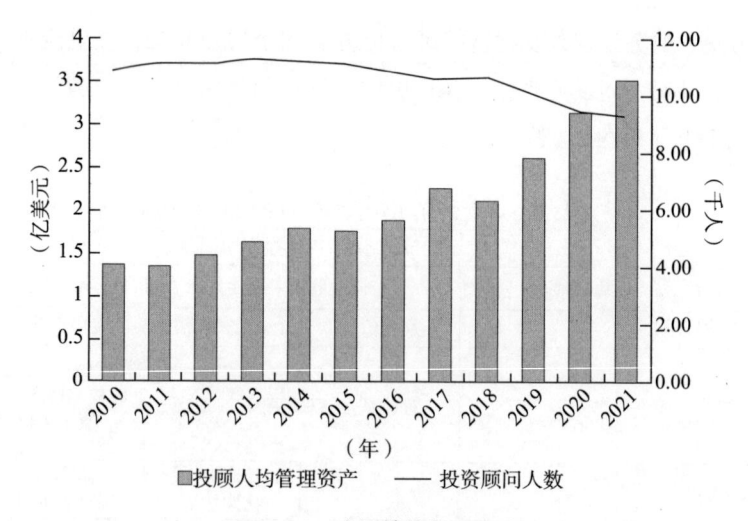

图 2.34 瑞银精简投顾团队

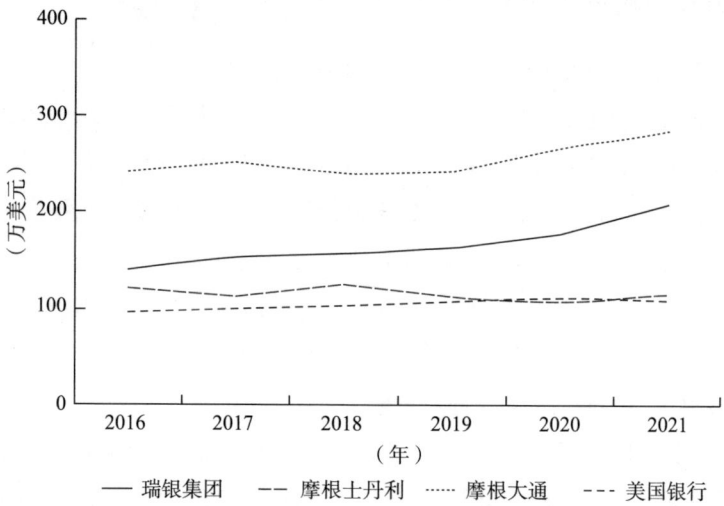

图 2.35 财富顾问人均创收处于领先水平
资料来源：公司年报，课题组整理。

观，整合了各渠道产品，产品更加丰富，主要面向除美国以外的财富管理客户。截至 2021 年年末，超过 85% 的客户（美国除外）投资资产已可在该财富管理平台展示。在美国,瑞银与软件提供商 Broadridge 开展合作,建立财富管理美洲平台,该平台允许美国财富管理客户设置个性化的投资和储蓄目标。结构性产品投资平台根据各个客户多样化的需求提供资产类型多样的结构性产品。UBS Manage Advanced [My Way] 平台为选定市场的客户提供投资组合的信息,允许客户根据自己的偏好,在线上和顾问共同设计产品投资组合(见表 2.14)。

表 2.14 注重金融科技赋能,开发多样化的财富管理平台

金融科技平台或服务	功能
财富管理在线平台 (Wealth Management Online)	客户在线上就可获取最新的投资组合信息和量身定制的解决方案,优化投资组合
美国财富管理 App (UBS Wealth Management USA App)	创新型的银行应用程序,允许美国地区财富管理客户设置个性化的储蓄目标,为客户提供量身定制的资产配置方案;财务顾问可以利用该平台与客户及潜在的客户进行线上互动
结构化产品投资平台 (Structured Product Investor)	该平台可根据各个地域客户多样化的需求提供资产类型多样的结构性产品
财富管理大平台 (Wealth Management Platform)	以客户为中心的财富管理平台,整合全球范围内(美国除外)多样化的产品和服务
瑞银高级管理系统 (UBS Manage Advanced [My Way])	为选定市场的客户提供投资组合的信息;允许客户根据自己的偏好,在线上和顾问共同设计产品投资组合

资料来源:公司年报(2018),课题组整理。

摩根大通——强大的集团协作平台

摩根大通利用强大的集团协作优势,成为具有标杆性的国际财富管理机构。摩根大通集团的资产与财富管理业务主要由两个业务部门组成,其中,资产与财富管理(Asset and Wealth Management,简写为

AWM）板块负责资产管理业务、服务高净值人群及以上（拥有1 000万美元及以上的可投资资产）的财富管理业务。消费金融与社区银行（Consumer and Community Banking，简写为CCB）板块下的美国财富管理（U.S. Wealth Management）主要负责高净值以下（拥有1 000万美元以下的可投资资产）的零售财富管理业务（见表2.15）。

表2.15　摩根大通业务板块架构

消费者业务			整售（公司）业务			
消费金融与社区银行			财务与投资银行		商业银行	资产管理
银行和资管	家庭借贷	信用卡和汽车	银行	金融市场和证券	中间（中介）市场、公司客户银行、商业地产	资产管理、全球私人银行
消费者银行业务、JP资管、商业银行业务	家庭贷款产品、服务、地产组合	信用卡、汽车	投资银行业务、贷款、支付	固收市场、权益市场、证券服务、信用增进（调整）		

摩根大通财富管理业务在行业中处于领先地位。截至2021年年末，摩根大通资产与财富管理板块下客户总资产合计为4.30万亿美元，其中AUM为3.11万亿美元，经纪资产等为1.18万亿美元，公司以主动管理产品体系为主。2021年资产与财富管理部门实现收入169.6亿美元，净利润47.4亿美元，分别占摩根大通总收入和净利润的13.5%和9.8%（见图2.36）。

摩根大通的财富管理业务向上打通资产管理，向下打通银行渠道，资产配置和市场营销能力两头均有优势。相比独立资管机构，银行系资管机构的优势在于打通各个板块的业务协同。相比非银行金融机构，银行系资管机构的优势在于强大的客户基础与丰富的资金来源。摩根大通资产管理在集团客户关系深化中起到了至关重要的作用，摩根大通资产管理依托母行全能银行的优势，通过与其他业务板块的联动服

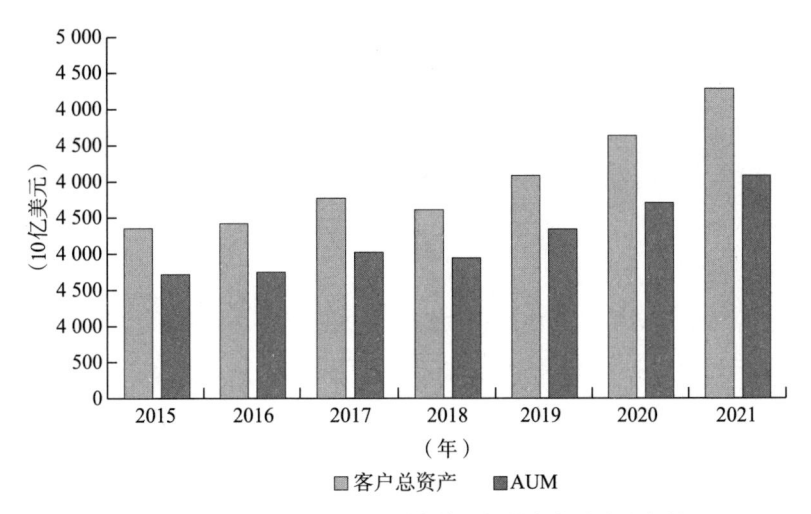

图2.36 摩根大通资产与财富管理板块客户总资产规模

务，满足机构与个人客户多元化资产配置与财富需求，从而加强集团客户黏性（见图2.37）。

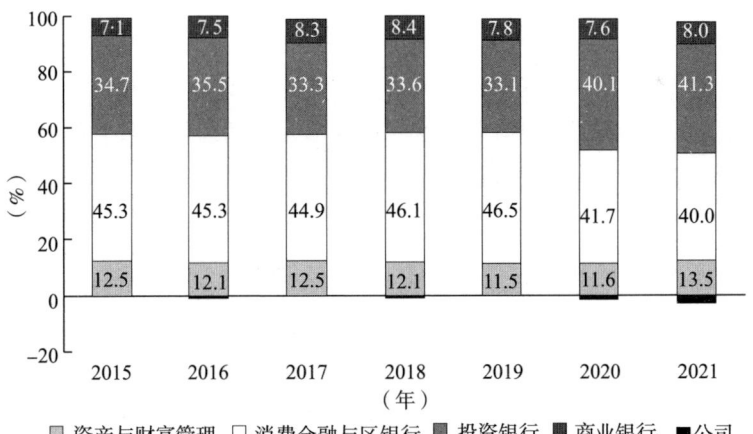

图2.37 摩根大通业务板块收入贡献

公司资产配置能力优秀，业绩在同业中排名靠前，带来公司AUM

持续较好增长。从衡量资产管理业绩的两个硬性指标来看，摩根大通表现都在同业前列，具体来看：第一，所管理的基金被评为 4 星级或 5 星级基金的比例长期在 50% 以上，这意味着摩根大通管理的基金产品有 50% 以上排名在全行业前 32.5%；第二，所管理的基金收益率排名在前 50% 的百分比长期在 50% 以上，且持有时间越长收益率越高，表明长期投资能力优秀。

摩根大通以客户为中心，凭借出色的服务能力和投顾团队，在私人银行和零售业务板块均取得较强的竞争优势。对于高净值客户，摩根大通非常重视私人银行业务。为了更好地服务私人银行客户，公司前期建立了"六对一"的私人银行团队覆盖模式，为每个客户配备了专门的客户经理、投资顾问、融资顾问、财富规划顾问、信托顾问和日常服务专员。除"六对一"的团队外，摩根大通还配有额外的投资解决方案团队和增值服务团队，以更好地服务超高净值客户的多元化、定制化需求。对于零售客户，摩根大通发布免交易佣金的线上交易平台 You Invest Trade；2019 年发布 ETF 投资智能投顾平台，开户条件仅为 500 美元以上存款或 250 美元以上账户余额，积累财富客户升级输送模式下的底层客户资源。另外，摩根大通调整业务条线，整合集团内部力量，通过财富管理与传统零售业务板块的协同作战来提高财富业务在零售客户中的覆盖率。

富国银行——聚焦零售客户和交叉营销

富国银行设置五个一级部门，分别为消费者贷款部门、商业银行部门、公司银行和投资银行部门、财富和投资管理部门、公司部门。财富和投资管理（WIM）板块提供全面的财富管理、投资管理与养老产品和服务，公司还满足客户的经纪业务需求，并为高净值客户和超高净值客户提供财务计划、私人银行业务、信贷和信托服务等。

对于财富管理业务，富国银行采取多个子品牌模式（称为"精品店"模式），形成了不同的客户定位和投资风格，能更好地匹配不同客群的个性化需求。公司财富和投资管理板块旗下包括富国咨询（Wells Fargo Advisors）、私人银行（The Private Bank）、Abbot Downing（2012年富国银行在整合原来旗下财富管理机构的基础上推出的服务品牌/子公司，针对可投资资产在5 000万美元的超高净值客户以及捐赠基金、养老基金等客户）和富国银行资产管理（Wells Fargo Asset Management）四个子品牌。公司多个子品牌的精品店模式能够更加精准服务客户，提升客户满意度和提高公司的经营效率（见表2.16）。

表2.16 富国银行业务板块架构

消费者银行和借贷	商业银行	企业和投资银行	资产管理	公司金融
消费者和小商业银行、家庭接待、信用卡、汽车金融、个人借贷	中间（中介）市场、抵押贷款和租赁	银行、商业地产、金融市场	咨询、私人银行	企业资金管理、企业运作、投资组合、风险投资和私募权益、非战略性业务

富国银行作为一家从社区银行发展起来的大型商业银行，专注于服务中小企业客户和个人客户，大众和富裕客群数量庞大。针对这类客群以社区为生活半径的特征，银行建立了下沉至社区的渠道网点布局，获得庞大的客群基础，其负债成本低于可比大行。物理网点社区化同时，富国银行积极开拓数字化渠道，包括率先推出网上银行、支持移动支付服务等。线上线下一体化的全渠道运营网络有利于提高客户参与度（见图2.38和图2.39）。

富国银行的营销能力强大，历史上交叉销售建立了富国银行的独特优势。交叉销售是富国银行过去的核心战略之一，通常定义交叉销

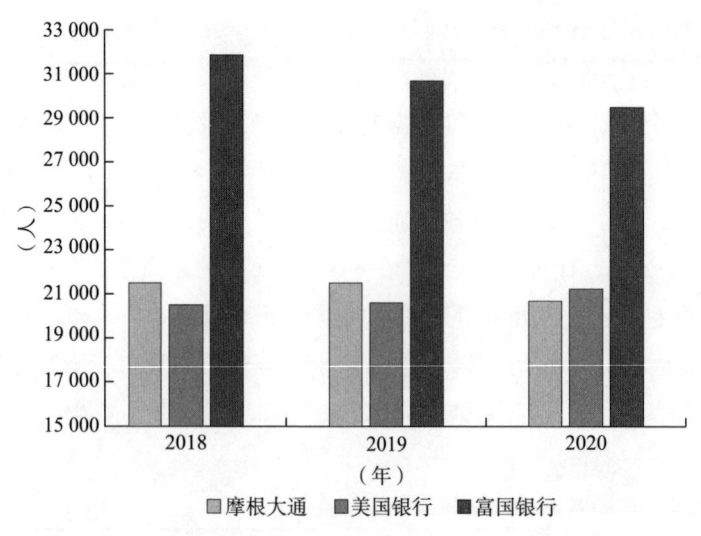

图2.38　富国银行财富和投资管理部门员工数量高于可比行

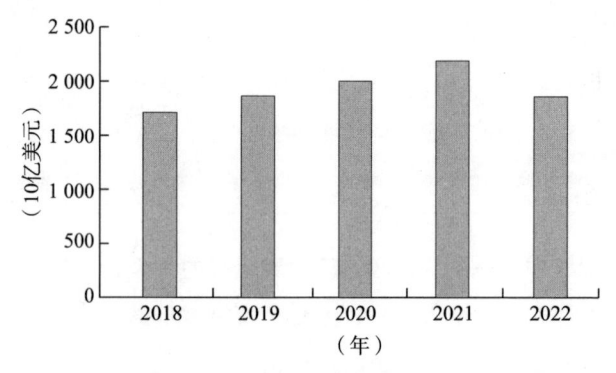

图2.39　富国银行财富与管理部门客户总资产规模

售是指由某一时间节点的单一产品销售行为,在产品端转变为多品类的产品销售甚至资产配置,借此形成更高频的互动和服务。富国银行交叉销售主要衡量指标为户均持有金融产品数量,该指标直接反映了富国银行的金融产品渗透率,是富国银行交叉销售最广为人知的指标。1998年富国银行的社区银行客户户均拥有3.20个富国银行金融产品,

2015年户均金融产品增加至6.11个。在户均金融产品数量指标外，富国银行还关注客户参与度指标，从纵向上丰富交叉销售的价值衡量标准。

富国银行通过多产品模式配合交叉销售，增强获客能力和用户黏性。富国银行将支票业务、抵押贷款业务、投资业务与保险业务定义为核心产品，认为客户一旦购买核心产品，就更有可能购买其他金融产品。四类核心产品差异化定位，实现产品全链条协同：支票业务与抵押贷款业务是交叉销售的获客来源与入口，投资保险等理财业务则进一步增强了客户黏性，完成客户与银行的深度捆绑。

"虚假账户"事件使富国银行的营销能力大幅削弱，客户总资产规模近几年增长相对缓慢。2016年9月，富国银行曝出虚假账户事件，美国消费者金融保护局调查发现，2011—2015年，为完成销售目标，富国银行员工未经客户允许私自开设了210万个虚假账户，并迫使客户为这些虚假账户支付费用。虚假账户事件被曝光后，富国银行失去资本市场信赖，估值水平大幅滑落，失去了全美银行市值第一的地位，逐渐被摩根大通、美国银行超越。富国银行取消所有交叉销售的量化指标，也停止在年报中披露交叉销售相关内容。信誉冲击以及监管的一系列处罚制裁行动使得富国银行核心优势大大减弱。

总结与启示

虽然一般认为，发达经济体财富管理并不直接服务于缩小贫富差距等目标，但从更广泛的意义上讲，即便是在发达经济体，财富管理在居民资产保值增值，优化资金配置，提高金融服务的便捷性、可得性等方面也发挥着重要作用。同时，海外领先财富管理机构发展历史长、管理规模大、制度安排相对成熟，其业务的开展思路对国内银行财富管理业务仍有一定值得借鉴之处。理性学习和反思海外银行财富管理经验也有助于今后银行财富管理机构推动自身高质量发展，提升服务效率，从而更好地助力共同富裕。我们的总结与反思具体有以下几个方面。

第一，海外银行财富管理机构普遍经历了由"卖方销售"向"买方投顾"模式的转变。即以客户财富增值需求为中心，盈利基本摆脱了对销售佣金的依赖，更多根据 AUM 向客户收取资产管理费。而我国目前的主流仍是"卖方销售"模式，盈利模式主要靠销售佣金。相对来说，"买方投顾"模式将机构、投资顾问和客户的利益联系在一起，拥有更强的独立性，也更不易滋生道德风险而损害客户利益。

第二，海外银行财富管理机构普遍建立了开放的产品平台，提供一站式的综合服务。客户多样化的投资与配置需求客观上要求财富管理机构提供全视图、多样化的金融产品。受益于牌照优势和持续的资源投入，外资财富管理机构普遍搭建了专属的金融产品平台，打造开放式的产品货架和财富管理生态圈，提供一站式的综合化服务，更能满足投资者多样化的财富管理需求，实现投资者效用的最大化。

第三，海外银行财富管理机构普遍与集团建立了高效的联动机制。虽然外资财富管理业务的组织架构并不相同，但均与其他相关业务部门形成有效联动，通过明确的客户分层和清晰的分润机制，充分调动各部门的积极性，各业务条线以客户需求为中心形成合力，实现"一点接入，全面响应"，从而最大化产生集团协同效应，提升客户体验和服务效率。

第四，海外银行财富管理机构普遍打造起了一支高质量的专业投顾队伍。一方面，高度专业性的投顾队伍能够为客户提供个性化的服务，有效提升客户的体验，从而提高了客户黏性；另一方面，随着投顾队伍的逐步稳定，投顾对整体财富管理业务的贡献率也会逐步提升，同时能够逐渐树立起财富管理机构独特的品牌效应，进而促进整体业务发展。

第五，海外银行财富管理机构普遍高度重视科技投入，助推业务精细化管理，同时有效降低客户维护、交易等综合成本。从海外财富管理机构近年的发展态势来看，金融科技被广泛应用于财富管理领域，虽然科技研发的前期投入相对较高，但随着科技与财富管理业务的深度融合，科技"高投入高产出"的特征明显显现，其在深度挖掘客户信息、扩大客户服务的深度和广度、提升获客能力、降低维护成本等方面都具有明显的优势。

第六，值得一提的是，我国的银行财富管理部门需要极力避免出现类似富国银行"虚假账户"等不良事件，加强银行内部的风险控制，将投资者的利益放在中心位置，银行财富管理机构管理好自身的风险，避免出现危机事项，在一定意义上是对企业和个人最好的财富保护，也是实现共同富裕最基础的前提条件。

共同富裕下推进银行财富管理高质量发展的思考与建议

共同富裕下推进银行财富管理高质量发展的三大着力点

要着力推动普惠化，把服务高净值客户的技能应用于服务全量客户

首先是要着力促进居民收入增长渠道拓展。在扎实推进共同富裕过程中，银行财富管理要进一步在拓展居民收入增长渠道方面积极发挥作用。一方面，通过加大产品创新力度，特别是要加大针对中低收入人群的低费率、低成本、普惠型财富管理产品的研发，更好契合中低收入人群的理财需求；另一方面，通过进一步发挥银行财富管理机构的专业优势，在增强产品收益的同时强化风险控制，提高产品净值

的稳定性，更好帮助客户实现财产性收入的持续、稳健增长。

其次是要着力促进居民收入分配结构优化。从需求端看，随着我国经济迈入高质量发展阶段，居民收入结构将出现从实物资产向金融资产、从储蓄向非储蓄、从单一配置向多元配置的"再平衡"；从供给端看，随着我国资本市场改革的不断深入，我国多层次资本市场将逐步完善，可投资标的也将日益丰富。这些都将从供给端推动居民资产结构变迁。这一过程中，银行财富管理要利用好长期服务客户财富管理需求的经验优势，进一步积极发挥连接居民部门和资本市场的"纽带"作用，更好促进我国居民收入分配结构的优化。

再次是要着力促进多层次社会保障体系完善。截至 2022 年年底，全国已建立企业年金的企业有 12.8 万家，覆盖职工 3 010 万人，积累资金规模超 2.8 万亿元。"十四五"期间，建立企业年金企业数与覆盖员工人数将加速上升。今后，银行财富管理要把握好这一机遇，支持发展多层次、多支柱养老体系建设，助力提高企业年金覆盖率，进一步开拓第三支柱养老理财业务，在我国健全完善多层次社会保障体系的过程中发挥积极作用。

要着力推动生态化，把"以客户为中心"的理念贯穿到银行财富管理业务全流程

在服务体系上突出平台化，打造覆盖全客户、全渠道、全产品、全旅程、全场景的财富管理服务体系，深化银行机构内部、机构间业务协同，持续提升策略研究、资产配置、产品创设、营销适配等能力，更好地满足各类客户财富管理需求。

在产品体系上突出多元化，建立全市场产品遴选机制，探索构建开放式、全谱系、高质量产品货架，形成开放式财富社区，为客户提供更加多元的投资选择。处理好客户资产负债表与银行资产负债表之

间的关系，以为客户管好财富为出发点，通过专业服务创造更多价值。

在业务模式上突出定制化，在充分了解客户个性化诉求、风险偏好的基础上，持续加强对市场的整体研判，为客户提供量身定制的理财规划、产品及组合方案。注重投研、投顾能力建设，打造高素质财富管理专家队伍，持续提升策略研究、客户分析、资产配置、产品评价等能力，为客户提供更加专业、更加精准、更加有效的个性化金融服务。

要着力推动数字化，把母行的科技能力作为提升银行财富管理业务质效的重要抓手

随着金融科技的迅速发展，数字化转型成为商业银行财富管理业务实现转型升级的关键。

大数据和人工智能等金融科技的应用有利于实现对客户的精准画像，为客户匹配合适的产品，从而达到降低交易成本的目的，使大众客群也可以通过较少投入享受财富管理服务。以养老金融服务为例，传统投资顾问依赖于昂贵的人力成本，业务门槛高，短期无法有效触及个人养老金客群。银行财富管理凭借母行在个人养老金资金账户开立资质、丰富的第三支柱产品体系、雄厚的数据积淀、广泛的客户基础以及强大的科技能力，可以结合养老金账户制度，探索通过对接和嵌入个人养老金资金账户，不断丰富养老金融产品体系，完善多元化投资策略，提供真正具有"普惠性"的综合金融服务模式，提升人民群众的幸福感和获得感，从而最大限度地发挥个人养老账户的价值，在我国不断完善多层次社会保障体系的过程中发挥积极的补充作用。

因此，商业银行应加强金融科技应用，结合自身经营发展实际需要，围绕智能获客、智能投顾、大数据风控等方向，进一步推进财富管理数字化转型，特别是强化对母行科技实力的利用，加速推进数字化转型与财富管理平台建设，利用金融科技赋能，打造开放式财富管

理平台，不仅为全量客户提供开放的产品货架，更重要的是在平台上为客户"一站式"提供个性化、综合化的服务。

共同富裕下推动银行财富管理高质量发展要平衡好四大关系

要平衡好服务实体经济高质量发展和满足居民财富管理需求的关

服务实体经济高质量发展和满足居民日益增长的财富管理需求是新时期银行财富管理业务践行金融工作的政治性和人民性的具体体现。服务实体经济高质量发展要求银行财富管理更好地发挥直接融资优势，引导更多金融资源流向现代化产业体系、专精特新、区域协调、数字经济、绿色金融等重点领域；满足居民日益增长的财富管理需求则要求银行财富管理更好地创造财产性收入，在"提低扩中"过程中发挥积极作用。在我国扎实推进中国式现代化的过程中，如何平衡居民保值增值的具体要求和部分重点领域投资风险收益的现实约束，对银行财富管理持续提升专业性提出了更高的要求，是今后一个时期银行财富管理业务需要首先认真思考的问题。

要平衡好提升财富管理业务的普惠性与实现商业银行经营目标之间的关系

提升财富管理业务的普惠性，要求今后银行财富管理更多的服务普惠客户和中低收入的群体。按照经典的长尾理论，受制于成本与效率，企业只能关注重要的客户，即传统的"二八定律"——80%的销售收入由20%的重要客户创造。共同富裕下，银行财富管理业务要持续提高政治站位，转换经营理念，将共同富裕列入战略目标，持续提升服务长尾客户和中低净值客群的能力,并且逐步将服务长尾客户打造成新的业绩增长点。与此同时,商业银行机构也要在完善内部考核上下功夫。优化个人客户资产管理规模和储蓄存款协同考核,完善机构间、条线间财富管理业务考核协同机制,引导内部资源向财富管理领域倾斜,更好地激发财富管理业务发展内生动力。

要平衡好监管规范与财富管理业务创新的关系

规范首要是完善监管规则体系,筑牢制度栅栏,不留模糊地带和灰色空间,按照功能监管的原则拉平监管尺度,营造公平公开透明的市场规则,有效防控行业面临的潜在风险。其中包括对融资市场的规范,如打击恶意"逃废债"、财务信息造假、违规使用募集资金等行为;还包括对产品销售管理的规范,如禁止销售机构误导销售、虚假宣传、强制捆绑和搭售其他产品、违规代客操作等。创新则应围绕提升银行财富管理业务普惠性,将客户需求摆在首要位置,立足于中低收入群体的投资需求和风险偏好,加强财富管理产品创新,推出更多如养老理财、慈善理财等专项金融产品,为广大中低收入群体提供更多安全可靠、丰富多样的金融产品,创造更加稳定、可持续的投资收益,和更加多元、可得的金融服务。

要平衡好银行财富管理业务的独立性与母行协同性的关系

发达国家银行财富管理机构的发展经验表明,银行丰富的个人和机构客户资源、完整的账户体系、多业务平台、全球的网络覆盖及强大的品牌公信力,成为银行财富管理在全球市场占据优势地位的重要因素。而财富管理业务发展同时也将反哺传统银行业务,进一步夯实和扩大客户基础,强化客户经营深度及黏性,增加对母行的综合收入贡献。银行理财公司作为独立法人机构，更要平衡好自身独立性与母行协同性之间的关系。一方面，应加强自身独立性建设。对与母行相关的客户营销、项目推荐、业务审批等要保持独立性与专业性，理清与母行之间的权责利益，充分做好与母行之间的风险隔离。另一方面，也要深化与母行的战略协同。保持和延续理财业务所依托的母行渠道、项目、风控、运营、系统等优势，激发业务内生发展动力，发挥"1+1>2"的协同效应，提升集团整体的综合金融服务能力，实现集团综合收益最大化，为客户提供综合化金融服务，为实体经济提供全方位金融支持。

共同富裕下推进银行财富管理高质量发展的政策建议

在以中国式现代化全面推进中华民族伟大复兴，扎实推进共同富裕的大背景下，我们总结前文，提出如下政策建议，供有关部门和机构参考，以期通过推动银行财富管理业务的高质量发展为共同富裕贡献更多力量。

持续完善科学有效的行业监管体系，筑牢共同富裕下银行财富管理高质量发展的制度基础

首先，建议加快出台财富管理行业配套监管规则。随着资管新规、理财新规等系列规则落地实施，我国金融机构资产管理业务的监管体系趋于完备，但财富管理领域的立法相对滞后。建议在现有机构监管制度的基础上，建立财富管理业务资格准入制度，并重点从功能监管角度对后续财富管理业务实施监管，避免不正当市场竞争破坏市场秩序，避免无资质财富管理主体削弱市场信任。此外，商业银行拥有庞大的理财团队，但当前的财富管理人员大多欠缺综合的财富管理能力，

因此还有待进一步加强财富管理专业人才建设。建议监管部门加快健全针对财富管理人员的从业规范，为商业银行财富管理人才队伍建设提供指引。

其次，建议推动形成财富管理行业统一监管框架。在银行财富管理助力共同富裕的过程中，应注重建立健全统一的财富管理监管体系，避免财富管理机构在不同的"游戏规则"下同台竞技。建议明确赋予理财产品平等市场地位和监管待遇，进一步明确理财产品银行间债券市场开户规则，促进公平竞争；建议进一步扩大养老理财产品试点，明确理财子公司等机构在养老金第一、第二支柱等方面的投资管理人和产品供给方资质，提高养老金管理人和养老金投资品的多元化；建议进一步扩大银行理财产品代销机构队伍，进一步丰富理财产品销售渠道；最后，建议持续推动我国多层次资本市场建设，进一步丰富各类金融工具，从制度层面进一步规范会计、审计、法律等有关金融中介机构职能与边界。

再次，建议以促进共同富裕为目标统筹推进顶层设计。商业银行的财富管理业务要在有效提升促进共同富裕质效的同时实现长远发展，必须从原有的卖方销售模式向买方投顾模式转型。而商业银行财富管理业务也将受益于行业整体的发展，在满足广大居民财富管理需求的同时，引导资金进入实体经济，形成财富管理和资产管理的良性循环。因此，在投资端，建议围绕现代化产业体系和实体经济高质量发展，加大引导资金流向现代化国家物质技术基础的力度和精准度，进一步统一和明确行业分类标准，提升标的辨识度和投资行为指向性，也建议充分考虑制造业企业发债难点，通过免税等方式给予支持；在客户端，建议监管部门立足行业长期定位和健康稳定发展，以促进共同富裕为最重要的目标之一，从顶层设计上做好规划，引导银行财富管理从"以产品为中心"向真正立足"以客户为中心"的定位转型，从目前的卖方代销模式向广义投顾模式进阶。

持续培育健康成熟的行业发展环境，筑牢共同富裕下银行财富管理高质量发展的市场基础

良好的投资者教育，可以提升全民的金融素养，对实现共同富裕有积极的意义。针对目前我国投资者教育体系存在的分工不明确、缺乏共享机制等情况，建议积极发挥各类投资者保护机构在投资者教育中的引导作用，联合行业自律组织和各类金融机构共同强化投资者教育，培养高质量的投资者教育队伍，打造以满足投资者教育需求为核心，层次清晰、分工明确、各有侧重的全方位投资者教育体系。同时，深化投资者教育的深度和广度，进一步加大对资管新规，特别是对"破刚兑""净值化"等内容的宣传和普及力度，从根本上改变投资者的"刚兑"思维，传递净值化理念。此外，建议积极倡导长期投资和价值投资理念，引导鼓励理财客户根据资产配置需求适度开展长期投资，避免短期过度关注产品净值波动而带来的"追涨杀跌"效应，通过长期投资和价值投资获取稳健回报，树立正确的财富观念，推动更多居民逐渐从"储蓄养老"向"投资养老"转变。

持续提升完善高效的综合服务水平，筑牢共同富裕下银行财富管理高质量发展的能力基础

首先，建议商业银行进一步强化财富管理的战略定位。商业银行要树立"大财富管理"理念，把财富管理能力建设作为服务国家发展战略和推进共同富裕的重要抓手。商业银行要从完善财富管理机构的公司治理机制入手，支持子公司形成决策与风险匹配、人才与业绩配位、激励与制约相协调的运行机制，最大限度激发子公司产品和服务创新潜能，为客户创造价值，助力共同富裕。在总行层面，要加强和完善投资银行、资产管理、财富管理、资产托管等板块业务协调机制，

同时完善与银行表内业务的协调和资源共享。建议商业银行对集团内理财子公司、资产管理部门、私人银行部门以及控股公募基金等板块进行有序整合与协同，进而在产品布局上制定合适的产品体系，突出产品差异化特色和竞争优势，在服务国家发展战略、满足未来客户需求的基础上，最大化地发挥出银行财富管理的禀赋优势，创造银行与客户的共同价值。在此基础上，对于大型商业银行来说，建议进一步加深内部各条线的协同，打通客户信息壁垒，加强各条线之间客户资源转化，充分挖掘自身的客户资源。而对于资源禀赋有限的中小银行来说，建议可以与其他外部机构合作，通过客户引流、产品互补、技术支持等手段实现资源互补，携手构建更开放创新的财富管理生态圈。

其次，建议持续夯实银行财富管理机构自身管理和服务能力。 对于银行财富管理机构来说，持续强化自身能力建设是提升服务实体经济、促进共同富裕的基础。一是建议进一步发挥银行财富管理普惠优势，以助力形成"中间大、两头小"的橄榄型分配结构为目标，围绕高校毕业生、技术工人、中小企业主、个体工商户、进城农民工等中等收入群体的潜在客群，进行差异化、特色化产品创新布局，聚焦养老理财、跨境理财、指数型理财等领域，逐步扩大产品规模，形成规模效应，不断丰富产品线，在以专业化管理能力提高居民财产性收入的同时，有效拓宽广大居民投资渠道；二是建议进一步利用好商业银行在渠道、客户端优势，结合业务特色，做好客户、市场细分，深入挖掘市场需求，构建以客户为中心的分层、分群客户营销和服务体系；三是建议进一步提升财富规划及资产配置专业能力，为客户提供更具针对性的全面财富管理方案；四是建议持续加强投研能力建设，通过增加研究深度、拓宽覆盖范围，充分挖掘和精选在推进产业智能化、绿色化、融合化等方面的优质标的，以专业能力帮助居民分享经济高质量发展红利；五是建议加快构建财富管理人才团队，加强人才引进培养，推进专业团队建设，强化存量人员的培训力度，提升存量人员业务能力。

第三章

共富时代的证券业财富管理

改革开放以来，伴随着中国经济的飞速发展，中国资本市场扬帆起航，走过了蓬勃发展的40年。作为我国资本市场的中坚力量，证券公司在完善资本市场体系、促进实体经济快速发展中扮演着中流砥柱的角色，为广大居民福祉的提升做出了重要贡献。长期以来，传统经纪业务作为证券公司的主营业务之一，收取证券交易手续费一度成为证券公司最主要的利润来源。然而，随着内外部竞争的加剧，证券公司传统经纪业务逐步进入了佣金水平不断下降的发展瓶颈期，下一步转型发展的迫切性日益提升，亟待寻找新的发展机遇。

2022年，我国居民人均可支配收入达到3.69万元，同比增长5.13%。随着居民财富快速积累和金融产品的推陈出新，广大居民对于财富保值增值的需求在日益提升并且愈发复杂化，证券公司在财富管理业务转型的这条道路上也看到了新的曙光。在刚兑打破的主旋律之下，财富管理的大时代已经来临。作为深化金融改革完成高质量发展的重要方向，证券公司财富管理业务转型不仅是证券业谋求自身可持续发展的必由之路，更是促进实现共同富裕的重要抓手。站在中国经济高质量发展的新时代，下一阶段证券业财富管理要以居民财富保值增值为使命，以实现共同富裕为导向，在买方投顾的理念下，结合海外证券公司财富管理经验与自身发展现状，通过把握财富管理发展黄金时代脉搏，克服证券公司财富管理面临的不足与挑战，推动全行业乃至全社会的财富管理水平迈上新的台阶。

基于我国财富管理市场的发展现状与海外发达证券公司财富管理的历史经验，以财富管理推进大众共同富裕作为基本原则，我们从行业和监管角度提出政策建议：在行业方面，从"以客户利益为中心"的指导思想出发，以个人养老金、公募基金投顾等业务为抓手，以金融科技平台为工具，通过在资产端打造精品资产池、普惠化投资方案解决体系、专业投顾人才团队，在资金端做好客户精准分层、证券公司内部协同、投资者教育，发力推动财富管理平台建设，提升证券公司财富管理能力。

在政策方面，积极引导证券公司创新服务客户的模式，期待出台更多支持证券公司财富管理发展的政策，促进买方投顾尽快广泛化、普惠化。

走向高质量发展是初心，提升财富管理体验和获得感是责任。随着中国资本市场改革的进一步深化演进，中国证券业的财富管理转型不仅对证券公司的发展至关重要，同时也将对实现共同富裕做出积极贡献。下一阶段，在共同富裕的宏观视角下、在买方投顾的时代浪潮中，中国证券公司有望进一步把握机遇，积淀经验，不忘初心，牢记使命，迈向财富管理高质量发展的新征程。

证券公司财富管理发展迎来新机遇

居民可投资金融资产逐步释放，财富管理需求螺旋式升级

随着居民收入水平的不断提升，多元化资产配置需求日益增加。与此同时，代际更替也推动居民财富结构发生持续且深远的变化，财富配置方向逐步由不动产等非金融资产，转向以存款、债券、权益、另类资产等为代表的金融资产。

居民财富快速增长，金融资产配置需求提升

我国经历了40多年的改革开放，经济高速增长推升了居民财富的大量积累。截至 2022 年，中国个人可投资资产总规模达到278 万亿元，2008—2022 年年均复合增速高达 15%。① 麦肯锡报告

---

① 资料来源：招商银行与贝恩咨询，《2023 中国私人财富报告》。

显示，中国富裕及以上家庭个人金融资产占比在过去 5 年持续提升，从 36% 升至 40%，预计到 2025 年占比将达到 46%（见图 3.1）。①

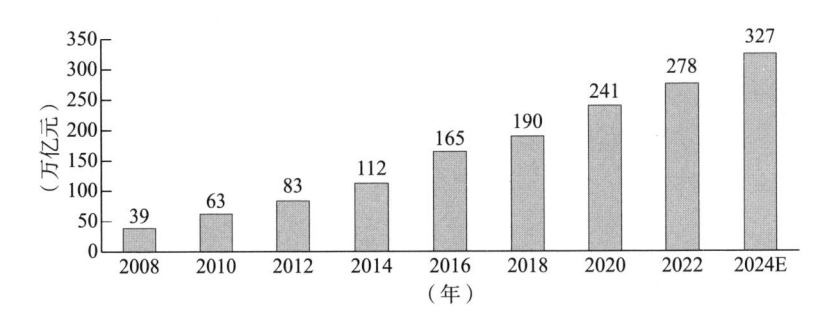

图 3.1　2008—2024 年个人可投资资产规模

资料来源：贝恩公司高净值人群收入—财富分布模型。

随着居民财富的快速增长，居民对于资产配置的需求必然会不断增加。数据显示②，2021 年，我国居民资产配置占比最大的为房地产，达到 60.2%，居民储蓄占比达到 15%，股票、基金的配置占比较少，仅有 12.5%。相较之下，美国居民在股票、基金产品的投资占比超过 27%，表明我国家庭资产对于金融资产的配置仍有较大的提升空间（见图 3.2）。

不同层次客群诉求差异显著，助推多样化产品需求

不同财富水平人群在风险偏好、投资品种需求上有较大差别，这给财富管理业务的转型发展创造了更加多样化的条件。

---

① 资料来源：麦肯锡中国金融业 CEO 季刊，《未来十年全球财富管理和私人银行的趋势及制胜战略》。
② 资料来源：美国国家经济研究局，《长寿时代城市居民财富管理白皮书》。

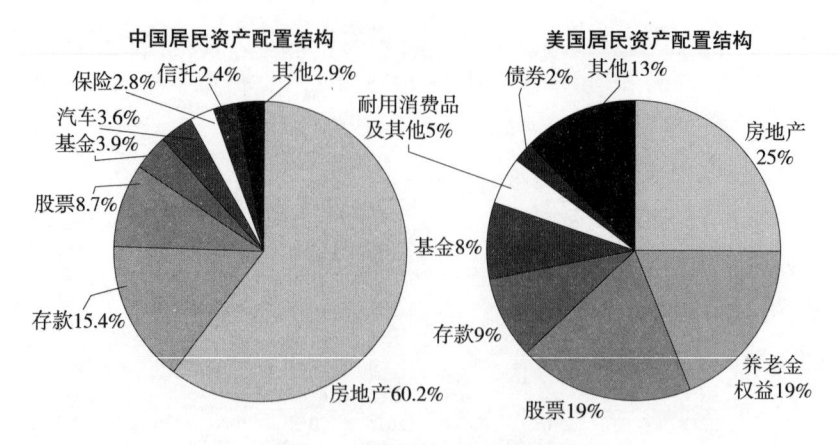

图 3.2 中美居民资产配置结构

资料来源：美国国家经济研究局，《长寿时代城市居民财富管理白皮书》。

普通客群是最基础、最主要的群体，人数占比达到 98%。[①] 这类客群往往理财知识较为有限，对于金融投资的风险偏好和风险承受能力较低，但也更加渴望投资，其投资的首要目的是追求财富的增值。由于财富有限，偏好的产品类型以常规和标准化产品为主，对风险、利率和流动性的平衡要求较高，对于金融信息和资讯的获取、相互交流沟通等社交属性的金融服务需求更大。广泛的普通客户群体一是为证券公司提供了更多的投资机会和市场洞察，让证券公司能够更好地了解市场动态和客户需求；二是可以在激烈的市场竞争中为证券公司提供比较优势，利用广大的客户基础和交易数据，提供客观、准确的市场分析和预测，从而为客户提供更加精准的投资建议和服务，进一步提高客户的满意度和忠诚度。

[①] 资料来源：中国人民大学与蚂蚁集团研究院，《互联网理财与消费升级研究报告》；蚂蚁财富与第一财经商业数据中心（CBNData），《2019 线上理财人群报告》；《2018 年度基金个人投资者情况调查问卷分析报告》；福布斯中国，《2017 中国大众富裕阶层理财趋势报告》；招商银行与贝恩咨询，《2019 中国私人财富报告》；中金公司研究部。

富裕客群人数占比 1.2%，该类客群目前正向年轻一代转移，对于创造财富的需求更加强烈，往往具有更高的风险偏好，渴求更专业的投资建议、高效的线上/线下信息沟通。其理财目标以创造财富、提高生活品质为主，风险偏好较高，对于多元化的产品需求更加强烈。

私行客群人数占比 0.05%，属于高净值群体，主要由企业高管、专业人士为代表的新富人群和改革开放后的第一代企业家构成。他们在追求资产的保值增值的同时，更加注重综合金融服务能力，这对财富管理业务的专业性、服务性提出了更高的要求。而随着时代的发展，这类群体逐渐由财富创造需求向财富代际传承需求转变，对风险收益的偏好也更加理性。

代际更替催生财富管理新需求

改革开放 40 年来，一部分创一代企业家积累了大量的财富。财富人群的财富管理重心也逐步从财富创造、财富保值转向财富传承。同时，代际更替也促使其风险偏好发生一系列的变迁：老一代在投资方面更偏保守，风险偏好更加理性，注重传统的储蓄方式，追求资产稳定增长，更愿意存储现金以应对风险和不确定性；年轻一代刚刚步入社会获得收入，开始财富的初步积累，对理财有着强烈的学习渴望，既希望获得稳定的收益，也有突出的盈利诉求，更加乐意接受高风险高回报的投资。这些变化对于未来的财富管理行业来说都是新的挑战和机遇。

2022 年，华安基金的《Z 世代基民洞察报告》显示，在受访的 18~27 岁大学在读或已参加工作并且过去一年有过公募基金投资行为的 Z 世代群体中，存款、理财产品的渗透率极高，保险、股票次之，而房产、贵金属等在 Z 世代中较少被作为投资理财方式（见图 3.3）。

此外，这些 Z 世代的受访者整体投资经验欠缺，研究不深，其中

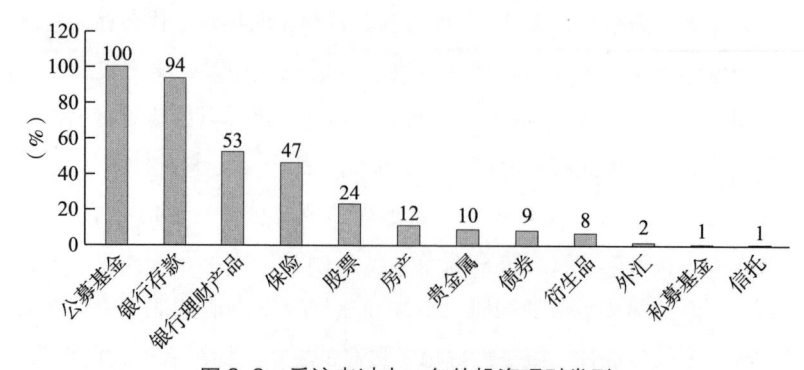

图 3.3　受访者过去一年的投资理财类型

有投资经验的仅占 16%，并且 Z 世代的投资理财在较大程度上依赖外部信息，投资行为需要引导，这将会给财富管理业务的发展带来数量巨大的潜在客户（见图 3.4）。

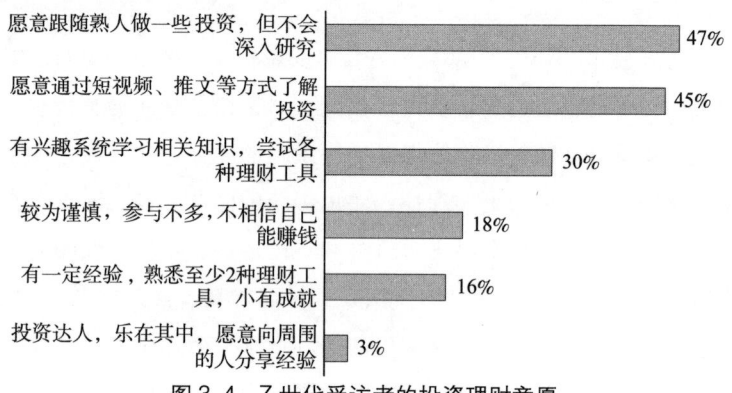

图 3.4　Z 世代受访者的投资理财意愿

中国证券公司财富管理业务迈上转型升级之路

改革开放 40 多年来，随着我国居民财富的快速增长，资本市场改革红利持续释放，居民财富管理需求呈现爆发式增长，在决胜全面建成小康社会，进而全面建成社会主义现代化强国的新时代，我国财富管理行业正迎来蓬勃发展。证券公司作为我国资本市场的重要组成部分，在自身发展过程中紧紧围绕资本市场服务实体经济这一重大使命，不断加快财富管理业务转型，满足居民日益增长的财富配置需求，助力共同富裕。

证券业财富管理业务发展现状

1. 证券业财富管理业务特点分析

在客群特征上，证券公司财富管理目前主要服务于普通交易客户群体，具备风险偏好高、投资期限短、风险认知浅等特征。一是普通交易客户作为证券公司主要的客户主体，占到了相当大的一部分比例。截至2023年8月末，中国资本市场自然人投资者数量达到2.2亿人。① 二是普通交易客户群体通常资金体量较小，偏好投资于权益型资产，希望追求一定的风险以获得更高的资产回报，风险偏好水平高。三是普通交易客户一般投资期限较短，对于资金的流动性要求更高，但因自身投资经验、投资知识欠缺，往往存在非理性的投资，而且普通交易客户对风险的分散不够，认知度不高。

相较之下，银行客户整体风险偏好较低，中低风险等级的投资者占到了绝大多数，稳健类产品是银行客户的共同需求。对于保险机构而言，其客户对于风险的厌恶水平可能更高，年轻化、高知化、具备经济基础是其近年来的客群特点，这也意味着年轻一代的保险意识逐渐崛起，面对生活和健康的压力，希望通过保险产品来规避风险。对于信托机构而言，则主要服务于高净值人群，其具备较多的高净值客户储备，近两年由于资管新规等行业变革，信托财富管理业务仍然处在转型期，其客群的风险偏好中等，介于银行和证

---

① 资料来源：中国证券登记结算有限责任公司。

公司之间。

在获客能力上，证券公司财富管理获客能力有限，主要抓手仍在交易服务。 相比于主流的财富管理机构，证券公司的营业网点布局较少，难以与客户形成多触点多频次的天然互动，获客能力受到较大掣肘。而银行等金融机构则在渠道端具备显著优势，凭借其拥有的完善网络和资源，能够与客户在结算账户上建立更天然的联系，并在此基础上为客户提供全面的金融服务和财富管理服务。与此同时，证券公司的获客场景不多，主要依托于客户自主的资本市场交易需求，从简单交易到财富管理仍需要长时间的转换和持久性的沟通，服务场景较为局限，转换周期相对更长。

在产品线上，证券公司财富管理产品以波动性资产为主，更多强调定制服务。 一是证券公司天然和资本市场对接，其产品货架往往布局了更为丰富的权益类产品线，而常规的存款、保险类资产由于监管原因，并没有该类产品销售。较多的波动性资产在给投资者提供更高或有收益可能的同时，也带来了投资组合的较大波动，当权益市场出现一定震荡波动时，往往会使投资者的资产净值承受一定的回撤。二是由于客户渠道基础相对薄弱，从发挥专业投研能力出发，证券公司在为客户提供服务时，更多强调定制服务，可以根据投资者的风险承受能力和投资目标提供专属定制的服务方案。相比而言，银行、保险等金融机构，其产品货架较为丰富，既有传统的存款、贵金属、保险类资产，也有理财、基金、信托等金融产品，总体以固收类产品居多，主要满足的是客户财富管理的稳健需求，或有收益率较低。

在规模发展上，证券公司财富管理规模仍具备较大向上空间。 伴随着我国居民财富的快速增长，金融供给侧结构性改革的深入，我国金融机构财富管理市场快速发展。2024 年，随着宏观经济的复苏和资本市场的回暖，居民收入预期和风险偏好有望稳步回升，前期因市场波动而流失的资金或将逐步回流到财富管理市场。根据第三方机构的预测,到 2023 年年底,我国财富管理市场规模将有望达到 132.56 万亿元,同比增长 11.9%。① 从当前财富管理发展来看,整体形成了由银行、证券公司、保险、信托以及第三方机构协同发展的良好格局。证券公司开展财富管理的时间相对较晚,渠道端优势不如银行等机构,其财富管理业务规模在 2016 年到达峰值之后持续下跌,2021 年,证券公司财富业务规模占比降至 5.7%(见图 3.5)。但随着财富管理转型的逐渐加深,依托基金投顾牌照开展买方投顾业务的证券公司数量持续增加,证券公司财富管理的市场份额有望逐步回升。

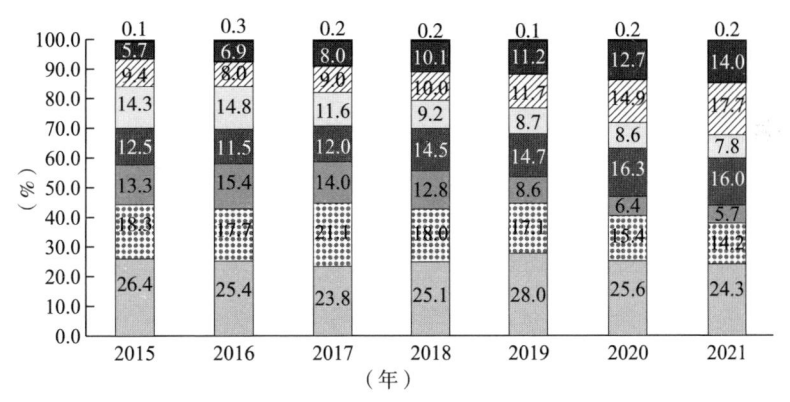

图 3.5 2015—2021 年中国财富管理市场规模占比
资料来源:万得资讯、中国财富管理行业白皮书、财策智库。

2. 证券公司积极把握新机遇,向财富管理全面转型

一是组织保障:**聚焦财富管理业务,调整和优化组织架构**。近年来,证券公司逐渐聚焦财富管理业务的发展,财富管理业务收入占比逐年提高,投顾人数目前也已超过经纪业务人数,证券公司对于投资顾问队伍的建设在不断加强,投资顾问服务能力持续提升。同时,财

---

① 资料来源:尚普咨询。

富管理组织架构优化调整也是证券公司近年来的工作重点，中国证券业协会的数据显示，2021年有97家证券公司进行了组织架构调整（仅指一级部门）。在这97家证券公司中，超四成对证券经纪业务条线进行了调整，主要包括优化相关部门职责，加强投顾、产品方面的队伍建设，进一步推进财富管理转型等多个方面，不断提升证券业财富管理业务的客户体验以及服务效率。

二是投研支持：夯实投研基础，助力买方投顾。"以客户为中心"的买方投顾转型，是近年来越来越多的证券公司的核心发展战略。相较于卖方服务，买方投顾更加注重"顾"的角色，深入了解客户需求以及风险偏好，为投资者提供更多的差异化、定制化的服务。伴随着投顾业务的普惠化和普及化，证券公司正在以更高层次、更广范围、更大力度向买方投顾模式探索，属于证券公司的买方投顾时代或正在逐步展开。

三是数字化建设赋能财富管理，强化基础设施支持。随着金融科技的发展，众多证券公司纷纷布局数字化平台建设，将产业数字金融作为数字化转型的有力抓手。智能投顾平台的建设给予证券公司24小时全天候线上投顾服务的能力，极大地提高了服务效率，同时依托大数据准确掌握客户需求，描绘精准的客户画像，能够有效提高客户分层分类的精细化和精准性，使客户与产品、服务的匹配更加高效和契合，从而更好地提供定制化的服务。

新时代下证券公司财富管理转型的发展历程

我国证券公司财富管理业务从21世纪初兴起，如今已经发展了近20年。证券公司的发展为广大居民创造并积累了大量的财富，同时在助力居民财富管理方面积累了丰富的经验。伴随着我国经济社会的发展，我国居民对于财富管理、资产配置的需求与日俱增，证券业财富管理的服务方式和手段也在此过程中不断升级迭代，推动整个行业向纵深方向持续发展，从而更好地助力居民财富管理。

从我国证券公司财富管理业务的发展历程来看，主要分为1.0牌照为王、2.0理财兴起、3.0买方投顾三个阶段。目前我国证券公司财富管理转型的发展处于由2.0向3.0买方投顾转型的过渡阶段（见图3.6）。

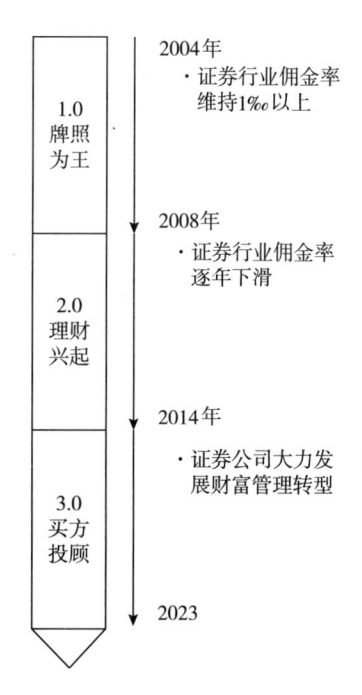

```
1.0          2004年
牌照          ·证券行业佣金率
为王            维持1‰以上

2.0          2008年
理财          ·证券行业佣金率
兴起            逐年下滑

3.0          2014年
买方          ·证券公司大力发
投顾            展财富管理转型

             2023
```

图3.6 我国证券公司财富管理发展的三个阶段

1. 财富管理1.0：牌照为王

这个阶段是财富管理业务发展的初级阶段，财富管理业务刚刚兴起，牌照是唯一的红利来源。证券公司为居民提供开户、资金存取、交易工具与通道，收取固定的佣金，证券行业佣金率维持在0.1%以上。在这个过程中，投资顾问同时承担销售和咨询的双重工作，但作为投资顾问实际发挥的咨询作用非常小。

2. 财富管理2.0：理财兴起

随着竞争的加剧，证券行业佣金率的逐年下滑给传统业务模式带来挑战，销售金融产品逐渐成为证券公司的主要盈利模式。近年来，各证券公司开始为基金公司等机构代销产品以赚取销售服务费，以销售为导向，更加追求产品的销售规模，倾向于向客户过度营销，且推荐的产品可能并不必然符合客户需求。与此同时，随着金融产品销售的市场竞争日益激烈以及投资者自身理财素养的提升，投资者对投资成本的关注度逐渐增强，对资产配置和专业投顾服务的需求与日俱增。各大证券公司也开始更加注重客户的利益，将帮助居民实现资产保值增值作为财富管理转型的重心。尽管投资顾问逐渐开始扮演重要角色，但所提供的财富管理服务仍然是相对标准化的基础服务，"千人同面"并不能满足客户个性化的财富管理需求。

3. 财富管理3.0：买方投顾

共同富裕的逐步推进对财富管理提出了新的要求，普惠性财富管理应在扎实推动共同富裕中发挥重要作用。财富管理业务不再仅限于传统的零售金融服务，而是主要为有需求的居民提供贯穿整个财务生命周期中的规划咨询服务，我国证券公司财富管理业务纷纷从"产品销售"向买方投顾转型。所谓"买方投顾"，是指投顾在客户授权的范围内提供资产配置和投资建议，并收取一定的服务费用，从向产品供给方收费转为向客户收费，买方投顾更加凸显"顾"的重要性。买方投顾的使命是帮客户实现回报，即财富管理机构围绕客户的账户，站在客户的立场去探讨、探索、实践，帮助客户实现资产的保值增值（见图3.7）。

相较于前两个阶段所处的卖方投顾时代，买方投顾模式下的财富管理业务强调以客户为中心，了解客户真正的需求，更加注重客户的

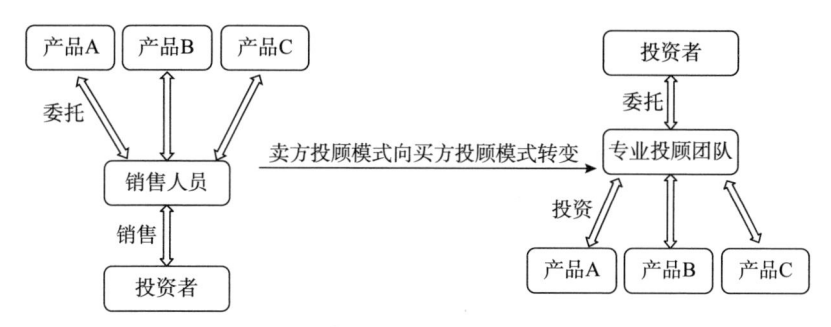

图 3.7　卖方投顾与买方投顾的差别

体验感，根据客户的个人需求以及风险收益特征为客户提供多样化、定制化的产品方案，以满足客户在不同阶段的财富增值与风险管理需要。

2019 年 10 月，证监会启动基金投资顾问业务试点，可以看作全行业财富管理买方投顾转型的重要标志。公募基金作为普惠金融的典型代表，通过"受人之托、代客理财"为投资人尤其是个人投资者提供专业的投研投资服务。但"基金赚钱，基民不赚钱"的现象屡见不鲜，已经成为掣肘财富管理行业进一步发展的重要障碍，进而影响资本市场高质量发展的新征程，也不利于居民财产性收入的保障和提升。2019 年 10 月证监会发布《关于做好公开募集证券投资基金投资顾问业务试点工作的通知》，启动基金投资顾问业务试点，投资顾问可以向客户提供基金投资建议，辅助客户投资决策或者代理客户做出投资决策。从 2019 年开始，监管机构陆续颁发了"公募基金投顾"牌照，旨在推动基金销售模式从传统的"卖方投顾"转向"买方投顾"。证券公司借助基金投顾业务试点的东风，也加快了财富管理转型的步伐。目前，全市场共有 60 家机构获批基金投顾试点资格，其中包括 25 家基金公司、29 家证券公司、3 家第三方销售机构、3 家商业银行，并陆续展业为客户提供基金投顾服务，依据客户的不同风险偏好特征，提供定制化的基金投资产品，不断探索财富管理业务逐步向买方投顾模式转型（见表3.1）。

表3.1 基金投顾牌照获得时间

获批时间	机构类型	数量	基金投顾名单
2019年10月	基金及基金子公司	5	易方达基金、南方基金、嘉实基金等5家基金公司
2019年12月	独立基金销售公司	3	蚂蚁基金、腾安基金、盈米基金
2020年2月	证券公司	7	中金公司、中信建投、华泰证券等7家证券公司
2020年2月	商业银行（尚未实际展业）	3	工商银行、招商银行、平安银行
2021年6月	基金及基金子公司	10	博时基金、广发基金、汇添富基金等10家基金公司
2021年6月	证券公司	7	中信证券、招商证券、国信证券等7家证券公司
2021年7月	基金公司	9	富国基金、建信基金、景顺长城基金等9家基金公司
2021年7月	证券公司	13	山西证券、平安证券、光大证券等13家证券公司
2021年8月	证券公司	2	渤海证券、华创证券
2021年8月	基金公司	1	农银汇理基金

证券公司财富管理业务发展特点

1. 逐渐形成差异化服务

证券公司在财富管理业务发展过程中逐渐由提供标准化服务转向差异化服务，打造"千人千面"的服务模式，基于不同客户的风险偏好需求提供不同的产品服务，更加注重不同客户的投资体验与需求。

2. 注重维护客户关系

与传统经纪业务不同，证券公司在开展财富管理业务过程中越来越重视维护良好的客户关系，始终与客户保持联系，不断了解更新客户的个人情况和风险偏好等信息，从而更好地分析客户需求，打造定制化服务，以此获得更高的客户满意度和信任度，提升公司的品牌影响力，为居民长期的家庭资产配置提供专业可靠的陪伴式服务。

3. 依托数字化打造智能投顾

互联网金融时代，智能投顾对机构和投资者的意义越来越大。随着数字化的发展，人工智能投顾系统成为证券公司积极研发的对象。依托智能投顾系统，证券公司可以实时感知用户的想法与需求，及时提供高效、安全的在线客服服务，同时可以针对各类客户，快速定制一对一服务，从而更好地发挥"顾"的作用。

证券公司投研能力充分释放，助推产品配置创新

为了适应需求端深刻的变革趋势，财富管理供给端也相应地发生了快速更迭。证券公司作为重要的金融机构之一，不仅负责股票等金融资产的交易和中介服务，同时提供投资研究服务，帮助居民理解市场形势和投资机会，并为居民制定个性化的投资策略和产品方案。在推动共同富裕的新发展阶段，证券公司需要不断深化财富管理业务转型升级，以新金融服务、新业务模式惠及千家万户。

集团化一体化的服务优势

全牌照赋予了证券公司广泛的业务范围，增强了不同业务之间的协同效应，进而推动了财富管理业务的发展。例如，投行业务覆盖了

不同生命周期的企业客户：成长期企业可以通过风险投资、私募股权投资、创业板上市、新三板挂牌等方式融资，成熟企业则需要发行股票、定向增发、发行债券、并购重组等服务，上市企业可能有市值管理、股权质押融资、增减持配套等服务需求。在为企业客户提供投资银行服务的同时，证券公司可以通过投行与财富管理部门之间的联动，推动财富管理业务的开展。

天然贴近资本市场的专业人才优势

相较于其他金融机构，中大型证券公司在投资研究方面拥有雄厚的实力：一是证券公司投研涉及的行业范围广泛，这为证券公司服务客户提供了高质量的咨询服务基础；二是证券公司的广泛业务，包括自营业务、财富管理业务、股权投资业务、资产管理等业务，都对投资人员的专业能力有较高的要求，证券公司业务发展过程中积累了丰富的投资经验和人才储备，这使得证券公司具备了为客户提供优质财富管理服务的基本条件和人力基础；三是证券公司的全牌照优势可以探索以衍生品等创新业务丰富客户配置种类。

中国证券业协会数据显示，截至 2023 年 3 月 8 日，证券公司行业分析师人数已合计达到 4 013 名，正式突破 4 000 名大关（见表 3.2）。

表 3.2 证券公司分析师人数情况

证券公司名称	分析师数量（人）
中金公司	224
中信证券	170
国泰君安证券	151
广发证券	132
国信证券	102

续表

证券公司名称	分析师数量（人）
兴业证券	129
长江证券	128
海通证券	124
华泰证券	115
中信建投证券	111
招商证券	101
国金证券	92
天风证券	90
国盛证券	80
浙商证券	76

资料来源：中国证券业协会，数据截至 2023 年 3 月 8 日。

与此同时，证券公司线下营业网点分布数量多、范围广，聚集了大量的专业投资顾问团队，便于及时响应客户需求，全过程陪伴客户。截至 2021 年年底，证券行业登记从业人员数量为 35.98 万人，同比增长 3.75%，[①] 其中财富管理条线人员增长位居各业务条线首位。近年来，各大证券公司的投顾人数不断增长，逐渐成为证券公司财富管理重要的专业支撑力量（见表 3.3）。

表 3.3　主要证券公司投资顾问数量及占比

证券公司	从业人员（人）	投资顾问	投顾同比增幅（%）	占总人员比（%）
中信证券	14 725	3 901	9.55	26.5
中信建投	12 332	3 411	5.87	27.7

[①] 资料来源：《中国证券业发展报告（2022）》。

续表

证券公司	从业人员（人）	投资顾问	投顾同比增幅（%）	占总人员比（%）
广发证券	11 749	4 262	7.06	36.3
国信证券	11 414	3 472	13.54	30.4
国泰君安证券	11 355	3 547	3.99	31.2
中国银河证券	10 174	3 592	8.62	35.3
招商证券	9 302	2 592	12.01	27.9
华泰证券	9 150	3 048	7.63	33.3
中泰证券	8 972	2 036	17.62	22.7
兴业证券	8 941	2 089	−1.09	23.4
方正证券	8 676	2 634	6.17	30.4
海通证券	8 392	1 835	−1.56	21.9
安信证券	7 854	1 494	8.03	19.0
申万宏源证券	7 668	2 012	1.56	26.2
长江证券	7 430	2 187	6.53	29.4
光大证券	6 535	1 073	15.01	16.4
中金财富证券	6 473	1 955	21.35	30.2
东方证券	5 417	1 135	13.16	21.0
国金证券	4 892	626	17.67	12.8
华福证券	4 821	911	16.94	18.9

资料来源：中国证券业协会。

同时，随着数字化金融的发展，投资顾问线上服务发展得更加迅猛，线上智能投顾终端的发展可以高效调动总部与各分部的投研投顾力量，合理分配投顾资源。

丰富的金融投资经验

证券公司相比于银行等金融机构而言，天然贴近于资本市场和波动资产，在股票、基金、衍生品、外汇等各类投资品种方面具备较为长期丰富的投资研究经验，同时也逐步积累了一批投资理念相对成熟的客户群体，在应对净值化转型挑战过程中具备先发优势。

共同富裕下的证券公司财富管理实践

财富管理是实现共同富裕的重要手段，实现共同富裕是财富管理的目标之一。财富管理作为资本要素配置的枢纽之一，直接服务于居民财产性收入，在促进共同富裕方面具有重要作用。新时代下，随着我国居民财富持续增长，共同富裕激发了财富管理普惠化需求，财富管理转型是证券公司的现实需要。近年来，国内众多证券公司在财富管理转型过程中为促进共同富裕都做出了各自的努力与实践，如申万宏源温州提出"让证券市场更好地服务世界温州人的钱袋子"、中航证券针对贫困地区学生开展"启航投教"系列活动、财通证券围绕"扩中、提低"打造稳健普惠的财富产品体系等。

具体结合中金公司的财富管理品牌——中金财富而言，工作实践主要聚焦在以下三个方面：

深耕财富管理，服务居民大众。在转型发展过程中，中金财富践行以人民为中心的发展思想，以产品与业务创新实现好、维护好、发展好最广大人民根本利益，助力居民财富保值增值。近年来创新推出"中国50、微50、股票50、公募50基金投顾"等买方投顾产品，以专业的资产配置能力、强大的研究和产品支持体系，让投资者实现了"稳稳"的获得感；打造中金财富"品牌日"活动，2021年创新推出慈善50，携手引领财富向上向善，推动实现繁荣三次分配，助力共同富裕，满足投资者多样化的金融服务需求。与此同时，中金公司作为财富管理领域的先行者，不仅在财富管理领域积极探索，还积极承担社会责任，投身于服务居民群众之中：中金财富铁岭银州路营业部新春之际赴铁岭县走访慰问困难群众，给予困难群众物质上的帮助；中金财富天津新开路营业部走进汉沽启智学校开展"党徽照耀，携爱同行"主题党日活动，向特殊儿童传播希望和温暖；新冠疫情形势严峻时期，中金财富深圳爱国路营业部积极响应号召，参与社区抗疫，组建青年志愿者队伍，为抗议前线提供帮助。

聚焦普惠金融，促进投资者教育。开展投资者教育是金融行业重要的社会责任，也是协助投资者走向成熟的重要手段。近年来，越来越多的证券公司在推动自身财富管理业务转型的同时，将普惠金融作为核心内容，积极履行服务社会公众主体责任，深入农村、贫困地区普及金融知识，为广大投资者提供普惠性、专业性、多元化的投教服务。中金财富广州管理总部践行"为群众办实事"，走进社区养老院开展防非宣传，引导老年人选择正规投资理财渠道，提醒老年人远离非法证券期货活动，提高老年人的风险识别防范能力。中金财富淮安水渡口大道营业部同样积极开展投教进社区活动，普及宣传金融知识，为国民金融财商素养建设贡献力量。

积极参与共同富裕示范区建设，助力乡村振兴。中金财富宁波营业部与市公安局开展广泛深入的合作，做好金融犯罪的防范，加快浙江共同富裕示范区的探索，积极服务城市发展需要与国家战略落实，为进一步推进普惠金融贡献力量。同时，为贯彻落实党的二十大对乡村振兴工作的要求，中金财富西北管理总部开展"爱心传递助振兴"爱心捐赠活动，深入乡村为困难群众打造"暖心屋"，开展帮扶工作，修建"中投便民富民路""山羊养殖场"等基础设施，积极挂起反洗钱、防范电信诈骗相关宣传横幅，帮助村民树立正确的财富观，并强化风险防范意识，用实际行动助力乡村振兴。

境内外券商财富管理转型路径启示

证券业财富管理通过专业化的买方投顾模式实现居民财富的保值和增值。在当前国内买方投顾模式加速发展的大背景下，借鉴海外证券公司的财富管理经验，赋能中国证券业财富管理发展，助力共同富裕的实现，具有重要现实意义。海外财富管理已有数百年的发展历程，而其中不同代表性证券公司的发展路径则各不相同。通过分析海外证券公司财富管理的发展历程，并结合国内券商财富管理转型情况，我们总结出人力资源、金融科技、组织架构这三项对证券业财富管理具有重要效能的核心要素，结合三大要素的分析，希望能对买方投顾时代下国内证券公司财富管理的发展模式有所启发。

知往鉴今：海外财富管理经验对国内证券公司财富管理的启发

发展概要：发展近300年，趋于成熟的买方投顾模式

18世纪末期，瑞士首先兴起了私人银行业务，专门为少数巨商富贾提供私密性金融服务，这也被认为是早期财富管理的起源。

20世纪90年代，财富管理在美国盛行，并在欧洲、美洲等市场发展壮大，逐步演化成向高净值人士提供全方位、个性化的财富保护、财富创造和财富管理服务。财富管理在20世纪末期的迅速发展，得益于供需两端的三个主要原因：

第一，市场自发革新带来经纪业务的式微。1975年5月1日，为

降低证券交易成本,推动证券市场的发展,美国国会通过《有价证券修正法案》,并率先在全球范围内废除了证券交易的固定佣金制度,为争夺经纪业务带来的利润,各证券公司引发了大规模的价格战,使得佣金率大幅下滑,倒逼传统经纪业务创新和业务变革,从而推动传统经纪业务向财富管理业务转型。

第二,金融科技创新丰富了财富管理手段。随着20世纪末期信息技术的发展和金融科技的创新,以各类衍生品、可变利率贷款为代表的金融工具的创新为财富管理提供了丰富的手段,为大类资产配置提供了初步的可行性。

第三,居民财富的累积引发财富管理需求。除了供给端经纪业务的式微和金融工具的丰富外,在需求端以欧美为首的海外大众阶层增加,大众居民财富的累积又进一步使得理财需求持续扩大,居民不断寻求使得财富保值增值的方法。在供需两端的双重作用下,海外财富管理业务得到空前发展。

当前,经过近300年的发展,财富管理业务已趋于成熟,财富管理也已然成为许多金融机构最具盈利能力的核心业务之一。各金融机构将财富管理作为自身主营业务,投入大量资源并取得了不菲的成绩(见图3.8)。

起源	发展	成熟
·瑞士兴起私人银行业务 ·为富人提供私密性金融服务	·盛行于美国,壮大于欧美市场 ·面向高净值人士 ·全方位、个性化 ·财富保护、财富创造、财富管理	·趋于成熟 ·进入买方投顾模式 ·成为许多金融机构最具赢利能力的核心业务和主营业务
18世纪末期	20世纪90年代	当前

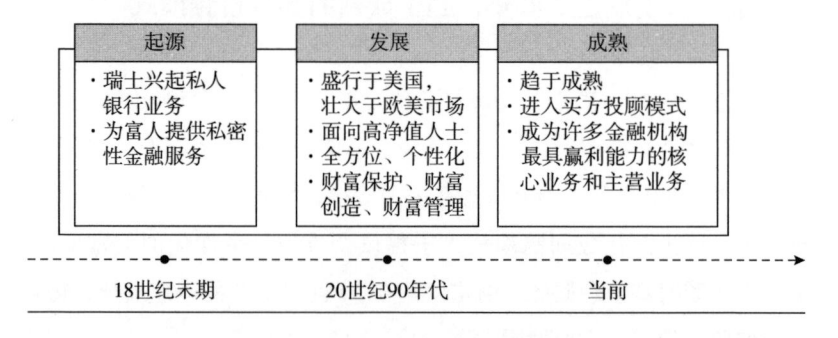

图3.8 海外财富管理的发展背景

资料来源:中金公司,《国外财富管理的运作模式比较及借鉴》,姜学军、胡晨旭。

海外财富管理业务模式的四个阶段：客户利益导向，卖方过渡买方

海外财富管理由卖方投顾时代过渡到买方投顾时代，总共可分为四个阶段。卖方投顾时代主要指买方投顾阶段之前的通道服务、产品销售、标准化理财服务三个阶段（见图 3.9）。

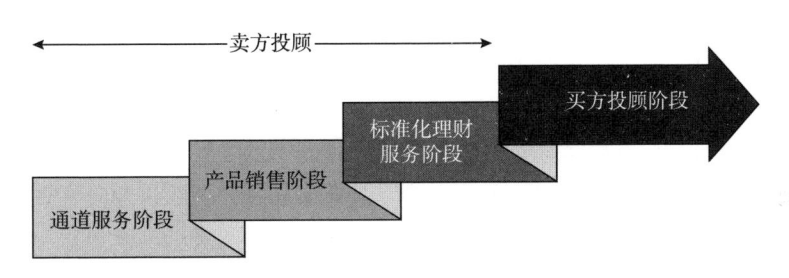

图 3.9 海外财富管理业务模式的四个阶段

资料来源：中金公司，《买方投顾时代国内证券公司财富管理转型思考——美国投行的经验借鉴》，闻岳春、程天笑。

1. 通道服务阶段：依靠牌照赚取固定佣金，大量销售兼有少量投顾

通道服务是最初的盈利模式。证券公司依靠牌照为客户提供开户、资金存取、交易场地、交易工具与交易通道服务，并从中赚取固定佣金收入。经纪人主要负责销售工作，同时也会作为投资顾问发挥少量咨询作用。

2. 产品销售阶段：新增资金催生产品销售，忽略客户需求过度营销

固定佣金制度的废除引发的交易佣金下滑给传统经纪业务带来了挑战，但 20 世纪 80 年代开始以美国为代表的海外金融市场迎来发展机遇。第一，里根新政下美股市场迎来了持续 20 年的消费品大牛市。第二，养老金规模壮大激发了委外投资需求，《国内税收法》401（k）计划和个人退休账户（IRA）制度的颁布为公募基金市场带来了大量新增配置资金。两者的共同作用在海外市场催生了大量投资顾问需求。需求端的刺

激使得销售金融产品逐渐成为海外证券公司的重要盈利模式。

但金融产品销售忽略了以客户为中心的服务理念，与共同富裕视角下的财富管理初心相违背，引发了过度营销问题。因此以推荐与销售金融产品为代表的产品销售阶段并不能很好地符合客户需求，财富管理也逐渐发展为标准化理财服务阶段。

3. 标准化理财服务阶段：重心转移至关注客户利益，标准化难以满足个性需求

随着财富管理市场竞争加剧，各种金融产品的推出，使居民们开始逐渐关注投资成本，"透明、诚信"的理财需求越来越强烈。

因此，财富管理的重心逐渐变成以客户利益——帮助客户实现财富的保值增值为目标，但这一阶段的财富管理服务仍然是相对标准化的基础服务，并不能满足客户个性化的财富管理需求，为其提供定制化的财富管理服务，标准化阶段作为财富管理由卖方向买方的过渡阶段，逐渐形成了买方投顾模式的雏形。

4. 买方投顾阶段：满足需求作为目标导向，定制化可实现双方共赢

在买方投顾模式阶段，财富管理完全以客户为中心，以满足客户真实需求为导向，通过建立良好的客户关系，帮助客户实现利益最优化，实现财富管理机构与客户的双赢。

因此，在这种文化下，财富管理机构需要深入了解产品并满足客户需求。最终，综合客户风险收益特征与财富管理需求，向客户提供综合性、定制化的金融服务，以满足客户在不同阶段的财务增值与风险管理需要。

海外经验：证券公司财富管理发展模式的启示

海外证券公司财富管理路径各不相同，其多元化的转型路径也各具特色：摩根士丹利清晰的并购逻辑和专业的投顾团队奠定了其全球领先的财富管理银行地位；高盛紧跟科技发展浪潮，依托机构业务优势，实现由投行到重视消费者和财富管理的全能银行的转型；嘉信线上线下全渠道并举，提供低价且优质的财富管理业务，打造服务各类投资者的一站式财富管理平台；摩根大通则立足私人银行业务，积极拓展北美零售财富管理市场，开发数字化渠道，实现客户全财富周期覆盖。而以中信、国泰君安、中金为代表的国内券商财富管理业务发展同样可圈可点，引领了证券业财富管理发展潮流。汲取海外发展经验，结合国内发展实践，在此我们提出 4 点启示，希望能给国内证券公司站在共同富裕视角下发展财富管理业务带来启发。

1. 精准到位：进行精准的市场细分和客户定位

根据客户的资产规模、风险偏好、年龄、财富来源进行市场细分，并对其采取不同的服务内容、业务复杂度与管理费用的财富管理服务，如对高净值人士则可借助私人财富顾问进行服务，对零售客群则主要采用金融科技智能投顾的方式以降低服务成本。

高盛就是对不同类型客户进行市场细分的典范：对于超高净值客户，安排私人财富顾问提供投顾服务；对于零售客群，则主要借助金融科技手段。高盛最先瞄准超高净值客户，2016 年 5 月推出网络银行 GSBank，初次涉足零售行业，再到 2016 年 10 月，推出网贷平台 Marcus，为零售客群提供存贷款、信用卡、支票以及财富管理业务，实现两类客群业务的共同发展。同时，针对各类客群，高盛均开发了相应的数字化线上平台加以覆盖。目前高盛已经形成了分别服务机构、企业、零售客户的数字化矩阵。客户细分理念成为高盛能够充分发挥财富管理业务优势，华丽转身为国际全能投行的重要原因。

2. 运筹帷幄：构建支持前台展业的后台系统

海外很多证券公司都建立起支持前台客户经理展业的后台系统，提升前台服务的效率和质量。

美林银行建立专门的投资顾问工作平台系统，不仅方便投资顾问与研究部门间的直接沟通，还可以自动制作财务计划书，实现投资顾问从手工作业中解放，投资顾问可以在系统中查询到研究部门的评级与评价结论，从而极大地提高了服务效率。

嘉信则打造了面向个人投资者和投资顾问的一站式财富管理服务平台，不同类型的客户均可在嘉信理财平台上获得证券经纪、共同基金、ETF、银行、信托等多品类服务，享受一站式财富管理体验。针对长尾零售客户，公司线上线下并举，通过线上渠道低成本获取客户，并为其提供便捷、低费率、低门槛的投资交易服务，以实现客户数量的有机增长（见图3.10）。

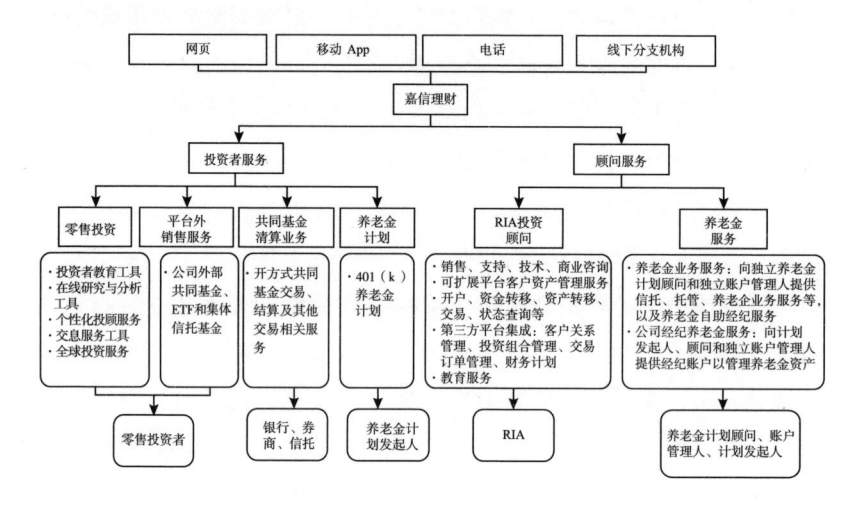

图3.10 嘉信面向个人投资者及投资顾问的一站式财富管理服务体系
资料来源：公司公告，中金公司。

3. 取长补短：多元化并购补齐业务短板

由于很多传统投行在财富管理业务上缺乏经验，可以通过对外并购的方式拓宽渠道、开拓市场、发挥经营和管理上的协同效应。

摩根士丹利在传统投行业务不断发展的同时，根据市场结构和客户需求及时创新转型，通过多元化并购补齐财富管理业务短板，其财富管理历次并购整合逻辑清晰，主要有三大目标：扩大客户资产规模；以客户为中心丰富嵌入式服务场景；加强企业数字化能力（见表3.4）。

表3.4 摩根士丹利发展财富管理业务的重要收购

年份	兼并对象	目的
1997	投资银行迪恩威特公司 Dean Witter	补足零售经纪业务
1999	西班牙咨询公司 AB Asesores	拓宽渠道、开拓市场、补足咨询业务
2006	抵押住宅贷款服务商 Saxon Capital	建立全球垂直一体化住宅抵押业务
2006	绝对回报投资策略提供商 FrontPoint Partners	强化投资管理与另类投资业务
2006	俄罗斯抵押贷款银行 City Mortgage	建立全球垂直一体化住宅抵押业务
2009	花旗美邦 Smith Barney	转型财富和资产管理业务
2010	与MUFG在日本成立证券合资企业，占股40%	进入日本市场
2011	与华鑫证券共同成立中国证券合资企业	扩大在中国国内业务范围
2013	收购摩根士丹利美邦MSSB所有剩余股权	发展财富和资产管理业务
2019	加拿大软件服务提供商 Solium Capital	搭建股票平台，开拓财富管理业务
2020	折扣经纪商 E-Trade	拓展数字访问及数字银行服务，加速财富管理转型
2021	美国投资管理公司 Eaton Vance	业务互补，引导公司的财富管理转型

资料来源：公司公告，中金公司整理。

通过并购补全短板，摩根士丹利财富管理业务成为公司最强的"压舱石"和"稳定器"。相较于金融市场、投行、资管等其他业务，财富管理业务营收波动率更小，且实现了超十年的正向增长。

4. 层次分明：打造多层次的服务体系

根据服务的复杂程度，打造三个不同层次的投顾服务。第一层次是经纪业务为主并附加投资建议服务，仅对经纪业务收取佣金，不对投资建议收取服务费用；第二层次提供产品推荐、理财规划或资产配置建议；第三层次在第二层次基础上提供全面账户管理服务，收入主要来自管理费用，也是当前买方投顾阶段的基本模式。这三种模式下也衍生出资产管理类收入、基于交易的收入、净利息收入、基于订阅的收入、专业服务收入等多样化的收入实现方式。

基于三个层次的投顾服务及其衍生出的多样化收入实现方式，国内证券公司可以根据服务的复杂程度，结合第一点客户细分的思想，依据自身的资源禀赋，设置不同层次的投顾服务，自由选择在整个投顾产业链上希望扮演的角色，打造多层次的服务体系和计费方式，实现商业模式的百花齐放。

例如，摩根士丹利凭借强大的金融产品实力、专业的资产配置水平、高层次的顾问团队，在其综合服务实力强化过程中，通过多层次服务使其收入结构持续优化，手续费业务收入持续提升，规模计费占比和增量显著增长，信用业务板块也实现了快速增长。此外，通过开展证券支持化贷款、住宅和批发房地产贷款以及企业贷款等多元化贷款业务，为其带来大量净利息收入。

中国证券业财富管理发展的核心要素：人力资源、科技资源、管理资源

通过分析海外证券公司财富管理业务由私人银行业务到如今发展完善的买方投顾体系的300年发展历史以及代表性财富管理的发展路径，结合我国券商财富管理的发展实践，我们提炼出三种在财富管理发展中的各个环节以及上述启示的实践中发挥核心作用的要素，它们

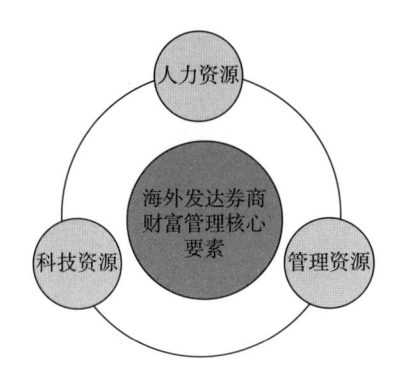

图 3.11　海外证券公司财富管理的核心要素

资料来源：中金公司。

分别是人力资源、科技资源、管理资源（见图 3.11）。

人力资源是财富管理展业的重要保障。密集智力资本的投入才能有效把握客户需求，创造超额收益。

金融科技改善客户体验，扩大客户基础。发展智能风控、风险定价、智能投研、智能投顾将成为未来财富管理的核心竞争优势。

组织架构"治标"，体制机制"治本"，发展管理要素利于部门间的协同效应并降低摩擦成本，推动财富管理文化形成。

人力基础：人力是财富管理展业的重要保障

买方投顾强调密集智力资本要素投入，前台客户经理与投资顾问、中后台规划投研团队等人力资源是财富管理展业的重要保障。前台人员投入不足可能导致单个投顾管理规模过大，从而造成客户体验下降，对客户需求的挖掘和把握不足；而中后台规划投研人才在产品筛选与引入、大类资产配置、财富规划、客户关系管理建议等方面起到重要作用，若投入不足会直接影响公司创造超额收益能力的建设。

海外证券公司一直重视人力资源的投入，其人力资源储备丰富，为业务开展提供了扎实基础。

就投顾基数而言，海外综合型头部财富管理机构的投顾储备丰富，大多都在 1 万~2 万人，为财富管理业务开展提供了坚实基础；就投顾数量增长情况而言，海外头部综合类财富管理机构投顾人数基本保持稳定，甚至一些证券公司已经出现负增长情况。瑞银是重视人力资源配置的典型范例：在人力资源配置上，2000 年后瑞银的财富管理部门人数已经超过其他部门，截至 2019 年瑞银财富管理部门人数达到 2.27 万人，高于其他部门人数总和（见图 3.12）。

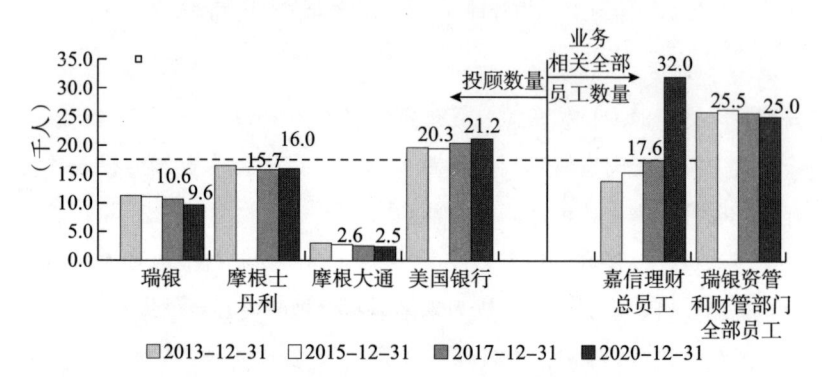

图 3.12　海外证券公司财富管理投顾人数对比

资料来源：各公司公告，中金公司整理。

结合海外证券公司在人力资源上的投入的案例，我们应做好以下两点：

1. 提升投顾投研人才储备，放大财富管理人才能力辐射范围

随着人均收入的增长和资本市场的日益完善，国内参与投资的居民数量越来越多。中国证券登记结算有限责任公司数据显示，截至 2020 年 1 月底，国内投资者数量达到 1.6 亿人，居民巨额的闲散资金和多样化的需求对投顾人数提出要求。当前，东方财富 Choice 数据库统计显示，截至 2020 年 1 月底，国内证券行业投资顾问总数不到 5 万人，相较于投资者的数量而言，我国的投顾人才数量存在一定缺口，需要增加人力资源的投入,放大投顾专家专业能力的辐射范围。同时,国内大多数投顾和投研人员由原来的资产管理业务人员转岗而来,证券公司需要提升长期深耕财富管理领域投顾和投研的人才数量储备。

2. 完善投顾投研考培体系,注重高级财富管理人才质量培养

截至 2020 年 12 月 31 日,海外头部证券公司人均管理资产已经达到上亿美元,且这一数量正随年份不断上涨,人均 AUM 的逐年增加意味着对投顾能力提出了更高要求。财富管理投顾人员作为直接与客户接触、提供服务的主体,其综合能力和素质很大程度上影响了客户满意度这一财富管理核心竞争力(见图 3.13)。

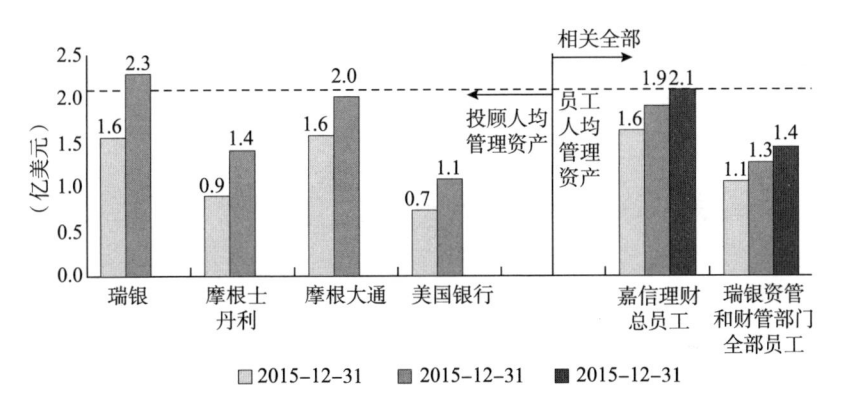

图 3.13 海外证券公司财富管理业务人均 AUM 对比

资料来源:各公司公告,Scorpio Partnership《全球私人银行基准报告》,中金公司。

买方投顾模式下对投顾的多种专业能力提出了高要求:宏观趋势分析与经济数据解读能力、资产评价与资产配置能力、产品的选择与应用能力、高质量沟通能力等,而这些能力培养的关键则在于构建系统完善的考核和培训体系。国际知名大行都非常重视投资顾问的培养考核,并制订长期、系统的培训计划,为投资顾问的成长成才提供良好平台。中国财富管理行业的发展,不仅要以投顾数量为基础,也需要以投顾能力为支撑,在长期看来系统完善的投资顾问培养体系对提升投顾能力起着关键作用。

例如，摩根士丹利公司通过财富顾问经理项目（Financial Advisor Associate Program，简写为 FAA Program）考核和培养人才，该项目为期 3 年，对参与项目的成员要求严格，需要在内驱力、事业心、责任心与自信心等方面达标，才能成为正式投顾精英团队中的一员。在我国全面建设小康社会、迈向共同富裕的过程中，需要兼具数量和质量的人力资源为我国证券业财富管理的发展提供保障。

中信证券在完善投顾投研考培体系方面，由总部协调推动，分公司统筹组织，各网点、营业部落地落实，让各分支机构的投顾人员具备更加专业的产品知识，能够更加全面地认识自己的客户，精准化经营财富客群，增强客群财富管理体验、产品购买体验，形成市场良好口碑，进而正向循环。

科技赋能：金融科技改善客户体验，扩大客户基础

国际著名投行瑞银、摩根士丹利、高盛、摩根大通等均把数字化财富管理作为发展核心，不断加大科技研发的投入。我们认为主要有两点原因。一是技术进步赋能金融科技产品服务日益丰富。随着以大数据、人工智能为代表的金融科技发展及其金融领域应用范围的不断拓展，更多的金融产品服务涌现，如获客人工智能、智能风控、风险定价、智能投研投顾等，为证券业公司财富管理业务转型迎来良好机遇。二是金融科技贯穿财富管理各个流程。在前台方面，科技投入帮助客户经理沉淀展业经验、提高投顾服务标准化程度以实现客户下沉；在中后台方面，由于财富管理客群服务涉及众多环节，流程较长，科技投入能保障产品服务传递顺畅，减少操作风险。

在共同富裕视角下，证券业财富管理需要为更多的对象进行服务，同时建设完备的生态系统以提升广大客户的体验。根据金融科技在财

富管理中的重要性，我们结合海外证券公司的案例提出两点建议。

第一，借助科技提效，充分赋能前线。随着人工智能与金融科技的发展，打造一体智能的线上化投顾服务系统，已成为财富管理业务未来重要的发展方向：在降低业务成本方面，线上化投顾服务系统能完成自动细分后的精准营销，通过语音理解、语音识别、语音合成等人工智能技术代替人工客服，降低人力成本；在辅助投资决策方面，则能够通过人工智能、大数据等技术，实现并完善证券分析、算法交易、风险管控等投资管理功能，同时帮助投资者不断优化投资组合，自动完成持仓诊断、自动调仓及再平衡等资产配置功能。

早在2008年，海外证券公司已经开始发展智能投顾系统，而随着ChatGPT的流行、金融科技的推陈出新，线上化投顾服务系统已成为财富管理发展的主要方向。立足当下，发展线上化智能投顾服务系统，能够有效增强金融服务的普惠性，降低业务成本，丰富服务矩阵，拓宽服务半径：从传统意义上讲，财富管理主要通过线下人力形式，为客户提供一对一的个性化服务，带来较高成本，因此更适用于高净值客户，极大制约了投资顾问的服务半径。而通过打造线上化智能投顾系统，投资顾问可以开展线上、线下、一对一、一对多的多元化财富管理服务，不仅降低了业务成本，也促使服务形式与服务对象更加多元；与此同时，依托金融科技，智能投顾采用数据分析技术，为更多复杂投资策略的开发与交易提供帮助，从而促使财富管理的内容更加丰富。

第二，构建证券公司财富管理生态系统，实现全渠道融合，提升客户体验。随着互联网的发展，方便、快捷、舒适的金融服务体验成为各金融中介机构吸引客户的重要手段，业务场景化、平台化成为其业务拓展的主要方式。证券公司应顺应这一趋势，围绕财富管理业务流程，整合公司内部各种资源，利用数字技术构建证券公司财富管理生态系统，为客户打造物理渠道、虚拟渠道和数字渠道相融合的线上线下无缝体验。

摩根士丹利构建财富管理生态系统,将金融科技广泛应用于投顾运营、客户参与、客户获取各个流程,利用金融科技和数字化工具扩大客户基础,改善客户体验,与数字体验解决方案提供商 Adobe、即时 P2P(个人对个人)转账服务商 Zelle、大数据公司 Cloudera 等高科技服务商建立了合作伙伴关系。摩根士丹利在客户获取方面推进数字化营销,为偏好数字化投资客户提供丰富的数字化产品和渠道;在客户参与方面运用机器学习和预测分析,通过多种渠道为客户提供即时相关的信息;在投顾运营方面构建现代化分支系统,通过客户自我服务以提高投顾生产力。

国内证券公司也在积极运用金融科技改善对客服务质量,中信证券的财富管理委员会与信息技术中心紧密协作,深度应用人工智能、大数据等科技打造集产品销售、财富顾问、资产配置为一体的财富管理数字化平台,搭建了客户识别、产品识别及员工识别的三大智能识别体系。客户识别体系通过识别每一位客户的投资偏好及投资能力,绘制客户画像;产品识别体系绘制产品画像,并根据中信证券独有的评价体系进行跟踪评测;员工识别体系为每一位财富管理业务条线员工建立档案,全流程采集财富顾问的服务痕迹,并从其设立的策略产品风格、业绩表现、客户群体特征、擅长的业务领域等维度,绘制员工画像。中信证券通过算法将三大识别体系输出的标签化信息进行智能匹配,从而实现"千人千面"的差异化、特色化服务,有效地运用了金融科技赋能其财富管理业务(见图3.14)。

机制保障:组织架构与体制机制改革,提升管理水平

财富管理转型除了一次性的战略投入,还需要组织架构和体制机制等上层建筑改革跟进。组织架构"治标",体制机制"治本",两者

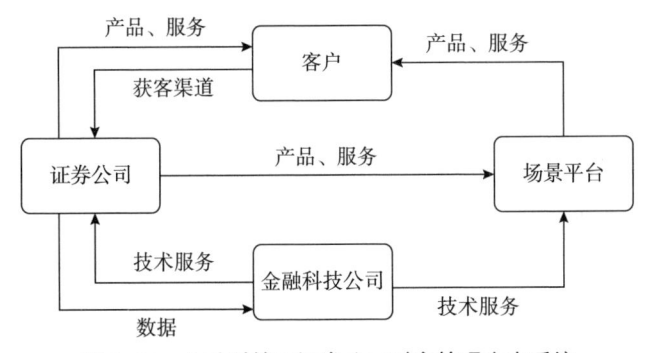

图 3.14　金融科技下证券公司财富管理生态系统

资料来源：喻晓平. 证券公司财富管理转型：动因、路径与对策［J］. 甘肃金融，2020（7）.

相互配合方能降低财富管理部门内部以及部门之间协同的摩擦成本，也有助于推动财富管理文化的形成。根据国外证券公司在组织架构和体制机制改革上带给我们的启示，在此对国内证券公司在组织管理体系和人才队伍激励方面提出两点建议。

在组织管理体系上，以客户为中心解决利益冲突，发挥部门间的协同作用

证券公司传统组织架构并没有突出以客户为中心的经营理念，证券公司与客户之间存在一定利益冲突，因而证券公司要从顶层设计上重塑财富管理架构及服务体系。

首先，根据客户资产、年龄、地理区域、生命周期、财富来源等多个标准对客户进行细分，并根据客户投资目标、投资偏好建立与细分客户相对应的分层分类财富管理服务机制。

其次，加强客户关系管理，增强客户信任度和忠诚度。证券公司投资顾问作为一线的服务团队，要充分了解客户，充分了解公司的产品，为客户提供个性化的产品和服务，提高客户对于产品和服务的满

意度，使客户享受投资带来的愉悦感。在公司上下形成以客户为中心的经营思想，并将这种经营理念贯穿于公司的各级管理层及其业务工作中。

最后，推进机构证券和财富管理部门深入协作，发挥部门间协同作用：在组织协调方面，实现客户共享、收益共享、产品和服务的交叉供给，整合高级客户关系管理以撬动全公司能力为客户提供全方位服务；在运营效率方面，加强部门间风险管理能力，并消减不同部门间重复、冗余的交易支持功能，提升部门间的运营效率。

摩根士丹利进行财富管理上的组织架构改革，使机构证券和财富管理部门深入协作，逐步实现从简单的产品推荐过渡到客户与底层架构共享。

1997年，机构证券提供财富管理的客户投资其承销的IPO项目的优质企业新股机会。

2007年，摩根士丹利的财富管理部门和自有资金投资部门签署收益分享协议以启动交叉推荐，实现部门间高管的转移，同时做出派代表驻扎机构股票承销委员会、与潜在客户建立联系、联合赞助广告活动等部门协同举措。

2012年证券与财富管理部门深化伙伴关系，在客户体验方面，产品和服务交叉供给，构建更细分的服务模型；在运营效率方面，消除重复的交易支持功能、加强风险管理能力；在组织协调方面，整合高级客户关系管理，当前海外证券公司财富管理的很多合作伙伴都是机构证券部门的大客户（见图3.15）。

国内券商也在组织架构改革上积极实践，例如国泰君安积极进行组织架构调整，强化向财富管理转型的功能定位。第一，国泰君安将原零售业务部更名为零售客户部，在原职责基础上强化对目标客户的全生命周期管理职责，提升公司财富管理业务的区域影响力。第二，国泰君安原财富管理部更名为私人客户部，主要负责高端客户服务定

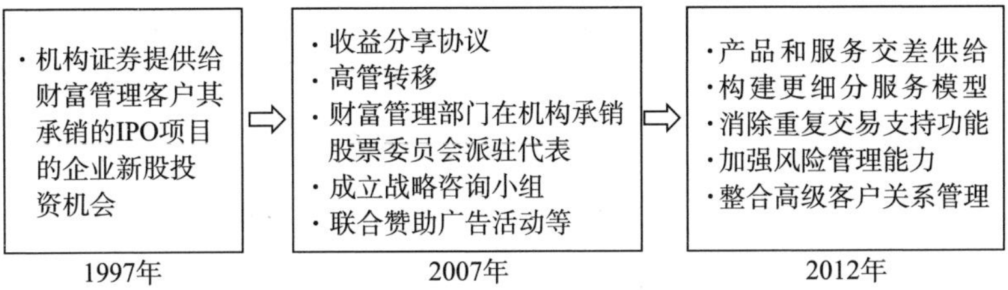

1997年	2007年	2012年
·机构证券提供给财富管理客户其承销的IPO项目的企业新股投资机会	·收益分享协议 ·高管转移 ·财富管理部门在机构承销股票委员会派驻代表 ·成立战略咨询小组 ·联合赞助广告活动等	·产品和服务交差供给 ·构建更细分服务模型 ·消除重复交易支持功能 ·加强风险管理能力 ·整合高级客户关系管理

图3.15 摩根·士丹利机构证券与财富管理部门的协作深化过程
资料来源：公司公告，摩根士丹利报告（2007），摩根·士丹利报告（2012），中金公司。

制和投资顾问业务管理，协助财富委全力打造分支机构投资顾问队伍的竞争力。第三，国泰君安将原产品金融部调入财富委，并更名为金融产品部。一方面补足财富管理业务发展所需的资源，另一方面有利于提高产品运行机制的流畅性；还可在财富委内部对金融产品引入、审核、销售和评价等功能做更为细致的安排，促进金融产品销售和相关交叉业务实现全价值链发展。第四，国泰君安将原网络金融部更名为数字金融部，意在突出"数字化"平台对财富管理转型的重要作用，通过运用科技手段内联外引，建设共建共享的财富管理生态，加快推进向数字化财富管理的转型。第五，国泰君安新设财富委综合执行组，负责委员会战略管理和机制建设、干部人才队伍建设、合规风控管理、对外沟通联络、党建管理以及委员会的事务管理等职责。这些在组织架构上改革的举措深化了对财富管理的支持力度，有利于其向更深内涵的财富管理转型。

在人才队伍激励上，设置多维度考核体系，及时根据发展阶段进行转变

建立专业的投资顾问队伍，形成投资顾问内部资格评估体系，从组合策略收益风险情况、客户账户收益风险情况、授权管理客户总资产情况等维度，构建独立的绩效考核体系，以区别于产品销售考核体系。

瑞银就是其中的范例。瑞银充分践行财富业务"高投入、高产出"的理念，根据业务发展阶段调整考核指标，转型初期更加重视投顾数量等潜力指标，考核主要在损益表上半部分。以瑞银对美国地区的考核为例，2000 年之前公司财富管理业务主要集中于瑞士地区，2000 年之后开始向美国及其他地区拓展。在美国业务的考核上，2000—2003 年主要强调投顾数量和可持续性收入增长，2003—2007 年不再要求投顾数量的增长，而是开始重视投顾人均收入，同时继续关注可持续性收入增长，2007 年之后的考核则以税前利润为主要指标。

摩根士丹利的考核体系也同样灵活，在投顾薪酬和激励制度的设计上，摩根士丹利以财富管理指标为主，激励力度大，且可以根据宏观环境与公司战略灵活调整（见表3.5）。

表 3.5　摩根士丹利 2019—2021 年财富管理薪酬制度变化

年份	提成比例	客户资产	银行存款	贷款	财务规划与金融科技
2019	每个家庭账户提成比例提高 3%，当前区间为 28%～55.5%，提成比例随创造收入增加而增加	单个客户新增资产超过 50 万美元、客户资产增长 5% 或投顾整体新增客户资产超 200 万美元时，客户可分别享受额外 1% 的提成比例	客户月均现金基金余额提成由 0.05% 提升至 0.15%	将实现抵押贷款与其他客户贷款余额增长目标的提成由 0.35%～0.50% 提升至 0.70%，并取消 20.2 万美元的贷款奖励封顶	针对 10 万～25 万美元未开通财务规划服务的小型账户，提成比例降至 25%，10 万美元以下账户无提成
2020	维持不变	2019 年的三项指标维持不变，增加新增客户资产超 500 万美元时享受额外 1% 的提成比例指标	由于低利率环境，客户月均现金基金余额提成 0.15% 降低至 0.10%	维持不变	针对 10～25 万美元未开通财务规划服务的小型账户，提成比例降至 10%

续表

年份	提成比例	客户资产	银行存款	贷款	财务规划与金融科技
2021	若客户资产小于500万美元，私人财富管理团队在28%~55.5%基础上提成扣点5%~10%	维持不变	维持不变	客户贷款应小于100万美元，随收入的增加提成有0.5%的上升空间，贷款奖励25万美元封顶	新增团队门槛：近12月新增资产大于流失资产，每个投顾至少有10%的客户使用财务规划服务，75%的团队客户使用公司线上平台

资料来源：各公司公告，中金公司。

考虑到国内财富管理机构转型仍处于战略投入窗口期，金融机构应适当容忍中期维度成本收入比的大幅上行，在为财富管理人员设置考核目标时，应以业务长期发展前景为导向，更加关注客户体验以及损益表上半部分。根据海外证券公司财富管理考核指标的构建，短期内考核仍应以 AUM 增长、投顾数量增长、营收增长为主要指标，经过持续性投入后转而考核人均产能和税前利润等事项，根据发展阶段进行灵活调整转变。

转型实践案例：中金公司财富管理转型升级之路

中金公司作为中国第一家中外合资投资银行，投资银行业务业绩突出，积极服务实体经济和社会发展大局，建立了优良的品牌形象和领先的市场地位。中金公司从 2007 年起开始布局财富管理业务，2017 年整合中投证券，扩大财富管理与经纪业务布局，不断增强多元化金融服务能力。公司 2022 年年报显示，中金公司财富管理业务板块（中金财富）服务客户数达 600 万户，管理总资产达 3 万亿元，财富管理板块营业收入达到 69.36 亿元，占总营业收入 26.59%，在全部业务中排名第一，财富管理板块已成为中金公司的中坚力量（见图 3.16）。

```
创立发展期          并购扩张期          战略升级期
(2007—2016)        (2017—2018)       (2019—2022)
有机生长，夯实基础   外生扩张，跨越发展   特色鲜明，重点突出
```

图 3.16 中金财富管理业务升级之路

财富管理模式 1.0：初创期

中金公司在 2007 年成立财富管理部，是国内最早从事财富管理业务的证券公司之一。从成立之初，参考国际化标准，中金公司围绕以客户需求为中心的服务理念，基于顾问咨询模式的服务，着力打造了前中后台的职能体系建设。在充分了解客户需求及风险承受能力的基础上，向客户提供多元化的投资产品和资产配置服务，包括股票经纪与咨询、债券与固定收益产品、开放式基金与资产管理产品、信托产品、融资融券，以及其他监管机构允许销售的产品。在这一时期，中金公司在财富管理道路上不断探索积累了丰富的发展经验，也成为第一批开展金融产品销售的证券公司。

财富管理模式 2.0：跨越发展

2016 年 11 月，中金公司 100%全资收购了中国中投证券有限责任公司，即中投证券。2019 年 9 月，中投证券正式更名为中国中金财富证券有限公司，即中金财富。中金财富结合中金公司的战略规划制定了财富管理业务中长期发展战略，并将原有的中金公司财富管理部和财富研究部（之后更名为财富服务中心）人员平移至中金财富，成为聚焦于财富管理业务的新型证券公司。同时创新布局金融科技，积极推动中金公司以金融科技加速财富管理转型。中金公司收购中投证券之后，陆续推出买方投顾的业内标志性服务——"中国50""微50"解决方案，并依托基金投顾牌照打造了"公募50"基金投顾服务，持续升级迭代，逐步打造了中金财富的"买方投顾50系列"生态。在买方投顾业务取得一定转型成效的背景下，中金公司财富管理业务收入占比逐年提高，财富管理业务迎来新的历史发展机遇（见图3.17）。

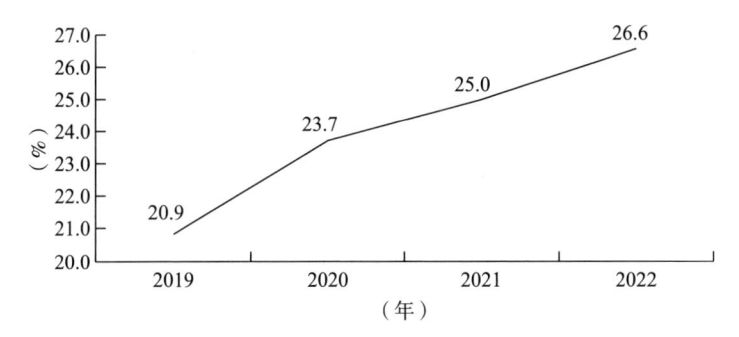

图3.17 中金公司财富管理收入在公司收入中的占比
资料来源：中金公司年报。

财富管理模式3.0：数字化转型

经过2018年以来的逐步探索，中金财富已初步搭建了以客户为中心的分层服务体系，以投资顾问为基础，为不同类型客户提供差异化服务，满足客户多样化需求，进一步向全方位的买方投顾模式转型。

第一，转型全敏捷组织形式。2021年，中金财富将总部从按职能设立的部门架构，转型为"以客户为中心"的跨职能、扁平化、灵活型的全敏捷组织形式。在新架构中，在总部新设客群发展、产品与解决方案、全渠道平台三大部落，以及运营与客服、数字化能力发展两大中心。中金财富的敏捷组织转型完成后，设立了31个敏捷团队。

除架构上的大调整外，中金财富还充分借鉴了互联网企业敏捷团队的管理方式。在对敏捷团队长工作职责的描述中，三大职责均紧密围绕"目标"展开，充分借鉴了互联网企业常用的OKR（目标和关键成果）管理模式，充分释放科技与数据价值，激发组织活力。

第二，建设全覆盖差异化的高素质投顾团队，实行矩阵式管理。为了服务不同居民的需求，中金财富将业务分为中金全球家族办公室、综合财富管理、私人财富管理、富裕客群财富管理、大众客户财富管理，从而形成从超高净值客户到大众客户不同客群的差异化的打法和全方位的覆盖：在私人财富管理（PWM）领域，中金财富专注高净值私人财富客户的财富管理、资产配置等业务；在富裕客群财富管理（AWM）领域，专注富裕客户，以投顾+科技模式提供财富管理、资产配置等服务，人均产能显著提升，持续加大科技投入；在综合财富管理（IWM）领域，专注复杂交易、协同和资产配置等综合业务。

第三，打造财富管理"理想的小房子"，助力数字化转型。中金财富致力于财富管理业务前中后台的数字化升级、改造、重构，"一基两端三赋能"助力中金公司打造财富管理"理想的小房子"。

为了更好地支持前线投顾的展业，中金财富推出一站式投顾展业成长平台E-Space。E-Space定位于买方投顾视角，连接ONE CICC（中金一家）的全链资源，为投顾量身定制一站式投顾展业及成长平台，致力于成为投顾展业的"有力武器"，让一线投顾服务提质增效。投顾在E-Space的赋能下，为客户提供专业有温度的财富规划服务，实现不同居民的财富管理目标。

为了更好地为居民提供"丝滑"的投资体验，中金财富App打通"开户—资讯研究—投顾—交易—财富管理"全链条，不断提升自研能力，快速响应用户需求，致力于帮助用户省心交易、省心复盘、省心登录。中金财富还推出首个"数字员工"Jinn，随着业务发展和体验升级，加以科技力量、体验管理保驾护航，Jinn有望实现持续自我成长，拓展更多服务场景边界，并且不断升级风险应对能力。

中金财富作为中国财富管理行业的先行者，持续探索财富管理转型升级之路，秉持"以人为本，以国为怀"的初心使命，从资产配置的理念出发，用专业的投资研究和细致的服务陪伴，与行业同人一起融入买方投顾的星辰大海。

证券公司财富管理的转型方向

我国财富管理的要义是以人民为中心，谋求社会效益最大化，实现全体人民共同富裕。证券业财富管理下一阶段的转型，体现了我国金融业在适应市场需求、优化收入分配格局、服务实体经济、推动高质量发展中的重要作用，是我国金融市场发展的必然选择。未来，证券公司财富管理行业应在坚持以民为本的原则下，帮助和引导人民群众通过资本市场获取合理收入来源，最终促进共同富裕，提高全社会的幸福程度。

资金端：提升有效获客能力，促进普惠融合发展

截至2022年，中国个人可投资资产总规模达到278万亿人民币，2008—2022年年均复合增速高达15%，预计2024年个人可投资资产规模达到327万亿元。[1] 从宏观角度看，市场改革带来供给端扩容、居民财富积累带来旺盛投资需求；从微观层面看，以基民/股民为代表的投资者基数变大、我国居民金融资产规模增长、大众富裕及以上人群

---

[1] 资料来源：招商银行与贝恩公司，《2023中国私人财富报告》。

享有较高增速、投资理财需求增多、人口代际变迁等因素预示着未来财富管理市场拥有巨大的发展前景。这一市场虽然蕴含巨大潜力,却也面临着持续变革和来自其他类型机构的竞争挑战。

目前,境内证券公司在客户维度、产品种类和服务模式方面相较银行类机构和互联网平台类机构仍存在一定劣势。**一是客群规模相对较小**。2016—2020年,银行客户在高客群基数下保持平稳增长,高净值客户数量和AUM增速可以达到约20%。① 平台类机构利用领先的流量基础和数字化运营能力,聚集了数量众多的长尾零售客群。相比之下,证券公司客户群体资金相对较少,以交易性客户和高风险偏好客户为主,因此在客户基础的覆盖面和深度上相较于银行类和平台类金融机构可能较为有限。**二是产品种类相对有限**。银行类机构拥有最为丰富的金融产品种类,包括存款、理财、保险、信托等。与之相比,证券公司的产品货架丰富度相对较少,资本配置工具的不足在一定程度上限制了其产品和服务的多样性。**三是服务模式较为单一**。银行类机构可以通过其丰富的个人及公司投融资、信用卡、保险经纪、贵金属等业务线提供一站式服务,而证券公司的服务模式相对较为单一,主要以投资咨询和资产管理为主。相比于互联网及第三方平台类机构所拥有的强大技术能力和便捷个性化服务,证券公司的数字化运营能力也相对欠缺,服务模式较为单一(见图3.18)。

综上所述,中国财富管理行业的客户群体具有极高的商业价值和潜在的市场机会,伴随居民代际变迁下年轻一代财富积累、新生代理财人群需求提升,以及居民风险偏好改变下大众富裕及以上人群资产配置需求提升,叠加个人养老理财需求发展,证券公司财富管理机构

---

① 资料来源:张帅帅,周基明. 中国财富管理行业展望—引入中金分析框架[EB/OL]. 中金货币金融研究(微信公众号), 2021-12-01. https://mp.weixin.qq.com/s/UQ6bLgDUUpAPt7DqoPjzBQ.

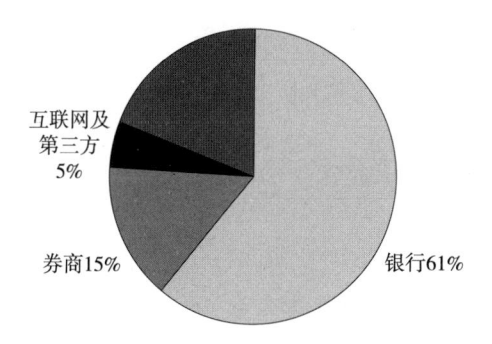

图 3.18 代表性财富管理机构所服务的客户金融资产规模占比
（以银行/券商/互联网及第三方为例）

资料来源：中金公司研究部。

有望逐步提升市场竞争力。

人口代际变迁下，把握年轻客群流量需求

目前，我国的 Z 世代正逐步成长为未来中国新经济、新消费的主导力量，这个年龄段的人群正在经历财富的积累阶段。要把握年轻客户流量的需求，财富管理机构首先需要理解这个年龄段的特点。新生代客群与老一代在投资观念、价值诉求和风险承受等方面不尽相同。根据华安基金发布的《Z世代基民洞察报告》，Z 世代居民大多有较好的理财意识，财务稳健，其主要诉求为赚取额外收入并尝试资产保值增值，他们对投资理财态度较为谨慎，对本金安全重视程度高。对此，证券公司财富管理机构可以针对年轻客群提供较为稳健的产品解决方案。投顾团队可以介入易于年轻人接受的"短平快"投教，在培养锻炼年轻人群的投资经验和信心之余，还有助于提高融资占比，易于社会共同富裕和繁荣发展。

另外，新生代客群也更看重方便、快捷、多渠道的数字化体系，更愿意使用技术驱动的服务，比如移动应用和在线平台。因此，证券公司可以积极布局这些领域，加快数字化升级，以更便捷的线上服务吸引年轻人群。

线上线下并举，打开大众富裕及以下获客渠道

对于大众和大众富裕人群，他们的价值诉求在于信息传递、产品收益率和财富增值。在获客渠道方面，这类人群大多通过互联网以及手机媒体获取金融投资信息，因此数字化渠道用户触达面广，利于快速获取长尾用户。另外，线下网点的铺设有助于增强客户信任、建立口碑，从而实现客户增长。嘉信公司的发展历程给出了一个很好的示例：在1980—1994年，嘉信的营业部数量从23家增至208家，用户数也由9万户增加至135万户。随后，嘉信在1995年后开始进行互联网转型，推出了诸如Schwab.com和eSchwab等在线服务，使用户数量和资产快速增长。特别是在1995—2000年，其客户资产规模和活跃经纪账户数的复合年增长率分别达到了37%和17%。① 这表明，线上线下结合可以有效地拓展用户基础。

目前，国内一些证券公司也在加强线上运营实现线下到线上流量转换，如华泰证券打造"涨乐财富通"平台，2015—2021年，App平均月活从297万人增加到891万人，② 可见，线上线下结合可以有效地拓展用户基础，有助于将众多营业网点优势的线下流量带至线上。

---

① 资料来源：中金公司．中国财富管理2030三部曲之渠道篇：拥抱百舸争流黄金时代［EB/OL］．中金公司网，2022–08–08. https://research.cicc.com/frontend/recommend/detail?id=3311.

② 资料来源：同上。

通过内部联动批量获客

证券公司的投行部等对公部门，日常接触较多的公司企业，背后天然沉淀了丰富的个人和企业财富管理需求，因此从内部协同角度看，财富管理可以加强与投行等对公部门协同的能力，优化资产和资金的匹配，以及一、二级市场的互动。这不仅能推动内部优质产品的供应和分销，也会促进财富管理部门与投资银行等其他部门之间的客户互推，实现客户资源共享，进一步提供一站式的综合金融服务。

例如，摩根士丹利的机构证券部门在为企业服务中发现有财富管理需求的客户，会将其推荐至财富管理部。这种内部的协同合作在2021年帮助财富管理部门吸引了250亿美元的客户资产。① 同样，UBS的投行部门也是其高净值用户资产的重要来源。在国内，招商银行积累了数量庞大且优质的对公客户，与机构客户的良好关系使得招行在相关场景中获取客户的能力较强。平安银行对公代发和批量业务为财富管理业务带来了约15%的AUM和存款，各个业务协同也为平安银行带来大量新增客户，成为获客重要渠道，2020年一季度综合金融贡献了35%的零售竞争客户和55%的零售净增AUM（见图3.19）。②

布局个人养老金业务，丰富服务场景

我国人口结构和经济基础将决定未来10年个人养老金迎来战略窗口期。未来10年，我国相对年轻的老龄人口（55~74岁）占比将上升，

---

① 资料来源：中金公司. 中国财富管理2030三部曲之渠道篇：拥抱百舸争流黄金时代 [EB/OL]. 中金公司网，2022-08-08. https://research.cicc.com/frontend/recommend/detail? id=3311.
② 资料来源：平安银行公司公告。

2020年个人投资者购买基金的渠道

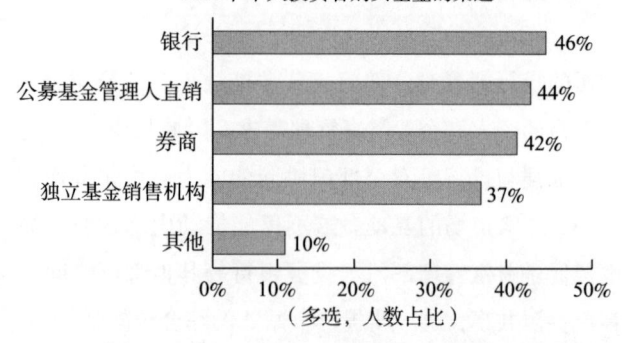

- 银行 46%
- 公募基金管理人直销 44%
- 券商 42%
- 独立基金销售机构 37%
- 其他 10%

（多选，人数占比）

2017年大众富裕人群理财渠道

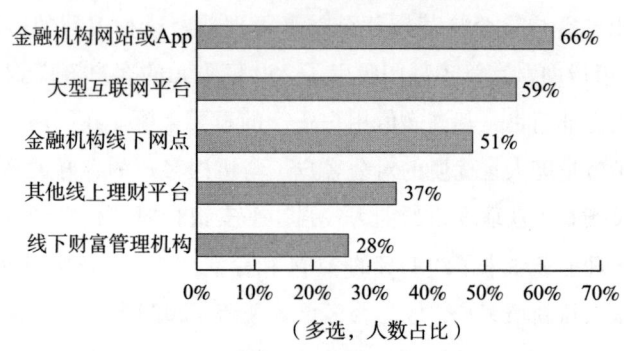

- 金融机构网站或App 66%
- 大型互联网平台 59%
- 金融机构线下网点 51%
- 其他线上理财平台 37%
- 线下财富管理机构 28%

（多选，人数占比）

2021年高净值人群理财渠道

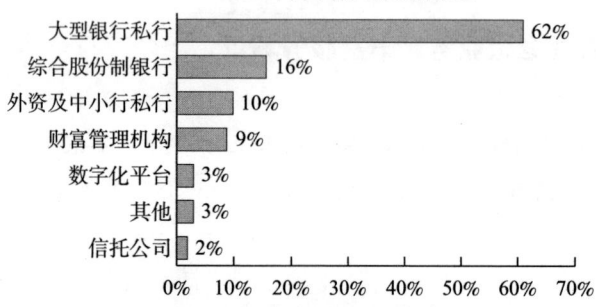

- 大型银行私行 62%
- 综合股份制银行 16%
- 外资及中小行私行 10%
- 财富管理机构 9%
- 数字化平台 3%
- 其他 3%
- 信托公司 2%

图 3.19 客户渠道选择意愿

资料来源：中国证券投资基金业协会，《全国公募基金市场投资者状况调查报告（2020年度）》；福布斯中国，《2017中国大众富裕阶层理财趋势报告》；招商银行与贝恩咨询，《2021中国私人财富报告》。

老年抚养比上升至30%，① 社会储蓄增加，预期寿命延长和人均收入提升，可能为个人养老金提供更多资金。短期内，政策推动将使得个人养老金制度加速落地。证券公司可以重点布局个人养老金业务，拓宽获客渠道，丰富服务场景，打造一站式养老服务，通过和企业协作等方式推广个人养老金计划，吸纳居民定期投资，实现退休后可支配收入增加。推动这类中长期资金入市也将增加我国直接融资占比，有利于我国经济金融平稳发展。

产品端：加强普惠业务开发、满足广大居民资产配置需求

自改革开放以来，国民财富经历了由少到多的过程，广大人民群众从中分享到我国经济增长的成果，生活水平不断提升，中国家庭也开始了财富积累。根据央行调查统计，2019年城镇居民家庭户均总资产317.9万元，过去近20年的年化增速达到17%。② 随着财富积累，居民保值增值的需求提升，大类资产配置需求也愈发凸显。同时，资管新规、注册制改革、利率市场化等金融改革塑造了一个健康、可持续并充满创新气息的资本市场环境，利好金融产品供应创新。以下三方面因素为证券公司财富管理机构产品端带来迫切的转型需求。

一是居民资产配置变迁提振产品需求。 我国居民资产配置正经历由实物资产向金融资产的切换"拐点"，金融资产中非存款投资产品占比正快速上升。2021年年底，我国居民金融资产占总资产的比例为57%，与2013年相比提高了13.5%，其中非存款金融资产占比50%，

---

① 资料来源：国家统计局.中国统计年鉴2022［M］.北京：中国统计出版社，2022.

② 资料来源：中国人民银行调查统计司，《2019年中国城镇居民家庭资产负债情况调查》。

提高了13%。居民资产配置结构变化意味着直接融资占比提升推动资本市场发展。但目前仍存在居民投资重心放在房地产的问题，2019年城镇居民户均实物资产253.0万元，占家庭总资产的比重约为80%，住房资产占实物资产的74.2%。① 另外，房贷的还款需求也限制了金融资产的配置流动性（见图3.20）。

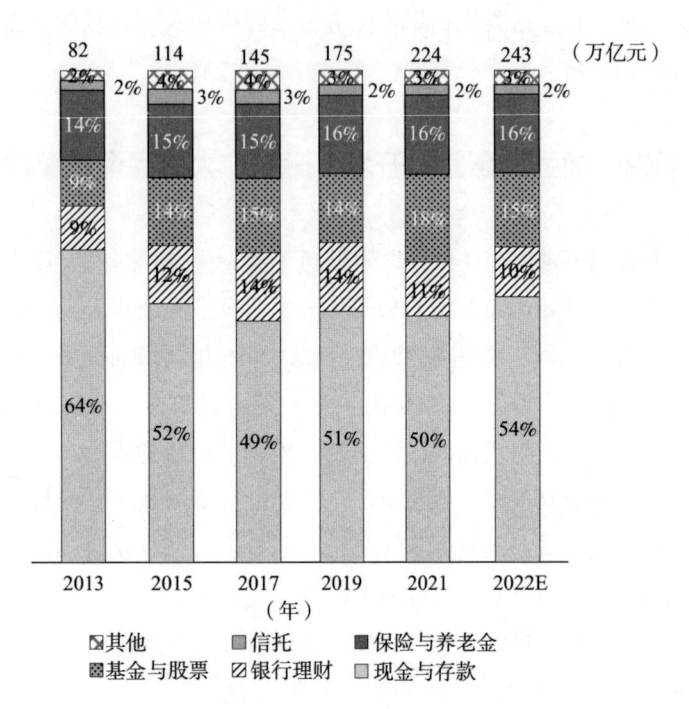

图3.20 中国居民个人金融资产结构
资料来源：麦肯锡中国个人金融资产数据库。

二是风险承受能力不断提升。过去国内居民对风险的认知和识别能力偏弱，金融资产配置以现金、存款，以及低风险的理财为主，风险金融资产占比很低。2021年中国居民个人金融资产结构中现金、存

---

① 资料来源：中国人民银行调查统计司，《2019年中国城镇居民家庭资产负债情况调查》。

款、银行理财合占61%，但随着国民教育体系的不断升级以及居民风险认知和识别能力的逐渐增强，居民承担风险的意愿或将提升，[1] 并希望专业人士通过合理的组合和分散风险的手段，帮助自己管理波动、分散风险，进而获取与预期相匹配的投资回报，这就为证券公司提供了发展新产品和服务的空间。

三是个人养老金制度不断完善。个人养老金融或将成为产品端格局的重大变量，为财富管理行业带来长期资金供给。据预测，到2025年，中国养老金市场的短期年复合增长率有望达到15%，总规模增长至约26万亿人民币，中国个人养老金在未来5~10年增速开始快速进入窗口期，10年后个人养老基金占GDP比重可升至3%~5%，绝对规模达5万亿元。[2]

根据以上分析，我们可以看出居民对权益资产和养老金有强烈的配置需求，而受到家庭财产配置结构和对风险资产接受度不足的制约，使得他们对证券公司财富管理产品存在一定顾虑。为此，我们提出三大核心转型策略：一是构建丰富的产品体系，二是强化产品筛选管控能力，三是打造差异化的拳头产品。

打造丰富的产品体系，顺势优化产品结构

结合各类客群需求以及投资策略，证券公司财富可以设计差异化产品组合策略，通过自身创设或外部引入，建设广谱的产品体系，满足居民多场景、不同风险偏好的需求。目前中国财富管理的主要产品可分为结构化产品、海外产品、固收产品、私募基金、公募基金。在

---

[1] 资料来源：招商银行与贝恩公司，《2021中国私人财富报告》。
[2] 资料来源：张帅帅、李昭，等．中金全球资管系列研究丨渠道篇：客户需求驱动财富管理模式转型［EB/OL］．中金点睛（微信公众号），2022-11-08．

居民寻求收益、控制风险的需求下，证券公司可以继续丰富可转债、黄金、ABS（资产证券化）、CTA（商品交易顾问）、对冲基金等另类资产以丰富金融投资产品（见图3.21）。

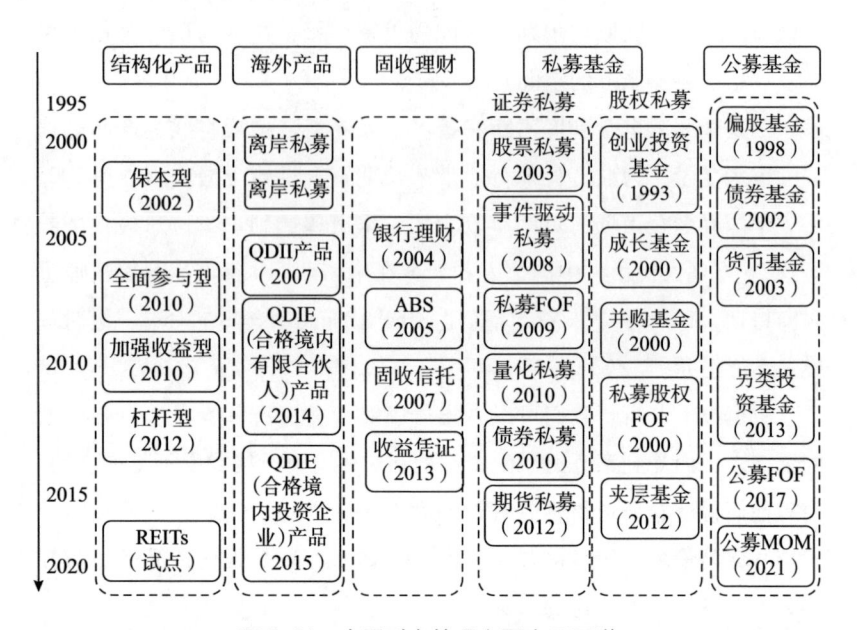

	结构化产品	海外产品	固收理财	私募基金		公募基金
1995				证券私募	股权私募	
2000		离岸私募		股票私募（2003）	创业投资基金（1993）	偏股基金（1998）
	保本型（2002）	离岸私募				债券基金（2002）
2005		QDII产品（2007）	银行理财（2004）	事件驱动私募（2008）	成长基金（2000）	货币基金（2003）
	全面参与型（2010）	QDIE（合格境内有限合伙人）产品（2014）	ABS（2005）	私募FOF（2009）	并购基金（2000）	
2010	加强收益型（2010）		固收信托（2007）	量化私募（2010）	私募股权FOF（2000）	另类投资基金（2013）
	杠杆型（2012）		收益凭证（2013）	债券私募（2010）		
2015		QDIE（合格境内投资企业）产品（2015）		期货私募（2012）	夹层基金（2012）	公募FOF（2017）
2020	REITs（试点）					公募MOM（2021）

图3.21 中国财富管理主要产品图谱
资料来源：中金公司研究部。

从全球领先资管机构的产品结构来看，资金正逐渐从传统的主动管理型产品转向被动型、另类投资及解决方案型投资产品。2005年全球资管AUM配置中主动类占比72%，到了2021年显著下降至47%，而被动类和另类投资则分别从10%/11%提升至23%/17%（见图3.22）。[①] 可以看出，在传统资产上，资管行业更偏好低费率、易于交易的被动型产品，而主动管理的需求正逐渐向另类投资领域集中。以

---

① 资料来源：姚泽宇，等. 中国财富管理2030三部曲之资管篇：迈入高质量发展新阶段［EB/OL］. 中金非银及金融科技（微信公众号），2022-08-04.

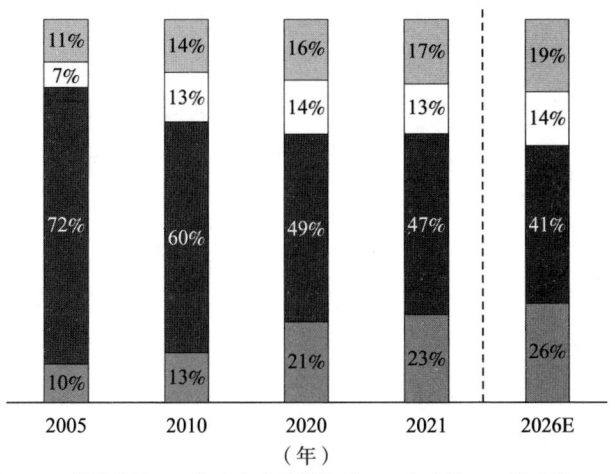

年份	另类投资	解决方案及平衡型	主动类	被动类
2005	11%	7%	72%	10%
2010	14%	13%	60%	13%
2020	16%	14%	49%	21%
2021	17%	13%	47%	23%
2026E	19%	14%	41%	26%

图 3.22 全球资管 AUM 配置变化趋势

资料来源：BCG，中金公司研究部。

贝莱德为例，金融危机后，其新增资金的净流入主要由被动投资贡献，至 2021 年年底，被动投资产品的占比已接近 70%。

由此可见，证券公司未来产品端转型可以通过丰富另类资产投资产品并灵活调整产品结构，以顺应市场趋势和增加居民财政收入需求，提高其市场竞争力。

从具体的产品角度而言，证券公司可以深耕自身优势领域，重点布局养老基金产品。未来 10 年，我国相对年轻的老龄人口（55~74岁）占比将上升，老年抚养比上升至 30%。[①] 养老需求增长，社会储蓄增加，预期寿命延长和人均收入提升，将为个人养老金提供更多资金。目前银行可代销个人养老金涵盖的各类金融产品，而证券公司则仅有公募基金代销资质，且相较于其他机构，证券公司客户基

---

① 资料来源：毛晴晴，等. 个人养老金 2030：第三支柱的五大猜想 [EB/OL]. 中金点睛（微信公众号），2022-06-06.

础相对较弱。于是，对证券公司而言，在竞争格局上应结合自身具有优势的投研能力和富裕及高净值客群的基础，重点布局养老目标基金业务。随着市场利率下行和权益市场向好，养老基金将以更高的回报率吸引更多的参与者。从长期来看，一部分银行产品的市场份额将转移至保险和基金产品，预计2030年养老基金在个人养老金中占比将达到35%。① 目前，居民对养老金的风险承受能力较弱，根据中国养老金融50人论坛的调查，50.57%的调查对象可以阶段性承受10%以内的亏损，35.59%的人无法承受任何亏损。② 这就需要证券公司定制养老基金时更加注重风险控制，充分发挥较强的投研能力，选择较为稳健的标的。

面对世界百年难遇的时代大变局，我国经济运行面临新的挑战，但经济长期向好的基本面没有改变。只有强化资本市场投资功能，才能真正达到活跃资本市场、提振投资者信心的目的，才能有效发挥资本市场优化资源配置的作用，把对经济长期向好发展的信心转化为克服短期困难挑战的决心和底气。而证券公司作为资本市场的核心参与主体，通过扩大股权融资规模、丰富风险管理工具等手段，可以缓解高杠杆风险、畅通货币政策传导、有效活跃资本市场，对提升我国经济运行的稳定性具有重要的现实意义。从具体风控角度而言，证券公司可以结合自身资源禀赋，整合行业资源，通过创设和使用各种工具手段以对冲市场波动，提升资本市场的有效性和稳定性，增加居民财产性收入。一是通过科学的投研分析，如大数据分析和基本面分析，投资多种不同类型的资产，如股票、债券、大宗商品、房地产、ETF

---

① 资料来源：毛晴晴，等．个人养老金2030：第三支柱的五大猜想［EB/OL］．中金点睛（微信公众号），2022-06-06．
② 资料来源：中国养老金融50人论坛．中国养老金融调查报告（2022）［R］．网易，2023-04-21. https://m.163.com/dy/article/I2QBD5MR0531WA1P.html.

期权及其他另类资产等，动态进行资产配置，构建多元化的投资组合，扩充稳健的收益来源，创造绝对收益；二是利用证券公司的资产创设牌照优势和长期风险管理经验，不断创设各种风险对冲的工具或策略，如收益互换、期权套利、市场中性、量化交易、风险平价等，进而平滑股票、债券、外汇等各类资产风险，减小组合波动；三是积极与期货业进行合作，共同丰富权益市场的波动抑制工具，如整合产品及策略的研发优势、建立联合交易与交流平台，协同保障投资者权益。

综上所述，投资风格稳定且投资收益具备竞争优势的产品将在中长期受到青睐，投研能力强、产品适配性高的头部基金管理公司以及控股的头部证券公司将从趋势中获取较大利益。

强化产品筛选管控能力

对于证券公司财富管理机构来说，强化产品筛选和管控能力是确保产品质量和服务水平的关键，这需要构建一个全面、高效、科学的产品策略，以及与之相配套的产品中台管理系统。

首先，强化内外部合作是提升产品质量的重要手段，这不仅包括与内部资管部门的业务协同，更包括与外部的生态伙伴进行深度合作。通过充分利用这些资源，证券公司财富管理机构可以升级产品与服务，为居民提供更加丰富、个性化的投资方案。具体来说，内部的资管部门可以提供更专业的投资研究和建议，外部的生态伙伴可以提供更广泛的产品和服务资源，两者结合可以使产品质量得到全面提升。

其次，建立产品中台是实现产品全周期管理、优选和管控的重要工具。通过建立产品评价与优选模型，证券公司财富管理机构可以更科学、系统地进行产品筛选和管控。在此基础上，通过维护优选产品池，可以确保所提供的产品始终处于行业的领先水平。同时，进行产品标签管理，不仅可以帮助居民更方便、快捷地找到符合自己需求的产品，也可以帮助机构更好地理解和满足居民的财富管理需求。

打造差异化的场内产品服务体系

打造差异化的拳头产品对于证券公司财富管理行业的转型至关重要，这有助于区别市场上的同质化竞争，快速积累核心客户群体，并建立行业内的先发优势与品牌影响力。我们可以从贝莱德的成功经验中汲取灵感：2009 年贝莱德收购巴克莱资管部门 BGI，获得最大的被动投资产品线 iShares。随后几年贝莱德不断丰富 iShares ETF 产品体系，超过 1 000 只产品覆盖各地区、各策略、各行业的指数。凭借这一旗舰产品，贝莱德成功在全球资产管理行业中获得了主导地位，其在美国 ETF 市场的份额达到了 45%（见图 3.23 和图 3.24）。[①] 这一成功的案例表明，具有领先优势的差异化产品能够为证券公司财富管理机构带来显著的市场份额和知名度，从而积累核心客户，建立品牌影响力。

着眼于国内，近些年 ETF 迎来大幅增长，截至 2023 年年末，全市场共有近 900 只 ETF 产品，总份额超 2 万亿份，日均成交额超 1 500 亿元，环比增约 50%，境内 ETF 市场或已迎来黄金发展期。证券公司可以结合自身优势积极布局差异化的场内产品服务体系获取竞争优势，比如依托较高的投研和风控能力，挖掘具有投资潜力的主题或领域选择 ETF 组合配置，多市场、多品种、多维度选择优质标的并降低潜在的投资风险。在服务方面，证券公司财富管理机构可以针对不同客户群体诉求定制 ETF 产品配置方案，选择更具性价比和适配程度更高的项目，而非盲目追逐热门板块。证券公司财富管理机构还可以加强长

[①] 资料来源：姚泽宇，等. 中国财富管理 2030 三部曲之资管篇：迈入高质量发展新阶段 [EB/OL]. 中金非银及金融科技（微信公众号），2022-08-04.

期陪伴，积极投入 ETF 相关的投资者教育，分享 ETF 基础知识、投资分析、市场策略等。总之，对于证券公司而言，全面提升场内产品服务体系质量，能够从同质化竞争中脱颖而出。

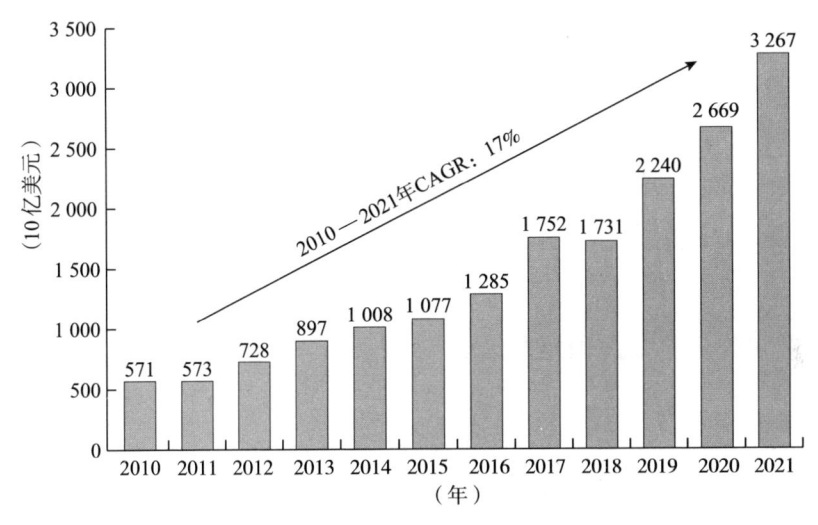

资料来源：公司公告，中金公司研究部。

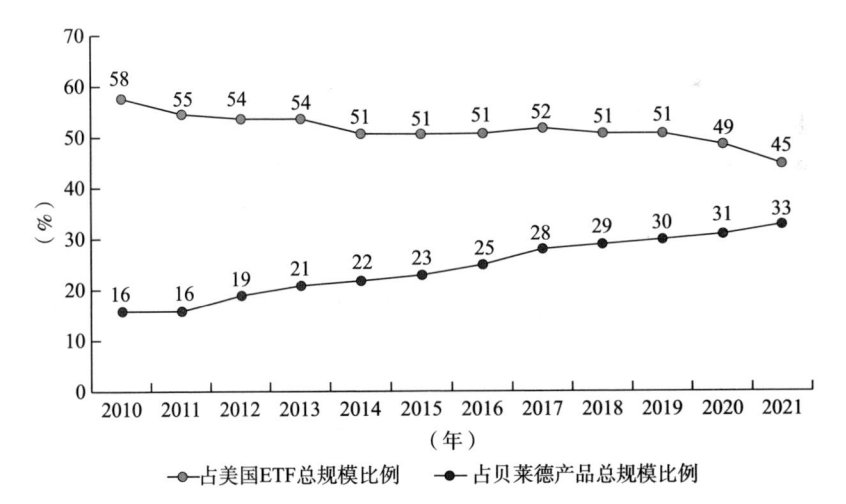

图 3.23 贝莱德 iShares 产品规模及占比变化

资料来源：公司公告，中金公司研究部。

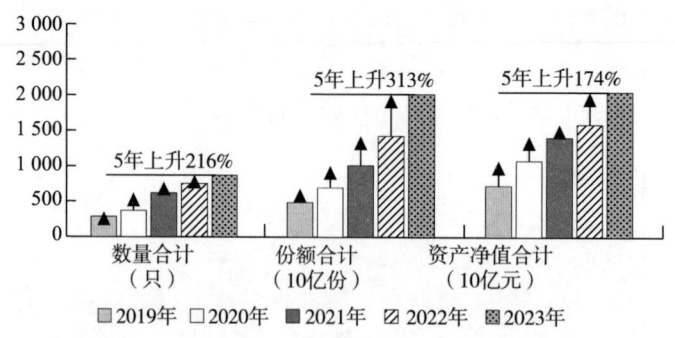

图 3.24 2019—2023 年境内 ETF 市场规模变化
资料来源：万得资讯，中金财富。

加强公募基金投顾能力建设

公募基金因为其起投金额较低、监管较为严格等特点，天然具备普惠性，在基金投资者数量增长的同时，基金投顾服务的需求也日益凸显。自 2013 年以来，基民数量快速增长，众多新进入基金市场的投资者虽已逐渐接受自负盈亏、风险收益匹配等投资理念，但实际执行上仍面临困难，表现出对基金产品或自身风险偏好的理解偏差。据中国基金业协会调查，73.2% 的投资者对基金投顾服务表现出兴趣，且近半数投资者表示由于基金选择困难需要专业投顾的协助①。基金投顾业务可以通过提高居民投资回报的"获得感"，引导居民加大对基金产品的配置，在为资本市场带来长期的资金供给的同时提高财富服务机构的存量规模，也为我国财富管理机构的转型带来机遇。

因此，证券公司财富管理机构可以深耕公募基金投顾业务，结合

---

① 资料来源：中国基金业协会，《全国公募基金市场投资者状况调查报告（2021 年度）》。

自身强势的投研能力建设资产配置，满足日益增长的居民资产配置需求。2023年6月9日，证监会发布《公开募集证券投资基金投资顾问业务管理规定（征求意见稿）》（以下简称《规定》），对公募基金投顾提出了更加精细严格的要求。结合以上分析以及《规定》的内容，我们提出证券公司财富管理机构在公募基金投顾业务发展转型的两方面建议。

一是对内投资端，证券公司公募基金投顾的展业首先需要深化基金产品的遴选、研究能力，并从投研能力、投顾人员专业度层面展现证券公司的独特优势。《规定》加强了对投顾机构在整体投资集中度和底层产品丰富度上的要求，因此证券公司可以在优质产品的基础上审慎建立多种类、多收益目标的投资策略以全方面覆盖大众客群投资需求，并提升投资端风险管理能力。此外，《规定》提出基金投顾机构应"建立并履行集中统一的投资决策管理制度"，对此证券公司财富管理机构可以明确划分投资决策委员会、策略经理等投资决策主体的职责与权限，提高风险把控能力和投资决策效率。

二是对外顾问端，在投资顾问业务宣传推介、服务协议、信息披露等方面提出更高的要求。首先，在公募基金投顾业务宣传中，证券公司财富规划机构可以改变以往依靠产品业绩吸引客户的方式，调整为以满足居民财富管理需求为中心。其次，财富管理机构可以增强信息透明度，披露风险指标，如波动率和最大回撤等。再次，财富管理机构可以持续监控客户的风险承受能力以及组合策略的风险收益特性的变化，及时解决任何不匹配情况，并积极开展投资者教育，建立健全客户回访和投诉处理机制。此外，证券公司还可以围绕使用智能投顾、问答机器人等金融科技实现客户的线上全景化的普惠化服务，在保证客户体验的前提下降低企业运营成本。

服务端：建设普惠化、专业化、生态化服务体系

财富管理的内涵是以人民为中心，利用金融或非金融服务实现人的幸福最大化。上升到社会层面，就是以共同富裕为中心，利用金融或非金融服务提高全社会的幸福感。目前，财富管理行业正由过去以产品销售为中心的"产—供—销"模式，转向以客户为中心的"顾—供—产"买方投顾模式。获益模式也由此从中间商赚差价演变为从客户资产增长中获益。因此，证券公司财富管理机构与客户利益是一致的，分析和理解客户需求，为其提供财富管理建议并制订解决方案是证券公司财富管理机构在服务端的升级重点。

根据调研，我们发现居民对专业化、长期化财富管理服务的需求日益增强。从服务专业化需求来看，资管新规打破刚兑的措施使居民逐渐形成了对风险和收益的理性认识，开始更加注重财富管理。依据2019年基金业协会的调查数据，选择投资品种时，更关注风险的人群占比提升至28.4%，较2017年增加了2.9%。相对应的，更关注收益率的人群占比下降至31.8%，比2017年减少了23.6%。另外，选择自行投资的人数比例也从61.0%大幅下降至38.4%（见图3.25），以上说明居民对专业财富管理服务的需求不断增加。[1] 从服务长期化需求来看，传统理财周期非常短，通常为几个月至几年，且缺少税收规划、养老服务、遗产分配等方面的金融服务。相比之下，目前越来越多的居民提出长期财富保值、增值以及后代延续性的诉求。

根据以上分析，我们提出证券公司服务端可以围绕"普惠化""专业化""生态化"三点，构建多层次服务体系，建设专业化投顾服务人才队伍，提供增值延伸服务实现综合化资产配置和全生命周期陪伴。

---

[1] 资料来源：基金业协会，《全国公募基金投资者状况调查报告》。

在投资时关注的因素占比

- 收益率：2019 31.8%；2017 55.4%
- 风险程度：2019 28.4%；2017 25.5%
- 投资期限：2019 17.8%；2017 3.9%
- 买卖的便利程度：2019 14.7%；2017 13.4%
- 相关投资费用：2019 5.3%；2017 1.4%
- 投资的最低额度：2019 1.5%；2017 0.8%
- 其他：2019 0.4%；2017 0.0%

选择标的因素占比

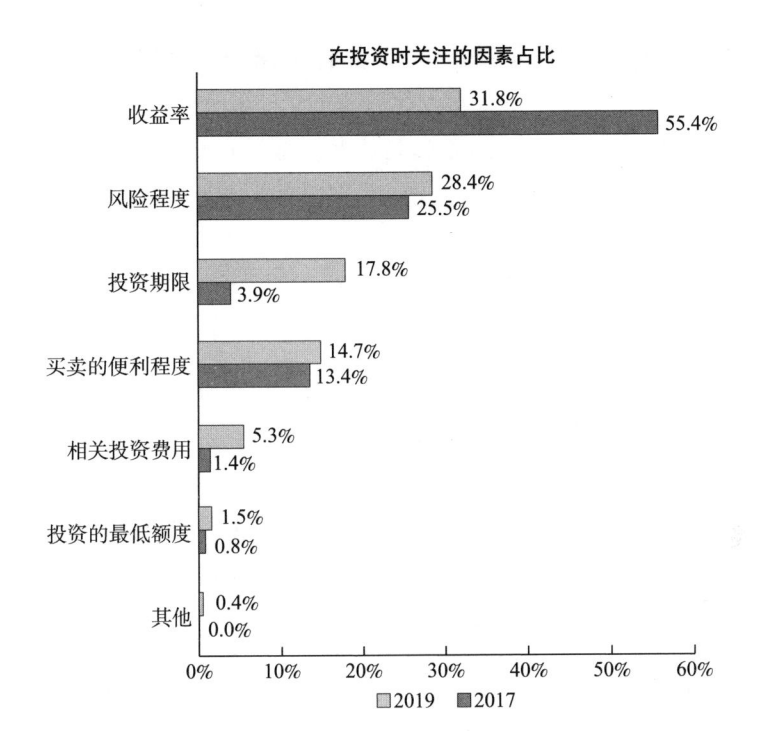

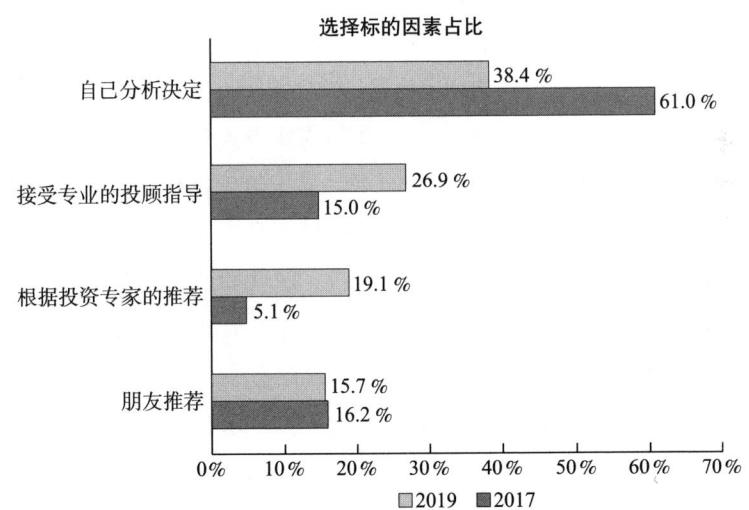

- 自己分析决定：2019 38.4%；2017 61.0%
- 接受专业的投顾指导：2019 26.9%；2017 15.0%
- 根据投资专家的推荐：2019 19.1%；2017 5.1%
- 朋友推荐：2019 15.7%；2017 16.2%

图 3.25　基金投资者在投资时关注的因素与选择标的因素占比
资料来源：基金业协会，《全国公募基金投资者状况调查报告》。

普惠化：多层次咨询服务体系+品种丰富一站式解决方案

多层次咨询服务体系能够满足从大众到高净值人群的不同财富管理需求，提供多种投资解决方案，贯穿客户全生命周期，具体可以包含以下两方面。

一是针对不同客群提供投资解决方案。以嘉信为例，公司与第三方独立投顾、第三方资产管理公司共同打造了多层次的服务体系。该体系为客户提供十余种投资咨询解决方案，包括自动化投资服务、专业化投顾服务、委托管理服务等，投资金额的起投范围为5 000美元到100万美元，涵盖了各类客户的需求。证券公司还可以聚焦特色客群，打造差异化价值主张。比如针对年轻客群，提供较为稳健的资产配置方案，并用易于年轻人接受的短视频形式进行投资者教育，在帮助年轻客群实现财富保值增值的同时，还能培养锻炼年轻客群的投资能力。另外，证券公司还可以推动B端联动获客，服务企业家人群，提供金融融资、财富保值等方面的需求。

二是提供多元化的收费方式匹配不同需求与服务。我国基金投顾的收费方式大多为AUM的一定比例，相比之下，美国一些以服务大众客群为主的投顾机构会采取更多元化的收费服务模式，如订阅或会员费、固定费用、佣金、按小时收费等。如美国TAMP（统包资产管理平台）巨头Envestnet主要采用按AUM付费模式和按照订阅收费，客户可以在平台上定制所需要的投资工具、软件和信息服务等，公司收取一定的基础服务费和附加服务费。多元化的收费模式可以匹配不同类型的投顾服务，并满足不同类型客户的需求。

除了多层次服务体系，证券公司由于资本市场工具较为丰富，还可以通过自身创设或外部引入建立谱系全面的产品货架，一站式实现客户多场景、不同风险偏好的大类资产配置需求。

综上所述，证券公司财富管理机构在服务端转型时可以同时优化产品、渠道以及收费模式，完善"线上+线下""人工+智能""推送+互动"的服务方式，构建全客户、全渠道、全产品、全旅程、全场景的财富管理服务体系。

专业化：建设前台人才队伍，优化中后台业务管理

随着居民对财富管理专业性要求的提升，证券公司须加强人力资源投入，建设前、中、后台一体式专业人才队伍。前台投资顾问是财富机构与目标客群的重要桥梁，也是综合类财富机构服务客户的载体和主体，其专业服务能力决定了客户体验和最终业绩。这就需要证券公司提升前台人员的专业素质，并持续迭代升级人才培养和留存的良性机制。在行业向投资顾问模式转型的关键阶段，证券公司应建立市场化的薪酬机制以吸引优秀人才，并在内部培训上加大对人才的培养。

中后台方面，证券公司应优化业务管理，通过深入研究客户和市场，提供个性化的理财规划和产品方案，重要的环节涉及营销、产品、规划投配、客户权益管理、内容创建与风险控制等多个方面。

- 营销中台需要识别典型客户群体并设计适合的营销策略，供全渠道营销活动管理，同时提供对客户的即时洞见以指导用户运营策略。
- 产品中台需要构建和实行全周期产品管理流程，包括建立产品评价和优选模型，维护优选产品池，并进行产品标签管理。
- 规划投配中台专注于买方投研策略的维护、资产配置模型的设计和维护，以及制作和分发客户资产配置方案。
- 客户权益中台负责权益和增值服务的设计、定价、合作方的引入和使用等全面的管理流程。
- 内容中台针对投资前、投资中和投资后的不同阶段设计差异化

的营销内容，构建全链路内容管理流程。
- 风控中台要负责非标准资产的底层资产穿透和额度管理，以及设计市场波动时的产品预警规则和自动提醒机制。
- 通过这些集中和系统化的管理，证券公司能够有效优化中后台业务，提升运营效率，从而提升整体业务表现。

生态化：延伸服务，提升客户体验

机构在提供投资顾问服务以外，还可以扩展增值服务以提升客户体验，强化客户黏性。增值服务主要集中在满足各类客户群体的核心需求，如医疗保健、教育和社交等。证券公司可以提供丰富的体验活动，如健康讲座，通过开发和实施独特的增值服务，能够增强其对客户的吸引力并产生销售线索，还能塑造独特的品牌服务来提升机构知名度。另外，证券公司可以打造全方位权益体系，提供精细化的投前和投后服务。由此，证券公司服务端的生态化建设可以将财富管理以组件化方式融入生活各场景，如住宿、教育、健康、养老、住房以及家族财富传承和跨境财富管理等，为重点客户提供活动体验。

机制端：构建买方投顾机制，建立财富管理服务生态圈

随着中国经济的飞速发展和居民财富的累积，居民追求财富保值增值的意愿日益强烈，对财富管理的需求与日俱增，加之科技创新持续为财富管理行业赋能，财富管理效率逐步提升，为行业带来发展机遇。但在买方投顾模式下，组织架构方面同样也面临着不可忽视的挑战，为财富管理助力共同富裕的实现带来挑战。据我们分析，当前证券公司财富管理行业组织架构面临的挑战可以归纳为渠道建设、部门协同、投研实力、运营成本四个方面。

一是渠道建设相对不足。在买方投顾模式下，证券公司财富管理组织架构需要前台客户经理挖掘对接客户，通过人力资源拓宽业务渠道，对客户经理和投顾的财富管理能力和综合素质提出了较高要求。同时一些部门在财富管理展业上会受到牌照限制，影响财富管理全渠道建设。而银行类财富管理机构通过从银行柜台的客户接入，天然拥有庞大的客户基础和渠道优势，可以为财富管理客户提供多种理财产品、基础结算、存贷款服务等。渠道建设不足将阻碍财富管理证券公司与居民有效连接，制约了证券公司财富管理的发展。

二是部门协同效率较低。财富管理以实现广大人民共同富裕为最终目标，依赖于多部门的协调和配合。但很多证券公司把经纪业务作为公司单一业务条线，因此在协调其他业务条线时，未建立明确的权、责、利匹配关系，难以有效调动其他业务条线的资源，财富管理的实施效果有待提升。比如，在协作联动下的绩效考核体系上配合不足，很多证券公司仅制订了多业务条线协作成功后的利润分配方案，未能通过绩效考核引导实现更多、范围更广的业务协作。在共同富裕视角下，唯有财富管理证券公司各业务线、各部门通力合作，才能为财富管理的发展提供必要保障。

三是投研实力有待提升。投研能力是证券公司财富管理的硬实力体现，实现广大居民财富管理保值增值目标需要以强大的投研能力作为基础。除投研人员，其他业务人员的市场贴近度相对有限。若不能很好地发挥客户经理、投顾、投研的联动作用，前中台投顾就不能顺畅地调用公司的研究信息和产品资源，可能导致在投研方面的实力不足，直接影响公司创造超额收益能力的建设，阻碍共同富裕视角下居民财富管理目标的实现。

四是运营成本较高。证券公司买方投顾财富管理模式决定了通过客户经理开发财富管理客群、一对一为高净值客户配备投资顾问的运营方式。在共同富裕背景下为广大人民提供财富管理服务这样的模式会引发较多的人力成本，而互联网平台类机构则基于平台优势吸引了大量零售客户，不必依赖客户经理人工进行用户挖掘，同时通过研发团队开发智能投顾，基于线上化工具提供标准化服务，智能辅助决策执行，极大减少了运营成本。另外，证券公司财富管理架构在展业上依赖于不同部门的协调配合，但在很多环节的沟通配合上容易引发较高摩擦成本。因此，如何有效节省人力成本和摩擦成本，也是当前证券公司财富管理需要考虑的问题。

证券公司需要在组织架构上做出调整、转型，以更好把握财富管理重大发展机遇，更好发挥证券业财富管理对共同富裕目标的重要意义。我们总结了"一级助力""深度协作""生态建设"这三点发展对策，希望能对国内证券公司财富管理业务转型有所启发。

一级助力：在买方投顾组织体制下，借力一级市场部门促进实体经济发展

当前，在共同富裕的大背景下，国内证券公司财富管理阶段已经迈入买方投顾阶段，以客户利益为中心为其提供投顾服务从而帮助其实现财富管理目标。这一阶段不仅要做到以客户为中心，为客户利益最大化服务，还应该发挥金融促进经济的功能，让财富管理业务的资金流向一级市场，以促进实体经济的发展。在访谈中，我们发现部分企业家背景的财富人群（大多为积极型客户）表达了对一级市场实体企业投资的天然亲近感，他们期望找到优质的潜力"黑马"，并根据效益参与分红，获得未来潜在的IPO机会。为此，财富管理部门应借助一级市场部门的力量，向客户侧提供具备投资价值的一级市场产品，形成既帮助客户实现财富增值又利用客户资金助力实体经济发展的双赢局面。

深度协作：财富端与机构端深度协作，实现由产品推荐到底层架构共享

在证券公司内部，财富端应该和机构端深度协作，发挥内部协同优势。内部协同涉及产品、客户等多方面：一方面，投行、资管、财富管理等部门之间的资源协同有利于资产与资金的对接，一、二级市场间的联动，促进内部优质产品供给及分销；另一方面，财富管理部门与投行等部门协同也将促进客户相互推介，实现客户资源共享，亦能为客户提供一站式综合金融服务，发挥证券公司在财富管理各类参与主体中的特有优势。

生态建设：加强投研输出，建立财富管理服务生态圈

加强投研输出，打造财富管理生态体系成为在共同富裕背景下证券公司迎接发展机遇并面对挑战的重要举措。在买方投顾模式下，依赖证券公司同业、金融机构、公私募、上下游的合作协同，发挥各个主体在财富管理上的优势条件，打造整个社会的财富管理生态圈，提升全社会广大居民客户的投资能力，建立财富管理服务生态圈。这种生态建设使得财管机构能够在无须自建各项能力的前提下提供更加多元化的服务，既可满足客户对统一的财管体验的需求，又无须承担服务整个价值链的风险和高昂成本。

不过，要想在生态体系中制胜，需要先与客户建立足够的信任，而客户的信任则需要投研实力的支持，因此，在买方投顾时代下，拥有专门的投研团队对市场动向精准把控，实现大类资产的有效配置，对金融产品的持续追踪等关键投研能力的开发和提升对于构建财富管理服务生态圈至关重要，财富管理生态圈层的建设是证券业财富管理实现广大人民共同富裕目标的必要环节。

科技端：借助科技力量开展数字化赋能，提升居民体验

在证券公司各大业务板块中，财富管理具有投资者数量多、服务种类多、业务细节多、收入来源多等典型的零售业特征，是与生俱来的大数据行业，具有鲜明的互联网基因。相比证券公司各板块的数字化建设，财富管理数字化的发展最为迅速、成效最为显著，一部中国证券业的数字化历史，在很大程度上就是一部财富管理数字化的演进史。数字化改革深刻改变了数字化时代的生产关系，加速数字产业化和产业数字化进程，是引领共同富裕的核心驱动力，既能促进持续性、均衡性增长，又能助推共享式、普惠式发展。我国证券公司财富管理数字化转型是积极应对数字经济发展的重要举措。

近年来，各大证券公司在金融科技领域的投入也在逐渐扩大，2022年，各证券公司在信息技术上的投入平均增速达到20%（见图3.26）。

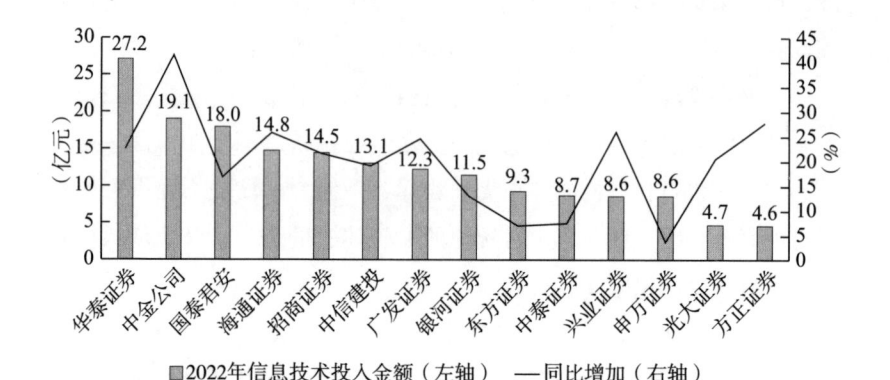

图3.26 证券公司2022年信息技术投入及增速
资料来源：各证券公司年报。

目前，走在数字化变革之路上的证券公司财富管理机构，在进行产品和服务创新的同时，仍存在一些问题与挑战。

一是"卖方思维"仍然存在。越来越多的证券公司开始将"以客户为中心"作为发展战略,将资产配置作为财富管理转型的突破口。但仍有不少证券公司,尤其是一些规模相对较小的证券公司,由于缺乏对标品市场的了解和产品创新能力,仍在按照传统的产品销售模式进行展业。

二是新技术创新应用的速度难以适应市场需要。近年来,人工智能、金融科技等为证券公司的发展带来了颠覆性的变化,使金融服务得到了重塑与变革,如何快速跟踪新技术,快速形成技术优势,占据优势业务地位,这些给证券公司带来极大的挑战。

三是金融和科技复合型人才缺乏。在传统的业务中,掌握业务知识具有极大的优势,但随着金融科技迅猛发展,掌握业务知识和IT技能、具备创新思维又兼备实践能力的复合型人才严重紧缺,在较大程度上限制了财富管理业务的数字化转型。

四是科技架构不完善,智能化、线上化程度较低。目前很多证券公司依旧缺乏智能化、专业化和千人千面的个性化服务,数字化专业性不足,未形成对客户经营、投顾能力专业性赋能,新科技及大数据应用程度不足,难以做到精准营销、智能产品匹配。

共同富裕时代对于我国证券公司财富管理业务提出了更高的要求,证券公司在财富管理数字化转型过程中存在着挑战也存在着机遇,数字经济的蓬勃兴起为证券公司金融创新发展构筑了更加广阔的舞台,通过金融数字化与模式创新相结合,构建普惠型、大众型的财富管理新体系。近年来,证券公司在数字化转型过程中积极探索、积极实践,坚持以投资者利益为核心,以满足居民财富管理需求为出发点,切实提高公募基金服务居民财富管理需求的能力,在自身内部架构和外部展业上做出了积极的转变。我们提出以下四点建议,以期为行业数字化转型提供思路。

优化组织架构，推动跨职能敏捷协作

财富管理数字化发展必然依赖于数字化系统的建设，需要从整个公司层面进行设计，涉及财富管理、资产管理、合规部门、运营部门等多个部门的联动，打破总部和分支机构、财富管理条线内部、财富管理条线和其他业务条线之间的壁垒，优化组织架构，建立敏捷组织。首先，在财富管理业务的组织层级方面可以减少内部的组织层级，优化架构，减少汇报层级，提高从决策到执行的效率。其次，可以施行干部兼职和派驻制等模式，深入业务一线，及时了解并共同梳理和规划业务需求，快速推进数字化系统建设。

近年来，越来越多的证券公司和基金公司调整组织架构，将数字化转型提升到公司发展战略的高度，从顶层设计上推动数字化渗透进财富管理业务之中。例如，国泰君安数字型财富中心建设落地，针对国泰君安长尾客群，由数字型财富中心来进行统一运营；兴业证券成立数智金融部，致力于为公司长尾及零售客群提供覆盖全生命周期的服务体系。

证券公司通过全面构建涵盖数据前、中、后台的智能应用整体架构，从业务条线的零散应用走向整体转型，将会极大提升证券公司专业能力和运营效应。

打造线上化智能投顾服务系统，赋能展业发展

传统线下投顾服务对投资顾问的专业水平、服务能力要求较高，不同的投顾之间差异较大，服务半径有限，能够较大程度地影响客户的体验感。与之相比，线上化智能投顾服务系统可以为投资者带来更便捷、更专业的客户服务：一是使得优秀投资顾问的服务半径得以极大拓宽；二是可有效减少人为的影响，极大地提升客户体验感。打造线上化智能投顾服务系统是财富管理数字化转型道路上重要的一环，应充分利用数字化工具、大数据模型，设立智能助手、在线投顾等智能模块，与线下投顾进行互补，为客户提供7×24小时的服务。

与此同时，投顾工作平台的数字化转型也是重要的抓手，通过将投顾工作平台和客户端服务平台深度融合，不仅可以为投顾服务客户提供平台基础和服务场景，提升投顾的服务效率，同时可以帮助投顾充分挖掘存量客户，精准匹配客户需求。华泰证券的"AORTA·聊TA"投顾工作云平台、国泰君安的"百事通"，均是面向投资顾问推出的工作平台，旨在赋能投顾、构建标准化的服务流程与工具体系，提高客户服务效能。

线下网点智能化升级，实现线上线下智能一体化

虽然线上财富管理智能化目前发展迅速，但是线下网点对于证券公司来说仍然有着举足轻重的作用，且证券公司线下网点数量众多、分布广，打造智慧网点不是一蹴而就的。智慧网点不仅是对现有的线下营业网点进行物理升级改造，还需要对网点的营销服务模型进行智能化升级，以实现线上线下智能一体化融合发展。

首先，需要充分发挥网点的客户关系维护平台作用，线下网点可以让客户实地与投资顾问面对面交流，因此线下智能网点的内部布局要以客户为中心，增设投资者教育功能，配置自助服务设备，提高服务效率，进一步增强与客户的视、听、触觉互动，提升客户的体验感与忠诚度。其次，证券公司需要加强渠道协同能力，线下智慧网点不能是一个孤立的网点，需要将线下网点和线上智能投顾平台进行融合，既依托线下网点，搭建与客户面对面交流的平台，又通过线上智能投顾系统对客户进行实时远程陪伴，为客户量身定制财富解决方案。此外，还需要合理布局营业网点，充分考虑线下网点的便捷性以及服务

半径，智能化布局，如可以在智慧网点下设社区网点和无人网点，为客户提供超级便捷的自助服务和品牌营销。

加强居民数据保护和客户适当性管理

在大数据时代，对于数据的保密、保护显得尤为重要，尤其是对于证券公司这类拥有大量投资者隐私数据的机构来说，充分保护投资者数据对于证券公司的口碑、信誉十分重要。因此，证券公司财富管理业务在数字化转型过程中需要加强合规管理以及风险控制。

首先，在投资者保护方面，证券公司可以利用智能算法，对数据进行加密保护，强化客户数据权限管理，防止客户数据流失，保护投资者利益，还可以利用大数据分析模型对客户进行背景核查，提高反洗钱、反欺诈预防能力，从而提升客户适当性管理的效果。其次，在投资者教育方面，证券公司可以利用线上平台以及与线下网点相结合的方式开展投资者教育工作，以提高客户的投资能力和风险识别判断能力。最后，在员工管理方面，要加大培训力度，定期开展相关合规培训，通过流程、制度提高员工合规执业的意识，建立严格的授权机制，杜绝员工出现泄露客户资料等道德风险行为。

对证券行业的发展与监管建议

我们基于我国财富管理市场的发展现状，并结合成熟市场的历史经验及未来的发展趋势，以买方投顾转型及服务普惠化为重点，从证券业财富管理行业发展以及政策制定角度进行分析并提出建议。

证券业财富管理的行业建议

证券公司作为财富管理行业的重要参与者与服务供应商，应当充分发挥自身资源禀赋，围绕"买方投顾"这一核心理念，以广大居民利益为中心，多维度完善财富管理价值链建设，以买方投顾服务"普惠化"作为重要出发点，致力于提高居民财产性收入，增大资本市场直接融资规模，坚定不移地走好具有中国特色财富管理高质量发展道路。

把握普惠化服务工具："个人养老金"与"公募基金投顾"重点发力

在众多买方投顾服务工具中，"个人养老金"及"公募基金投顾"业务可作为普惠化发展的两个重要抓手。首先，证券公司须依托其优异的投研及产品管理能力，围绕个人养老金业务普惠性、长期性、战略性的特点，明确其业务定位，基于广大居民的养老需求，丰富养老金资产配置工具箱与相关服务供给，最终以居民养老需求为核心，确立个人养老金业务平台系统性建设与长期战略发展规划。与此同时，证券公司应当把握金融科技高速发展带来的宝贵机遇，继续深化"公募基金投顾"等主要面向大众客群的普惠化业务发展，不断提高买方投顾理念普惠性和居民的财富获得感，为更广泛的客户群体带来智能化且专业、有温度的公募基金投顾体验。

完善投资者教育工作：帮助居民树立合理财富管理价值观

证券公司应以长期资产配置为核心理念，以切实提高投资者专业水平为目的，完善投资者教育工作管理体系，在内容及方式方法上不断创新，持续增强投资者教育能力，通过全面的投资者教育引导我国广大居民投资者理性投资，在提高居民投资专业能力以及财产性收入的同时，为我国资本市场带来更多的长期资金，助力资本市场长期健康发展。

提高买方投顾服务覆盖面：多角度强化客户服务平台

证券公司应以服务广大居民投资需求为最终目标，提高获客能力，扩展买方投顾服务的覆盖面，引导居民长期资金入市，助力提升直接融资占比。证券公司应精准定位客群需求，完善自身的投研体系底层结构，为各个层级的投资者群体提供量身定制的服务方案。此外，证券公司应充分利用自身业务条线众多、资本市场扎根深厚的优势，立足于财富管理，协同投行、股票交易等一、二级部门，充分融通公司内部的客户资源，将金融活水注入实体经济。

推进买方投顾能力建设：投、研、顾三方面强化自身

首先，打造出高度专业化的研究平台，广度与深度并进，通过深入研究各类资产，建立健全多维度的产品研究遴选体系，最终形成精品化的资产投资池。其次，投资端应以长期资产配置为核心理念，以居民实际需求为中心，以底层资产为抓手，进行审慎的多元化策略研究，并持续进行创新与迭代，从而落地形成覆盖多类别资产、多类别客群需求的普惠化投资解决方案体系。最后，投顾服务能力提升的另一个关键，在于组建一支由专业投资顾问构成的人才队伍，接下来证券公司要持续引入专业投顾人才，结合完善的内部培训及激励机制，提升投顾人员综合能力，改善广大居民的投资体验。

数字化转型升级：金融科技是转型升级的重要引擎

证券公司应以金融科技作为财富管理价值链升级的重要引擎，推动证券业财富管理的数字化生态圈建设。对内，证券公司应利用数字化的工具横向连接资产端与资金端，纵向贯通前、中、后台，将数字化嵌入组织架构，推动各团队部门间的信息顺畅流转。同时，通过数字化平台工具替代日常研究、运营中重复性较高的流程化工作，从而使员工可以更专注于智力密集型工作，提高效率和专业性。对外，证券公司应牢牢把握金融科技与数字多媒体等新时代工具，借助针对不同客群的数字化解决方案，线上线下齐头并进打开多元化的获客渠道，丰富客户服务方式，切实提升居民投资体验与运营效率。

证券业财富管理的政策建议

加快买方投顾转型已经逐步成为行业共识，但是大多数财富机构仍处于卖方驱动模式，财富业务的盈利增长与管理规模增速有所背离，买方投顾转型任重道远。我们以共同富裕为时代背景，从我国资本市场及财富行业发展现状出发，围绕实际需求，提出以下建议。

政策支持证券业发展：推动证券公司成为居民财富管理重要渠道

建议进一步出台支持证券公司财富管理业务发展的相关政策，推动证券公司成为服务居民财富管理需求的主要渠道。作为我国资本市场的重要组成部分，证券公司从资产、资金、产品、服务、机制等角度出发，能够提供性价比较优的综合解决方案。但与银行等其他金融机构相比，在客户数量、资产品种、渠道网点、服务手段等政策支持方面仍存在较大差距。建议结合新时代财富管理转型变化，加速制度建设，推出更多支持证券行业财富管理的支持政策，补齐证券公司开展财富管理业务的牌照短板，例如可代销银行理财产品、提供保险服务等。加速转型升级进程，充分释放证券公司为财富管理行业的赋能潜力。从主体特征来看，证券公司与资本市场的融合较深，金融工具横跨一、二级市场，通过政策面推动证券公司成为服务居民财富管理需求的主要渠道，有助于促进直接融资占比的提升，增加居民财产性收入。与此同时，证券业财富管理的发展也有助于其立足财富融通资本市场，将金融活水注入实体经济，在广大居民分享我国经济高速发展红利的同时，促进区域化战略、服务中小微企业战略等重点国家战略落地。

政策推进投顾业务常规化：加速全行业买方投顾转型

建议出台相关政策推动买方投顾业务尽快常规化、广泛化，强调信义义务，推动财富管理全行业普惠化转型。首先，丰富行业工具，拓宽参与主体。在我国资本市场日渐成熟的背景下，可适当对投顾业务开放更多机构参与试点，丰富财富管理工具，实现财富管理商业模式的"百花齐放"。其次，须进一步明确投顾类服务的业务边界、收费方式，持续深化信义义务的具体实践，在把保护投资者利益放在首位的基础上，增加服务机构从"为客户创造价值"中收费的途径，激励其发力探索、建设多样化可持续的买方投顾商业模式，促进新时代下财富管理行业的发展。

政策支持证券公司服务多样化：推动证券公司建立一站式解决方案平台

建议从政策角度扩大证券公司可提供产品和服务的类型，围绕证券公司独特优势，支持证券公司建立一站式买方投顾解决方案平台。首先，丰富证券公司买方投顾服务的内涵和范畴，在控制风险的前提下增强为居民创造价值的工具箱，如证券公司养老账户的可投资范围目前仅限于养老 FOF，建议逐步探索扩展到更多公募、ETF 等，进一步助力财富管理行业买方投顾转型的健康发展。其次，建议充分利用证券公司场内业务的优势，大力支持证券公司在 ETF 等场内资产的投顾牌照展业，引导证券公司不断创新，提供基于场内交易资产的更丰富的顾问产品，助力证券公司发挥其研究优势，丰富广大居民的投资选择，提升市场有效性，最终促进我国资本市场健康发展。

政策推动行业数字化转型：政策支持与完善监管齐发力

建议从政策制定层面鼓励财富管理行业的数字化生态圈建设，同时完善对应的监管制度。首先，推动行业层面数字化基础设施的建设。券商整体相比于银行规模较小，在数字化转型所需的基础设施上，单个券商的投入较为有限。例如，证券行业对数据私有化部署要求较高，但云基础设施投入较大，建议考虑行业云的建设，从而形成规模效应。与此同时，在 AI 领域，若能通过隐私计算等技术，集中各家券商的基础数据进行建模，将有利于高质量券商专业模型的训练，更好地提高客户服务水平。其次，鼓励财富管理行业的数字化生态圈建设。券商由于缺乏支付、信用卡消费、存贷款等基础场景，在财富管理方面相比于银行与客户接触的场景更少，独自拓展客户的成本较高。若能将现有的券商业务流程以更好的客户体验对接到更多的数字化生态圈场景中，则需要对现有的账户体系和第三方存管进行适当改造，这需要行业层面共同探讨可行方案并一同推进落地。

第四章

共富时代的保险业财富管理

保险业风险管理助力居民财富管理事业

财富管理的目的是抵御内外部风险,在保障存量资金稳定的前提下实现存量财富的增值。长期以来,广泛的金融投资产品为财富管理的"增值加法"提供了多样化的选择,而忽视了财富管理中风险管理这一避免财富"损失减法"的重要环节。

随着风险型社会的到来,社会与居民财富面临众多风险因素。保险行业具有天然的风险管理属性,能够有效防范风险,保持居民财富收支平衡,实现长期财富管理规划。多年以来,保险业在产品创新、渠道打造、服务衔接、数字转型、投资者教育等多方面对我国的财富管理事业做出了突出贡献。

在共同富裕的愿景下,保险能够根据不同财富水平群体的财富管理需求,在居民风险对冲、资产保值增值、长期养老资金储蓄等多方面发挥重要作用,通过杠杆作用下的经济补偿,保障居民尤其是低收入群体的资产安全,推动实现共同富裕。

保险保障属性填补居民财富管理空缺

风险管理是财富管理的重要一环

从外部局势来看,世界经济步入下行周期,国际局势动荡;从内部市场来看,我国经济进入发展新常态,存款利率下调、房地产市场政策稳步推进、权益市场波动明显。风险型社会已经来临：居民传统上习惯以不动产为主，青睐短期储蓄，而资本市场关注股票、权益型基金等产品的资产配置结构具有风险敞口巨大，防御型资产不足等弱点，面对生老病死、意外事件、市场波动和投资失误等内外部风险，极易遭受经济重创，从而导致家庭财富损失，影响生活水平，甚至造成"因病致贫""因病返贫"等情况的发生。

居民财富是受收入与支出共同影响下的动态概念，完整的财富管理应该在面对内外部风险，确保存量资产安全的基础上，通过投资行为创造收益，避免财富损失，实现财富增值。收入端理财收益往往受到投资能力、市场环境等多重因素的影响，具有较强的不确定性和不可控性，因此居民财富管理结构亟待调整，应优先补足风险管理，确保家庭存量资产安全，并实现更加稳健安全的教育、养老等刚性需求的长期资金管理。

保险是居民风险管理的有力工具

在风险型社会中，既往忽视防御性资产的安全垫作用以及专项长期资金规划的财富管理模式难以为继。因此，加强风险管理，增加长期资金和防御性资产等是现阶段居民财富管理的迫切需求。

保障职能是保险产品的核心职能，也是本位职能。多元的保险产品能够覆盖不同财富群体客户的全生命周期，有力保障居民疾病、养老、意外伤残与死亡、财产损失等多种风险，通过杠杆作用实现风险暴露下的经济补偿，促成居民长期、健康、稳定的财富管理规划。

保险产品风险管理助力实现居民共同富裕

共同富裕事业要求保障低收入群体与大众消费群体，避免因意外风险致贫、返贫或降低生活水平。一方面,保障型保险产品作为家庭资产配置的"压舱石",能够有效对冲风险,避免家庭财富的灾难性损失,保障居民尤其是抗风险能力较差的低收入群体生活,是居民财富管理中不可或缺的一部分;另一方面,理财型保险产品在居民养老等诸多领域发挥重要作用,作为专项长期资金,为居民教育、养老等提供了安全稳健的理财选择,为低收入群体的养老事业提供了有力保障。通过风险管理职能,保险产品弥补了居民财富管理中的财富防御端缺失,避免财务损失,保障居民及家庭生产生活。同时,保险资金作为长期资金,作用于实体经济的发展,让发展成果更多、更好地惠及全体居民,推动实现共同富裕。

财富管理是保险业的重要职能

长期以来,居民财富管理多聚焦于不动产和金融资产(证券、基金、银行理财等)类攻击型资产的"财富增值",机构提供的专业财富管理服务则多锚定高净值客户群体。随着经济社会的发展,市场环境的变化和居民财富管理理念的升级,我国的财富管理理念出现了三大转变:

一是财富管理由单一到全面的转变。这既指财富管理的主体由个人视角的理财转变为家庭视角的规划,也指财富管理的定义由片面的投资理财变为更加全面的针对不同账户的财富管理。

二是财富管理由高客向大众转变。这是指财富管理不再单纯是高净值人群财富资产的管理,所有财富水平的居民与家庭都有意愿和机会进行财富规划,彰显普惠性的原则。

三是财富管理由短期向长期转变。这是指财富管理由短期的资金投资转变为涉及家庭未来生活、教育、养老、传承的长期资金筹划。

因此,长期资金和防御性资产等成为现阶段居民财富管理的迫切需求。而保险凭借保障核心职能和优势凸显的理财职能有效满足了市场需求。在泛财富管理时代的背景下，为不同财富群体的客户提供覆盖全生命周期的财富管理解决方案已经成为保险行业的发展趋势。一方面，保障型保险产品作为家庭资产配置的"压舱石"，是居民财富管理中不可或缺的一部分；另一方面，财富型保险产品凭借独特的优势，在新的时代背景下赢得居民青睐，在居民养老等诸多领域发挥重要的作用。

负债端保险产品的财富管理职能

1. 消费属性下的保障功能

保险作为居民可选消费品，保障功能是其本位功能，也是保险区别于其他财富管理方式的不可替代的功能。

居民财富总量是收入与支出共同作用影响下的动态概念。财富管理的目的在于实现收支的动态平衡，因此，增加财富收入和减少财富支出对于财富管理而言同样重要。传统居民财富管理侧重于收入端以跑赢通胀，赢得超额收益为目标的投资理财，忽视支出端的风险控制和损失平滑。收入端的理财收益往往受到投资能力、市场环境等多重因素的影响，具有较强的不确定性和不可控性。而支出端，在生老病死的自然规律和意外概率事件存在的情况下，居民及家庭面临着诸多潜在风险，风险敞口是家庭财富平衡的巨大威胁。

保险的保障功能即风险的转移与补偿，通过固定的保费成本覆盖未来的潜在风险，通过杠杆作用实现未来面对风险的财富安全与稳定（见表4.1）。

表 4.1　居民保障性风险类型及对应保障产品

风险类型		保障产品
人身风险	意外伤残与死亡风险	意外险、寿险等
	健康风险	医疗险、重疾险等
	养老风险	养老年金等
责任风险		家财险等
其他风险		农业保险等

资料来源：中国保险与养老金研究中心。

2. 理财属性下的保值功能

理财功能是保险保障功能之外的又一重要职能。与其他财富管理手段类似，在保险的理财属性之下，保险作为资产配置的一部分，以跑赢通胀、平滑波动、获得最大化收益、实现财富的保值增值为目的。具有财富保值增值功能的保险产品主要分为以下两类：

第一类是收益确定的储蓄险产品，如年金险、增额终身寿险等。这类产品在保险合同中对客户利益给予确定性保证，和国债、50 万元以内存款一起是目前国内仅有的三大类"刚兑"产品，具有安全、确定、灵活、增值等优势，长期收益稳定且突出，能够实现财富的绝对安全。

第二类产品是不保证收益的投资连结险等产品，与市场投资型金融产品接近，具有灵活性强、投资主动性强等特点，因其与寿险等组合，在进行灵活投资的同时给予投资人生命保障，故具有杠杆价值。

万能型保险、增额终身寿险、两全保险等主流的理财型保险作为居民财富管理中的保值类账户，能够帮助居民在不确定的经济环境中提高财富的安全性，防范资产缩水，成为长期确定的保障资产。

3. 财产属性下的法律功能

保险具有特有的法律属性，能够通过保险合同明确权利和义务，并受到国家法律的制约和保护。因此，居民可以运用保险工具化解内外部财富风险，实现财富管理的目标，具体如下所述。

第一，进行税收筹划。根据财政部、税务总局、原银保监会的相关规定，保险赔款免征个人所得税；① 个人所得税优惠型商业健康保险、个人税收递延型商业养老保险均有一定的税收优惠政策；保险生存金累积生息、分红金及其累计生息之前为税后收入，但实践中并没有征收，现在也被界定为免税收入。

因此，免税、延税是保险产品的重要优势。通过购买保险产品，居民可以进行税收筹划，合法享受免税、延税的优惠政策，提高个人资金的运用效率，最大化财富管理的主观能动性。

第二，将部分责任资产转化为非责任资产。责任资产是所有权、控制权、受益权合一的财产，非责任资产是所有权、控制权、受益权分离的财产。居民在进行财富管理时配置的大部分资产如不动产和金融类资产均属于责任资产。

在保险产品中，被保险人生存金的领取等属于非责任财产，因此保险具有将部分责任资产转化为非责任资产的功能，能够实现特定的财富管理需求。

第三，实现债务隔离。人寿保险"保单的现金价值和分红是投保人的财产权益，不用于抵偿被保险人或受益人的债务""生存保险金、保险理赔金，属于被保险人的财产，不用于抵偿投保人的债务""人寿保险的死亡赔偿金属于受益人的财产，不用抵偿被保险人（死者）的债务"这三条规定，分别能够实现被保险人/受益人债务隔离、投保人债务隔离和被保险人债务隔离，有效防范财富风险。

此外，保险信托能够同时实现风险保障与资产隔离，保证财产的独立性，在一定程度上避免保单在存续期间作为投保人的财产被追索、保单理赔后保险金作为受益人的财产被追索的风险。

---

① 资料来源：国家税务总局，《中华人民共和国个人所得税法》。

第四，助力财富传承。通过保险，投保人可在保单中指定受益人及分配比例，并根据个人意愿进行调整，从而有效实现财富的定向传承。

相较于遗嘱等其他财富传承手段，一方面，保险具有内容明确、法律效应强等优势，可以高效实现符合财富持有人意愿的财富传承，避免家庭纠纷等；另一方面，保险金信托在保险保障功能的基础上结合了信托产品，具有受益群体更广、利益安排更加灵活、保障机制更加独立、财产分配更加安全、财富增值更加有效的优势，可以帮助居民与家庭根据自身情况，有力对抗婚姻等诸多风险因素，实现财富跨代传承。

因此，保险不仅是单纯的风险管理工具，更是居民财富管理的重要途径。丰富的保险产品既是居民承担养老、医疗、意外责任的支付方，也是投资理财的稳健产品，还是实现财富安全与传承的手段。

资产端保险资管产品的财富管理职能

过去，我国保险资管以管理自有保险资金为主，产品仅面向机构投资者且以专户业务为主。2020年保险资管新规落地，打破了原本保险资管产品仅面向机构投资者的限制，明确了保险资管产品可面向合格个人投资者非公开发行。保险资管产品的销售渠道拓宽至所有金融机构，同时合格投资者范围扩大至养老金。新规的落地为保险资管行业打开了个人投资者及养老金资金的增量市场，第三方业务得以发展，财富转型成为保险资管新的机遇（见图4.1）。

监管标准的调整拉齐了保险资管与行业同类产品的市场定位，然而，作为居民财富管理工具，保险资管具有独特的竞争优势：

第一，专业导向，长期主义。近年来全球经济疲软，我国权益市场波动较大，居民进行投资理财时的避险偏好愈加明显。保险资管机

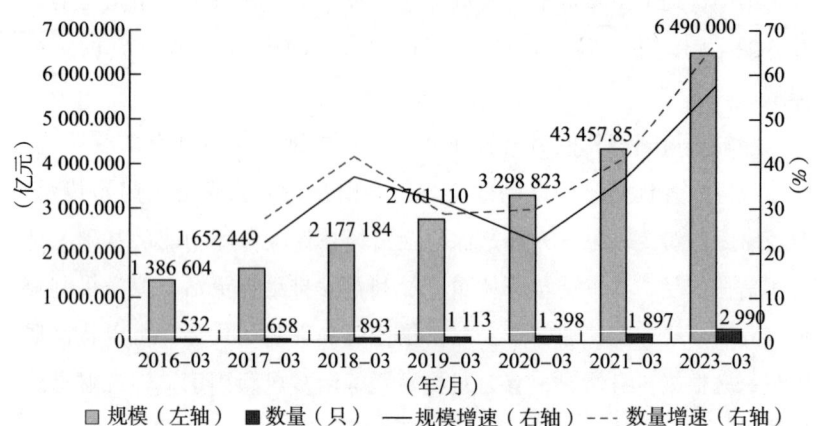

图 4.1　2016—2023 年我国保险资管产品登记（注册）
总规模、产品数及增速

资料来源：中国保险资产管理业协会。

构在发展过程中，受其天然的机构属性影响，具有长期大规模长久期资金的运作经验，绝对收益领域投资经验丰富。其长期绝对收益导向的投资理念，安全稳健的投资目标，和优秀的大类资产配置能力具有进行养老金等领域居民财富管理的天然优势，能够帮助居民穿越经济周期，实现长期稳健收益。

第二，集团协同，覆盖全面。保险资管背靠着母公司负债端强大的销售团队和客户资源，资源雄厚。其在财富管理领域具有较强的客户触达力和产品设计能力，投资策略灵活，投资范围广泛，能够为居民提供多样化的选择。

第三，风控严格，安全导向。险资行业以防范风险、保障安全为准则，具有更高的风险防范意识和风险防控要求。保险资管的风控体系高度严密，为财富管理搭建了有力的风险屏障。

面对财富管理大时代和个人养老金市场的开放，保险资管也在政策的引领和市场的需求下由单一的机构资金方转向了多元化资管产品的买方投顾方，并凭借其独特优势在财富管理市场扮演着越来越重要的角色。

保险助力居民财富管理的路径

作为居民财富管理工具，保险通过负债端与资产端的多种产品深度参与居民及家庭的财富管理规划，为其提供覆盖健康医疗、教育养老、人身安全、财产增值、财富安全、资产传承等多方面的终身财富管理服务，为我国财富管理事业做出了突出贡献。

构建需求导向的产品体系

产品体系的更新迭代是以用户为中心、需求导向的战略体现。面对客观环境变化与个人生命发展，居民对于保险产品与财富管理规划的关注和需求不断变化升级，要求产品设计不断更新，满足其多层次、多样化的产品需求。

1. 健全的全生命周期产品体系

保险产品以客户在生活中面临的健康医疗、教育养老、意外责任、财富规划等需求为出发点，以个体生命周期演变下的经济条件、保障责任和财富需求为基础，提供动态调整的全方位保障计划。

针对意外伤残、死亡、疾病等人身风险，意外险、寿险、医疗险和重疾险等保障型保险产品给予家庭收入补充，保全家庭财富，避免家庭出现灾难性医疗支出从而导致"因病致贫""因病返贫"等现象的发生。其中，针对养老问题下潜在的长寿风险这一人身风险，养老保险能够有限优化居民财富资产期限配置结构，有效平衡收益性与流动性，帮助居民提前规划养老专项长期资金。

针对投资失败、通货膨胀、资产缩水等财产风险，万能险、年金、分红险、投连险等理财型保险产品帮助居民实现财富保值增值的目标。

针对意外发生的责任风险，家财险、车险等保险产品帮助家庭最小化家庭财产损失，避免高额赔偿与支出。

针对婚姻、税收、债务等一系列法律风险，保险信托等特定的保险产品帮助家庭规避内外部的多种复杂风险，保全资产，实现财富代际顺利传承。

2. 客户本位产品迭代

居民财富需求随着经济社会和个人的发展而不断变化，保险产品也在不断探索完善，以居民需求为出发点努力提升产品服务的广度和深度。

一方面，行业根据用户反馈对已有产品进行迭代。近年市场火爆的惠民保、百万医疗以及中高端医疗险等现象级产品均是市场需求导向下对医疗险产品的迭代，满足了不同群体居民的医疗健康需求。重疾险同样在探索带病体投保等居民诉求的方向。

另一方面，行业根据新时期涌现的新需求积极进行产品创新。随着疾病谱的改变、居民生活水平的提高和消费意识的升级，市场萌发了众多新需求，如护理险等，行业的产品创新为居民补齐保障短板提供了解决方案。

健全保险中介渠道建设

保险中介随着市场分工的深化而产生，是保险市场发展的必然，保险中介也是保险市场发展的助推器，是保险产业链的重要组成部分。保险中介利用自身优势，广泛普及保险知识，提升风险管理意识，使人民群众的保险需求得到更好的满足，保险消费更有获得感，生产生活更有安全感。在成熟市场上，保险中介与保险公司分处产业链条两端，二者在市场上各司其职、各得其所，一个担当销售服务者，另一个担当风险集散管理者。从业务渠道看，保险中介以信息与专业等多重优势发挥极大作用，如英国保险中介贡献了 2/3 以上的财产险业务、80%以上的养老金保险业务、所有的再保险业务以及劳合社的全部保险业务；日本保险中介贡献了 90%的保险业务。从市场体系看，保险中介类别齐全，主体体系完备，但各市场在形态上也各有侧重，在美国独立代理人活跃，在英国保险经纪人活跃，在日本代理门店活跃。

在我国市场，保险中介自 20 世纪 80 年代初萌芽起步，兼业代理、保险营销、专业中介等系列形态渐次出现，至今保险经纪、保险代理、保险公估各司其职，保险专业与兼业代理互为补充，线上线下相互融合，产销分离格局初步形成。截至 2023 年 6 月末，全国共有专业中介法人机构 2 575 家，其中中介集团 5 家，专业代理机构 1 702 家，经纪机构 492 家，公估机构 376 家。保险兼业代理机构 1.1 万家。保险中介从业人员 734.1 万人（保险公司 466.7 万人，专业中介机构 267.4 万人）。保险中介已经成为我国保险市场不可或缺的组成部分。概括来说，保险中介市场渠道资源优、保费占比大、从业人员多、机构数量多、外延性广、科技创新活跃。可以说，保险市场越成熟，保险中介越发达。

保险中介渠道一端连接保险公司，另一端连接居民，既是保险公司打开市场的销售路径，也是居民获得科学合理的财富规划建议的重要通道。渠道建设有利于居民实现更加便捷、高效、科学、合理的财富管理。保险中介为保险产品和服务充分发挥撮合作用，为保险公司和投保人当好参谋和助手。

1. 代理人赋能

代理人队伍是险企扩张增量市场，维护存量市场的中坚力量，为行业完成首轮市场铺量做出了突出贡献。代理人赋能是险企的重要任务之一，在数十年的发展中，行业根据市场发展与需求变化，面对代理人队伍暴露的系列问题，从选拔阶段的"优增"，到培训的"优育",再到组织管理的架构革新和激励升级,以科技为工具,不断提升代理人素质。

财富管理时代,代理人更趋向居民的综合财富顾问专家,在居民财富管理事业中发挥着人性化、高产能、精服务的重要作用(见图4.2)。

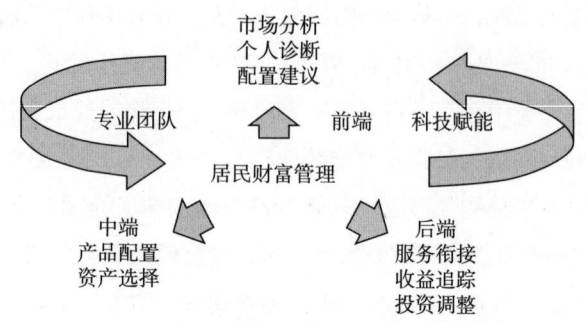

```
                  市场分析
                  个人诊断
                  配置建议
        专业团队      ↑      科技赋能
                   前端
                居民财富管理
        中端              后端
        产品配置          服务衔接
        资产选择          收益追踪
                          投资调整
```

图 4.2　居民财富管理事业中全新代理人团队战略定位
资料来源:中国保险与养老金研究中心。

2. 其他渠道建设

除代理人这一险企的内在资源外,行业也通过其他渠道建设,为居民提供了高效便捷的财富管理服务。

首先是银保渠道的发展。财富管理时代,保险产品通过银保渠道得以更广泛地传播。银保渠道具有销售理财型产品的雄厚经验和天然优势,专业的理财经理队伍也为居民配置保险、完成财富管理规划提供了选择。

其次是互联网平台的发展及与第三方平台的合作。信息技术的发展使得互联网深度参与了居民的生产生活,互联网是居民的信息获取渠道,也是意见输出渠道。通过险企与互联网平台的合作,居民有了更加广泛、便捷的保险消费渠道。同时,险企积极跟进消费群体的反馈与需求,与第三方平台合作推出了"超级玛丽"等一系列现象级产品。

此外，专注于细分赛道的专业健康险公司、保险科技公司不断涌现，为居民财富管理提供了更加优质、广泛、便捷的选择。

搭建"保险+服务"生态圈

服务与居民财富管理需求不可分割。财富管理的目的是提升生活水平，配套服务能够为居民在日常生活中提供更加良好的生活体验。险企有着较为雄厚的资产基础和相关服务产业链的先天衔接性，打造"保险+服务"生态圈能够为居民提供组合化的解决方案，获得完善的财富管理体验，并加强险企与用户的互动，提升用户黏性，更好地传递险企价值。

1. 保险+健康的医险融合生态圈

通过非特定网络、签约合作、内外结合、自建运营等方式，险企积极探索着与医疗机构、康养机构、健康管理机构、药企等上下游企业进行合作，提供体质管理、健康咨询、医疗团队、医事服务、药品提供等全生命周期的健康医疗服务，一方面为居民提供便捷、优质的医疗卫生服务；另一方面加强预防，降低重疾发生概率与险企赔付率。

从路径来看，生态建设路径由浅及深：一是深化与三医产业融合，深度整合医疗资源，把握医疗服务链，打通医疗服务体系；二是搭建合作网络，不断升级生态圈的广度、深度和质量；三是内化医疗服务能力，建立健全服务体系，形成健康生态圈（见表4.2）。

表4.2 险企健康生态圈布局措施

险企名称	生态圈布局举措
中国太保	与国药控股签署战略合作协议，为用户提供就医指导、便利就医、康复管理等服务
中国人寿	上海分公司以商业保险与医疗健康服务融合为突破点，与上海市第一妇婴保健院等合作，提供疾病专业预防和管理、客户高质量就医服务，创新双方信息平台化

续表

险企名称	生态圈布局举措
中国平安	与重庆疾控中心等进行战略合作，建立疾病预测与筛查两大模型，落地平安智慧医疗系统；与基层医疗服务方合作，联合开发智慧医疗辅助诊疗系统；与市卫健委、人口发展中心进行科研合作，依托电子病历数据，融合AI技术，构建健康预期寿命清算模型等
友邦保险	截至2022年12月，已签约医疗机构超过1 230家，涉及公立医疗机构超过170家；签约康养机构200家，覆盖32个城市；享有健康管理服务的友邦客户数两年增长近5倍

资料来源：中国保险与养老金研究中心。

2. 保险+养老的康养服务生态圈

富足与品质是居民高质量养老的两大诉求。养老年金等为居民养老提供了长期资金的保障，配套养老服务则旨在通过环境改善、健康管理等创造适宜的养老环境，提升夕阳生活质量。

目前，泰康、太平等头部险企均推出了独立运营的养老服务机构，培训配置专业的养老护理人才，配套建设餐饮、健康、娱乐等夕阳服务，努力打造高质量养老服务生态圈（见表4.3）。

表4.3　险企参与养老生态圈建设内容

险企名称	服务内容
中国平安	推出"平安臻颐年"康养品牌及旗下产品"颐年城"；在全国多个城市试点居家养老，为客户提供覆盖医、护、食、乐、养等10类场景的居家养老服务
中国太保	采取自建+第三方合作的模式，引入法国欧葆庭养老照护体系，在全国多地落地"太保家园"项目；以技术咨询、受托管理等形式承接社会机构养老项目，探索普惠养老道路
泰康保险	"泰康之家"以高品质养老生活为目标，为居民提供温馨的家、开放的大学、优雅的活力中心、高品质的医疗保健中心、长辈的精神和心灵家园五位一体的生活方式。目前已正式运营7年，开业13家园区覆盖超过8 000位居民

资料来源：公开资料，中国保险与养老金研究中心。

3. 保险+金融的财富金融生态圈

保险公司具备资金、渠道等多重优势，在财富管理赛道横向打造保险+金融的财富管理生态圈，能够有效扩展服务领域，增强财富管理配置的能动性（见表4.4）。

表4.4　险企财富管理生态圈建设案例

险企名称	建设方向	生态内容
中国人寿	综合经营的财富管理道路	成立财富管理公司，协同发展保险、投资、银行三大板块业务。两端衔接保险资金运用和高端客户理财，创新金融服务，打造"保险+财富+康养+信托"的高客多元化综合经营
中国平安	拼接全牌照优势打造"综合金融"平台，着力打造优质销售团队	整合银行、证券、信托、保险的综合化经营，实现集团协同发展；打造"高质量、高产能、高收入"的保险专业财富管理团队——新银保团队，提供全方位的资产配置规划和一站式综合金融解决方案，推动寿险渠道升级
泰康保险	提供长寿时代的一站式泰康解决方案	以健康财富规划师（HWP）为核心，打造"1+N"服务团队，借助泰生活服务平台等提供立体化的财富服务，不断补齐全生态财富产品线，打造财富管理闭环
中国太保	建设金玉兰财富管理项目和金三角产品服务体系	金玉兰财富管理项目以城市中产和中高端收入群体为客群，采取人生规划咨询模式，通过用户分析和需求收集模拟测算得出专属健康与财务分析报告，并据此设计保险配置解决方案；2021年太保发布金三角产品服务体系，打造围绕财富、健康、养老三大支点的产品+服务生态圈
新华保险	打造资产负债双轮驱动的财富管理模式	把握科技赋能，以寿险为核心，将财富管理与康养产业作为支撑，回归代客理财本源，严守风险合规底线，加快业务转型升级。打造自上而下的统一管理平台，实现投资收益，丰富服务供给，支持负债业务发展，扩大资管规模，形成双轮驱动

续表

险企名称	建设方向	生态内容
中国太平	推出高端客户品牌"太平1929家族办公室"	发挥全球化布局优势,为高净值客户提供覆盖财富传承、精致生活、精英教育、家族家风四大支撑体系,提供家庭资产配置、境内外子女教育、代际传承安排等专属定制化服务
友邦保险	运营"传世"家族办公室服务平台,升级高净值服务体系	将服务对象由个体转向家庭,采取"1+N"的服务模式,高效整合外部专业机构资管,提高针对高净值家庭的财富保障、事务管理、资产传承的服务水平

资料来源:泰康人寿市场评论,各公司公开资料。

加快数字化转型,全面提升智能化水平和创新能力

近年来,大数据、区块链、云计算、人工智能等数字科技带动了金融科技创新。在金融科技迭代的推动下,新科技赋能金融服务也推动了金融机构数字化转型,进而助力数字经济高质量发展,实现了金融服务的质量提高、金融服务的效率变革、金融数字化转型的高质量发展。

从保险机构看,保险服务现已集数字化、智能化、网络化和移动化为一体,提升了信息科技互联网保险服务功能,提升了整体的保险服务效能,保险消费者的体验大为改观。目前,保险科技深度融入保险业的各个环节,人工智能、大数据、区块链、云计算等技术在保险业务处理、风险管理、客户服务等方面广泛应用。保险业财富管理也要体现现代科技服务能力,网络化、智能化、数字化转型、产品和服务的科技赋能,不断提高了广大居民的获得感。因此,保险业应充分发挥数字技术,扩大保险服务范围,创新保险服务和产品,满足消费者的多元化保险需求。

数字化运用能力和科技工具使用水平是当前行业高质量发展的关键,面对科技浪潮,保险业要主动开展行业革新,提升险企生产力,优化用户体验,实现行业转型升级。在产品设计环节,通过用户数据

抓取与分析，进行需求导向的产品升级，精准产品定价；在产品销售和服务环节，通过数字工具，为客户提供全方位的信息服务，精准营销定位，简化投保流程；在理赔环节，通过智能平台高效反馈信息，提供精确、高效的理赔服务，优化用户体验；在资产端，通过数字转型，借助数字投研、智能风控系统等，提高工作效率，提升投研水平，严格风险管控，持续提高经营的效率、能力与承载力。一方面，传统险企加快数字化转型，提升自身生产力水平，积极转变传统的经营模式与理念；另一方面，新兴保险科技平台深化技术应用，提供专业化的高效服务。科技工具进一步赋能代理人，加速打造更加专业、更高产能、更优服务的居民财富管理顾问队伍，从而更加高效地覆盖更广人群。

承担投资者教育责任

财富管理时代的初期，居民作为"新手投资者"，缺乏理性的投资态度和专业的投资能力，投资者教育是居民财富管理的必修课。保险行业积极承担社会责任，采取总公司制定战略，分公司因地调整，代理人细化传达的方式，通过线下公开讲授、线上媒介发布、银保渠道合作等多种方式开展了丰富多彩的投资者教育活动，引导居民树立正确理性的投资观，做出科学合理的财富规划，成为居民财富管理的专业代理人和终身陪伴者。

保险参与财富管理，可以推动实现共同富裕

需求迫切，居民财富管理亟待升级

1. 外部风险突出，居民财富管理需求巨大

从经济周期来看，世界经济目前处在下行周期。在新冠疫情、

国际形势等复杂因素的影响下,全球经济面临较强的不确定性。在国内方面,我国经济处在新常态的转型攻坚期,在长期主义的指导思想下,各行业都正在经历去过剩产能,保证持续发展的改革阵痛。而在国际经济形势等因素的催化下,中国经济也面临着较大挑战。

对于居民而言,面对房地产投资属性剥离,存款利率下调,权益市场震荡,资产新规打破刚性兑付等一系列挑战,财富保值增值难度加大,亟待高保障、稳健性的财富管理工具,从而借助专业投资机构的投资能力实现低利率环境下的资产稳健增值。

2. 内部风险激化,居民财富管理需求巨大

居民财富管理需求因家庭收入、资产状况,甚至职业、年龄、地区的不同而具有差异。整体来看,新时期居民主要有以下财富管理需求:

一是大类资产配置的再规划。主要针对目前居民资产配置中房产占比高、家庭储蓄率高且以短期储蓄为主、主流理财产品市场不稳定等导致的家庭资产结构单一且脆弱,投资收益较差。

二是长期资金的筹备规划。主要针对老龄化、长寿化、少子化趋势下的养老需求。居民财富规划以短期储蓄为主,难以提供目标高品质养老所需的长期资金。

三是灾难性医疗支出等财富保障需求。主要针对生活水平的提高和生活方式的变化下,慢性病日益年轻化,疾病谱改变导致医疗支出和医疗服务资源触达成为居民巨大的潜在支出。因病致贫、因病返贫的现象仍有存在,严重威胁家庭财富安全(见图4.3)。

四是法律、税收、债务、婚姻等风险。主要针对复杂因素下的财产所有权与传承问题。居民亟待科学合理的财富管理规划来有效配置各账户资金,平衡短期与长期收支。

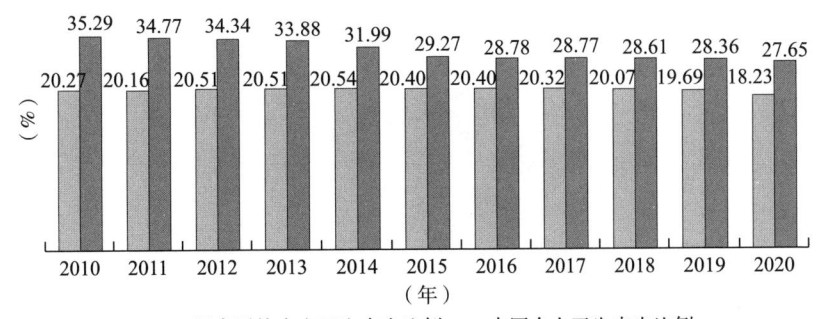

```
35.29   34.77   34.34   33.88   31.99   29.27   28.78   28.77   28.61   28.36   27.65
20.27   20.16   20.51   20.51   20.54   20.40   20.40   20.32   20.07   19.69   18.23
2010    2011    2012    2013    2014    2015    2016    2017    2018    2019    2020
```

■ OECD国家平均个人卫生支出比例　■ 中国个人卫生支出比例

图4.3　2010—2020年中国与OECD（经合组织）国家个人卫生支出比例比较

资料来源：OECD国家资料来源于OECD官网（其中部分国家部分年份数据缺失，求值时未纳入计算）；中国资料来源于《中国卫生健康统计年鉴》（历年）。

财富规划单一，保险作用有待发挥

目前，多数居民的财富管理规划呈现出保障端高度依赖社会保障，投资端以房产、储蓄为主，主动投资部分风险资产权重过大的特征。

在保障端，我国已经建立起世界范围内规模最大的基本社会保障体系，但基本社保保障能力不足，无法满足居民高水平的生活需求，且面临着较为沉重的支付压力。越来越多的居民注意到了保险的作用，开始增加保险配置。

在投资端，不动产投资属性逐渐剥离，储蓄收益不断下调，资管新规打破刚性兑付，权益资产波动剧烈。传统风险投资应只是家庭资产组合中的一部分，对于教育、养老等刚性需求的长期资金，更加需要保险这一稳健安全的资产管理方式（见图4.4）。

居民财富管理规划亟待调整，保险作为兼具保障性与理财性，且具有独特法律性的财富管理产品，在居民财富管理市场中处于欠配状态，具有广阔的发展空间。

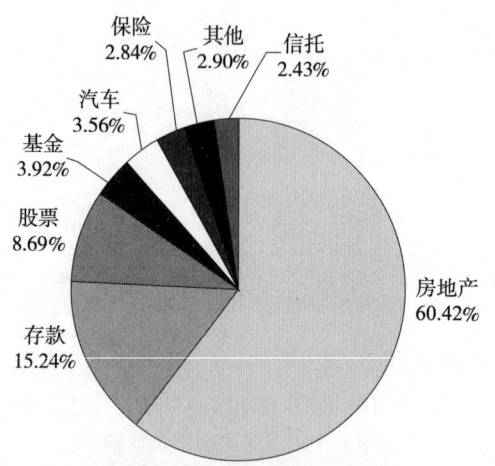

图 4.4　中国居民资产配置结构

资料来源：和讯网、和讯财经研究院、泰康人寿，《长寿时代城市居民财富管理白皮书》。

保险参与财富管理具有独特优势

随着风险型社会的到来，保险成为居民平抑系统性风险、规避特殊风险的重要财富管理工具。相较于目前主流财富管理市场的其他产品，保险具有如下突出优势：

1. 确定性强，收益稳健

以行业来看，保险行业具有严格的风控要求。我国《保险法》也规定保险资金运用必须稳健，遵循安全性原则。《保险资金运用管理办法》《关于加强和改进保险资金运用比例监管的通知》等文件和中国风险导向的偿付能力体系（偿二代）对保险公司的资金运用、投资管理等做出了严格限制，预防和控制偿付风险。保险保障基金为险司保障破产后保单持有人的权益。

以产品来看，保险产品具有较为安全的确定性收益。其刚兑属性使得保险财富管理具有安全、稳定、持续增长的优势，能够发挥复利效应，实现长期稳定收益。

2. 特有的保障功能，发挥杠杆效用

财富管理要求在保持日常流动开销资产、管理投资收益资产的同时，辅以风险抵御资产，保障家庭财富的流动性、收益性与安全性，维持家庭财务健康的稳定。

除作为理财型产品，通过投资实现居民财富的增加外，保险本质上作为保障型产品，能够通过保费杠杆，与理财型产品错位互补，保障居民意外伤残、死亡、疾病等意外风险，避免家庭灾难性支出。保险作为家庭资产配置的"压舱石"，其经济补偿性对冲了家庭财富的不确定性风险，完善了居民的财富管理结构。

3. 坚持长期主义，跨越周期规划

保险经营的负债属性，决定了保险公司在投资理念上更倾向于长期投资和价值投资，从而可以穿透经济周期、抵御通货膨胀，实现财富保值增值。坚守长期理念、创造长期价值、提供长期服务是行业对险企及代理人等从业人员的要求。

另外，居民财富管理是动态覆盖整个生命周期的长期管理。保险产品覆盖居民全生命周期各个阶段的财富管理需求，以生命管理为基础、经济管理为依托，力争实现居民全生命周期的安定与美满。

此外，前文提到的专业性、附加服务等同样是保险业参与居民财富管理的突出强项。根据麦肯锡测算，随着居民财富总量持续累积，人们对财富保值增值的需求日益迫切。截至2020年年底，中国财富管理市场规模达200万亿元，位居世界第二，其中保险类资产2015—2020年5年复合增速13%，在各类金融资产增速中排名第一，体现了保险在财富管理时代的突出优势和市场认可度（参见图4.5）。

多层次多样化保险财富管理体系促进共同富裕

共同富裕要求在保障居民财富安全，稳步提升居民生活水平的同

时，做好中部维稳、向下帮扶和向上引导，根据不同收入群体的特征，提供多层次、个性化的财富管理服务（见表4.5）。

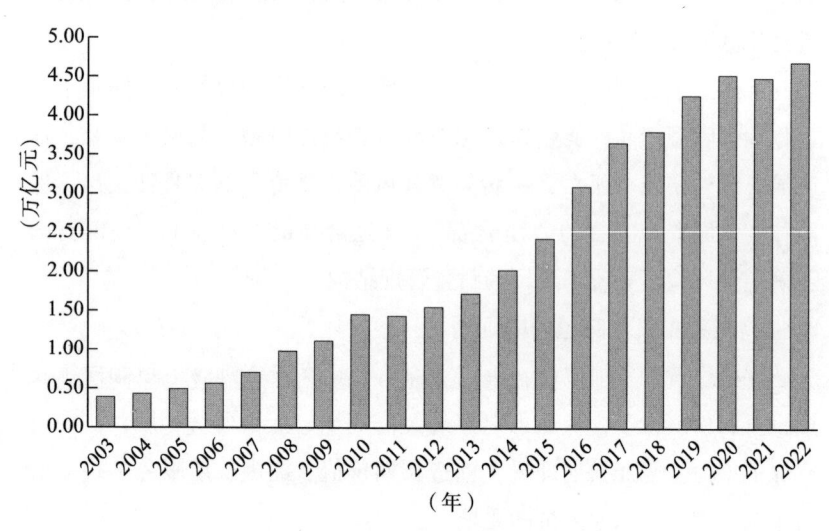

图4.5 近20年我国保费收入

资料来源：万得资讯。

表4.5 不同财富水平客群的财富管理方向

分层客群	群体特征	财富管理需求
低收入客群	个人稳定资产不超过5万元	首要任务是满足家庭生产生活的基本流动性需求；在基础上寻求基础保障以保护家庭脆弱的风险承受能力；寻求财富保值增值
大众客群	个人稳定资产高于5万元，不超过50万元	完善基本保障，维护家庭财富稳定安全是首要任务；在此基础上寻求优质医疗、教育与养老保障；争取财富保值增值
富裕客群	个人稳定资产高于50万元，低于500万元	力图平衡风险保障、品质生活追求与财富保值增值需求
高净值客群	个人稳定资产超过500万元	风险承受能力较强，更加看重财富管理的相关专业服务以及财产保全、财富传承等法律事项

资料来源：中国保险与养老金研究中心。

财富管理时代，不同财富水平的客群在保障需求、保障优先级、保障方式等方面均存在差异。保险凭借其天然优势与长期的行业探索，能够最大程度覆盖低收入群体，以代理人助力实现普惠保障，避免家庭出现灾难性支出；通过专业的投资顾问和全面的保障理财产品，为大众客群提供多样化的稳健财富管理规划；充分发挥法律属性，实现高净值人群的财富代际管理等需求。

值得注意的是，老龄化时代，老年抚养比的提高加剧了原有第一支柱养老体系的财政压力。我国养老替代率有限，一般收入群体面临着长寿风险下的养老资金缺口，富裕群体面临着养老生活规划缺失。商业养老金产品具有长久期资金+保障属性的特质，辅以险企较为完备的养老产业链，是维护老龄社会稳定，促进共同富裕的重要手段。另外，长期资产可以作用于融资市场，发展实体经济，为中国经济发展提供稳定的长期资金来源，"做大蛋糕"，让发展成果更广、更好地惠及群众。

国务院印发的《关于加快发展现代保险服务业的若干意见》提出，保险要成为政府、企业、居民风险管理和财富管理的基本手段，成为提高保障水平和保障质量的重要渠道。2022年，我国保险业赔付金额为1.5万亿元。行业将社会全体投保保费进行专业化投资运作，为风险发生家庭进行赔付，降低中低收入群体在风险面前的脆弱性，同时为社会积累养老等长期资金，符合共同富裕的本质要求。未来，随着居民投资观念的升级和行业的发展，保险将展现出更大的活力，为家庭打造"安全垫"，在共同富裕的主题下协助居民完成财富管理规划，增强全体居民的获得感与满足感。

中国的保险产品和服务市场

中国保险市场分析

总体情况

近年来,中国保险市场高速发展,自 2017 年超过日本成为世界第二大保险市场以来,已经连续 5 年占据全球第二保费市场份额,持续稳定为全球保险市场贡献中国力量。在经过高速增长期之后,我国保险业正在向高质量发展阶段转型,在新发展格局下,必将推动我国由保险大国走向保险强国。

1. 保费收入

2012—2022 年,中国保险市场不断发展,保费收入总体呈上升趋势。如图 4.6 所示,中国保险市场的保费收入从 2012 年的 1.5 万亿元增长到 2022 年的 4.7 万亿元,复合年增长率为 10.6%。

图 4.6 的折线展示了近 10 年间的保费增速。2014 年保险业"新国十条"的出台,使我国保险业发展提速。2018 年,受原保监会 134 号文件出台影响,人身险产品销量下滑,保费增速大幅下降。2021 年,受新冠疫情和车险综改影响,保费收入逐年递增的趋势被打破,保险业出现负增长。2022 年保险行业实现复苏,保险增速由负转正,行业突破困境,继续保持增长。

如图 4.7 所示,2002—2012 年,保险业保费收入呈现出指数增长的特点,而 2012—2022 年,中国保险业保费收入逐渐转为线性增长,未来保费总量想要翻倍则需要更长的时间,这同中国经济增长趋势呈现一致

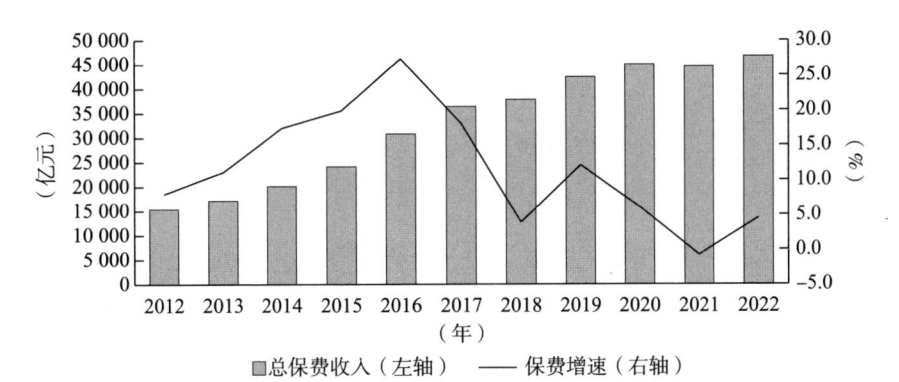

图 4.6 2012—2022 年中国保险市场总保费收入及其增速
资料来源：中国保险年鉴，原银保监会。

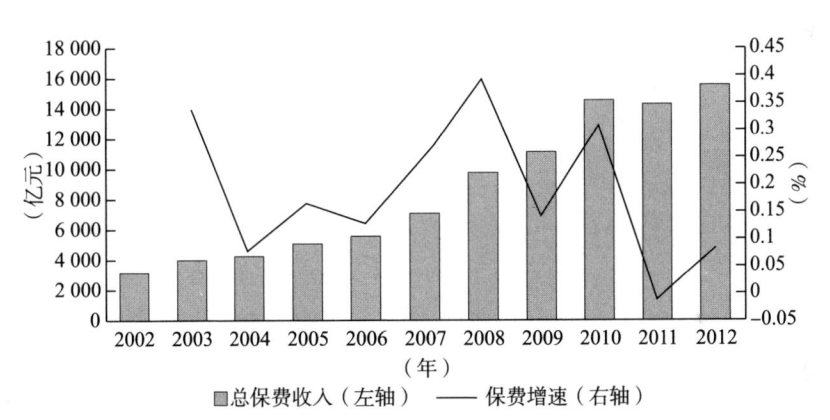

图 4.7 2002—2012 年中国保险市场总保费收入及其增速
资料来源：中国保险年鉴，原银保监会。

性。因此，未来的关键点在于实现中国保险业的高质量、可持续发展。

2. 保费收入结构

2012 年，财产险市场和人身险市场的份额分别为 34.4% 和 65.6%，到 2022 年，产险市场份额下降至 27%，而人身险市场份额则攀升至 73%。如图 4.8 所示，人身险保费收入占比持续上升，财产险保费收入占比不断下降，同世界其他成熟保险市场相比，我国保险保

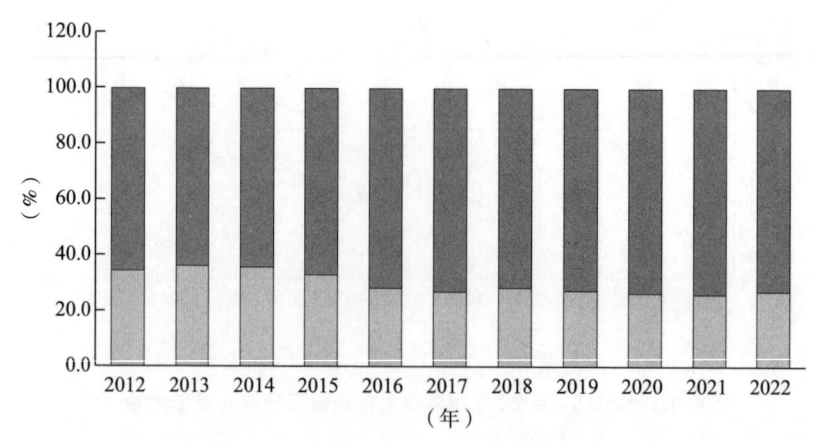

图 4.8　2012—2022 年中国保险业保费收入结构
资料来源：中国保险年鉴，原银保监会。

费收入结构失衡程度较为严重，财产险发展不够健全。

3. 赔付支出

由图 4.9 可知，我国保险业近十年来赔付支出规模持续增加，从 2012 年的 0.47 万亿元增长到 2022 年的 1.5 万亿元，复合年增长率为 11%，保险服务经济社会作用明显增强。而保险赔付支出增速整体呈下降趋势，2022 年保险赔付支出增速为 -3.9%，在一定程度上能够缓解我国保险机构的持续经营压力。

4. 资产规模

如图 4.10 所示，随着经济发展，中国保险市场总资产规模从 2012 年的 7.4 万亿元增加到 2022 年的 27.15 万亿元，年均增长 12.6%。保险业资产规模不断扩张，保持强劲增长态势。

5. 保险密度与保险深度

图 4.11 和图 4.12 分别展示了我国 2012—2022 年保险密度和保险深度的情况。2012 年以来，我国保险密度整体呈上升趋势，从 2012 年的 1 139 元/人增长至 2022 年的 3 326 元/人。我国保险深度从最初的快速增

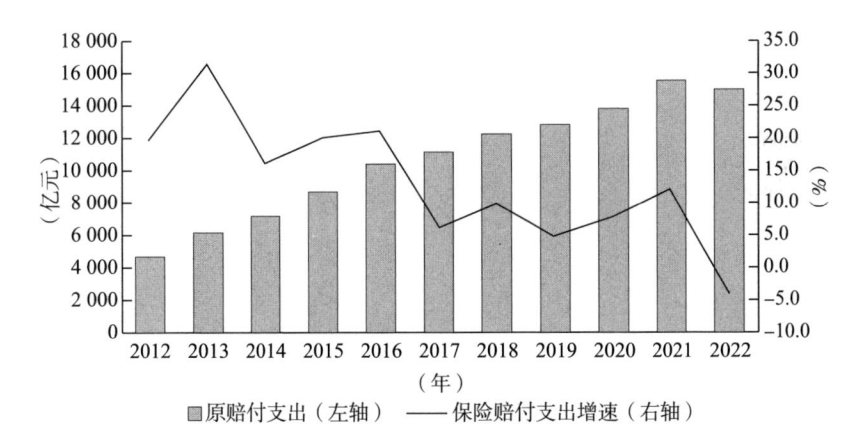

图 4.9 2012—2022 年保险赔付支出及其增速

资料来源：中国保险年鉴，原银保监会。

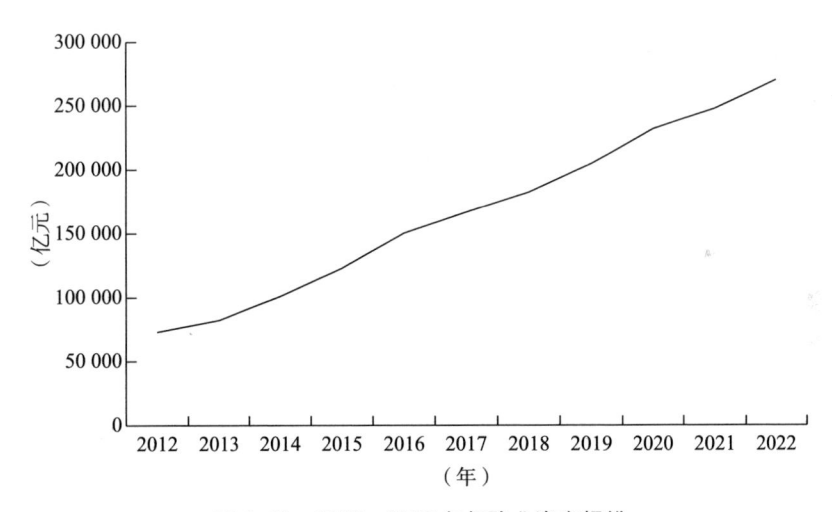

图 4.10 2012—2022 年保险业资产规模

资料来源：中国保险年鉴，原银保监会。

长到波动下滑，在 2020 年达到 4.45% 的顶峰后连续两年下滑，2022 年为近几年最低。保险密度与保险深度尚未达到"新国十条"目标。

图 4.13 和图 4.14 展示了 2012—2022 年中国保险密度、保险深度与

第四章 共富时代的保险业财富管理 265

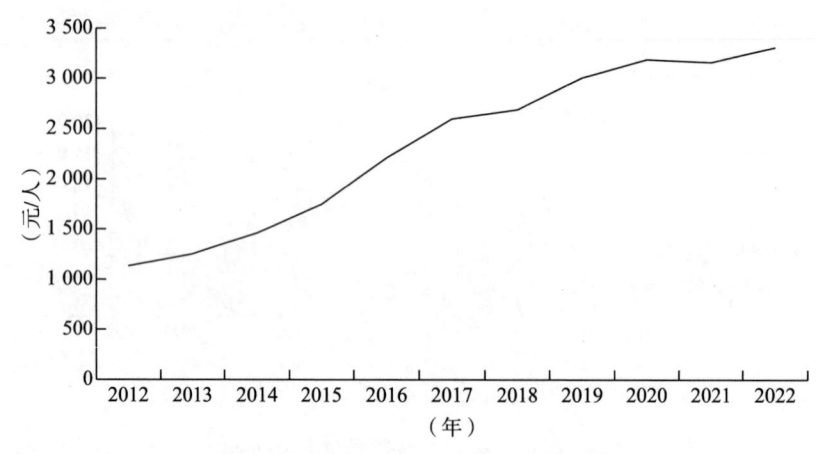

图 4.11　2012—2022 年中国保险密度

注：保险密度=保费收入/总人口数
资料来源：中国保险年鉴，复旦保险整理。

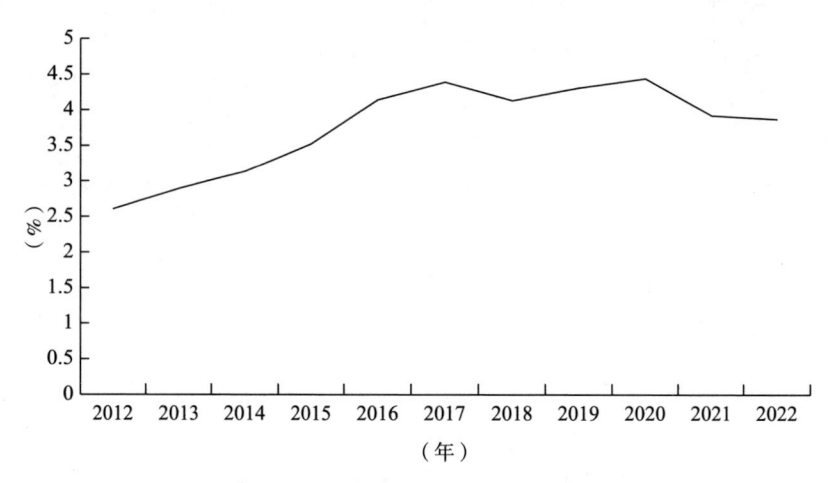

图 4.12　2012—2022 年中国保险深度

注：保险深度=保费收入/国内生产总值
资料来源：中国保险年鉴，复旦保险整理。

全球平均保险密度、保险深度的变化情况。中国同全球平均保险密度的差距不断缩小，但仍低于世界平均水平，而保险深度差距未见明显缩小，

2022年我国保险深度仅为3.88%,而英国、美国等发达国家保险深度保持在10%以上,表明我国保险密度和保险深度仍有较大上升空间。

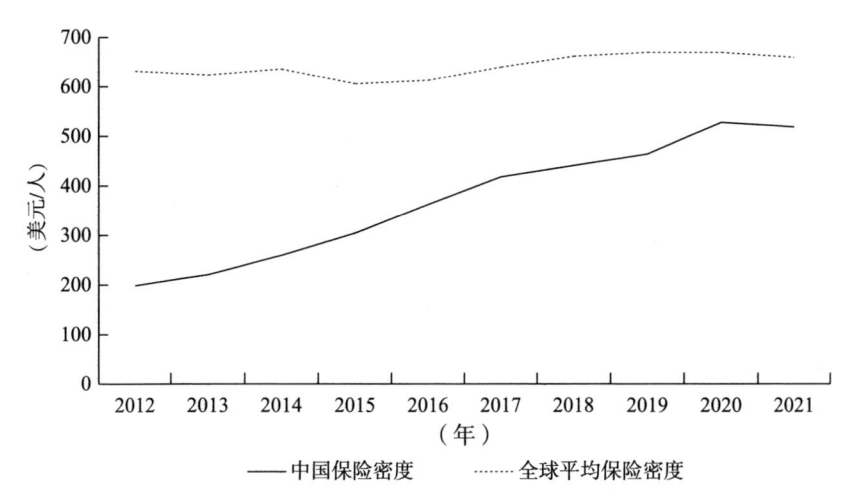

图4.13 2012—2022年中国保险密度与全球平均保险密度变化情况
资料来源:原银保监会,复旦保险整理。

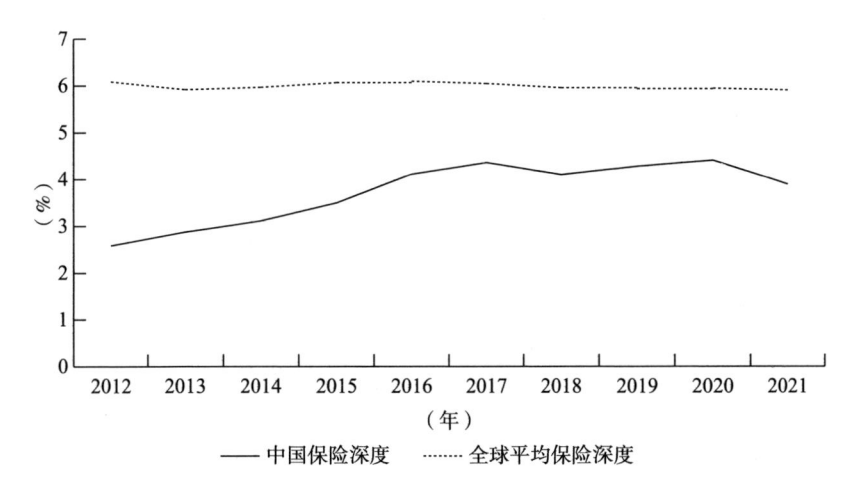

图4.14 2012—2022年中国保险深度与全球平均保险深度变化情况
资料来源:原银保监会,复旦保险整理。

第四章 共富时代的保险业财富管理

财产保险市场分析

1. 业务持续快速发展

2012年，中国产险市场规模为0.53万亿元，到2022年，规模扩大至1.27万亿元，近10年间产险市场年均复合增长率约为8%。如图4.15所示，最初财产险保费规模快速发展，随着经济增速放缓，汽车产销量回落，财产险市场进入平稳增长阶段。而财产险保费收入增速呈现下降趋势，2022年保费增速由负转正，重新回到较高水平，财险业务发展态势稳中向好。

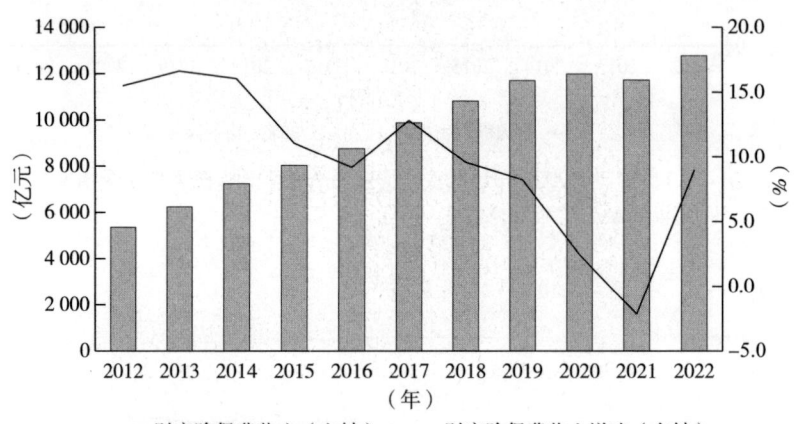

图 4.15 2012—2022年财险市场总保费收入及其增速
资料来源：中国保险年鉴，原银保监会。

2. 险种结构逐步优化

2012—2022年，财产险保费收入结构不断变化，如图4.16和图4.17所示，车险占比从2012年的75.2%下降到2022年的64.6%，车险业务结构占比不断下调，非车险业务得到较快发展，责任险和农险占比均不断扩大，同比增速高于行业平均水平，市场份额明显提高，企业财产保险保费收入平稳上升，表明我国险种结构更加均衡。

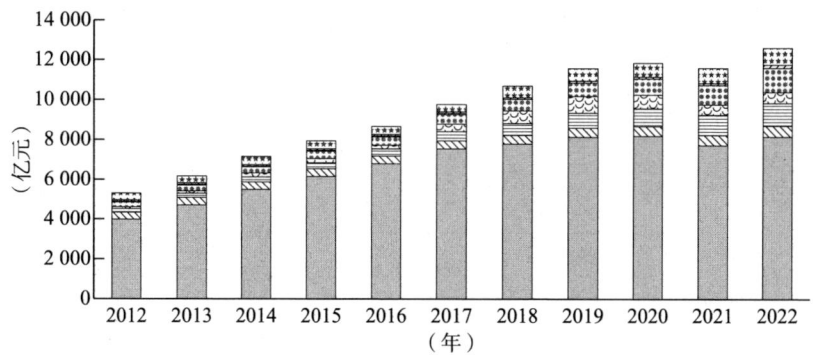

图 4.16　2012—2022 年财产险市场主要险种保费收入

资料来源：中国保险年鉴，原银保监会。

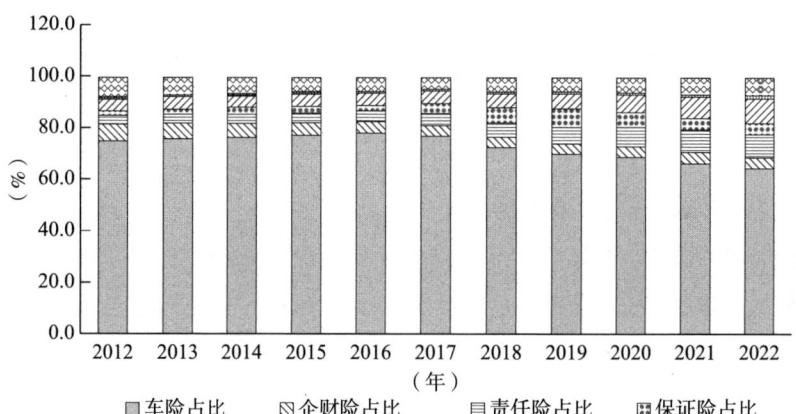

图 4.17　2013—2022 年中国财产险主要险种保费收入结构

资料来源：中国保险年鉴，原银保监会。

表 4.6 展示了 2022 年中国财产险主要险种保费收入结构及同比增速。车险全年实现原保费收入 8 210 亿元，同比增长 5.6%；非车险中，排名前三的险种为农业险、责任险和企财险，保费收入分别为

1 219 亿元、1 148 亿元和 553 亿元，而家财险增速最快，同比增长达到 67.2%，其次是农业险，同比增长 25.0%。这说明我国财险市场格局正处于不断优化的过程中。

表 4.6　2022 年中国财产险主要险种保费收入结构及同比增速

险种	保费收入（亿元）	占比（%）	同比增速（%）
机动车辆保险	8 210	64.58	5.6
农业保险	1 219	9.59	25.0
责任保险	1 148	9.03	12.7
企财险	553	4.35	6.5
保证险	552	4.34	5.9
家财险	164	1.29	67.2

资料来源：中国保险年鉴，原银保监会。

3. 产品服务持续丰富，覆盖领域拓宽

车险、家财险、企财险、农险、责任险以及信用保证保险等传统产品内容进一步丰富，保险公司运用区块链、物联网、人工智能等先进技术对业务持续赋能，在产品设计、精准定价、智能理赔、智能服务、品质管控方面不断创新。一些新型险种不断涌现，如运费险、航班延误险、指数保险等，线上化程度不断加深，为客户提供的保险服务更加便捷、多样、高效，满足人民日益增长的保险需求。服务领域不断拓宽，覆盖国计民生的各个领域，充分发挥了保险的社会管理职能。

人身险市场分析

1. 保险规模整体稳定，增速逐渐放缓

2012—2022 年，人身险保费收入持续增长，但增速放缓，如图 4.18 所示，2012 年中国人身险市场规模为 1 万亿元，到 2022 年规模扩大至 3.4 万亿元，复合年增长率为 11.7%。2014—2016 年，随着理财型保险产品快速扩张，人身险保费收入得到增长，2018 年，受到保险回归保障本源政策影响，保费收入增速下降，2021 年，受新冠疫情影响，人身险保费收入增速首次出现负值。2022 年人身险业务回暖，增速也由负转正。

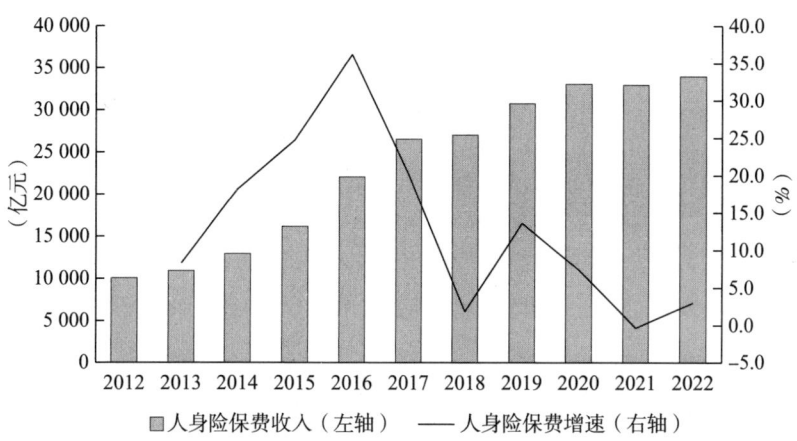

图 4.18　2012—2022 年人身险市场保费收入及其增速

资料来源：中国保险年鉴，原银保监会。

2. 人身险业务结构持续调整，新险种发展迅速

图 4.19 和图 4.20 展示了 2012—2022 年人身险各险种保费收入及占比情况，其中，寿险是占比最高的主流险种，尽管近年来占比逐年下降，但在人身险中占比仍超 70%。而健康险保费收入及占比逐年提升，2022 年健康险保费收入 8 653 亿元，占比上升到 25.3%，健康险未来发展潜力巨大。意外险占比较为稳定，一直维持在 3%~4%。

2022 年城市定制型补充商业医疗险（惠民保）快速发展，大部分产品进入续保期，截至 2022 年 12 月，全国共 29 个省 289 个地级市推出了 232 款惠民保，参保人数 1.6 亿人次，保费收入 180 亿元，新开展惠民保的城市持续增加，未来发展前景良好。

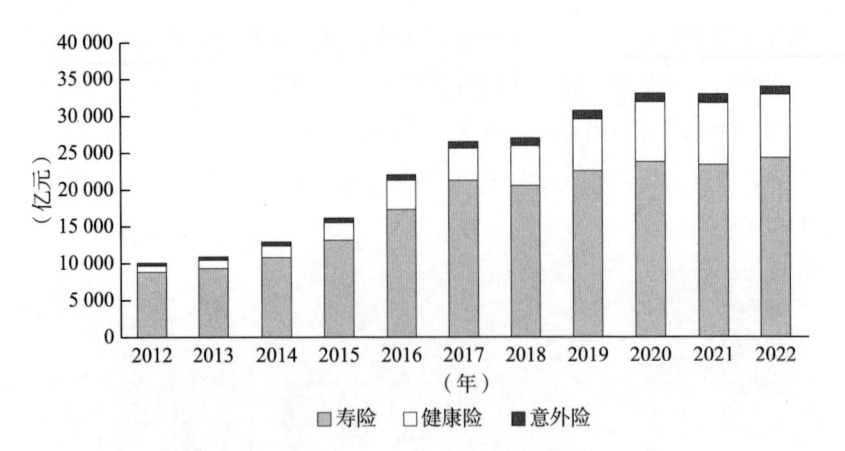

图 4.19　2012—2022 年人身险各险种保费收入

资料来源：中国保险年鉴，原银保监会。

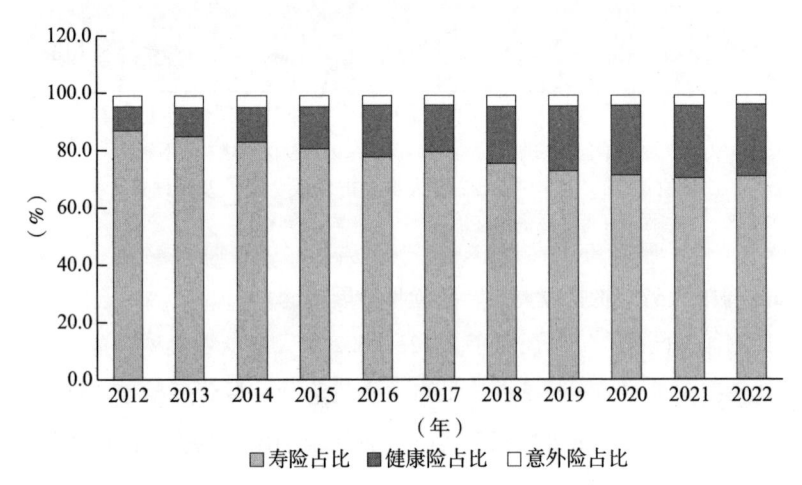

图 4.20　2012—2022 年人身险各险种保费收入占比

资料来源：中国保险年鉴，原银保监会。

家庭财产保险

2022 年，从各险种的经营状况来看，家庭财产保险（以下简称

"家财险")的保费收入同比增长达 67.2%,成为同比增速最高的险种,引起业内广泛关注。家财险的高速增长主要得益于其较低的投保基数以及险企和政府部门对家财险的重视。2022 年 3 月,原银保监会、中国人民银行发布《关于加强新市民金融服务工作的通知》,明确要求推广家庭财产保险,增强新市民家庭抵御财产损失风险能力。在较好的政策环境下,家财险市场有望进一步拓展。

家财险可以为家庭遭受的财产损失提供及时的经济补偿,其特点是以家庭或个人为单位,基础保障主要包括房屋主体、室内装修、室内财产,同时包括居家责任、盗抢损失、管道爆裂等附加责任。地震和海啸属于除外责任,一般不予承保。家财险的保障期多为 1 年,无等待期,当前市面上主要产品包括普通家庭财产保险、家庭财产两全保险、投资保障型家庭财产保险和个人贷款抵押房屋保险。家财险具有保费较低、保障范围广、手续简便等优点,有利于安定居民生活,保障社会稳定。

农业保险

近年来,我国农业保险市场规模不断扩大,农业保险覆盖面和渗透率持续提升。2019 年 5 月,中央深改委会议审议并原则同意《关于加快农业保险高质量发展的指导意见》,标志着农业保险迈进了高质量发展新阶段。2023 年 2 月 13 日,中央一号文件下发,持续聚焦"三农"工作,全面推进乡村振兴,其中农业保险依旧是重中之重。农业保险已然成为解决"三农"问题的助推器和农村发展的稳定器。

农业保险主要承保被保险人在农业生产过程中因保险标的遭受自然灾害、意外事故、疾病等事故所造成的财产损失,保险标的包括农业、林业、畜牧业、渔业以及附属于农业生产的副业。目前我国开办的农业保险主要险种有农产品保险、生猪保险、牲畜保险、家禽综合保险、森林火灾保险等。

我国农业保险主要承保农作物达 21 亿亩，占全国播种面积的 84%，承保农作物品种超过 210 种，基本覆盖我国主要粮食作物和主要大宗农产品，为服务国家粮食安全和乡村振兴战略提供了重要保障。农业保险作为国家扶持农业发展的重要举措，可以对我国农业实施合理有效的保护，减少自然灾害对农业生产的影响，稳定农民收入，促进农业和农村经济发展，为服务乡村振兴等国际战略贡献巨大的力量。

健康险

从商业健康险的角度来看，商业健康险在实现共同富裕的目标中扮演以下角色。一是提供更广泛的医疗保障：商业健康险产品通常具有更广泛的覆盖范围和更高的保额限制，可以为被保险人提供更全面的医疗保障。这有助于确保个人和家庭在面临健康风险时能够获得更全面、更高质量的医疗服务，提高就医的便捷性和舒适度。二是提供个性化的选择和增值服务：商业健康险通常提供个性化的保障方案和增值服务，如选择不同的保险计划、自定义保额和保障范围等。这使得被保险人可以根据自身需求和经济能力进行灵活的选择，满足个性化的医疗保障需求。三是促进医疗资源的优化配置：商业健康险的推出可以促使医疗机构和医疗服务提供者提供更高质量的医疗服务，以满足市场需求。商业健康险公司通常会与医疗机构合作，推动优质医疗资源的合理配置和利用，提高医疗服务的效率和质量。四是激励健康管理和预防措施：商业健康险通常关注健康管理和预防措施，鼓励被保险人积极管理自身健康。商业健康险可以提供健康咨询、健康评估、健康促进活动等增值服务，帮助被保险人提高健康意识，改善生活习惯，减少疾病的发生和恶化。

在我国，商业健康险如果按照责任划分，可以分为疾病保险、医疗保险、护理保险、失能保险、医疗意外保险。这些不同类型的健康险提供了针对不同风险和需求的保障,为个人和家庭提供了多样化的健康保险选择。通过这些保险的提供,人们可以获得更全面的医疗保障,减轻因疾病、意外等风险而带来的经济负担,促进共同富裕的实现。

当前我国的健康险市场上,以重大疾病保险为代表的疾病保险的市场份额最大,在绝对主力份额的占比为50%左右,医疗保险次之,约占40%,护理保险、失能保险和医疗意外保险的市场份额很小,加起来不足10%。根据近10年的数据,我国商业健康险市场规模与人身险市场发展情况呈现相似的趋势,即经历高速增长后逐渐放缓。在2022年,健康保险的原保险保费收入达到了8 653亿元,同比增长约2.4%,健康险保费增速长期高于人身险整体增速,也意味着健康险保费在人身险保费中的占比在逐年升高,已从2011年的7.12%一路增长至2022年的25.27%,占据了人身险市场中1/4的份额(见图4.21)。

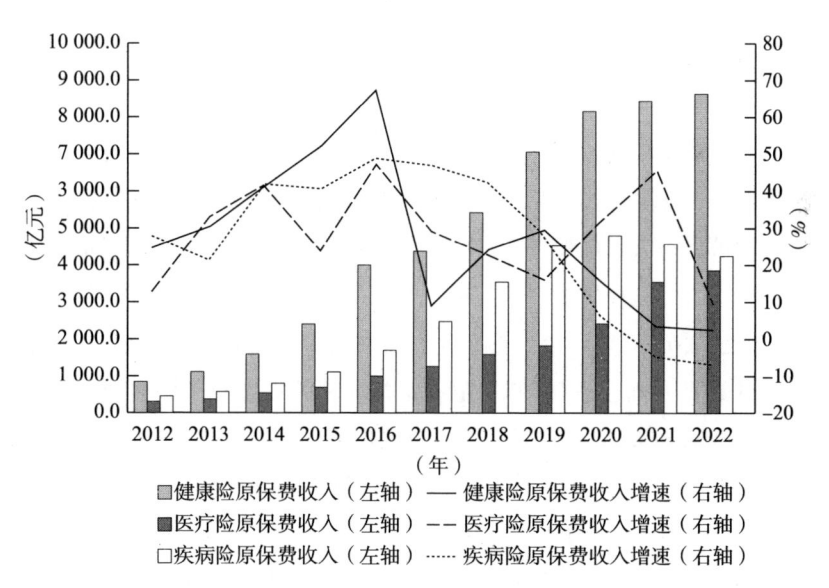

图4.21 2012—2022年健康险、医疗保险、疾病保险保费收入及增速

在健康险中，重大疾病保险在 2020 年保费达到峰值后开始下降，而医疗保险则一直保持着较高的增长势头。尽管医疗保险在 2022 年的增幅随整体保险增幅下降而略微下降，但从趋势上可以看出，医疗保险的市场份额基本上已经接近甚至快要超过重大疾病保险了。

这一趋势的背后可能受到多种因素的影响。随着人们健康意识的提高，医疗保险的需求不断增加。相比于仅覆盖特定重大疾病的重大疾病保险，医疗保险更全面地覆盖了意外和疾病的医疗费用，使得被保险人在面临医疗风险时获得更全面的经济保障。此外，医疗保险产品的灵活性和多样性也为市场增长提供了支持，保险公司不断推出创新的医疗保险产品以满足不同消费者的需求，而重大疾病的创新在近几年已经达到了瓶颈。

重大疾病保险

重大疾病保险最早进入中国可以追溯到 20 世纪 90 年代。在当时，由于中国经济发展迅速，人们的生活水平提高，而医保覆盖率较低，一旦发生严重疾病，个人面临着巨大的经济风险。为了提供更全面的健康保障，保险公司开始引入重大疾病保险产品。重大疾病保险产品旨在为被保险人被确诊患有特定的重大疾病时提供一次性给付的保险金，用于支付医疗费用、康复治疗、家庭开支等经济需求。

在过去的 10 多年里，重疾险产品在几个方面进行了创新。首先，在病种数量方面，重疾险产品逐渐增加了所覆盖的疾病种类。尽管 2007 年保险行业协会规定了 25 种重大疾病，但市场上的重疾产品数量逐步攀升至 100 多种。其次，在疾病种类方面，除覆盖重症疾病外，保险公司还推出了轻症、中症等责任，这些产品在诊断标准和赔付金额上与传统的重疾险有所区别，旨在提供针对不同疾病严重程度的保障。

从图 4.22 可以看到，过去 10 年，市场上重疾保险的平均重症病种数量从 20 多种增长到了 100 多种，轻症数量约为 40 多种，中症数量在推出中症保障后约为 25 种。然而，最近一两年重疾产品的有效创新相对缺乏，市场已经相对饱和，大部分主要疾病已纳入保险范围，剩余的疾病类型较为罕见或特殊，保险公司在病种上的"堆砌式"产品开发思路走到了尽头。

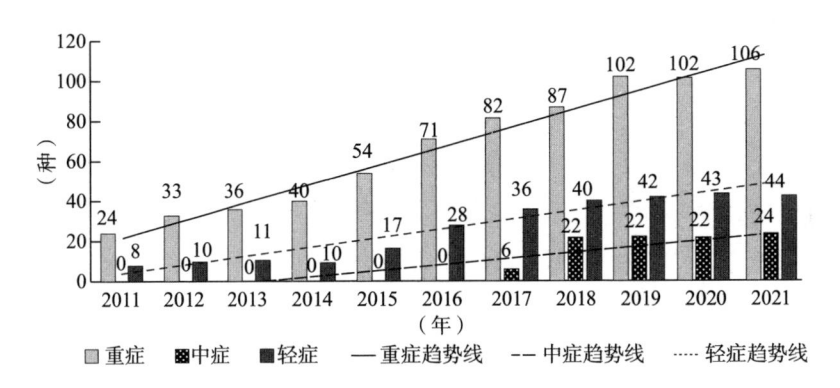

图 4.22　2011—2021 年重疾保险包含病种数量

资料来源：北京爱选信息科技有限公司，等．2022 中国人身保险产品研究报告［M］．北京：新华出版社，2022．

最后，在赔付形式方面，保险公司推出了多重给付和多次给付的产品。多重给付产品将承保的疾病分为若干组，每组疾病可赔付一次，以提供更灵活的赔付方式。多次给付产品则是在同一疾病上，根据不同疾病阶段进行多次赔付，以满足被保险人在不同时间点的医疗和康复需求。

此外，重疾险还与各种医疗服务相结合，形成了更加综合的保障方案。例如，一些重疾险产品提供包括专家挂号、手术安排、费用垫付等特定医疗服务等在内的附加服务，以增强保险的保障能力。

医疗保险

我国的医疗保障体系是以社会基本医疗保险为核心，辅以多层次的保障方案，主要包括基本医疗保险、大病保险、城乡医疗救助、补充医疗保险、特殊人群医疗制度、互助医疗等。接下来重点介绍一下惠民保和税优健康保险。

1. 惠民保

惠民保也被称为城市定制型商业医疗保险，自 2019 年开始引起公众关注，并迅速进入井喷期。与百万医疗险相似，惠民保的责任范围也相近，但其特点是每个城市设定统一的价格，平均价格不超过 100 元，并且没有投保人限制，该保险由政府指导，保险公司运营。通过设定统一价格和降低门槛，惠民保使更多的人可以轻松获得医疗保障，提高了保险的普及性和可及性。这不仅有助于解决一部分人群的医疗保障问题，还能够推动更多人关注和购买健康险产品。随着保险意识的增强，民众对保险的需求和认知也将逐渐提升，进一步促进健康险行业的发展。总的来说，惠民保的推出和普及有望在短期内对其他医疗险产品造成一定挤出效应，但从长远来看，它有助于提高民众保险意识，推动健康险行业的整体发展。这些补充医疗保险形式的出现丰富了市场选项，可以根据个人需求和预算进行选择，提供更全面和个性化的医疗保障。

2. 探索中的税优健康保险

税优健康险是一类可以享受个人税收优惠政策的健康保险。2015 年，财政部、税务总局、原保监会印发《关于实施商业健康保险个人所得税政策试点的通知》，规定从 2016 年 1 月 1 日起，该险种在北京、上海、天津、重庆等 31 个城市展开试点，从此拉开了税优健康险的序幕。2017 年 7 月，该政策在全国推广实施。根据当前的规定，个人购买符合规定的商业健康保险产品，按照 2 400 元/年的限额标准在个人所得税前扣除。这类产品最大的优势，就是可以带病投保，并且保证续保，同时还能抵扣个税，使该产品显得非常友好。在通知颁布同时，原银保监会也颁布了《个人税收优惠型健康保险产品指引框架》，对税优健康险的形态进行开发指导。根据指引框架，税优健康险须具有保障功能并设立最低保证收益账户的万能险方式，包含医疗保险和个人账户积累两项责任。其中医疗保险责任包括住院医疗费用保险金、住院前后门诊费用保险金和特定门诊治疗费用保险金。这种产品是一个全新的产品类型，在市场上的接受度较低，一方面产品设计较为复杂，另一方面个人报税制度近期才逐步完善。据统计，截至 2020 年年末，税优健康险累计销售保单约 51 万件，累计保费收入 21.75 亿元。2022 年 11 月，原银保监会发布了《关于扩大商业健康保险个人所得税优惠政策适用产品范围有关事项的通知（征求意见稿）》，规定新的税优健康险的税优额度维持 2 400 元/年不变，但投保者可以在税优额度内为家人购买。同时，征求意见稿放宽了对产品的形态规定，只要符合医疗保险、长期护理保险和疾病保险的要求，都可以认证成为税优健康险。这对于税优健康险市场具有积极推动作用，简化了产品设计并拓展了被保险人范围。

总的来说，税优健康险通过税收优惠政策，鼓励个人购买医疗保险，为个人提供经济激励和医疗保障。随着相关政策的逐步完善和市场需求的增加，预计税优健康险将在未来发展中起到更加积极的推动作用。

商业养老保险

在中国，第三支柱养老保险产品的发展经历了 10 年的酝酿期。2018 年 5 月，个人税收递延型商业养老保险正式启动，为个人提供了税收优惠政策。随后，在 2021 年 6 月进行了专属商业养老保险的试点。2022年11月，人力资源社会保障部宣布个人养老金制度开始启动实施。个人养老金实行个人账户制度，参与人完全自己承担缴费责任，并可以自主选择购买符合规定的金融产品，如储蓄存款、理财产品、商业养老保险、公募基金等（统称为个人养老金产品）。个人养老金采取完全积累的方式，根据国家相关规定享受税收优惠政策。其中，商业养老保险可以是年金保险、两全保险，以及原银保监会认定的其他产品。

因此当前市场上存在四种商业养老保险产品：第一种是个人税收递延型商业养老保险产品，第二种是专属商业养老保险产品，第三种是个人养老金认定的保险产品，第四种是其他商业养老金产品。这些产品是在养老保险发展历程中逐步形成的，它们之间存在交叉和迭代的关系。

个人税收递延型商业养老保险产品

2018年，我国推出了个人税收递延型商业养老保险，这是第一个具有税收优惠的养老保险产品。投保人在缴费阶段可以申请每年最高12 000元的税前列支来购买个人税收递延型商业养老保险。在领取期间，按照7.5%的税率缴纳税款。

税收优惠是个人税收递延型商业养老保险的主要特点，但由于税收优惠力度较小，且产品相对复杂，未能吸引足够的参与者。从2019年3月开始，税收递延养老保险新单件数和保费收入整体呈现下滑趋势。截至2020年年底，税收递延养老险累计保费收入仅为4.26亿元，参保人数不足5万人。

专属商业养老保险产品

2021年6月，原银保监会发布通知，在浙江省（含宁波市）和重庆市开展专属商业养老保险试点。专属商业养老产品没有税收优惠，是以养老保障为目的，领取年龄在60周岁及以上的专属个人养老年金保险产品。专属商业养老保险产品相对于个人税收递延型商业养老保险来说，设计更简单，主要是为之后的个人养老金产品做铺垫。通过试点推出专属商业养老保险产品，可以积累经验和了解市场需求，为日后推出个人养老金产品提供经验和参考。

个人养老金保险产品

个人养老金保险产品并非独立的产品，而是指在个人养老金制度下，可以享受税收递延优惠的商业养老保险。

个人养老金制度类似于之前的税延养老保险制度，参与人每年的个人养老金缴纳额度上限为12 000元，在综合所得或经营所得中从税前扣除。根据经济社会发展水平和养老保险体系发展情况等因素，缴费额度上限可能会相应调整。个人养老金资金账户是封闭运行的，在投资环节，个人养老金资金账户的投资收益目前暂不征收个人所得税。在领取环节，个人领取的个人养老金需要按照3%的税率计算缴纳个人所得税。参与人达到一定条件可以选择按月、分次或一次性领取个人养老金，包括达到领取基本养老金年龄、完全丧失劳动能力、出国（境）定居或其他国家规定的情形。

与税延养老保险产品不同，个人可以自主选择购买符合规定的储蓄存款、理财产品、商业养老保险、公募基金等金融产品，这些产品统称为个人养老金产品。截至2023年4月，银保信发布的个人养老金保险产品名单中，个人养老金保险产品已有25款。

从以上三个产品的发展历程可以看出，在中国养老第三支柱的设计过程中，经历了不同阶段的发展和调整。2018年以前，市场自由设计商业保险产品，但为了促进第三支柱的发展，推出了专门的税延养老产品。随后，针对个人养老金制度的需求，制定了专属的养老保险产品要求，以确保长期性、风险保障和灵活的缴费方式。最终，个人养老金制度集合了税延养老和专属养老的优点，既能享受更高的税收递延优惠，又不限于保险形式，个人可以选择保险以外的多种金融产品作为个人养老金产品，如储蓄存款、理财产品和公募基金等。这一发展过程旨在促进养老第三支柱的健康发展，为个人提供更多养老金积累和保障的选择。截至 2023 年 3 月，个人养老金制度参加人数达 3 324 万人，其中 900 万户缴纳了养老金，合计规模接近 200 亿元。

其他商业养老保险产品

回到其他商业养老保险上来，商业养老保险的时间比较长，种类比较多，产品形态比较复杂，而这类保险也是个人养老金的主要组成部分。

在 2015 年前后，中国商业养老险市场出现了许多分红型年金保险产品，这些产品具有分红特性，保险公司根据盈利状况向保单持有人分配红利。这种保险产品通常被设计成快返型年金，占据了当时相当大的市场份额。快返型年金指的是缴纳保费后当年或短期内开始领取年金，甚至有些产品可以同时缴纳保费和领取年金。

这些年金产品通常与万能险相结合，将万能险作为附加保险，返还的年金会进入万能险账户继续积累利息，以便在适当的时候使用。由于万能险的结算利率相对较高，使其比普通年金更具吸引力。同时，这些产品往往还附加了一些重大疾病的保障，为保单持有人提供更全面的保障。

随着人口老龄化趋势的加剧，养老需求日益旺盛。商业保险公司在风险管理技术方面具备丰富经验，尤其在养老领域专注于长寿风险的管理，这是其与其他金融产品的突出优势。然而，当前商业养老保险市场存在同质化竞争问题,许多中小公司的产品设计普遍过于激进。保险公司可以提供更多、更长期限的养老产品,有效平滑市场风险和利率风险,为投保人提供安全和稳定的收益,尤其是通过提供长期现金流来对抗长寿风险。因此,保险公司应该聚焦于其核心价值,回归保险保障的本源,坚定发展高质量的商业养老保险产品,并加快推进具备长期养老功能的产品,这样的产品能够更好地满足人们对养老保障的需求,并为他们提供可靠的长期收入。

其他寿险产品

在人身险市场上,还有传统保障型寿险、分红保险、万能保险和投资连结保险等主要保险产品,它们在促进社会共同富裕方面扮演着重要的角色。

保障型寿险产品

1. 定期寿险

作为寿险市场的主力产品,以其低廉的保费、灵活的保障期限和简单的产品设计,满足了不同人群的需求,如购房者借款购房的风险保障。这种保险产品在美国市场占据约 1/3 的份额。在中国,由于互联网销售的推动,定期寿险市场近年来快速发展,出现了许多创新产品和销售模式。经过多次迭代和升级,产品特性更加人性化,等待期缩短,犹豫期延长,交费方式更加灵活,使得保险购买者更容易理解和接受。从 2017 年开始,由于市场竞争,定期寿险的价格一直处于下降趋势;到了 2022 年,价格已经处于相对低位,表现出稳定的趋势,说明市场已经逐渐接受了这个价格水平。在此期间,保险公司也在不断丰富保障之外的服务,如提供更多的健康管理、生活服务等,以增加保险的附加价值，提升客户体验。这些举措不仅提升了保险公司的市场竞争力，也更好地满足了消费者的需求，推动了保险市场的健康发展。定期寿险的基本保障相对简单，但提供了大量的可选责任和服务，这些改变不仅提高了保险行业的竞争力，而且通过为消费者提供更多样化的保险产品和服务，提高了人民生活的保障程度，更好地满足了社会的多元化需求。同时，健康奖励的推出也促进了大众健康观念的提升，从而为实现共同富裕的目标做出了贡献。

2. 终身寿险

传统的终身寿险产品以其简洁性质和与定期寿险的相似性，一直未能在市场上引发关注。2017年，市场上开始出现了增额终身寿险产品，但最初并未引起大规模的关注。与传统终身寿险的保额固定不变相比，增额终身寿险的保额可以根据特定条件提高，目前市场上的主流产品通常按照保额3.5%/年的幅度增长。随着利率的下降，金融市场上能实现超过3.5%收益的产品确实越来越稀缺。在这种环境下，从2019年开始，增额终身寿险产品凭借其较高的等价投资回报率，逐渐成为保险公司的主要产品，在2022年攀升为人身保险公司的销量第一的产品。这种产品因其在低利率环境下仍能提供相对稳定的收益，而受到了投资者的欢迎，因此成为保险公司的主打产品，同时也成为银行、保险代理人和网络销售等多个销售渠道的重点推广产品。这不仅帮助保险公司在困难的市场环境中保持了业务的稳定增长，也为消费者提供了一种在低利率环境下仍能获得较高收益的投资选择。增额终身寿险产品有相对简单易懂的责任结构和具有吸引力的收益率，其保额按照每年3.5%的速度增长，等价投资回报率接近3.5%。增额终身寿险的收益会被明确写入合同，保证了其刚性兑付的特性。在增额寿险的交费期结束后，可以锁定3.5%的长期复利利率，从而有效地抵御利率下行的风险。一旦合同被确认，其效力将持续终身，而复利的机制则有利于长期持有的增值。因此在当前低利率环境下，增额终身寿险成为市场上的热销产品。它不仅提供了稳定的保险保障，而且还为投保人提供了一个稳定的投资收益，这对于想要寻求稳定资产增值的投保人来说，无疑是一个很好的选择。一方面，它为个人提供了稳定的保障和财富增值的双重保证；另一方面，保险公司通过管理大量的保费资金，也能够投资于各类项目，推动经济的发展。这样既实现了个人财富的增值，也推动了社会经济的发展，体现了共同富裕的理念。

新型人身保险产品

新型寿险产品的诞生得益于预定利率的下调。自1997年开始的4次预定利率下调使保障型传统寿险产品失去了市场竞争力，为了提高竞争力和抢占市场份额，寿险公司加大了产品创新力度，推出了具备投资属性的新型产品，如投连险、分红险、万能险等，这些新产品迅速上市且保费收入增长迅速。

中国平安于1999年推出了国内首款投资连结保险产品——平安世纪理财投资连结保险。紧接着，中国人寿于2000年推出了国内首款分红险产品——国寿千禧理财。同年，中国太平洋保险公司也推出了国内首款万能寿险产品——太平盛世长发两全保险。这些新型险种的推出使得寿险市场上新型产品超过了传统产品，成为寿险保费增长的主要推动力。

但很快，在2001年，由于A股进入熊市，保险公司的投资收益开始下降。投连险许多客户的投资账户出现亏损，退保风波接连发生，导致投连险市场一蹶不振，究其原因是不合适的代理人把产品卖给了不适合的人群。2003年后，只有少数公司销售投连险。目前，投连保费收入相对集中于泰康人寿、光大永明和弘康保险等保险公司。

2003—2007年，万能险实现了两位数的增长速度，2007年更是在股市繁荣的推动下实现了113%的增长。新型人身险产品的保费收入占比逐渐增加，成为人身险市场增长的主要动力。2007年股市突破

6 000 点，投连险也卷土重来，保费增长迅速。然而，随着金融危机的暴发和保险行业的规范化改革，特别是 2009 年保险业新会计准则实施，规定分红险保费全部计入保费，万能险和投连险只有风险保障部分保费才计入保费。受到保费规模和市场份额的影响，寿险公司普遍调整产品结构，分红险成为人身险市场的主导产品，并长期保持着霸主地位。

之后，投连险保费收入从 2008 年的 424.8 亿元下降至 2012 年的 4.36 亿元，寿险保费中的占比从 2008 年的 6.38%，下降至 2012 年的 0.05%。万能险保费收入从 2008 年的 1 450.86 亿元下降至 2012 年的 98.61 亿元，寿险保费中的占比从 2008 年的 21.79%下降至 2012 年的 1.11%。而分红险保费收入从 2008 年的 3 799.37 亿元增长至 2012 年的 7 859.05 亿元。2005—2015 年的 11 年间，共有 8 年分红险占比超过 50%，4 年超过 60%，其中 2012 年的占比达到了 68%。

但随着保险行业的深入发展，消费者维权意识不断提高，分红险经营过程中存在的问题也越来越突出。分红险投诉率一直居高不下，2014 年和 2015 年分别达 49.3%和 44.2%，在各险种中位列第一。

2013 年，中国保险监管机构推出了人身险费市场化率改革，在"放开前端，管住后端"的监管思路下，保险公司可以自主决定寿险产品的预定利率，确定了"普通型、万能型、分红型人身险"分三步走的改革路线。改革实施后，2012—2015 年，普通型人身保险占比由 8%升至 29%，万能型人身保险占比由 13%升至 28%，分红型人身保险占比由 68%降至 27%，普通型、分红型、万能型人身保险三足鼎立，市场份额逐渐均衡。

从 2015 年开始，万能险再次引起市场广泛关注。当时，典型的万能险产品提供了约 2.5%的保底收益和预计 5%以上的结算利率，使其成为各保险公司，特别是银行渠道的热销产品。然而，保险公司过度利用万能险在资本市场进行操作引发了社会关注，使监管机构自 2016 年开始，密集出台了多项规定。这些规定包括《关于规范中短存续期人身保险产品有关事项的通知》、《关于进一步完善人身保险精算制度有关事项的通知》和《关于强化人身保险产品监管工作的通知》等，对万能险的产品设计、销售规模、经营管理等进行了限制和规范，从而提高了万能险和中短存续期保险的风险保障水平和保障时间。同时，针对互联网保险领域万能险产品存在销售误导、结算利率恶性竞争等问题，监管机构先后叫停了多家公司的互联网渠道保险业务。实施这些措施的目的，是强调保险的本质，即"保险姓保"，保险首先应该提供风险保障。

这些系列规定引起了行业政策的较大变动，2016年万能险发展的高峰过后，万能险的市场就一直呈现收缩趋势，从2016年在人身险市场占据半壁江山的份额下降到2022年的16%，但其仍然是中国保险市场上的重要产品。至于投连险，后来虽然同万能险一起增长，但是再也没有实现当初的销售辉煌。2022年投连险交费221亿元，在人身险保费中的占比仅有0.65%（见图4.23）。

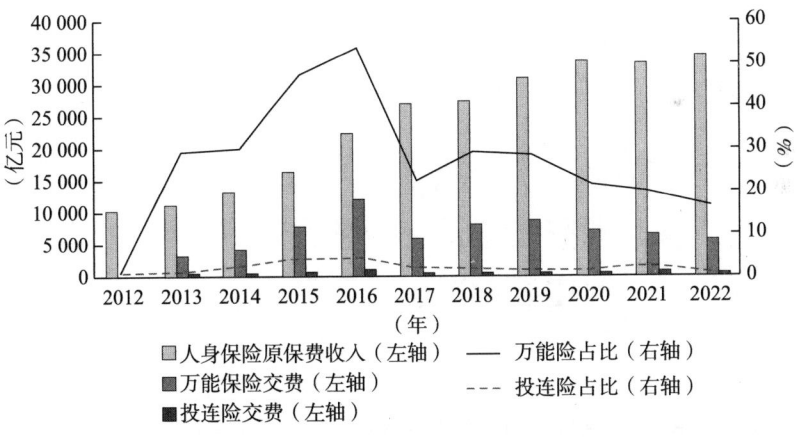

图4.23 2012—2022年人身险、万能险、投连险收入及占比

2022年，原银保监会颁布了《人身保险产品信息披露管理办法》，无疑是对保险市场的进一步规范。这一政策规定了保险公司在销售和

宣传各类保险产品，包括普通型、分红型、万能型和投资连结型保险产品时的责任和义务。其中一项重要的规定是，保险公司在进行产品推广和销售时，不得将其与银行储蓄、银行理财、基金、国债等金融产品进行简单收益比较，也不得对投保人、被保险人、受益人及社会公众进行误导宣传。这一规定旨在防止保险公司通过夸大产品收益、淡化风险等手段误导消费者，保护消费者的合法权益，同时也有助于维护市场的公平竞争。另外，该政策还规定，保险公司必须在保险合同中明确提供投诉电话或其他投诉渠道的信息，以便投保人在遇到问题时能够及时获得帮助和解决，这无疑提高了保险公司的服务水平和透明度，进一步保障了消费者的权益。

当前，由于利率下行，监管层对利差损风险表示担忧，定价利率再次面临下调窗口。随着未来3.5%增额终身寿的下架，预计新型寿险的春天又将到来。当然，从前文的产品介绍中也可看到，在养老金和健康险的蓬勃发展下，期望未来中国的保险市场不再出现单一险种一统天下的局面，能够多样化发展，形成养老金、健康险、传统寿险、新型寿险多点开花的局面，为不同需求提供不同的保险产品，从而实现共同富裕的目标。

保险业财富管理在促进共同富裕中的主要做法、成效及问题

家财险促进共同富裕的主要做法、成效及问题

随着经济社会的发展，我国居民逐渐实现了一定的财富积累。其中固定资产是我国居民的主要财富形式，流动资产占比相对较少。家

庭住宅及家庭财产是我国民众安身立命之本，保障其安全，防范财产损失风险是实现共同富裕的基石。家财险作为财险险领域的传统业务，是保障万家灯火，促进服务民生发展，助力共同富裕的重要险种，应在社会治理中发挥更大作用。

家财险在促进共同富裕中的主要做法及成效

1. 家财险承保范围不断拓展，近年来保费快速增长

家庭财产保险发展历史较为悠久，自20世纪80年代恢复国内保险业务以来，家财险就已存在。经过40多年的发展，我国家财险目前主要是以城乡居民的家庭财产为保险标的的保险，主要保障的是房屋主体、房屋装修以及室内财产这三大领域，强调保险标的的实体性和保险地址的固定性。狭义上的家财险属于财产损失保险范畴，仅对被保险人的家庭财产损失进行赔偿。我国家财险承保风险范围不断拓展，从火灾、暴雨、雪灾等自然灾害，扩展到盗窃、居家责任等间接损失，为居民财产安全提供综合风险保障。广义上的家财险除家庭财产损失责任外，还将第三者责任与抵押贷款保证保险、租客保险、巨灾保险等纳入其中。

2022年保险业累计实现原保费收入4.7万亿元，同比增长4.58%。从2022年各险种的经营状况看，家财险保费同比增速最高，其保费收入为164亿元，同比增长67.2%。尽管如此，家财险保费收入占比依旧较低，尚未突破财险行业整体保费收入的1%。

2. 政策导向推动新型家财险问世，居民保障意识被逐渐唤醒

随着居民家庭财富的增长以及家庭财产形式的不断变化，居民对于家庭财产保障的需求日益迫切。在政策层面，相关部门逐步加强对家财险的重视，敦促家财险革新创新，充分发挥对居民家庭财产的底层保障作用，强化居民家庭抵御财产损失风险能力，助力实现共同富裕。2022年3月，原银保监会、中国人民银行发布《关于加强新市民金融服务工作的通知》，明确要求优化新市民安居金融服务；推广家庭财产保险，增强新市民家庭抵御财产损失风险能力。随后，在当地银保监局的推动下，包括成都、天津在内的多个城市积极推动新型家财险发展。

在产品创新上，2022年7月，四川省上线了全国首款普惠性家财险产品，产品采用全国首创的保险行业主体共保家财险模式，由人保财险、太平财险、平安财险、太平洋财险、华泰财险等10家公司组成的保险联盟共同开发运作，人保财险为主要承保单位。相较于传统家财险，该普惠性产品的保障内容、服务范围等均有所拓展。随着更多财险公司围绕新时代家庭财产风险情况变化，进行家庭财产保险保障方案创新，优化保险服务，并通过在部分地区开展试点和研究的方式，家财险的发展将得到积极推动。多方联动加强家财险宣传，也将大幅提高人民群众防灾减损意识和保险意识。

家财险在促进共同富裕中存在的问题

1. 家庭财产保障缺口巨大，家财险发展亟须提速

当前我国居民家庭财产面临巨大风险敞口。仅2021年全年城乡居住场所火灾就有25.9万起，造成直接财产损失13.9亿元。而我国家财险虽起步时间早，但增速严重低于财险行业平均增速。家财险投保率不足10%，在防灾减损中发挥的作用微乎其微。1998—2021年的23年间，家财险保费收入从12亿元增长至98亿元，增长8倍多；而整个财产险保费收入从506亿元增长至13 676亿元，增长27倍多。尽管其在2022年成为增速最快的险种，但这种增速的不匹配导致家财险的保费占比从最初的2.41%降到2022年的0.98%。自从2005年家财险保费占比降到0.94%，其占比再未超过1%，家财险业务边缘化问题严重。

2. 家财险政策支持力度不足，城乡投保率存在明显差异

目前我国与家财险相关的法律法规和政策体系尚不健全，或成为影响家财险发展以及作用发挥的关键阻碍因素。

一是有关灾害融资的顶层设计不健全，家财险的重要性未得到充分强调。针对自然灾害造成的居民财产损失尚未有法规文件明确各种融资工具的定位，因而家庭财产保险的保障地位并未明确。政府在应对灾难造成的财产损失时，仍旧采用发放财政补助、允许提取公积金、提供优惠贷款等举措来弥补，在给予受灾居民帮扶时一般不会考虑其是否已经获得保险赔偿。

二是需求侧政策不健全，家财险未成为居民金融消费的必需品。发达国家在普及家财险的过程中多采取强制或通过与住房贷款形成联动的政策激励等方式引导居民投保家财险。相比之下，我国家财险属于自愿投保险种，居民购买相关财产保险的行为得不到任何激励，在保险和风险意识不强的背景下，我国居民的投保意愿不强。

三是供给侧配套政策不健全，家财险产品规范不足。我国除了政策性农房保险、城乡住房地震保险等少数家财险产品外，政府并未深度介入家财险市场的供给，财产保险的供给多属于市场行为，因此产品供给可及性、条款适当性、费率可负担性、产品设计可持续性及减灾防灾配套服务等环节没有相关设计规范可以遵循，同时也没有纳入宏观经济管理范畴进行统一筹划。此外，目前我国所有省份都不同程度建立了政策性农房保险制度。由于有政府统一承保、保费补贴等支持性举措，住房相关财产保险在部分农村地区参保率较高。供给侧政策支持力度的不同，也导致我国城镇广义家财险的覆盖率远低于农村地区。

3. 家财险产品与居民风险管控需求匹配不足，防灾减损效果不明显

当前我国大部分家财险保障内容主要针对因意外和自然灾害造成的损失，这部分损失发生的概率较小，家财险主要的保障与居民常见的损失匹配不足。多数城镇居民住房主要面临的损害风险来自房屋维护不足导致的损害，如房屋在一定年限后面临的漏水、管道堵塞、电路老化等问题所引发的次生火灾、水泡等灾害。这部分风险缺口尚未被当前家财险补齐，居民购买家财险的获得感不强，也进一步导致家财险的购买意愿底下。

在重大灾害的保障上，家财险目前仍不能进行充足的保障。我国的家财险是由财险公司经营的商业保险，受利润最大化、承保能力有限等因素的影响，风险较高的标的物、巨灾风险等多被家财险列为除外责任。即便是针对可保灾害，部分产品的保障范围还不包括自建房、商用房，以及长期空置的房屋，风险保障不够全面。而国际上大多家财险是采取政府和市场相结合的运营方式。为推动保险公司承保巨灾风险，政府会制定出一系列优惠政策如税收优惠等，提升保险公司的承保能力和意愿。

另外，家庭风险管理服务是家财险的重要增值服务。对于居民家庭财产来说，灾前防护是比灾后赔付更为重要的保护。但是，当前我国家财险的风险管理服务未能发挥出防灾减灾的作用，服务主要局限于开锁、家庭保洁等日常服务，缺乏消费者更为关注的事故预防、定期检修等服务。

农业保险促进共同富裕的主要做法、成效及问题

农业保险作为分散农业生产经营风险的重要手段，对推进现代农业发展、促进乡村产业振兴、改进乡村治理、保障农民收益等具有重要作用，具有助力共同富裕的内生机制。近年来，我国农业保险发展成效显著，突出表现为保费收入规模持续增长，农业产业保障能力不断增强，财政支农资金倍增效果充分发挥，有效支撑国家重大战略顺利实施，服务能力显著提升，定价机制不断健全，科技赋能持续加强。

农业保险在促进共同富裕中的主要做法及成效

1. 农业保险助力农业产业保障能力进一步增强

近年来，我国对农业保险的政策支持力度不断加大，有助于扩大农业保险覆盖面，提高保障水平，完善风险分散机制，提升粮食和重要农产品供给保障能力，发挥农业保险促进共同富裕的作用。其中农业保险保费收入从2012年的240.6亿元快速增加至2022年11月底的1 160亿元，已经超越美国，成为全球最大的农业保险市场。农业保险提供风险保障从2012年的9 006亿元提高到2022年11月底的4.14万亿元。随着保费收入的增加以及保障程度的提高，我国农业保险赔款也迅速增加，从2012年的148.2亿元增加到2021年的720.19亿元，初步发挥了农业保险对于损失补偿和恢复生产的作用。

风险保障是农业保险的核心功能，是农业保险政策效果的集中体现。2008年以来，我国农业保险风险保障能力不断提升，直观地表现为农业保险保额对农业产值的覆盖程度（即农业保险保障水平）不断提升。2020年，我国农业保险保障水平达到23.54%，比试点启动之初增长了7倍，年均复合增长率18.65%，为农业产业发展提供了坚实的风险保障。

2. 农业保险为农业高质量发展提供保障

一是农业保险有助于保障农产品稳定供给。在我国粮食供求长期保持平衡的形势下，农业保险的发展有效分散化解了农业生产风险，确保主要农产品的稳定供给。未来，为服务粮食安全战略，农业保险应持续扩大承保覆盖面，丰富产品种类，提升保障程度，提高对粮食种植的风险保障能力，保障种粮农民收益，提高其种粮积极性。二是农业保险有助于保障农业产业链稳定安全。农业保险为现代农业产业园区发展所面临的技术风险、市场风险提供保障，继而推动现代农业产业园建设取得新进展，从而为全面推进乡村振兴、加快农业农村现代化提供支撑。此外,农业保险通过延伸保险服务,构建覆盖链条不同环节、不同参与主体的风险共担保障机制,增强农业产业链韧性和抗冲击能力,促进产业链协同发展,助力实现共同富裕。

3. 农业保险保障农民收入稳定,夯实共同富裕基础

一是农业保险可有效防止出现规模性返贫,助力巩固拓展脱贫攻坚成果。农业保险通过发挥其保障农业收入稳定的机制性作用,降低脱贫人群的经济脆弱性。农业保险可通过"扩面、增品、提标",在扩大三大粮食作物完全成本保险和种植收入保险实施的基础上,持续扩大地方优势特色农产品保险保障范围。并通过农险产品定制化发展道路,为脱贫人群、农村低收入人群、低保及特困人群进行定制化保障,全方面构筑安全防护堤坝。同时,农业保险还可协助政府构建并完善返贫动态监测和帮扶机制。二是农业保险可发挥社会管理功能,服务农村社会治理。乡村治理是国家治理的基石,农业保险通过不断拓展保障范围,可为乡村治理过程参与的各类主体提供一揽子保险保障,助力实现乡村治理体系和治理能力现代化。如通过发展农房保险、小额意外保险、社会治安保险、救助保险等民生保险,参与农村多层次社会医疗保障体系建设。三是农业保险为土地和集体产权制度改革护航,助力农民获利增收。目前多地农村土地和集体产权制度改革稳步推进,但保险等金融服务不配套、集体经济发展不畅等问题严重制约改革成效。可发挥保险的市场化机制优势,主动融入农村改革进程,推动保险纳入土地流转规范管理制度,针对土地流转违约风险,发展土地经营权流转履约保证保险,加强土地流转信用链条和农户权益保障;参与农村集体产权制度深化改革,探索引入收入保险机制,在支持新型农村集体经济发展壮大的基础上,让农民获得更多的增值收益和增收机会。

农业保险在促进共同富裕中存在的问题

1. 农业保险助力共同富裕的政策支持体系尚待完善

近年来我国对农业保险的政策支持力度不断加大，有助于发挥农业保险促进共同富裕的作用。但是相对于共同富裕对于农业保险的新要求而言，目前农业保险高质量发展的政策体系尚存挑战。

一是对于新型农村经营主体的保障水平有待提高。目前农业保险以面向传统小农户的低保障、广覆盖的成本保险为主，不能满足新型农业经营主体的差异化需求。农业保险对新型农业经营主体的保障水平亟待提升。尽管我国已经先后在多粮食主产省开展和扩大了大灾保险、三大粮食作物完全成本保险和收入保险试点，但从全国范围看，玉米、水稻、小麦三大粮食作物亩均保险金额仍然较低，不能完全适应现代农业高成本、高投入的生产特点，难以满足规模化经营主体的保障需求。此外，财政的保费补贴政策也没有体现出对新型农业经营主体发展的支持，而农业保险合同的缺陷也不利于提升保障水平。

二是财政补贴政策有待优化。一方面，地方特色农业的发展要求拓宽财政补贴品种。目前地方特色农产品保险尚没有有效纳入中央财政补贴保费的支持体系，无法满足地方农业特色产品发展的保障需要。另一方面，差异化财政补贴政策有助于拓展保障覆盖面。一些最需要财政保费补贴和农业保险的农业大省往往也是财政弱省。由于财力有限，对中央财政保费补贴的配套能力较差，因此往往最需要农业保险保障的地区反而更少、更滞后地享受到中央财政的保费补贴。此外，需要优化农业保险供给链条。目前省级以下的政府，特别是市县级政府不仅负责提供农业保险的相关公共服务，而且还承担着沉重的筹资责任，负担过重。

此外，农业保险在经营模式上也有待创新。应建立普惠性农业保险体系，由政府全额补贴保费，提供最基本的风险保障，并通过指数保险弥补传统农业保险产品粗放定价的不足，同时为农业保险经营模式的创新提供相应的政策支持。

2. 农业保险发展技术赋能基础设施不足，农险市场微观运营面临诸多挑战

当前我国农业保险正逐步迈向高质量发展道路，但在实际的微观运行和经营中依旧存在制约其发展的因素与挑战，限制农业保险真正发挥保障作用。一是业务成本居高不下。我国农业保险采用给予个别农户的多风险保障机制，保险公司理论上应做到承保到户和理赔到户。加之我国农业分布较分散，在实际操作过程中，线下重复劳动使得承保和理赔周期延长，人工成本不断升高，多地小麦保险亩均承保成本已超出农户每亩自缴保费，农业保险可持续发展压力巨大。而农险行业逐步激烈的竞争进一步抬升经营成本，使得农业保险承保利润大幅下降，农业保险经营压力凸显。二是信息不对称现象严重。我国农村分散性高，险企很难逐户逐项深入农村开展保险业务，信息采集效率和采集完整度、真实度无法保证，投保地块与未投保地块无法准确区分，为投保农户道德风险和逆选择行为留下空间。三是合规隐患较大。当前我国农业保险承保理赔不规范操作较多，导致农户基础档案不完整，存在重要信息真实度不足、验标图片不真实或重复使用等合规问题。另外，协议理赔等不规范的理赔行为也造成参保农户平均获赔金额不高，严重影响农户获得感和农业保险的实际保障效果。农业保险赔付呈现出赔付概率高、亩均赔付低的态势，出现保险"补贴"化的发展趋势。"小灾少赔、大灾惜赔"的做法使得保险公司无法有效积累资金以应对大灾年份的巨额赔付。

3. 传统农业保险产品供给创新力不足，产品精细度有待进一步提升

从国际经验看，在技术的加持下，指数保险等创新产品形态已经成为全球农业保险新的发展趋势。相较而言，我国农业保险形态仍旧较为传统，农险行业整体创新动力不足。一方面，政策法规对于产品创新、"扩面、增品"指导力度不足；中央财政尚未将创新性农险产品纳入财政补贴范围；地方政府在农业保险活动中的责任不明确，对于农业保险产品创新研究重视程度不足。另一方面，由于农业保险的补贴机制和高昂的竞争成本，保险公司缺乏创新的驱动力。

当前农业保险定价较为粗放，无法真正释放农业保险的兜底作用。一方面，我国农业保险长期实行"一省一费"的粗放定价模式，诸多地理位置、自然条件相差巨大的省份保险费率基本相同，这不仅制约了农业保险公司的持续发展能力，也进一步加剧了拟选择的风险。另一方面，尽管近年来我国农业保险风险区划和费率精算研究取得喜人进展，但囿于研究成果精确度不足、技术支持体系和数据资源缺乏统一规范，导致风险划归结果出入较大，实际应用困难较大。

健康险促进共同富裕的主要做法、成效及问题

健康险助力共同富裕的主要成效及做法

1. 基本医保发挥主要作用，商业健康险发展迅速

近年来，中国商业健康保险发展迅速，2021 年保费收入为 8 447 亿元。2021 年，商业健康保险赔款支出为 4 029 亿元，占卫生总费用的 5.33%，占个人卫生支出的 19.23%。2021 年在中国商业健康保险保费收入中，重疾险为 4 574.6 亿元，占比 52%；医疗险为 3 961.62 亿元，占比 45%，其他为 267.38 亿元，占比 3%。相应的，在赔付支出中，和医疗支出最相关的医疗险赔付仅为 2 105 亿元，占卫生总费用的 2.78%，占个人卫生支出的 10%。

2. 惠民保发挥底层兜底作用，有效拓展参保人群

惠民保和其他商业健康险的一个显著差异是拓宽产品覆盖范围，

将高龄人群和既往症人群纳入保障范围，从普惠的角度很好地解决了错配问题，全年龄可保，价格亲民，真正做到了普惠。

在保障人群方面，惠民保有效地实现了非高净值人群保障的扩充。据统计，各地参与惠民保人群的年龄结构为60岁以上人群整体占比约为35%。同时对于带病体来讲，更多的惠民保产品采取了带病体可保可赔的保障模式，以某城市惠民保为例，带病体人群参保人数占参保总人数的14%。惠民保的出现有效地实现了老年人群保障的扩充，实现了对商业健康保险的有力补充。

惠民保打破过往保险公司"单打独斗"的发展局面，吸引政府、各类TPA（第三方管理者）公司、医药产业方等跨行业的参与。惠民保的可持续发展需要各市场主体发挥各自资源禀赋，创新产融合作，探索未来基建新机遇，为保险行业实践共同富裕道路探索合作创新模式。

3. 大健康圈闭环服务圈初步构建，提升居民健康保障意识

以客户为中心、构建大健康生态圈已成为行业发展的核心。虽处于初步发展阶段，但已形成闭环服务圈。

近年来，我国保险机构通过投资、自建、合作等方式，在医疗健康产业融合方面开展了大量的尝试，已初步形成了以客户为中心的大健康生态闭环服务圈。一方面，通过"保险买服务"模式，将健康管理服务作为一种黏客、获客的手段。另一方面，通过"保险+服务"模式，在医疗险、疾病险产品中搭载在线问诊、重疾绿通、二次诊疗、专家预约、院后护理等服务，实现保险产品的差异化。同时，通过搭建大健康生态服务圈，赋能"管理式医疗"模式。通过打造健康保险与健康管理深度融合的管理式医疗模式，介入客户预防、治疗、疾病管理、康复等生命周期，帮助客户形成良好的生活方式，降低疾病发生率，提升客户健康产出，优化健康保险赔付，也能借助保险支付端的力量，引导医疗健康资源的优化配置，实现从以治病为中心转向以健康为中心的目标，大幅提升我国居民的健康保障意识。

健康险在促进共同富裕中存在的问题

1. 人民群众的健康保障需求与当前商业健康险的供给尚不适配

一方面，出于风险管控和收益追求的经营原则，健康险更加青睐健康、年轻的人群，对于真正需要健康保障的老年人、丧失劳动能力者保障不足。另一方面，商业健康险与政策性保险的融合不够紧密，与医药、医院的联动不及预期，与公立医院也没有形成利益共同体。保险公司仅作为被动的付费方，与"三医"的联动不充分，导致商业健康险存在数据积累有限、专业化经营管理人才匮乏、道德风险诱发概率高以及风险管理链条长等一系列问题。并且在目前的经营模式下，保险公司无法发挥真正的健康管理能力，在助力人民长久健康，守护健康财富中未能充分发挥作用。

2. 商业健康险产品同质化严重，人群覆盖局限

商业健康险中重疾险的思路类似于寿险，产品保费高昂，投保人群不均衡，可覆盖人群集中于中高净值人群，对于因病致贫高风险人群覆盖力不足，难以满足共同富裕的基本要求。

3. 数据支持不足，产品创新动力较弱

惠民保等高频发生医疗险，在核保理赔、精准控费、成本测算、风险管控等层面均对医保与商保数据打通有着迫切的需求，亟须政府部门加强对惠民保业务数据的规范化管理。一是规范数据采集、应用，包括数据的采集、调用、存储、接口连接；二是规范连接的准入主体和形式，明确医保数据对接主体和保险公司数据对接主体；三是提升医保数据的开放度，通过应用保险科技促进有序互联共享。

4. 商业保险与社保职责划分不清晰，协同创新能力弱

当前，我国基本医保是医疗支出的主要付费方，作用较强，而基本医保职责功能未能与商业保险形成良好互补协作关系。基本医保与商业保险间职责划分不清晰，一是直接导致商业健康险无从发力，无法明确在基本医保保障范围外进行相关产品及服务的有效拓展。商业保险无法充分发挥其补充支付功能，民众医疗负担依旧居高不下。二是基本医保的强势加剧了公立医院对民营医疗机构的挤压。民营医疗机构缺乏有效的支付手段和信任度，医疗服务供给端发展更为不均衡。三是基本医保对所保"基本"没有病种、疾病阶段、具体医疗服务内容的明确保障范围，会给民众传递错误的"基本医保保基本"概念。无法向民众传递按需就诊、按需配置商业保险的信号，这就进一步加剧了公立医院的看诊压力和基本医保的支付压力，形成恶性循环。

此外，当前我国基本医保与商业保险间尚未形成有效的协同创新能力。一是监管归口较为混乱，缺乏统一规划和协同配合。二是底层数据共享和使用机制尚未建立完全。基本医保和商业保险之间无法进行数据的共通将阻碍商业保险的发展。当前国家医疗保障局规划财务和法规司发布《国家金融监督管理总局与国家医疗保障局关于推进商业健康保险信息平台与国家医疗保障信息平台信息共享的协议（征求意见稿）》，在数据融合上释放了积极信号，后续仍需要更多的实施细则和相关监管办法的出台。

养老险促进共同富裕的主要做法、成效及问题

养老险助力共同富裕的主要成效及做法

1. 我国三支柱养老金体系已初步形成

当前，我国三支柱养老金体系架构已初步形成。以国家主导的基本养老保险制度为第一支柱，包括城镇职工基本养老保险制度和城乡居民基本养老保险制度两大主要类别。第二支柱是单位主导的职业养老金制度。随着个人养老金政策的落地，我国第三支柱个人养老金也正式进入快速发展阶段。

我国现行养老金制度体系在助力共同富裕中取得了一定的成效。一是建立了符合社会经济发展的养老保险制度。当前我国养老保险的社会化特征，顺应了劳动力自由流动的要求。三支柱的制度设计，有利于市场经济体制下政府职能转型，为进一步完善养老保险体系打下基础。二是实现了全覆盖和保基本的建制理念。广覆盖、应保尽保是现行养老保险体系的核心特征之一。随着制度进一步发展，基本养老保险参保率稳步上升，绝大多数符合参保条件的人群均被纳入基本养老保险制度中，有助于促进共同富裕的发展。三是探索了克服人口老龄化危机的路径。政府兜底的基本养老保险制度、体现个人责任的个人账户制度，具有补充作用的第二支柱的企业年金、职业年金计划，以及政府政策支持、个人自愿参加、市场化运营的个人养老金制度，为克服人口老龄化危机探索了有效路径。

2. 发挥养老保险产品相对优势，利用复利效应促进养老财富积累

第一，养老保险产品期限长，在人口高龄化和长寿化背景下可以帮助客户做长期养老储备。养老需要提前规划足够、专项的资金，但目前我国居民家庭财富中，短期存款的占比很高。截至 2021 年年底，我国住户人民币存款 102.5 万亿元，其中 2/3 以上为 1 年期以内存款，不利于建立长期养老储备，也无法满足将短期储蓄转化为长期养老资产的需求迫切。养老保险产品期限长，有助于对抗人性中的短视与急功近利，推动短期储蓄转化为长期养老资产，优化家庭金融资产期限结构。

第二，养老保险产品"安全，稳定，持续增长"，能够在不确定的经济变局中提供确定性保障。养老保险产品的预定利率为复利，在长生命周期内可发挥复利效应，利用时间价值获取被动收入与长期增值，促进养老财富积累。2021 年年底过渡期结束，资管新规在 2022 年全面落地，新规及其系列配套细则明确要打破刚性兑付。另外，当前国内外经济增长均承受巨大压力，长期利率下行的趋势比较明显。在此背景下，预定利率所带来的确定性保障凸显了养老保险产品作为防御性资产的优势，有助于帮助风险偏好程度不高的消费者获取安全、稳定的被动收入及现金流资产。

第三，养老保险可通过多账户的产品组合满足客户不同风险偏好需求。例如，在市场实践中，养老年金险普遍与万能账户结合，个别市场主体还在探索将养老年金险与投连账户结合。其中，年金险提供确定、终身的现金流，万能险提供保底且相对稳健的收益，投连险则在承担风险的基础上，获取更高的投资收益。养老保险多账户的设计，有助于在中国资本市场发展现状下实现安全性、流动性和收益性的有效结合，满足客户不同养老财富管理风险偏好的需求。

3. 商业养老保险发展成效显著

一是截至 2022 年年末，我国养老年金保险以及其他具有较强养老功能的年金保险和两全保险，共积累责任准备金 6.3 万亿元。二是截至 2022 年年末，保险公司经营专属商业养老保险累计实现保费约 50 亿元，较年初增长 42%。其中，新产业、新业态从业人员和各种灵活就业人员投保实现保费 2.2 亿元。三是国寿养老、国民养老、人保养老、太平养老 4 家试点养老保险公司已先后开展商业养老金业务，目前主要依靠公司自营渠道和保险集团内子公司协同销售展业，累计销售规模 3 亿余元。

4. 养老保险与服务有机结合，为消费者提供综合解决方案

人口老龄化提升了养老服务需求，尤其是对于机构养老和专业护理服务的需求。养老的主要支出项目包括康养、护理和医疗等，养老保险发展有必要与康养服务资源保障有机结合。在相当长的时期内，我国优质康养服务相对稀缺，发展不均衡。养老保险与服务结合，可以满足消费者获取与提前锁定优质康养服务资源的重要诉求。因此，要探索保险产品与康养服务相结合的不同模式，以刚性的养老需求带动相对低频的保险需求，将单纯的"现金"给付演进为"现金+服务"

的综合解决方案。另外，养老保险与养老服务业的结合可以促进负债端保险业务与资产端投资业务的融合。养老服务业投资规模大、盈利周期长，需要长期资本的投入。养老保险资金规模大、期限长，与养老服务业发展需求高度契合，可以成为养老服务业重要的资本来源。养老保险资金投资养老服务业能够缓解保险资金错配压力，规避经济周期性风险，弱化因资本市场的不稳定对保险公司投资收益的影响，提升抗风险和可持续发展能力。

我国保险业参与养老服务在2015年后进入快速发展阶段，以重资产、轻重并举、轻资产等多种投资模式，探索保险与综合型养老社区、旅居养老以及居家养老服务结合，已经积累了一定的经验。

养老险在促进共同富裕中存在的问题

第一，我国养老保险三支柱体系发展尚不均衡，可持续性面临挑战。当前，第一支柱基本养老保险制度对财政补贴的依赖程度日益加深，在第一支柱养老保险发展面临较大压力的背景下，发展第二、三支柱养老保险的重要性逐步凸显。我国第二支柱企（职）业年金整体覆盖比例不高，相关制度建设、投资运营体系等仍需进一步完善和落实。随着个人养老金制度的落地，我国第三支柱养老保险进入快速增长阶段，但目前规模依旧较小，发展尚处于初期阶段，顶层设计、账户建设、产品细则、税收优惠激励等相关问题均有待进一步突破，对惠及中低收入人群方面的普惠政策还需要进一步加强。此外，金融服务养老产业的多部门共同监管也为三支柱体系的协同发展带来挑战。在老龄化形势日趋严峻、参与主体逐步增多的情况下，金融服务养老领域需要解决的问题会越来越突出，多部门共同监管容易引发监管责任边界不清晰的问题，继而引发创新受阻、市场引导规范主体不明确等问题。

第二，养老金体系三支柱之间对接机制有待建立。我国第一支柱的个人账户以及第二、三支柱都建立在个人账户养老金基础之上，不同支柱之间的个人账户功能重叠，但缺乏资金流动的通道与对接机制。因此，在政策设计上，可以将基本养老保险个人账户、企业年金、职业年金与个人养老金打通，实现税收优惠政策、投资管理、缴费、账户记录和基金转移接续方面的衔接。首先，税优政策对接。打通第二支柱与第三支柱个人享受税优的比例或者额度，如果职工参加企业年金或职业年金的个人缴费没有达到税优上限的比例或者额度，可将差额部分追加至个人养老金的缴费上限；如果职工所在单位没有建立年金计划的，可以将全部比例或额度追加至个人养老金的缴费上限。其次，投资管理对接。第二、三支柱均采用委托人投资运营模式，由市场上的专业性金融机构（包括养老保险公司、基金公司、信托机构等）进行投资运营，在治理结构上、投资政策和待遇发放方式等方面都可实现统一，以方便参保者，建立统一的市场竞争秩序。最后，缴费、账户记录和基金转移接续对接。允许符合一定条件的参保人将第一支柱中的个人账户直接转移至第二支柱或第三支柱，并实现市场化投资管理；允许离职人员将其企业年金（职业年金）归属个人的资金转移到其第三支柱。美国个人退休账户（IRA）发展的经验表明，建立不同支柱之间的对接机制既有利于保护雇员的利益，也有助于第三支柱的发展。

第三，个人养老金制度有待进一步完善。目前的个人养老金制度是少数人的制度，不利于促进共同富裕。为了支持个人养老金成为多数人的制度，未来有必要适时调整和优化相关政策，为保险业深度参与第三支柱建设提供制度保障。

首先，参加范围有待拓宽。目前规定了参加个人养老金制度的前提是参加基本养老保险。与第一、二支柱相比，第三支柱个人养老金具有去中心化、独立性、精算中性等制度属性，理论上可覆盖所有人群。为了拓宽个人养老金的覆盖面，可适时取消参加范围限制，为新经济、新就业形态中大量灵活就业人员参加个人养老金制度创造条件，从而使其成为养老金体系中基础性、普惠性、兜底性的制度安排。

其次，税收政策有待优化。为了更好地撬动居民的个人养老金需求，未来可进一步调整和完善财税政策。**一是领取时对投资收益部分做免税扣除**。值得关注的是，目前一般投资的收益没有资本利得税，未来的3%包含投资收益，这使得税惠的力度打了不小的折扣。其他实施 EET 模式①的国家通常都有资本利得税，所以税惠力度吸引力大。在没有资本利得税的情况下，建议明确领取的时候对于投资收益部分做免税扣除，增强税惠的吸引力。**二是适时提高享受税惠的缴费额度**。当前每年 12 000 元个人缴费税前扣除标准较低，实际税前扣除的额度很有限，节税效果不明显，难以充分提升消费者需求。建议适当提高税延养老保险税前抵扣标准。比如，每年的额度提高至 24 000 元或 36 000 元。同时，要建立抵扣额度与社会平均工资增长指数化挂钩的动态调整机制，未来随着经济发展和收入水平的提高，动态提高税前抵扣额度。**三是拓展税收优惠方式**。此前个人税收递延型商业养老保险试点以及目前的个人养老金中都是采取 EET 的递延征税模式，对于高收入群体有一定的激励作用，但低收入群体因收入达不到起征点而无法享受，不利于提升制度的公平性和覆盖面。根据国际经验，个人养老金的税收优惠还可以考虑采取直接财政补贴方式，如德国的里斯特养老金计划中，国家给予每位参保人的全额津贴补助为 175 欧元/年，2008 年前出生的每个孩子得到的津贴补助为 185 欧元/年，2008 年之后出生的每个孩子得到的补助为 300 欧元/年。澳大利亚为鼓励更多中低收入人群参加补充养老保障制度，向个人缴费匹配缴费：若个

---

① EET 模式是在补充养老保险业务购买阶段、资金运用阶段免税，在养老金领取阶段征税的一种企业年金税收模式。

人从税后收入中缴纳超级年金基金，则个人每缴纳 1 澳元，政府也将匹配缴纳 1.5 澳元，每人每年最多可得到 1 000~1 500 澳元的政府补贴。

其他寿险促进共同富裕的主要做法、成效及问题

其他寿险助力共同富裕的主要成效及做法

其他寿险也具有促进共同富裕的重要功能，以下以 2018 年以来快速发展的定期寿险为例具体分析。2017 年寿险行业开始强化"保险姓保"的理念，回归本源、突出主业、做精专业，筑牢风险防线，提高防范及化解风险能力，充分发挥长期稳健风险管理和保障功能。经历了业务结构调整之后，保险业的保障业务快速增长，为定期寿险的快速发展孕育了土壤。伴随着 2018 年互联网保险的兴起，互联网定期寿险迎来了爆发式增长。互联网渠道帮助定期寿险实现了降本到降价，降价到提量的变化。销售定期寿险的成本大大降低，加上消费者保障意识的提升，定期寿险的保单销售量迅速提高。

定期寿险可以弥补消费者在家庭生命周期不同阶段的保障缺口。定期寿险是指以死亡为给付条件，且保险期限为固定年限的人寿保险。其仅在合同中规定一定时期或者一定年龄为保险期间，如果被保险人在约定期间或约定年龄前死亡，保险人即给付受益人约定的保险金额，如果被保险人在保险期届满仍然生存，则保险合同终止，保险人无须承担给付义务，也无须退还已收的保险费。在实践中，定期寿险因其无返还的消费特性和保障期限的限制，并未成为家庭财富管理规划中的首选产品。但是事实上，定期寿险在当下普通家庭的财富管理规划中其实可以发挥很大的作用。

单身期阶段的年轻人事业刚刚起步，收入水平不高，而且工作可

能不太稳定,没有足够的财力支持投保终身寿险这种价格昂贵的寿险产品。而定期寿险最突出的特点就是杠杆水平比较高,可以用较低的保费获取较高程度的保障,因此对于这一时期的年轻人来说非常适合。通过投保定期寿险,年轻人的死亡和全残风险能够得到有效覆盖。如不幸发生身故或全残,家人将获得高额保险赔偿金,这部分赔偿金既能够缓解因年轻人身故而给父母养老带来的压力,也可以为家人照顾全残的年轻人提供部分经济支持,帮助家庭渡过难关。

家庭形成期阶段的年轻男女刚刚组建家庭,工作稳定性与单身期相比有了一定的提高,但是收入水平仍然较低。加上这一时期又多出大量房贷车贷需要还,因此在寿险产品中,投保定期寿险仍然是比较合适的选择。在购买定期寿险时,通过将寿险保额和期限与房贷车贷相匹配,可以对因身故丧失偿债能力的风险进行有效管理,同时这样的配置既不会带来巨大的负担,又能为配偶和父母提供一份保障,防止他们因为被保险人发生保险事故而背负上沉重的经济负担。

家庭成长期阶段的核心家庭成员正处于"上有老,下有小"的关键时期,是家里的顶梁柱,承担着重大的家庭责任。这一时期家庭的收入虽然逐年增加,但是开支不小,净资产累积不够多,家庭的保障缺口仍然非常巨大。然而此时的家庭由于生活的稳定和收入的增加,投资上能够承担较高的风险,因此理财习惯多倾向于收益增值,有时会忽略那些概率很小但破坏性很大的纯粹风险。虽然定期寿险是消费型寿险,但是与自留风险相比,它几乎是用最小的付出获得了最大的保障。在预算有限的情况下,被保险人一定是优先考虑家庭经济支柱成员。通过为家庭经济支柱成员购买定期寿险,一旦被保险人不幸身故,能够为家里的老人和孩子以及配偶留下一大笔生活资金,可谓是用涓滴之力阻大厦将倾。此外,这一时期的房贷车贷偿还压力依然巨大,如若还款人在购房当时就购买一份足以覆盖房贷和还款期限的定期寿险作为保障，即使被保险人遭遇不幸，遗属因为有定期寿险的赔偿金，也不至于陷入勉强还款、生活品质一落千丈，或者对房贷无力支撑、被迫弃贷，导致银行收楼、流离失所的情况出现。

家庭成熟期阶段和家庭衰老期阶段的经济负担减轻，此时家庭核心成员的身故或者全残对整个家庭偿债能力和生活水平的影响降低了很多，因此定期寿险在整个家庭的配置中显得不是那么必要。不过，随着年龄的增长，家庭核心成员的养老需求变得越来越强烈，而定期寿险中一个重要的分类就是可转换寿险。它指的是在保险合同指定的时间期限内，保单持有人可以选择把保单转换成其他种类的寿险，同时投保人不需要提供被保险人的可保性证明。可转换寿险的保费相比普通定期寿险来说略高，有一定经济条件的家庭为了满足不同阶段的保障需求，可以购置一份可转换寿险，在规定时间之前将定期寿险转换为具有储蓄和投资性质的年金类保险，从而满足年龄增长之后的养老需求。此外，单身期、家庭形成期和家庭成长期也是家庭中的核心成员的事业上升期。在这一时期，部分人群会选择自己创业或者与他人合伙经营事业，这类人群在事业发展中会面临经营性的借贷款。我国现行法律规定，个人独资企业和普通合伙制企业的投资人是以其个人财产对企业债务承担无限连带责任。当企业不幸遭遇需要破产清算，且投资人又不幸亡故的情况时，如果投资人在生前就购买了一份指定债权人为受益人的定期寿险，则该定期寿险可用于偿还债务，投资人遗属未来的生活也不会被债务困扰。更进一步而言，也不会出现不能偿还负债而导致遗属信用度降低的情况。

综上所述，与家庭成熟期和衰老期相比，单身期、家庭形成期和家庭成长期面临的风险保障缺口更大，其中家庭成长期尤甚。可见，定期寿险可以有效填补家庭生命周期各个阶段的风险保障缺口，帮助家庭抵抗因主要经济支柱发生不幸而面临的风险。

其他寿险在促进共同富裕中存在的问题

定期寿险作为国外的主流保险产品，市场份额一直维持在一个较高的水平。如 2019 年美国的个人寿险新单中，定期寿险的保单件数是 414 万份，占寿险保单总量的 40.9%；定期寿险保险金额约为人民币 8.49 万亿元，占个人人寿保险金额的 72.2%。而在国内市场，由于保险意识、销售渠道等多方面因素一直发展缓慢，产品价格和服务也与国外相差较远。我国定期寿险的业务占比相比整个寿险行业非常之小，虽然近年来业务占比有所增加，但是仍不到 1%，远远低于发达国家的定期寿险占比。定期寿险在促进共同富裕中仍然面临供求不足的挑战。

第一，消费者需求不足。原因至少包括社会文化因素、民众风险意识和保险意识以及特定群体购买困难三个方面。一是社会文化因素。社会文化共性和差异在一定程度上会决定不同人群对于定期寿险产品的消费需求、消费选择和消费行为等。如避讳死亡的文化传统、长期形成的消费储蓄习惯、互助文化下的依赖心理等都不利于激发定期寿险市场的需求。二是定期寿险的主要目的是提供风险保障而非价值返还，需要民众提升风险意识和保险意识。三是特定人群购买困难。定期寿险的适应人群主要包括保费负担能力有限的人群、家庭财务责任较重的人群、将大量资产置于新事业的人群。部分高需求人群在购买定期寿险时受到限制。保险行业一般将职业类别分为六类。虽然分类标准并不统一，不同保险公司规定不同，但大致相仿。一般情况下，定期寿险对职业类别没有限制，但许多定期寿险将全残纳入了保险责任，因此对高风险职业（部分 5 类和 6 类职业）进行了一定限制，或加费，或限制保额，或拒保。网络热销产品大多限制了高风险职业投保定期寿险，一般体现在"健康告知"或"责任免除"中。从保险公司的角度看，职业分类的限制减少了逆向选择行为，降低了保险公司运营风险。但从消费者的角度考虑，高风险行业从业人员往往面临更高的全残/死亡风险，部分行业收入水平低，是定期寿险的高需求人群，而他们在获取风险保障时面临较大困难，如农民工群体、从事高风险运动人群或职业运动员、其他高风险行业从业人员及无业群体、存在健康状况不良的群体等。

第二，销售渠道不畅。一是销售场景单一。一般而言，定期寿险线下销售往往通过个代或经代完成，或者依赖互联网上官网自营和渠道合作的方式。当前，由销售人员和客户接洽完成定期寿险销售仍是常态而非特例，互联网销售渠道有待突破，手机App、社交平台等渠道创新有待探索。二是代理人推动意愿低。定期寿险的低客单价和低佣金不能保障代理人群体的生存需求，推动意愿相对较低。

第三，供给同样不足。产品同质化严重、偿付能力消耗过大也使定期寿险产品供给端面临挑战。一是定期寿险市场准入标准低，产品同质化严重，价格竞争是争夺市场份额的主要方法。定期寿险作为纯保障型的传统寿险产品，保险责任范围一般限于全残和身故，保单设计简便，赔付标准单一，逆向选择和道德风险发生概率低于其他寿险产品，多数寿险公司都有进军定期寿险市场的能力和资本。囿于其特点，定期寿险产品责任设计上并不复杂，差异一般体现在细节设计中，例如责任免除、健康告知、等待期责任等，产品同质严重，价格成为各公司获取市场的重要因素。二是偿付能力消耗大。定期寿险作为传统寿险产品，提供纯粹的风险保障功能，投保人能够通过缴纳较低保费换取高额风险保障。其低客单价的特点意味着每份定期寿险保单增加的认可资产少，而高保障意味着保险公司在产品各个存续期需要提取的寿险责任准备金较高，实际资本增加不显著。

保险资管在促进共同富裕上的主要做法、成效及问题

保险资管助力共同富裕的主要成效及做法

1. 保险资金运用稳定增长,为共同富裕打下坚实基础

近年来,保险资金运用规模持续增长,资产配置结构稳健,资产质量较高,风险总体可控。截至 2022 年年末,保险业总资产 27.15 万亿元,同比增长 9.08%;保险资金运用余额 25.35 万亿元,同比增长 9.15%。保险资金运用主要体现出以下四大特点:一是资产配置以固定收益类资产为主的配置结构,与全球主要国家保险业实践保持一致。二是严监管推动非标投资进一步压降。穿透监管、去通道、去嵌套措施取得积极成效,非标投资套利空间进一步压缩。三是连续多年投资实现正收益。近 10 年,保险资金年均财务收益率为 5% 左右,每年均实现正收益,保持较为优秀的绝对收益获取能力。四是股票投资占比不高,但已成为影响收益的关键因素。股票资产波动性强,对收益影响大,在保险资金运用中发挥举足轻重的作用。

2. 保险资管产品供给侧改革不断深入,扩大产品供给

为进一步深化保险资管供给侧改革,行业全面推动保险资管产品登记制改革,指导登记机构同步出台登记规则,通过减少登记环节、精简登记材料,进一步提高产品发行效率。截至 2022 年 6 月末,保险资管产品余额 6.37 万亿元,其中债权投资计划、股权投资计划、组合类保险资管产品的存续规模分别为 1.84 万亿元、0.19 万亿元、4.33 万亿元。截至 2022 年年末,各保险资管公司管理的存续保险资管产品 3 700 只,受托管理资产余额 6 万余亿元。

3. 规范保险资管业务发展,防范化解金融风险

保险资管监管部门积极行动,切实防范化解保险资金运用风险,

深入推进保险资金运用市场化改革，持续提升保险资金服务实体经济质效，助力保险资产管理业务高质量发展，持续助力共同富裕。一是夯实机构监管的制度基础。修订《保险资产管理公司管理暂行规定》，优化完善不适应监管实践的条款内容，明确严监管导向，强化防范金融风险要求，提升监管工作的权威性、专业性、有效性；印发《保险资产管理公司监管评级暂行办法》，搭建聚焦风险管理能力、覆盖业务全流程的分级分类监管评价体系，着力提升机构监管效能。二是完善保险资管产品制度体系。落实资管新规要求，发布《保险资产管理产品管理暂行办法》和《关于印发组合类保险资产管理产品实施细则等三个文件的通知》，形成"1+3"制度体系，规范保险资管产品业务健康发展，更好维护资产管理行业公平良性竞争环境。三是推进存量保险资管产品整改工作。指导保险资管公司对照监管规定积极推进保险资管产品整改规范工作，大幅压降不合规产品规模。截至2022年过渡期结束，待处置资产余额仅占全部保险资产管理产品余额的1.32%，较2018年年末累计压降96.10%，整改工作取得显著成效。

保险资产管理在促进共同富裕中存在的问题

第一，外部不确定因素增加给保险资金带来盈利挑战。从宏观形势看，当前国际经济、政治、社会等领域矛盾相互叠加，国际大宗商品价格高位波动，美国货币政策变动等进一步加剧国际金融市场震荡，发达经济体衰退预期增强、外需乏力，对我国经济复苏形成拖累。未来一段时期，全球经济可能面临更大波动和分化，保险资金将经受外部不确定性对金融市场的冲击，面临较高的风险挑战。从金融市场看，保险资金面临利率风险和信用风险双重管理压力。2022年，我国利率中枢下移带动相关资产收益率进一步下行，多数品种收益率降至4%以下。受保险负债久期长、成本刚性等影响，保险机构利率风险敞口加大。近年来国内债券市场违约频发，受市场信用分化加剧、资产信用资质下沉、信用风险暴露存在滞后性等影响，保险资金面临较大的信用风险管理压力。

第二，部分险企资管能力薄弱，投资不审慎，风险抵御能力差，存在"长钱短用"的短视投资行为，放大风险敞口。部分中小公司违背保险业经营发展和保险资金运用客观规律，超出自身能力开展多元化经营和盲目投资。有的公司在投资管理能力不足的情况下，借用信托、私募股权基金等变相开展非标投资等高风险投资，诱发相关风险。部分公司忽视投后管理或让渡投后管理职责，无法持续跟踪被投项目经营和风险状况。激励制度短期化现象还比较普遍，长期来看，放大了投资风险敞口。

第三，从风险处置看，部分机构公司治理失衡，存在违规挪用保险资金等问题。近年来，部分保险机构公司治理失衡，内部控制和风险管理缺失，大股东或实际控制人违规干预投资决策，开展不正当关联交易，给保险业稳健经营造成不利影响，严重损害保险消费者合法权益。

财富管理视角下的保险业政策研究

保险作为现代化的风险管理手段，是重要的财富管理工具，可以有效平滑风险，实现保障功能，助力共同富裕。接下来我们聚焦家财险、农业保险、养老险、健康险及主要寿险产品（保障型、投连、分红、万能等），阐述保险业监管政策的演变及主要方向，探讨保险业在财富管理中的角色定位及支持作用。

家财险：政策鼓励创新发展，抵御家庭财产损失风险能力

2022年3月，原银保监会、中国人民银行发布的《关于加强新市民金融服务工作的通知》明确要求，优化新市民安居金融服务；推广家庭财产保险，增强新市民家庭抵御财产损失风险能力。

政策下发后，在当地银保监局的推动下，包括成都、天津在内的多个城市积极推动新型家财险发展。

2022年7月，四川省上线了首款普惠性家财险产品，产品由采用全国首创的保险行业主体共保家财险模式，由人保财险、太平财险、平安财险、太平洋财险、华泰财险等10家公司共同承保。相较于传统家财险，该产品的保障内容、服务范围等均有所拓展。

2022年9月，应急管理部等部门在答复全国政协委员建议推进居民住房及家庭财产保险等方面灾害保险的提案时表示，下一步，将多方联动加强家财险宣传，提高人民群众防灾减损意识和保险意识，继续鼓励财险公司围绕新时代家庭财产风险情况变化，创新家庭财产保险保障方案，优化保险服务，并通过在部分地区开展试点和研究的方式，积极推动家财险发展。

农业保险：政策助力提升保障水平，促进共同富裕

农业保险作为分散农业生产经营风险的重要手段，对推进现代农业发展、促进乡村产业振兴、改进乡村治理、保障农民收益等具有重要作用，具有助力共同富裕的内生机制。近年来，我国对农业保险的政策支持力度不断加大，有效地扩大了农业保险覆盖面，提高保障水平，完善风险分散机制，提升粮食和重要农产品供给保障能力，发挥农业保险促进共同富裕的作用。

国家高度重视农险发展

从 2004 年以来，中央一号文件始终关注农业保险发展。在党中央、国务院的支持下，农业保险保费补贴责任逐步上移。针对主要粮食作物，中央及省级的财政保费补贴比例有所提高，对应的县级补贴比例下降；农业保险品种不断丰富，保障水平不断提升。农业保险品种从以粮食作物为主延伸至地方优势特色农产品保险；保障水平从直接物化成本向完全成本和收入转变；农业保险支持方式从保费补贴拓展为"补贴+以奖代补"；农险保险的金融属性不断增强，涉农保险与信贷、期货等金融领域加强联动，进一步发挥涉农保险的增信功能。

2022 年 2 月，中共中央、国务院发布了《关于做好 2022 年全面推进乡村振兴重点工作的意见》，这是新世纪以来指导我国"三农"工作的第 19 个中央一号文件，对农业保险在全面推进乡村振兴和加快农业农村现代化中需要发挥的功能和作用有更多要求。特别提出 2022 年要实现三大粮食作物完全成本保险和种植收入保险主产省产粮大县全覆盖，将进一步提升农业保险保障水平。

财政支持农险发展的力度不断加强

政策性农业保险发展的决定性因素是财政支持力度。近年来，财政政策的支持力度不断加强，农险补贴种类由主要粮食作物扩展到油料作物、糖料作物、畜牧种类、森林，并"以奖代补"保障地方优势特色农产品；地域范围从主要粮食生产省份扩展至全国；保障水平从覆盖直接物化成本向覆盖完全成本、保障收入转变。

一是各级财政补贴金额不断增加。中央和地方农业保险财政补贴从 2007 年的 40.6 亿元，增长至 2021 年的 746.44 亿元（见图 4.24）。2020 年以来新冠疫情肆虐，中央和地方财政都比较困难，但财政对于农业保险的保费补贴持续增长，充分显示了国家支持农业和农业保险发展的决心。近年来各级财政补贴约占农业保险保费收入的75%（见图4.25），有效支撑了农业保险发展。

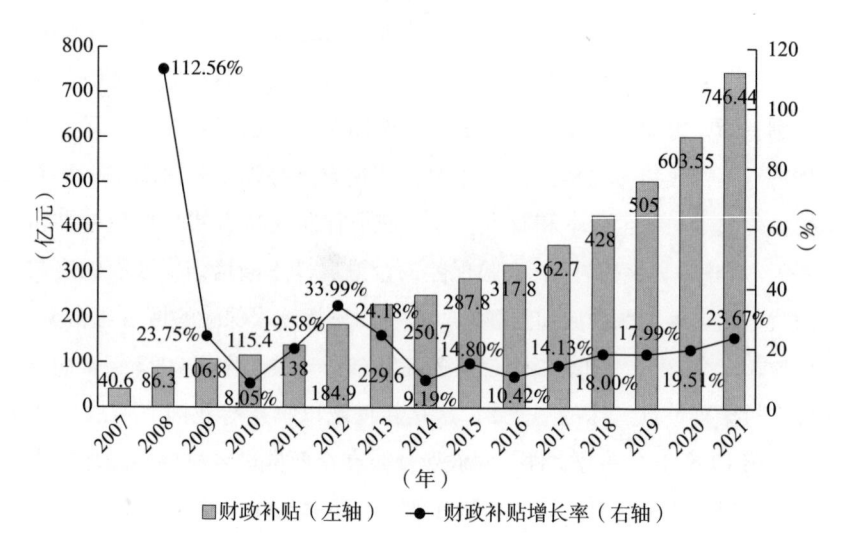

图 4.24　2007—2021 年财政补贴农业保险情况
资料来源：财政部、原银保监会及原保监会。

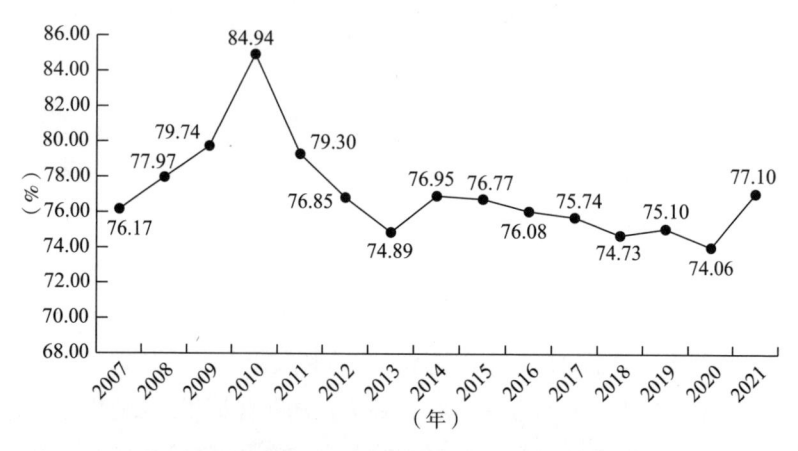

图 4.25　2007—2021 年财政补贴占农险保费的比例
资料来源：财政部、原银保监会及原保监会。

二是中央财政农业保险保费补贴品种不断增加。在最初确定的粮棉油糖作物和生猪、奶牛、森林之外,增加了牦牛、藏系羊、土豆、天然橡胶,2018 年又将三大粮食作物制种纳入中央财政补贴范围,将中央财政保费补贴目录扩展至 16 个大宗农产品。

三是以奖代补试点范围不断扩大。财政部自 2019 年起试点实施地方优势特色农产品保险奖补政策,并于 2020 年进一步扩面增品,将试点地区扩大至 20 个省份,试点保险标的或保险产品由不超过两种增加至三种。2022 年年初,财政部修订印发了《中央财政农业保险保费补贴管理办法》,将奖补政策实施范围扩大至全国,将更多的品种纳入补贴范围,形成"大宗农产品+地方优势特色品种"的完整农业保险保费补贴品种体系,满足不同种植农户的风险保障需求。

税收政策支持农险发展

目前农业保险享受的税收优惠政策主要包括:一是免征增值税。此前农业保险免征营业税,营改增后,相应地免征增值税。二是免征印花税。三是降低企业所得税收入计算比例。四是对保费准备金实行企业所得税税前扣除政策。

监管政策不断健全

监管政策主要体现在对农业保险市场经营的规范方面。从最初对承保理赔的规范,到公司大灾风险管理基金规则的出台,再到市场竞争规则的完善,农业生产风险区划地图册和三大主粮成本保险纯风险损失率的公布,以及即将出台的农业保险精算规则,农业保险的制度和规则在逐步完善。监管规则的完善有助于农业保险的健康和可持续发展。

健康险：回归保障本源，发展普惠保险

健康保险是国家多层次医疗保障体系的重要组成部分。在"健康中国"战略背景下，商业健康险发展逐渐受到重视。政策密集出台支持商业健康险发展，提升医疗支付占比，推动健康险产品创新，发挥保障功能，明确普惠保险的保障形式及发展目标，推动现代化建设成果更多更公平地惠及全体人民。

我国医疗支付结构以基本医保为主，应积极发挥商业健康保险的支持作用

1. 我国已建立起以基本医保为主的多层次医疗保障制度，应积极发挥商业健康保险的支持作用

我国建立起以基本医疗保险为主体，医疗救助托底，补充医疗保险、商业健康保险、慈善捐赠、医疗互助等共同发展的多层次医疗保障制度，构建了多层次、宽领域、全民覆盖的医疗保障体系。基本医保作为一种以低水平、保基本、广覆盖、可持续、社会化服务为基本原则的医疗保险，满足城乡居民的基本医疗保障需求，使得人民能够公平享受国家发展的成果。商业健康险等补充医疗体系则可以填补医保缺口，提升保障力度，同时涉入高端市场，提供优质高效的医疗服务。

第一，基本医保是多元医疗支付体系的主体。目前，我国已实现基本医疗保障全覆盖，2022 年全国基本医疗保险参保人数 13.45 亿人，① 参保率稳定在 95% 以上，同时医保制度改革不断深化，为人民群众提供了更加精细化和高质量的医疗保障，有效提高公平性、普惠性，切实维护了人民群众"病有所医"的保障需求。

---

① 资料来源：医保局。

第二，补充医疗保险、普惠型商业保险、商业健康保险等形成多元补充体系。大病保险由政府主导，帮助负担超额医疗费用；惠民保以低门槛低保费提供高保障的特点发挥普惠功能，扩大了医疗保险的覆盖力度；商业健康保险聚焦不同特征群体和提供多样化全流程医疗保障服务，是基本医保之外个人支付的坚强后盾。补充医疗保障体系持续推动应保尽保、产品丰富供给，旨在减轻人民重病负担，防止因病致贫。

第三，医保体系持续改革以提供高质量保障。国家动态优化医保药品目录，探索建立罕见病用药保障机制，降低群众负担；深化医保支付方式改革，优化统筹机制；提高医保基金使用效能，确保基金平稳运行。2023年医保局《关于做好2023年城乡居民基本医疗保障工作通知》指出，要继续全面推进健全多层级医疗保障体系，进一步明确精准扩面、完善支付管理等指示。

2. 现行医疗支付体系存在的问题

我国现行医疗支付体系存在个人自付比例仍然较高、医保结余持续性不强以及商业健康险发展不足的问题。

第一，我国基本医保覆盖度广，但居民个人自付比例仍然较高。2019年城镇职工和居民医保实际支付比例仅75.6%、59.7%，个人负担高达24.4%、40.3%，[1] 医保内大病大额自负费用仍然较高。随着政府贡献的加大，个人现金支付从2000年的59%显著下降到2020年的27.7%，[2] 但仍处高位，与发达国家相比存在较大差距。以中美对比为例，美国个人现金支付比例逐年下降，由2000年的14.2%下降到2020年的9.4%；英国2020年个人现金支付比例也仅为13.8%。[3]

---

[1] 资料来源：医保局。
[2] 资料来源：国务院，《十四五全民医疗保障规划》。
[3] 资料来源：万得资讯。

第二，现行基本医保基金结余规模维稳，但未来支付压力大。医保局统计显示，2022年医保基金当年末结余6 300亿元，累计结余4.25万亿元，虽然结余规模逐年增加，但增速持续下降；参保人数稳定在95%左右，① 同比下降1.3%。随着未来人口老龄化加深带来的医疗需求增加，经济增长放缓，医疗通胀持续，医保基金支出持续加大，基金结余中长期平衡承压。

第三，商业健康保险发展势头利好，但赔付占比仍然不足。国家陆续出台多项政策支持商业健康保险的发展，截至2022年我国商业健康保险保费收入已达8 653亿元，年增速约为26%。② 但2022年商业健康险的赔付金额为3 600亿元，占基本医疗保险赔付金额之比约10%，③ 对比发达国家有明显差距。

3. 应积极发展商业健康保险

在现行医保支付体系存在问题的背景下，我国应当积极发展商业健康保险来降低个人自付比例，助力多层级医保体系协调发展，切实满足人民群众的医疗保障需求。

第一，商业健康保险助力降低个人自付比例，提升保障水平。在多层次医保制度体系下，大力发展商保市场，能够有效减轻人民群众的医疗自负压力，提升人民群众的健康保障水平。从赔付比例看，商保赔付支出占总卫生支出的比例逐年提升，从2012年的1.1%到2020年的5.8%，④ 预计未来占比仍将继续提升。商业健康保险作为基本医疗保险的重要补充，可以进一步弥补社保外费用报销，直接降低被保险人的医疗费用支出比例，保证被保险人及时获得充分、先进的医疗

---

① 资料来源：医保局，《2022年医疗保障事业发展统计快报》。
② 资料来源：国家金融监督管理总局。
③ 资料来源：同上。
④ 资料来源：万得资讯。

服务。从覆盖范围来看，商业健康保险还可以有效覆盖到社保未覆盖到的人群，缓解更多人的医疗费用负担，提供全方位保障，从而促进国民健康发展。

第二，商业健康保险有助于多层级医保体系协调发展。2021年《关于进一步丰富人身保险产品供给的指导意见》中指出，扩大商业健康保险服务覆盖面，立足长期健康保障，探索建立商业健康保险药品目录和诊疗项目目录。商业健康保险的发展有利于与基本医疗保险衔接互补，形成合力，在产品设计方面通过医疗保险产品+健康管理服务的方式来满足消费者多样化、个性化的健康需求，促进医保体系的全流程、多方位发展。

第三，商业健康保险的创新有助于更好满足人民群众的医疗保障需求。多样化健康保险产品能够满足不同类型人群对于医疗服务的需求，政府背书打造低价低门槛的惠民保，百万医疗险的快速发展极大地提升了商业健康险的覆盖度，非标体保险让带病投保成为现实，新技术、新药品纷纷纳入商保赔付范围。商业健康保险通过产品创新与服务创新为人民群众提供多元医疗保障服务闭环。

政策支持商业健康险发展，提升医疗支付占比

在多层次医保制度体系下，政府出台系列政策支持商业健康险发展，以缓解基本医保的支付压力，降低自付比例。

2015年10月，党的十八届五中全会提出推进健康中国建设。2016年10月中共中央、国务院制定了《"健康中国2030"规划纲要》，纲要的战略主题是"共建共享、全民健康"，实现全民健康成为国家发展工作的重点环节。

2017年1月，随着《"十三五"卫生与健康规划》出台，国家更加注重把人民健康放在优先发展的战略地位，更加注重预防为主和健

康促进，更加注重提高服务质量和水平，实现发展方式由"以治病为中心"向"以健康为中心"转变，商业健康险的发展也逐渐受到重视。

随着国家对全民健康的重视，注重疾病治疗和事后费用报销的传统医疗险已经不能满足"健康中国"战略提出的新要求，因此以预防为核心的健康管理受到越来越多的关注，政策也随之密集出台。

2019年7月，国务院发布《关于实施健康中国行动的意见》，鼓励金融机构创新健康类产品和服务。

2019年11月，原银保监会正式发布了《健康保险管理办法》，该办法鼓励保险公司发展健康管理服务，通过提供健康风险评估和干预、疾病预防、健康体检、健康咨询、健康维护、慢性病管理、养生保健等服务，降低人民的健康风险，减少疾病损失。

2020年9月，原银保监会办公厅发布《关于规范保险公司健康管理服务的通知》，对保险公司提供健康管理服务的行为进行了规范，进一步促进商业健康保险稳健发展。

2021年6月，原银保监会发布《关于规范保险公司城市定制型商业医疗保险业务的通知》，鼓励保险公司将健康管理服务纳入保障范围。

2021年9月，国务院办公厅印发了《"十四五"全民医疗保障规划》，鼓励商业保险机构提供医疗、疾病、康复、照护、生育等多领域的综合型健康保险产品和服务，逐步将医疗新技术、新药品、新器械应用纳入商业健康保险保障范围，同时支持商业保险机构与中医药机构合作开展健康管理服务，开发中医治未病等保险产品。

2022年4月，国家发展改革委发布《"十四五"国民健康规划》，鼓励围绕特需医疗、前沿医疗技术、创新药、高端医疗器械应用以及疾病风险评估、疾病预防、中医治未病、运动健身等服务，增加新型健康保险产品供给。

税优健康险扩容

2023年7月,国家金融监督管理总局发布《关于适用商业健康保险个人所得税优惠政策产品有关事项的通知》,推动适用个人所得税优惠政策的商业健康保险惠及更多人民群众,促进多层次医疗保障有序衔接,有效降低医疗费用负担,丰富既往症和老年人等人群的保险保障。该《通知》提出,医疗保险保障范围应当与基本医疗保险做好衔接,加大对合理医疗费用的保障力度。对于适用商业健康保险税收优惠政策的投保人为本人投保的,不得因既往病史拒保或者进行责任除外。可针对既往症人群设置不同的保障方案,进行公平合理定价。

长期护理保险应当为不同年龄人群提供针对性的护理保障,鼓励开发针对既往症和老年人等人群的产品,鼓励开发满足在职人群终身保障需求的产品,鼓励探索适合居家护理、社区护理和机构护理的支付方式。

疾病保险应当设置合理的保障责任范围和期限,有效提升产品保障能力,鼓励开发针对既往症和老年人等人群的产品。

普惠保险迎政策红利

党的二十大报告提出,让现代化建设成果更多更公平惠及全体人民。在保险领域,普惠保险是我国普惠金融的重要组成部分,是政策重点发力的方向。2022年12月9日,原银保监会下发《关于推进普惠保险高质量发展的指导意见(征求意见稿)》,明确了普惠保险的保障形式及发展目标。

第一,明确普惠保险分为普惠性质的保险和专属普惠保险两种保障形式。普惠性质的保险指的是面向广大人民群众和小微企业提供的公平可得、保费较低、保障适度的保险产品和服务，包括大病险、长护险、城市定制医疗保险（即"惠民保"系列产品）、税优健康险、专属商业养老险、农业保险、出口信用保险等，以及保费或保额相对较低的意外险、健康险、人寿保险和财产保险等产品与服务。专属普惠保险指的是针对社会保险保障不足、商业保险覆盖空白领域，面向特定风险群体或特定人群而开发的普惠保险产品和服务。

第二，普惠保险主要面向特定风险群体，体现普惠性质。普惠保险的发展重点是提升城镇低收入群体和农民的保障水平，加大对老年人、儿童、妇女、残疾人、慢性病人群、特殊职业和新市民等特定风险群体的保障力度，提升小微企业、个体工商户和新型农业经营主体的抗风险能力。

第三，提出2025年普惠保险政策制度、服务标准和评价体系基本建立的发展目标。相较于惠民保等普惠型保险产品，征求意见稿定义下的普惠产品范畴更广，在高质量发展导向下，普惠保险有望迎来更广阔的发展空间，推动实现共同富裕。

养老险：顶层设计重视发展养老金融，积极推进第三支柱建设

在人口老龄化的冲击之下，我国养老金体系存在整体替代率不足、养老金体系结构性失衡的问题。商业养老保险具有保障功能，可以保本保收益，穿越周期实现长期增值，是居民养老财富管理的有效手段。在养老金替代率持续下滑，第一支柱财务可持续性承压的压力之下，发展养老金第三支柱可以有效提升居民养老收入，是养老财富管理的有效工具。我国从顶层设计层面重视养老金第三支柱的发展，2022年以来个人养老金制度建设加速推进。

我国养老金体系以基本养老保险制度为主，应积极发展第三支柱

1. 我国养老金三支柱体系以基本养老保险制度为主，应积极发挥第二、三支柱的补充作用

我国现行的养老金体系是以基本养老保险制度为主的三支柱体系。第一支柱为基本养老保险，包括城镇职工基本养老保险和城乡居民基本养老保险，由政府主导；第二支柱为企业年金和职业年金，由国家政策引导、单位和职工参与、市场运营管理、政府行政监督；第三支柱包括个人储蓄型养老保险和商业养老保险。2022年我国养老金第一支柱占比约68%，第二支柱占比约30%，第三支柱占比不到2%。① 整体而言，养老金体系主要依靠第一支柱基本养老保险制度，第二、三支柱发展滞后。老龄化背景下基本养老保险收支缺口日益显著，养老金体系出现了替代率下行、结构不均衡等问题。发展建设多层次、多支柱养老保险体系对于改善当前养老金缺口至关重要。

基本养老保险是整个养老保险制度的主体和根基。截至2022年年末，基本养老保险参保人数达到10.5亿人，参保率达到95%以上；其中城乡居民基本养老保险参保人数5.5亿人，城镇职工基本养老保险参保人数5亿人，② 基本实现全覆盖。2022年社会养老保险基金累计结余7.4万亿元，③ 增长率为15.6%，规模存量较大但增速放缓。基本养老保险通过强制性、普遍性、公平性实现社会共济和改善民生。

第二、三支柱作为补充养老保险，应发挥互补效应。第一支柱注重"保基本""广覆盖"，第二、三支柱在此基础上提供个人缴费激励

---

① 资料来源：人力资源和社会保障部。
② 资料来源：同上。
③ 资料来源：同上。

和产品服务多元选择，不仅能缓解财政支出压力，还能进一步满足人民群众多样化养老需求，共同构建更加公平、有效率、可持续的养老体系。

政府支持多层次养老保险体系建设。我国"十四五"规划指出，要进一步健全社会保障制度，完善基本养老保险体系，落实基本养老金合理调整机制，适时适度调整城乡居民基础养老金标准，尽快实现企业职工基本养老保险全国统筹；大力发展企业年金、职业年金，提高企业年金覆盖率；促进和规范个人养老金发展，从而对多层次养老保险体系落实提供顶层设计方面的实施保障。

2. 现行养老金体系存在的问题

在人口老龄化的冲击之下，我国现行养老金体系存在养老金整体替代率下行，养老金发展结构性失衡的问题。

第一，基本养老金替代率下行，养老资金储备不足。据测算，我国的养老金替代率由 2000 年的大于 70% 降到了 2020 年的 41.3%，① 低于国际劳工组织设定的 55% 警戒线，在居民平均工资普遍提升的基础上养老金的增速并未实现同步，替代率下降的缺口需要第二、三支柱补齐以维持养老需求。与此同时，我国的养老金资产储备不足，与发达国家相比存在较大差距。以中美对比为例，2020 年年底美国养老金总资产为 32.56 万亿美元，占 GDP 比重为 156.5%。② 据人社部数据估算，2014 年年底中国养老金总资产大约不到 1 万亿美元，三支柱合计约占 GDP 的 13.4%。③

第二，第一支柱财务可持续性承压。未来一段时期，我国人口老龄化问题严峻，收入方面抚养比下降导致缴费基数不足，支出方面领

---

① 资料来源：依据人力资源和社会保障部数据整理测算。
② 资料来源：Thinking Ahead Institute。
③ 资料来源：人力资源和社会保障部。

取养老金的人数不断增加同时领取最低年限偏低加大了基础养老金的支付压力,未来基本养老保险基金收支长期平衡承受较大挑战。2022年我国基本养老基金收入支出差额为 5 854 亿元。[①] 据中国社科院世界社保研究中心发布的《中国养老金精算报告 2019—2050》测算,养老保险基金结余将于 2035 年耗尽,第一支柱基金面临巨大支付缺口,基本运转成为困难。

第三,第二、三支柱发展不足,我国养老金体系存在结构性失衡的问题。目前我国养老金体系存在结构性失衡的问题,第一支柱"一支独大"、第二、三支柱养老金发展不足。从第二支柱的发展来看,我国在企业年金建设方面覆盖面较狭窄、地区发展不平衡,2022 年企业年金参加人数约 3 010 万人,[②] 仅为基本养老保险的 2.9%。参与企业年金的企业多分布于发达城市,主要面向国企、事业单位等少数群体,发展不均。第三支柱的发展仍处于初级阶段。我国养老金第三支柱的发展起始于 2018 年开始试点的个税递延型商业养老保险,2021 年推出专属商业养老保险试点,2022 年个人养老金制度推出后将商业养老保险、养老基金、养老储蓄、养老理财等产品都囊括在内。

3. 应积极发展养老金第三支柱

在养老金体系面临发展问题的背景下,我国应当积极发展第三支柱,以缓解第一、二支柱的保障缺口,健全国民养老理财规划,为资本市场注入稳定资金。

第一,发展第三支柱以缓解第一、二支柱保障缺口,保障居民养老的可持续性。老龄化趋势下,第三支柱个人养老金通过建立个人养老金账户以及享有一定的税收优惠,实现缴费激励,提高居民参与度,弥补未来第一、二支柱养老待遇保障的缺口,提高养老保障的可持续性。

---

① 资料来源:财政部公告。
② 资料来源:财政部公告。

第二，个人养老金的健全助力国民养老财富的规划。个人税收递延商业养老保险试点的实施标志着我国第三支柱个人养老金制度正式落地，为完善养老金体系发挥重要作用，有助于满足个人多层次的养老需求，重塑国民养老理财行为，实现居民长期财富管理规划。

第三，发展第三支柱有利于为资本市场带来长期稳定资金。近年来我国经济结构调整，传统金融服务难以满足新产业、新业态、新模式的融资需求。发展养老第三支柱，将加快居民储蓄向投资的转化，通过各类金融产品和金融机构向资本市场输送更多长期资金，有利于促进我国资本市场蓬勃发展。

顶层设计重视发展养老金第三支柱，持续出台多项政策推动商业养老保险发展

我国从 2018 年开始推动个税递延型商业养老保险及专属商业养老保险试点运行，持续关注商业养老保险动态进程，2022 年出台了个人养老金制度与相应的税收优惠政策，以激励商业养老保险的发展（见表 4.7）。

表 4.7 商业养老保险相关政策梳理

时间	政策文件	要点
2018 年 4 月 12 日	《关于开展个人税收递延型商业养老保险试点的通知》	我国出台首个具有税收优惠激励、明确针对个人养老金产品的支持政策
2021 年 5 月 15 日	《关于开展专属商业养老保险试点的通知》	明确试点商业养老保险
2022 年 11 月 4 日	《关于个人养老金有关个人所得税政策的公告》	出台税收优惠政策推动商业养老保险发展

2018 年 4 月 12 日，财政部等联合印发《关于开展个人税收递延型

商业养老保险试点的通知》，在上海市、福建省和苏州工业园区三地开展税延养老保险试点，以税收优惠政策推动商业养老保险起步发展。

2021年5月15日，原银保监会发布《关于开展专属商业养老保险试点的通知》。专属商业养老保险是第三支柱养老保险的组成部分。2021年6月1日起，由6家人身险公司在浙江省（含宁波市）和重庆市开展专属商业养老保险试点，鼓励试点保险公司创新开发投保简便、交费灵活、收益稳健的专属保险产品，积极探索满足新产业、新业态从业人员和各种灵活就业人员养老需求。

2022年11月4日，财政部、国家税务总局对外发布《关于个人养老金有关个人所得税政策的公告》，自2022年1月1日起，对个人养老金实施递延纳税优惠政策。缴费环节抵税额度为12 000元/年，投资环节投资收益暂不征收个人所得税，领取环节税率为3%，较此前试点的个税递延养老保险的7.5%有所下降。个税优惠将引导和鼓励居民参与，增强百姓自我保障意识。与此同时，享受税优政策的商业养老保险产品范围拓宽，过去产品制下仅税延养老保险享受税收优惠，此次新规将可参与个人养老金业务的商业养老保险产品范围拓宽至年金保险、两全保险，以及银保监会认定的其他产品。

个人养老金制度框架基本成形，为保险业参与第三支柱提供良好政策环境

2022年4月21日，国务院办公厅发布了《关于推动个人养老金发展的意见》，明确了个人养老金的参加范围、制度模式、缴费水平、税收政策、投资与领取、信息平台以及运营和监管，初步搭建起个人养老金运行的制度框架。9月26日，国务院常务会议决定对政策支持、商业化运营的个人养老金实行个人所得税优惠。为了支持个人养老金制度试点，相关部门制定和优化了落实意见的具体政策措施。11月4

日，多部门集中发布个人养老金配套政策细则，推动第三支柱发展。总体来看，我国个人养老金制度框架基本成形，为保险业参与第三支柱建设提供了良好的政策环境。

第一，建立账户积累的制度模式。2022年11月4日，人社部、财政部、国家税务总局、银保监会、证监会五部门联合发布《个人养老金实施办法》，加强个人养老金业务管理，规范个人养老金运作流程。明确参加人需要开设个人养老金账户和个人养老金资金账户，两个账户绑定，为参加人提供资金缴存、缴费额度登记、个人养老金产品投资、个人养老金支付、个人所得税税款支付、资金与相关权益信息查询等服务。其中，个人养老金账户是参加人的信息管理账户，应当通过全国统一线上服务入口或者商业银行渠道在信息平台开立，用于登记和管理个人身份信息，并与基本养老保险关系关联，记录个人养老金缴费、投资、领取、抵扣和缴纳个人所得税等信息，是参加人参加个人养老金、享受税收优惠政策的基础。个人养老金资金账户是参加人唯一的资金运作账户，可以选择一家商业银行开立或通过其他符合规定的个人养老金产品销售机构指定。作为特殊专用资金账户，该账户参照个人人民币银行结算账户项下Ⅱ类账户进行管理。账户积累制度模式有利于短期储蓄向长期养老资产转化，集聚长期养老资金，对冲人口老龄化背景下储蓄率和投资率下降影响经济增速的不利影响。

第二，扩大参与的金融机构与产品范围。第三支柱覆盖的范围将逐步拓展至包括商业养老保险、基金产品、银行理财、储蓄存款等适合投资的金融产品。2022年9月29日，原银保监会内部下发《关于促进保险公司参与个人养老金制度有关事项的通知（征求意见稿）》，明确了保险公司参与个人养老金业务需要满足的经营指标和要求。11月4日，证监会发布《个人养老金投资公开募集证券投资基金业务管理暂行规定》，明确了个人养老金投资公募基金的具体要求。原银保监会发布《商业银行和理财公司个人养老金业务管理暂行办法（征求意见稿）》，明确参与个人养老金业务的业务范围和具体要求。扩大参与的金融机构与产品范围，有助于促进个人养老金账户市场的竞争，丰富产品形态，从而增加公众的选择权，提高个人养老金账户市场的运行效率。

第三，明确税收激励政策。一是明确了 EET 的税收优惠模式。《关于推动个人养老金发展的意见》明确了国家制定税收优惠政策，鼓励符合条件的人员参加个人养老金制度并依规领取个人养老金。国务院常务会议则进一步明确了个人养老金采取 EET 的递延征税模式，即缴费和投资环节不征税、领取环节征税。并明确了税前扣除标准，投资收益暂不征收个人所得税，个人领取个人养老金时再征收个人所得税。与国务院常务会议决定一致，财政部、税务总局于 2022 年 11 月 4 日发布《关于个人养老金有关个人所得税政策的公告》，明确对个人养老金实施递延纳税优惠政策。自 2022 年 1 月 1 日起，对个人养老金按照 EET 模式实施递延纳税优惠政策。具体来看：在缴费环节，个人向个人养老金资金账户的缴费，按照 12 000 元/年的限额标准，在综合所得或经营所得中据实扣除；在投资环节，计入个人养老金资金账户的投资收益暂不征收个人所得税；在领取环节，个人领取的个人养老金，不并入综合所得，单独按照 3%的税率计算缴纳个人所得税，其缴纳的税款计入"工资、薪金所得"项目，由开户行代扣代缴。二是降低领取阶段的实际税率有助于吸引更多的纳税群体参与。之前税收递延养老保险试点中采取领取阶段 7.5%的实际税率，大幅度减少了税收优惠政策的覆盖人群。数量众多的中低收入者当前税率低于税延养老金领取时的税率，如果参加，不仅不能享受到税收递延的节税效果，反而增加了税收负担。而领取收入实际税负由 7.5%降为 3%，大幅降低了领取阶段的实际税率，有助于鼓励中低收入的纳税群体参与，扩大个人养老金的覆盖面，更好地实现政策目标。

第四，明确监管主体及职责分工。参与第三支柱的金融机构包括银行、保险、证券、基金、信托等，其监管涉及财政部、税务总局、人力资源和社会保障部、原银保监会、证监会等部门。由于个人养老金的制度设计涉及多部门，在分业经营、分业监管框架下有可能出现监管真空或重复监管。政策明确了监管分工，人社部、财政部制定账户、缴费、领取和税收优惠具体规则并监督；人社部监管信息平台运营；原银保监会、证监会确定参与金融机构名单、个人养老金产品条件、信息报送等，并监督辖内金融机构养老金运营管理。总体来看，政策初步明确了第三支柱监管主体及其分工，有利于不同监管机构之间建立协同机制。各监管部门之间的相互合作、良好互动和顺畅沟通是促进个人养老金制度健康快速发展的重要基础。

主要寿险产品：回归保障本源

寿险是民生保障"安全网"、经济运行"减震器"、社会发展"稳定器"，可以帮助人们实现规避风险、经济补偿的作用，寿险行业处在大有可为的机遇期。我国寿险业发展的政策环境整体体现"从严"趋势，强调寿险业高质量发展，回归保障本源。

政策推动寿险公司优化产品供给，回归保障本源

自2017年以来，在"保险姓保、回归保障"的导向之下，监管出台多项政策引导寿险业回归保障本源。

2020年2月，原银保监会发布《普通人身保险精算规定》，出台提升非保障型产品现金价值、拓展保障型产品费用空间、压实责任准备金等监管规定，从政策层面引导行业回归保障。其中，保障类产品费用空间大幅上调，健康保险、意外伤害保险、定期寿险、终身寿险等风险保障类产品在附加费用率空间方面的调整为5至40个百分点不等。保障类产品更多的是销售导向型产品，上调费用空间有助于健康

险、终身寿险等长期保障型产品的发展。

2021年10月，原银保监会人身险部下发《万能型人身保险管理办法（征求意见稿）》，将万能险的产品类型限定在终身、两全、年金三类，且规定保险期限不得少于5年。万能险新规明确提出，只有终身寿险、两全保险以及年金保险可以设计成万能险。万能险的保险期限不得低于5年，鼓励险企开发20年期限以上的万能险，附加重疾或意外险等。新规引导万能险发展侧重保障属性，开发中长期产品。

监管规范互联网人身保险业务

互联网保险业务是伴随着互联网发展而产生的新兴业务模式。以保护消费者权益为出发点和落脚点，考虑互联网保险业务广泛的场景以及复杂多变的业务模式，为防范互联网保险业务带来的风险隐患，同时也为鼓励新技术的应用、促进行业转型升级，在更高水平上服务实体经济和社会民生，2020年年末原银保监会出台《互联网保险业务监管办法》。《互联网保险业务监管办法》厘清了互联网保险业务本质，规定了互联网保险业务的精英要求，对于与营销宣传等行业乱象相关的重点内容做出了明确规定。保险机构开展互联网保险业务，应符合新发展理念，依法合规，防范风险，以人为本，满足人民群众多层次风险保障需求。通过互联网销售投连险、万能险等人身保险新型产品或提供相关保险经纪服务的，应建立健全投保人风险承受能力评估及业务管理制度，向消费者做好风险提示。

2021年10月，原银保监会下发《关于进一步规范保险机构互联网人身保险业务有关事项的通知》（即"108号文"）。明确互联网人身保险业务经营条件，实施互联网人身保险业务专属管理，进一步强化对互联网人身保险消费者的保护。108号文规定，互联网人身保险产品限于意外险、健康险（除护理险）、定期寿险、保险期间10年以上的普通型人寿保险（除定期寿险）、保险期间 10 年以上的普通型年金保险，及原银保监会规定的其他人身保险产品。

保险资管：政策演进防范风险，保障保险资金多元化布局发展

保险资金作为稳健资本市场的流动性力量和支持实体经济发展的助推器，自发展以来规模持续增长，目前资产配置结构较为稳健，投资风险可控；有效推进保险资金运用监管和风险防范政策能够切实保障保险资金多元化布局，持续发挥服务实体经济等功效。

推动保险资金多元化配置的重要意义

保险资金具有长期性和规模性的天然优势，资金投资在支持实体经济发展以及稳定资本市场方面起到不可或缺的作用，但资金运用在风险管控和资产配置上面临新会计准则和偿付能力监管的影响，未来投资配置趋势将更加审慎稳健。

1. 保险资金服务于国家实体经济发展战略

保险资金具有期限长、稳定性强、规模大的优势，适配于投资周期长和资金需求量大的实体经济，相较于其他投资资金具有较强的匹配性，能够分散实体经济的投资风险，促进实体经济的转型升级以及先进技术的发展。据统计，2021 年 5 月末，保险资金通过投资企业债、股票基金、股权、资管产品等方式，直接投资制造业、能源、科技及相关基础设施领域 4.3 万亿元以上，占比达到全部保险资金运用余额的 20% 左右。① 2022 年 5 月，国务院《扎实稳住经济的一揽子政策措

---

① 资料来源：原银保监会。

施》中明确鼓励保险公司等发挥长期资金优势，加大对水利、水运、公路、物流等基础设施建设和重大项目的支持力度，进一步促进了保险资金支持高端制造、基础设施以及绿色新兴产业，扎实服务于国家对于实体经济的发展战略，保险资金在服务先进制造业和战略性新兴产业方面的作用正日益突出。

2. 保险资金活跃资本市场，优化投资理念

保险资金可以凭借其资金来源长期性和中长期投资偏好为资本市场注入大规模流动资金，同时稳定收益，提升资本市场的投资质量和交易量。

第一，保险资金作为中长期投资的主力军，主要配置固收类资产来匹配资金负债端的久期，收益波动性相对较小，从而利于帮助资本市场建立审慎的中长期投资理念，稳定收益。

第二，保险资金提升市场流动性。保险资金因其长期性、稳定性和规模性，可以为资本市场注入较大的资金流量，从而提升市场交易量。2022年原银保监会发布的《关于保险资金投资有关金融产品的通知》指出要放宽保险资金投资范围限制，完善保险资金的资产配置结构，增强投后管理，不仅丰富了保险资金的投资方式，也能够充分发挥保险资金投资者作用，改善资本市场供需结构，提升市场流动性和交易活跃度。

3. 新会计准则以及偿付能力监管促使保险机构改善资产配置，资金运用更加审慎

IFRS9[①] 和 IFRS17[②] 新会计准则以及偿二代二期[③]工程实施后，保险公司未来资金管理和配置压力加大，保险公司资金运用更加慎重，

---

① IFRS9 指《国际财务报告准则第 9 号——金融工具》。
② IFRS17 指《国际财务报告准则第 17 号——保险合同》。
③ 偿二代二期指《保险公司偿付能力监管规则（Ⅱ）》。

也对保险资金监管政策的更新和落实提出更加严格的要求。

第一，新会计准则要求保险公司更加重视资产负债平衡，稳健资金投资策略。IFRS9新准则明确将保险资金投资标的按照公允价值计量，权益市场的变动将在利润表中放大，加剧利润表的波动；IFRS17新准则计量方式导致保险公司应收规模下降；两项准则并行推动保险公司调整资产配置策略，注重资产负债端的匹配，增加投资业务和主营业务的稳定性。

第二，偿付能力监管加强保险公司风险暴露，促使保险公司审慎行使各类投资配置决策。2021年偿二代二期规则正式确认实施，偿二代二期工程上调了保险公司各类资本的风险因子，对投资底层资产穿透计量，力求准确反映资产的风险实质，致使保险公司选择金融资产时必须更加审慎，重视高股息、分红稳定的资产配置，转而减少长投股、房地产投资，为保险资金的运用增加负担。另外，偿二代二期对保险公司支持国家战略的绿色债券、科技保险公司投资资产适当降低了资本要求，有效引导保险公司服务实体经济。

政策演进促使保险资金市场化运作

保险资金运用政策经历萌芽期、宽松期、完善期，始终致力于整治乱象、规范投资，目前为止形成了系统化的支持政策和监管政策，保险资金运用稳中向好。未来监管体系有望进一步完善落实，良性引导保险资金多元化发展（见表4.8）。

表4.8 历年保险资金相关政策梳理

发布时间	政策	重点内容
1995年	《保险法》	明确指出保险资金可用于银行存款、政府债券、金融债券等

续表

发布时间	政策	重点内容
2004 年	《保险机构投资者股票投资管理暂行办法》	允许满足资格的保险公司进入二级市场买卖股票,银行次级债券、可转换公司债、境外投资被放开
2006 年	《保险资金间接投资基础设施项目试点管理办法》	允许保险资金间接投资基础设施建设和商业银行股权,逐步提高可投比例
2009 年	《保险法》修订	增加不动产投资
2010 年	《关于调整保险资金投资政策有关问题的通知》	保险资金投资各类资产的比例进行调整
2014 年	《关于加强和改进保险资金运用比例监管的通知》	进一步调整了保险资金投资范围和相关资产的投资比例限制
2014 年	《关于加快发展现代保险服务业的若干意见》	保险资金投资渠道继续拓宽,引入行业外受托管理人,开放保险资管机构受托资金来源
2017 年	《关于开展保险资金运用风险排查专项整治工作》	核查公司投资决策和交易行为的合规性以及内控管理的有效性,严格落实保险资金运用政策和规范市场投资行为
2017 年	《关于进一步加强保险公司关联交易管理有关事项的通知》	强化保险公司保险资金关联交易管理,加强关联交易统筹管理,从严认定关联方和关联交易
2018 年	《保险资金运用暂行管理办法》修订	拓宽了投资范围及投资方式,投资范围方面拓宽至银行存款、证券投资基金、不动产、其他企业股权、ABS 等,投资方式方面允许保险公司设立不动产、基础设施等专业保险资产管理机构
2019 年	《扎实稳住经济的一揽子政策措施》	鼓励保险资金服务实体经济,加大基础设施投资和长期股权投资的配置
2020 年	《关于优化保险公司权益类资产配置监管有关事项的通知》	根据保险公司偿付能力充足率、资产负债管理能力及风险状况等指标,差异化放开权益投资配置比例的限制

资料来源:朱南军,吴诚卓.保险资金运用制度演进与完善[J].中国金融,2022(3);中国保险与养老金研究中心整理。

监管初期，保险资金运用初步进入市场化。1995年《保险法》首次规定保险资金的运用范围仅限于银行存款、政府债券、金融债权等资产。2004年允许满足资格的保险公司进入二级市场买卖股票，并且放开银行次级债务、可转换公司债和境外投资，开启了我国保险资金运用进入市场化的大门。2006年发布《保险资金间接投资基础设施项目试点管理办法》，允许保险资金间接投资基础设施建设和商业银行股权，逐步提高可投比例；2009年《保险法》修订草案通过，增加不动产投资；2010年《关于调整保险资金投资政策有关问题的通知》规定了保险资金投资不动产比例，允许投资未上市股权，表明保险资金市场化投资框架已初步形成。

监管宽松期，监管体系初步完善，保险资金投资渠道扩大。2011—2016年，2014年原银保监会颁布数项政策，《关于加强和改进保险资金运用比例监管的通知》在资产类别上进一步调整了保险资金投资范围和相关资产的投资比例限制，允许保险资金投资另类资产、股指期货与融资融券、金融衍生品等；《关于加快发展现代保险服务业的若干意见》从投资方式上将保险资金投资渠道继续拓宽，在引入行业外受托管理人的同时开放了保险资管机构受托资金来源。资金运用渠道进一步大规模拓宽，极大推动了保险资金市场化进程。

监管完善期，监管改革与乱象整治使保险资金配置更加稳健。2017—2018年监管持续调整，陆续发布，走向灵活性和严监管相结合的趋势，推进保险资金运用的"放管服"改革。2017年发布《关于开展保险资金运用风险排查专项整治工作》，重点检查违规重大股票投资和不动产投资等问题，严厉打击违法违规行为，同年，《关于进一步加强保险公司管理交易管理有关事项的通知》从关联交易市场行为角度入手，进一步加大监管力度；2018年修订了《保险资金运用暂行管理办法》，拓宽投资范围及投资方式，投资范围方面拓宽至银行存款、证券投资基金、不动产、其他企业股权、ABS等，投资方式方面允许保险公司设立不动产、基础设施等专业保险资产管理机构，保险资金监管更加严苛聚焦的同时资金配置权也更加灵活，顺利实现放管结合。

2019年后，监管体系逐步形成差异化格局，规范发展。2019年，国务院下发政策鼓励保险资金服务实体经济，加大基础设施投资和长期股权投资的配置；2020年，《关于优化保险公司权益类资产配置监管有关事项的通知》以保险公司偿付能力为标准，差异化放开权益投资配置比例的限制，引导保险资金注重风险可控的同时建立了多元化多层次的投资体系。

政策推动保险资金运用进一步深化改革

近年来，对保险资金的支持政策和监管政策也在逐步细化强化，支持保险资金服务于实体经济和资本市场稳定发展。

1. 政策鼓励保险资金多元化布局

政策端继续发力推行试点改革，鼓励拓展保险资金的投资方式与投资范围，助力保险资金多元化体系建设。

第一，保险资金进军REITs领域。2021年11月，原银保监会发布《关于保险资金投资公开募集基础设施证券投资基金有关事项的通知》，公募REITs被纳入保险资金可投资范围，投资渠道再次扩宽。截至2022年，保险资金参与了所有公募REITs产品战略配售，投资规模约101.31亿元，占发行总规模的13%。2023年3月，上海证券交易所发布并施行《保险资产管理公司开展资产证券化业务相关要求（试行）》，保险资产管理公司将可以担任企业资产证券化管理人，有效扩大了资产证券化及REITs市场，进一步引导长期资金入市，助力债券市场服务实体经济。

第二，保险资金投资要求放松。2021年11月原银保监会发布的《关于调整保险资金投资债券信用评级要求等有关事项的通知》，基于机构间不同偿付能力进行分类管理，施行差异化保险资金投资债券评级要求，能够在一定程度上放松保险资金投资债券对于外部评级的要求，鼓励保险资金进行多元化投资体系建设。

2. 监管深化有效管控保险资金风险

政策监管继续深化，集中监控保险资金管理机构经营、关联交易以及委托投资等行为，多措并举，将有效加强重点领域监管，防范资金运用风险，切实服务于经济发展体系。

第一，监督机构设置。2022年修订的《保险资产管理公司管理规定》取消了外资持股比例上限，设置境内外股东统一适用的资质条件，有利于加强公司治理和风险管理，提升保险公司资产管理经营的独立性、专业性。

第二，严控关联交易行为。2022年5月，原银保监会发布《关于加强保险机构资金运用关联交易监管工作的通知》，强力整治保险机构关联交易问题，严查套利行为。

第三，规范委托投资。2022年原银保监会发布《关于印发保险资金委托投资管理办法的通知》，进一步规范保险资金委托投资行为，防范投资管理风险。

保险业财富管理促进共同富裕的建议

财富管理在世界上已经走过了100多年的历史，但是在我国才刚刚起步。我国现阶段，大多数国民实现小康及富裕的时间并不算长，同时肩负着育儿、养老等重担，家庭成员在努力追求跨越经济周期财富增长的同时，需要全力保障财富的安全稳定，而这对社会的稳定发展也同样至关重要。

保险在财富管理中占据着十分重要的地位，但目前在我国财富管理市场中所占比重仍然处于较低水平。在财富传承的关键历史节点，我国保险行业应当加快推进供给侧改革，建设保险服务国民财富管理与传承的必备制度。

随着我国中产阶层群体的不断壮大，整个社会对财富管理的认知和对财富进行主动管理的意识和能力都在不断提升。保险逐渐得到更多的社会认同、重视和运用，我国居民的财富管理也将步入"保险时代"。在我国财富管理市场发展完善的进程中，保险以其独特的功能和专业优势，必将发挥日益重要的作用，为国民享有更加幸福安康的生活提供有力的保障，并促进共同富裕。

关于国家层面制定、完善政策方面

统筹社会保险与商业保险协同发展，共同促进共同富裕

社会保险与商业保险各自具有独特的优势和功能，统筹两者的协同发展，加快体系制度建设，才能为全体人民共同富裕提供有力支撑。

社会保险作为政府按公平原则提供的风险保障，旨在实现社会公平与稳定，具有明确的政府强制性，遵循"广覆盖、保基本"的原则，确保了大部分人民在面对各种风险时都能得到基本的经济支持。然而，社会保险也面临着公平性不足、可持续性不足和运行效率不高等问题，这也使得其在社会保障体系中的核心地位受到挑战。而商业保险作为保险企业按商业化或市场化原则经营的风险保障，具有营利性质，凭借其市场化机制，展现出更高的经营效率、管理能力和技术水平。商业保险不仅可以为个人或家庭提供更加个性化、更加细致的保障服务，还可以缓解政府的财政压力，提高整体的保障水平和运行效率。同时，政府具有强大的动员能力和公信力，可以有效解决商业

保险公司公信力不强、动员能力不足的问题，两者结合共同围绕保险社会保障体系的总目标，推进养老保险全国统筹，大力发展多层次、多支柱养老保险体系，扎实推动共同富裕这一目标。

在未来的社商协同模式下，社会保险与商业保险的融合发展方向应在三个方面。

第一，持续政策支持。国家持续推动与释放支持商业保险与社会保险融合发展的相关政策，与时俱进满足市场和民众的实际需求。特别是在基本养老、医疗保险、个人养老金制度及年金制度等关键领域，政策的细化和完善将为商业养老和医疗健康保险市场创造更为广阔的发展空间。

第二，跨部门合作的深化。跨部门合作是实现社会保险与商业保险融合发展的桥梁。人力资源和社会保障部、国家医疗保障局等相关政府部门与国家金融监管总局之间的协同应更为紧密。双方应共同探索新的合作模式，构建社商之间良性互动、优势互补、各展其长、协同发展的新格局。例如，以健康保险为例，现阶段基本医保已经实现全民覆盖，医保部门掌握详尽的医保结算数据，通过医保大数据测算分析可以对待遇支出进行精准测算，按照"以收定支、收支平衡"的原则可以科学确定保费标准。同时医保部门具有整合各类保障制度的资源，唯有政府部门牵头，保险公司发挥技术优势，利用大数据、人工智能等前沿技术，进行精准分析测算后设计产品，才能将健康保险与基本医保有效结合，建立在基本医保制度基础上的健康保险才具有长远发展的生命力。

第三，完善管控体系。在社商协同保险的运行过程中，以惠民保为代表的模式已经证明，稳健的运行不仅依赖于保费收缴和参保率的精确测算，更需要一个全方位的管理体系来对费用进行严密监控。过去，商业保险公司在医疗消费市场中普遍面临一个问题，即对临床诊治行为的管理能力不足，常常陷入被动支付或拒赔的境地，保险在医疗资源合理利用方面的调节职能尚未得到充分发挥。为了解决这一问题，政府应在推动普惠性补充医疗保险的过程中，特别注重配套管理机制的建设。具体来说，可以将医保部门的管理经验和手段统筹运用于健康保险管理当中，充分利用支付方式改革、基金监管等现有监管机制，将商业保险管理有机融入医保经办管理体系中。通过这样的综合管理，不仅可以确保制度的稳健运行，还可以促进医疗资源的合理配置和利用，更好地保障人民群众的健康权益。

确立财富管理战略地位，制订面向未来的发展规划

在制订新一轮保险业发展的战略规划过程中，应当更加突出保险在财富管理中的重要地位。在财富管理领域具备比较优势或发展潜力的保险公司，应当在深入分析经营环境、借鉴国内外先进经验的基础上，结合自身资源禀赋优势，确立财富管理的战略地位，将财富管理确定为保险集团及子公司战略转型的主攻方向之一，以创新思维推动发展转型和经营方式转变。

共同富裕是社会主义的本质要求，是人民群众的共同期盼，推动经济社会发展，归根结底是要实现全体人民共同富裕。作为资本要素配置的重要枢纽之一，财富管理直接为居民财产性收入提供服务，在推进共同富裕方面发挥着关键作用，推动经济社会发展更加公平、均衡。

确立财富管理战略地位，制订财富管理业务领域发展规划，不仅是保险公司在新一轮发展中不可或缺的一步，同时也是保险业在推动共同富裕实现过程中具有重要意义的一环。在当前我国经济发展的背景下，财富管理已经成为一个不可忽视的领域，对于保险业来说更是一项有力的抓手，通过发挥其独特优势，帮助更多的人实现财富保值增值，逐步实现共同富裕。

为实现共同富裕，保险财富管理的发展方向需要紧密围绕国家发展战略和人民群众需求，积极拓展服务领域和客户群体。制订财富管理业务领域发展规划，需要将市场需求、业务创新、风险控制、人才培养等因素纳入考虑，将财富管理确定为保险集团及子公司战略转型的主攻方向之一，以创新思维推动发展转型和经营方式转变。

关于保险业各类主体自身改革发展方面

充分发挥保险业在财富管理中的独特作用

保险产品具备诸多财富管理功能，相较于其他类型的金融产品，保险具有突出的正外部性，不仅可以发挥传统金融产品静态的财富管理功能，还兼具动态的财富管理功能。一方面，国民可以通过保险产品实现财富的保值增值，得到风险发生后的经济损失补偿；另一方面，在风险发生前和事件发生过程中，保险公司还可以提供专业的咨询顾问服务，有效减少国民在相关开支中的可能支出。财富管理的基础目标是实现保障，并在此基础上追求更高品质的生活，而保险公司可以提供兼顾财富收支平衡的管理手段和提升生活品质与效用体验的服务。家庭可通过人寿保险和医疗保险实现人力资本的风险管理，通过财产保险实现实物资产的风险管理。同时，社会保险和养老保险还具有补偿收入差距、性别差距的正面效应。

第一，保险的保障功能能够补偿经济损失。财富的创造往往伴随着巨大的不确定性，经济损失时常发生。就风险管理而言，保险的风险保障功能是其区别于其他金融产品的本质特征，避免财富的巨大损失和异常波动，从而成为一种行之有效的财富管理工具。财富管理中须防范的基本风险就是保障性风险，从交通意外险、重疾险，到汽车险、家庭财产保险等各式各样的保险产品，可以在生活各方面实现基础保障，免除创造财富过程中的后顾之忧。同时，保险能通过市场化的风险转移机制有效平抑突发风险，强有力地应对经济社会环境中的动态性和复杂性，以及不断提升的风险场景。例如，医疗保险可以降低生老病死给家庭带来的经济损失，确保家庭的财务稳定。

第二，保险资产管理能够实现财富增值。保险的负债属性，决定了保险公司在投资理念和经营上更倾向于长期投资和价值投资，从而能够穿越经济周期、抵御通货膨胀，实现财富的保值增值。近年来，我国保险业坚持稳健审慎和安全为先的投资理念，资产管理能力的逐步提升，有效抵御和熨平了经济周期波动的不利影响。保险公司已经成为我国资本市场重要的机构投资者之一，是企业年金和职业年金的重要参与者。例如，长期理财型保险不仅为家庭成员提供健康保障，还可以通过投资增值实现家庭财富的积累。对于处在不同收入阶层的家庭，由于其面临的主要问题不同，所需要的保险产品也有所不同。保险可以满足不同收入家庭对家庭成员生命安全、财产安全的保障，同时实现家庭财富的保值与增值。

第三，保险产品的长周期性能够实现财富传承。财富管理是对家庭财富进行的超长期管理，期限可以长达一代人完整的生命周期乃至实现跨越代际的传承。保险，尤其是人寿保险，基本逻辑正是对现金流进行跨期管理与配置。保险天然是一种财富管理的有效工具，可为家庭成员提供健康、养老、医疗、教育、财产保全、财富增值等综合性财富管理规划。关于财富传承，其最主要的需求是保障风险隔离、企业传承、家财稳固和个性化传承。财富传承的主要工具包括遗嘱、信托和保险，在世界各国已达成共识，人寿保险是重中之重的基础性制度安排。保险可以约定不同受益人顺序和保险金分配比例，指定受益人的法律权属，同时可以对财产进行身前传承，且不丧失控制权，是财富传承规划中的重要工具。保险具备法律性、制度性、结构性等诸多优势，在资产配置和财富管理中独树一帜。

第四，保险能够优化家庭的税务负担。例如，保单在代际传承中不征收个人所得税。与遗产继承过程中必须先偿还已故人士的债务相比，保险具有天然的制度保障和法律优势。同时，个人税收递延型养老保险产品允许投保人在限定金额内税前支付保费，实现递延纳税，降低了投保人的总体税务负担。

第五，保险能够缓解家庭养老和子女教育负担。人口老龄化、低生育率和家庭小型化是当前我国家庭人口结构的重要特征。这对家庭风险管理能力和财富安全管理并实现生活保障提出了更高的要求。随着我国老龄化局势日益严峻，保险产品中的投连险和万能险可以为有养老需求的人群提供全面保障。养老保险能够为家庭带来收入效应，养老金收入可增加子女与父母同住家庭的福利，维护家庭孝养伦理，创造两代人帕累托改进的机会。家庭对于养老、教育等方面的保障需求是刚性的，家庭通过外部的商业人身保险追求外部保障的需求不断增加。低生育率使得家庭子女数量减少，少年儿童成为家庭保护关怀的重心。目前，许多保险产品针对青少年儿童的需求进行设计，一方面可以实现家庭财富保值增值，另一方面可以有效分担家庭成员面临的风险。

提升保险业财富管理能力

第一，要能满足不同层次人群财富管理需求。保险提供的财富规划、生命规划和家庭规划，通过提供需求导向型的、顾问式的、低成本的风险保障产品和财富规划服务，能帮助客户分析和规划其个人或家庭未来，灵活高效地管理生命周期风险，满足个人财富保值增值需求，防范高资产净值人群的财务风险，稳定收入预期。

第二，要扩大金融产品种类。保险资产管理公司是国内少有的能够全面覆盖权益类投资、固定收益类、外汇投资类、产业投资类等高中低不同风险业务领域的资产管理机构。尤其是固定收益投资能力在国内应属领先，同时以固定收益为主的投资盈利模式也符合财富管理行业的发展趋势。

第三，创新环境和创新能力要持续改善。近年来保险监管部门积极稳妥地推进保险资金运用改革，陆续推出了一系列保险投资新政，扩大了保险资金投资渠道，有利于保险投资多元化和投资收益率的提升。同时，通过推动设立创新试验区、产业园区等方式引导保险公司加大产品和服务创新力度，保险创新的环境日益优化，能力不断提升，为保险业持续平稳健康发展提供了有力保障。

第四，保险产品要能够合理降低家庭税负。我国税法规定，寿险产品给付的身故保险金免征受益人的个人所得税；《个人所得税法》规定，保险金不列入所得税应纳税额之内。随着税法和税收征管制度的不断完善，预计未来在养老、健康等领域会有更多的税收优惠政策出台。

关于市场策略方面

细分财富管理市场，强化客户导向的产品和服务

为了实现共同富裕的目标，保险财富管理需要深入细分市场，提供更具有针对性和个性化的产品和服务。首先，要强化对客户关系的管理，建立有效的客户群和完整的客户分层服务体系。通过深入了解客户需求，将客户划分为不同的细分群体，如高净值人群、中产阶级、年轻专业人士等，针对不同客户群体的特点和需求，提供定制化的财富管理方案和服务。

其次，要突出客户需求导向的重点性和主动性。保险公司要积极倾听客户意见和反馈，不断优化产品设计和服务流程，以满足客户的实际需求。同时，要加强与客户的沟通和互动，建立良好的客户关系，提高客户忠诚度和满意度。

一方面，通过细分市场、强化客户导向的产品和服务，保险财富管理可以更好地满足不同客户的需求，选择专业的机构来帮助客户管理个人财富，可以有效降低管理风险，实现财富的保值、增值和传承，促进共同富裕。另一方面，保险公司要利用互联网经济的特点，加强与社交媒体的互动交流和信息分享。通过建立社交媒体等新兴媒体渠道，与客户进行互动，了解客户需求和市场动态，快速响应市场需求，提供定向的全方位的保险财富管理方案。从优质产品和服务入手，吸引更多客户将资产放入保险业，助力实现共同富裕目标，为人民群众提供更优质的保险金融服务，共同分享经济发展的成果。

建立多位一体财富管理服务模式，打造跨业跨境财富管理平台

保险公司应致力于建立多样化的财富管理服务模式，满足不同层次和需求的客户。保险公司应顺应大财富管理时代的需求，建立市场化的财富管理平台，整合保险、银行、基金、信托、资产管理等领域的资源和能力，形成一个综合性的财富管理生态系统。如此一来，客户可以享受到全方位、定制化的财富管理服务，包括投资规划、资产配置、风险管理、税务筹划等方面的专业指导，从而实现财富的保值增值。在打造财产管理生态系统的同时，保险公司也应加强与其他金融机构的合作。通过合作，可以充分发挥各机构在资源、技术和客户渠道方面的优势，合作共赢。此外，保险公司借助自身海外业务，积极拓展国际市场，建立完善的海外服务网络，并且通过与国际财富管理机构的合作，共享经验和技术，不断提升财富管理服务水平。建立多位一体财富管理服务模式，打造跨业跨境财富管理平台，是为了更好地实现共同富裕的目标。通过整合资源、加强合作，提供定制化的财富管理服务，保险公司能够更好地满足不同层次和需求的客户，促进财富的合理增长，推动共同富裕的实现。

加快保险产品服务和组织创新,拓展财富管理发展空间和市场份额

保险财富管理需要紧密关注和充分利用前沿技术,以大数据和互联网金融的发展为依托,不断创新保险业财富管理产品、服务和经营管理模式。保险公司应加快产品和服务的创新,通过开发新型保险财富管理产品,如灵活投资连结保险、养老金计划等,满足客户的财富保值增值需求。同时,要关注新兴领域的需求,如绿色金融、健康保险等,拓展财富管理的市场空间。另外,保险公司应加强组织创新,优化运营管理模式,提高服务效率和提升客户体验满意度。通过引入智能化技术和自动化流程,提升业务处理效率,提供更快速、便捷的财富管理服务。通过关注前沿技术、创新产品和服务、开拓业务合作渠道以及优化运营管理,保险财富管理能够不断拓展发展空间和市场份额,进而更好地推动共同富裕的实现。

将财富管理与养老保险产品有效结合

人口老龄化是我国社会发展面临的严峻挑战之一。我国具有主要依赖"家庭养老"的显著特征,因此家庭财富的创造积累和规划管理是极为重要的基础和前提。我国养老保险制度对不同收入水平阶层的影响不同,收入水平越低,制度间差距越小,收入水平越高,制度间差距越大。机关事业单位养老保险提供的保障水平最高,其次是企业职工养老保险,最低的是新型农村养老保险。如何更好地将财富管理与家庭养老相结合,实现家庭财富的代际传承,解决好人口老龄化背景下的家庭养老问题,是保险业需要不断创新的发力领域。

加强专业能力建设,提升保险财富管理效能

首先,保险公司机构及从业人员要深刻地认识到共同富裕这一国家战略的意义,才能有效推进共同富裕和中国保险行业高质量发展。其次,保险公司应注重培养和吸引高素质的财富管理专业人才。通过加强人才选拔和培养机制,建立健全的培训体系,提供广阔的发展空间和良好的激励机制,吸引和留住具备财富管理专业知识、经验和技能的人才。同时,要积极引入跨领域的专业人才,如投资经理、风险管理专家、数据科学家等,加强团队协作,提升保险财富管理的综合能力。再次,保险公司自身应不断加强技术和信息化建设,提高保险财富管理的效能和服务水平。通过应用人工智能、大数据分析、区块链等前沿技术,提升财富管理的智能化和数字化水平,实现更准确的风险评估和投资决策。同时,建立和优化信息系统,提高数据的集中管理和共享,增强内外部信息的流通和协同,以提高保险财富管理的运营效率和决策能力。除此之外,保险公司还应积极开展专业研究和学术交流,不断更新知识和技术,引领行业发展;加强与高校、研究机构的合作,开展前沿课题的研究,推动保险财富管理理论和实践的创新。

保险业财富管理助力共同富裕相关案例研究

甘肃"两保一孤"保险探索商业保险服务精准扶贫新模式

2015年8月以来,甘肃保险业立足"精准"二字,发挥专业优势,在秦安县试点将农村一、二类低保户,以及五保户和孤儿等贫困人员作为保险支持重点,开发有针对性的重大疾病和意外伤害扶贫保

险产品（以下简称"两保一孤"保险），并推广覆盖至省内3个市州17个贫困县的103.5万名贫困人员，提供风险保障超过331亿元，有81人次享受到了165万元的保险补偿，探索了商业保险服务精准扶贫的新模式。

主要做法

1. 政府主导，通力合作，确保对象精准

"两保一孤"保险的参保对象是政府建档立卡的农村低保户、五保户和孤儿等贫困人群。甘肃省金融办负责保险项目整体工作，协调各部门统筹推广；民政部门依据信息系统提供投保清单，精准识别扶贫对象；财政部门筹集资金缴纳保费；卫生部门提供历史经验数据，保障方案设计科学；扶贫部门跟踪评估成效，提出改进建议；甘肃保监局指导中国人寿保险公司甘肃省分公司认真分析当地农户的致贫原因和脱贫需求，量身定制保险产品与服务。通过不同单位的分工合作，全程监控项目运行，全心服务扶贫对象，达到"真扶贫、扶真贫"的目的。

2. 发挥优势，设计科学，确保措施精准

"两保一孤"保险主要包括：针对因重疾致贫返贫高发实际，充分发挥重大疾病保险的定额赔付、先行给付优势，"两保一孤"人员在县级以上医院一经确诊50种重大疾病，即可获得保险公司2万元现金赔款；针对甘肃山多沟深、意外高发实际，充分发挥意外伤害保险的风险补偿优势，提供1万元意外身故（含伤残）保障；针对乡村干部群众保险知识匮乏实际，充分发挥定期寿险的身故给付优势，特别设计2 000元的疾病身故保障。

3. 保本微利，风险调节，确保运行精准

按照保本微利、风险共担原则，合理控制商业保险机构的经办成本，构建科学的风险调节机制。将年度赔付警戒线定为保费总额的80%。若年度赔付率低于警戒线，由保险公司在下一年度采取降低保费、扩大病种、提高保额等多种方式，确保结余资金用足。如年度赔付率超过80%，则由政府提高下一年度保费筹资标准，弥补保险公司上一年度亏损，确保项目持续运行。目前甘肃保监局已指导保险公司根据秦安县试点情况，启动了风险调节，将财政出资保费标准由试点时的100元/人下调至60元/人。

4. 多措并举，重点保障，确保服务精准

中国人寿甘肃省分公司联合地方政府加大宣传推广力度，提升群众对"两保一孤"保险的认知度，先后深入23个乡镇召开业务启动会，走进65个村委会和200余户村民家中进行现场宣讲，发放资料3万余份，做到干部知晓、村民明白。中国人寿甘肃省分公司加大投入，专门制订方案，提供便捷高效的理赔服务，为每个乡镇配备1~2名兼职服务人员，努力实现第一时间受理理赔申请，第一时间探望患病群众，第一时间送达保费赔款。

取得的成效

"两保一孤"保险定位准确，符合贫困人群现实需求，已经成为甘肃精准扶贫的一张名片。2016年5月，中央全面深化改革领导小组办公室《改革情况交流》（第77期）对其做了专题介绍。

1. 形成可操作可复制的保险扶贫新模式

"两保一孤"保险采用团体投保，手续简便，成本低廉；保险责任以重大疾病为主，定额赔付，简明易懂，农民听得清，干部讲得明，政府买得起。"两保一孤"保险有效解决了农村贫困人群就医"敲门砖"问题，探索了现代保险服务对接精准扶贫的新模式，具有在更大范围推广的典型意义。目前，甘肃省"两保一孤"保险实施方案已进入意见征求阶段,将以省、市、县三级财政共同承担保费的财政补贴方式在全省推广。

2. 探索政府为贫困人群提供托底式医疗保障新方式

甘肃保险业在"两保一孤"保险中借鉴引入重大疾病保险定额给付、先行赔付的做法,精确补位现有医疗保障制度缺口,实现了与新农合基本医保、城乡居民大病保险、民政医疗救助政策的有效对接,助力政府为贫困人群提供托底式医疗保障。秦安县试点不到一年,已有81名农村贫困群众享受到了165万元的保险补偿。秦安县王尹乡胡坪村65岁农民胡金荣于2015年10月突发白血病,在筹钱治病为难之际,村干部为其联系了保险公司,胡老汉手捧2万元现金激动地说:"过去看病难、看病贵,现在政府给办了这保险,我们不再犯愁了。"

3. 拓展政府财政扶贫资金发挥作用的新途径

地方政府通过"两保一孤"保险,只需每人投入60元即让贫困人员享受到最高3.2万元的高额风险保障,达到了以小资金撬动大保障的"四两拨千斤"效应。"两保一孤"保险省市县三级财政共同承担保费的财政补贴方式,有效放大了财政扶贫资金使用效应,使财政扶贫资金使用方向更加精确、使用过程更加精细、使用效果更加精准,拓展了财政扶贫资金运用的新领域,为政府推进精准扶贫、精准脱贫提供了又一路径。

云南保险业探索特困人群医疗救助扶贫新途径

中共中央、国务院《关于打赢脱贫攻坚战的决定》提出:"实施健康扶贫工程,保障贫困人口享有基本医疗卫生服务,努力防止因病致贫、因病返贫。新型农村合作医疗和大病保险政策对贫困人口倾斜。"近年来,云南省昭通市探索开展民政医疗救助补充保险,构建多层次的民政救助体系,提高了贫困地区医疗服务能力,有效减轻了城乡低保、农村"五保"和重点优抚对象等民政救助人群的医疗负担，为当地特困人群的脱贫攻坚工作提供了有力的保险保障。

主要做法

云南省昭通市下辖1区10县，有10个县（区）为国家级贫困县，经济发展和人民生活水平较低，全市约有82万人常年需要救助，贫困家庭"因病更贫"等问题常有发生。2009年，为适应民政医疗救助制度运行需要，进一步减轻救助对象的医疗费用负担，昭通市民政局利用民政医疗救助基金为城乡低保、农村"五保"、重点优抚对象购买商业团体补充医疗保险，商业保险公司提供费用补偿和专业服务。

1. 政府支持，试点先行

2009年，昭通市民政局与中国人民健康保险股份有限公司云南分公司签署协议，自2010年1月起，盐津县和水富市试点利用民政医疗救助基金全额出资，为低保优抚人群购买团体补充医疗保险，保费每人每年30元。一旦参保人员生病住院，通过城镇居民基本医疗保险或新型农村合作医疗保险报销后的剩余费用，保险公司按照个人自付部分的45%给予赔付，每人每年累计赔付金额封顶6 000元。试点首年，两县共覆盖低保优抚人群46 350人，累计赔付422人次、111.24万元，取得了良好效果。

2. 稳健推广，创新机制

2011年，昭通市政府决定将商业民政救助补充医疗保险项目推广至全市。从5年来的运行情况看，保费由各县民政局从民政医疗救助基金统一划拨，低保优抚人员无须交费。保障范围与城乡居民基本医疗保险、大病保险的可报销范围一致。不设起付线，个人自付医疗费用按乡镇卫生院45%、县级医院40%、市级医院35%、市外就医30%的比例进行赔付，封顶线每人6 000元/年。建立风险共担的可持续发展机制,当保险赔付超过保费的90%时,超出部分由民政部门承担。当年度赔付总额少于当年总保费的90%时,结余部分用于对困难患者或特殊病种患者进行二次补偿,确保用足、用好民政医疗救助基金的投保资金。

3. 强化服务,提高质量

昭通市民政局和中国人民健康保险公司云南分公司合作研发了"昭通市城乡医疗救助管理系统",覆盖了参与民政救助的全部144个乡镇民政所、216个定点医疗机构,与城乡医保信息系统无缝对接,实现了民政医疗救助与基本医保、大病保险的同步报销、即时结算。保险公司通过抽查病历、医疗巡查等方式,做好对医疗行为的监督管理,审核确认不合理案件3 779个,减少赔付支出301.52万元。保险公司还积极开展数据积累和分析,真实分析评估经营情况,按季度、年度向民政部门提交运行报告,为完善民政医疗救助的经营管理和服务提供依据。

取得成效

2010年1月至2015年10月,昭通市民政医疗救助补充保险累计承保305.53万人次,赔付27.94万人次,赔款1.13亿元,探索出一条运用保险机制助力脱贫攻坚工作,实施健康扶贫工程的新路子。

1. 降低低保优抚人群医疗费用负担

目前昭通市为特困人群建立了"基本医疗保险+城乡居民大病保险+民政救助医疗补充保险+民政二次救助+重点救助(针对农村'五保'、重点优抚对象)"五层保障的民政医疗救助体系。经统计2012—2014年度赔付情况表可知,参保人生病住院时,经基本医疗保险报销后,个人医疗费用负担比例约为35.5%;经民政救助补充医疗保险报销后,个人医疗费用负担比例约为24.56%,下降10.99%。如当地农村重点优抚对象陈某某,2014年因腹股沟斜疝病住院42天,医疗费用20 774.11元，新农合报销14 004.35元，民政救助补充医疗保险报销2 400.74元，重点救助报销720.22元，最终个人实际支出3 648.8元，承担比例17.56%，比基本医保报销后承担比例下降了15.03%。

2. 提升民政医疗救助资金使用效率

改变传统按人头平均发放救助资金的方式，借助保险公司的专业能力，将救助基金支付给那些看病后自付比例较高的贫困人员，医疗救助基金大量结余的状况得到很大改善，救助基金的使用效率也不断提升。实行"一站式"结算，实现了基金在线监控和监管，资金支出更加规范，避免了"人情救助"等不规范行为，保证了医疗救助的及时性和公平性。

3. 探索保险业助力脱贫攻坚的有效途径

昭通民政救助补充医疗保险与基本医保、大病医保、医疗救助制度互补联动，有效提升了贫困地区群众的医疗保障水平。如昭通市巧家县为云南保监局扶贫联系点，每年扶贫资金支持5万~10万元，可扶贫人数较少。以2014年度民政救助保险承保赔付情况看，承保特困人群76 838人，赔付7 093人（次），赔款支出2 244 695.1元，保险的大数法则和经济补偿功能得到很好体现，为精准扶贫、精准脱贫提供了可选择途径。

厦门重特大罕见病"1+N"多元化社会救助

厦门市医保部门聚焦重特大罕见病患者救助工作，防止因病致贫、因病返贫，打造"1+N"医疗保障社会救助新模式，汇聚各部门和社会力量，形成"患者承担一部分、企业让利一部分、社会捐助一部分"的共担救助体，为重特大罕见病患儿提供爱心援助，实现精准救助和精准保障。

主要做法

一是政府主导牵头,各界积极参与。厦门市医保局积极推动出台《厦门市重特大罕见病救助工作实施方案》,打造"1+N"医疗保障社会救助机制。2022年,由厦门医保局主导牵头,协调厦门市爱心办公、惠厦保项目组、医疗机构、定点药房、保险直付服务公司、患者、药企七方,通过惠厦保保障、爱心基金帮扶、药企援助,为厦门重特大罕见病患儿提供保障。

二是商保充分参与。在政府8个部门的共同推动下,经政府发文,面向厦门医保参保人推出了专属的城市定制型商业医疗保险产品(惠厦保),有效补充和衔接基本医保,进一步防止参保人"因患大病致贫、一人生病全家返贫"。惠厦保对罕见病保障责任不设起付线,对符合条件的特定药品予以60%的赔付,最高赔付50万元。

三是慈善发挥重要作用。厦门市爱心办充分发挥统筹全市爱心资源的平台优势,形成由爱心办牵头,医保、民政、民宗、红十字会、慈善总会等有关部门和社会慈善力量合作的重特大罕见病爱心救助共建共治格局,实现精准发力、精准救助和精准保障;带头发动各界爱心捐助,所筹款项统一汇入"爱心厦门专项基金",根据患者家庭实际困难及救治情况,采取"一事一议"实现精准帮扶。

取得成效

近年来,我国对于罕见病用药保障日益重视,重特大罕见病用药保障一直是社会各界关注的热点和难点。厦门市探索的重特大罕见病"1+N"多元化社会救助模式为此提供了很好的参考价值,也切实解决了一部分罕见病患儿的用药保障问题。

在政府的资源整合之下,商业保险、爱心基金和企业援助有效衔接。其中，由厦门八部门共同推动的惠厦保，在 2022 年为包括罕见病患儿在内的 104 万参保人提供保障。"1+N"医疗保障社会救助机制持续常态化运行，截至 2022 年 3 月已经为多名罕见病患儿提供了共计 114.13 万元的救助资金，用爱心点亮困难群众生的希望。

国外保险公司财富管理案例

美国保德信保险公司

该公司成立于 1875 年，是美国最大的人寿保险公司之一。成立之初，保德信专注于保险，后拓展到资产管理和财富管理业务，形成版图巨大的保德信金融集团。2021 年，保德信金融以 1.74 万亿美元的管理资产规模位列全球第 13 位。

早在 1928 年，保德信就开启了固定收益投资业务，为机构客户管理固定收益账户。1975 年，开启量化管理投资业务，为机构客户管理股票账户。1987 年，保德信建立共同基金管理业务（现为 PGIM 投资），以管理规模日益壮大的共同基金。2014 年，成立保德信金融投资管理（PGIM）机构咨询与解决方案小组，就各种资产配置和投资组合主题为机构客户提供咨询，并根据机构的具体目标提供定制化研究。

保德信金融的资管和财富管理业务旨在满足集团内资金的资产管理和第三方机构客户与个人客户的财富管理需求，其中集团内 80% 以上的金融资产长期以来均由 PGIM 管理。PGIM 旗下有六大自主资产管理业务，包括詹尼森协会（Jennison Associates LLC）、PGIM 固定收益（PGIM Fixed Income）、PGIM 私募股权基金（PGIM Private Capital）、PGIM 房地产（PGIM Real Estate）、PGIM 投资（PGIM Investments）、PGIM 量化解决方案（PGIM Quantitative Solutions）。以上六家子平台根据投资品种进行业务划分，针对不同客群的财富管理需求提供多元化的产品，投资范围涵盖固定收益、权益、房地产、另类资产、量化投资、私募股权基金、多资产类别投资等。每个业务都专注于特定的资产类别，形成专业的团队和机构。

在财富管理产品方面，PGIM 通过提供多元化的财富管理方案满足零售客户需求。保德信推出广泛的退休解决方案［如 401（k）、IRA 等］、大学储蓄计划、共同基金和个性化的投资组合等，来满足客户财富保值增值的需求。例如，PGIM 投资为个人客户提供共同基金、ETF 和独立账户等多类别产品，包括 2 只资产配置基金、17 只权益基金、9 只国际权益基金、1 只另类基金、14 只特别基金（Specialty）、25 只应纳税固定收益基金、4 只免税固定收益基金、3 只货币市场基金、12 只目标日期基金，以及 2 只其他基金。种类丰富的基金产品满足了不同零售客户的各类投资需求。

纽约人寿

纽约人寿（New York Life）成立于 1845 年，是美国最古老的人寿保险公司之一。纽约人寿面向外部客户的资产管理和财富管理业务始于 20 世纪 80 年代。目前纽约人寿投资管理公司（New York Life Investment Management LLC，简写为 NYLIM）的资产管理规模达 7 100 亿美元，为养老金、捐赠基金、投资顾问和个人客户提供广泛的投资解决方案。[①]

1984 年，纽约人寿通过收购 MacKay Shields，开始服务第三方机构客户，开启了股票和固定收益的独立主动管理业务。

1986 年，纽约人寿开始涉足个人投资者业务。在资产管理业务方面，纽约人寿通过 MainStay 共同基金系列，向散户投资者提供包括股

---

① 资料来源：https://www.newyorklife.com/who-we-are/our-story.

票、固定收益、多资产、另类投资和货币市场投资方案等广泛的投资组合。1999年，纽约人寿创立私募股权管理公司GoldPoint Partners；2001年，成立Madison Capital Funding；2010年，收购美国另类投资精品公司PA Capital（前身为Private Advisors）；前述三者于2022年合并为Apogem Capital。2000年，NYLIM成立，为机构和零售客户提供一站式的固定收益、股票和另类产品等多样化服务。①

在财富管理业务方面，纽约人寿于1988年成立NYLIFE Advisors，提供投资咨询和财富管理服务。后来NYLIFE Advisors经过更名与重组，成为现在的全资财富管理子公司Eagle Strategies LLC。Eagle Strategies以客户需求为中心，提供定制化的财富管理服务。截至2022年12月31日，Eagle Strategies的顾问资产规模约为188亿美元，资产管理规模约为167亿美元。前Eagle Strategies约有员工1 950人，8万余位客户中超七成为个人投资者，近三成为高净值人士。

目前，Eagle Strategies的服务主要包括：②

- 财务规划。
- 基金咨询。
- 独立管理账户（Separately Managed Accounts，简写为SMA）。
- 统一管理账户（Unified Managed Accounts，简写为UMA）。
- 慈善投资。
- 经纪业务。
- 人寿保险、长期护理保险和投资年金。

以投资年金为例，纽约人寿可变年金的一种Premier Advisory Variable Annuity（简写为Advisory VA），为有长期规划需求的客户提供

---

① 资料来源：https：//www.newyorklifeinvestments.com/mutual-funds；https：//www.newyorklifeinvestments.com/who-we-are/our-history.

② 资料来源：https：//www.eaglestrategies.com/content/clients/financial-solutions/.

"个人保费递延可变年金+持续的专业咨询"综合服务。Advisory VA 包含以下两个阶段:

- 累积(储蓄)阶段,投保人支付保费、支付咨询费、投资资产。Eagle Strategies 旗下的 NYLIAC 提供各种保险专用共同基金,投保人可根据每只基金的投资策略、投资顾问、费用比率和回报等,确定投资金额和投资时间。累积阶段也可以进行部分提款,但可能会导致保单收益减少或税款增加。在从保单提款前所获收益无须缴税。
- 年金化阶段,投保人(或指定的年金受益人)定期收到固定收益款,不再支付咨询费,但仍可获得持续的咨询服务。在此阶段也可选择部分年金化。①

Advisory VA 既实现了保险功能的年金化和税款递延,又提供了持续的专业咨询服务,满足了客户在不同阶段的财富管理需求。

---

① 资料来源:https://files.adviserinfo.sec.gov/IAPD/Content/Common/crd_iapd_Brochure.aspx?BRCHR_VRSN_ID=853231.

第五章

共富时代的信托业财富管理

信托的概念、渊源与发展

信托的定义

信托在境外是一项历史悠久、发展成熟的资产管理制度，因其制度灵活性与功能多元性被广泛应用于民事领域和商事领域，尤其是在资产管理领域，极大地推动了财富管理行业的健康规范发展。

信托制度在20世纪初被引入中国，但一直没有进行相关立法。为满足经济与社会发展需求，我国在结合国情与自身法律文化的基础上，对信托制度进行了引进和继受。2001年《中华人民共和国信托法》（以下简称《信托法》）颁布实施，正式在我国确立了信托制度。

《信托法》的第二条明确了信托的定义：信托是指委托人基于受托人的信任，将其财产权委托给受托人，由受托人按委托人的意愿以自己的名义，为受益人的利益或者特定目的，进行管理或者处分的行为。当前，信托作为以信任为基础、财产为中心、服务为方式的资产管理制度，在运作上极具灵活性和长期性，已经成为财富管理的天然载体，使得信托公司能够运用信托制度在财富管理普惠化过程中发挥独特、差异化的作用，为助力共同富裕、建设橄榄型社会贡献信托力量。

信托的基本特征

根据我国的《信托法》，信托制度呈现出以下制度特征。

信托财产具有独立性

信托一旦成立，信托财产就从委托人、受托人和受益人的固有财产中分离出来，成为一项独立运作的财产。对此，我国《信托法》做出了专门规定，《全国法院民商事审判工作会议纪要》进行了进一步的阐述，其内涵主要包括：一是信托财产独立于委托人、受托人、受益人各自的固有财产；二是除《信托法》第十七条规定的情形外，对信托财产不得强制执行且不得采取保全措施。这种独立性使信托财产超然于各方当事人的固有财产，其出发点是维护信托财产的独立，确保信托目的得以实现。同时，赋予了信托风险隔离的功能，使得信托在财产保值增值、财富传承、个性化事务安排等普惠财富管理方面的价值得到越来越多人的认可。

受托人应当履行信义义务

在英美信托法中，信义义务是受托人行为规范的基本原则，是能否达成信托目的的关键。所谓信义义务（fiduciary duty），即要求受托人管理信托财产要和管理自己的财产一样尽心尽力。也就是说，受托人必须在任何时候为受益对象的最佳利益服务。通常情况下，信义义务主要包含以下两层基本含义：一是注意义务（duty of care），亦称谨慎义务，即受托人应当以专业的技术与谨慎的注意管理处分信托财产，具体包括注意的需要、技能的需要、谨慎的需要。二是忠实义务（duty of loyalty），即受托人管理处分信托财产时，不能为自己和他人牟取私利，而应以实现受益人的最佳利益为处理信托事务的最高宗旨。我国《信托法》亦规定了信义义务的有关内容，明确受托人应当遵守信托文件的规定，为受益人的最大利益处理信托事务，具体包括亲自管理义务、谨慎管理义务、分别管理义务、有效管理义务、公平对待义务、保存记录义务等。在此基础上，实现受托资产管理的"卖者尽责，买者自负"。其中,"买者自负"是建立在受托人履行信义义务基础上的,即受托人"卖者尽责",受托人管理信托财产所产生的风险由投资者自担。

信托财产权利与利益相分离

就设立信托的目的而言,委托人既可以为了自身的利益设立"自益信托",也可以为了他人的利益设立"他益信托",还可以为了公共利益目的设立"公益慈善信托"。信托这种既可以自益又可以他益的制度安排,使其在满足委托人资产保值增值、财富分配、公益慈善等多元化财富管理需求方面具有天然优势,从而被加载到居民资产管理、财富传承、公益慈善等诸多场景中。特别是信托的"他益功能"使其成为公益慈善事业的天然载体,在缩小收入差距、推进共同富裕方面具有多方面优势。

此外,信托财产具有多样性。我国《信托法》规定的信托财产类型丰富。实际中,居民财富所涵盖的不仅仅是金融资产,还包括不动产、股权、书画等另类资产,甚至专利权、收益权、知识产权等权利性质的财产,这些都可以作为信托财产。信托公司可以凭借自身特有的制度优势以及管理经验,为客户提供各类财产的管理、分配、规划等服务,这拓展了信托作为财富管理工具的宽度和广度,助推财富管理普惠化的深入。

境外信托业的发展情况

信托在英国的发展情况

英国最早的信托是个人承办的,主要处理私人财产事务和公益事务。受托人常由社会地位比较高的牧师、律师等人担任。被授予信托的人基于荣誉感和良心接受这样的责任，而非基于获得金钱或者物质的动机，因此不收取报酬。在工业革命后，生产突飞猛进，英国出现了大批富人，他们对财产的管理和运用有了更多的要求。随着信托制度的不断完善，英国开始出现信托机构，第一家私营信托机构是成立于1886年的伦敦信托执行和证券保险公司，1888年另一家办理信托业务的机构——伦敦法律保证信托协会成立。这标志着英国的信托由个人信托发展到了法人信托，并且开始收取受托报酬。法人承办的信托业务主要是股票、债券等代办，和开展年金信托、投资顾问、代理土地买卖等。虽然英国信托的特点为偏重于个人信托，但法人信托在金融信托业务方面发挥着重要作用。英国的信托业务分为一般信托业务、证券信托业务和公益信托。

1. 一般信托业务

一般信托业务包括个人信托业务和法人信托业务。个人信托业务主要的种类有财产管理、执行遗嘱、管理遗产、财务咨询等。法人信托业务的种类包括：股份注册和过户；年金基金管理；公司债券的受托，如公司债券的证明、偿债基金的收付及本利的支付、抵押品的保管等；公司筹设，企业合并等。

2. 证券信托业务

证券信托业务包括投资信托和单位信托两大类。投资信托是指法人信托机构接受委托买卖有价证券，并代为管理的一种信托业务，受托人由以投资为目的而代表投资者持股和管理的股份有限公司承担，类似于现在的封闭式基金。与投资信托不同，单位信托是一种开放式的共同投资工具，类似于现在的开放式基金。它出售分单位信托券，集合众多投资者的资金，分散投资于多种有价证券。不同的单位信托可以有不同的投资策略取向，如保守型、稳健型、激进型等。

3. 公益信托

英国的公益信托早在 1601 年就制定了《慈善或公益用益权法》，用来说明公益信托的公益目的，保障公益信托的推广，防止公益信托被滥用。由于此传统，英国的公益信托十分发达，其中创办于 1895 年的国民信托、创办于 1957 年的市民信托就是著名的公益信托机构。

信托在美国的发展情况

美国是当今世界上信托业较为发达的国家。其信托业虽然脱胎于英国，却并没有囿于英国的既有观念，而是最早完成了个人受托向法人受托的过渡，以及民事信托向金融信托的转变。

20 世纪 90 年代以来，以投资基金和退休基金为代表的各种商业信托制度的迅猛发展，改变了人们对信托应用领域的狭隘认识，信托以其灵活的制度设计在大规模的财产管理方面提供了其他制度无法替代的功能。

美国的受托人一般将个人信托业务分为三个部分，并分别设计了不同的产品和服务。具体来说，针对累计金融资产在 25 万~200 万美元的客户，受托人提供共同基金的投资咨询服务；针对可投资资产在 200 万~5 000 万美元的客户，受托人则提供分别管理账目以及专业化投资管理服务；可投资资产超过 5 000 万美元，并且其财务管理要求特别复杂的客户，受托人除了投资管理服务外，还提供专业化的信托服务、财务计划、托管以及慈善行为等咨询服务。法人信托的服务对象则主要是企业和非营利性机构，如教堂、工会、公益团体、学校等，其业务内容包括发行公司债券信托和商务管理信托（或称为表决权信托），代理股票过户登记，代理支付股息，代理公司的设立、改组与合并等。而个人和法人混合信托则主要有职工持股信托、年金信托、公益信托等，这几种信托业务在美国开展得都很普遍。另外，美国还开发了许许多多新型的信托投资工具，如货币市场互助基金（MMMF）、现金管理账户（CMA）、共同信托基金（MTF）、商业汇票（CP）、国库券（TB）等短期资金市场等。

美国的养老金多采用信托制度下的基金信托组织形式，养老基金属于基金法人，具有自己独立的法律地位。目前美国的退休养老金主要包括：个人退休账户、缴费确定型计划、州及地方政府雇员退休计划、私人待遇确定型计划、联邦待遇确定型计划和养老金年金等。目前信托在美国的退休金管理中得到了广泛的运用，退休和养老基金成为美国广大企业雇员把短期收入进行长期投资的主要渠道。

此外，美国对信托业务的创新也有独到之处。房地产投资信托基金（REITs），是一种通过发行股票或者单位受益凭证来募集大众投资者的资金以形成基金，由专业投资机构投资经营房地产及法定相关业务，并将绝大部分的投资收益定期分配给投资者的特殊的集合投资制度。从 REITs 的资金运用方式来看，可以分为权益型、抵押型和混合型三类。权益型 REITs 是投资者拥有房地产并对其进行经营以获得收入，每个投资者都是股东并依其所持有的份额分享投资收益。其收入来源主要是物业的租金收入，以及买卖房地产获利。权益型 REITs 的收益表现主要受房地产行业的经营绩效影响，具有类似于股票的投资特征。抵押型 REITs 是直接向房地产所有者和开发商贷款或通过购买抵押贷款或抵押贷款支持证券间接提供融资，其收益来源主要是利息收入。混合型 REITs 是权益型和抵押型 REITs 的混合体，它不仅进行房地产权益投资，还可从事房地产抵押贷款。

信托在日本的发展情况

日本是大陆法系国家引进信托制度较早，也较为成功的国家之一。1900 年，日本在其颁行的《日本商业银行条例》中首次使用"信托"一词，允许银行从事关于地方债券、公司债券及股票信托业务，这标志着信托制度开始正式导入日本。随着日本经济的高速发展，信托业在其金融领域中的地位逐步提升，信托的金融功能和财产管理功能得到了充分发挥。日本信托的发展大致可以分为以下三个阶段。

第一阶段：信托两法制定后至 20 世纪 40 年代后期（1945—1950）。在此阶段，信托的主流业务表现在接受资本家或机构投资人较大金额（当时最低金额为 500 日元以上）的信托，以单笔或集合形式运用于贷款和公债上，类似于现在的大额自由利率存款。在《信托业法》中，金钱信托允许保本保收益的特殊约定。

第二阶段：1952 年《贷款信托法》制定后的信托大众化时代。《贷款信托法》的制定使金钱信托成为定型化商品，开拓了新的客户市场。同时，在信托收益方面，由于税制上将其视为存款，有免税的可能，所以贷款信托在日本全国得到了极大普及，实现了大众化。

第三阶段：昭和 50 年代后期（1975—1980）至今。以往在日本被认为难以推进的信托种类，在此时期获得了急速的发展，日本称这一阶段为"信托时代"。其中较具代表性的有土地信托、证券信托（基金信托、特定金钱信托）以及资产证券化信托。在这一阶段中，土地信托是事业型信托的代表业务，证券信托是运用型信托的代表业务，资产证券化信托则是转换型信托的代表业务。这些新生的信托业务，与传统的集合资金贷款信托和年金信托等一道，成为信托银行的主要业务支柱。

与美国不同，日本只存在商业信托和公益信托，民事信托所占比例极小。同时，日本信托业务多由信托银行经营。信托业务是信托银行的本业，约占信托银行业务总量的 80% 以上。概括起来，日本的信托银行主要从事以下信托业务：贷款信托，金钱信托，年金信托，财产形成信托、财产形成拨付金信托和财产形成基金信托，证券投资信托，有价证券信托，金钱债权信托，动产信托，不动产信托，附担保公司债信托，特定赠与信托，公益信托和遗嘱信托。

此外，日本针对继受信托制度的社会现实，非常重视信托理念的普及。为发展信托制度，增进公共利益，日本早在1919年即创立了信托业协会，使其致力于信托观念的普及和业务推广，研究和改进信托事业的理论和实际，促进信托同业者相互间的交流与合作。此外，日本还创立信托研究奖励金制度，以使信托制度普遍化。

信托在中国的实践和发展

中国信托业发展历程

自1979年以来，信托业作为改革开放的重要标志和窗口，经历了一个艰辛探索、多次整顿、快速发展、转型提升的过程。在这个过程中，信托业依托独特的信托制度优势，在支持实体经济发展、服务人民美好生活、支持公益慈善事业等方面发挥了重要作用，成为我国现代金融体系的重要组成部分。

1. 信托业的探索阶段（1979—2000）

自1979年第一家信托投资公司成立到2000年的20年间，属于我国信托业的探索时期。这一时期，中央部委、银行以及地方政府纷纷设立信托投资公司，信托业成为仅次于银行的第二大金融部门。在探索时期，虽然信托业经过多次清理整顿，但其在功能定位上实行的均是高度银行化的混业经营体制，本源的信托业务几乎没有开展。

在探索初期，信托机构在业务经营和行业监管上都具有强烈的银行色彩。从资金来源来看，主要是存款性负债；从资金运用来看，主要是自营贷款业务；从监管方式来看，类同于银行管制。当时信托机构在金融体制改革中扮演的角色，是在传统的国家银行系统之外的、较少受到计划约束的新型"银行"类机构，社会各方对信托机构寄予期望的是它拥有比银行更具灵活性和弹性的融资渠道，以补充银行之不足，满足各方对资金的迫切需求。

在这一阶段，金融制度呈现出显著的混业经营特征，国家将信托机构作为"改革的试验田"，许多新的金融业务交由信托机构先开办。在这样的制度环境下，信托机构既经营信贷业务，又经营证券业务；既经营金融业务，又直接投资实业，变成了集银行主要功能、普通工商企业功能、证券公司功能于一体的"金融百货公司"。

在探索阶段，信托业出现了普遍性的不规范经营现象，使信托机构在我国金融制度变迁过程中常常成为一股无序的冲击力量，隐藏着巨大的风险。1982—1999年，国家及有关部门先后五次对信托行业开展清理整顿规范工作。

2. 信托业的规范发展阶段（2001—2006）

2001年我国《信托法》出台后，《信托投资公司管理办法》和《信托投资公司资金信托管理暂行办法》相继由中国人民银行发布实施，标志着中国信托业从探索时期步入了规范发展时期，信托公司发生了第一次质的变化。

"一法两规"出台后，信托投资公司从制度上定位于主营信托业的金融机构，可以经营资金信托、动产信托、不动产信托、有价证券信托和其他财产或财产权信托等信托业务，以及代理财产管理与处分、企业重组与购并、项目融资、公司理财、财务顾问、代保管等中介业务。

这一阶段信托业的业务发展主要有以下三大特征。一是主要开展固有业务。这一时期信托公司的固有业务几乎没有投资限制，信托公司纷纷投身实业，其收入主要来源于固有业务收入。据不完全统计，截至2006年年末，信托公司固有资产677.25亿元，固有业务收入占比高达 95.26%。二是尝试开展信托业务。部分信托公司尝试开展信托业务，并以资金信托业务为主。据不完全统计，截至 2006 年年末，信托全行业管理的信托资产规模为 3 617.04 亿元。三是面临的风险主要是关联交易风险。部分信托公司股东或高管利用信托公司作为融资平台，通过向关联方贷款、收购关联方资产或以关联方财产及财产权发行信托计划等，为自己、股东或实际控制人融通资金，进行不正当利益输送，损害投资人权益，并由此引发 6 家信托投资公司在这一阶段停业整顿或破产。

3. 信托业的快速发展阶段（2007—2017）

由于类银行化的业务积习已久，信托公司在规范发展阶段暴露出若干问题。为解决这些问题，监管部门发布了《信托公司管理办法》和《信托公司集合资金信托计划管理办法》（以下简称"新两规"），并于 2007 年 3 月 1 日起正式实施。"新两规"的实施促使中国信托业进入了快速发展阶段。

"新两规"的发布实施，对信托公司的规范和创新发展产生了深远影响，信托公司在我国发生第二次质的变化，并由此进入了一个全新的高速增长时期。据统计，截至 2017 年年末，68 家信托公司受托管理资产规模为 26.25 万亿元，信托业务收入占比 68%。

这一阶段，信托公司以融资类信托业务为主。无论是单一信托还是集合信托，信托公司均主要将信托财产直接或间接投资运用于非公开市场交易的债权性资产。据统计，信托公司的融资类信托峰值曾达到 6.45 万亿元，占信托资产规模的比例高达 60%。与之相对应，信托公司以管理信用风险为主，并由此引发刚性兑付的风险。据统计，2017 年年末信托业的风险项目数为 601 个，风险资产规模为 1 314 亿元，不良率为 0.5%。

4. 信托业的回归本源阶段（2018 年至今）

2018 年 4 月，资管新规出台，标志着我国信托业进入回归本源阶段。

在资管新规及系列严监管政策指引下,信托行业不断努力回归本源定位,信托全行业管理的资产规模自2017年年末达到26.25万亿历史峰值后,近5年均稳定在20万亿元左右,业务结构也发生了深刻变化,融资类及通道类业务持续压降,资产投向也不断优化。

2023年,《中国银保监会关于规范信托公司信托业务分类的通知》(以下简称《信托业务三分类》)出台,我国信托行业逐步形成以资产服务信托、资产管理信托和公益慈善信托共同发展的业务格局。截至2022年年末,我国信托行业存续信托资产管理规模为21.14万亿元,同比增长2.87%(见图5.1)。

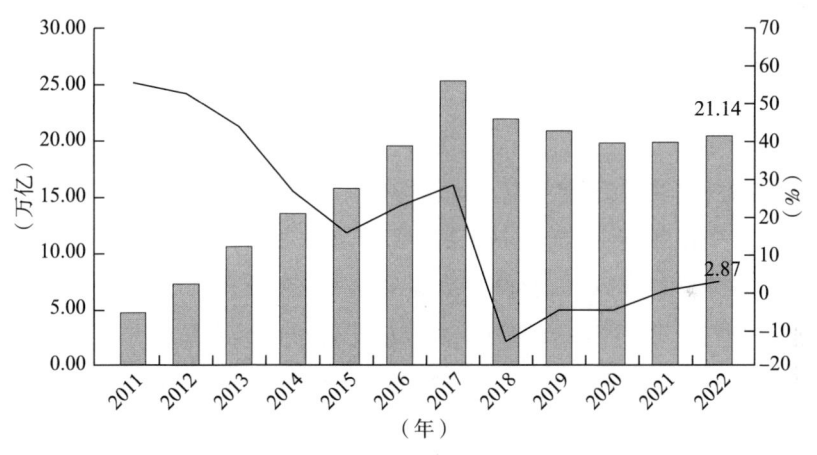

图 5.1 我国信托行业管理规模情况

资料来源:中国信托业协会网站。

中国信托业发展中出现的问题

梳理我国信托业过去40多年的发展历程,信托公司在金融体系中的特色在于，以服务于社会需求和改革创新需要为出发点，能满足不同阶段的经济发展和民生需求，从而承担不同功能，履行不同使命，在不同时期展现不同业态，为不同时期的经济社会发展做出自身的贡献。但同时，信托制度功能多样性和信托业务灵活性，使得信托业务在回归本源的过程中走了许多的弯路。

1. 偏离本源，存在制度套利情况

我国信托业在诞生之初具有浓厚的融资功能色彩，为地方经济建设、基础设施建设、城镇化战略做出了重要的贡献。但融资类资金信托本质是通过类信用中介模式赚取利差收入，业务偏离受益人利益最大化的本源。同时，在国内金融监管尚不完善和成熟的时期，信托行业存有监管套利活动现象，为其他机构进行监管套利提供便利。

2. 发展粗放，风险管理能力有待加强

2008 年以来，房地产、基建行业经历了几轮扩张，相关资金融资需求爆发，融资类信托、事务通道业务等快速发展，信托行业整体规模一度突破 26 万亿元。但在行业快速发展的同时，部分信托公司过度追求盈利目标而忽视风险管理体系建设，风险防控能力薄弱，导致风险敞口暴露且不断拉大。伴随着资管新规的颁布施行，以及房地产行业、城投平台调整，部分信托公司在产品兑付方面出现了较大的问题，行业风险资产规模和风险项目数量不断上升，信托资产风险率在 2020 年突破 3%，部分信托公司甚至遇到了破产重组的困境（见图 5.2）。

3. 竞争失序，公司治理能力有待改善

在信托行业快速发展期间，行业内部竞争稍显失序，主要体现在两个方面。一方面出现唯"规模论"。部分信托公司为追求管理规模的增长，内控有所淡化，在尽职调查、风险管理、信息披露等方面没有尽到"卖者尽责"的义务，使投资者无法及时准确了解项目风险。另一方面部分信托公司公司治理不健全，股东违规现象明显：部分信

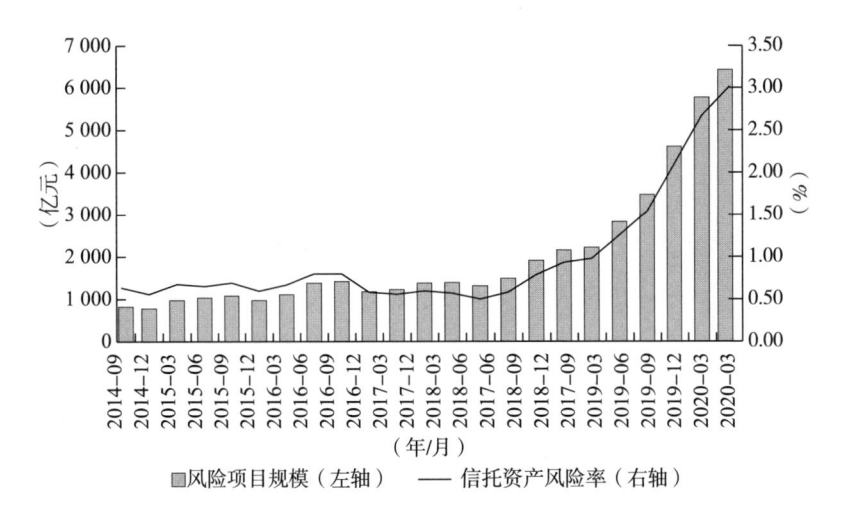

图 5.2 我国信托行业风险情况

资料来源：中国信托业协会网站。

托公司股东资质出现不合规情况；部分信托公司存在大股东滥用股东权利不当干预公司经营，通过关联交易向股东、实际控制人及关联方进行利益输送等。

中国信托业未来发展趋势

伴随资管新规及《信托业务三分类》的颁布实施，我国信托行业迎来了新的转型发展契机。未来，我国信托行业必将加速回归本源，坚守受托人定位，依托于资产服务信托、资产管理信托、公益慈善信托等业务抓手，在我国财富管理行业普惠化发展过程中发挥独特的、差异化的作用，继续充当可信赖的财富管理金融机构角色。

1. 业务重心由"销售"向"配置"转型、由财产保值增值向综合服务转型

长期以来，信托公司财富管理业务的重心是"销售"，即以资产端形成的各类信托产品为核心，向个人或机构投资者募集资金，实质是围绕资产端的资金募集行为。但随着资管新规的推进，信托公司在传统领域的资产创设规模会逐步缩减，信托公司通过传统销售参与财富管理市场的模式必须转变。同时，在净值化转型过程中，银行理财、公募基金、私募基金等标准化资产迅速发展，推动信托公司参与财富管理市场重心由"销售"向"配置"转型，由财产保值增值向综合服务转型，其中将围绕发挥信托在资产隔离、财富传承、合理分配、公益慈善以及满足特定人群的特殊需求等方面的优势，不断探索家族信托、养老信托、慈善信托等围绕客户需求开展的财富管理业务。

2. 普惠型财富管理业务是信托公司业务转型升级的重要突破点

党的二十大报告提出，中国式现代化是共同富裕的现代化。随着我国经济进入高质量发展的新阶段，中产阶级群体持续壮大，人民对财富管理的需求持续增加。

信托作为财富管理工具，能够在财富管理普惠化发展的过程中发挥独特的、差异化的作用。未来，信托公司将积极利用信托制度在财产隔离、财富传承和资产配置等方面的优势，大力开展包括家庭服务信托、保险金信托、养老信托等在内的创新业务，重塑财富管理市场业务模式，服务我国普惠性财富管理的高质量发展。

3. 资产服务信托是信托公司转型升级的重要方向

中国信托业协会相关调研数据显示，我国居民财富管理从保值增值的单一目标，逐步向风险隔离、财富规划、传承、分配等多目标切换，也就是说，从以前单纯的"如何赚钱"延伸到"为谁赚钱，赚钱干什么"。同时，客户越来越注重财富管理体验，体现在越来越多的客户希望财富管理机构提供的方案体现个性化、定制化、综合化，融入更多满足客户需要的、带有附加价值的财富管理服务。具体来说，客户希望根据自身日常现金流安排、财产增值、家庭资产负债表优化、受托管理、子女教育、保险保障、养老规划、公益慈善等需求，出具基于个人情况定制的综合化服务方案。显然，这对财富管理机构基于

"买方投顾"理念，提供全生命周期产品的一站式服务能力提出了更高的要求，考验的是财富管理机构的产品创设能力和资源整合能力，也考验财富管理机构服务客户的能力和水平。

4. 公益慈善信托将是信托公司助力共同富裕的重要抓手

慈善信托是人们参与社会公益事业的一种新型途径和方式，相较于其他慈善方式有着安全、灵活、高效、透明、持久、创新等优势，在满足委托人个性化慈善需求方面，越来越受到社会公众的青睐。未来，信托公司将继续发挥慈善信托的制度优势，扩大慈善信托的财产来源和财产类型，有效提升公益事业服务能力；提升慈善信托品牌效应、强化慈善领域跨界合作，充分挖掘潜在客户的慈善需求，提升慈善信托资源聚合能级，为推进我国的共同富裕事业贡献信托力量。

5. 数字化建设将是信托公司转型升级的核心引擎之一

伴随金融科技的快速发展，社会百业都在加快融入数字化浪潮。作为金融行业的重要组成部分，数字化也成为信托行业开展财富管理的核心引擎之一。未来，信托公司必须借助金融科技力量，低成本、高效率地为客户提供高质量服务，形成规模效应，打造投入产出可持续的业务模式，通过打造专属移动客户终端、利用大数据提供精准客户画像和智能投顾服务、定制化资产配置建议等方式，扩宽客户群体和满足客户需求。

中国信托业财富管理概况

中国信托业财富管理现状

信托业是我国金融体系的有机组成部分。与其他金融业相比，信托制度具有财产独立性、他益安排、信托财产多样性等特性，使得信托业可以差异化开展财富管理业务。

中国信托业的总体状况：可信赖的财富管理机构

在服务居民美好生活和共同富裕的过程中，信托业主动承接财富管理需求，在"做大蛋糕""做优蛋糕""分好蛋糕"中充分发挥了独特、差异化作用，与财富管理市场共生共荣。截至 2022 年年末，信托行业管理的信托财产规模约占整个大财富和大资管市场规模的比重达 16.38%，仅次于银行理财和公募基金的规模，是我国财富管理市场的重要组成部分，信托公司也成为我国可信赖的财富管理机构之一（见图 5.3）。

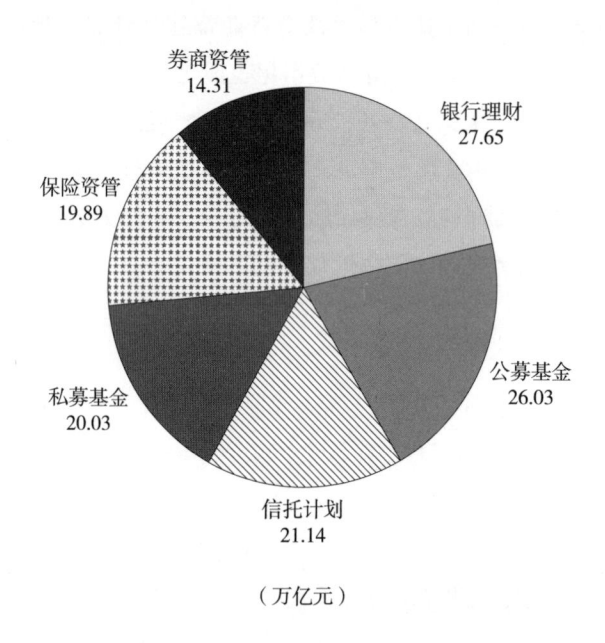

券商资管 14.31
保险资管 19.89
私募基金 20.03
信托计划 21.14
银行理财 27.65
公募基金 26.03

（万亿元）

图 5.3　我国财富管理市场份额分布情况
资料来源：根据公开信息整理。

信托业财富管理队伍建设：人员队伍不断扩张，团队建设向普惠型业务倾斜

近年来，各家信托公司纷纷发力财富管理业务，特别是在家庭服务信托、保险金信托等普惠型财富管理业务方面，加强人员配置，或加快铺设财富管理团队，或成立专门财富管理事业部，加强营销管理和客户服务，提高信托产品和服务营销知名度，扩大客群覆盖面。

中国信托业协会书面调研的反馈数据（53家信托公司）显示，截至2022年年末，已有37家信托公司设立了专门的财富管理部门或者财富管理事业部，其中35家信托公司设立了专门经营家族信托的部门，7家信托公司设立了专门经营家庭服务信托的部门，4家信托公司设立了专门经营保险金信托的部门。财富管理部门的加速设立，带来从业人员的不断扩张。截至2022年年末，信托公司财富管理部门人数总计规模达3 343人，同比增长2.11%。其中，家族信托部门人数为427人，占比12.77%；保险金信托部门人数为18人，占比0.54%；家庭服务信托部门人数为23人，占比0.69%；其他财富管理部门人数为2 875人，占比86%（见表5.1）。财富管理团队和新兴财富管理服务信托业务的不断铺开，使得信托公司产品的品牌效应持续升级，服务的客户群也不断扩张。

表5.1 信托公司财富管理团队建设情况

团队建设情况	设立信托公司数量	人员总数
财富管理团队	37	3 343
其中：家族信托	35	427
其中：家庭服务信托	7	23
其中：保险金信托	4	18

资料来源：根据53家信托公司调研数据整理。

从长远看，信托公司在财富管理业务上的资源投入和布局将更加明显，特别是在家族信托、家庭服务信托、保险金信托等新兴普惠型财富管理服务信托领域。近 3 年，信托行业财富管理团队人数复合增长率达 4.4%。其中，家族信托团队人数 3 年复合增长率达 27.91%，保险金信托团队人数 3 年复合增长率达 139.79%（见图 5.4）。

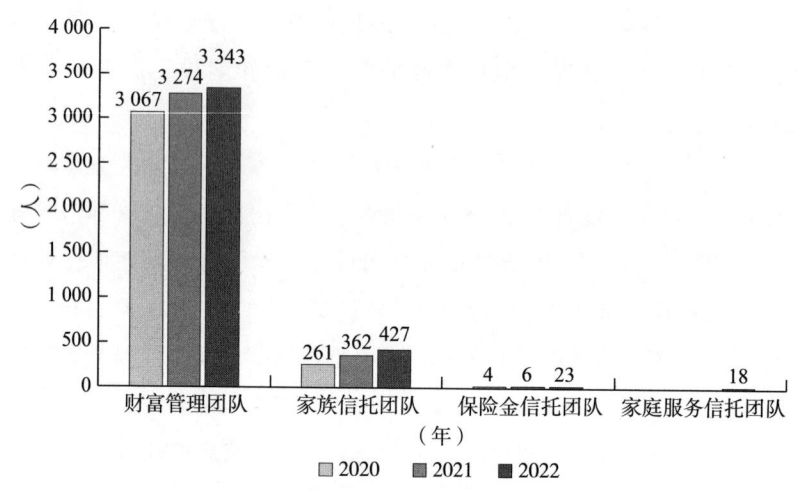

图 5.4 2020—2022 年信托业财富管理团队人员变化情况
资料来源：根据 53 家信托公司调研数据整理。

信托业财富管理的客群：客群覆盖面不断扩展，普惠化进一步提升

信托公司投入财富管理业务团队，加大业务开拓，带来显著成果，委托人数量明显提升，客群的覆盖面不断扩展，普惠性和大众化得以进一步提升。中国信托业协会书面调研的反馈数据（53 家信托公司）显示，截至 2022 年年末，信托公司服务自然人客户总数达 766 648 人，同比增长 9.51%，较 2020 年年末增长 34.25%；服务机构客户数 35 663 家，同比增长 8.20%，较 2020 年年末增长 21.14%。无论是个人客

户还是机构客户，信托公司近年来服务的客群数目和范围都有明显的增长（见图5.5）。

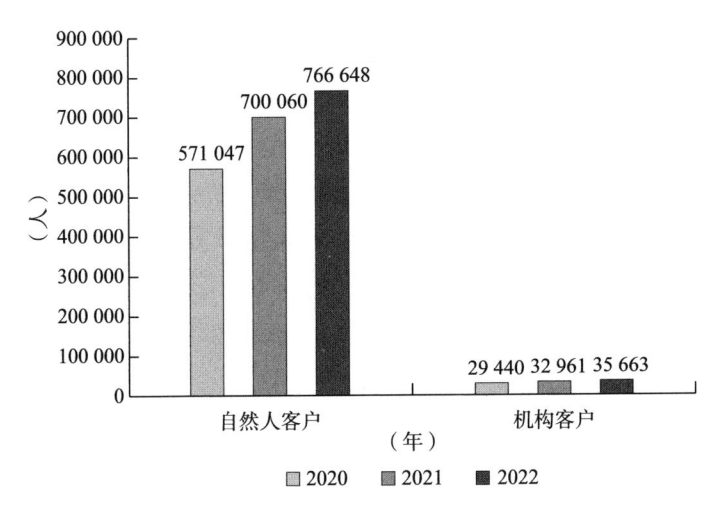

图5.5 近年来信托公司个人和机构客户变化情况

自然人客户：2020年 571 047；2021年 700 060；2022年 766 648

机构客户：2020年 29 440；2021年 32 961；2022年 35 663

资料来源：根据53家信托公司调研数据整理。

目前，信托公司财富管理业务获客途径主要为直销获客和渠道获客两种方式。直销客户由信托公司财富管理部门自主开发，渠道客户由商业银行、保险公司、证券公司、第三方财富管理机构等合作机构引荐。目前直销渠道仍然是信托公司获客的主要来源。中国信托业协会书面调研的反馈数据（40家信托公司）显示，2022年，信托公司客户的开拓81%来自自身的直销渠道，通过代销渠道获客的占比为19%（见图5.6）。

目前，虽然外部代销渠道获客的占比相对不高，但随着信托公司财富管理业务转型的推进，商业银行、证券公司等金融机构在渠道获客的优势更加明显，信托公司普遍加强与外部金融机构合作，与商业银行、证券公司、保险机构等渠道的合作都已铺开，未来信托公司加强与第三方渠道的合作将是财富管理业务获客的重要来源之一。2022

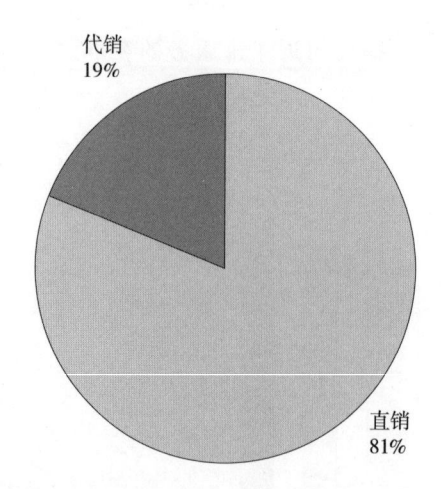

图5.6 信托公司内外部渠道获客占比情况
资料来源：根据40家信托公司调研数据整理。

年，银行渠道贡献的资产规模占比近55%，其他第三方渠道占比近28%，保险公司占比近12%，证券公司占比近5%（见图5.7）。

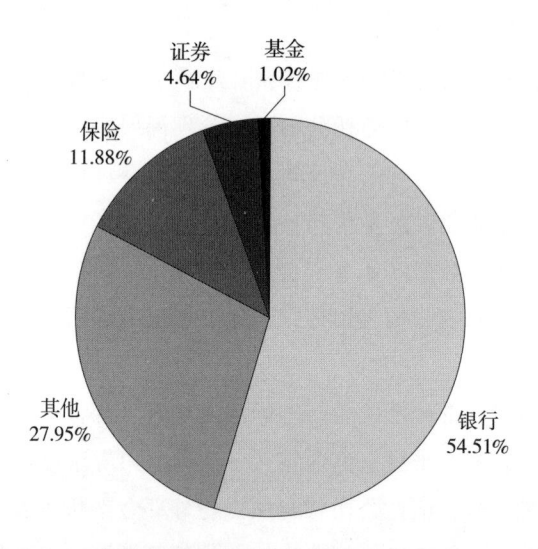

图5.7 2022年信托公司财富管理业务外部渠道规模贡献情况
资料来源：根据40家信托公司调研数据整理。

信托业财富管理的产品和服务：加速转型创新，普惠型产品布局逐步推进

近年来，信托业加速转型创新，积极回归本源，特别是在《信托业务三分类》的指引下，信托公司的产品供给加速向资产服务信托、资产管理信托和公益慈善信托领域推进，在普惠性、大众化方面取得了较好的进展。目前，信托公司已创新开展家族信托、家庭服务信托、保险金信托、法人及非法人组织财富管理信托等财富管理服务信托，以满足客户资产隔离、财富传承、财产规划等个性化财富管理需求；形成涵盖现金管理、债券投资、股票投资、FOF 投资等产品线的资产管理信托，以满足客户财富保值增值需求；大力发展公益慈善信托，以满足客户公益慈善需求。整体来看，信托公司致力于打造多样化、立体化的产品体系，以满足客户财产保值增值、资产隔离、财富传承等多样化、个性化以及普惠性的财富管理需求，努力为客户提供全生命周期的财富管理综合解决方案（见图 5.8）。

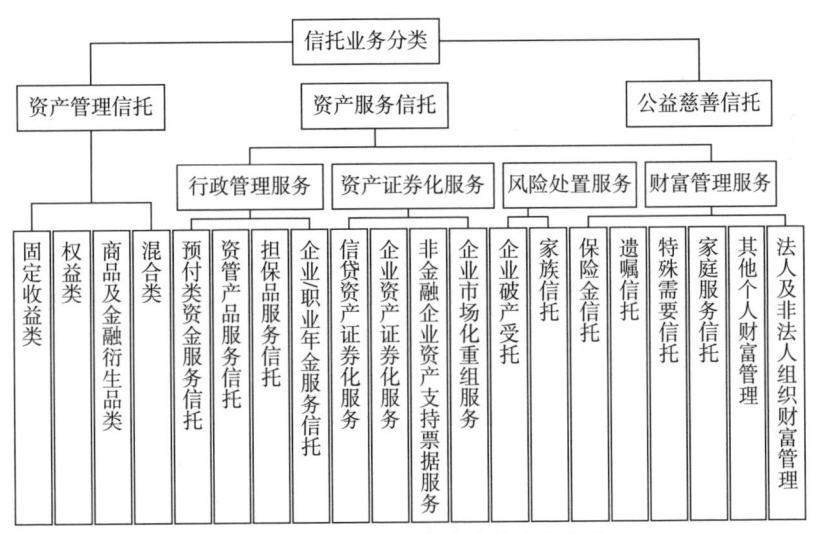

图 5.8 信托公司服务客户的产品体系

1. 家族信托

我国高净值客户及财富代际传承需求的快速增长，是家族信托快速发展的基础。一方面，信托公司进行家族信托财产多样化的创新，财产类型涵盖股票、股权、房产、保单等多种资产，满足超高净值人群的定制化财富管理需求；另一方面，信托公司围绕不同场景，开发聚焦养老、传承、慈善等方面的家族信托综合服务。根据中国信登的统计，截至2022年年末，我国家族信托规模达4 995.66亿元，同比增长42.95%（见图5.9）。

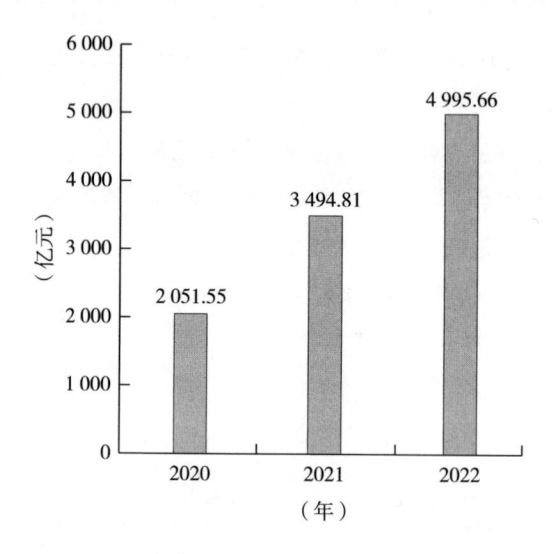

图5.9　信托行业家族信托规模变化情况
资料来源：中国信托登记有限责任公司。

2. 保险金信托

保险金信托作为一种信托公司与保险机构合作的新型、复合型金融工具，是具备保险和信托双重优势的普惠型信托产品，以其风险隔离、财富管理与传承、保密性、税务筹划、个性化定制等功能特点受到诸多客户的青睐。基于保险业务的广泛普及，保险金信托前景广阔，信托公司近年来积极布局，业务规模快速攀升，成为信托在普惠性财富管理中的又一成功实践。根据中国信登的统计，截至2022年年末，我国保险金信托规模达521.87亿元，环比增长11.1%（见图5.10）。

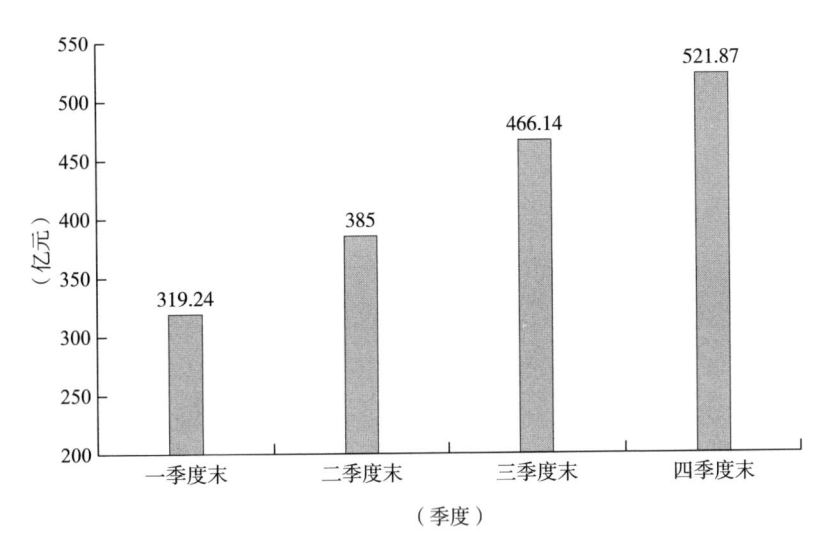

图 5.10 信托行业 2022 年保险金信托规模变化情况
资料来源：中国信托登记有限责任公司。

3. 家庭服务信托

家庭服务信托作为一种创新型普惠性财富管理服务信托产品，相比于家族信托1 000万元的高起点，家庭服务信托100万元的门槛相对"亲民"，可接受单一个人委托或者接受单一个人及其家庭成员共同委托，为其提供风险隔离、财富管理和传承等服务。中国信托业协会书面调研的反馈数据（53家信托公司）显示，截至2022年年末，有7家信托公司成立了专门的家庭服务信托部门，管理规模为27.58亿元。例如，上海信托推出了"睿赢"家庭服务信托品牌，创设专属财富信托账户，为客户打造财富配置全链数字化解决方案，是普惠型财富管理工具。目前，上海信托家庭服务信托业务已初具雏形，2022年共成立42单，规模累计1 800万元。

信托业财富管理的公益慈善：社会认知度进一步提升，提升信托业社会形象

慈善信托是我国公益慈善事业的重要组成部分，也是第三次分配的重要新生力量。2016年9月1日，《中华人民共和国慈善法》（以下简称《慈善法》）推出慈善信托这一新型慈善方式，慈善组织、信托公司均可担任慈善信托的受托人。与其他慈善方式一样，慈善信托财产及其收益应全部用于公益慈善事业。但与传统慈善方式相比，慈善信托运用信托制度开展慈善活动，具有灵活、高效、透明、持久、创新等制度优势，其设立程序简便高效，结构设计灵活自由，信托财产受到特别保护，信托管理受到多重监督，可以满足委托人的个性化慈善需求。

根据慈善中国网站的统计，截至2022年年末，我国慈善信托累计备案数量达到1 184单，累计备案规模为51.66亿元，备案地区覆盖全国28个省、直辖市和自治区（见图5.11）。2022年，我国涌现出46单共同富裕主题或包含共同富裕信托目的的慈善信托，规模合计2.20亿元。慈善信托参与主体队伍持续扩大，在助力解决贫困问题、缩小收入差距、发展科教文卫等社会事业，为我国公益慈善事业健康发展和推动共同富裕事业方面做出了贡献。

一直以来，信托公司将慈善信托作为服务共同富裕、践行社会责任的重要方式。当前，信托公司已经成为慈善信托受托人的主体。从历年累计来看，截至2022年年末，信托公司作为单一受托人的慈善信托共925单，备案规模35.87亿元，占比分别达到78.13%和69.43%；信托公司和慈善组织共同作为受托人的慈善信托共有234单，备案规模为15.11亿元，占比分别达到19.76%和29.25%；而慈善组织作为单一受托人的仅有25单，备案规模0.68亿元（见表5.2）。

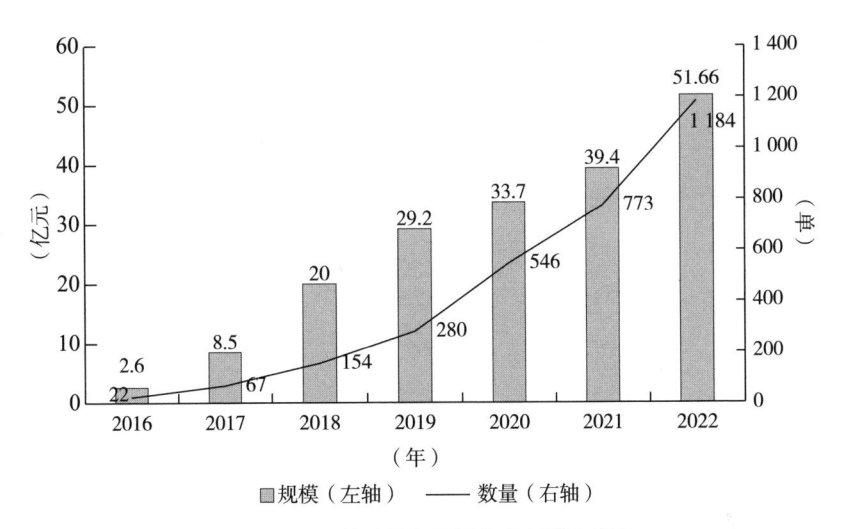

图 5.11 我国慈善信托累计备案规模和数量

资料来源：根据慈善中国网站公开信息整理。

表 5.2　不同受托方式下慈善信托备案数量及规模

年份	信托公司		慈善组织		共同受托	
	数量（单）	规模（万元）	数量（单）	规模（万元）	数量（单）	规模（万元）
2016	19	26 351.30	1	100.00	2	300.00
2017	34	8 199.87	3	211.10	6	50 000.00
2018	71	104 464.93	6	5 674.84	10	5 996.60
2019	110	41 186.12	1	50.00	15	50 573.47
2020	257	44 418.57	2	40.00	10	350.10
2021	190	61 732.88	4	46.00	51	2 895.68
2022	244	72 311.11	8	703.84	140	40 965.22
合计	925	358 664.78	25	6 825.78	234	151 081.07

资料来源：根据慈善中国信息平台公开数据整理统计。

信托业财富管理的资产配置：资产配置更加多元，助推信托财富管理业务差异化竞争

越来越多的客户财富管理倾向于多元化的资产配置，配置资产类

别也逐步从传统非标产品向"非标+标品"的多元组合转变，涵盖非标债权、公募基金、私募基金、银行理财等。

基于数据的可获得性，下面以家族信托的资产配置情况为例说明。中国信托业协会书面调研的反馈数据（53家信托公司）显示，目前家族信托主要配置于外部金融产品和信托公司自有产品，且外部金融产品的配置占比已超过50%。2022年，家族信托配置外部金融产品的规模达881.13亿元，占比52.92%，大多数为银行理财、私募基金等标准化资产；投向信托公司自有产品的规模为783.88亿元，占比47.08%，其中，非标产品占比69%，证券投资类信托等标品信托占比达31%。从整体看，家族信托配置的标准化资产占比已超过非标资产，并将继续向标准化资产上倾斜配置。

信托业财富管理的数字化建设：智能化建设不断推进，信托服务更加亲民

近年来，信托公司日益重视数字化转型，在数字化顶层设计、金融科技应用、数据治理等方面取得较大进展。一方面，信托公司通过打造线上化、自动化、智能化的科技系统，来满足财富管理业务中面临的客户广泛、数据海量、交互高频、服务期长、服务多样等问题；另一方面，信托公司在智能投顾方面加大资源投入，不断优化用户体验、赋能财富顾问，实现数字化展业。

例如，五矿信托以智能服务驱动财富管理模式变革，建立了数智化资产配置4K体系。目前，五矿信托财富管理已经先后完成"交易、产品的线上化""引入专业算法升级客户服务的数字化改造"两大阶段，正在进入"智能化服务"的第三阶段，4K-GPT的上线成为标志性动作。基于4K智能数据库与强大算力，系统化集成影响投资结果的核心因素——感知客户需求、深度投研驱动、全光谱货架打造与投后

跟踪，人机结合快速学习，不仅深化了财富管理服务的专业度，并通过 4K-GPT 进一步提升了 4K 服务体系的智能化水平。

我国信托业财富管理面临的困难和挑战

信托业财富管理在取得了一定成绩的同时，也面临以下一些困难和挑战。

投资者教育需要不断推进，提升社会公众对信托的认知

因信托公司专业服务供给不足、配套制度有待完善等，信托行业的投资者教育还不充分、不全面，信托的核心功能和价值没有被社会广泛接受。由于认知上的误区，极大地阻碍了信托更好地发挥其财富管理优势。因此，信托行业必须通过不断完善信托消费者保护工作机制，促进金融知识、消费者权益保护理念的普及和宣传教育工作，持续优化投资者教育和保护工作。同时，加强自身能力建设，坚守受托人定位，助推优质信托文化、理念深入人心，逐步扭转信托在社会大众心目中的错误定位，推动信托行业持续、健康、稳定发展。

坚持受益人利益最大化，不断提高自身能力建设

要大力发展财富管理业务，信托公司亟须重置经营战略、重设组织架构、重塑激励机制等。同时，信托公司中真正擅长投资咨询和资产配置的高端财富管理人才不足，从业人员在资产配置能力上与基金、券商资管相比仍有一定差距，缺乏法律、税务、养老等方面的综合知识结构和资源圈层，也缺乏全为客户提供生命周期服务的综合型人才。

信托财产登记制度缺失，信托制度优势无法充分发挥

随着经济社会发展，信托财产类型多元化是财富管理行业未来的发展趋势，未来的财富管理中将含有大量的房产、股权、收藏品等非现金类资产。因此，完备的信托财产登记制度成为保障和满足委托人财富管理需求的基础性制度。但截至目前，我国尚未建立完善的信托财产登记制度，成为长久以来信托深入开展财富管理所面临的痛点。

信托缺乏合理的税收政策，无法对共同富裕进行更深层次的支持

境外信托业的发展和税筹安排息息相关。但截至目前，我国尚未出台信托方面的专门税收政策，导致实践中存在双重征税等问题，严重影响了家族信托、慈善信托的健康规范发展。例如，《慈善法》明确赋予慈善信托税收优惠待遇，但由于缺少相关实施细则，在实际操作过程中，存在慈善信托无法享受所得税税前扣除等优惠，导致慈善信托的实操过程存在诸多障碍，影响各类主体参与慈善信托的积极性和持续性。

信托业财富管理在共同富裕中的作用

信托业开展财富管理业务，必须围绕客户对于财富管理的目的提供相应的服务。从广义来看，信托业财富管理的目的是多元化的，在《信托业务三分类》对于财富管理服务信托的详细界定中，相关的信托目的既有财富的保护、隔离、传承，又有财富的保值增值，还有围

绕客户特定需求的财富规划与安排。因此，信托业的财富管理，除了财富管理服务信托本身的业务外，资产管理信托也体现了财富管理保值增值的目的，其他资产服务信托可以满足财富各类受托服务与特定规划，公益慈善信托也可以满足有意愿、有能力的企业与个人支持公益慈善事业的需求。从这个角度上看，信托业财富管理超越了狭义的财富管理服务信托的范畴，涉及资产管理信托、其他资产服务信托以及公益慈善信托等更加丰富的业务类型。

由于信托业财富管理首先要汇集企业与个人的资金或其他资产作为信托财产，并将信托财产运用于实体经济的各个领域，从而实现保值增值并向受益人进行分配，因此，信托业财富管理在共同富裕中发挥的功能是全面的。首先，信托财产运用于实体经济，可以满足实体经济发展的资金需求，这是共同富裕"做大蛋糕"的重要体现；其次，信托财产可以通过证券投资、股权投资、资产证券化等多种方式进行运用，而且还可以提供专门的受托服务功能，有利于提高社会经济发展质量，这是共同富裕"做优蛋糕"的重要体现；最后，信托财产要向受益人进行分配，通过合理规划可以防止财产被挥霍浪费，还可以实现公益慈善功能，这是共同富裕"分好蛋糕"的重要体现。所以，信托业财富管理密切连接资金端和资产端，将服务实体经济、增加人民财产性收入、促进公益慈善等功能紧密结合在一起，对共同富裕起到了全面的促进作用。

做大蛋糕：助力夯实共同富裕的经济基础

共同富裕要求的普遍达到生活富裕富足、精神自信自强、环境宜居宜业、社会和谐和睦、公共服务普及普惠，要建立在较高的实体经济发展质效基础之上。持续做大信托财富管理规模，一方面可以满足人民群众的财富管理需求，增加人民财产性收入；另一方面通过信托财产的管理运用，可以将社会财富转化为服务实体经济的资金资源。

为实体经济发展提供资金基础

近年来，随着社会经济的高速发展，信托业持续向实体经济的各个领域输送资金，并通过资产证券化等各种方式降低企业融资成本，综合运用多种金融工具支持国民经济中消费、投资和出口领域的投融资等金融需求，着力促进国民经济各领域的有效增长。首先，信托业充分发挥信托制度的风险隔离功能和金融机构的风险管理功能，通过对风险和收益的重构，能够提高资产的流动性，降低社会交易成本和信息成本。其次，信托业充分发挥动员社会储蓄的功能，将分散的社会储蓄聚集起来转化为投资，为经济增长提供资本要素动力。最后，信托业充分发挥金融中介优化资源配置和促进技术进步的功能，促进社会生产率的提高。

随着改革开放以来我国经济的持续发展，居民积累的财富规模也在不断增加。以信托为基础的财富管理业务可以在财产保护、保值增值等功能的基础上，通过多种渠道为实体经济提供其所需的长期资金支持，真正起到"做大蛋糕"的作用。据统计，我国高净值人士可投资资产近年来持续增长，根据招商银行、贝恩咨询联合发布的《2021中国私人财富报告》，2020年我国高净值人群（个人可投资资产超过1 000万元人民币）数量约262万人，对应的可投资资产规模超过84万亿元。庞大的高净值人士可投资资产规模，对实体经济持续发展的长远意义非常重要。截至2022年年末，信托业直接投向实体经济领域的资金规模为13.99万亿元，占资金信托总规模的69.74%，基本涵盖了实体经济的各个领域。

此外，在境内设立信托对于留住高净值人士的财富、减少资本外流将会起到积极作用。根据联合国移民署发布的《2022年世界移民报告》，截至2020年年底，中国是第四大移民流出国。伴随着移民的需求，境内一部分财富存在向境外转移的需求。如果通过在境内设立家族信托，在实现家族财富安全传承的同时，就可以将财富留在境内，参与国内经济循环，为经济发展提供长期资金基础。

满足实体经济发展的多元化资金需求

1. 灵活运用融资工具

信托业持续通过各类信托金融工具为实体经济提供直接的投融资，助力夯实经济发展基础。近年来，扩大有效投资，推动资本形成是增强我国经济发展内生动力的关键。信托公司受托管理信托财产可以采用投资、贷款等多种方式，企业利用信托方式进行融资主要可采用债务型和权益型两类模式，具体主要包括贷款融资模式、股权融资模式、股权回购模式、可转换优先股模式、财产收益权转让信托融资模式等。与传统的银行融资和证券市场融资方式相比，信托融资方式更为灵活，同时信托公司可以利用信托制度的优势，结合融资企业自身的特点，为其提供综合融资服务。

2. 提升直接融资比重

财富管理信托通过资本市场服务实体经济，进一步助力优化资源配置。信托在提升直接融资比重、提供综合金融服务、促进长期资本形成等方面具有明显优势。信托公司积极开展资产证券化、标品投资业务，为实体企业提供直接融资支持，不仅有助于实体企业降低融资杠杆，也有助于金融市场分散风险。信托公司通过以规范化的方式运作基金，运用分散化的组合投资策略，为委托人提供财产管理服务，能够充分利用信托制度的灵活性，既有效保障委托人利益，又发挥管理人自主管理能力。

3. 促进长期资本形成

信托发挥自身在长期财产管理方面的功能优势，积极开展家族信托、企业年金信托业务，广泛汇集社会储蓄资金，拓展股权、房产、知识产权、有价证券等非货币性财产来源，转化为支持实体经济的长期资本，为高质量发展提供长期助力。财富管理信托特别是家族信托还可以发挥长期资金运用优势，形成实体经济所需的长周期资金。与传统信托业务相比，家族信托由于涉及委托人家庭或家族的财富管理规划，信托期限明显较长。根据中国信托业协会调研，在设置明确信托期限的家族信托业务中，10～30年占比最高，约44%；其次为30年以上，占比约为29%；5～10年再次之，占比约17%；5年以下占比最低，仅占10%。较长的信托期限，使得家族信托资产的管理运用具有显著的长期性，能够服务于实体经济的长期资金需求。

提高居民财产性收入水平

推进共同富裕要不断提升城乡居民收入水平，使居民收入增长与经济增长更加协调。信托是专业的财产管理制度，可以发挥财富管理功能，拓宽居民财产性收入渠道，持续优化收入来源结构。信托业通过不断提供创新性和多元化产品，提升客户服务水平，完善客户投诉机制，提供客户增值服务，逐渐成为人民群众财富创造的重要途径。其中，家族信托具备财产安全、财富灵活传承、税收筹划等优势，成为信托公司加速布局、发力财富管理的主战场。

作为我国财富管理市场的主要参与者，近5年信托公司累计向投资者支付信托收益5万亿元，其中2018年为0.75亿元，2019年为0.91亿元，2020年为1.16万亿元，2021年为1.34万亿元，2022年为0.84万亿元，成为可信赖的财富管理人（见图5.12）。

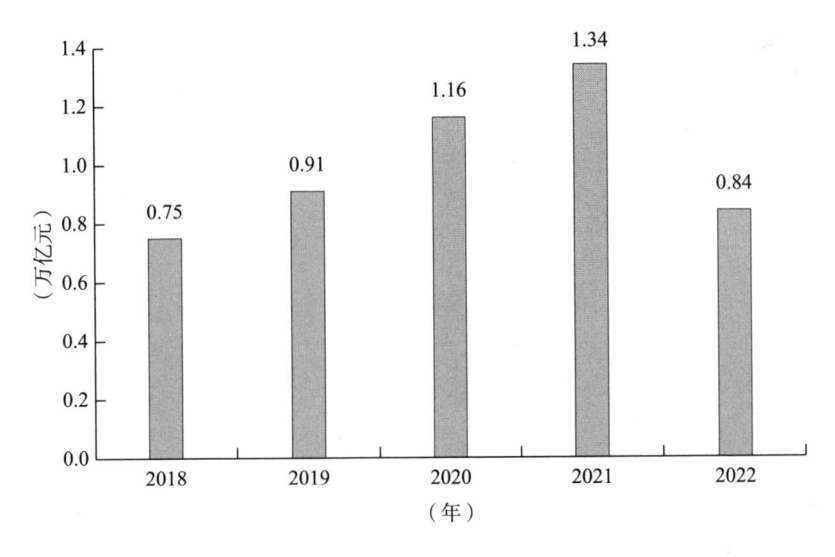

图 5.12　信托业每年向投资者兑付收益情况
资料来源：中国信托业协会。

做优蛋糕：助力提升共同富裕的内在质量

信托业的财富管理，可以充分发挥信托制度在资产隔离、财富传承、社会治理等方面的服务功能，助力完善社会福利、改善民生保障、化解社会矛盾、建设和谐社会，从而提升共同富裕的内在质量。

保障财富的合理分配与传承

财富管理信托业务的目的不仅包括财产保护与保值增值，而且还包括财产分配与代际传承等，其分配方式可以进行多样化设置，从而满足委托人的合理需求。通过分配方式的设置，财富管理信托可以使财富在分配与传承方面更好地体现共同富裕的内在要求。一方面，可以防止财富的挥霍与浪费，例如固定分配仅能保障受益人的基本生活，或只能用于基本生活费、教育支出、养老支出等，同时设置防挥霍条款，防止后代因家族财富而出现价值观偏差。另一方面，可以在激励后代方面发挥积极作用，引导后代形成积极向上的价值观念，保持拼搏进取的家族精神。

在社会发展中得到创新运用

信托作为财富管理工具，具有独立安全、目的自由、弹性规划、长期稳定等信托制度的特有优势，可以为创新要素参与分配提供平台，为居民收入增长提供更加广阔的渠道。

信托公司探索知识产权信托、数据信托等创新业务，通过知识产权、数据的货币化和证券化，实现所有人收益最大化，支持技术创新和生产活动，助力知识、技术、管理、数据等要素价值的实现。知识产权服务信托能够较好地利用信托制度的独立性与受托人的专业管理优势，帮助企业和个人管理知识产权，打破市场信息不对称程度，加快知识产权的应用和转化，进而促进知识产权的转让、使用、收益分配等机制的完善。例如，信托公司可接受"专精特新"企业委托，受托管理其持有的知识产权，并受托管理其专利申请、产权受理、项目估值、资源匹配等一系列工作，使其能够集中精力于技术研究与企业管理，在减少企业其他支出成本的同时，提高专利技术转化成功的可能性。

数字经济时代已全面到来，数据日益成为国家经济发展的重要资源和生产要素，也是国际竞争的关键力量。党的二十大报告提出"加快建设网络强国、数字中国"。依据《国家数据资源调查报告（2021）》，2021年我国数据产量达到6.6ZB，数据产量已位居世界第二，但仍面临数据流通不畅、价值发挥不充分、数据安全保护不足和数据垄断等挑战，亟须完善相关监管制度，探索创新的数据治理机制。

基于数据治理中存在的上述矛盾，针对数据的公共权益、商业权益和私人权益的多重利益主体特性，数据信托的理论应运而生，部分国家已经在积极开展试点。

有利于提升社会治理水平

共同富裕不仅是经济高质量发展和人民生活富裕富足，还包括精神自信自强、环境宜居宜业、社会和谐和睦、公共服务普及普惠等广泛内涵，是依靠全体人民共建共治共享的共同富裕。信托制度具有灵活性，充分尊重当事人意思自治，可以成为居民参与社会治理的重要工具。在境外，信托制度广泛用于社会治理的各个方面，依托信托财产独立性、信托机制稳定性、受托管理专业性等优势，服务于特定人群权益保护、特定交易资金监管等社会治理目标。在我国，可积极探索信托制度在弱势群体保护、预付资金监管、社区物业管理、农民工工资保护等方面发挥功能，助力完善社会福利、改善民生保障、化解社会矛盾、建设和谐社会。

第一，可以探索特殊需要信托，服务老年人、未成年人权益保护，未成年人以及特殊群体监护等需要，起到避免监护财产混同，提高监护财产管理专业水平，提升财产管理长期性的作用，成为我国监护制度的有效补充。信托公司通过法律架构整合相关社会服务资源，开展特殊需要信托，以商业和服务相结合的方式，为特殊需要人群的长期社会保障提供信托解决方案。相较于法定成年监护制度、持久授权书制度，特殊需要信托具有适用对象广泛、实现特定需求、资金安全隔离及保护机制完善等优势，与特殊人群的长期照护需求不谋而合。

第二，可以探索预付类资金服务信托，将与公众利益密切相关的从事延迟消费商业模式的企业预收款交付信托，充分发挥信托财产独立性和在破产隔离方面的独特功能，由信托作为独立第三方管理并监督资金运用，预防预收款收款方因经营不善发生信用风险而损害公众利益。

第三，可以探索信托制物业管理模式，由全体业主作为委托人，将物业费及共同收益等全体业主共有资金设立物业管理信托，由受托人为了受益人即全体业主的利益管理运用信托财产，避免物业管理公司侵占业主利益，减少业主与物业管理人的矛盾，建设共同富裕下的和谐家园。

分好蛋糕：助力推动共同富裕的第三次分配

共同富裕允许一部分人先富起来，先富带动后富，最终实现共同富裕。信托公司开展的财富管理业务，可以与公益慈善信托相结合，将财富管理业务中的信托利益，按照委托人的意愿用于公益慈善事业，这是促进财富第三次分配、发挥先富人群"帮扶带动"作用的具体体现，同时也通过信托的方式满足了部分人群更好地开展公益慈善活动的需求。2016年《慈善法》推出慈善信托这一新型慈善方式，慈善组织、信托公司均可担任慈善信托的受托人。与其他慈善方式相似，慈善信托以慈善为目的，信托财产和收益应全部用于公益慈善事业。慈善信托也有其自身特点和优势，与传统慈善方式相比，慈善信托运用信托制度开展慈善活动，具有安全、灵活、高效、透明、持久、创新等制度优势，其设立程序简便高效，结构设计充分自由，信托财产受到特别保护，信托管理受到多重监督，可以满足委托人的个性化慈善需求，因而越来越受到社会公众的青睐。截至2022年年末，我国已累计备案1 184单慈善信托，备案规模51.66亿元。特别是党的二十大报告提出走共同富裕的中国式现代化道路，引导、支持有意愿有能力的企业、社会组织和个人积极参与公益慈善事业，极大地鼓舞了社会各界参与慈善信托的热情，仅2022年四季度全国备案慈善信托数量就达到194单，接近全年备案数量的一半,推动慈善信托进入新的发展阶段。

支持乡村振兴,巩固脱贫成果

巩固拓展脱贫攻坚成果是推进乡村振兴、实现共同富裕的基础。未来,慈善信托可持续发挥平台作用,广泛汇集社会资金,精准对接帮扶需求,持续助力巩固拓展脱贫攻坚成果,夯实共同富裕的基础。

在财产来源方面,慈善信托可以广泛动员社会力量,为巩固脱贫成果汇集各类慈善资源。一是广泛拓展信托业慈善财产来源。信托公司、慈善组织可以为有能力、有意愿参与公益慈善事业的企业、个人定制慈善信托,让其深度参与慈善项目的设计和决策过程,更好地满足委托人的个性化慈善需求。信托公司还可创新金融产品与公益服务,通过与投资人让渡部分收益的方式,将信托投资产品销售与拓展慈善信托财产来源相结合。二是积极拓展非货币性财产来源。随着我国社会经济进步,非货币性财产成为居民财富日益重要的组成部分,特别是随着资本市场、房地产市场的快速发展,越来越多的高净值人士的财富以股权、不动产等形式存在。慈善信托可以接受股权、不动产等非货币类财产委托,进一步拓宽公益慈善事业的财产来源渠道。

在信托财产运用方面,慈善信托可通过多种帮扶方式,加强慈善帮扶资源的精准对接,有效提升帮扶成效。一是以直接资助方式开展帮扶,聚焦脱贫地区民生保障的薄弱环节,资助困难群众,关爱留守群体,支持教育发展,改善医疗卫生条件等,加强兜底救助和民生保障,切实防止群众返贫,并通过科学机制设计确保帮扶资金与帮扶对象存在清晰的利益联结机制。二是整合保险保障工具,为收入不高不稳的脱贫户、监测户等低收入群众提供了防贫保险,通过发挥保险的精准性、补偿性优势,可有效扩大受益人群,防止更多群众因重大疾病、自然灾害、意外事故而返贫,并对遭受不幸事件的群众实现精准补偿，有效兜住防止返贫的底线。此外，运用慈善信托还可以为进城务工人员及其子女等新市民提供教育、医疗等方面的资助，帮助新市民享受均等的社会公共服务。

丰富金融服务，支持产业带动

发展乡村产业，推进乡村振兴，是共同富裕的必经之路。慈善信托通过创新帮扶模式，整合金融服务，可以促进乡村特色产业发展。

1. 依托核心企业，提升产业带动效益

慈善信托的财产运用可以实现"产业帮扶"与"精准帮扶"的有机统一。在"产业帮扶"方面，慈善信托资金可以为乡村特色产业的龙头企业发放低息贷款，支持企业扩大农产品加工和收购规模，促进企业提供更多就业岗位增加群众收入，并且带动更多群众通过发展种养殖业实现增收。在"精准帮扶"方面，企业运用资金向慈善信托支付的利息，全部用于资助当地患有重病、遭受意外的困难家庭，进一步巩固脱贫成果。慈善信托也可以设计保底分红、股份合作、利润返还等多种形式，为农户参与新型农业经营主体，合理分享乡村产业发展的增值收益提供平台。

2. 整合信贷资源，加强对农户创业支持

农户勤劳创业往往需要一定的启动资金。慈善信托可以连接帮扶地区的基层银行、小贷公司等小额信贷发放机构，为更多农户勤劳创业提供信贷支持。一种典型的做法是以慈善信托资金做"风险补偿"，以合作机构放宽农户贷款条件为前提，对合作机构发放的农户贷款损失进行部分补偿，既发挥了慈善信托资金的杠杆撬动作用，又鼓励信贷机构扩大农户授信群体范围，从而为更多农户勤劳创业提供金融支持。

3. 加强保险期货联动，助力农户提升市场风险抵御能力

农民创业经营往往面临着原材料或产成品市场价格异常波动的风

险，而慈善信托可以连接保险公司、期货公司等专业的风险管理机构，创新"信托+保险+期货"联动帮扶模式，将慈善信托的平台优势、保险的精准补偿特征、期货的风险对冲功能集合于一体，在更大范围分散风险，帮助农户抵御市场风险。以生猪养殖产业为例，慈善信托与保险公司、期货公司合作，可以为生猪养殖群众提供饲料价格指数保险、生猪价格指数保险，当市场价格波动致使饲料结算价格高于目标价格，或者生猪结算价格低于目标价格时，由保险公司向养殖户赔偿差价，有效对冲了市场价格异常波动的不利影响，使农户获得稳定收入有了更多保障。而保险公司则通过购买场外期权的方式进行"再保险"，实现价格波动风险的顺利转移。

支持科学事业，促进教育发展

人民精神生活丰富、社会文明进步是共同富裕的重要内涵。慈善信托始终将支持科学文化事业作为重要方向之一。在科学领域，慈善信托资助高校科研活动，支持生物医学等基础学科研究，奖励航天科学事业人才，促进我国科学事业发展。在艺术领域，慈善信托积极资助艺术教育事业，资助艺术创作与展览，支持艺术文化交流与宣传，提升社会艺术文化水平。在传统文化保护领域，慈善信托资助历史文化保护和非物质文化遗产传承，支持中医药文化事业传承发展，支持优秀地方文化的传承再造和发扬，进一步增强国民文化自信。此外，慈善信托还通过创新公益模式，推动公益慈善事业科学、有效、持续发展。

慈善信托也是优秀家风传承的重要载体。优秀的家族慈善信托是一座纪念碑，记载着家族的精神、荣誉和对社会公共利益所做出的贡献。因此，家族慈善信托可以跨越委托人生命周期，将慈善精神以更有生命力的方式传递给后代并影响后代。通过设立家族慈善信托，有助于弘扬扶贫、济困、敬老、抚幼等良好道德风尚，形成崇尚文明、助人为乐的社会风气，成为精神文明的传播者和引领者。慈善信托也可以为高净值人群培养下一代社会责任心搭建平台。通过为家庭设立亲子慈善信托，使家庭成员共同参与公益慈善活动，增进家庭成员交流，促进家庭和谐，在言传身教中促进优秀家风传承。

支持生态改善，建设美丽中国

打造美丽宜居的生活环境，是广大群众对建设美丽家园、实现共同富裕的殷切追求。慈善信托可以在重要生态系统保护和修复、农村突出环境污染治理、乡村生态友好型产业发展等方面发挥积极作用，促进人与自然和谐共生。

1. 在支持重要生态系统保护和修复中发挥慈善信托的带动引导作用

在江河湖海、草原沙漠等系统性生态环境保护和治理中，可以通过设立慈善信托，发动地方政府提供财政配捐、税收政策优惠等方式支持，进一步动员鼓励更多社会公众、慈善组织、志愿者参与生态治理，有助于集中慈善资源，提升开展重要生态系统保护工作的可持续性。

2. 在环境污染治理中发挥慈善信托的集中管理作用

慈善信托可与土地流转信托相结合，将亟须治理但土地承包经营权分散于群众的沙地、林地等各类土地集中起来，实现治理权的集中管理。在此基础上，有效调动各方资源，形成治理合力，按照统一科学规划，共同推进生态保护和污染治理，有助于降低环境污染的治理成本，提升治理效率。

3. 依托慈善信托平台探索治理机制创新

以"同治理，共受益"的理念吸引周边群众和其他利益相关者积极参与，构建一个公益组织、政府、村民、企业、社会公众等共同参与的可持续生态价值实现机制，并利用影响力投资等多种方式鼓励发展生态旅游等绿色产业，助力群众在开展生态环境保护中获得稳定收益,从而实现生态环境改善、生态产品价值提升、村民生态意识提高、乡村绿色发展等多重目标。

信托业财富管理助力共同富裕的探索和实践

在推进共同富裕的实践中,信托业立足受托人定位,积极探索为更广泛的社会群体提供差异化、特色化的财富管理服务,落地了丰富的实践成果。

助力做大"蛋糕",夯实物质基础

为实体经济发展注入社会资金

信托业的财富管理以信托的法律制度安排为基础价值,汇集社会资金投入实体经济的重点领域和薄弱环节,是服务实体经济发展的重要金融力量,起到了做大共同富裕"蛋糕"的关键作用。

―――――――――| 案例 |―――――――――

上海信托设立股权投资信托为战略性新兴产业提供长期资金

上海信托与中关村发展集团合作,成立"上海信托中关村发展启航创新投资基金集合资金信托计划",通过向投资者募集资金,以有限合伙人(LP)身份入股与其他专业机构共同成立的私募股权投资基金。信托计划期限长达102个月,规模为3.17亿元。基金主要投向人工智能、新能源新材料、生物医药和高端医疗器械等战略性新兴产业领域，重点关注高端科技创新、产业链核心环节，支持重大科技成果落地等，投资标的以初创期成长期的小微企业股权为主，为国家的战略性新兴产业和高端制造业发展注入资本的活力。

华润信托搭建全链条普惠金融服务小微企业发展

2020年至今，华润信托与线上小微金融技术服务方面具有优势的微众银行展开合作，通过发行华润信托集合资金信托计划募集社会资金投向小微企业，实现了小微融资需求与市场资金的有效对接，提高小微企业信贷的可获得性，降低了融资成本，为公司小微企业金融服务的可持续发展创造了机会。在该模式中，信托公司以小微企业贷款债权为基础资产，通过以发行资产证券化产品作为整体业务的后端交易安排，基于将小而分散的小微企业贷款打包设立财产权信托，通过现金流重构安排实现从"主体信用"到"资产信用"的转变，打通了小微信贷从资金到资产的全链条金融服务路径。

满足实体经济发展的多元化金融服务需求

借助信托金融工具，信托业的财富管理服务实体经济的方式呈多元化发展，可通过项目融资、权益投资、产业基金、资产证券化等形式，满足不同类型企业在不同发展阶段的金融服务需求。

────────────┤ 案例 ├────────────

建信信托投贷联动支持基建科技企业

建信信托与其出资设立的建信远致以投贷联动基金模式投资了新型基础设施领域的科创企业。该业务模式主要采用Pre-IPO（拟上市公司）股权投资，通过建信远致投贷联动股权投资基金对标的企业进行增资。建信信托承担投资管理人的角色，积极发掘并布局科技创新龙头企业，与产业伙伴连接形成资本互联网，持续赋能被投企业，提升投资价值，为新型基础设施领域科技创新企业长远发展提供持续的金融支持。

天津信托助力新材料企业项目再融资

天津信托通过设立基金参与新材料企业勤邦科技的股权投资，助力战略性新兴产业发展。2021年，勤邦科技按照自身发展规划，拟引入外部股东，优化公司治理结构，提升经营管理能力，为后续独立上市奠定基础。天津信托作为LP、某基金管理公司作为GP共同设立私募股权基金，以信托计划募集资金先行受让该企业部分股权。完成投资后，寻找新投资人按照本轮增资后投后估值对部分或全部有限合伙份额进行受让。该项目充分发挥了信托的灵活性，满足企业在特定阶段的投融资需求，助力我国低碳技术企业的健康成长。

交银国际信托落地全国首单知识产权服务信托

2022年，交银国际信托设立全国首单知识产权服务信托，成功为武汉某科技企业办理知识产权收益权服务信托业务，实现科创企业知识产权价值创造，让"知产"变资产，"专利"成红利，优化激励分配机制，提高企业经营效率。该项目以财产安全持有为基础，为委托人提供知识产权收益权托管运营服务，可以有效解决委托人对其持有专利未来产生收益的集中管理及合理分配需求，降低委托人管理成本。通过发挥信托风险隔离和财产权利分离的制度优势，有助于保护该部分资产的安全，帮助企业建立技术研发激励机制。

爱建信托打造结构化普惠信托服务小微企业

爱建信托推出普惠鑫溢系列信托计划，服务上海地区的小微企业，通过充分利用合作机构的获客优势及公司的线上化管理与资金服务能力，助力小微企业良好发展。该信托采用结构化设计，通过合理的结构化比例，在服务小微企业的同时，最大程度保障投资人利益。普惠鑫溢系列项目于2020年9月25日首次成立，截至2022年年末，合计成立37期次，募集信托资金规模38 210万元，服务上海本地小微企业达300余户。2022年全年累计发放纾困融资金额1 850万元，累计纾困户数63户，支持就业人数2 170人。

提高低收入群体收入水平

"提低"是推动共同富裕的关键抓手。信托业积极实践财富管理的普惠性创新，将财富管理与普惠服务、公益慈善有机结合，通过信托机制的灵活设计，提高低收入群体收入水平。

---- 案例 ----

建信信托探索公益资金实现商业可循环模式

建信信托联手西安黄河光伏科技公司在当地做了充分的调研，考察汉阴的地理环境和房屋结构等因素，综合已建成电站发电情况，设立了专项慈善信托，以慈善信托资金作为资本金，出资为农户搭建光伏设施，能够让农户享受稳定的收益回报，同时把发电不及预期的造成的贷款违约风险留在慈善信托体内。截至2023年3月末，该慈善信托已经在35户农户的屋顶上安装了370千瓦的光伏设施，每年可为农户增加收入约1.8万元。

杭州工商信托大下姜富民慈善信托开创共富建设新模式

2022年，杭州工商信托设立"大下姜富民慈善信托"，信托资金通过SPV公司进行影响力投资，被投企业将经营利润反哺浙江省淳安县下姜村的低收入农户。该项目作为"大下姜共同富裕基金"的重要一环，与当地政府机构、公益组织、律师事务所联合服务，打造出"乡村振兴联合体+专项基金+慈善信托+社会企业+影响力投资"的可持续富民集成创新模式，为推动浙江省共同富裕示范区建设提供了重要的示范案例。截至2022年年末，项目启动运营后已实现盈利，并为村民带来了超过66万元的现金分红。大下姜富民慈善信托的最大特色在于打通了一、二、三次分配：通过帮带公司为有劳动能力的低收入农户提供就业岗位，获得工资、务工收入，实现"一次分配"；通过项目的管理运作，获取经营利润，实现创利纳税的"二次分配"；通过社会企业经营，进行影响力投资，将企业利润反哺社会，实现"三次分配"。同时，慈善基金会和信托公司借此撬动更多的社会资源支持共富基金发展，推动实现商业向善、资本向善和金融向善。

满足中等收入群体财富管理需求

共同富裕目标要求扩大中等收入群体，从而形成"橄榄型"收入结构。信托业的财富管理聚焦中等收入群体不同生命周期的生活目标，发挥信托制度优势，围绕投资理财、医疗健康、家庭保障、子女教育、家庭关爱、遗嘱传承等需求，输出信托解决方案，供给优质资产并提供配置建议。

―| 案例 |―

上海信托推出家庭服务信托为中等收入群体打造特色化服务

家庭服务信托是家族信托业务在共同富裕目标下实现普惠化发展

的新模式，未来有望成为服务广大中等富裕家庭的重要工具。2022年3月，上海信托的家庭服务信托成功落地，同年9月，上海信托正式发布"睿赢"家庭服务信托品牌，并打造了标准化、智能化的系统性解决方案。上海信托"睿赢"旨在打造财富配置全链数字化解决方案，为客户创设专属财富信托账户，满足委托人对家庭关爱、财富传承、风险隔离以及资产配置等多元化财富规划需求。在实际运作过程中，科技系统秉持零售化、批量化、自动化的建设理念，可实现全生命周期管理，从受理申请、存续期管理直至信托终止，都实现系统化运作。从产品设计上看，家庭服务信托采取两层信托架构设计：家庭服务信托层为提供专属信托账户，提供信托制度服务；资产配置层为提供专业金融机构受托理财服务。账户资金的配置属性更加偏向长期，流动性需求低，大幅降低了投资端的管理压力，客户须做好长期投资的规划。从产品功能和配置策略上看，家庭服务信托不仅有财富保护以及财富传承功能，还致力于财富保值增值，针对不同客户的风险偏好定制安稳型、稳健型、均衡型三类专业配置策略方案。上海信托通过家庭服务信托产品为客户定制专属"睿赢财富信托账户"，根据受益人（主要是家庭成员）的不同，结合需求场景提供财富传承、财富保护、财富保值增值等综合服务，这代表着信托制度在财富管理普惠化应用方面的进一步提升。

国投泰康信托通过"金融+养老"场景的构建解决客户个性化诉求

2021年，国投泰康信托精准切入中等收入阶层养老痛点，协同集团旗下养老机构——国投健康，推出"赫奕祈年·养老信托服务"，打通"资产管理+养老规划"跨界生态服务"最后一公里"。作为目标导向型养老消费信托，实现财富保值增值、补充养老资金的同时，提供长者公寓"优先入住、费用优惠"等增值服务，助力客户平稳对接养老生活。

万向信托推出"遗嘱+特殊需求"信托

2020年,万向信托落地了国内首单复合型监护支援信托,开创了"信托+监护+遗嘱"的复合型服务模式,该模式基于当事人提供人身安排和大额财产安排的综合服务,实现当事人自身及家庭成员的未来人生规划,达成养老、身心障碍子女照料等特定目的。遗嘱在"遗嘱+特定需求信托"中的主要作用是实现委托人身后遗产追加至信托中,使委托人身后遗产能够继续按照委托人意愿和信托合同约定进行管理,并用于保障受益人的生活需要。

中信信托推出信托投保的保险金信托服务

中信信托创新发展保险金信托模式,推出了信托投保服务。一方面,可以帮助客户通过个性化的信托利益分配条款,实现未来对家人生活的长期妥善照料;另一方面,客户指定中信信托作为保险的投保人,增强了保单的风险隔离功能,避免了个人作为投保人可能出现的保单失效、被强制执行、分割等种种不确定风险。上述保险金信托的成功落地,体现了银行、保险、信托三方协同服务的优势。截至目前,中信信托已与20余家保险公司建立了保险金信托合作关系,累计服务客户逾千位。

助力做优"蛋糕",完善社会治理

优化高净值人群财富传承规划

高净值人群是社会财富的创造者,是带动全体人民走向共同富裕的重要力量。信托业财富管理依托信托制度在财产隔离和风险保护等方面的天然优势，通过定制化的家族信托产品和服务，为委托人解决财富管理与传承、家族成员关照守护、家族企业治理、家族公益慈善等一揽子需求，有效帮助创富家族实现财富的安全隔离、稳健增值和有序传承。做优家族信托服务，一方面可以为助力实体经济提供扎实的资金基础，推动实现"先富带后富"；另一方面也能保持创富家族拼搏进取的创业精神，有效引导财富向善。

——| 案例 |——

中航信托通过股权家族信托助力高净值群体财富传承与规划

中航信托在家族信托领域积极探索创新，推出以实现企业股权管理为主要目标的"鲲鹏"股权家族信托，设立规模达数十亿元，受托资产含非上市公司股权和上市公司股票，为多家科技型企业、上市公司搭建了良好的治理架构，促进企业的健康发展和顺利传承。股权家族信托通常采取典型的双层信托架构下的间接持有模式，委托人交付现金成立家族信托，设置家庭成员作为信托层面受益人。家族信托通过担任合伙企业 LP 的方式持有有限合伙份额，由委托人指定主体担任合伙企业 GP。有限合伙企业作为非上市家族企业股东，实际行使股东权利。通过股权家族信托的上述架构，能够提供从"代人理财"到"忠人之事"的一站式服务，实现股权托管、风险隔离、按约执行交易、财富管理与传承等目的，助力客户达到久远财富、安全财富、和谐财富以及增值财富四大目标。股权家族信托的核心功能主要有以下四点：一是厘清股权权属关系，二是紧锁企业股权，三是实现企业永续运营，四是完善利益分配机制。通过设立股权家族信托，能够实现股权所有权、控制权与受益权的分离，避免了股权在传承过程中的争夺纠纷、股权分散导致控制权丧失等问题，实现了股权的健康传承。

平安信托创设保留投资权创新型家族信托

平安信托创建了"鸿承世家"家族信托品牌，积极持续地全面打造特色家族信托业务。2022年，平安信托成功设立首单保留投资权创新型家族信托，规模6 020万元。该类产品为私募基金股东和高管、自主投资私募产品大客户、上市公司股东和高管等专业投资人客群提供一站式家族传承解决方案，结合投顾型及委托人咨询型的投资管理模式，有效为家族信托资金投资管理的方式赋予更多灵活性。

提升社会治理水平，创新涉众资金监管

推动共同富裕需要依靠市场的力量推动社会治理水平的提升，促进公共服务的共建共享。信托公司能够充分运用制度优势，作为市场化主体参与社会治理，在预付金押金监管、社区物业管理等场景中发挥重要作用。

——| 案例 |——

苏州信托推出预付类资金服务信托促进消费者保护

苏州信托于2021年11月率先落地全国首单校外培训服务信托计划"苏信服务·新科教育众安1号"，率先运用服务信托模式参与预付资金管理，参与建设并运维全国首个统一预付资金管理平台——苏州市预付式消费资金管理平台。截至2022年年底，预付类资金业务规模累计近850万元。苏州信托开展预付类资金服务信托业务采用了"政府+信托"的模式，平台的建设是在地方政府主导和银保监部门的支持下，坚持公益性、服务性、普惠性原则，根据各行业特有的行业属性分门别类进行监管，具备安全性、普惠性、灵活性、开放性、可持续性的优势。平台充分发挥信托财产独立性的制度优势，主要运用服务信托模式将被监管资金转为信托财产，从法律层面和制度层面提高了资金的安全性。该案例是信托制度服务民生、服务实体经济、服务社会治理为目标的一次有益尝试，为共同富裕下的社会治理完善提供了可复制、可推广的苏州经验。

中航信托开展"双受托制"物业管理服务信托业务

2021年10月，中航信托与成都市香城丽园小区、香江岸小区、福珠苑小区以及成都益民源、成都诚智物业、成都智乐物业签订信托合同。中航信托作为共同受托人，代表业主利益，对小区共有资金账户进行托管并提供账户服务，包括开展财产保管、权益登记与分摊、支付结算、执行监督、清算、信息披露等专业托管运营类金融服务，在保障资金安全的前提下，实现小区业主共有资金的账户事务管理和保值增值需求，对物业公司的自由裁量权和支配权进行约束，以更有效地维护和保障业主权益。

促进精神文明建设，丰富共同富裕内涵

人民精神富足是共同富裕的重要内涵，共同富裕的实现离不开全体人民精神素养的提高。信托业积极引导社会财富参与精神文明建设，以提高教育水平、帮助贫困学生、保护文化古迹等目的设立的公益慈善信托从精神层面促进共同富裕的实现。

| 案例 |

光大信托携手艺术基金会助力乡村文化振兴

2022年，光大信托再度出发，携手北京当代艺术基金会（BCAF），共同设立"光信善·BCAF乡村美育慈善信托"。该慈善信托旨在和BCAF一起致力于"让更多人自由平等地分享文化艺术"，更加持续、专业地资助中国乡村儿童美育公益项目的多样性发展，用金融手段更好地连接社会资源，服务于乡村美育项目的长效发展，助力提供丰富、温暖、有活力的文化公益项目。

北京信托、中铁信托助力文物保护和文化传承

2019年，北京信托设立"首善惠文001号慈善信托"，其资金用于圆明园遗址公园残雕沉思展区"雕西洋花建筑构件"的修缮，助力历史文物保护，保护历史。中铁信托先后发起设立了与成都杜甫草堂合作的国内首单以博物馆为主题的弘文系列慈善信托、与成都武侯祠合作的国内首单以弘扬"三国文化"为主题的明道系列慈善信托。

围绕"双碳"目标，助力绿色发展

人与自然和谐发展是共同富裕的重要表现。绿色信托作为绿色金融体系的有机组成部分，是信托行业服务国家绿色发展、助力共同富裕的重要形式。信托业践行"绿水青山就是金山银山"的生态理念，围绕"碳达峰、碳中和"战略目标，在支持绿色产业、服务碳权交易、助力生态改善等方面助力绿色发展。

| 案例 |

云南信托设立国内首单产业帮扶绿色慈善信托

2022年，云南信托成立慈善信托——"云南信托大爱星火—鹿鸣乡增绿增收慈善信托"，以公益慈善的方式助推当地特殊困难人群发展肉牛养殖。在为困难农户实现增收过程的同时，以"青绿饲料→草食动物→粪→田"的农牧循环发展新模式，选择种植生命力强且经济效益明显、投资小、见效快的巨菌草、甜象草等多年生优质牧草和杂交构树，增加当地绿植覆盖，实现鹿鸣乡生态保护与经济发展双赢局面。

兴业信托设立国内首只生物多样性慈善信托

2021年，兴业信托与中华环境保护基金会开展合作，成立了我国首只以生物多样性保护为主题的绿色慈善信托——"兴慈善1号绿色慈善信托"，通过"绿色+公益+慈善信托"有机结合，打造"兴慈善"绿色慈善信托系列产品体系，在"两山理论"的发源地——浙江安吉，开展县域绿色新基建业务探索。

中海信托设立国内首单"碳中和"服务信托

2021年4月，中海信托与中海油能源发展股份有限公司开展合作，全国首单以CCER（中国核证自愿减排量）为基础资产的碳中和服务信托"中海蔚蓝CCER碳中和服务信托"正式成立。该信托的交易结构为海油发展将持有的CCER作为信托基础资产，交由中海信托设立财产权信托，再将其取得的信托受益权通过信托公司转让信托份额的形式募集资金，最终将募集资金全部投入绿色环保、节能减排产业。

助力分好"蛋糕",促进第三次分配

满足个性化慈善需求,缩小社会贫富差距

公益慈善信托是实现第三次分配的重要手段。信托业财富管理可以充分发挥信托制度优势,将家族信托与公益慈善信托衔接,为高净值人群量身定制慈善方案,对弱势群体进行系统性帮扶,实现多元化的慈善目的。

——| 案例 |——

万向信托鲁冠球三农扶志基金慈善信托彰显创新型公益品牌

2018年,万向信托设立了鲁冠球三农扶志基金,该信托为永久存续的慈善信托,承载着万向三农集团有限公司的全部经济利益,为社会贡献了逾142亿元的慈善资产。该信托以企业经营为持续来源、社会公益为终极目标,实现产业发展和慈善捐助联动,形成了"利他共生,共创共享"的全新模式。从结构上看,实行董事会决策、受托人管理、监察人监督的制度,形成了稳定的运行机制和完备的内部治理机制。除了对困难人群做直接帮扶,鲁冠球三农扶志基金更注重产业扶志的方式,主要通过影响力投资,带动就业增加、农民增收、环境改善,以公益精神和社会参与的方式助力乡村振兴战略,实现"让农村发展、让农业现代化、让农民富裕"的宗旨。通过科学有效的方式管理和使用慈善财产,以策略性资助和影响力投资开展慈善活动,信托财产用于三农、环保、扶贫、教育、扶老等领域,可持续地促进先富带动后富。万向信托积极探索发展股权慈善信托来助力实现共同富裕。股权慈善信托能够实现企业控制权、经营权和收益权的有效分离,包括

上市公司和非上市公司股权。一方面，股权慈善设立后，股权作为初始信托财产，不影响企业的继续经营和实际控制，企业作为法人主体实际控制权没有发生变化，但受益人增加了慈善信托。另一方面，设立股权慈善信托能够保持企业长期稳定的经营管理，具有久远的社会价值。

国联信托设立华若中慈善信托助力企业践行社会责任

2022年，国联信托担任受托人落地无锡首单慈善信托项目——"华若中慈善信托"。无锡兴达泡塑材料股份有限公司为慈善捐助企业，预计将在未来5年内，通过无锡市慈善总会向慈善信托计划捐赠5 000万元，信托财产将运用于扶贫济困、扶老救孤、恤病助残等领域。该信托展现了企业对践行社会责任的新探索模式，用自身力量积极推进第三次分配进程。

华能信托充分满足委托人善财善用需求

华能信托·农银壹私行·牧原润泽慈善，是公司立足金融向善、财富向善初心，携手河南省牧原农业发展公益基金会、农业银行，积极助力新时期共同富裕与乡村振兴事业的一大创新实践。该信托以委托客户善财善用需求为中心，将现代公司治理理念与慈善信托管理相融合，创新推动"慈善信托决策委员会+慈善信托监督委员会"内部决策、监督与"慈善信托监察人"外部监督相结合，成功构建"委托客户充分参与、专业机构全程赋能"的综合性、专业性慈善信托服务与管理体系。通过"多方参与、专业协作、内外监督"，有效地夯实了慈善信托中后期管理的专业性与合规性基础，也有力地保障了慈善信托的透明度、公信力。2022年该慈善信托累计募集慈善信托资金1.2亿元，累计发放善款1.13亿元。公司慈善信托将持续推动服务内容创新、服务能力提升、服务效果共享，一企一策，一人一策，在努力为公司产业客户及合作伙伴提供一揽子金融信托服务的同时，也积极提供更为个性、更为专业的慈善信托解决方案，以期携手助力实体经济发展与共同富裕建设，更好地造福社会、回馈社会。牧原润泽慈善信托不仅为公司战略产业客户牧原股份提供了履行企业社会责任的新形式、新路径，也为公司与农业银行不断深化合作提供了新领域、新模式。

专业化投资管理，保障慈善财产收益

信托公司通过专业化的资金募集和投资管理，扩大慈善财产来源，保障公益慈善财产稳健增值，有助于实现三次分配的多元性和延续性。

———————— | 案例 | ————————

粤财信托积极参与管理慈善组织善款，提升资金运用效率

粤财信托·农行壹慈善·万科河源仙坑2022乡村振兴慈善信托是万科企业股份有限公司为更好履行社会责任，响应共同富裕的号召，将资金捐赠给广东省扶贫基金会，由广东省扶贫基金会作为委托人发起设立慈善信托，用于资助河源仙坑村等地的乡村振兴相关领域。该慈善信托聘请农行私人银行部作为财务顾问、深圳市创新企业社会责任促进中心作为监察人，并设立慈善委员会。此架构是农行在慈善信托领域的创新尝试，后续拟以此为框架在全行进行推广，具有重大的示范效应。

凝聚社会资源，共建公益慈善生态圈

信托公司致力于深化与各类金融和社会渠道的长期合作关系，通

过慈善信托让社会各界参与到公益慈善事业中来，进而达到聚合优势社会资源共建公益慈善生态圈，以具有影响力的方式实现更广泛的社会价值。

―― | 案例 | ――

中建投信托加强公益渠道合作，开辟慈善资金源头活水

中建投信托加强同业合作，共建优质慈善信托品牌。强化"善建浙行"系列慈善信托品牌，推动落地多个浙江省内合作，落地中建投信托·善建浙行5号（祥和桐城）慈善信托，通过调研梳理公益需求，研发慈善项目，为桐乡市户籍的因病、因残、因无劳动能力致贫的困难家庭提供慈善资金；开发"善建湘行"系列慈善信托，撬动高净值客户资源，提供优质公益渠道，为慈善组织增加资金来源。中建投信托推动区域慈善生态建设，助力地方创新公益实践，打造"善爱西湖""善行萧然""滨心有爱""善行临平"等多个主题式品牌，开发优质慈善项目，通过各种方式有效服务受益人群，配合地方政府关于慈善工作转型创新需要，让更多地方优秀慈善组织参与其中，为构建更为现代化的区域慈善生态提供动力和示范样本。"滨心有爱"系列慈善信托首次参与慈善行业区域生态建设，为基层优秀的草根公益机构提供支持；"善行临平"系列慈善信托首次聚焦浙江省山海协作与杭州市共富结对等政府工作重点，参与青少年眼部健康国家工程慈善项目，为浙江省山区的儿童带去视力筛查和治疗服务，还参与了山区儿童居家环境改造，帮助其重新出发迎接新生活；"善行萧然"系列慈善信托关注罹患白血病、恶性肿瘤的大病未成年人。公司通过慈善信托积极参与公益慈善捐赠，为慈善组织提供资金保障，传递温暖，全年对外捐赠的资金规模为 1 420.69 万元，累计资助金额达 4 205.56 万元，惠及人群达 1 700 万人次。

杭州工商信托成立国内首个由多家金融机构委托发起的共同富裕主题慈善信托

2022 年，在浙江省各级政府和金融监管部门的指导下，由杭州工商信托和浙江省慈善联合总会共同作为受托人的"金融港湾共富慈善基金"慈善信托正式成立。"金融港湾共富慈善基金"慈善信托作为国内慈善信托创新模式的探索者，是国内首个由多家金融机构发起的共同富裕主题慈善信托，致力于为浙江省乃至全国的慈善信托发展提供先进做法和样板经验。该慈善信托充分发挥了公信力强、透明度高、机制灵活、资产管理专业等优势，创新运用"母子基金"结构，由专业团队运营，为捐赠人提供定制化服务。"金融港湾共富慈善基金"慈善信托充分发挥信托制度优势，连接起慈善组织、公益项目、社会发展的一整套生态系统，真正实践高质量发展共同富裕示范区的核心意义，实现共同富裕的良性循环。

信托业财富管理相关政策建议

推广浙江高质量发展建设共同富裕示范区的典型经验

2021 年 5 月，《中共中央 国务院关于支持浙江高质量发展建设共同富裕示范区的意见》重磅发布，提出"支持浙江在高质量发展中扎实推动共同富裕，着力在完善收入分配制度、统筹城乡区域发展、发展社会主义先进文化、促进人与自然和谐共生、创新社会治理等方面先行示范，构建推动共同富裕的体制机制"。近两年来，浙江始终胸怀"两个大局"，牢记"国之大者"，深入践行"八八战略"，切实承担主体责任，推动示范区建设实现良好开局，形成了一批可复制可推广的经验做法。2023年，国家发展改革委印发《浙江高质量发展建设共同富裕示范区第一批典型经验》，总结提炼浙江在组织建设、高质量发展、缩小城乡差距、缩小地区差距、缩小收入差距、促进基本公共服务均等化共六个方面十条典型经验做法（见表5.3）。

表5.3 浙江共同富裕示范区典型经验

序号	典型经验	具体内容
1	共富工坊	畅通村企合作渠道，搭建村企合作平台，促进农民家门口就业增收
2	亩均论英雄	通过企业亩均效益综合评价和资源要素差别化配置，推动资源要素向优质高效领域和优质企业集聚，努力实现效益最大化和效率最优化
3	数字经济"一号工程"	以产业数字化、数字产业化、数字化改革为主线，发展特色数字经济，2022年浙江省数字经济增加值占GDP比重和数字化综合发展水平均居全国第一
4	"两进两回"行动	加速科技、资金、人才资源要素流向农村。2022年，全省农村居民人均可支配收入达3.76万元，较2017年增长51.56%，年均增长8.8%；城乡居民收入比降至1.90，低于全国2.45的水平
5	农村科技特派员制度	实施农村科技特派员制度，拓展科技特派员服务功能，有效促进乡村振兴战略实施
6	山海协作	聚焦陆海统筹、山海互济，加大对欠发达地区的帮扶力度。2022年，浙江山区26县地区生产总值、固定资产投资、规上工业增加值、城乡居民收入等主要指标增速均高于全省平均水平
7	培育壮大产业工人队伍	深入实施新时代浙江工匠培育工程，持续深化技能人才培养体制机制改革，健全与产业发展相适应的技能人才全方位、全链条培育体系。截至2022年年底，浙江省技能人才总量达到1 195万人，占全部就业人员的比重超过30%

续表

序号	典型经验	具体内容
8	帮扶残疾人就业增收	实施"政策扶持+渠道拓展+平台搭建",构建残疾人就业增收体系。截至目前,残疾人就业率达96.51%,残疾人家庭人均可支配收入超过3.6万元,位居全国前列
9	医共体	推进县域医疗共同体建设,全省72个县(市、区)将204家县级医院和1 161家乡镇卫生院组建成为165家医共体
10	掌上办事	推进"最多跑一次改革",聚力打造群众、企业掌上办事总入口"浙里办"。目前"浙里办"注册用户数突破1亿,日均活跃用户数300万。全省申请政务服务事项"一网通办"率达85%

在上述经验中,信托有广泛的参与服务空间:灵活运用各类信托金融工具,满足实体经济发展资金需求,服务"两进两回"行动、山海协作、共富工坊建设等;充分发挥信托在资产隔离、社会治理等方面的服务功能,以知识产权信托、数据信托等形式,助力知识、技术、数据等要素价值实现,推动数字经济高质量健康发展;充分发挥"本源业务"优势,以慈善信托为抓手,在帮扶残疾人就业增收、促进基本公共富裕均等化、促进财富第三次分配方面发挥带头作用。

其中,慈善信托是以信托公司为代表的金融机构切入三次分配体系改革的重要抓手,也是浙江省高质量发展建设共同富裕示范区"扩中提低"改革的重要组成部分,近年得到政策大力支持和各界广泛关注。

2020年12月,中共浙江省委办公厅、浙江省人民政府办公厅印发《关于加快推进慈善事业高质量发展的实施意见》,明确"大力发展慈善信托。鼓励设立以扶弱济困为目的的慈善信托,丰富慈善信托类型"。2021年3月,浙江省发改委、浙江省民政厅发布《浙江省民政事业发展"十四五"规划》,再次提出大力发展慈善信托。2021年5月,《中共中央 国务院关于支持浙江高质量发展建设共同富裕示范区的意见》明确指出要"探索各类新型捐赠方式，鼓励设立慈善信托"，从中央政策层面为浙江省慈善信托发展推广进一步坚定了信心、指明了方向。2021年11月，财政部印发的《支持浙江省探索创新打造财政推动共同富裕省域范例的实施方案》中强调："鼓励浙江省设立慈善信托，完善慈善褒奖制度，引导社会参与公益慈善事业。"2022年3月，人民银行、原银保监会、证监会、国家外汇局、浙江省人民政府联合发布的《关于金融支持浙江高质量发展建设共同富裕示范区的意见》中明确："发挥金融在第三次分配中的作用，大力发展慈善信托"，进一步夯实对浙江省慈善信托发展的金融支持。

以发展建设共同富裕示范区重大使命为引领，浙江省不断强化慈善信托政策创制，扩大慈善信托群众基础，优化慈善信托发展环境。2021年7月，《浙江高质量发展建设共同富裕示范区实施方案（2021—2025年）》发布，具体提出"要全面打造'善行浙江'，大力发展慈善信托，争取国家支持探索公益慈善组织设立信托专户，对慈善信托给予政策支持"。2021年9月，浙江省民政厅发布《推进民政事业高质量发展建设共同富裕示范区行动方案（2021—2025年）》，提出"2025年慈善信托资金规模突破15亿元"的发展目标，提出"拓展慈善捐赠方式，探索产权、股权、专利、技术、有价证券捐赠等新型捐赠方式"的慈善信托创新发展路径，并提出要"积极争取国家出台慈善信托税收优惠政策，探索慈善组织设立慈善信托专户"。同一时间，浙江省民政厅与浙江省银保监局联合印发《关于推动信托公司大力发展慈善信托业务的通知》，制定16条措施推动慈善组织、信托公司提高政治站位、完善配套的体制机制、提高专业服务能力、加强产品创新、加强跨领域协同，加快慈善信托发展。

在政策的有效引领与大力支持下，慈善信托在浙江省的发展近年也进入快车道。慈善中国数据显示，2022年浙江省慈善信托备案规模超4亿元，备案数量195单；截至2022年年底，累计备案规模达15.38亿元，累计备案数量363单，是目前我国慈善信托备案规模唯一突破10亿元的省份，备案数量和规模均领跑全国（见图5.13和图5.14）。

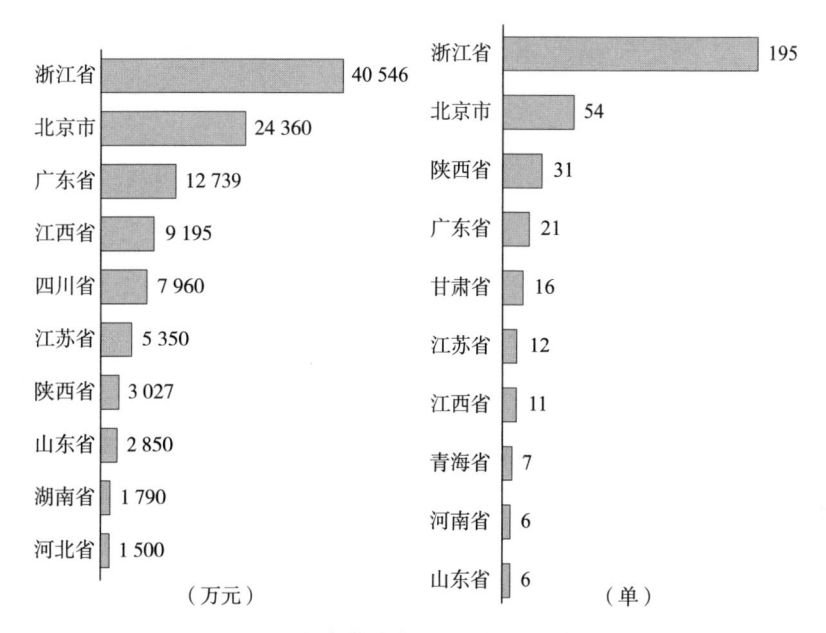

浙江省	40 546		浙江省	195
北京市	24 360		北京市	54
广东省	12 739		陕西省	31
江西省	9 195		广东省	21
四川省	7 960		甘肃省	16
江苏省	5 350		江苏省	12
陕西省	3 027		江西省	11
山东省	2 850		青海省	7
湖南省	1 790		河南省	6
河北省	1 500		山东省	6
（万元）			（单）	

图 5.13　2022 年度慈善信托备案规模与数量前十地区

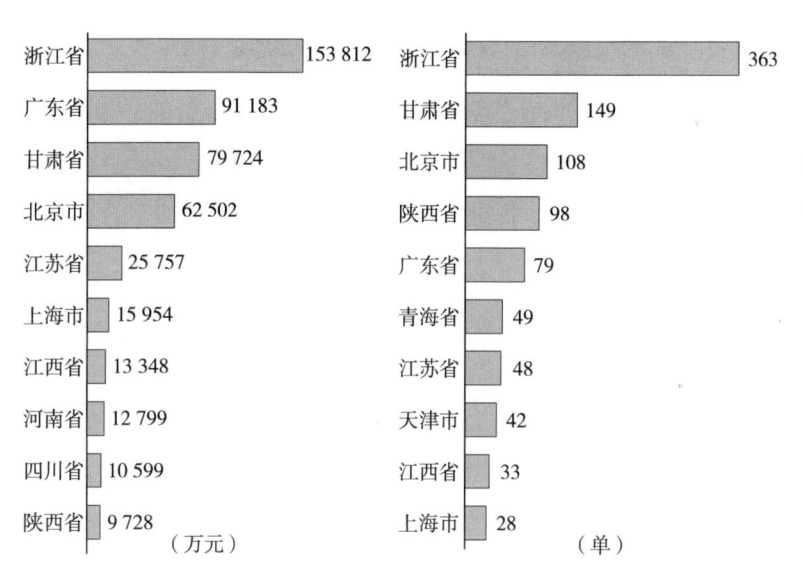

浙江省	153 812		浙江省	363
广东省	91 183		甘肃省	149
甘肃省	79 724		北京市	108
北京市	62 502		陕西省	98
江苏省	25 757		广东省	79
上海市	15 954		青海省	49
江西省	13 348		江苏省	48
河南省	12 799		天津市	42
四川省	10 599		江西省	33
陕西省	9 728		上海市	28
（万元）			（单）	

图 5.14　截至 2022 年慈善信托累计备案规模与数量前十地区

值得一提的是，杭州作为浙江省高质量建设共同富裕示范区进程中确定的慈善信托专项改革试点城市，2021年以来，陆续出台了《杭州市高质量发展慈善信托专项改革试点方案》《关于通过慈善信托方式开展公益性捐赠有关问题的通知》等，有效推动了慈善信托高质量发展。2021年年底，杭州市民政局发布《关于推进民政事业高质量发展打造共同富裕示范区城市范例民政样板行动方案（2021—2025年）》，提出"2025年慈善信托资金规模突破13亿元"的具体发展任务。截至2022年年底，杭州市慈善信托累计备案规模达12.64亿元，备案227单，单数和规模"双量"均居全国大中城市首位（见表5.4）。

表5.4 杭州市慈善信托相关支持政策统计

时间	部门	名称	主要内容
2021年6月	杭州市民政局、杭州市发改委员会	《杭州市民政事业发展"十四五"规划》	大力发展慈善组织和慈善信托，建立和完善慈善力量参与突发事件应对的体制机制。鼓励金融机构开发公益理财、债券、信贷等产品
2021年9月	杭州市政府	《杭州市高质量发展慈善信托专项改革试点方案》	加大慈善信托探索力度，在多个领域形成慈善信托发展的"杭州经验"
2021年12月	杭州市民政部	《关于推进民政事业高质量发展打造共同富裕示范区城市范例民政样板行动方案（2021—2025年）》	通过培育慈善多元主体、推动慈善活动创新、推进慈善融合发展、加强慈善监督管理和健全慈善保障机制，到2025年，全市慈善组织总数达到300家以上，慈善信托资金规模突破13亿元
2022年3月	杭州市民政局、浙江银保监局等四部门	《关于通过慈善信托方式开展公益性捐赠有关问题的通知》	允许慈善组织向慈善信托委托人直接开具公益性捐赠税前扣除票据，并成功落地首张捐赠票据开立工作
2023年1月	杭州市民政局与浙江银保监局	《杭州市慈善信托工作指引（试行）》	规范慈善信托设立、登记、初始备案、运作、变更备案、重新备案和终止等，加强慈善信托信息公开与披露，以及项目评估、监督管理等

续表

时间	部门	名称	主要内容
2023年2月	杭州市民政局	《杭州民政2023年工作思路》	放大慈善信托"穿透开票"试点成果，在非货币领域慈善信托实践先试先行，争取在全国形成示范引领效应

浙江省内另一座城市宁波，近年也在慈善信托的推动发展中取得累累硕果。2021年12月，宁波市民政局发布《推进民政事业高质量发展助推共同富裕先行市建设行动方案（2021—2025年）》，提出"2025年慈善信托资金规模突破1亿元"的目标。2022年，宁波市新增慈善信托规模8 630.01万元，同比增长40倍，总规模达1.3亿元，已提前完成2025年目标。宁波市慈善信托从1 000万元的规模发展到1亿元的规模仅仅用时8个月，也让社会各界见证了宁波慈善信托的发展速度。2023年3月，宁波市民政部公开《2023年全市民政工作要点》，提出继续大力发展慈善信托，并指出具体措施和新增财产规模目标，明确2023年全市慈善信托新增财产规模1.4亿元。在宁波市民政局发布《宁波"三赋法"推动慈善信托"爆发式"增长》中，宁波总结了其在推动慈善信托发展方面的"三赋法"经验。可以看到，在"三赋法"的支持推动下，宁波慈善信托发展正快马扬鞭、奋勇向前（见表5.5）。

表5.5 宁波市慈善信托相关支持政策统计

时间	部门	名称	主要内容
2021年12月	宁波市民政局	《推进民政事业高质量发展助推共同富裕先行市建设行动方案（2021—2025年）》	慈善信托实现区县（市）全覆盖，资金规模突破1亿元
2022年8月	宁波市民政局、银监局	《宁波市慈善信托备案管理办法》	规范宁波市慈善信托备案管理

续表

时间	部门	名称	主要内容
2022年1月	宁波市政府	《宁波慈善信托专项改革工作方案》	明确工作目标、改革方向、重点举措
2022年9月	宁波市民政局、银监局、财政局、税务局四部门	《关于进一步鼓励扶持慈善信托发展的通知（试行）》	对慈善信托"运行机制""票据使用""税收优惠""监督管理"进行规范
2022年12月	宁波市注册会计师协会	《关于慈善信托审计业务的提醒》	明确审计应认定慈善信托为慈善活动支出

慈善信托作为一个新的增长极，可持续推动公益创新和公益事业发展，不仅为实现第三次分配和共同富裕开辟了新的途径，也为"善行浙江""人人可善"提供了一个新渠道。总结发现，浙江在慈善信托的发扬推广中，在以下三方面走在了全国省市的前列。

重视政策制度赋"能"

政府部门加强组织领导、统筹协调，制订专项慈善信托工作方案，明确工作目标、改革方向、重点举措、创新支持，并在发展规划中明确提出慈善信托增量的备案规模目标，推动全省慈善信托不断增量扩面，目前各区市已实现了全覆盖，为慈善信托生长提供了优质政策土壤与发展环境。

重视实践探索赋"力"

浙江成立全国首个慈善信托研究基地，为慈善信托领域实践与理论研究搭建了优质平台；加强实操研究，设立股权、不动产、艺术品、环境保护等多个"全国首单"慈善信托，建立慈善信托法律顾问制度；在全国范围内领先实践慈善信托"穿透开票"，支持慈善组织设立慈善信托专户，并积极探索慈善信托税收优惠实践路径；加强信息化技术对慈善信托的支持，打造"慈善杭州"智慧平台，进一步提升慈善信托设立便捷度。

重视宣传引导赋"势"

浙江重视慈善信托的宣传与普及，并通过慈善信托推介会、主题宣传活动、建设推进会、联合年会等形式，在全省范围内提升慈善信托的宣传和推广，通过宣传引导凝聚各方共识，推动慈善信托在共同富裕中发挥更大的作用。

基于上述内容，我们建议加强各地区各部门关于浙江省慈善信托发展经验的总结学习，将浙江省有关慈善信托的发展政策在全国推广。

1. 夯实政策基础，全面优化慈善信托发展环境

因地制宜地拟定慈善信托发展行动方案，并做好慈善信托税收优惠、审计认定、受托财产登记等相关工作的规范，进一步提升慈善信托的群众基础、覆盖范围、价值作用。

2. 加强创新引领，大力推动慈善信托模式创新

发挥"慈善+金融"优势，扩大慈善财产来源、提升慈善财产运用持续能力、扩大财产运用方式；加强资金运用效果评估，推动慈善信托管理模式创新；简化慈善信托财产追加程序，提升慈善财产捐赠规模，进一步夯实慈善信托发展路径。

3. 加强宣传推动，充分发挥慈善信托社会治理效能

以《慈善法》修订为契机进行普及宣传；鼓励慈善信托基层化发展，发挥慈善信托在助力社区慈善事业、完善基层社会治理中的积极作用；完善慈善信托褒奖制度，引导和鼓励企业和个人设立慈善信托，增

强社会公众对慈善信托的信任度。以浙江共同富裕示范区建设经验为引领，继续打造公益金融创新基地，全面构建我国公益金融服务生态，推动公益金融社会治理效能的最大化发挥。

完善信托财产登记、信托税收等配套制度建设

目前在以家族信托等为代表的财富管理服务信托中，主要以现金方式设立。而有财富管理需求的客户群体资产中往往包含大量的公司股权、房产等非现金资产，若要将这些资产设立信托，需要进行信托财产登记。同时，税务机关普遍将信托财产的置入视为一次市场交易行为，由此产生的高额税负大大阻碍了利用财富管理信托或家族信托来实现风险隔离和财富传承。此外，由于家族信托是跨生命周期的产权安排和传承计划，因此信托财产独立性保障，以及受托人破产倒闭后的连续性等都是当前家族信托、慈善信托等业务发展设立中尤为关注的问题。

为解决信托行业发展痛点，促进包括家族信托、慈善信托等在内的信托本源业务的快速发展，有效满足社会的财富传承需求，有必要加强顶层设计，进一步完善信托相关的配套制度建设。

建议统筹完善信托财产登记制度

明确以特定财产设立信托需要办理信托登记的详细制度规定，规范登记范围、登记机构、登记手续、登记内容等事项。

建议进一步完善信托涉及财产转移、收益分配等方面的合理税收制度

统筹设计信托税收安排，既避免信托财产转移环节重复征税，同

时防止受益人获取信托利益环节税收流失等，解决股权信托、不动产信托设立难、税收过高的问题。

建议落实慈善信托税收优惠政策

优先解决设立环节委托人出资财产的所得税税前扣除需求，对慈善信托进行"税前扣除资格"认定，明确应当符合的条件和办理程序。比照慈善捐赠的财产非交易过户政策，制定慈善信托财产登记制度，明确事项，更好地体现信托财产的独立性，进一步推动信托制度优势在财富管理领域的有效发挥。

建议进一步完善家族信托、慈善信托业务监管体系

加强家族信托、慈善信托备案指导，统一备案标准和设立要求。提升对家族信托、慈善信托运行效果评估，保障家族和慈善信托目的的实现。强化慈善信托信息披露，出台慈善信托信息公开、关联交易、会计处理等相关规定，提升慈善信托整体信息披露质量，推动家族信托、慈善信托等信托本源业务持续发力。

此外，针对服务公共民生的服务信托业务，应加强政策引导，出台业务细则，在特定领域开展试点，推动信托对共同富裕的更深层次支持。建议尽快推动完善包括特殊需要信托、遗嘱信托、家庭服务信托等领域的政策规范与支持；扩大信托公司在社保基金、企业年金受托服务中的资格认定；鼓励信托公司在与"三次分配"等关系人民群众切身利益、社会需求最迫切的领域，开展资产服务信托试点；引入信托公司对特定的生态或文化资产开展信托试点等，扩大信托参与、服务共同富裕的范畴。

按照《信托业务三分类》转型要求,努力提升信托业财富管理服务能力

《信托业务三分类》的实施对信托行业产生深远影响,信托行业功能定位为"提供信托服务",其服务内涵远超金融资产管理的范畴,这将作为信托业发展的中轴和船锚,信托业的新局面将会据此打开。同时,其在顶层制度上构建了信托业相对明确的顶层设计,为信托业未来发展指明方向。此外,在新型业务体系中,资金端的财富管理服务业务处于核心地位,财富管理整体在信托行业发展中的重要性大大提升。这也将引导信托公司财富管理业务重心从传统单一的"销售"向"资产配置+受托服务"转型,推动信托公司更好地发挥财富管理业务的综合受托服务优势,也要求信托公司在未来要持续强化以下五方面能力。

强化产品设计,提升全市场、全周期资产配置能力

资产配置是衡量财富管理能力的关键。新分类下信托公司财富管理业务被划分为七个子类别,这就要求信托公司拥有独立的产品设计服务能力,根据每一类业务的特点做好产品模式与业务方案设计。部分业务要实现产品的标准化、流程化,从而实现业务规模的快速提升;部分业务要考虑客户的个性化需求,提供有温度的配置方案,打造开放多元的大类资产配置货架,满足不同客户对财富管理的需求。

立足投研驱动,提升市场投资专业管理能力

投研先行是信托公司构建新发展格局的核心驱动。只有打造强大

的专家型人才团队，做好宏观政策和行业市场的研究跟踪，多维度修炼内功，不断增强核心竞争力，才能全面把握不同市场、不同领域投资机遇；只有持续迭代产品思路和策略，才能成功打造财富管理、证券投资、股权投资等多点开花的创新高地，对不同类别资产建立投资组合和选择标准，进而为市场和客户提供更加丰富的产品和更加专业的受托服务。

围绕客户需求，提升客户综合服务能力

信托公司要围绕客户的财富管理服务需求和业务管理需要，持续提升财富管理人员的专业能力与水平，在财产保护、财富传承、财产安排等方面为客户出具专业方案，满足客户多元化需求；搭建更加完善的业务管理系统，加强对客户资产的净值化管理，根据组合策略做好风险控制措施；通过金融科技手段提升运营管理效率，降低操作风险，优化客户服务体验，真正建立以客户为中心的账户管理与服务体系，从而提升客户服务的数字化水平，为信托财富管理普惠化发展积蓄动力。

打破传统边界，提升资源整合能力

在《信托业务三分类》的指引下，信托公司财富管理体系与资产端业务部门关系也在发生转变。在信托公司内部，要打破传统"非标"业务边界，构建信托公司财富管理协同机制，做好财富管理业务条线与资产端业务条线业务协同的统筹管理。并要适时适宜地根据《信托业务三分类》内涵，做好财富管理业务条线的优化和丰富，加强专业人员的配置，在税收筹划、资产配置、产品设计、专业服务等方面及时提升组织和人员支持。在外部，由于财富管理市场是一个深

度耦合、内继外连的市场，信托公司应摒弃传统业务视角下客户结构单一、区域经营固化的发展思维，不断搭建共享平台，强化渠道经营，继续提升与专业律师事务所、会计师事务所以及其他资产服务机构的紧密联系，最大限度地发挥货币、资本、实业三大领域的服务功能和联结作用，为更高质量的财富管理服务夯实基础。

加强科技投入，实现业务转型与数字化深度融合

随着大型语言模型和生成式人工智能的快速发展，"人工智能科技革命"浪潮加速涌来，将引领众多行业跨越式发展和革命性变革。信托业务转型与数智化的融合发展，必将为行业带来颠覆性的演化。一方面，信托服务、金融科技和服务场景的深度融合，可实现展业能力"模块化、组件化、高可用、高复用"，快速支持创新，更好地推动多元财富管理业务的发展。另一方面，智能营销、智能投顾、智能客服等正在财富管理等标准化程度较高的业务领域逐步实现，未来也将节省人工成本、降低服务费用，将高端服务下沉至中产乃至草根群体，极大拓宽信托服务半径与人群覆盖，全面提升信托服务的普惠性、包容性和长期价值。

继续加强与其他资产管理同业财富管理业务合作

"泛资管""大财富管理"时代的到来为信托与银行、保险、证券、基金等资产管理同业机构的有序合作、互利共赢提供了广阔空间。一方面，信托公司横跨货币、资本与实业三大市场，在财富管理领域有着其他金融机构与企业组织无可比拟的优势。信托公司在信托交易结构设计和运作方面具备丰富经验，可通过灵活的产品结构设计更好地为客户提供定制化产品。信托公司可与资产管理同业机构积极寻求

财富业务合作，共同开发客户在财富传承、家族慈善等方面的需求，提供产品设计、受托管理等服务，广泛整合资源，丰富合作内容、提升合作层级、拓展合作空间，进而更好地引导公众参与公益慈善等领域，推动助力共同富裕。

另一方面，银行、保险等资管机构具备广大的客户资源和渠道优势，券商、基金等资管机构在投研能力建设等方面拥有深耕基础，双方加深财富管理合作，可进一步提升财富管理业务的客群受众。信托公司可引入优质的合作伙伴、优质的资管产品，丰富自身产品货架，打造财富产品超市，为受托人提供更广泛的资产配置选择。信托公司还可以借助头部同业机构的投研能力，不断丰富完善自身投研体系架构，形成自身特色化的投研队伍和投资建议，在市场中形成鲜明独到的观点。这些都对尚处于发展起步阶段的家族信托、家庭信托等服务期限长、多样化需求高、财富管理水平要求高的服务信托业务形成较强的支撑，最终推动信托和合作伙伴相互补充、彼此赋能、共创价值。

持续做好投资者教育与信托文化建设工作

投资者作为理财产品的直接购买者，既是金融市场的重要参与者，也是信托业持续健康发展的推动者。因此，做好投资者教育，加强投资者对财富管理，特别是信托财富管理业务的认识和信赖，是信托行业财富管理业务转型升级的必要条件。在合格投资者分类的基础之上，构建多层次投资者教育体系和产品适配体系，强化财富产品信息披露制度体系，健全财富产品风险等级评定标准，确保财富产品销售符合客户风险偏好水平，"将合适的产品配置给合适的客户"，进一步夯实投资者和信托公司的信任关系。另外，丰富投资者教育宣传的手段，加强对财富管理从业人员的引导和教育，进而间接加强投资者教育，加强产品风险特征、市场信息、投资策略对投资者的传导效率，培育投资者"自享收益,自担风险"的理性健康理财观,为信托财富管理发展创造良好的生态基础与认知环境。

信托公司财富管理服务信托中的遗嘱信托、特殊需要信托、家庭服务信托等均是利用信托制度服务民生、推动共同富裕的重要工具,也是信托公司承担社会责任的重要手段。但信托的这些功能和服务,目前社会大众的了解还不多,仍需要持续加强宣传,引导社会各界懂信托、用信托。从国际经验看,信托制度应用领域是在经济社会发展过程中逐步拓展的。因此建议监管部门、行业协会统筹各信托机构,继续加大信托知识的宣传普及力度,在全社会继续做好信托文化的弘扬和传播,总结和宣传信托在财富管理、社会服务和慈善帮扶等领域的应用案例,推动社会各界对信托本质、特点和作用增进认识了解,将信托制度应用于更多生产生活实践,提升对相关信托业务的有效需求,创造信托本源业务发展的良好保障。

服务国家战略、服务实体经济、服务人民美好生活始终是信托业的立业根基。同时,作为财产管理工具,信托与信托业的社会价值和功能值得被充分认识、深入挖掘与全面调动,赋予其参与服务人民美好生活的更广阔舞台。相信,在新发展阶段的新发展格局中,信托业定能求突破解题、图转型创新、修"匠人"心志,以守正、忠实与专业的文化特质,开拓信托助力共同富裕的全新发展之局。

第六章

共富时代的基金业财富管理

党的十八大以来，我们把逐步实现全体人民共同富裕摆在更加重要的位置，打赢了脱贫攻坚战，全面建成了小康社会，为开启以全体人民共同富裕为标志的中国式现代化新道路夯实了基础。以 1998 年开元证券投资基金和金泰证券投资基金正式公开发行为标志，公募基金正是诞生于人民生活总体达到小康水平的重要时间节点，始终以服务好广大人民财富管理需求为目标，在我国从总体小康到全面小康，并正迈向扎实推动共同富裕的历史进程中，在增加低收入群体财产性收入、支持扩大中等收入群体上发挥了重要作用。

我国公募基金的发展伴随着全面建设、建成小康社会的整体进程：20 世纪末至 21 世纪初，我国总体上即将进入小康社会，人民的收入水平快速提升，财富增值意识逐渐增强。在对"老基金"清理整顿的基础上，规范化的公募基金破土萌芽；在进入 21 世纪的第一个十年，全面建设小康社会取得了显著成效，为公募基金快速发展创造了良好的宏观环境。《中华人民共和国证券投资基金法》和证监会配套颁布的六大细则，为公募基金服务人民财富管理、助力小康社会建设开创了有法可依、有章可循的新局面，公募基金得以快速发展，特别是在 2007 年，管理规模历史性地达到了 3.28 万亿元，其中个人投资者持有了 86.59% 的份额，公募基金开始走入千家万户；党的十八大之后，小康社会建设进入决胜全面建成小康社会阶段，社会经济发展更加注重民生保障，公募基金财富管理越发重视投资者保护与助力社会保障事业，发展迈上新台阶，截至 2023 年 6 月底，市场上共有 157 家公募基金管理人（含 13 家持有公募牌照的非基金管理公司），管理着近 27.69 万亿元规模的公募基金产品。

回顾过往，我国公募基金乘着中国经济持续增长的东风迅速成长，成绩斐然。在不断健全的基础法律框架和以证监会为核心的监管机制下，构建起了相对成熟完善的业务体系，包括品类完整的产品体系、科学全面的投资与研究体系、多元化的销售模式、个人投资者为主的投资者结构、持续优化的"以客户为中心"的客户服务等，目前已成为全球第三大公募基金市场，2023年6月底，管理规模首次反超银行理财居资产管理行业首位，是助力广大人民财富增长不可或缺的金融力量。

观往知来，我国公募基金的发展壮大离不开两大核心驱动力。一是1997年7月，"社会统筹与个人账户相结合"的养老保险模式正式向全国推广，标志着我国养老保险制度的建设走上了规范化的道路。同时，这也是公募基金平稳起步的时期，1998—2003年，在短短6年时间中，基金数量就从27只攀升至110只，基金总份额和总资产净值均破千亿元。公募基金抓住了养老保险体系改革的历史机遇，从2002年起，就深度参与我国各类养老金的投资管理，截至2023年1月末，公募基金管理境内养老金总规模约4.39万亿元，占我国养老金委托投资运作规模的一半。参与养老金投资管理为公募基金引入了长期配置资金，促进了公募基金产品创新和服务人民财富管理需求能力的持续提升，是助力公募基金迅猛发展的重要驱动力之一。二是公募基金秉承"以投资者利益为先"的行业价值观，积极探索提升客户服务能力的途径，除长期坚持开展各种形式的投资者教育外，为解决"基金赚钱基民不赚钱"的问题，在探索以基金组合形式提供服务的基础上，2019年10月正式启动公募基金投资顾问（以下简称基金投顾）业务试点。截至2023年3月底，共有60家机构纳入试点，服务客户总数524万户，资产规模1 464亿元，迈出公募基金行业从"卖方代销"向"买方投顾"转型的步伐，为进一步提升公募基金服务人民财富管理的水平，提升行业的市场信誉与认可度创造了有利条件，大力发展基金投顾业务有望成为助推公募基金高质量发展的又一驱动力。

一路走来，我国公募基金始终坚持金融的人民性原则，将促进共同富裕作为行业使命，从诞生起就不断建设、健全行业体制机制的"四梁八柱"，率先引入托管制度，建立了整个资产管理行业中最透明、最规范的信息披露制度和以保障投资者长期收益为核心的净值化管理机制，确立了以保护最广大人民投资权益为中心的行业规范。同时，主动顺应广大人民财富管理需求的变化趋势，持续迭代与之相契合的、以满足人民财富管理需求为核心的业务体系，将专业化投资管理服务最大限度惠及最广大人民，服务投资者已超过 7.2 亿人，成为整个资产管理市场中投资门槛最低、大众覆盖率最高的行业之一。作为连接人民财富与实体经济的重要桥梁，公募基金充分发挥资本市场的"稳定器"和"压舱石"的作用，帮助广大人民分享实体经济和资本市场发展成果、实现财富的长期保值增值。2005—2022 年，公募基金实现平均年化净值增长率 11.15%，远超证券主要指数以及居民消费价格指数（CPI）的年化增长率。依托"人民性"的行业底色，过去 20 多年，公募基金赢得了投资者的认可，在服务广大人民财富增长、助力共同富裕方面发挥了重要作用。

长期以来，公募基金"旱涝保收""基金赚钱基民不赚钱"一直饱受市场诟病，这暴露出公募基金在自身定位、经营理念、业务模式和服务方式等方面存在的现实问题。正值世界百年未有之大变局加速演进、世界经济复苏道阻且长的历史时期，又对公募基金财富管理助力共同富裕、实现第二个百年奋斗目标带来新挑战、新机遇。一是在我国仍具有二元经济结构特征的背景下，如何让以权益投资为驱动力的财富管理服务覆盖相对保守的欠发达与农村地区人群、兼顾好中低收入群体的财富管理需求，将是未来公募基金发展财富管理面临的重要课题。二是在我国老龄化不断加深的背景下，对公募基金财富管理提出了既要注重投资增值的确定性，还应当秉承长期陪伴甚至终身陪伴的理念提供养老财富管理和规划服务的要求。三是世界正处于新的动荡变革期，国际形势复杂严峻，牵连资本市场震荡加剧，对公募基金的风险管理和投资管理能力都提出了更高的要求。挑战与机遇并存，公募基金作为参与全面建设、建成小康社会的重要金融力量，在助力全体人民共同富裕的新征程中也将迎来发展新机遇。首先，我国 2021 年居民财富总量已居全球第二，人民的财富分配也正从房产向金融资产转移，公募基金作为监管最严格、运作最规范、净值化管理最成熟的金融品类，将迎来广阔的发展空间。其次，积极应对人口老龄化国家战略的实施将为公募基金财富管理的发展注入新的发展动力，公募基金将随我国多层次、多支柱养老保险体系的完善而拥有更广阔的舞台。再次，历经 20 多年的精耕细作，公募基金不断迭代蜕变，已为未来充分竞争的资产管理格局锻造出了行业核心竞争力。最后，基金投顾试点转常规、金融科技的发展，将会助力公募基金财富管理服务下沉覆盖到广阔的农村、欠发达地区，更好地满足广大人民"千人千面"的财富管理需求，进一步提升行业的普惠能力。

我国公募基金立足于过去 20 多年探索实践的基础，充分借鉴境外发展经验，重点解决发展中的突出问题，直面挑战，全力提升服务人民财富管理需求的综合能力，在新征程中擘画好以助力全体人民共同富裕为目标，以养老金、基金投顾为驱动力的"一体两翼"的中国实践蓝图。

"一个主体"，即公募基金财富管理的主体架构，着眼于更好地满足广大人民财富管理的需求。"两翼"，一是深入发展养老财富管理，助力积极应对人口老龄化国家战略实施，二是大力发展基金投顾业务，进一步提升公募基金财富管理的市场信誉与认可度。公募基金要着眼于助力共同富裕的行业使命，顺应公募基金"一体两翼"的发展趋势，贯彻执行 2023 年 7 月 24 日中央政治局会议关于"要活跃资本市场、提振投资者信心"的重要部署，坚持守正创新，补短板，强弱项，重点做好七项工作。一是完善投资者保护机制，着力维护投资者的合法权益。二是加大费率改革、降低中小投资者持有基金的成本，广泛触达农村和欠发达地区，进一步践行普惠金融。三是进一步丰富权益类基金的供给，持续加大"固收+"产品的研发设计，创新发展适配养老金等中长期资金的产品等,以丰富的产品供给更好地满足广大人民多样化的财富管理需求。四是从健全长期考核机制、完善投研与内控体系建设、增强投资风格的辨识度等多方面入手,着力提升投研核心能力。五是提高投资者陪伴质量,大力发展基金投顾业务并加强配套专业人才培养,推动基金销售向"买方投顾"加快转型,着力提高投资者的获得感。六是提升对人民养老需求的洞察和分析能力,立足于全生命周期思维开发产品,将基金投顾运用于养老财富管理场景,全方位增强养老财富管理需求服务能力。七是持续推进数字化转型,整体提升公募基金的数字化经营能力。同时,提高公募基金服务人民财富管理需求、助力共同富裕的能力,需要社会各界积极参与,携手共进,为公募基金财富管理高质量发展创造良好的制度环境、市场环境、生态环境和投资环境。

小康社会进程下的公募基金财富管理业务

我国公募基金自1998年诞生以来,法律体系不断完善、监管机制持续健全、业务运作越发成熟规范,已成为我国财富管理市场最重要的参与者之一,在全面建设建成小康社会,并正迈向新征程的历史进程中,是助力提升低收入群体财产性收入、支持扩大中等收入群体不可或缺的角色。

公募基金财富管理的发展历程

目前市场上的公募基金,指的是在1997年11月《证券投资基金管理暂行办法》(以下简称《暂行办法》)颁布之后发行设立的证券投资基金。在此之前，我国已开始积极探索证券投资基金业务，推出了一系列投资基金产品，习惯上将1997年之前设立的基金称为"老基金"。

公募基金诞生前的探索之路

改革开放以后，我国城乡居民储蓄增长速度加快，在中国证券市场初步发展以及境外"中国概念基金"的影响下，作为一种新的筹资和投资方式，投资基金开始受到一些地方政府的重视而被引入，这段探索之路对之后公募基金的规范化发展产生了积极的影响。

1. 基金往事："老基金"的早期探索

1991年10月，中国人民银行武汉分行和深圳市南山区人民政府分别批准了武汉证券投资基金和深圳南山风险投资基金的设立，第一批面向境内投资者的投资基金正式成立。

1992年6月，深圳市颁布了《深圳市投资信托基金管理暂行办法》，与随后上交所公布的《上海证券交易所基金证券上市试行办法》一起，为当时我国投资基金的发行运作提供了依据。在政策的鼓励支持下，各地积极设立投资基金，1992年全年就有57只产品成立。其中，1992年11月经深圳市人民银行批准成立了深圳市投资基金管理公司，设立了我国境内最早的封闭式基金——天骥基金。与此同时，我国第一家经中国人民银行总行批准的公司型封闭式投资基金——淄博乡镇企业投资基金正式设立，该基金具备了基金发起人、基金管理人、基金持有人（当时称为持券人）、基金托管人（当时称为保管人）、基金份额等规范化证券投资基金产品的基本要素，因此被称为我国第一只比较规范的投资基金。

1993年5月，中国人民银行开始规范投资基金业务，规定投资基金的发行和上市、投资基金管理公司的设立等行为一律由中国人民银行总行审批。在人民银行的支持下，我国投资基金业务获得了进一步发展。截至1997年10月，全国共有投资基金72只，募集资金达66亿元。这些"老基金"都属于封闭式契约型基金，基金发行人包括银行、信托投资公司、证券公司、保险公司、企业和财政等各类主体，所募资金主要投资于股票、债券、货币资金、房地产、实业项目等资产，很多"老基金"以实业投资为主。

2. 凤凰涅槃："老基金"暴露的问题与规范化转型

"老基金"探索了投资基金的监督和管理模式，培养了一批基金管理人才，为人民投资理财提供了一种新的金融产品，建立了人民对投资基金的初步认知，为公募基金的规范化发展做了早期的探索和尝试，但在运作中也存在较多问题。

"老基金"存在的问题。 监管机制的不统一、运作管理的不规范、资产配置的不科学是当时"老基金"管理运作过程中暴露出的主要问题，存在影响投资者利益的隐患。一是"老基金"的设立与运作主要依据《深圳市投资信托基金管理暂行规定》等地方性办法，在全国层面缺少统一的法规约束，实施全国统一的、标准化的监督管理缺乏依据。二是"老基金"的运作管理和基金治理结构不完善，存在基金资产与管理人资产混合使用、基金托管人监督角色缺位、基金运作相关机构身份重叠、炒作基金、信息披露不规范等情况。三是"老基金"整体资产配置不规范，基金资产大量投资于房地产、实业项目、法人股等低流动性资产，导致了基金流动性较差、账面价值高于实际资产价值等诸多问题。

"老基金"的规范化转型。 1991—1997年，是"老基金"的试点阶段。由于相关法律法规不够健全，"老基金"的设立与运作随意性较强，不利于保护投资者利益。为解决"老基金"暴露出的问题，1997年11月国务院批准印发《暂行办法》，确定中国证券监督管理委员会，即证监会为证券投资基金市场的监管主体、履行对公募基金的监管职责。以《暂行办法》的颁布为时间分界线，监管机构开始了对"老基金"的清理整顿工作，标志着我国证券投资基金行业从此进入规范化发展时期。"老基金"的清理结果分为三种：封闭期满清盘、转为金融债券和转换为"新基金"（符合《暂行办法》规定的证券投资基金），其中大部分"老基金"被改造成"新基金"。

"老基金"七年的探索实践和后续的清理整顿，为公募基金的规范化发展积累了经验和教训、卸去了历史包袱，使得公募基金从诞生之日起就走上了以人民为中心的规范化发展道路。

伴随全面建设小康社会的规范化发展历程

我国公募基金自诞生以来，始终将人民性作为行业发展的核心原则，在助力全面建设、建成小康社会的过程中，实现了自身的高速发展。

1. 即将进入全面建设小康社会：公募基金破土萌芽

20世纪末至21世纪初，我国已基本走完温饱阶段路程，总体上即将进入小康社会，人民的收入水平快速增长，财富增值意识逐渐提升。在对"老基金"清理整顿的基础上，公募基金破土萌芽。1998年3月23日，开元证券投资基金和金泰证券投资基金在上海和深圳两地同时上网公开发行，第一批公开募集的证券投资基金正式发售，标志着规范化证券投资基金元年的到来。之后随着对外开放脚步的加快，为学习境外基金管理的相关管理经验，我国开始引入外资成立基金公司。招商基金作为中国第一家获批的中外合资基金管理公司，于2002年12月26日正式成立，我国公募基金开始迈入发展的快车道。1998—2003年这短短6年时间中，基金数量就从27只攀升至110只，基金总份额和总资产净值均破千亿元，其中总份额从100亿份增加至1 633亿份，资产净值从104亿元增加至1 716

亿元（见图6.1）。

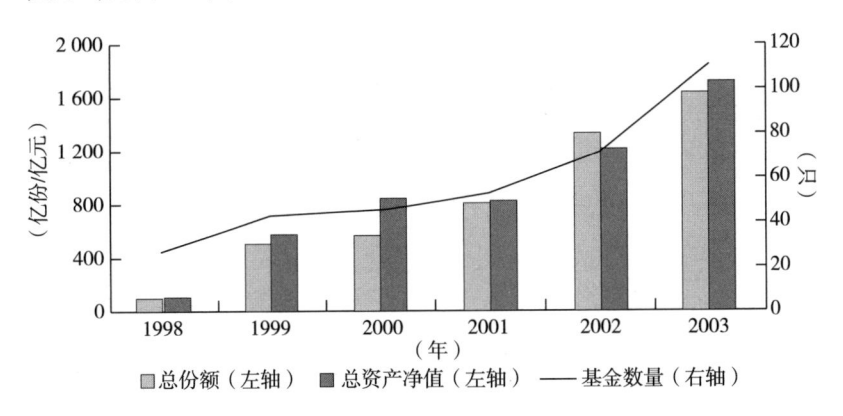

图6.1 1998—2003年公募基金市场规模变化
资料来源：万得资讯，数据截至2003年12月31日。

2. 全面建设小康社会取得显著成效：公募基金快速发展

在进入21世纪的第一个十年，全面建设小康社会取得了显著成效，其间我国经济总量跃居世界第二，人均国民总收入进入了中等收入国家行列，为公募基金快速发展创造了良好的宏观环境。2003年10月28日，第十届全国人民代表大会常务委员会第五次会议通过了《中华人民共和国证券投资基金法》（以下称《基金法》），证监会在此基础上又配套颁布了《证券投资基金运作管理办法》《证券投资基金销售管理办法》《基金托管管理办法》《基金信息披露管理办法》《基金公司高管人员管理办法》《基金管理公司管理办法》六大细则，为公募基金服务人民财富管理、助力小康社会建设建立了有法可依、有章可循的新局面。立法定规的效果斐然，公募基金得以快速发展，特别是2007年得益于"大牛市"，公募基金规模突破万亿元并达到了32 756亿元，其中个人投资者持有了86.59%的份额，公募基金开始进入千家万户，市场规模在接下来的5年中始终维持在3万亿元左右（见图6.2和图6.3）。

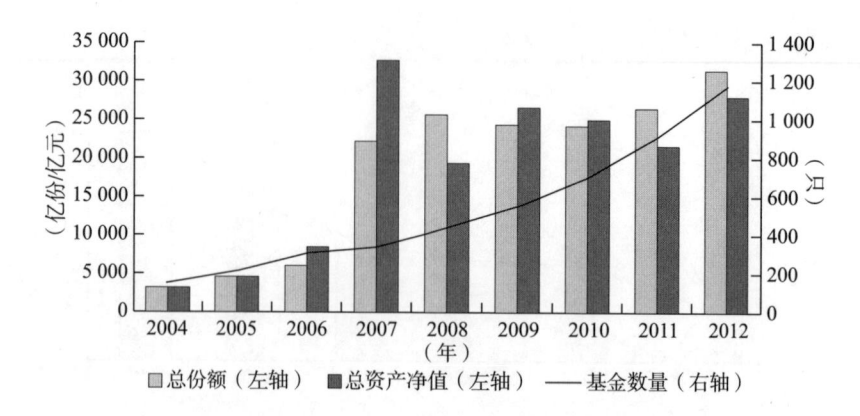

图 6.2 2004—2012 年公募基金市场规模变化
资料来源：万得资讯，数据截至 2012 年 12 月 31 日。

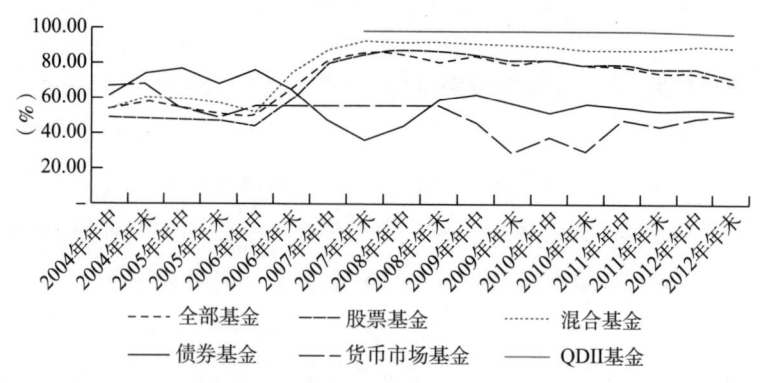

图 6.3 2004—2012 年不同类型基金个人投资者占比变化
资料来源：万得资讯，数据截至 2012 年 12 月 31 日。

3. 决胜全面建成小康社会：公募基金发展迈上新台阶

党的十八大之后，小康社会建设进入决胜全面建成小康社会阶段，社会经济发展更加注重民生保障，公募基金财富管理发展更加侧重于投资者保护与助力社会保障事业。

一方面，公募基金的法律制度与监管理念不断完善。2012 年 12 月 28 日，修订后的《基金法》颁布，并于 2013 年 6 月 1 日正式实施,进一步强化了对于投资者的保护力度,公募基金进入了一个新的发展阶段。2022年4月26日,证监会发布《关于加快推进公募基金行业高质量发展的意见》,为公募基金坚持以投资者利益为核心、切实提高自身服务人民财富管理的能力指明了方向。

另一方面,养老保险体系不断健全,助力公募基金进一步提升服务人民养老财富管理的能力。首先,基本养老保险、企业年金和职业年金、全国社保基金委托基金公司投资管理的养老金规模稳步提升,推动公募基金长期投资机制的进一步完善。最重要的是,个人养老金制度于2022年正式启动实施,作为个人养老金可以投资的金融产品之一,公募基金开始以基金产品的形式向广大人民直接提供养老投资管理服务,自此打开了行业养老财富管理业务的新局面。

在上述要素的推动下,2013年后公募基金财富管理业务发展迈上了新台阶。2013—2022年10年间,公募基金产品数量的复合增长率达到24.5%,在2022年年底达到10 491只。根据中国证券基金业协会的最新统计,截至2023年6月底,市场上共有157家公募基金管理人(含13家持有公募牌照的非基金管理公司),管理着近27.69万亿元规模的公募基金产品(见图6.4)。

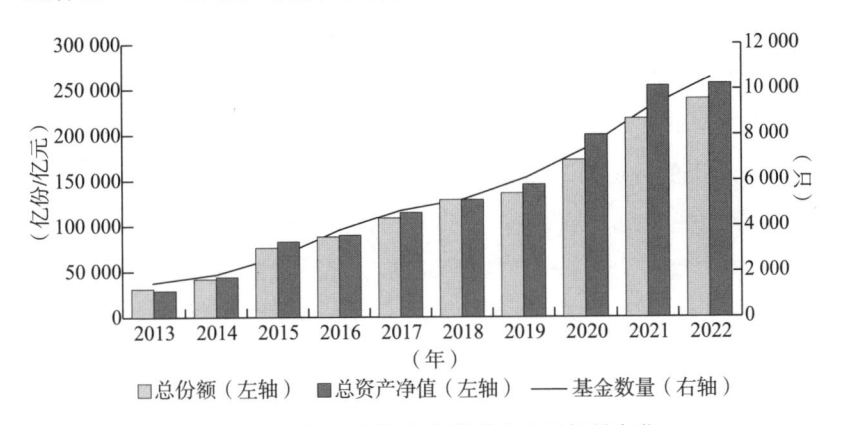

图6.4　2013—2022年公募基金市场规模变化

资料来源:万得资讯,数据截至2022年12月31日。

公募基金财富管理的发展现状

过去 20 多年中，我国公募基金在基础法律框架和以证监会为核心的监管机制下发展成熟，并乘着中国经济持续增长的东风迅速成长，目前已成为全球第三大公募基金市场，是助力人民财富增长不可或缺的金融力量。

相对成熟完善的业务模式

历经"老基金"的曲折探索之路，公募基金从起始阶段就确立了持有人利益最大化的核心价值观，已构建起了相对成熟完善的业务体系。

1. 品类完整的产品体系

从投资运作方式来看，公募基金分为开放式基金和封闭式基金，其中开放式基金占据市场主导地位。截至 2023 年 6 月底，不论是在数量上还是规模上，开放式基金的占比均超过了 86%。从产品类型来看，经过长期的创新发展，公募基金建立了种类齐全的产品体系，包括股票型基金、混合型基金、债券型基金、货币市场型基金、QDII 基金和其他类型基金。截至 2023 年 6 月底，在开放式基金 23.9 万亿元的净资产规模中，股票型基金占比 11%，混合型基金占比 19%，货币市场基金占比 48%，债券型基金占比 20%，QDII 基金占比 2%（见图 6.5）。

2. 科学全面的投资与研究体系

历经 20 多年的迭代更新，公募基金围绕长期投资、价值投资理念，逐渐打磨出了科学全面的投资研究体系。一是在投研制度上建立起了从研究到决策，再到实施投资的规范化投资决策流程。二是投资领域广阔，投资品种涵盖股票、债券、债券、中期票据、货币市场工具、权证、资产支持证券、股指期货、公募基金产品、REITs 等各类资产。三是构建起一体化的投研平台，通过研究资源的充分共享、专

公募基金　　　　　　开放式基金

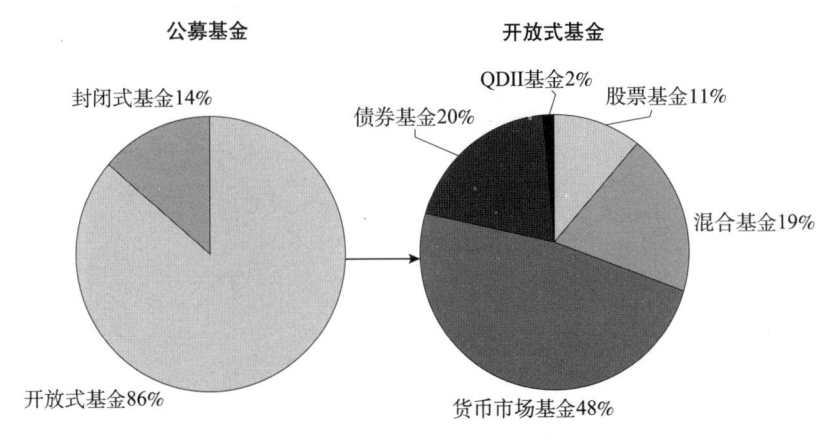

封闭式基金14%　　　QDII基金2%　股票基金11%
　　　　　　　　　债券基金20%
　　　　　　　　　　　　　　　　　混合基金19%
开放式基金86%　　　货币市场基金48%

图6.5　公募基金产品分类

资料来源：基金业协会，数据截至2023年6月30日。

业化的分工协作以及投研之间的紧密沟通，高效实现了研究成果对投资业绩的正向驱动。四是投研人才储备充分，目前全市场基金经理已突破3 000人，每位基金经理背后又有多名研究员予以支持，行业内已组织起一支实力雄厚、可靠专业的投研队伍。

3. 多元化的销售模式

经过多年发展，公募基金市场形成了基金公司直销与商业银行、证券公司、第三方销售机构（以互联网平台为主，后同）等渠道代销相结合的多元化销售模式。截至2019年年底，在公募基金销售保有规模的分布中，直销占比57.29%（主要面向机构投资者），银行占比23.59%、独立销售机构占比11.03%、证券公司占比7.59%。在代销渠道中，银行是股票基金和混合基金最主要的销售机构。截至2023年3月底，全市场共有473家公募基金销售机构，其中银行160家、证券131家、第三方销售机构153家，虽然三类销售机构数量较为平衡，但在股票基金和混合基金保有规模前十位的销售机构中，银行就占据了6个席位。同时，第三方销售机构的保有量逐年提升，占比已从2015年的2.14%快速上升到2019年的11.03%（见图6.6和表6.1）。

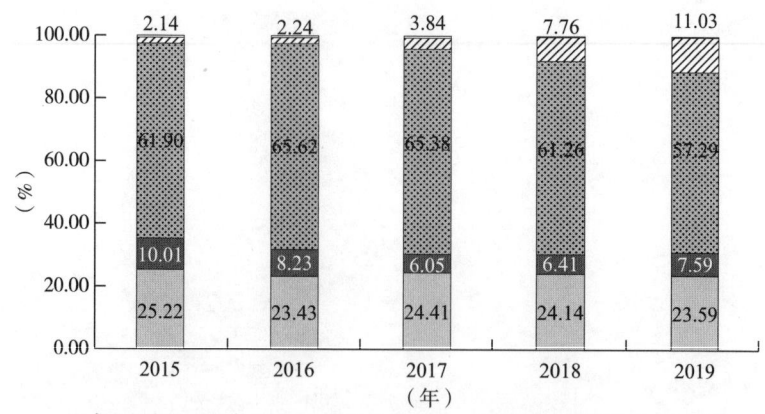

图 6.6 各渠道公募基金销售保有规模占比

资料来源：基金业协会，数据截至 2019 年 12 月 31 日。

表 6.1 公募基金代销机构按类型分类

类型	机构类型	数量	综合
证券	证券公司	122	131
	证券投资咨询机构	9	
银行	全国性商业银行	19	160
	城市商业银行	76	
	农村商业银行	42	
	在华外资法人银行	11	
	其他银行	12	
第三方销售	独立基金销售机构	115	153
	保险公司	9	
	期货公司	29	
其他	其他	29	29
合计	—	473	473

资料来源：万得资讯，数据截至 2023 年 3 月 31 日。

4. 以个人为主的投资者结构

从公募基金发展历程来看，个人投资者一直是公募基金最主要的持有人。一方面，截至 2023 年 6 月底，个人投资者持有公募基金的规模占比为 52.63%，高于机构投资者 47.37% 的规模持有占比；其中，FOF、混合基金、货币市场基金、股票基金和 QDII 基金主要由个人投资者持有，持有占比分别为 90.57%、80.70%、66.42%、60.43% 和 68.50%。另一方面，从历史数据看，2004—2023 年 20 年中，个人投资者持有公募基金的资产占比在 16 个年份中都超过了机构投资者，历年平均占比超 60%，其中 2007 年和 2008 年的占比甚至高达 80% 以上（见图 6.7 和图 6.8）。

	2004年	2005年	2006年	2007年	2008年	2009年	2010年	2011年	2012年	2013年	2014年	2015年	2016年	2017年	2018年	2019年	2020年	2021年	2022年	2023年
机构投资者	41.5	48.2	35.2	13.4	19.3	21.0	21.6	26.0	30.2	28.1	31.7	57.3	58.6	50.0	48.9	50.1	49.9	46.2	47.5	47.3
个人投资者	58.4	51.7	64.8	86.5	80.6	78.9	78.3	73.9	69.7	71.9	68.2	42.6	41.3	50.0	51.0	49.8	50.0	53.7	52.4	52.6

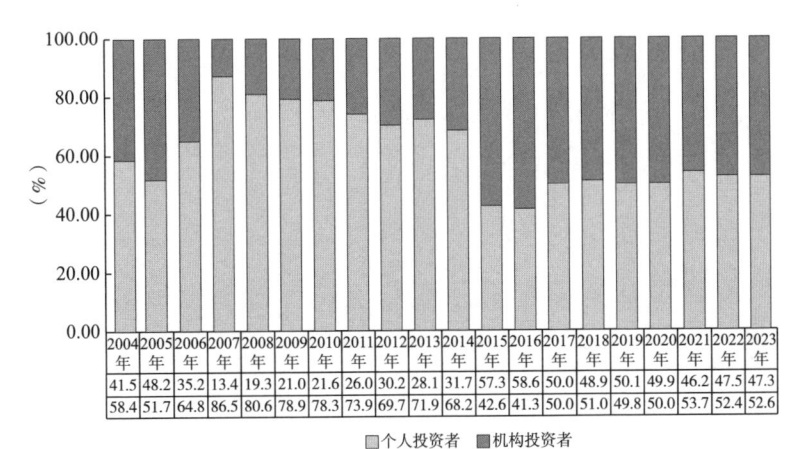

图 6.7　公募基金持有人结构（2004 年至 2023 年 6 月）

资料来源：万得资讯，数据截至 2023 年 6 月 30 日。

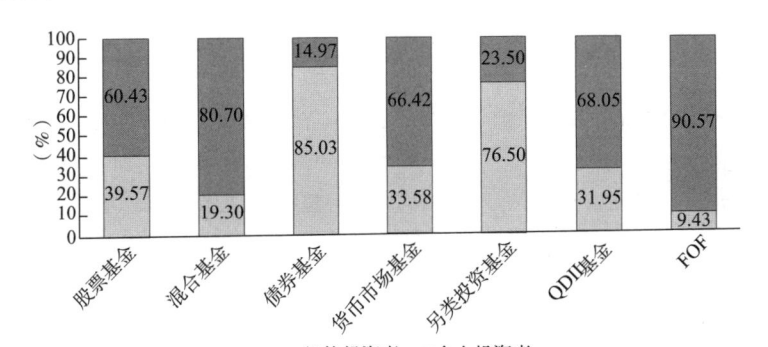

基金类型	机构投资者	个人投资者
股票基金	60.43	39.57
混合基金	80.70	19.30
债券基金	14.97	85.03
货币市场基金	66.42	33.58
另类投资基金	23.50	76.50
QDII基金	68.05	31.95
FOF	90.57	9.43

图 6.8　2023 年 6 月底各类基金持有人结构

资料来源：万得资讯，数据截至 2023 年 6 月 30 日。

5. 逐步转型至"以客户为中心"的客户服务

随着公募基金的发展以及个人投资者数量的上升，公募基金的客户服务正从最基本的销售服务向以客户为中心的投资者教育、投资者陪伴模式持续转型。

第一，基本销售服务体系完整。公募基金的销售服务分为售前服务、售中服务和售后服务三个环节。售前服务环节，基金销售机构会在客户开始基金投资操作前为其提供风险评估、基金开户等各项服务；售中服务环节，基金销售机构将严格按照客户指令执行基金产品的交易；售后服务环节，基金机构会向客户提供其持有基金产品的基本情况、业绩、风险等相关信息的查询服务。

第二，公募基金不断加强投资者教育工作。在基金业协会的组织带领下，基金公司采用路演、行业主题沙龙、专题讲座、培训会、全国巡回报告会等多种线下形式积极传播基金投资知识，宣传长期投资理念。同时，基金公司还以投资者教育游戏、基金知识动画片、短视频等线上形式开展投资者教育和宣传工作，从行业整体角度、具体产品角度服务大众投资公募基金。

第三，基金"买方投顾"模式开始生根发芽。2019年10月，证监会发布《关于做好公开募集证券投资基金投资顾问业务试点工作的通知》（以下简称《基金投顾业务试点通知》），开启了基金投资从过去以销量为导向的"卖方代销"模式，向以投资者利益为中心的"买方投顾"模式的转型之路，为广大人民投资公募基金提供更为专业化、个性化的陪伴式服务。

长期深度参与养老金投资管理

在规范化发展过程中，公募基金长期服务于包括全国社会保障基金（即全国社保基金）、基本养老保险、年金和个人养老金在内的各类养老金的投资管理。

1. 公募基金是受托管理养老金的主力军

自开始服务全国社保基金的投资管理以来，公募基金已成为我国受托管理养老金的主力军。截至2023年1月末，公募基金行业管理境内养老金总规模约 4.39 万亿元，占我国养老金委托投资运作规模的一半。在受托管理全国社保基金方面，2002 年，6 家公募基金获得全国社保基金境内投资管理人资格，开启了公募基金行业首次参与我国养老金投资管理之路，目前 18 家境内投资管理人中，公募基金就占了 16 席；在受托管理年金基金方面，企业年金自 2005 年开始投资运作之后，公募基金成为年金基金（包括企业年金和职业年金）投资管理的重要参与者，目前 22 家拥有年金基金投资管理资格的机构中，11 家是公募基金；在受托管理基本养老保险基金方面，2016 年，我国基本养老保险启动市场化投资运营，在 21 家受托资产管理机构中，14 家为公募基金（见图 6.9）。

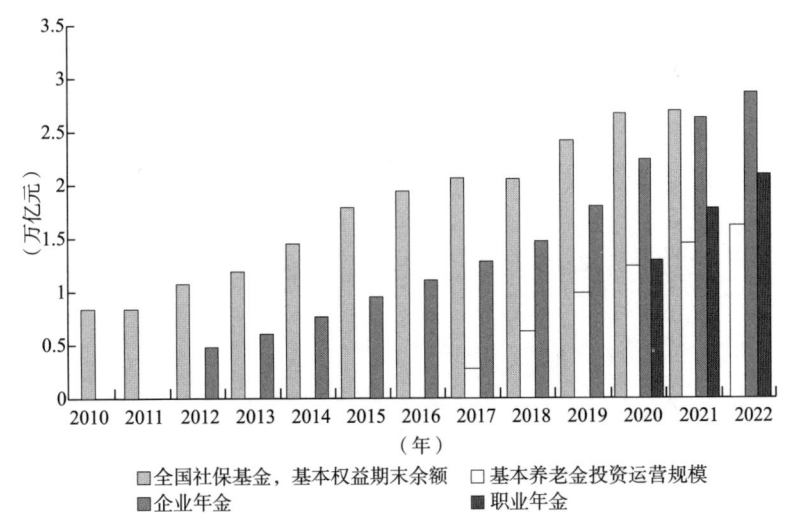

图 6.9 全国社保基金、基本养老金、企业年金和职业年金规模

资料来源：人社部、社保基金会。

2. 公募基金是个人养老金市场的主要参与者

2018 年 2 月，证监会发布《养老目标证券投资基金指引（试行）》，在个人养老金制度落地之前，公募基金行业就开始以养老目标证券投资基金（以下简称养老 FOF）为主要产品形式，为投资者提供养老财富管理服务、积累个人养老金投资管理经验。2022 年 4 月国务院印发《关于推动个人养

老金发展的意见》，同年 11 月人社部下发《个人养老金实施办法》并宣布个人养老金制度启动实施，证监会同步发布《个人养老金投资公开募集证券投资基金业务管理暂行规定》等配套政策，养老 FOF 先行进入个人养老金基金名录，公募基金开始通过基金产品提供个人养老金投资管理服务。截至 2023 年 6 月底，共有 151 只养老 FOF 纳入了个人养老金基金名录，涉及 46 家基金公司，个人养老金基金合计管理规模 50.03 亿元（见图 6.10）。

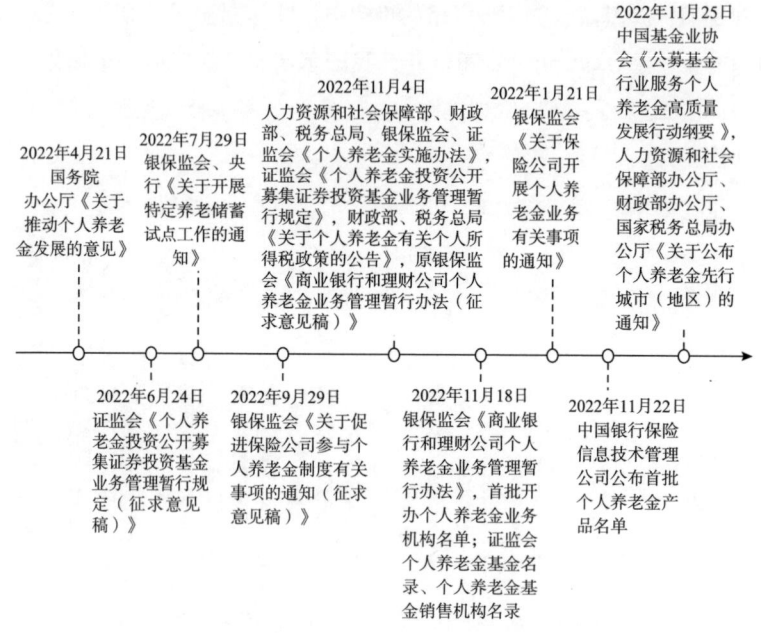

图 6.10 我国个人养老金入市政策时间线

资料来源：各部门官网。

积极试点基金投顾推动销售转型

随着财富管理市场的发展，公募基金的产品数量与日俱增、产品种类越发丰富，投资选择的难度也水涨船高。2019 年 10 月 25 日证监会下发《基投顾业务试点通知》，鼓励公募基金行业开展基金投顾业务，推动由"卖方代销"向"买方投顾"的销售模式转型。

1. 总体情况

截至 2023 年 3 月底，我国共有 60 家机构获得了基金投顾试点资格，包括 25 家基金及基金子公司、29 家证券公司、3 家第三方销售机构、3 家商业银行，管理规模 1 464 亿元，涉及账户数 524 万户，10 万元以下个人投资者账户占比 94%。

2. 服务模式

基金投顾业务基于中国发达的互联网基础，以向个人客户提供线上服务为主，试点机构的投顾产品一般遵循"客户风险评估—设定投资目标—模拟策略构建—形成基金组合——一键买入投资—自动调仓提示"的框架，收费模式以基于资产管理规模收费为主，费率大多为每年 0.15%~1.5%。

3. 投顾效果

中欧财富联合蚂蚁理财智库于 2022 年 12 月 28 日共同发布的《试点三周年，基金投顾业务发展白皮书（2022）》显示，2021 年年初至 2022 年 10 月底，在近一年较为波动的市场环境中，有 71.4% 的基金投顾用户在离场时收益率为正，属于获利离场，并且没有出现不理智的杀跌行为（见图 6.11）。

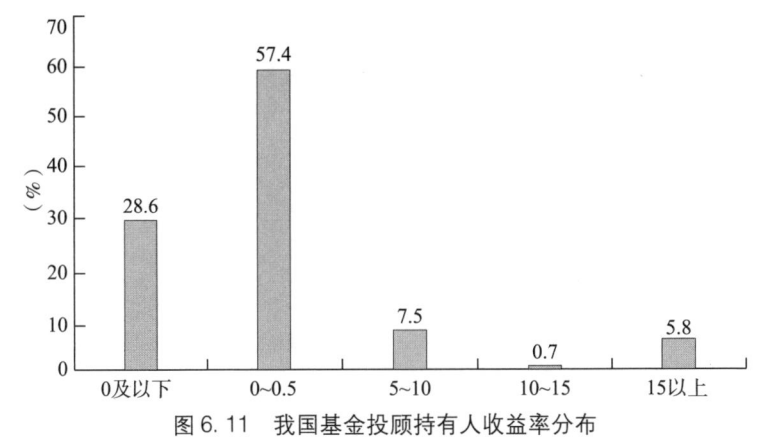

图 6.11 我国基金投顾持有人收益率分布

资料来源：中欧财富联合蚂蚁理财智库，《试点三周年，基金投顾业务发展白皮书（2022）》。

公募基金财富管理的行业使命——助力共同富裕

根据中国证券业协会发布的《2021年度证券公司投资者服务与保护报告》，我国基金投资者已超过7.2亿人，公募基金是整个资产管理市场中大众覆盖率最高的行业之一，无论从公募基金体制机制的"四梁八柱"建设，还是从整个业务体系构建，处处体现了"以人民为中心"，可以说，我国公募基金财富管理的天然行业使命就是助力共同富裕。

以保护人民投资权益为中心的体制机制

保障好人民权益不受侵害，是帮助人民实现财富增值，助力共同富裕的基础。自1998年"涅槃重生"后，公募基金坚持走规范化发展的道路，构建起以保护人民权益为中心的体制机制。

一是建立了以保护广大投资者合法权益为核心的法律监管体系。一方面，修订完善的《基金法》以及持续健全的配套监管细则一起为公募基金的规范发展搭建了基础法律法规框架。另一方面，以证监会行政监管和基金业协会行业自律为主，中国证券登记结算有限责任公司、国家外汇管理局、证券交易所等部门和机构履行辅助管理职能，各监管机构相互协调和配合，为公募基金规范发展构建了完善的行政管理和监督机制（见表6.2）。

表6.2 公募基金业务监管规定

规范方面	部门规章文件	出台时间
公司监管	《公开募集证券投资基金管理人监督管理办法》	2022年5月20日
	《证券公司和证券投资基金管理公司合规管理办法》	2017年6月6日
	《公开募集证券投资基金风险准备金监督管理暂行办法》	2013年9月24日
	《证券投资基金管理公司管理办法》	2012年9月20日
投资运作	《货币市场基金监督管理办法》	2015年12月17日
	《公开募集证券投资基金运作管理办法》	2014年7月7日

续表

规范方面	部门规章文件	出台时间
投资运作	《全国银行间债券市场债券买断式回购业务管理规定》	2004年4月12日
	《全国银行间债券市场债券交易管理办法》	2000年4月30日
	《基金管理公司进入银行间同业市场管理规定》	1999年8月19日
	《证券公司进入银行间同业市场管理规定》	1999年8月19日
基金托管	《证券投资基金托管业务管理办法》	2013年4月20日
基金销售	《证券投资基金销售管理办法》	2013年3月15日
信息披露	《公开募集证券投资基金信息披露管理办法》	2019年7月26日
信息技术	《证券期货业信息安全保障管理办法》	2012年9月24日
	《证券基金经营机构信息技术管理办法》	2018年12月19日
从业人员	《证券基金经营机构董事、监事、高级管理人员及从业人员监督管理办法》	2022年2月18日
	《证券期货经营机构及其工作人员廉洁从业规定》	2018年6月27日
	《证券投资基金行业高级管理人员任职管理办法》	2004年10月1日
反洗钱	《金融机构客户尽职调查和客户身份资料及交易记录保存管理办法》	2022年3月1日
	《金融机构反洗钱和反恐怖融资监督管理办法》	2021年8月1日
	《互联网金融从业机构反洗钱和反恐怖融资管理办法（试行）》	2018年10月11日
	《金融机构大额交易和可疑交易报告管理办法》	2018年7月26日
	《涉及恐怖活动资产冻结管理办法》	2014年1月10日
	《证券期货业反洗钱工作实施办法》	2010年9月1日
	《金融机构客户身份识别和客户身份资料及交易记录保存管理办法》	2007年6月21日
	《金融机构反洗钱规定》	2006年11月14日

资料来源：证监会官网，截至2023年3月31日。

二是公募基金在诞生之初就率先引入托管制度，实现了投资资产的所有权、使用权、保管权分离，在维护基金财产安全方面建立起了行之有效的保障机制，从而保障广大投资者的最根本利益。目前，托管制度已逐渐成为资产管理行业的标准配置，并从公募基金向券商、保险、理财、信托、养老、私募等多个领域全面铺开。

三是为了让广大投资者充分了解管理情况，公募基金建立起了严格和规范的信息披露机制，通过每日净值、季报、半年报、年报以及各类临时性公告，将基金经理、历史业绩、持仓、财务数据、重大事件甚至是基金管理人的高管情况等与基金相关的所有信息都公开、透彻、详尽地传达给投资者，维护了广大投资者的知情权和监督权。

四是公募基金从起步之初就坚守资产管理的本源初心，建立以保障广大投资者长期收益为核心的净值化管理机制，不承诺收益，不进行"刚兑"，严格遵循净值化管理要求投资运作基金产品，并顶住重重压力、投入巨大的资源，持续开展投资者教育工作，竭力培养广大投资者科学的投资理念。

以满足最广大人民财富管理需求为核心的业务体系

除建立起以维护人民投资权益为核心的体制机制外，公募基金还努力将专业化投资服务惠及最广大人民，积极顺应广大人民财富管理需求的变化趋势，持续迭代与之相契合的财富管理业务体系。

一是为将专业投资惠及大众而设置投资低门槛。首批问世的公募基金产品特别规定了只面向个人投资者发行、最低认购金额为1 000元，让更广泛的中小投资者有机会参与产品认购。2012年引入第三方互联网基金销售平台后，进一步降低了公募基金产品的零售门槛，投资起点下降到了千元以下，如100元、10元，乃至1元（不同产品类型、不同渠道的投资起点有所区别），进一步凸显了公募基金的大众化属性。

二是为满足人民财富管理需求而持续完善产品体系，力求契合广大人民不断变化的财富管理需求趋势。一方面，针对广大人民对于金融产品的流动性需求，公募基金在封闭式基金起步之后不久便开始着手筹备开放式基金，首只开放式基金——华安创新于 2001 年 9 月正式销售，自此开放式基金成为公募基金最主要的产品发展方向。另一方面，随着财富的积累，人民的投资需求逐渐从单一的主动权益投资向固定收益、货币市场、被动权益、境外市场、FOF、养老、另类资产等各领域延伸，因而公募基金不断推陈出新，陆续构建涵盖各类资产、品类丰富的产品体系。

三是为助力人民财富长期增值而不断打磨投研体系，树立起长期投资、价值投资理念，建立起严格的投研制度和严密的投研流程，不断拓宽自身的投资专业领域，持之以恒地推动投研一体化建设，持续夯实投研人才储备，为广大投资者创造了丰厚的长期回报。

四是立足于大众的金融消费习惯不断拓宽基金销售渠道，形成以银行、第三方销售机构、券商等多方参与的代销模式，让专业投资管理惠及更多人民。早期的基金产品主要通过交易所和承销商销售，为了让基金产品走入千家万户，公募基金行业从 2001 年起将银行纳入销售渠道，2012 年将销售渠道向第三方销售机构拓展，多元化的销售渠道使得更多的中小投资者能够便利地购买基金产品。

五是为了让人民优选适配产品而不断优化客户服务，长期坚持通过线下线上多元化形式不断加强投资者教育，持续向广大投资者传播基金投资知识、宣传长期投资理念，并积极探索基金组合服务，推动基金投顾业务在我国市场的应用，不断优化客户服务，提升广大人民的基金投资体验。

公募基金财富管理在履行行业使命中的问题、挑战与机遇

我国公募基金因其监管严格、运作规范、信息透明等特点，获

得越来越多投资者的认可，在服务人民财富管理、助力共同富裕方面发挥了重要的作用。

公募基金助力共同富裕的实证效果

依托以"人民性"为底色的行业特色，我国公募基金履行行业使命，在推动人民财富增长、助力共同富裕方面发挥了重要作用。

助力专业投资管理服务惠及普通大众

公募基金行业不断推动专业化投资管理服务走入千家万户，惠及普罗大众。从覆盖面来看，公募基金服务的投资者人数持续增长，已成为广大人民实现财富长期保值增值最重要的方式。在2012—2022年10年间，公募基金投资者数量增长了17倍，从不到4 000万人快速增长到了7.2亿人，每两个人中就有一人投资过基金产品。从可获得性来看，公募基金是最便于广大人民购买的金融产品之一。在基金管理人与银行、第三方销售机构等销售渠道的合作推动下，公募基金已成为投资起点最低的大众财富管理工具之一，在各类销售渠道的认购起点一般不超过1 000元，申购起点甚至低至1元，成为普通大众财富管理最容易触及的金融产品之一。

助力推动人民财富增长

资本市场作为经济发展的"晴雨表"，是人民分享经济增长红利的重要途径。公募基金通过汇聚大众资金参与资本市场投资，是连接人民财富与实体经济的重要桥梁，为广大人民分享实体经济和资本市场发展成果、实现财富长期保值增值做出了重要贡献。2004—2022年，公募基金平均年化净值增长率为 11.15%，高于同期上证指数 5.08%、沪深 300 指数 7.81% 的年化收益率以及居民消费价格指数 1.02% 的年化增长率，有力支持了广大人民财产性收入的增加。同时，公募基金始终践行长期投资、价值投资理念，积极履行社会责任，是资本市场的"稳定器"和"压舱石"，为资本市场更好地助力人民财富增长贡献了重要力量（见图 6.12）。

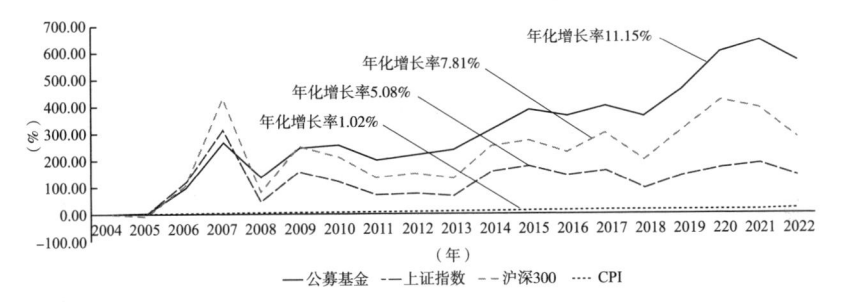

图 6.12　公募基金平均净值、上证指数、沪深 300 指数、
CPI 累计增长率（2004—2022）

资料来源：万得资讯、国家统计局，数据截至 2022 年 12 月 31 日。

助力提升人民的财富管理素养

由于各地区的发展程度、不同人群的受教育程度等因素存在差异，导致个人投资者的理财知识储备较不均衡，很大一部分人对于财富管理缺乏科学的认知。源于对金融"人民性"的坚持，公募基金自问世以来始终将帮助广大人民树立起正确的财富管理观念作为发展过程中的重要责任，除了不承诺收益外，通过持续的投资者教育工作，提高个人投资者的风险意识和投资能力。根据清华大学金融科技研究院与蚂蚁财富联合发布的《2023 年基民理财行为及投教偏好调研报告》，超过 78% 的受访者认为优秀的选品、科学配置、长期持有都是健康的投资行为，有助于提升收益率，显示出越来越多的个人投资者对如何投资基金建立起了正确的认知。

助力养老保险体系的建设健全

让广大人民老有所养、老有所依、老有所乐、老有所安事关民生福祉，是实现共同富裕的基本保障。公募基金一直积极参与我国多层次、多支柱养老保险体系的建设健全，为完善社会养老保障贡献专业力量。一方面，公募基金长期参与我国养老金的投资管理，在提高社会养老财富整体投资收益水平方面发挥了重要作用：助力全国社保基金自成立以来获得8.3%的年化投资收益率（截至2021年年底），助力基本养老保险基金自投资运作以来获得6.5%的年化投资收益率（截至2021年年底），助力企业年金基金自2007年以来获得6.6%的年化投资收益率（截至2022年年底）。另一方面，公募基金行业在证监会与基金业协会的带领下，还长期致力于为我国养老金制度的顶层设计建言献策。

公募基金财富管理在履行行业使命中存在的问题

扎实推进全体人民共同富裕，对我国公募基金的财富管理能力提出了更高的要求，但"基金赚钱基民不赚钱"、"重投轻顾"、"伪创新"、产品同质化、投资业绩波动大、投资行为短视化等现象一直饱受诟病，这暴露出公募基金在自身定位、经营理念、业务模式和服务方式等方面存在的现实问题，影响公募基金服务广大人民财富管理、推进共同富裕的质量。

"重投轻顾"——以投资者利益为核心的行业规范有待健全

持续健全投资者保护机制，建立以投资者利益为中心的行业规范，能够有效提升大众对于公募基金的认可与信任度，推动公募基金的发展。虽然公募基金目前是我国监管最严格的资产管理行业之一，但现阶段公募基金将工作的重心更多地放在自身的投研能力、投资策略、内控体系等"投"的方面，而在投资者行为指导、投资者需求研究、投资者利益保护等"顾"的方面，相关法规制度还有待进一步健全。

1. 法律对于投资者合法权益的保护力度有待加强

虽然相关公募基金法律规定也进行了改进与完善，但随着公募基金财富管理的创新发展，现有的法律规定在新业态模式下已不能有效保障投资者，尤其是个人投资者的合法权益。比如基金投顾试点是推动公募基金财富管理业务从"卖方代销"向"买方投顾"转型的创新型业务，需要完善的法律制度框架来保护投资者利益，但从目前公募基金的法律体系来看，虽然基金业协会已就基金投顾业务发布了《公开募集证券投资基金投资顾问服务协议内容与格式指引》及《公开募集证券投资基金投资顾问服务风险揭示书内容与格式指引》，可实际上仍缺少相应的上位法对基金投顾业务进行系统性规范，特别是在投资者保护、业务隔离、利益冲突、道德风险等方面还存在相关法律的缺位问题。

2. 信息披露制度仍有待细化

在公募基金信息披露制度方面，我国已有严格的信息披露机制，但现有规定更注重原则性要求，具体标准不够细化，不利于在实际业务中更好地保护投资者利益。以基金费用披露为例，现有法律并没有对费用披露，特别是尾随佣金的披露详细程度做出统一规定，这导致了基金成本费用结构与费率水平等披露不够彻底，投资者较难清楚了解自己为投资基金产品支付了哪些费用。

3. 基金财产托管服务能力有待提升

基金财产托管制度是基金产品运作管理过程中保护投资者利益的关键机制，但是目前公募基金存在托管人监督不力的问题，基金财产托管服务能力需要进一步加强。主要原因在于，基金管理人对基金托管人的选聘具有决定权，为了争取托管业务，托管人更倾向于满足基金管理人对于压缩成本的需求，从而导致市场中托管人"重承揽、轻履职"、低费率低质量、无序竞争等现象时有发生，存在损害投资者利益的隐患。

"伪创新"——契合人民财富管理需求的产品管理能力有待提升

公募基金是助力广大人民实现财富保值增值的重要工具，但从目前公募基金产品的运作情况来看，还存在蹭热点、抢噱头、赚规模的"伪创新"，与广大人民实际的财富管理需求仍有差距，基金公司的产品管理能力有待进一步提升。

1. 产品辨识度有待提高

目前部分公募基金产品缺少辨识度，存在基金风险定位不清晰、策略相似、持股雷同、新募基金的特色不够鲜明等问题，部分基金的仓位安排和业绩比较基准关联性较低，增加了投资者选择基金产品的难度。如有的基金将业绩基准超八成的权重定为沪深300指数，但其股票仓位实际却不足三成；有的基金根据业绩基准应该定位于偏债混合型产品，但在实际投资过程中近一年的股票仓位却可能保持在九成以上等。

2. 产品普惠性有待加强

目前广大人民购买和持有基金产品承受了较高的成本，这与公募基金普惠金融定位有所不符。究其原因，现阶段公募基金对代销渠道的依赖度仍然较高，基金产品的尾随佣金居高不下，挤压了公募基金管理费的降费空间，实际上是投资者间接承担了较高的基金销售成本。证监会在2020年8月颁布了《公开募集证券投资基金销售机构监督管理办法》及配套规则，其中对客户维护费（尾随佣金）占基金管理费的比例设置了个人销售渠道最高50%、机构销售渠道最高30%的上限，但多年形成的以销量为中心的基金销售格局在短期内难以转变。

3. 产品长期投资能力有待提高

现阶段公募基金长期投资机制还不够健全，部分产品因追求短期业绩排名而"押赛道"的短视化投资行为仍时有发生；部分产品为了跟随热点、获取短期收益，而在持仓品种、比例等方面发生风格漂移等，这些都可能导致基金产品错失未来的长期增长机会，同时增加了投资的波动和风险。比如A股市场在2022年间均衡风格加速演绎，新能源、半导体、医药等曾经被市场追捧的行业掉头向下，这导致部分采用"景气赛道+集中押注"投资模式的基金产品遭遇了较大的净值回撤，大幅降低了投资者的基金持有体验。

"基金赚钱基民不赚钱"——助力人民财富增值的服务能力有待提升

目前公募基金行业整体的服务能力仍有不足，特别是在服务渠道、投资规划、投资者陪伴等方面还没有做到位。

1. 基金服务覆盖面有限

农村以及欠发达地区富裕是共同富裕的主要体现之一，如何将财富管理服务覆盖到上述区域是金融机构助力推动全体人民共同富裕的重要一环。相较银行和保险机构，基金公司的分支机构较少、服务人员较为精简，在提供属地化服务方面有所欠缺。参考基金业协会发布的《全国公募基金市场投资者状况调查报告（2020年度）》，其调查的自然人投资者有三成聚集在北京、上海和广东这三个基金公司总部较多的地方，而像新疆、甘肃、贵州、海南、宁夏、青海、西藏等基金公司分支机构较难覆盖的偏远省份（自治区），其自然人投资者平均占比不足1%。

2. 投资者的获得感较低

目前"基金赚钱基民不赚钱""赎旧买新"等现象仍较为普遍，投资者的获得感较低。根据《公募权益类基金投资者盈利洞察报告（2021年）》①，截至2020年12月31日及2021年12月31日，过去15年中，主动股票方向基金业绩指数年化收益分别为18.02%和16.67%，但在对应时间节点上，历史全部个人客户的平均收益分别仅有15.44%和8.85%，显示出权益基金投资者获得的实际收益不及其购买的基金产品的业绩。究其原因，最主要的还是现阶段基金销售机构仍以"卖方代销"模式为主导，更注重销量而非投资者利益，而"买方投顾"仍处于起步阶段，短期内基金销售机构与投资者之间的利益冲突问题无法得到有效缓解。

3. 投资者陪伴能力不足

与机构投资者相比，个人投资者金融专业知识相对缺乏、市场信息收集与分析能力相对较弱，在投资基金时更容易受情绪影响而追涨杀跌。《公募权益类基金投资者盈利洞察报告（2021年）》显示，在2016—2020年，主动权益类基金平均年度净值增长率为19.57%，基民的投资行为将基民的平均年度投资收益拉低到7.96%，相比基金的平均年度净值增长率，基民行为带来的损益率接近-60%。上述情况说明个人投资者需要更完善、更普惠的金融服务来帮助其科学投资公募基金。但目前公募基金服务个人客户的能力仍有不足，包括忽视风险评估、缺少有效手段等精准客户画像；投教宣传主要以线上为主，个性化、属地化的线下服务不足；智能投顾还处于探索阶段，对投资者特别是对长尾客户的陪伴不够到位，对个人投资者的行为纠偏缺乏手段等。

---

① 该报告由景顺长城、富国、交银施罗德三家基金公司联合研究制作。

"适配度不高"——服务于人民养老财富需求的能力有待加强

随着我国人口老龄化程度不断加深，养老投资将逐渐成为广大人民最主要的财富管理需求之一，但公募基金在服务广大人民管理养老财富的能力上仍有所欠缺。

1. 产品的养老功能属性尚不突出

养老财富管理需求覆盖投资者的整个生命周期，广大人民既要在退休前积累养老金，还要在退休后进行领取，因此金融机构不仅需要提供聚焦退休前养老金积累的金融产品，还应当研发用于退休待遇领取的收入管理型产品。但目前公募基金推出的养老基金，其主要功能还是侧重于养老金积累期的保值增值，在如何满足广大人民养老金长期领取需求方面还未开发设计相应的产品。

2. 养老客户服务能力有所欠缺

在人口老龄化的大环境下，财富管理市场蕴藏着大量的养老投资潜在需求。基金业协会的《全国公募基金市场投资者状况调查报告（2020年度）》显示，在接受调查的个人投资者中，有74.2%的人在投资基金的过程中考虑到了养老储备。但公募基金行业在如何挖掘个人客户养老投资需求，如何提供个性化养老财富管理方案方面还欠缺一定的能力。究其原因，一方面是目前基金公司的零售客户很大一部分来自银行、券商、第三方销售机构等外部渠道，直接了解个人客户投资需求的能力尚显不足；另一方面是基金投顾在我国刚起步，与基金公司的养老金融业务未有效结合，尚未建立起完整的养老客户服务体系。

3. 公募基金产品作为养老投资底层资产方面的潜力尚待挖掘

公募基金虽然长期参与我国养老金的投资管理，但主要还是以组合形式为养老金提供投资管理服务。根据基金业协会统计，2019年养老金持有公募基金规模占比仅为0.8%，相较海外共同基金，我国公募基金产品作为养老投资的底层资产配置占比非常低、有非常大的潜力可挖掘。

公募基金财富管理更好地履行行业使命所面临的挑战

需求的多样化——如何提升公募基金的普惠性

现阶段,我国发展不平衡不充分问题仍然突出,不同地区、不同人群之间能够获得的金融资源大相径庭,这对公募基金如何为广大人民提供普惠性的财富管理服务提出了不小的挑战。首先,我国城乡区域发展差距较大,东南沿海省市相比西北地区更能聚集金融服务机构,城镇职工相比农村居民更易获得金融知识,因此欠发达地区与农村地区居民的风险偏好更为保守,如何让以权益投资为驱动力的财富管理服务覆盖上述人群是公募基金面临的重要课题。其次,我国居民收入差距较大,少数先富人群仍掌握着较多的社会财富与资源,其相比中低收入群体拥有更大的金融议价权、更易获得高质量的金融服务,公募基金在如何公平兼顾不同人群的财富管理需求方面也需要有新的举措。

老龄化背景——如何更好地适应养老财富管理的新要求

根据国家统计局发布的2022年国民经济运行数据,我国60岁及以上人口、65岁及以上人口占全国人口的比重分别为19.8%和14.9%,老龄化趋势不断加深,未来家庭财富中的很大一部分需要用于养老储备与赡养父母,广大人民的财富能否稳健增值将事关民生福祉,这需要公募基金在发展财富管理业务时更好地发挥作用并承担更多的社会责任。一方面,养老消费与老年抚养支出已成为多数家庭的刚性负债,驱动广大人民更加重视养老财富增值的确定性。但公募基金主要追求的是相对收益,与人民实际的养老财富管理需求有所偏差。

在老龄化时代大背景下，公募基金须立足于基本国情推动产品与服务的转型，更好地满足广大人民的养老财富保值增值需求。另一方面，养老问题贯穿个人的整个生命周期，需要公募基金秉承长期陪伴甚至终身陪伴的理念，提供养老财富管理和规划服务，帮助广大人民做好长期养老财富管理规划。

加速演进的百年未有之大变局——如何提升投资管理和风险管控能力

当前，世界百年未有之大变局正加速演进，全球已进入新的动荡变革期。近年来我国经济长期向好的态势依然稳固，但世界经济复苏乏力、国际形势复杂严峻，给资本市场带来了较大的冲击，使得公募基金受托管理广大人民财富的难度也随之增加。一方面，国际金融态势持续动荡，牵连我国股市债市波动加剧、投资者信心不足，使得包括股票在内的证券投资难度急剧增加，这对公募基金的投资研究能力提出了更高的要求；另一方面，逆全球化思潮抬头、地缘政治冲突加重、局部冲突和动荡频发，使得投资管理过程中的不确定因素与日俱增，这给公募基金的风险控制能力带来了更严峻的考验。

公募基金财富管理的发展机遇

作为参与全面建设、建成小康社会的金融中坚力量，我国公募基金财富管理在助力全体人民共同富裕的新征程中必将迎来崭新的发展机遇。

人民财富的增长提供广阔的市场空间

随着小康社会向共同富裕的推进，在资产管理业务不断规范的大环境下，公募基金财富管理将有更广阔的发展空间。一是人民财富的稳步增长将为公募基金带来十分可观的配置资金。根据《中国财富报告2022》①，2021年中国居民财富总量已接近700万亿元，居全球第二。二是在地产调控政策基调下，房地产带来的财富效应逐步减弱，广大人民的财富分配正逐渐从房产向金融资产转移。三是随着资产管理产品净值化转型的推进，公募基金作为监管最严格、运作最规范、净值化管理最成熟的金融品类，将成为广大人民财富管理最重要的载体之一。

人口老龄化国家战略的实施提供新的发展动力

人口老龄化国家战略的实施将为公募基金财富管理的发展注入新发展动力。一方面，第三支柱个人养老金制度已于2022年11月25日启动实施，个人养老金参加者可自主选择购买符合规定的储蓄存款、理财产品、商业养老保险、公募基金等金融产品，这为公募基金行业以基金产品形式为广大人民提供养老财富管理服务创造了重大机会。另一方面，随着个人养老金制度的推出，我国已建成多层次、多支柱的养老保险体系，特别是第二支柱年金和第三支柱个人养老金的协同发展，将会进一步激发广大人民多元化的养老投资需求，从而为公募基金创造更多样的养老金融业务场景。

精耕细作塑造行业的长期核心竞争力

公募基金行业不断迭代蜕变，在未来资产管理业务不断规范、充分竞争的财富管理市场上，已经锻造了行业的长期核心竞争力。一是坚持投资者利益优先，坚守"受人之托、代人理财"的行业使命，塑

---

① 该报告于2022年5月27日由任泽平团队联合新湖财富发布。

造了诚实守信、勤勉尽责的公募基金行业受托文化，深受市场认可。二是坚持长期投资、价值投资的行业投资理念，切实发挥资本市场"稳定器"和"压舱石"的功能作用，高度契合居民财富管理的核心利益诉求。三是公募基金行业着力打造治理结构完善、内控机制健全、信息披露透明、回归资管本源等符合中国特色的现代资产管理机构治理体系，行业发展规范、稳健、成熟、透明，赢得投资者信任。四是历经与资本市场的长期同频共振，建立了投研一体化平台和高素质的投研人才队伍，净值化产品管理经验丰富、成熟。根据基金业协会数据，自2018年资管新规发布后的8年内（2018年年底至2022年年底），公募基金管理规模从13万亿元翻番至26万亿元，净值化基金产品进一步获得投资者青睐。五是投资能力边界不断拓宽，从单一公募基金管理向私募资产管理、养老金投资管理、投资顾问、境外市场投资等多元化方向延伸，从股票、债券、货币市场工具等标准化资产向REITs等非标准化资产拓宽，从最早的主动权益基金向涵盖货币基金、固收基金、"固收+"基金、FOF（含养老FOF）、指数基金、QDII基金等全品类产品发展等，服务人民财富管理的能力持续提升。

基金投顾业务的发展提升客户服务能力

我国的基金投顾试点已开展3年，公募基金行业积累了一定的"买方投顾"业务经验，为推动行业建立起以投资者利益为核心的基金销售服务模式打下了一定的基础。同时，近几年我国金融科技发展成效显著，这为公募基金研发智能投顾服务打下了良好的技术基础。受益于此，公募基金财富管理客户服务能力将逐步提升，从而能够更好地响应广大人民"千人千面"的投资需求，以及将专业化服务更深入地向农村、欠发达地区的居民进行覆盖。

新发展阶段公募基金财富管理的发展趋势、重点任务与相关建议

在新发展阶段、扎实推进全体人民共同富裕的新征程中,我国公募基金还须紧紧围绕促进高质量发展这一主线砥砺奋进,借鉴海外经验,做好中国实践,努力成为"受人尊敬、让人信服"的财富管理事业领跑者,以更奋发有为的精神面貌助力推动全体人民的共同富裕。

公募基金财富管理"一体两翼"的发展趋势

围绕服务人民财富管理需求这一中心任务,我国公募基金不断完善体制机制和业务体系,逐渐形成公募基金财富管理的主体架构,并借助养老金投资管理、基金投顾两大驱动力推进行业发展。无独有偶,海外基金业在服务居民财富管理的过程中,也走过了类似的发展道路,并且取得了巨大的成功。立足中国实践,借鉴海外经验,我国公募基金将努力在推进中国式现代化、实现全体人民共同富裕的新征程中擘画好"一体两翼"的中国实践蓝图。

海外基金业财富管理发展经验

美国拥有全球最大的共同基金市场,发展至今已经有百年历史。以美国为代表的海外基金在服务居民财富管理的过程中不断发展壮大,为我国公募基金财富管理的发展提供了一定的经验借鉴。

1. 随居民财富管理需求变迁而发展的业务模式

1924 年,第一只公司型开放式基金"马萨诸塞州投资信托 MIT"设立,标志着共同基金在美国正式诞生。在随后的发展中,以共同基金为代表的开放式基金受到投资者青睐,逐渐成为市场主流,资产规模从 1929 年时的 1.4 亿美元增长到了 2022 年年底的 22.1 万亿美元(8 763 只产品)。美国共同基金的发展之所以如此成功,是因为其自身在发展过程中形成了与居民财富管理需求相匹配的业务模式。

第一,以保护投资者利益为核心,建设健全法律监管体系。美国基金业在发展沿革的每一阶段,都注重从法律层面保护投资者利益。尤其是 1929 年的大萧条造成美国股市暴跌,给投资者带来了巨大的损失,也对证券市场的监督管理提出了更高的要求,美国监管层面更加注重从保护投资者利益的角度出发,为共同基金的规范运作建立完善的法律与监管体系。自 1933 年起,在市场发展的不同阶段,陆续出台了《证券法》《证券交易法》《投资公司法》《投资顾问法》《证券投资者保护法》《多德—弗兰克法案》共 6 部重要法律,从证券交易、信息披露、基金管理、投资顾问行为规范、投资者保护、监管机构等各个方面为基金投资者构建了完善的法律保障机制。同时,基于证券市场的监管框架,对共同基金实施包括证券交易委员会(SEC)的主体监管、州政府的地方监管,和包括交易所、投资者协会等在内的行业自律监管三个层次的监督管理,自上而下地实现对投资者利益的保护。

第二,顺应居民财富管理需求变迁,特别是养老金长期保值增值需求,形成以权益投资为主导的产品体系。自 20 世纪 70 年代起,美国开始推动养老金体系改革,在随后的 50 多年间,第二支柱雇主养老金计划和第三支柱个人养老账户不断发展壮大,源源不断的养老金为寻求长期增值而持续投向股票型共同基金,从而大幅提升了股票基金的市场份额,使得股票基金成为最受居民欢迎的共同基金产品类型。

截至 2022 年年底，股票基金规模在美国共同基金净资产的占比达 51%，远高于债券基金（21%）、货币市场基金（20%）和混合基金（7%）。同时，由于美国股票市场有效性不断提升，超额收益获取难度日益增大，个人投资者及各类养老金计划逐渐偏好于配置费用更低廉的股票型指数基金和跨境可用物，又进一步推动了被动管理的股票型共同基金规模不断增加，截至 2022 年年底，股票型指数基金的净资产规模在股票型共同基金净资产总额中的占比已接近 35%（见图 6.13）。

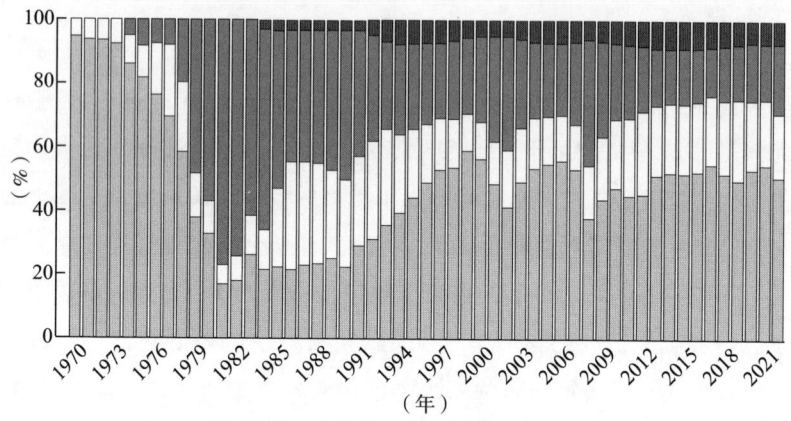

图 6.13 1970—2021 年各类型共同基金占比

资料来源：美国投资公司协会（ICI），数据截至 2022 年 12 月 31 日。

第三，以投资者为中心，建立与居民财富管理习惯高度契合的销售模式。美国共同基金的销售渠道主要分为三类，分别为雇主发起式养老金计划、由专业投资顾问组成的中介渠道以及包括基金公司和折扣经纪商在内的直接渠道。由于养老金投资是美国居民财富管理的最主要部分，美国居民也习惯于借助投资顾问的专业能力为自身提供投资建议与服务，这促使美国基金业围绕养老投资和投资顾问，形成了与居民财富管理习惯高度契合的共同基金销售方式，以雇主养老金计划和投资顾问为代表的分销渠道成为美国居民购买共同基金的主要途径。以 2022 年美国家庭投资共同基金为例，有 73% 的家庭通过雇主发起式养老金计划购买共同基金，有 49% 的家庭在投资基金的过程中寻求了投资顾问的帮助，仅有 28% 的家庭通过基金公司或折扣经纪商等直接渠道购买共同基金（见图 6.14）。

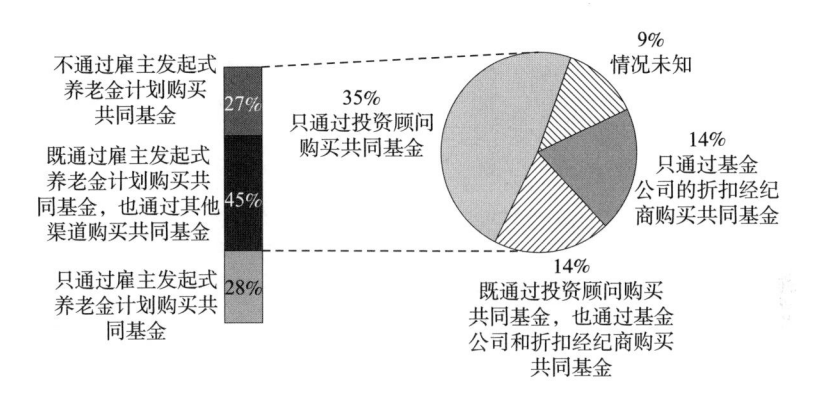

图 6.14 美国家庭购买共同基金的渠道分布
资料来源：美国投资公司协会，数据截至 2022 年 12 月 31 日。

2. 养老金是推动基金业财富管理发展壮大的关键驱动力

过去 50 年中，养老金体系的改革创新极大地推动了美国共同基金的发展壮大，养老金是共同基金最主要的持有人之一。截至 2022 年年底，美国共同基金 22.1 万亿美元的总资产中，有 46%（10.1 万亿美元）的规模由养老金持有。

一是 1974 年美国政府通过颁布《雇员退休收入保障法》（ERISA），一方面建立起了养老金第三支柱个人退休账户，另一方面放开了 DC 型雇主养老金计划（Defined Contribution Plan，简写为 DC 计划）中雇员的个人投资选择权，驱动更多居民将积累的财富通过雇主养老金计划和个人退休账户投资于共同基金。1992—2000 年，DC 计划持有共同基金规模从 1 840 亿美元提升至 12 830 亿美元，IRA 计划持有共同基金规模从 1 420 亿美元快速提升至 12 620 亿美元（见图 6.15）。

第六章 共富时代的基金业财富管理 477

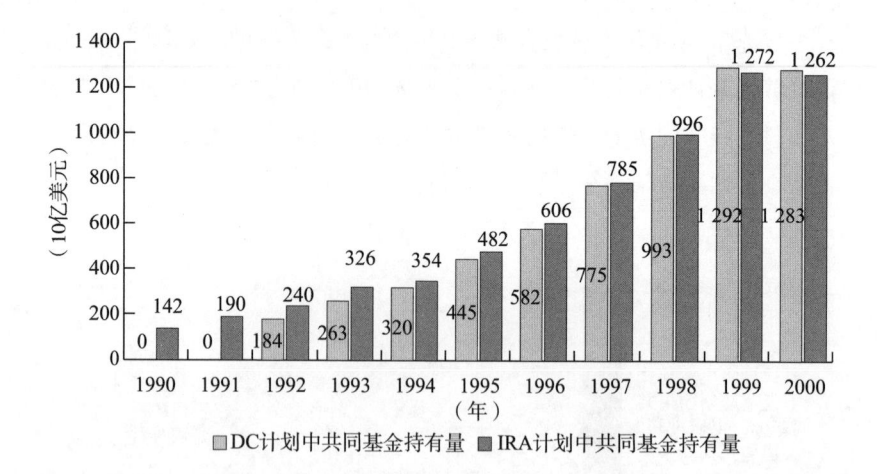

图 6.15　DC 与 IRA 计划中共同基金持有量

资料来源：万得资讯，数据截至 2000 年 12 月 31 日。

二是进入 21 世纪后，美国养老金体系持续完善，2006 年美国政府颁布了《养老金保护法案》，设定了雇员自动加入机制和个人账户默认投资机制，共同基金作为最主要的合格默认投资产品，持续获得大量雇主养老金计划资金的配置，推动了共同基金进一步增量扩容。共同基金在美国养老金体系中的渗透率较高，是私人养老金（第二支柱和第三支柱）持有的最主要资产。截至 2022 年年底，美国第二支柱 DC 计划持有共同基金 5.1 万亿美元，占 DC 计划管理规模的比重高达 55%；第三支柱 IRA 持有共同基金规模为 5.0 万亿美元，占 IRA 管理规模的比重达 44%。

3. 投资顾问是提升共同基金市场认可度的重要助力

自 1940 年美国政府颁布《投资顾问法》后，美国基金业持续推动共同基金的销售从以收取佣金的代销模式向根据资产规模或业绩获取报酬的"买方投顾"模式转型升级，驱动共同基金的销售与投资者的利益保持一致，有效改善了客户持有共同基金的体验和客户对共同基金的认可度。

20世纪70年代以前,美国共同基金的分销以证券经纪商(卖方代销)为主,其提供基金投资建议所需的报酬一般以销售佣金(对应我国公募基金的认/申购费)和12b-1费用(对应我国公募基金的销售服务费和客户维护费)这两种方式收取。销售佣金按照共同基金认/申购金额的一定比例由投资者一次性支付给基金销售机构,12b-1销售服务费则按照一定比例从共同基金资产中列支支付给基金销售机构,这使得证券经纪商更倾向于向投资者过度销售基金来获得高额佣金收入,容易导致投资者利益受损。为缓解销售机构与投资者利益冲突问题,提升行业信誉,美国基金业持续推动基金销售向"买方投顾"转型。进入20世纪70年代后,免佣基金以及指数基金等基金产品的普及为向投资者收取费用的"买方投顾"创造了发展空间。截至2022年年底,在证券交易委员会注册的投资顾问就有15 114家,管理资产规模达到114.1万亿美元,其中有近62.8%的投资顾问为个人提供包括共同基金投资在内的财富管理服务。在"买方投顾"模式下,美国投资顾问的报酬在多数情况下与其管理的客户资产规模挂钩,投资顾问与客户之间的利益高度一致,有效推动了美国基金销售模式向"买方投顾"的成功转型,在很大程度上缓解了"卖方代销"模式下"赎旧买新""频繁申购"等基金不当销售的问题,从而提升了美国居民对于共同基金的认可度。

过去,美国基金投顾业务主要以线下形式开展,服务主要面向中高收入和高净值人群,对中低收入客户的覆盖率较为有限。进入21世纪后,金融科技开始高效应用于基金投顾服务,越来越多的基金公司开发设计智能投顾服务,通过减少人工参与度来降低业务成本,为中低收入人群提供费用低廉的基金销售与投资顾问服务。如2016年,富达投资与年轻数字化投资者合作开发Fidelity Go,为投资者提供智能组合和定期再平衡服务。随着智能投顾的应用与普及,更多长尾客户也逐渐认同了长期持有基金的价值,进而提升了居民对于共同基金长期增值能力的认可度。

　　海外基金业的发展为推动我国公募基金高质量发展带来三点启示：一是要持续建立健全法律制度及监管体系和以投资者利益为中心的行业规范，以满足广大人民财富管理需求、助力共同富裕为目标，不断升级迭代包括产品、投研、销售、客户服务等在内的业务体系；二是要更加积极助力实施人口老龄化国家战略，抓住机遇提升养老财富管理能力，二者相互促进，使之成为推动我国公募基金高质量发展的两翼之一；三是积极推动基金投顾试点转常规，凸显我国公募基金以投资者利益为中心的价值观和普惠金融底色，进一步提升行业的市场信誉和认可度，使之也成为推动公募基金高质量发展的两翼之一。

公募基金财富管理的发展趋势

　　参考借鉴海外基金业的发展经验，我国公募基金在助力全体人民共同富裕的新征程中，将沿着"一体两翼"发展脉络探索出一条属于中国实践的财富管理康庄大道。

1. 主体架构：朝着更好地推动全体人民共同富裕的目标演进

　　公募基金已构建起能够基本满足大众财富管理需求的财富管理主体架构，未来将站在助力推动全体人民共同富裕的高度，进一步推动体制机制与业务体系迭代更新，从而更好地帮助广大人民实现财富的长期增长。

　　第一，打造出能够更全面保障投资者利益的体制机制。一是在法律监管上要遵循全面依法治国方针，通过完善、简明、清晰的法律法规体系进一步筑牢保护投资者合法权益的防火墙。二是在托管制度上要更加强调基金托管人的履职能力，将保护基金财产的责任落实到位。三是信息披露要在广大人民关心关切的问题上做实做细，赋予大众投资者更多的知情权。四是净值化管理要坚持实事求是的原则，向广大基金持有人客观真实地反映产品的收益与风险情况。

第二，建高度契合助力全体人民共同富裕目标的业务体系。一是把握广大人民财富管理需求随收入增长而越发丰富精细的趋势，创新研发更多中低风险、适合长期投资、高性价比的基金产品。二是充分认识到人民财富实现长期增值对于全体人民共同富裕的重要意义，在打磨投研体系时进一步注重投资能力的长期稳定性。三是深刻理解我国发展不平衡不充分问题仍然突出的国情，积极构建更广阔的基金销售网络，提供更优惠的基金收费，让越来越多的农村、欠发达地区的广大人民和中低收入人群享受到普惠的投资管理服务。四是清楚意识到广大人民金融素养存在较大差距的事实，在坚持做好投资者教育的基础上，进一步提供侧重于投资陪伴的高质量客户服务。五是牢记金融"人民性"的初心使命，努力创造出"投资者利益为先"为共同价值取向的行业生态圈。

2. 养老财富管理：公募基金财富管理发力的重点领域

我国已进入中度老龄化社会，并正快速迈向重度老龄化阶段，但人均可支配收入尚未达到发达国家标准，"未富先老"现象将是推动全体人民共同富裕过程中不可回避的社会经济发展挑战，也是今后千家万户需要长期面对的生活保障问题，因此养老财富的积累与保值增值将成为今后广大人民最基本的财富管理诉求。养老问题事关民生福祉，如何缩小城市与农村的养老保障差距、整体提高广大人民的养老待遇水平，是推动全体人民共同富裕的重要课题之一。过去，在参与全面建设、建成小康社会的过程中，公募基金通过受托管理养老金的方式为我国养老保险体系的建设健全做出了积极贡献。未来，在助力全体人民共同富裕的新征程中，公募基金将把握多层次、多支柱养老保险体系协同发展的大趋势，以个人养老金市场作为新起点，通过更敏锐的养老需求洞察能力、更个性化的养老财富管理服务，将基金产品更广泛地匹配到广大人民的养老投资需求中去。

3. 基金投顾：公募基金提升市场信誉与认可度的重要手段

根据中国银河证券基金研究中心发布的数据，1998年以来（截至2023年3月底），公募基金累计利润总额超4.9万亿元，在助力人民财富增长方面发挥了重要作用。但"基金赚钱基民不赚钱"的情况仍然存在，一定程度上降低了大众对于公募基金的认可度与信任度。证监会于2019年开启基金投顾试点，公募基金行业将把握好基金投顾在我国生根萌芽的重要机遇，为提升人民对公募基金的认可度打开新局面。一是通过发展基金投顾业务增强基金销售与投资者之间的利益一致性，从而逐步扭转销售机构过度依赖佣金收入的现状，为降低销售佣金、减少过度销售，以及公募基金进一步减费让利创造有利条件；二是依托基金投顾业务进一步做好投资者适当性管理，力求在充分了解客户需求的基础上，帮助客户从全市场上万只基金中选择适合的产品构建个性化组合方案，进而实现基金投资的"千人千面"模式；三是结合基金投顾业务的推广，做好投资陪伴，引导投资者形成科学的长期投资理念，帮助广大普通中小投资者摒弃追涨杀跌、"把基金当作股票炒"的基金交易习惯，以及在极端市场情况下情绪化的基金投资行为。

推动公募基金更好地助力全体人民共同富裕的重点任务

2023年7月24日，中央政治局会议对资本市场工作做出重要部署，明确提出"要活跃资本市场，提振投资者信心"。为贯彻落实中央政治局会议指示精神，证监会就"活跃资本市场、提振投资者信心"颁布了一揽子政策措施，要求公募基金在加快资本市场投资端改革中发挥重要作用。我国公募基金行业着眼于财富管理的未来发展趋势，立足于"活跃资本市场、提振投资者信心"的政治站位，着力解决过去发展过程中的突出问题，全力提升服务人民财富管理，助力全体人民共同富裕的综合能力。

任务一：健全投资者保护机制，着力维护投资者的合法权益

如何确保投资者的利益是公募基金行业服务人民财富管理需求的法律底线，还须从多方面进一步健全公募基金投资者保护机制。一是完善投资者投诉机制。基金公司应建立统筹投诉工作的专属部门，提高投诉处理的工作效率，保护投资者权益。二是提升信息披露完整度。基金公司要在基金产品的费用结构和费率水平、投资策略、业绩表现、风险情况等方面披露更全面、更充分的信息，让投资者享有充分的知情权。三是高度重视托管服务能力。基金公司在选择基金产品的托管机构时，要以托管机构能否勤勉履行对基金财产的保管与监督职责为考量依据，从而更好地保障基金财产的安全与独立。

任务二：推动费率改革、扩大服务覆盖面，着力践行普惠金融

公募基金行业要持续践行普惠金融，着力让广大人民购买到更高性价比的基金产品。以海外为例，为吸引更多的居民投资共同基金，美国基金业不断降低共同基金的各项费用，除持续降低共同基金的管理费外，还大量推出不收取销售费用的免佣基金，并通过折扣经纪商或"基金超市"等低佣金中介机构和养老金计划（DC 计划和 IRA）销售给投资者，有效降低了居民购买、持有共同基金的成本，2022年，其主动权益类基金包含管理费在内的综合费率仅为 0.66%。海外经验为我国公募基金行业进一步减费让利，降低投资者购买、持有基金的成本，增强公募基金的普惠性提供了一定的经验借鉴。

首先是进一步加强费率改革，稳步降低行业综合费率水平。一是

在降低基金管理费率水平，降低投资者持基成本的基础上，优化公募基金费率模式，积极探索和推广与业绩、规模、投资者持有时间等因素挂钩的浮动费率产品，即"基金不赚钱就不收取管理费""按照业绩分档收管理费""持有时间越长管理费率越低"等多种向持有人让利、与持有人利益共担的收费方式。二是在政策允许范围内加大基金申购和赎回费用的优惠力度，进一步普及基金产品C类份额（不收取前端销售费用），为大众投资者买卖基金产品节省更多的交易费用。三是优化产品销售模式，继续大力发展直销渠道，减少尾随佣金的支出，为进一步降低产品管理费打开空间；大力发展基金投顾业务，引导销售机构将获取收入的重点从销售佣金转向账户服务费，为尾随佣金的降低创造条件。

同时，公募基金还须发力提升服务覆盖面。根据中国银行业协会每年发布的年度《中国银行业服务报告》，全国银行业金融机构网点总数在近几年始终维持在20万家以上；第51次《中国互联网络发展状况统计报告》[①] 显示，我国网民规模在2022年年底已达10.67亿人。基金公司要充分利用覆盖广泛的商业银行物理网点以及海量互联网客户资源，进一步加强与销售渠道的合作，通过银行渠道和第三方销售机构，线下线上相结合，广泛触达不同地区，尤其是农村和欠发达地区的个人投资者。

任务三：丰富产品供给，着力满足人民多样化的财富管理需求

广大人民的财富管理需求正从过去单一的保值增值诉求朝着应对养老问题、追求稳健增值、偏好高性价比等多元化方向转型，公募基

---

① 该报告于2023年3月由中国互联网信息中心发布。

金要顺应人民财富管理需求的变化趋势，构建起功能更加丰富多样、风险收益谱系更加多元的产品体系。

1. 进一步丰富权益类基金的供给

在美国，居民可支配收入在过去几十年中的持续增长使得股票基金成为最受欢迎的共同基金产品类型，特别是大多数美国居民都将养老金长期增值作为家庭财富增值的最主要目标，从而进一步增强了市场对股票基金的长期需求。截至 2022 年年底，股票基金规模在美国共同基金净资产中的占比达 51%，是规模最大的产品类型。随着我国人均收入水平的提升以及养老保险体系的发展，将会为我国公募基金注入更多的中长期资金，公募基金要充分发挥权益投资的传统优势，进一步大力发展包括主动投资和被动投资（指数型）在内的权益类基金，从投资端活跃资本市场，助力广大人民更好地分享未来实体经济增长和资本市场改革的红利，进而实现财富的长期保值增值。

2. 持续加大"固收+"产品的研发设计

随着资管产品净值化转型逐步到位，更多追求稳健增值的资金将从理财产品、信托产品等其他金融产品流向公募基金。自 2018 年资管新规发布后，公募基金发展迅猛，截至 2023 年 6 月底，管理规模首次反超银行理财居资产管理行业首位。同时，我国资本市场受国际金融形势影响而震荡加剧，这将进一步催生投资者对于稳健型公募基金产品的需求。在资产管理行业规范化发展和资本市场持续震荡的大环境下，公募基金管理人需要整合权益和固定收益投资优势，持续加大"固收+"等低波动、稳健型产品的研发设计，为广大人民提供更多追求稳健投资的净值化金融产品。

3. 提高适配养老需求的产品供给和投资能力

首先，开发适配个人养老长期投资的基金产品，特别是具有锁定期和定期支付功能的服务投资者生命周期的基金产品。其次，海外经验表明，以养老金为代表的长期资金对低费率的被动管理型基金青睐有加,比如美国各类养老金计划偏好于配置费用更低廉的指数基金和ETF,推动被动管理型基金规模不断增加,截至2022年年底,美国指数型基金(指数型共同基金和指数型ETF)的净资产规模在基金市场总规模中的占比已达到46%。我国公募基金行业也应加大如Smart Beta ETF、主动管理ETF、创新投资标的ETF等在内的更多指数和ETF产品的开发,在满足养老金等长期资金对于低费率产品需求的同时,将更多长期资金引入资本市场,创造出更稳健的投资环境。

4. 推出更多分散投资风险的产品

全球金融市场的关联性与互动性持续增强,导致国内外证券市场的波动进一步加大。公募基金一方面要持续创新发展公募REITs产品,实现与传统公募基金之间的风险隔离,另一方面应着力研发更丰富的QDII基金产品,为广大投资者提供更多投资海外市场、分散投资风险的实用工具。

任务四:健全完善投研风控体系,着力提升投研核心能力

公募基金管理人要在考核机制、投研体系、内控建设、投资能力等多个维度逐点发力,进一步夯实投研核心能力,更好地为人民财富的保值增值保驾护航。

1. 健全投资业绩的长期考核机制

在考核上弱化对规模排名、短期业绩、收入利润等指标的考核,强化对基金经理合规风控水平、3年以上长期投资业绩、投资者实际盈利等方面的长期考核机制,严格执行薪酬递延制度,驱动投资人员以投资者长期利益为核心开展投资管理工作。

2. 完善投研与内控体系建设

首先,要加快构建团队化、平台化、一体化的投研体系,完善投研人员梯队培养计划,扭转过度依赖"明星基金经理"的发展模式,

做好投研能力的积累与传承。其次，要强化宏观、策略、行业和公司全维度的研究覆盖，夯实信用风险研究能力。再次，坚持长期投资、价值投资理念，坚守投资纪律，严格限制"风格漂移""高换手率"等博短线行为。最后，有效发挥研究、交易、风控、合规、监察等各环节的监督制衡作用，增强市场风险抵御能力，牢守不发生系统性风险的底线。

3. 增强投资风格的辨识度

公募基金管理人应严格遵守契约精神，构造基金产品更清晰的收益与风险图谱，以便个人投资者进行投资选择。一是产品设计端应更加精准，注重大类资产配置，为不同需求构建不同风险收益特征的投资策略。二是坚持产品风格稳定不漂移，不偏离基金合同确定的风格和业绩基准，不能因为市场环境和热点的切换而突破合同约束，引发风格漂移。

任务五：提升服务质量，发展基金投顾，着力提高投资者的获得感

公募基金管理人作为资产管理机构，在做好投资研究和投资管理，也就是"投到位"的基础上，要想解决"基金赚钱基民不赚钱"的问题，还需要向前跨出一步，与财富管理机构形成合力，在投前、投中和投后整个投资生命周期，对投资者进行陪伴式的知识输出和服务，提升投资者对公募基金和理性投资行为的认知，即"顾到点"。

1. 提高投资者陪伴质量

一是公募基金管理人要用通俗易懂的方式做好投向、策略和风格等产品要素解读，提高投资者陪伴输出内容的可接受度；二是公募基金管理人要深入财富管理机构，借助财富管理机构成熟的客户渠道直接触达客户需求，并基于客户画像分析，提供适配的产品和服务方案；

三是强化客户导向和客户思维,为广大人民财富管理提供一站式综合服务方案。

2. 大力发展基金投顾业务

基金投顾既是一种以投资者利益为先的"买方投顾"基金销售模式,同时,基金投顾可以让专业的投资顾问帮助投资者做出投资决策,提高投资的纪律性,可以适度抑制投资者追涨杀跌的不理性行为,解决"基金赚钱基民不赚钱"的问题,也是一种"以客户为中心"的客户陪伴和服务模式。事实证明,我国基金投顾试点3年多,确实在改善投资者服务体验方面取得了积极成效。公募基金要在总结试点经验的基础上,完善相关配套法规体系建设,加快推动试点转常规,立足于中国实践大力发展基金投顾业务。在业务模式上,公募基金要联合基金销售机构,各自发挥特长,推进以管理型为代表的基金投资顾问业务,为投资者提供包括需求分析、资金规划、资产配置、策略匹配在内的高质量基金投顾服务。在服务形式上,一方面公募基金要探索应用智能投顾技术,依托互联网平台做好线上服务,将高效率、高性价比的基金投顾服务广泛覆盖广大的中小投资者;另一方面要加强与银行等拥有广泛线下渠道的销售机构的合作,依托理财经理等财富管理业务人员为投资者提供个性化的线下基金投顾服务。

3. 培养基金投顾领域专业人才

基金投顾业务的发展离不开专业人才的支持,根据美国投资顾问协会数据,截至2022年年底,全美投资顾问代表已超39万人,且具备证券代理人、投资顾问、特许金融分析师等各类资格证书。相较海外市场,我国基金投顾试点刚刚起步,对相关专业人员具有较大的需求。因此,我国公募基金管理人要从考核激励、人员培训等方面着手,尽快培养起一批专业能力、职业素养过硬的人才队伍,来支持基金投顾业务可持续发展,更好满足广大人民日益丰富的财富管理需求。

任务六：提升养老需求分析和服务水平，着力增强养老需求服务能力

养老投资是人口老龄化进程中千万家庭最基本的财富管理诉求。比如美国持有共同基金的家庭中，80%的家庭将储备养老金视为投资共同基金最大的动机。在我国老龄化持续加深的背景下，也会有越来越多的投资者为了积累养老金而投资公募基金，这就需要公募基金管理人进一步增强养老需求服务能力，更好地满足养老储备这一广大人民今后最主要的财富管理刚需。

1. 提升对居民养老需求的洞察和分析能力，立足于全生命周期思维开发产品

比如富达投资在推出目标日期基金的基础上，就根据居民领取养老金的需求进一步研发了具有定期支付功能的收入管理型基金产品。我国公募基金行业除了针对养老金积累设计保值增值型产品，还要针对养老金领取设计收入管理型产品，针对养老金机构投资者开发低成本的指数型产品等，以吸引更多的养老资金配置公募基金，进一步提升公募基金作为底层资产被社保基金、基本养老保险基金、年金基金等养老金投资配置的比例，提高公募基金的中长期资金占比。

2. 将基金投顾运用于养老财富管理场景，为广大人民的养老财富管理提供针对性服务

养老财富管理时间跨度长、变化因素多，需要更长期、更细致的投资陪伴，对公募基金投顾能力来说既是挑战，更是机遇。比如富达投资就将其5种投资顾问服务运用于养老客户服务。我国公募基金管理人要积极探索将基金投顾与养老财富管理进行有效结合的可行方法，进一步提升资产配置能力，丰富基金组合策略模型，从而为广大人民提供更有针对性的、个性化的养老投资管理服务。

任务七：推动数字化转型，着力提升数字化经营能力

随着我国金融深化改革和高水平开放进程的推进，财富管理市场主体增多，特别是资管新规实施以后，行业之间的竞争加剧。为进一步提升公募基金的整体竞争力和服务于人民财富管理需求的能力，监管部门也在推动行业的数字化转型与基础设施的建设工作，如"基金E账户"、个人养老金投资公募基金信息平台等事关行业整体发展的基础设施。公募基金管理人要进一步运用包括互联网、大数据、云计算、人工智能等在内的金融科技多维度赋能各个业务条线，持续在投研、运营、营销与客户服务、基金投顾等领域推进数字化转型。一是充分利用人工智能和大数据技术，通过大数据技术信息搜索、宏观研究和策略建模等，提高投研效果或辅助投研决策；二是推动基金运营数字化转型，实现基金产品的清算、估值核算、信息披露、登记过户等全业务链高效处理，提升运营质效；三是利用互联网平台推进数字化营销，实现营销从线下到线上的迁移，为投资者提供成本更低、效率更高的销售和服务渠道；四是运用大数据和云计算技术，根据用户的基础信息、投资行为、资产信息和投资需求进行用户画像，并运用机器学习和人工智能手段提升基金投资顾问水平，降低人工成本，增强服务的普惠性。

进一步优化公募基金财富管理发展环境的相关建议

坚持以投资者利益为核心，切实提高我国公募基金服务人民财富管理需求的能力，需要从体制机制、养老保险体系建设、行业价值取向塑造、社会舆论导向等多方面入手，为公募基金行业的高质量发展创造良好的发展环境。

加强体制机制建设——进一步完善公募基金的制度环境

一是要进一步健全信息披露机制。建议证监会在《公开募集证券投资基金信息披露管理办法》的基础上，进一步细化公募基金的信息披露规则，特别是在基金相关费用结构与费率水平、潜在利益冲突、基金投资策略、风险揭示等与投资者利益息息相关的方面提出更严格和具体的要求，确保投资者能够充分、全面、及时地了解基金产品的运作情况。

二是尽快建立"买方投顾"配套法规体系。基金投顾业务是有助于保护投资者利益的"买方投顾"基金销售服务，需要进一步建立起完善的法律制度体系来支持基金投顾的发展。比如美国在1940年推出《投资公司法》的同时就配套颁布了《投资顾问法》，与共同基金一起同步建立起了完善的投资顾问法律体系。建议我国公募基金监管机构要从法律、行政法规、部门规章等各层级由上至下对公募基金行业开展基金投顾业务形成规范，为公募基金"买方投顾"的推广普及创造"有法可依、有章可循"的良好制度环境。2023年6月份证监会就《公开募集证券投资基金投资顾问业务管理规定（征求意见稿）》向全社会公开征求意见，为基金投顾试点转常规和未来规范及高质量发展打下基础，建议以此为契机，尽快建立"买方投顾"配套法规体系。

同时，当前市场上部分基金销售机构也获得了基金投顾业务试点资格，其作为销售机构，在为客户交易购买基金产品的过程中收取前端销售费以及尾随佣金，作为投顾机构又向客户收取投顾策略管理费，导致投资者承担了基金投资的双重成本。面对相同的情况，美国证券交易委员会对基金投顾的双重收费进行了严格管控，促使基金销售机构在提供"买方投顾"服务过程中只收取客户端费用，不收取基金端的销售佣金。建议我国监管层牵头销售机构探索避免双重收费的可行机制,研究实现费用返还、单边收费的可行业务规则及流程,以确保投资者利益得到保护。

三是加大差异化发展政策支持力度。现阶段,我国公募基金管理人的业务类型与发行的基金产品同质化情况较为严重,既不便于投资者进行选择比较,也较难满足广大人民未来多元化的财富管理需求。相比之下,海外国家基金业差异化发展程度较高,比如先锋集团专注于低费用的指数型产品,富达投资则侧重于主动管理型产品。建议在落实《关于加快推进公募基金行业高质量发展的意见》过程中,可参考海外经验,在推动行业差异化发展方面进一步加大政策出台力度,如通过放宽指数基金注册条件、拓宽公募基金投资范围和策略等方式为基金产品朝着差异化、多样性方向发展创造有利条件,鼓励推动在公募REITs、股权投资、基金投资顾问、养老金融服务等领域设立专门子公司或进行重点布局,促进我国公募基金为广大人民提供兼顾多元化与专业性的财富管理服务。

推动养老保险体系建设——进一步拓展公募基金的市场环境

在人口老龄化大环境下,积累养老财富对推动共同富裕意义重大。海外经验也表明,基金业能够在服务好居民养老财富管理需求的过程中获得蓬勃发展。现阶段,我国养老保险体系仍存在发展不平衡、不充分的问题,需要进一步完善顶层制度设计,为我国公募基金更好地满足广大人民多样化的养老财富管理需求创造更有利的市场环境。

1. 推进企业年金增质扩面

近几年企业年金面临着管理规模增长较为乏力、覆盖面难以扩大等问题,需要从引入自动加入机制、增设默认投资选项、简化建立流程、增选优秀管理机构等多方面入手，进一步增质扩面，让更多城镇职工拥有一份补充养老保障。

2. **大力推广个人养老金制度**

个人养老金制度试点启动后账户覆盖率快速提升，但参加人的缴费积极性并不高，配置个人养老金基金产品的资金规模有限，整个社会和行业需要从投教宣传、产品创新等方面进一步发力，让更多人群享受到包括公募基金在内的专业化个人养老金投资管理服务。

3. **推动第二、三支柱协同发展**

海外经验表明，养老金第二、三支柱之间的协同发展、相互促进是公募基金发展的重要推手。建议借鉴海外经验，在法律权责关系、税收制度、资产转移机制、自动加入机制、服务模式等方面进一步推动我国年金制度和个人养老金制度的协同发展，为我国公募基金更全面地服务人民养老财富管理拓宽路径。

4. **优化税收政策**

一是通过差异化政策进一步提高个人养老金税优力度：针对高收入人群，建议适当提高缴费的税前扣除额度，鼓励多缴费、多投资；针对中低收入或灵活就业等未达到纳税门槛的人群，建议给予一定的缴费补贴，提升其参与个人养老金并缴费投资的意愿。二是统筹利用第二、三支柱的税优政策，将缴费税收优惠额度赋予个人，允许个人灵活选择运用于年金或个人养老金，同时统一领取征税规则，为广大人民在年金和个人养老金之间的资产转移和养老金领取创造条件。

塑造共同的价值取向——进一步优化公募基金的生态环境

公募基金管理人（资管端）和基金销售机构（财富端）为公募基金财富管理构建了完整的服务链条。公募基金管理人作为资产管理机构，核心任务是通过专业能力帮助客户委托的资金实现保值增值；银行、券商、第三方销售机构等基金销售机构的主要职责是帮助客户进行财富管理规划与金融产品的选择。要进一步促进公募基金管理人与销售机构朝着"以投资者利益为中心"的价值取向相向而行，才能让公募基金行业更好地服务广大人民的财富管理需求。

1. 保持对规模的理性克制

管理、销售或保有规模固然重要，但对规模的过度追求也会导致"基金经理一拖多""产品同质化""赎旧买新"等行业野蛮发展现象的出现，损害投资者的利益，从而影响行业声誉。不论是公募基金管理人还是销售机构，都应当有"克制是一种美德"的清醒，以投资者利益为先推动业务发展：公募基金管理人应当以基金经理的能力边界及其制定的投资策略来确定基金产品的规模容量，在保证投资质量的前提下进行持续营销，做好规模控制；基金销售机构要扭转过往以销量为主导的业务思维，站在客户立场推荐销售基金产品，与公募基金管理人一起维护好投资者的长期利益。

2. 推动销售模式的持续转型

一是基金销售机构要认真践行"逆向销售"理念，在市场高位时正确引导投资者理性购买基金产品，在市场低位时做好客户陪伴，提升投资者信心，帮助投资者养成理性投资、长期投资的习惯，从而更好地保障投资者的长期利益。二是基金销售机构要大力发展基金投顾业务，推动以销量为主导的"卖方代销"向以客户利益为先的"买方投顾"销售模式的转型，做实、做深客户需求分析与管理，基于客户不同的投资目标、久期、策略需求等，采用配置化的思路，将适合的基金组合策略匹配给投资者，打造连接投资者财富管理需求与基金组合策略的服务平台。

3. 打造有利于投资者的生态圈

公募基金管理人和各类基金销售机构要共同遵循"以客户为中

心"的理念，在分别做好投资与产品供给、客户财富规划与配置的基础上，进行资源整合、双向赋能，共同打造出"顾到位"的财富管理生态圈。以个人养老金为例，提供全流程的个人养老金基金投资服务，不仅需要公募基金管理人做好基金产品的开发与管理，更需要个人养老金资金账户管理银行与个人养老金基金销售机构积极引流客户群体，为客户配备合适的个人养老基金产品，资产端与财富端的紧密合作才能更好地满足广大人民的个人养老投资需求。

重视舆论和投资者教育——进一步培育公募基金的投资环境

推动公募基金在全体人民共同富裕新征程中更好地服务人民财富管理需求，除公募基金管理人外，投资者与市场其他参与机构也需要遵循"长期投资、价值投资"的理念，为公募基金的高质量发展创造更好的投资环境。

1. 形成正确的舆论导向

财经媒体、金融期刊，以及微信公众号、直播号等，要注重对于公募基金长期投资的宣传与报道，特别是在市场短期震荡时要避免制造恐慌情绪，为公募基金管理人专注长期投资、为大众投资公募基金营造理性的舆论环境。

2. 持续深化投资者教育

要在过去经验的基础上进一步探索有效的投资者教育方法，助力提升广大人民的长期投资意识。一方面，公募基金管理人和销售机构要基于我国发达的互联网，充分利用公众号、直播等移动媒介广泛宣传正确的基金投资知识与习惯，让更多人群了解到长期投资对财富增值的积极作用，培养大众投资者长期投资、价值投资、理性投资等健康投资理念。另一方面，健康投资文化和投资环境的培育与发展，除市场参与者外，还需要监管机构、行业自律性组织，甚至教育机构等各方主体共同参与和推动。如，基金业协会等行业自律组织要为市场机构开展投教工作创造更广阔的平台，可以在"一司一省一高校"系列投教活动的基础上，进一步推动基金投教宣传走进农村、走向更多欠发达地区。

3. 优化市场评级机制

基金评价机构要优化基金产品的长期评级方法，从考核上引导公募基金坚持长期投资、价值投资。比如，作为基金业权威奖项，《中国证券报》举办的基金金牛奖评选全面践行长期性原则，自2020年起，优化基金奖项设置，取消1年期基金评奖，突出3年期、5年期等长期奖项，增设7年期基金奖项，这为市场上的基金评价机构在如何引导长期投资方面做出了表率。

第七章

共富时代的金控财富管理

中国式现代化是全体人民共同富裕的现代化，共同富裕是中国特色社会主义的本质要求，也是一个长期的历史过程。关于增进民生福祉，要完善分配制度，坚持多劳多得，鼓励勤劳致富，促进机会公平，增加低收入者收入，扩大中等收入群体。要完善按要素分配政策制度，探索多种渠道增加中低收入群众要素收入，多渠道增加城乡居民财产性收入。

财富管理在增加城乡居民财产性收入、扩大中等收入群体等方面可以发挥重要作用，能为扎实推动共同富裕贡献金融力量。金融机构须深入贯彻以人民为中心的发展思想，着力推动财富管理"飞入寻常百姓家"，让经济金融发展的成果更多、更好地惠及人民。金融控股公司在推动金融控股集团①做大做强做优财富管理业务时也须坚守服务共同富裕的使命，把为最广大群众创造长期价值作为业务发展的出发点和落脚点，实现自身发展与客户价值创造的统一。金融控股公司是综合经营、金融创新、市场竞争等多重因素共同推动的结果，其本质特征在于对两个或两个以上不同类型金融机构拥有实质控制权，其中纯粹性金控公司不直接参与具体业务，而是履行股权管理、战略制定、评价考核等职责。相对单个金融机构，金控拥有多元化金融业态和丰富的客户触达渠道等，能够更全面地洞察客户需求，更广泛地提供一站式综合金融服务，在推动财富管理普惠化、大众化，为客户创造长期价值等方面具有独特竞争力。

金控财富管理发展概况

当前，我国已全面建成小康社会，社会财富快速积累，居民对财

---

① 金融控股公司（以下称"金控公司"）指持有银行、保险等金融机构股权的单个金融机构；金融控股集团（下称"金控"或"金控集团"）包含金控公司与其持有股权的各类金融机构，为多元化综合企业集团。

富管理的需求日益增长，为财富管理业务发展带来巨大机遇。轻资本、高效率的财富管理业务能为金融机构创造良好经营效益，给予股东稳健回报，并为金融支持实体经济夯实资本根基。主要的金控集团均已将财富管理业务作为核心发展战略之一，正着力推动做大做强做优财富管理。

金控财富管理的范畴

分析金控财富管理首先需要明确范畴与内涵，即确定金控财富管理的范围与主要特征。关于金控公司，主要有纯粹型和事业型两种模式，[1] 前者仅进行股权管理、制订战略规划和评价考核等，由成员公司经营银行、证券等具体金融业务，而后者由直接从事金融业务的金融机构跨业投资其他类型的金融机构形成。2020 年 9 月，央行出台《金融控股公司监督管理试行办法》（以下简称"金控管理办法"），主要对纯粹型金控进行规范监管，目前仅有中国中信金融控股有限公司（以下简称"中信金控"）、北京金融控股集团有限公司（以下简称"北京金控"）、招商局金融控股有限公司（以下简称"招商金控"）三家获批牌照。[2] 基于国内金融业分业经营格局及金控监管现状，我们将主要围绕以招商金控、中信金控、中国平安[3]、光大金控等为代表的纯粹型金控进行介绍。

---

[1] 参见中国人民银行发布的《中国金融稳定报告（2018）》。
[2] 截至 2023 年 10 月，已有上述 3 家金控集团获批设立，另有光大集团与万向控股的金控申设受理中。鉴于金控公司进入规范化监管仅过去 3 年，获批金控数量较少，公开信息较少，故本章讨论的对象和案例较为有限。
[3] 中国平安属于金融机构控股金融机构的情形，主体为保险机构，控制银行、证券公司、信托公司、资产管理公司等，但我们认为其经营管控模式与纯粹型金控更相似，可作为比较研究对象。

关于财富管理。狭义的财富管理主要指金融机构与财富顾问为投资者配置金融产品，同时提供税务规划等衍生服务。广义的财富管理则包括狭义财富管理、资产管理、投资银行等多个部门，涵盖金融资产创设、资产组织形成产品、产品销售等全链条，构成"大财富管理价值链"[1]。接下来的讨论将主要聚焦狭义财富管理与资产管理两个部门，不含投资银行部门。这一范围界定主要基于国内金控综合经营现状，并参考境外银行系金控财富管理发展实践。首先，金控公司旗下拥有财富管理相关业务牌照的金融机构众多。以招商金控为例，在狭义财富管理方面，主要有招商银行、招商证券和招商仁和人寿，在资产管理方面，主要有博时基金、招商创投以及招商银行子公司招银理财、招银国际、招商基金和招商证券子公司招商致远资本、招商资管等。分析金控财富管理既要把重心放在控股公司层面，也要注意到金控财富管理是成员公司财富管理的有机统一（见图7.1）。

其次，狭义财富管理与资产管理之间的联系较为紧密，业务流程相互衔接，资产管理部门组织资产、创设并管理产品，财富管理部门为客户配置产品。为推动协同，部分境外金控[2]直接将财富管理与资产管理部门合并在同一业务单元下，如摩根大通的"资产与财富管理"板块。此外，境外金控在披露集团管理资产规模AUM时普遍采用"双算"做法，即同时包含狭义财富管理AUM与资产管理AUM。在国内，同一主体的资产管理部门通常是财富管理部门最主要的产品来源（见图7.2）。

---

[1] 招商银行于2021年提出打造"大财富管理价值循环链"，对内打通"财富管理－资产管理－投资银行"价值链，构建银行、资管、基金、保险等全牌照融合的格局，价值链的一端是零售客户、企业和政府的财富管理需求，另一端是客户的融资需求，对外连接优秀合作伙伴，打造财富开放平台。

[2] 摩根大通、花旗集团等美国主要大型银行均为金融控股公司，在1999年《金融服务现代法案》等系列法案颁布后，美国混业经营的法律限制解除，大型银行控股公司可申请转变为金融控股公司参与广泛非银行业务，并接受美联储监管。

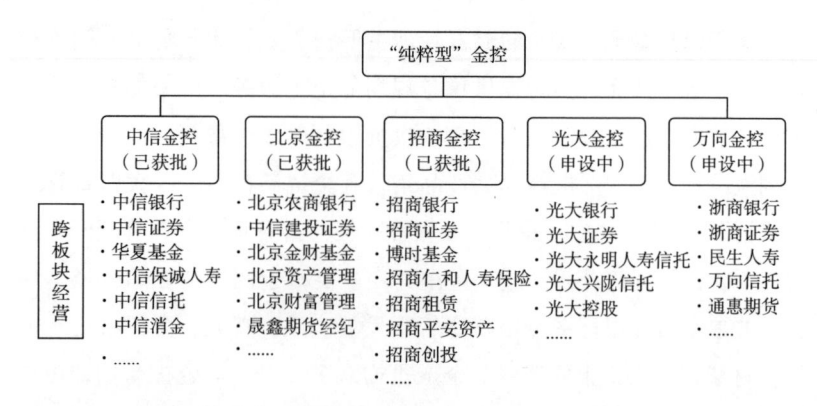

```
                          "纯粹型"金控
        ┌──────────┬──────────┼──────────┬──────────┐
      中信金控    北京金控    招商金控    光大金控    万向金控
     （已获批）  （已获批）  （已获批）  （申设中）  （申设中）
```

| 跨板块经营 | ・中信银行
・中信证券
・华夏基金
・中信保诚人寿
・中信信托
・中信消金
・…… | ・北京农商银行
・中信建投证券
・北京金财基金
・北京资产管理
・北京财富管理
・晟鑫期货经纪
・…… | ・招商银行
・招商证券
・博时基金
・招商仁和人寿保险
・招商租赁
・招商平安资产
・招商创投
・…… | ・光大银行
・光大证券
・光大永明人寿信托
・光大兴陇信托
・光大控股
・…… | ・浙商银行
・浙商证券
・民生人寿
・万向信托
・通惠期货
・…… |

图 7.1 纯粹型金融控股公司综合化经营

资料来源：招商金控等。

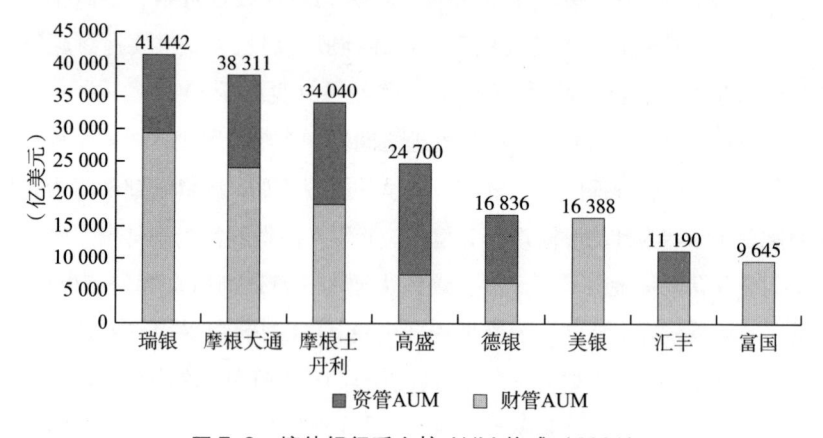

图 7.2 境外银行系金控 AUM 构成（2021）

注：范围为全球 AUM 居于前列，以银行为主体的金融控股公司；AUM 数据采用 2021 年年末汇率统一换算为美元；富国银行在 2021 年出售了资管部门。
资料来源：根据上市公司年报整理。

综上所述，我们认为金控财富管理主要涵盖狭义财富管理与资产管理，版图囊括经营相关业务的成员公司。以招商金控为例，截至 2022 年年末，狭义财富管理部门 AUM 合计超过 13 万亿元，主要包括招商银行与招商证券的零售客户金融资产，资管部门 AUM 合计约 6.6 万亿元，由公募基金、银行理财、券商资管、私募基金等机构的管理资产规模组成，招商金控狭义财管和资管部门 AUM 合计超过 20 万亿元（见表 7.1）。

表 7.1 招商金控财富管理 AUM 构成（2022）

部门	机构类别	成员公司	AUM（亿元）
财富管理	银行	招商银行	121 230
	证券公司	招商证券	15 410
资产管理	公募基金	博时基金	16 450
		招商基金	14 800
	银行理财	招银理财	26 700
	券商资管	招商证券	3 170
	私募基金	招商资本	1 780
		招商创投	160
		国家级基金	300
		招银国际等其他	1 290
资产管理	保险资管	招商信诺资管	1 640
	不良资产管理	招商平安资产	9
招商金控 AUM（财管+资管）			202 940

注：招商证券零售客户金融资产包括所有客户，不限于托管资产达 30 万元及以上的财富管理客户。

资料来源：根据上市公司年报整理、招商金控。

金控财富管理发展机遇

财富管理市场快速增长为金控带来巨大机遇，主要源于两大时代背景。一是随着财富积累，中国居民有日益旺盛的资产保值增值需求，家庭资产配置正加快从房地产转向金融资产。据前瑞士信贷统计，① 截至 2021 年，中国居民财富总体规模达 85.1 万亿美元，人均财富规模为 8.6 万美元，同比增长 14.2%，2000—2021 年中国人均财富复合增长率达 15.3%，远高于英国（3.6%）、美国（4.8%）。当前中国居民财富仅有约 30% 配置在金融资产上，远低于美国约 70% 的水平。②

---

① 参见原瑞士信贷研究院发布的《2022 全球财富报告》。
② 参见中金公司发表的《美国居民资产配置百年变迁》。

二是随着中国资本市场全面深化改革的推进，直接融资占比将持续提升，从而丰富金融产品供给。我国的融资结构长期以间接融资为主，截至 2022 年年末，信贷在社会融资规模存量中的占比达到 61.7%，而企业债券、政府债券、非金融企业境内股票的合计占比仅有 29.6%。若按国际可比口径，2020 年年末中国的直接融资占比约 40%，明显低于美国的 80%，英、法、日的 70% 以及德国的 60%。①

做大做强做优财富管理有助于金控集团提高经营效益。一方面，财富管理业务收入随 AUM "水涨船高"，占总营业收入的比重提升。以招商金控为例，旗下招商银行大财富管理收入（含代销、资管、托管的手续费及佣金收入等）从 2019 年约 350 亿元上升到 2022 年约 490 亿元，占招商银行营业收入比重从 2019 年的 12.9% 增加到 2022 年的 14.3%。另一方面，金控打造以客户为中心的财富管理服务生态能显著增加客户黏性，降低负债成本等。以银行为例，随着零售 AUM 快速增长，由于投资者转入资金以便捷投资、产品到期赎回、资产增值等因素，低成本活期存款大量沉淀，推动银行负债付息成本下降。

做大做强做优财富管理有助于金控集团节约资本。财富管理业务主要是资本消耗较少的代理投融资服务类业务和中介服务类业务②，具有轻资本、高效率的特点。在资管新规后，相关业务在一般情况下

---

① 按照国际清算银行（BIS）、世界银行的数据计算直接融资占比，直接融资占比=（上市公司股票市值+非金融企业债券余额+政府债券余额）/（上市公司股票市值+非金融企业债券余额+政府债券余额+银行对私人非金融部门信贷余额）。

② 依据 2022 年《商业银行表外业务风险管理办法》，代理投融资服务类业务指商业银行根据客户委托，按照约定为客户提供投融资服务但不承担代偿责任、不承诺投资回报的表外业务，包括但不限于委托贷款、委托投资、代客理财等；中介服务类业务指商业银行根据客户委托，提供中介服务、收取手续费的业务，包括但不限于代理收付、代理代销、财务顾问、资产托管、各类保管业务等。对于实质承担信用风险的表外业务，商业银行应及时、充足计提减值准备。

不计入金融机构资产负债表,不形成现实资产负债,金融机构不承担信用风险,无须或较少计提减值准备,业务不纳入或较少纳入风险加权资产计算(主要是对操作风险等计提资本),金融机构无须补充新资本就能快速做大。从效益角度看,财富管理业务属于"花小钱办大事",即拥有较高的净资产收益率(ROE)水平。以境外银行系金控为例,其财富管理与资产管理部门的 ROE 水平往往显著高于集团整体。如摩根大通,2018—2022 年其财富管理与资产管理业务单元的平均 ROE 达到 28.8%,高于集团整体 14.2 个百分点(见表 7.2)。

表 7.2 境外金控财富管理部门 ROE(2018—2022 年均值)

	瑞银	摩根大通	摩根士丹利	德银	美银	富国
财富管理	22.9%	28.8%	17.5%	2.2%	26.2%	22.4%
资产管理	52.1%		17.5%	7.8%	—	—
集团整体	10.7%	14.6%	12.6%	0.3%	10.3%	9.3%

注:各家金控的业务部门划分、数据口径等可能存在一定差异;摩根大通财富管理与资产管理在同一部门,美银和富国无资产管理部门,德银财富管理部门为私人银行部门数据。
资料来源:根据上市公司年报整理。

此外,发展财富管理业务对身处经济降速、利差收窄环境的中国金融机构与其股东意义非凡。当前监管机构对资本充足的要求不断趋严,而自发扩张需要以及支持实体经济的责任均要求金融机构保持一定规模增速,多数机构正面临较大的资本补充压力。由于外源性资本补充因监管限制、低估值、摊薄所有权等因素面临阻碍,保持资本内生增长为更具可持续性的选择,如何提高资本运用效率并留存更多利润用于夯实资产扩张基础成为难题。我们认为,投行、财富管理等轻资本业务正是解决难题的钥匙,且财管业务相较投行业务更加适配,因为投行项目常涉及并购贷款、杠杆融资、债券包销等须承担信用风险的业务。作为金融机构股东,金控公司推动成员公司大力发展财富管理业务可以避免或减轻增资难题,在保持持股比例的同时分享增长红利。

金控财富管理发展规模

当前主要的纯粹型金控均已将财富管理业务作为核心战略之一。受管控模式、发展定位、资源禀赋和成员公司发展阶段等诸多因素影响，各家金控集团的财富管理发展模式与举措有所不同，但也有共同点。一是统一财富管理品牌，聚合成员公司资源与能力等，为客户提供一站式综合金融服务，强调全渠道、全产品、全周期等。二是战略布局从狭义财富管理拓展到涵盖资产管理与投资银行的大财富管理，以构建协同联动的生态圈/价值链（见表7.3）。

表7.3 纯粹型金控公司财富管理发展战略

公司	战略
中信金控	构建"财富管理、资产管理、综合融资"三大核心能力，实施财富管理内部协同与外部生态相结合的"内生·纵横"战略布局，围绕财富管理客户分层管理、产品组合及创新、整合渠道资源、构建交叉销售价值体系、开放生态平台等方面，实现统一财富品牌和综合服务能力
招商金控	全面建设"风险管理、财富管理、金融科技"三个能力。强化财富管理能力，推动零售客户规模、大财富管理AUM再增长
光大金控	回归财富管理本源，迎接财富管理3.0时代，打造财富管理平台型生态圈。围绕客户财富管理需求，发挥光大集团金融全牌照优势，为客户提供一站式、全周期、全渠道的财富管理服务
北京金控	打造服务家庭的全面、精准、普惠、安全的首都财富管理基础设施
中国平安	致力于成为国际领先的综合金融、医疗健康服务提供商，持续深化"一个客户、多种产品、一站式服务"的综合金融模式

资料来源：根据各金控公司官网、媒体报道、上市公司年报整理。

金控财富管理呈现出规模较大、增速较快的特点。财富管理业务的主要衡量指标为零售客户数与管理资产规模AUM，通过整理上市公司公开数据可对各大金控集团整体AUM做简单估计（详见表7.4）。截至2022年年末，招商金控、中信金控、光大金控、上海国际以及中国平安五家纯粹型金控的财富管理 AUM 合计超过 57 万亿元，2018—2022 年的复合增长率达 14%。2022 年年末，招商金控财富管理与资产管理规模合计超过 20 万亿元，规模排名第一；2018 年以来，中信金控的 AUM 复合增速达到 19%，增速排名第一。各家金控在细分领域有独特竞争优势，如中国平安在保险资管方面领先，源于平安人寿等；中信金控在证券财富管理客户以及信托资管方面领先，源于中信证券与中信信托；招商金控在银行零售客户资产、银行理财以及公募基金方面领先，源于招商银行、招银理财、博时基金等。整体看，除平安外，银行零售客户总资产和银行理财是金控 AUM 的主要组成，这也与我国金融行业结构有关。在零售客户数方面，截至 2022 年年末，招商、中信以及平安的零售客户数均已接近或超过 2 亿人。

表 7.4　纯粹型金控公司财富管理 AUM（2022）　　　　　　　　（亿元）

项目	招商	中信	光大	上海国际	平安
零售财富管理 AUM（排名）	136 640（1）	72 100（2）	37 240（4）	39 500（3）	35 873（5）
资产管理 AUM（排名）	66 299（2）	62 574（3）	27 550（5）	30 649（4）	71 061（1）
财富管理 AUM 合计（排名）	202 940（1）	134 674（2）	64 790（5）	70 149（4）	106 934（3）
较 2021 年年末增速（排名）	4.4%（3）	8.2%（2）	2.2%（4）	-3.0%（5）	8.8%（1）

注：零售财富管理规模包括银行零售客户总资产与证券财富管理客户资产；资产管理规模包括银行理财、券商资管、保险资管、信托、公募基金、私募基金以及不良资产管理表外募资；为粗略统计，各家金控成员公司 AUM 取自公司年报，部分公司未披露相关口径数据，故不在统计范畴。
资料来源：根据招商金控、上市公司年报整理。

新发展阶段的金控财富管理

共同富裕是社会主义的本质要求，是中国式现代化的重要特征。金融发展须恪守政治性与人民性，发挥专业化与市场化优势，以促进共同富裕为长期目标，更好服务新发展格局。

我们认为，推动金控财富管理助力共同富裕有四个要义。一是要认识和把握财富管理与共同富裕的关系。财富管理是金融助力共同富裕的重要途径之一。其作为增加城乡居民财产性收入的重要手段，既能"做大蛋糕"，也能"分好蛋糕"。二是要着力推动财富管理普惠化、大众化，通过"让财富管理飞入寻常百姓家"助力"分好蛋糕"，金控集团需要发挥综合化经营的独特优势，让普罗大众更好地认识和使用财富服务。三是要坚定提升为客户创造价值的能力，共同富裕既要强调"共同"，也不能忘记"富裕"，要统筹兼顾公平与效率，释放金融市场财富效应，助力扩大中等收入群体。客户的价值创造是财富管理的长期核心目标，是财富管理的"立身之本"，金控要持续提升服务质量。四是在新发展阶段，金控公司应坚定不移地遵循党和国家对现代企业经营管理的要求，不断探索市场化金融企业管理机制，围绕"定战略、抓考核、防风险、搭平台"等定位去推动财富管理转型与发展。

财富管理助力共同富裕

把握财富管理与共同富裕的关系

财富管理与共同富裕是相互促进、共同发展的关系。经济是肌体，金融是血脉，两者共生共荣。财富管理与共同富裕的关系也是如此，一旦脱离服务共同富裕的初心，财富管理就成了无源之水、无本之木。发力财富管理助力共同富裕符合客户、员工、金融机构、金控公司乃至全社会的共同利益，是时代的要求、人民的要求、党和国家的要求，也是社会经济发展进入新阶段后水到渠成的结果。

财富管理是推动共同富裕的重要抓手。 狭义的财富管理直接助力居民财富保值增值，而广义的财富管理即大财富管理价值循环链则连接实体经济需求与资金来源，起推动社会融资扩张、促进经济转型升级的重要作用，有助于推动国民生产总值与居民收入稳步提升。在满足企业融资需求方面，财富管理链条与传统存贷业务有较大不同，传统贷款业务为间接融资，更加倾向于投向有实物抵押的行业，对于科技型、成长型企业等服务力度不足，而财富管理链条的资产创设和产品发行环节更符合直接融资的概念，对成熟企业和新兴企业一视同仁，能提供中长期资金和资本金，更有利于推动科技进步、助力劳动生产率提高，且有助于控制债务杠杆率，符合当前实体经济高质量发展需要。此外，居民财产性收入的提高也能有效提振消费实力与消费信心，减少"超额储蓄"，从根源上助推经济从投资驱动转向消费驱动。

共同富裕是财富管理可持续发展的源泉。 居民整体收入的提高将带来更多的财富管理需求，从而推动财富管理市场持续扩容。我国财富管理客群分层向中部集中，为发展大众化、普惠化的财富管理创造了条件。据原瑞士信贷统计，① 2021年中国财富规模位于1万~10万美元的客群占比达到66.6%，远高于全球水平（33.8%）。市场存在对财富管理业务"嫌贫爱富"的一些刻板偏见，但拉长周期，以可持续发展的观点看，高净值客群也是由大众客群逐渐发展而成的，尤其在

---

① 参见原瑞士信贷研究院发布的《2022全球财富报告》。

当前中国经济仍有快速增长潜力的背景下。财富管理业务的使命，需要随着共同富裕的目标而扩充内涵，从传统针对高净值人群扩大到涵盖服务中低收入人群，坚定向大众化、普惠化发展。

此外，大型金控集团多为国资背景，重视履行社会责任，业务经营并不单以会计利润最大化为目标，而是致力于达到为国家和股东创造最大社会价值的综合性目标。例如，招商金控坚持招商局集团"谋商情，筹国计""实业强国，金融报国"等企业信条。从这个角度看，聚焦共同富裕也有助于建设负责任的金控。

当然，财富管理促进共同富裕是有边界的、有限的，推进共同富裕是长期任务、系统工程，需要有普惠金融、农村金融等金融领域政策和非金融领域政策协同配合。金控推动财富管理转型也应注重商业可持续性原则，坚持市场化路径，更好地优化资源配置和维护金融安全，资本新规前的"刚性兑付"就是应汲取经验教训的反面案例。

推动财富管理普惠化

共同富裕目标下的财富管理核心点之一在于普惠化与大众化，即让广大的居民群体都能使用匹配且实惠的财富服务，有更多机会创造财富、阶层向上流动，从而逐步缩小居民间的收入和财富差距。金融对共同富裕的作用表现出"二重性"，既有缓解不平等的积极作用，也有加剧不平等的消极作用。① 纵观低利率时期的英美，两国的居民贫富差距呈放大趋势，贫富分化的主要推动力是股价上涨，富裕群体的权益资产规模和占比要明显高于大众群体，更受益于股市上行。②

---

① 参见中国金融四十人论坛的《〈2022·径山报告〉发布：金融促进共同富裕的作用与路径》。
② 资料来源：谭海鸣. 长期低利率趋势和商业银行的应对策略 [J]. 债券, 2021 (6).

要改变这一局面，抑制金融的消极作用，更好发挥其积极作用，合理的方式是让大众群体也能使用专业的财富服务，能更合理地配置家庭资产，能更好地受益于经济金融发展成果。

通过强化协同合作，凝聚成员公司资源与能力，金控在推动财富管理普惠化、大众化方面具有独特优势。从理论角度上看，综合化经营的金控集团整体能发挥规模经济效应、范围经济效应和长尾效应等，推动业务综合成本下降与经济效益提升，有更大的动力和能力去进一步扩展客群、降低服务费率。在规模效应方面，随着客户数与零售AUM的提升，用于提供服务的金融基础设施成本基本不变，而可变成本则因服务的专业化、集约化等趋于下降。金控的意义在于显著扩大规模效应，同一品牌下的金融机构客户信息、金融基础设施等都有合作共享空间。在范围经济方面，金控成员公司协同合作共同提供多元化服务及产品的费用要低于成员公司单独、各自提供不同种类产品服务的费用，成本节约既来自信息共享节约的营销费用、服务费用、研究费用等，也来自产品服务链条相互衔接减少的时间成本等。在长尾效应方面，标准化产品的费率相对较低但是大众财富客群基数大，综合收益亦是可观，尤其在科技助力下，触达大众客户、提供高复杂度高价值产品的成本已有明显下降，金控财富管理平台可成为服务长尾客户的绝佳载体。从实践角度上看，在"普惠"的"普"方面，一方面，由于布局涵盖银行、券商、保险等大型金融机构，通过密布的线下网点和持续迭代的移动应用，金控集团自然而然拥有最广大、最多元的用户群体。另一方面，面对全量客户，金控集团提供全谱系财富产品和服务，跨越短期到长期，涵盖存款、银行理财、基金、保险、信托等各类型，涉及从保守到进取等各类风险偏好。在"惠"方面，一方面是金控公司推动协同带来综合成本下降，使产品与服务的费率有较大的下行空间，另一方面是客户得到的服务价值更高，体现在可供选择增多、更适配个人需求、服务体验提升等。

客观来说，当前包括金控在内的金融机构财富管理发展在服务共同富裕目标方面仍在起步阶段，一方面，虽然零售客户数已到较大规模，但使用财富管理服务的客户占少数，且大多数财富客户只是配置现金管理型产品作为活期存款替代，并没有深入体验财富服务。以招商银行为例，2022年年末零售客户数达1.84亿户，但财富产品持仓客户数仅突破4 000万户，占比不超过25%。另一方面，金融机构的产品服务体系仍以服务中高收入人群为主，没有深入挖掘大众客户的需求，在产品适配、投资者陪伴等方面有明显不足。未来金控须进一步发挥综合化经营优势，加大科技投入，通过加快财富服务数字化、平台化乃至生态化来助推大众化、普惠化。

提升客户价值创造能力

共同富裕目标下的财富管理的另一核心点在于为客户创造价值。大众化、普惠化只满足"共同"目标，仍需做到为客户创造价值才能切实推动"富裕"。实现财富的保值增值，是客户的核心诉求；为客户创造价值，是财富管理的生存之本；① 为客户创造价值的能力，也是财富管理机构最核心的能力。要满足价值创造目标，既需要活跃稳健的资本市场，也需要金融机构转变服务模式，持续提升服务能力。

繁荣的资本市场是财富管理发展的基础，也是支持创新产业、推动"科技—产业—金融"良性循环的重要保障。受经济增长预期和中美金融周期错位等因素影响，2022年以来，A股与港股持续下行，投资者风险偏好持续下降，对社会融资扩张和居民财富保值升值等产

---

① 参见王良在招商银行2023财富合作伙伴论坛上的致辞——《时代共振财富共赢价值共创》。

生不利影响。2023年7月24日，中央政治局会议首次提出要"活跃资本市场，提振消费者信心"，8月27日，财政部、证监会出台多个活跃资本市场政策，包括印花税减半征收、阶段性收紧IPO节奏、适当限制再融资、规范股份减持等。预计相关政策将有助于打破悲观预期和市场下跌的负反馈螺旋，起到稳定投资者信心的作用，财富管理市场也将伴随资本市场"赚钱效应"显现而回暖。金融机构在活跃资本市场进程中也肩负着加强投资者沟通、推动信息公开透明等职责。

  金控集团还须审视经营模式，从创造价值角度出发改造服务链条。当前金融机构在为客户创造价值方面表现得不尽如人意，尤其在资本市场波动较大的时期，"基金赚钱基民不赚钱"被诟病已久。据三家公募基金与《中国证券报》的调查报告①，2016—2021年，样本权益基金平均净值增长率为19.57%，而基民平均收益率仅有7.96%，基民收益明显低于基金收益。这固然与国内个人投资者整体投资经验尚浅、投资知识有欠缺、未形成理性投资习惯有关，但金融机构也尚未构建起有效的服务模式，未能起到引导投资者理性投资、改善投资者资产配置、提升客户投资体验等作用。当资本市场波动加剧，上述不足之处的影响就会被放大，对投资者与机构都造成较大损害，价值创造更是无从谈起。能力建设不足背后是当前金融机构仍以机构获取利润的角度出发，用AUM和收入指标去衡量、评价及牵引财富管理业务发展，尚未建立起具有前瞻性、引领性的财富管理评价体系。

推动金控财富管理转型

  金控财富管理发展涉及企业管理机制问题，而在全球范围内，关

---

① 参见景顺长城、富国基金、交银施罗德、《中国证券报》发布的《公募权益类基金投资者盈利洞察报告》。

于金控公司"管什么""怎么管",实践中并没有标准的最优方案。2016年10月,习近平总书记在全国国企党的建设工作会议上提出"两个一以贯之"原则,即坚持党对国有企业的领导是重大政治原则,必须一以贯之;建立现代企业制度是国有企业改革的方向,也必须一以贯之。招商金控等国有金控公司坚持"两个一以贯之",把加强党的领导和完善公司治理统一起来,坚持中国特色现代企业治理制度。如招商局董事长缪建民明确提出了"2-3-1"的招商金控战略发展要求,即始终坚持"两个一以贯之";全面建设风险管理、财富管理、金融科技"三个能力";构筑一条模式转型"马利克曲线",实现新的高质量发展。

金控公司的管控模式与其历史背景、控股比例、成员公司业务特点等相关,各有各的特色,但基本围绕"定战略、抓考核、防风险、搭平台"等定位。如中信金控的核心定位为"搭平台、建机制、防风险、强合规",两大职责为"发现重要机遇、防范重大风险"。招商金控的董事会发挥"定战略、作决策、防风险"的经营决策主体作用,管理定位为"分析产生影响,协同创造价值"①,管理维度则包括"风险、资本、人力资源、IT、流程、理想模式、协同"七大维度。金控公司须基于特色管控模式着力推动金控财富管理转型。

坚持战略引领

金控公司发挥"定战略"作用须充分考虑外部形势和自身比较优势,紧紧围绕服务实体经济的宗旨,密切关注国内外金融形势变化和

---

① 该定位即坚持用数据来说话,以专业分析作为重大决策依据,通过成员企业董事会实现重大事项科学决策;坚持以客户为中心,通过协同创造额外价值,推动成员企业为客户提供综合金融服务方案。

科技进步趋势，开展前瞻性研究规划。① 具体有两个层次，一是制定整个金控集团的战略目标和发展规划；二是在集团战略的基础上推动成员公司制订符合市场定位，更差异化、特色化的战略规划。

在制订金控集团战略规划方面，为推动财富管理向普惠化、大众化方向发展及切实提高客户价值创造能力，我们认为，金控需要明确以下战略内涵：第一，财富管理为核心发展战略；第二，助力共同富裕为金控财富管理发展的长期目标，应坚持践行金融工作的政治性、人民性，坚持推动市场化与专业化；第三，应围绕"为客户创造价值"升级经营理念和业务模式，坚持做好风险防范工作，以金融科技为模式升级助推力。当前主要金控公司均已将财富管理作为核心发展战略，也在具体规划中体现了"以客户为中心"、建设财富生态等，但尚未强调服务共同富裕目标。例如招商金控强调全面建设风险管理、财富管理、金融科技"三个能力"；中信金控提出"内生·纵横"战略布局，强调"金融+实业"的内部协同、生态布局构建价值链、聚焦客户需求与产品结构、推动科技赋能、搭建财富管理平台等。

在推动成员公司制订战略规划方面，金控公司主要通过董事会发挥作用，应基于前瞻性的专业分析，帮助成员实现战略领先。成员公司应把财富管理战略作为核心战略，并以共同富裕为长期目标，推出符合业务牌照特点、资源禀赋和竞争优势的转型升级举措。战略制定需要符合监管规则，尊重商业原则，并有分阶段目标和配套举措。此外，由于转型的效果往往需要较长时间才能呈现，其间市场环境的波动可能引发机构内部、外界对战略的质疑，能否保持战略定力坚定转型步伐非常关键，金控公司在这一过程中扮演着重要角色，要克服短视、激进行为，保持战略的相对稳定性，坚定支持

---

① 资料来源：郭树清. 完善公司治理是金融企业改革的重中之重［J］. 中国农村金融，2020（14）.

成员公司做难而正确的事。

招商金控推动、支持招商银行加快零售转型与财富管理发展是战略引领的典型案例。2005年，招商银行正式提出零售战略转型，为推进第一次转型，招商银行董事会打破传统以利润、总资产、不良率等指标为核心的考核框架，将零售业务占比、中小企业业务占比、中间业务收入占比作为重点考核指标，使招商银行向零售大踏步转型。2014年，招商银行提出"一体两翼"和"轻型银行"转型，2015年招商金控经招商银行董事会提出"两个优于"目标，即风险加权资产增速低于4家对标行均值，净利润增速高于4家对标行均值。在"两个优于"目标的激励和约束下，招商银行ROAE、RORWA等经营效能指标见底回升，阶段性实现轻资产、轻资本转型，轻运营下的"移动优先"战略则打造了"招商银行""掌上生活"两大App，为后续财富管理惠及大众打下坚实根基。在2021年，为加快推动招商银行打造大财富管理价值循环链，招商金控经董事会提出将管理零售客户总资产AUM与"双A系数"（AUM/总资产）纳入招商银行"十四五"战略目标以及公司业绩考核指标，与中长期激励计划相配套。2023年，招商银行确立价值银行转型目标，强调要为客户、员工、股东、合作伙伴和社会创造更大综合价值，符合助力共同富裕目标的内在要求与应有之义。从零售银行到轻型银行再到价值银行，招商金控通过"定战略"持续推动招商银行财富管理转型。

优化评价考核

"定战略"后，还须"抓考核"来做实战略。通过将成员公司的分析评价、绩效考核与阶段性目标相挂钩等，金控公司能充分调动管理层与员工的能动性和积极性，有效激发潜力与动力，推动中长期战略实现。未来金控公司须探索将共同富裕元素纳入财富管理业务评价考核方案，并作适度倾斜，通过公司治理机制做实。

"抓考核"主要涉及机制设计和考核指标选择。有关财富管理业务的激励考核，瑞银、摩根大通、高盛等境外金控的实践经验[1]可作参考：一是普遍关注 AUM 总量、AUM 结构、客户数量、条线税前利润等指标；二是依据不同区域不同发展阶段设置差异化考核，对于成熟市场，境外机构强调业绩质量与盈利能力，如服务费率，对于高成长市场，更强调 AUM 与客户增速；三是通过跨条线分润机制来推动内部协同合作，共建服务生态；四是推出多样化激励工具，如瑞银为推动条线间协同在 2016 年设立了协同专项奖（Group Franchise Awards）；五是在薪酬体系设计上强调保持客户、员工和机构利益一致，如摩根大通、瑞银、美银美林等的投资顾问收入与机构创收直接挂钩，而机构则基于客户 AUM 收费。金控公司可借鉴上述经验，探索把零售 AUM 增速、客户增速、"双 A 系数"等指标也加入成员公司的业绩考核，并指引成员公司变革薪酬体系，适时推出有利于转型的激励工具。但与境外机构不同的是，在共同富裕背景下，金控公司应主动探索和落实与大众财富管理相关的考核指标和机制设计，如更关注大众客户服务成效、普惠型产品占比等。

目前我国金控在优化激励约束机制方面已有一定实践，主要在优化薪酬管理方面。如招商金控在分析研究全球金融机构薪酬模式的基础上，通过成员公司董事会推动制定了与考核指标挂钩的薪酬公式。具体在财富管理方面，有多个实例，其中之一是前述推动招商银行转型的"两个优于"与"双 A 系数"等，相关目标经由董事会下设专门委员会贯彻落实，直接纳入招商银行高管薪酬考核办法和工资总额核定办法，招商银行管理层的约束激励与公司业绩、公司价值和股东回

---

[1] 参见瑞士银行、摩根大通、摩根士丹利、花旗集团、高盛等上市公司年度报告或业绩推介材料。

报相结合，发挥了较好的激励效果。在共同富裕背景下，金控集团应探索在绩效考核方案中加入与客户价值创造相关的指标，相对淡化规模指标，更突出质量和风险等维度，并推出兼顾短期和长期的激励工具。如招商金控通过成员公司董事会推动在博时基金与招商资本的薪酬考核中加入投资业绩指标，并适时提高指标权重。此外，招商金控还推动招商创投设立跟投机制。跟投机制是一种经过证明、有效的风险防范机制，带有长期激励效果，可以大大降低创新风险和决策风险。金控集团优化薪酬体系的做法也符合党和国家深化金融体制改革、加强金融风险防控、促进金融稳健经营的一贯要求。即充分发挥薪酬在金融机构公司治理和风险管控中的导向作用，通过建立与公司长期利益一致、与全面风险和合规管理相衔接的稳健薪酬制度，提升金融机构服务实体经济与国家战略的能力。

除了"定战略"与"抓考核"，金控还应通过"强约束"来实现"防风险"。风险防控是金控公司的核心职能，金控公司须引导推动成员公司持续优化风险偏好、灵敏应对周期风险、严格审慎计提拨备等，为此须建立全面风险管理体系，将风险管理要求嵌入集团经营管理流程等。后文会展开介绍金控在财富管理方面的风险管理举措。

推动模式升级

新发展阶段，除在"定战略""抓考核"方面突出服务共同富裕目标外，我们认为，金控还应推动财富管理服务模式升级，提升价值创造能力，更好把握和体现普惠金融与养老金融需求，具体包括以下内容。

一是在经营理念上升级，牢记"受人之托，忠人之事"，坚决践行以客户为中心、为客户创造价值的核心理念，从方方面面审视并升级服务模式，改变过往从机构创利角度出发形成的一些做法，着力提高为客户创造价值的能力。探索建立具前瞻性、引领性的财富管理业务评价体系，将为客户创造财富的能力置于业务评价的最优先地位。如更关注客户 AUM 的内生增长情况和增长贡献来源而非片面关注金融产品交易量；更关注资产配置与资产管理能力而非销售能力；更关注客户陪伴、财富咨询、养老规划等服务的价值等。

二是推动成员公司加快"买方投顾"转型，提升客户需求洞察能力。加快建设与完善财富管理开放平台为客户优选产品、推出"千人千面"资产配置体系、加强投资者教育、打造专业投顾队伍、优化费率结构与激励考核机制等，努力使客户资产收益能够跑赢基准，更加关注大众客户的投顾服务体系建设。

三是创新财富管理服务与产品，注入更多共同富裕元素。深入研究中长期宏观形势变化下大众客户的核心价值诉求，适时推出差异化、多样化、适配不同客户风险偏好的产品。降低产品服务综合费率，降低客户投资成本，推动财富服务普惠化。

四是推动内部协同与外部合作，提升综合金融服务能力。可牵头设计大众客户财富协同服务机制，推动合规前提下的客户信息共享。可研究组建针对大众客户的特色财富服务平台，通过汇聚成员公司资源禀赋和构建对外合作生态扩大服务半径、丰富产品货架、增加服务场景、提升客户服务体验，形成服务闭环。

五是提升科技触达能力，推动财富服务数字化、平台化。可将科技创新相关指标加入评价考核方案中，推动成员公司持续加大科技投入和创新应用力度。要依托科技提高大众客户在金融服务和金融知识等方面的可及性，助力做好资产配置与投资者陪伴等，争取财富管理服务能够覆盖全量客户。人工智能在近年取得了突破性进展，要加强研究并探索将 AIGC（AI Generated Content，人工智能生成内容）技术等应用到各类业务场景。

六是以个人养老金服务为切入口，大力推动养老金融建设。考虑组建养老服务协同机制，以提升个人养老账户开通数量、普惠型养老产品认购规模等为目标，服务好全量客户养老金融需求。

七是加强大众客户财富管理研究，分析大众客户财富管理服务需求和未来发展形势，为成员公司制定专门化、特色化、精细化的大众客户服务方案提供支持。研究成果可推向市场，推动同业在业务开展中更加重视大众客户，营造大众客户友好的服务生态。

可预见的是，随着重视程度的不断提高，首先在点上突破，进而由点及线、由线到面、由面到体，金控财富管理业务将更加体现助力共同富裕的作用，体现为广大客户创造财富的能力。后文将结合境内外实践，更详细地讨论新发展阶段下金控财富管理的转型举措、面临问题和已有成效。

金控财富管理转型举措

以客户为中心

财富管理的本质是以人为中心，利用一系列金融或非金融服务实现效用最大化。在助力共同富裕的道路上，金控应牢记"受人之托，忠人之事"，履行好忠实义务和勤勉义务，坚决践行以客户为中心、为客户创造价值的核心理念。金控须持续提升客户洞察能力，探索从"以产品为中心"的卖方销售模式，走向"以客户为中心"的买方投顾模式，并推动产品创新与费率下降，更好地把握和体现共同富裕。

为客户最佳利益行事

对于"以客户为中心"的理解，我们认为可以参考美国对投资顾问的监管要求,即投资顾问对其客户负有"信义义务",要求投资顾问采纳委托人的目标、目的与意愿,在任何时候服务于客户的最佳利益。信义义务包括注意义务与忠实义务,前者要求投资顾问提供符合客户最佳利益的建议、寻求交易最佳执行并持续监管与客户关系进程,后者要求投资顾问不得将自己的利益凌驾于客户利益之上,必须全面、公正地向客户披露与顾问关系有关的重大事实和利益冲突。① 国内监管亦有类似的"受托责任",如要求信托公司为受益人的最大利益处理信托事务,履行诚实守信、勤勉尽责的责任。② 因此,我们认为要做到"以客户为中心",即协调好客户、员工和机构的利益关系,把客户最佳利益放在首位,并诚实守信、谨慎勤勉。

从金融机构经营风险的角度看,不能洞察客户并与客户利益保持一致是最大的风险,这是由金融机构负债经营、杠杆经营的本质所决定的。纵观国内外金融机构风险事件,风险的源头总是呈现出客户利益与机构短期利益冲突的情形,时间一长,风险逐渐发酵与传染,资产侵蚀和信心流失就容易发生,一旦有突发事件充当导火索,推倒多米诺骨牌,没有什么是大而不能倒的。以 2023 年上半年发生的美国中小银行危机与瑞士信贷事件为例,前者为金融机构盲目扩张,能力跟不上规模,罔顾客户资产安全与流动性需求,后者则为金融机构罔顾风险防控,导致侵害客户利益的丑闻事件不断发生,当市场信心不足,存款和 AUM 迅速流失,机构倒闭就难以避免。在这方面,财富管理业务与重资产业务并无区别,信任是金融机构的展业根基,AUM 的流入流出与客户的信赖程度紧密联系,金融机构要保持业务可持续,就要

---

① 资料来源:张子学. 美国证监会全面解读投资顾问信义义务与行为标准及其启示[J]. 投资者,2019(3).
② 参见 2023 年 3 月 20 日发布的《中国银保监会关于规范信托公司信托业务分类的通知》。

坚持长期主义，时时刻刻与客户站在同一边。

树立"以客户为中心"的经营理念已成为国内财富管理机构的共识，相关内涵将逐渐体现在各金控主要成员公司的战略规划中。当前在招商金控的坚定支持和持续推动下，招商银行于2021年提出初心计划，通过"财富管理价值观、资产配置方法论、数字化工具和模式、赋能型数字化财富中台"四大方向，体系化升级招商银行财富管理能力。其中价值观指始终坚守"以客户为中心，为客户创造价值"。招商银行将通过价值观凝聚员工共识，以价值导向引领业务发展，致力于为客户提供更高效率、更高品质的财富管理服务。招商银行此举为国内财富管理机构开先河，引领行业共同树立为客户创造价值的理念，推动财富管理市场健康发展。从公开披露的信息亦可看到，中信金控旗下的中信证券正"以客户为中心"调整内部组织架构，理顺从总部到分支机构的财富管理推动体系，并优化考核导向，从"以交易量为主"转变为"更注重客户规模增长"等。

洞察客户需求

财富管理的价值之一是为客户的需求匹配合适的金融产品和服务，这个过程的基础是KYC，即"了解你的客户"。① KYC包含两层含义，一是对客户的识别与核实，包括对客户身份、资金来源、账户控制人及受益人等关键信息的审核与动态监测，是从风险防范的角度出发，对客户进行风险评估的过程，落实KYC可以保护客户和金融机构不受金融犯罪和其他类型欺诈的伤害，也是反洗钱审查的重要环节；二是对客户需求的精准界定，从开展业务的角度出发，收集客户信息并充分了解客户投资目标、财富规模、风险偏好、风险承受能力、投资期

---

① 参见嘉实财富的《精准的客户画像是财富管理服务的起点》。

限等，从而发掘与把握客户的真实需求。金融机构唯有做到比客户更了解客户的价值目标，才能为后续开展资产配置、组合管理、产品选择等一系列财富服务打好根基。

洞察客户需求是分层经营客户的基础，未来应充分重视资产规模之外的客户分类标签。发达国家的财富管理机构习惯用资产规模划分大众客户、高净值客户和私人银行客户，以便提供差异化产品和服务，高净值和私人银行客户往往付费意愿更高，费率能涵盖提供复杂服务的成本。但在共同富裕背景下，金融机构更应关注大众客户需求，要在服务手段、服务产品、服务效率、服务态度上一视同仁，要更好地理解和把握与客户共成长的可持续发展价值观。金融机构应加强对客户风险偏好、价值取向、年龄、职业等其他维度的分层，重视这些分类标签背后客户真实的价值目标。具体实践中，在中信金控的推动下，中信银行提出了"让财富有温度"的品牌口号，强调满足不同客群的需求，针对养老客群推出"幸福+"养老金融服务体系，针对商旅客群推出"商旅+"生态体系等。

洞察客户需求还须关注外部环境变化的影响，要做到"因你而变"且"因时而变"。如在新冠疫情后，中国资本市场大幅波动，居民风险偏好明显下降，预防性动机和流动性动机增强，更重视本金安全，强调"绝对收益"。财富管理机构须针对客户这一需求特征变化去调整产品货架，推出更多稳健型产品，并加强客户沟通，引导客户平衡短期和中长期价值目标。具体实践中，招商金控引导推动招商银行顺应客户需求变化，在资本市场波动时期不追求机构短期利益，主动为客户配置更多的存款类和保险产品，把满足客户价值需求放在首位。

金控在洞察客户需求方面具有独特优势，未来可在依法合规、风险可控且经客户授权同意的情况下推动成员公司信息共享，探索共同生成更清晰更全面的客户画像。

推动投顾转型

为实现以客户为中心的经营理念，当前国内财富管理市场亟须推动"买方投顾"转型。在当前主流的"卖方销售"模式下，参与各方秉持产品思维，手续费及佣金收入与产品交易量直接挂钩，客户、员工与机构利益并不能完全保持一致，直接的或潜在的利益冲突时有发生。举例来说，一是容易发生代销的金融产品与客户真实需求或风险偏好不符的情况，最终形成"多输"局面；二是由于客户投资纪律缺乏或机构员工寻求交易佣金等，产品频繁交易，影响净收益。这些局面既不利于金融机构留存 AUM，也容易发生声誉风险，甚至表外风险传染到表内，直接造成大幅亏损。而在"买方投顾"模式下，机构和投顾秉持信义义务为客户最佳利益行事，在实现财富管理上的"帕累托最优"的同时也规避了潜在的各类风险。

"买方投顾"需要真正为客户创造价值才有推行基础。据美国金融业监管局（FINRA）调查研究，投顾服务价值链包括客户特征分析、资产配置、投资组合构建、交易执行、投资组合再平衡、税损折抵及投资组合分析七项功能。而投顾服务包括：一是了解客户基础特征，通过线下访谈或线上化方式获取客户画像；二是提出财富规划方案，将增值需求、收支、融资等都纳入综合规划；三是提出资产配置方案，依据投资期限和风险要求等确定大类资产配置比例；四是挑选具体产品落实投资方案；五是定期检视客户和账户情况变化，持续跟踪与维护客户关系，及时应对变化。[①] 笼统来说，投顾服务即了解客户、资产配置、客户陪伴三个方面，每一个方面都能为客户创造更多价值。据先

[①] 资料来源：张帅帅，李少萌，等. 当前财富管理市场的痛点所在与可能选项［EB/OL］. 中金货币金融研究（微信公众号），2023-06-26. https://mp.weixin.qq.com/s/I0XaDnkB5tq2-sPQDnceNA.

锋基金测算,① 投顾服务能为客户创造的潜在超额收益或达3%，主要来自合理的资产配置、具成本效益的交易执行、投资组合再平衡、投资行为指导、账户分配（税务规划）等，其中投资行为指导即尽可能让客户保持长期、纪律性投资可创造的潜在超额收益超过1%（见表7.5）。

表7.5 先锋基金测算：投顾服务为客户创造的超额收益

先锋基金投顾的阿尔法策略	与"投资者平均水平"相比创造的超额收益
基于海量公募基金/ETF的合理资产配置	>0 bp
具有成本效益的交易执行	34 bp
投资组合再平衡	26 bp
投资行为指导（保持长期、纪律性投资）	150 bp
资产的账户分配（税务规划）	0~75 bp
支出策略（产品赎回规划）	0~110 bp
基于总投资回报而非收益投资（兼顾资产增值和利息/分红）	>0 bp
潜在收益创造合计	约3%的净收益

注：投资者平均水平指行业平均水平（无论是否使用过投顾服务），具体计算方式如，在具成本效益的交易执行中，超额收益为转向低成本基金的费率减去全美公募基金平均费率，在投资组合再平衡方面，超额收益为应用再平衡策略的组合收益减去未采用再平衡策略的相同投资组合策略。

资料来源：先锋基金。

类比到国内，当前国内财富管理市场"基金赚钱基民不赚钱"的原因之一是，客户投资行为缺乏理性与纪律，尤其是在资本市场波动较大的时候，从这个角度看，通过投顾服务指导投资者行为确能提升客户投资收益和投资体验。其他投顾功能如合理资产配置、低成本交易、组合再平衡等则体现了投资的专业性，属于某种意义上的"下沉或前置"资产管理，从投资者个体视角管理财富，也能带来显著的价

---

① 资料来源：Vanguard, Putting a value on your value：Quantifying Vanguard Advisor's Alpha.

值创造，且更符合客户目标。因此，金控公司应大力推动成员公司加快"买方投顾转型"，或可在业务考核评价中加入体现转型进程的指标。金控公司可探索在买方投顾的各个环节推动成员公司协同合作，比如联合各家机构投研团队优化资产配置方法、共同优选市场产品、共享技术资源共建赋能中台、共享投研观点做好投资者陪伴等。

当前各家金控集团均已启动投顾转型并取得一定转型效果。招商金控方面，旗下的招商银行提出打造资产配置能力，通过"TREE 资产配置服务体系"提升客户收益，截至 2022 年年末，使用资产配置的客户已超过 800 万户，同比增长 16.1%，截至 2021 年年末，近 3 年招商银行有进行资产配置客户的年化平均收益率是无配置客户的 1.9 倍。招商证券则提出通过"科技赋能、专业配置、全程陪伴"来推动财富管理业务转型，发展"e 招投"基金投顾等。中信金控方面，由各个金融成员公司共同参与的财富管理委员会下设有资产配置子委员会，于 2022 年 6 月推出了"中信优品"项目，从全市场甄选产品。旗下的中信银行积极打造投研团队，从"投"和"顾"两个方面构建"策略层—产品层—配置层—运营层"全链路支持服务体系。在产品层，构建"十分精选"基金产品优选服务体系；在配置层，通过做好市场周期的刻画，以"估值持有优化法"引导客户的合理预期和投资行为；在运营层，通过财富中台的产品全生命周期管理和持续业务陪伴，强化观点传递和市场应对。

加快产品创新

为推动财富管理普惠化、大众化，金控还应加快金融产品创新，推出更多普惠型、养老型和慈善型产品，并完善产品费率结构等，做到合理让利于民与助力第三次分配等。

一是要打造一条面向普罗大众的产品线。既要推出更多面向中低收入群体、门槛低、透明度高、结构简单、投资风险较低的标准化普惠型产品,也要通过产品创新、费率改革等方式尝试尽可能拉平不同投资额之间的收益差距,让大众更多地分享发展成果。此外,在产品管理方面,既要更关注波动率、最大回撤等指标,力求稳健跑赢市场,也要注重消费者权益保护和加强投资者教育,要加强风险管理,避免投资者风险偏好与产品风险等级不匹配。从实践上看,在各类资管产品中,由于投资门槛低和标准化程度高,银行理财和公募基金比较适配大众客户投资需求,美国 2021 年共同基金和 ETF 规模占资管行业比重接近 70%,养老账户资金是重要来源,① 而中国 2023 年上半年公募基金和银行理财占资管行业比重则接近 40%,比重仍有进一步提升空间。在普惠产品创新方面,公众投资者可参与认购的 REITs 是个范例,其具有中等风险、中等收益、高分红比例、收益稳定、流动性较高等特点。

二是要积极推动养老金融建设,持续丰富养老专属产品供给。金控可从更综合、更全面的视角来构建产品体系,并探索建立一个优选全市场各类优质养老产品的货架供客户选择,由各家成员公司提供对应领域的专业判断。当前各家金控旗下成员公司已启动养老金融服务体系构建,并推出了多款养老专属产品。如招商银行于 2022 年 11 月推出个人养老金服务,截至 2022 年年末,共开立个人养老金资金账户 165.9 万户。此外已准入代销 121 只个人养老基金、3 只个人养老金保险和 10 只个人养老理财,养老产品市场份额行业领先。而中信银行则构建了一个多维度、立体化的养老金融服务体系"幸福+",提升"一个账户、一个账本、一套产品、一套服务、一支队伍、一个报告"的

---

① 资料来源:樊优,于寒,蒲寒,等. 国际篇:全球领先资管市场发展启示录 [EB/OL]. 中金点睛,2022 - 11 - 08. https://mp.weixin.qq.com/s/ZTy3ynS7VmdUHhPwLcL3Hg.

养老金融"六大支撑"服务能力。在养老理财方面，招商银行旗下的招银理财在2021年9月成为原银保监会首批遴选的养老理财产品试点机构之一，截至2022年8月，养老理财存续规模达到266亿元。在个人养老基金方面，招商金控旗下的博时基金、招商基金，中信金控旗下的华夏基金以及平安旗下的平安基金均有产品被纳入证监会名录。

三是要探索推出助力第三次分配的慈善型产品。公益慈善是财富管理助力共同富裕的最直接方式或狭义方式，即"先富起来的人民"通过"公益慈善"帮助"后富的人民"。中国古代的义庄机制、国际经验的"什一金"等都是当前的历史镜鉴，可以参考其机制设计和架构安排等。① 目前看，公益慈善信托具有很大发展潜力，依据原银保监会信托业分类新规，公益慈善信托是委托人基于公共利益目的将财产委托给信托公司，由信托公司管理和处分，开展公益慈善活动的信托业务。《2022年中国慈善信托发展报告》显示，截至2022年年末，我国慈善信托累计备案数量达到1 184单，累计备案规模达到51.66亿元，其中2022年备案数量达到392单，较2021年增加147单，创历史新高。当前中信金控、光大金控以及中国平安等旗下均有信托公司，且管理资产规模均在行业前列，其中，截至2022年年底，中信信托已累计备案10单慈善信托，规模达10.4亿元。未来金控应积极推动旗下信托公司重新审视慈善信托地位，要加强慈善信托宣传力度、积极拓展业务场景、建立体系化业务流程、打造可持续的慈善信托品牌等，在服务于财富增值的基础上服务好财富回馈，为公益慈善贡献力量。② 金控公司亦可发挥协同作用，推动成员公司共同建立慈善信托委托人"朋友圈"，形成回馈社会的慈善氛围。除慈善信托外，其他慈善资管

---

① 资料来源：王增武．色诺芬的家庭理财思想及共同富裕启示［J］．银行家，2022（1）．
② 资料来源：王大为．公益慈善事业的信托解决方案［J］．中国金融,2023（9）．

产品亦大有可为，如中信银行在 2023 年 6 月推出"温暖童行"慈善系列理财产品，产品将按超额收益或固定比例捐赠给基金会，市场反响热烈，产品累计募集资金超 20 亿元。

四是要降低整体产品服务费率，优化费率结构。降费让利是共同富裕背景下的应有之义，金控公司须推动成员公司合理让利于民。2023 年 7 月，证监会发布公募基金费率改革安排，具体包括降低主动权益类基金费率水平、推出更多浮动费率产品、规范销售环节收费、完善费率披露等。行业头部基金公司率先下调产品费率，各家金控旗下公募基金也在其列，费率优化让利市场短期或影响行业收入，但长期看将进一步优化财富管理行业生态，激励基金公司提升核心能力。除调降费率之外，金融机构还应优化费率结构，让产品收费与客户价值创造的联系更强，既要充分激励产品管理人，又要避免管理人采取偏离产品策略的投资行为，避免管理人不作为。具体实例如招商基金在 2023 年 5 月推出了市场首只"不赚钱不收费"的理财产品"招卓价值精选"，当产品累计净值低于 1 元时将暂停收取固定投资管理费，改变了"旱涝保收"的收费模式，实现向投资者让利。

科技触达

推动"财富管理飞入寻常百姓家"的一大关键在于金融科技的创新与应用，金融科技在财富管理领域的应用，使得原本主要针对高净值人群的财富管理服务也具有了共享、便捷、低成本、低门槛的特点，既是对普惠金融的客观实践，也是推进共同富裕的重要力量。借由数字化技术融入场景、构建生态等，金融机构实现了更高质量的触达客户和价值创造能力，如搭建数字化获客渠道以及运用大数据，突破了时空限制，使财富管理机构能以较低成本下沉服务，触达大量分散的普惠群体；如大数据的综合运用降低了信息不对称，使财富管理机构通过精准画像更好地识别财富客户，更加贴近和了解客户；如人工智能的应用降低了用户维护成本和金融服务成本，并助力财富管理服务个性化、定制化等。

因此，科技应用是财富管理与共同富裕之间重要的桥梁或助推器。金控公司应充分重视提升集团整体科技能力，通过强化顶层设计，推动成员公司持续加大科技投入，以及推动成员公司之间共享科创成果，深化金融科技在财富管理领域的应用，从而不断提升在创新金融产品、智能化资产配置、升级投研分析、应用智能投顾和重塑用户陪伴等方面的能力，以技术推动服务模式变革，提升大众客户服务水平。

强化顶层设计

纯粹型金控公司作为总部或管控平台，可通过自上而下的顶层设计，在管理模式、队伍建设、技术架构、数据治理、业务经营、风控管理等方面进一步加大研发投入，在战略、机制与组织架构层面制定和推动关键举措的落地，从而提升集团整体对科技创新的重视程度和投入力度，并进一步深化科技创新成果在财富管理等各业务层面的应用与布局。

1. 以科技创新为战略引领

平安集团从一家仅有十几名员工的小保险公司，发展为如今具有国际竞争力的科技型综合金融集团，科技创新在其中发挥了重要作用。从产品数字化、运营数字化向战略数字化进行转变，平安的"全面数字化"与公司的顶层战略设计密不可分。2018年，中国平安品牌标识"保险·银行·投资"变更为"金融·科技"。2022年，科技从支持平安业务发展、推动综合金融，到实现并深化双轮驱动，承载的使命越来越大。2022年，中国平安宣布品牌焕新，将现有品牌标识中的标语

"金融·科技"更改为20年前的旧标语"专业·价值"。① 对此,平安集团总经理兼联席首席执行官谢永林表示"我们现在都不为了科技而谈科技,因为科技已经成为基础设施,就像水、空气一样,利用科技已经成为平安的一种思维模式,已经融入我们的细胞。我们现在更关注的是如何在科技基础上打造新的商业模式,比如将平安的金融科技能力向行业开放,赋能给中小金融机构。"目前,平安集团明确深入"金融+科技"以及探索"金融+生态"战略转型。由此可见,平安集团正是基于战略前瞻性,通过顶层意志不断强化和提升科技创新和数字化转型的战略地位,从而助力整个集团打造核心竞争力、积蓄持续发展动能。

同样,招商金控也通过强调以科技创新为引领、以价值创造为导向的全面创新战略,将金融科技提升到了前所未有的战略高度。招商局集团认为金融科技是决定招商局金融板块长远发展的最重要的因素,是招商金控把握当下、拥抱变化、提质增效的最重要的抓手,决定招商金控能否建成创新驱动、特色鲜明、国内领先的金控集团。招商金控原总经理洪小源一直强调:"招商金控未来所面临的最大且最具颠覆性的风险,就是金融科技。"因此,2020年年末,招商金控提出和部署"三个能力建设"工作计划,强调金控及成员公司要在财富管理、风险管理和金融科技"三个能力"方面形成更强的核心竞争力,既要重视三个能力自身的发展与进步,也强调三个能力之间的相互支持和促进。其中,"财富管理能力决定我们走多高",财富管理能力是"三个能力建设"的核心和特色,风险管理能力和金

---

① 2002年,平安成立集团公司后在品牌标识中推出标语"专业·价值",2022年平安宣布回归"专业·价值"。在这20年间,平安的品牌标识历经了2002年的"专业·价值",到2008年的"保险·银行·投资",又到2018年的"专业·价值",再到2022年回归到"专业·价值"的4次变化。

融科技能力在很大程度上也是为了支持财富管理能力的发展。"风险管理能力决定我们走多远",风险始终是放在第一位的,财富管理首先是风险管理。"金融科技能力决定我们走多快",对此招商金控围绕C-R-H-K(客户—风险—人力资源—知识管理)强化金控数字化建设。在"三个能力建设"的战略引领下,招商金控构建了多层次的科技创新体系,在集团内率先推动所有成员企业配备首席数字官;建立创新容错机制,推动成员企业以创新基金、创新资本投资等方式加快金融科技创新;以及通过招商创投双GP和生态基金,推动实业板块科技创新。

2. 推动成员公司加大科技投入

此外,招商金控完善数字化顶层设计的一个特色举措是通过成员公司董事会设立金融科技创新基金,从而推动成员公司不断加大科技投入,加快落实创新驱动发展战略。2017年,招商金控推动招商银行董事会设立"金融科技创新基金",额外拿出上年税前利润的1%用于招商银行在金融科技方面的尝试和投入,并在计算薪酬总额时剔除,以鼓励招商银行大胆尝试,努力创新,不因为金融科技投入带来的风险而影响员工薪酬、影响积极性。随着1%的创新打开,从2017年上半年开始,招商银行在金融科技体制机制、能力建设、外部合作、业务领域应用等方面发力"金融科技银行"。2018年,招商金控继续推动招商银行为创新"加码",推动招商银行董事会决定将"金融科技创新基金"额度由上年税前利润的1%提升为上年营业收入的1%。与此同时,招商银行提出了"最佳客户体验银行"的目标。截至2018年年末,招商银行信息科技投入65亿元,同比增长35.2%,是招商银行当年营业收入的2.8%,同比提高0.46个百分点,占比居于同业前列,也就此拉开了金融机构迅速加大科技投入的帷幕。

在招商金控的持续推动下,招商银行对自身在金融科技方面的创新继续提高要求,2019年招商银行公告,为贯彻落实"科技引领"战略原则,加快向"金融科技银行"转型,制订年度财务预算方案时将持续加大对金融科技的投入。自2019年起,招商银行每年投入金融科技的整体预算额度原则上不低于上一年度招商银行营业收入的3.5%。其中,投入金融科技创新基金的预算额度原则上不低于该行上一年度营业收入的1%。2022年,招商银行的信息科技投入达到142亿元,为营业净收入的4.51%。招商银行继续以金融科技创新项目基金支持新能力建设与新模式探索,截至2022年年末,招商银行累计立项金融科技创新项目3 242个,累计上线项目2 450个。

招商金控推动的"1%的创新"起源于招商银行,但并不限于招商银行,后来也被推广到招商证券、博时基金等。目前,招商证券、博时基金均设立了"金融科技创新项目基金",招商证券每年额度为上年营业净收入的1%、博时基金每年额度为5 000万元,业绩考核时可按一定比例剔除当年金融科技创新项目投入的影响。截至2021年年末,招商金控及成员公司合计科技投入超150亿元,科技人员超1.1万人,累计申请发明专利超300项。

类似的举措我们也能在平安集团看到。2018年,平安集团规定,将每年收入的1%用作科技创新的投入(不包括传统业务的IT预算)。过去10年内平安累计科技创新投入达到500亿元。每年按照收入1%的比例投入,接下来10年至少投入1 000亿元。据平安集团年报,截至2022年12月31日,平安集团科技专利申请数累计达46 077项,位居国际金融机构前列;其中发明专利申请数占比近95%,公司在人工智能技术领域、金融科技和数字医疗业务领域的专利申请数排名均为全球第一位。

3. 共享财富管理相关科技

金控公司数字化顶层设计的另一个主要举措是成立金融科技子公司,搭建IT集中服务和创新平台,促进数字化能力整合和技术创新,推动成员公司共享财富管理相关科技。金控集团在创新与应用金融科技方面的一大优势在于，汇聚了不同细分领域的信息技术与用户数据，能够通过整合数据、共享技术等提升整体服务效能并寻求新技术突破。在推动数据、技术的整合与共享这一过程中，金控公司主要承担推动者和统筹协调者的角色。出于专业化和风险隔离等考虑，金控公司可以通过设立独立的科技公司，将来源于不同成员公司的金融数据汇聚在一起，进行加工、分析、挖掘和可视化等处理，并分别用于交叉营销和精准营销、优化运营管理、研发新产品以及风险控制等。

平安科技有限公司（以下简称"平安科技"）首席运营官胡玮就曾表示过："数字化转型既是大势所趋，又是困难重重。中国平安作为一家综合型金融集团，下属每一个专业公司都有一套自己的IT体系，这也形成了一个个数据孤岛。"为此，2001—2012年，中国平安用了将近10年的时间进行了大集中。不仅在数据层面，而且通过集团IT的整体规划，对数据中心、系统、财务、人员等全部进行整合，这样所有公司都可以在统一的IT开发架构、规范接口、认证体系、账户体系下为业务提供帮助。同时在2008年，平安集团成立平安科技，负责开发并运营集团的关键平台和服务，支持集团的保险、银行、投资和互联网业务高效发展。同时，平安科技也是平安集团的技术孵化器，在云计算、人工智能和大数据方面有着强劲的研究和开发能力。此后，平安科技的作用逐渐放大，2016年平安科技形成了三大主要职能：第一，集团IT管控，包括架构、信息安全、数据安全、运营等各种规范；第二，平台，包括云平台、信息安全平台、认证平台等平台，以及各种App的打通；第三，科技创新孵化，通过技术输出帮助更多企业创新。

2017年招商金控对标平安集团发现，金控集团的价值体现在综合金融服务和不同金融业务之间的交叉引流，一支金控层面的科技队伍不可或缺。2018年招商金控即组织设立招商局金融科技有限公司（以下简称"招商金科"）。招商金科的组建，主要目标是服务于金融板块，成为招商金融实现综合金融优势、成员公司进行业务流程优化和互联网金融创新的重要支撑及实现主体。招商金科的成立目的概述起来主要为两个：一是"对内服务"，即尝试突破现有组织架构和管理机制的限制，集中科技能力和资源，提升招商金控及金控旗下成员公司的数字化水平，在金融科技创新和场景落地上形成协同；二是"向外输出"，即探索将招商金控的科技优势、业务优势对外整合输出，为金融同业或企业客户提供服务。例如，招商金科为中国人民银行搭建金控监管系统，创新形成"监管—金控—金融机构"三层架构。

目前，招商金科聚焦于向招商局金融板块的成员公司及外部企业提供和输出金控科技、保险科技和资管科技。其中，资管科技与财富管理密切相关，资管科技专注于投资领域，以资产管理、基金、项目为核心，覆盖"募、投、管、退"各阶段，实现组合投资、穿透管理，令投资业务达到精细化、流程化、数据化、智能化。从2018年搭建招商平安资产核心系统起步，招商金科陆续帮助招商资本、国家级基金、招商致远资本解决了原有系统流程固化的痛点，实现"募投管退转"全流程线上化，2021年实行产品化改造，并应用到招商健康与招银国际资本的基金管理系统上。至今招商金科的资管科技产品已实现招商系另类投资业务基本覆盖，有力支持财富管理能力建设并初具市场化输出能力。

2023年，以ChatGPT为代表的AIGC掀起新一轮AI创新应用浪潮，AIGC能应用在大财富管理价值循环链的各个环节，如促进常规任务的自动化来加快金融资产的创设与发行、应用在投资分析中帮助资管部门整体提升投资和风险管控能力、用于增强智能投顾提供个性化财富建议、强化投资者陪伴等。AIGC在降低专业金融服务的成本和门槛上也有极大想象空间，或能成为大众财富管理的重要助推器。金控公司应把握机遇，加快探索将AIGC技术应用到财富管理中，并与领先科技公司合作，共同尝试新兴技术融合，探索在监管合规前提下建立金融 AI 大模型，将数据资产转为竞争力，构建更专业、更人性化的财富管理服务生态。

深化金融科技应用

推动金融科技在财富管理领域的应用，是金控公司全面提升大财富管理业务板块之间协同能力和数字化服务能力的重要抓手。一方面，通过建设数字化的客户平台和业务中台，推动财富、资管、研究、投行、投资等业务及各成员公司的联动协同发展，为客户提供全生命周期和全业务链条的一站式财富管理服务。另一方面，发挥数字化优势，通过线上化、智能化、平台化、生态化服务，扩大财富管理服务的半径，触达更多大众、长尾客户；深化财富管理服务的内涵，不断提升在创新金融产品、智能化资产配置、升级投研分析、应用智能投顾和重塑用户陪伴等方面的能力，为客户提供敏捷、高效、及时的服务。

1. 促进协同与一体化经营

科技的应用是促进财富管理业务协同的重要抓手。面对品类丰富的金融产品货架，客户对于"一揽子""一站式"综合金融服务需求越发强烈。金控公司可借助客户中台、开放平台、客户数据集市等数字化系统的建设，赋能金控集团客户协同经营，达成客户价值最大化。典型实践包含综合服务平台、开放业务平台和客户信息整合等。

中信金控于 2023 年 2 月发布了中信财富广场，用共享页面的方式链接中信集团 8 家金融子公司 App，在客户登录中信银行、中信证券、中信信托、中信保诚人寿等子公司 App 时，都会在显著位置上看到这个"广场"并可点击进入。中信财富广场实现了客户互认、产品联通和服务共享，达成"一个中信、一个客户"的愿景，为客户提供多元化的产品与服务，实现客户获取、流量聚合与价值提升。这也是中信集团在助力国家实现共同富裕、共创美好生活进程中的创新尝试。目前，中信金控旗下多领域金融子公司达 26 家，实现服务全领域个人客户近 2 亿人。未来这 2 亿客户都能够在中信财富广场全程体验标准化、数字化、一体化的综合金融服务。

此外，我们还看到，光大集团通过搭建 E-SBU[①] 协同核心系统、部署光大"云生活"App，深化金融科技在财富管理领域里的应用，推动了集团 E-SBU 系统战略的实施与落地。光大集团围绕大财富+大民生打造六大 E-SBU，其中大财富下涵盖了财富、投资、投行三大 E-SBU，串联各金融业务板块。光大银行是财富 E-SBU 的核心，与集团金融子公司合作，满足客户综合化、多元化、复杂化的金融服务需求。随着 E-SBU 生态圈的建设，客户迁徙、交叉销售、产品创新等方面的协同不断突破，光大银行协同效率大幅提升，协同实现中收、营收占比逐步提升。通过搭建协同核心数字化系统，光大集团内部能够实现信息互通、交易引流和生态孵化，是集团 E-SBU 战略实施与"一个光大"综合服务的重要支撑。"云生活"App 针对光大个人客户的综合财富管理需求，提供包括银行理财、信用卡业务、证券开户、保险购买、信托理财等财富产品，客户无须在光大各财富管理机构之间东奔西走，便可在 App 中查询自己在光大体系内的账户、订单等信息，享受高效、便捷、"一站式"的线上服务。

2. 提升数字化服务能力

以金融科技拓展客户触达能力、提升用户体验、提高服务效能，是招商金控做大做强财富管理的战略选择。金控公司持续推动成员公司提升数字化服务能力，接下来我们主要以典型案例介绍金控公司下

[①] SBU 即战略业务单元（Strategic Business Unit），"E"指生态圈化（Ecosphere）、数字化（Electronic）、光大一家（Everbright）。

属的成员公司如何应用金融科技精准赋能财富管理。

触达大众客户。金融科技支持普惠金融的一大核心便是运用科技手段将便捷优质的金融服务普及长尾客群，其中的首要环节即数字化获客。招商金控提出积极拓展"大客群"，推动成员公司充分发挥数字化获客与服务优势，发展零售金融响应国家共同富裕的号召。以招商证券为例，招商证券通过升级优化招商证券App，强化平台运营，打造以企业微信和"招商证券财富+"小程序为主的私域流量特色经营模式，从而提升大众客户服务质量和触达效率。2022年，招商证券通过微信生态圈累计服务约600万户客户，App月均活跃用户数（MAU）同比增长7.3%，在前十大券商中排名第5，App用户月均使用时长则位居前十大券商首位。截至2023年4月末，招商金控成员公司个人客户App月活数（MAU）合计已超过1.1亿人。平安银行通过应用科技能力颠覆发展模式，助力普惠金融。在零售端，平安银行运用大数据、AI能力，打造"智能化银行3.0"，构建真正以客户为中心、数据驱动的经营体系，为大众客群提供更加专业、精准、有温度的金融服务。2022年年末，管理零售客户资产（AUM）近3.6万亿元，较上年年末增长12.7%，大众万元层级客户①投资理财渗透率较上年年末提升6个百分点。

创新金融产品。在普惠类保险②方面，平安集团不断创新保险产品、升级服务，开发适合小微企业、农业工作者、"新市民"、特殊人群的普惠保险产品，为其创业、生产运营、就业和生活提供风险保障。截至2022年，平安集团普惠保险的原保险保费收入为294.9亿元，保险金额逾144万亿元。此外，招商金控积极开展数字化转型实践，构建多层次、多主体创新架构，推动业务驱动的自主数字化创新。近年来，招商银行借助金融科技，创新线上财富产品矩阵，以满足不同财

---

① 大众万元层级客户标准为"1万元≤客户近3月最高1个月的月日均资产<5万元"。
② 普惠类保险主要为三农类保险、弱势群体保险、小微企业经营保险等。

富管理客群的多元化需求。这一矩阵由浅入深，以"朝朝宝""朝朝盈"等低门槛轻型财富类产品为起点，扩大了财富管理产品及服务的客户涵盖范围，并牵引用户投资需求不断递进、探索向上升级的经营范式。紧随其后，通过打造更易理解和接受的线上投资场景，形成以"月—季—半年享"品牌系列为核心的非货币公募基金稳健投资产品矩阵。此外，初步搭建了"赠险—场景险—价值险"的递进式互联网保险产品矩阵，并在同业中率先推出惠民保服务平台。通过打造线上普惠产品矩阵，招商银行明显提高了客户留存率，2022年招商银行财富交易客户复购率达54.6%，同比提升2.7个百分点。

智能化资产配置。传统的财富管理公司依靠经验丰富的财务规划师给客户量身定做资产配置规划，但这种方法的人工成本极高，只适用于高净值人群，如今更多借助人工智能和大数据将资产配置服务下沉到大众群体。招商银行在2021年推出了"TREE资产配置服务体系"，其名字来源于活钱管理、稳健投资、进取投资、保障管理四大类资产的英文首字母。为了满足渠道多元化、细分化、碎片化的长尾客户需求，TREE资产配置服务体系利用科技赋能来细分人群画像，运用大数据分析投资者的身份背景、投资偏好、收入来源、资产质量与规模等，将财富客户分为财富播种、财富积累以及财富保值三类，以分别制订符合客户需要的资产配置方案，并提供区别化服务。例如，针对资产量相对较低、收入来源以劳动收入为主的财富播种阶段的客户，TREE资产配置服务体系会强化"低波稳健"的财富管理导向，结合客户的风险偏好及风险预算，对收益可能受短期市场波动影响较大的"进取投资"设置上限，同时支持根据客户需求对方案进行个性化调整，将回撤控制在客户风险预算内，帮助守住回撤和波动的底线。

驱动投研升级。传统的基金投研分析主要依赖财富顾问，研究结果差异性较大，历史复现程度不高，研究规模不经济。对此，招商金控持续推动成员公司基金投研模式在基础数据、投研分析和服务模式等多方面转型升级，建立智能化基金投研平台，不仅通过线上平台扩大投顾业务服务半径，还可以结合客户数据分析提升服务针对性。以招商银行为例，2022年招商银行推出"财富Alpha+"平台作为赋能行内财富管理业务的投研工作台，面向客户提供基金解读、持仓透视分析等20余项服务，月均服务次数达千万级。依托"财富Alpha+"，招商银行自主构建"五星之选"投研框架的量化指标700余个，对基金经理画像进行了精细刻画以科学评估其管理能力等。此外，招商银行还推出智慧财富引擎为全行投研工作提供投研数据支持、算法分析工具支持以及研究成果共享等服务，辅助提升客户服务效能。

赋能智能投顾。 招商证券于2021年推出基金投顾品牌"e招投"，门槛设定为"1 000元起"，以惠及长尾客户。截至2022年年末，"e招投"累计签约客户数4.02万户，累计签约资产达96.5亿元。新增签约客户主要来源为资产10万元以下的长尾客户，约占服务客户总数的90%，这也与基金投顾普惠金融的定位一致。在更细致的服务颗粒度下，"e招投"整体获得了较高的客户认可度，截至2022年10月底，客户留存率为61.3%，客户复投率为43.2%。

重塑客户陪伴。 通过科技赋能，平安银行致力于构建智能化、一体化、人机协同的远程银行，做到及时、"有温度"地触达和服务客户。2022年，平安银行依托人工智能、大数据能力提升客群服务半径，为超3 700万基础大众客户①提供远程银行服务；同时，通过构建综合化经营平台，在新客陪伴服务、线上财富管理、AI智能服务、本地化特色服务等远程场景中优化服务流程，提升用户体验，持续提升本行客户服务的广度与深度。类似地，招商银行依托招商银行App，持续打磨"选品—配置—陪伴"的财富管理全链路服务能力，丰富陪

---

① 基础大众客户的定义同大众万元层级客户，标准为"1万元≤客户近3月最高1个月的月日均资产<5万元"。

伴式服务内容，提升客户服务体验。招商银行 App 为客户提供购买陪伴、持仓陪伴、赎回陪伴、收益陪伴等多种陪伴服务，触发陪伴的节点包括基金分红、基金经理变更、产品开放、到期赎回、净值波动、收益分析等 40 余个关键事件，全面覆盖"售前—售中—售后"的投资全旅程。此外，招商银行于 2021 年推出智能财富助理"AI 小招"，一个经过"人脑"与"科技脑"交叉淬炼的智能理财助理，打造 7×24 小时的财富陪伴服务。AI 小招是招商银行基于语音和意图识别、金融知识图谱、智能交互、深度学习等技术，打造的拥有流动性预测、风险偏好分析、投资决策、智能推荐等多个引擎的智能财富顾问。通过知识沉淀与机器训练，AI 小招能为客户提供收益查询、涨跌分析、市场热点解读、产品推荐、资产配置建议等服务，给客户带来全新体验。

协同开放

协同聚焦于共建共享开展价值创造，是金控集团发挥综合化经营优势的重要途径，协同连接金融细分领域、连接财富管理与资产管理、连接实体需求与产品创设等，是一站式金融综合服务的根基。金控公司积极推动业务协同、坚持机制促动、强调客户迁徙、推动一体化经营、探索产融协同，为客户提供全生命周期、全方位、全品类的金融服务。此外，即便是金控集团也无法在财富管理各个细分领域均保持全市场领先，因此除内部协同外，为坚持以客户为中心的经营理念，确保客户能获取全市场最优秀的产品和服务，金控集团还应坚持对外开放，与优秀的合作伙伴携手共同打造财富管理服务生态圈。

内部协同

协同是多元化企业存在的理由，成功的协同能够实现合作金融机构与客户的多方共赢。协同能够把集团内金融之间、金融与实业、实业之间各类业务联系起来，一方面能为客户提供全生命周期服务，满足客户多元化、个性化的需求，优化产品服务供给；另一方面，可以强化集团整体优势，提升各家公司的市场竞争力，降低市场拓展风险和成本。从资源获取与使用角度看，金控公司往往拥有丰富的金融和产业资源，并可实现金融与产业资源的有效对接，业务合作渠道更加多元，信息及时共享，从而大大降低业务板块之间在交易中产生的搜寻和谈判成本。此外，通过整合资源、客户、技术和服务渠道，打造环环相扣的资源协同生态圈。

金控公司的这种模式特点天然契合了一些典型业务板块的展业特点，财富管理就是其中之一。财富管理本身是围绕个人客户展开的综合性经营的概念，涉及客户各种不同的具体的财富管理需求，因此也是金控公司重点聚焦的方向。那么金控集团应如何利用金控特点，形成协同效应，做大做强财富管理业务呢？

1. 推动业务协同

不同金融牌照间同业合作空间广阔，金控公司通过推动不同牌照间的协同，强化业务联动，形成"集团军"作战，实现"1+1>2"的效应。当然，业务协同本身提高了风险的传染性与复杂性等，金控公司在推动协同时也要更加注重法律合规与风险防范。

业务协同的较早案例，如2005年招商证券联合招商银行推出银证通业务，成为国内最早开展银证通业务的券商之一，并在当年即实现盈利，成为国内第一划转到客户交易的全过程，这项创新业务当时有一个更生动直观的名字——"存折炒股"，即证券公司依托银行在客户活期存折上加入证券交易功能，客户需要买证券时资金直接从银行划入证券公司，证券卖出后资金自动回到客户存折，这为客户提供了一种更为方便、快捷、安全的新型证券交易方式。招商证券通过银证通业务实现了大量获客，证券经纪业务的市场份额从2%迅速增加至3%，而招商银行则获得了可观的中间业务收入，2006年上半年，银证通交易量达到 1 670 亿元，招商银行获得手续费收入 9 096 万元。

业务协同的当前案例如招商金控推动成员公司开展养老金业务协同，包括招商银行和博时基金共同开展养老金业务营销；招商银行与博时基金或招商基金共同承接年金相关业务，由招商银行担任年金托管人，由博时基金或招商基金担任年金投管人等。

2. 强调客户迁徙

目前，国内规模较大的金控公司往往拥有数量庞大的，分散在旗下各业务板块公司之间的客户群体。若能在监管边界内有效利用和调配集团内部或股东单位的客户资源并推动协同发展，实现业务板块间的客户迁徙，则既能充分发挥金控公司综合化经营的竞争优势，提升经营效率；还能扩大金融服务的广度及深度，让金融创新成果惠及更多客户，为客户创造价值，提升客户体验。

平安集团在 2013 年首次提炼出"客户迁徙"的概念，并将其作为集团的重要战略组成部分进行推广。随着互联网金融成员公司陆金所、万里通、平安好车好房的加入，客户迁徙的构想和内涵被不断深化。金融超市、财富管理、生活移动平台等概念的提出，实现了非金融客户向金融客户的批量迁徙以及互联网平台间和金融成员公司间客户内部迁徙。随着平安综合金融战略的深化，个人客户交叉渗透程度不断提升。2022 年集团核心金融公司之间客户迁徙超 2 496 万人次；截至 2022 年年末，有近 9 020 万的个人客户同时持有多家子公司的合同；集团客均合同数 2.97 个，较年初增长 2.1%。

招商金控在开展财富管理业务的过程中，也大力支持旗下成员公司在符合监管规定的前提下充分挖掘和协同集团内部或股东单位的客户资源，推动非金融客户向金融客户、非财富客户向财富客户的迁徙与转化，既能通过交叉销售降低获客成本，提升整体效益，也能推动金融普惠，为更多的客户提供便捷的一站式综合金融服务。例如，在招商金控的持续推动和战略引领下，仁和人寿凭借招商金控以及股东中国移动的客户资源及渠道布局优势，打造"获客—加温—转化"三段式经营模式，推动客户从非金融板块向金融板块迁徙。在客户资源上，中国移动超过 8 亿客户、招商金控旗下招商银行近亿零售客户，以及股东企业的数十万员工，都成为招商仁和人寿的高价值潜在客户；在渠道布局上，借助中国移动 2 万个营业厅、100 多万家深入城乡的特约代理点以及遍布全国的招商银行网点，招商仁和人寿可充分渗透到长尾人群，推广普惠保险。

3. 推动一体化经营

"大财富管理"需要帮助客户管理金融资产，进行长周期、全市场、多品类的投资，而单一机构受牌照和经验所限，难免在选品、配置、资源等方面存在短板。客户真正需要的是不同牌照的机构本身形成一支"舰队"，早在出方案的阶段，就能群策群力统一部署。简言之，客户需要的是便捷、高效、灵活的一站式、综合化"金融+场景"服务，这恰恰是金控公司的优势所在。金控公司往往具有较为齐全的金融门类，以及具备规模优势和较强的品牌影响力。可以通过整合银行、证券、信托、保险、资产管理等细分领域的专业化金融服务资源，形成条线、业务、客户、产品、服务以及内外部资源的协同联动，向客户提供一站式、定制化、多场景、全生命周期的专业化财富管理服务。

从公开披露的信息看，平安集团以实现"一个客户、多种产品、一站式服务"的综合金融经营为目标，成立了以银行为主导的团体综合金融发展委员会（以下简称"团金会"），① 汇聚了银行、基金、信托、保险、证券等多个产品，为不同类型的客户提供相应的综合金融解决方案，以提升单一客户价值和业务贡献。例如，针对简单产品和小微客户进行线上化和集中审批，把多家子公司的产品经理物理集中，

---

① 参见普华永道发表的《服务实体经济，金控数字化研究报告——新管控、新赋能、新协同》，并结合公开报道整理。

进行客户分析和产品推荐，譬如针对持有产险产品的客户，分析其是否有租赁、小微贷款等业务机会，目标是针对其做 1+N 的产品渗透；针对有复杂融资需求的大客户，因其具有多样且复杂的金融产品需求，潜在需求的产品或涉及贷款、债券、企业年金、职业年金、产险等，这类客户的需求往往不是一个客户经理能够全面掌握的，因此集团会将 5~6 个专家聚到一起，共同设计复杂的投融资方案。如此一来，金控公司得以推动成员公司不断丰富产品体系及服务类型，同时整合成员公司资源，通过产品交叉销售、渠道及客户共享等方式，打造综合性金融服务平台，极大增加客户黏性，产生更多合作机会。

4. 推动产融协作

金融是实体经济的血脉，为实体经济服务是金融的天职和宗旨。金控公司应坚定践行金融工作的政治性、人民性，不断提升专业性，努力找准金融服务实体经济的重点和发力点。纯粹型金控公司往往是业务多元的大型综合性集团或为集团专司金融业务的二级公司，能够在"金融+金融"和"金融+产业"方面发挥较为明显的协同联动效应，一方面打造一流金控平台，提升综合金融服务能力；另一方面不断强化综合金融服务对实业板块的支持服务能力，建立更紧密的产融协作关系，形成"以融促产、以产促融"的良性循环。产融协同关系也能在财富管理领域发挥重要作用，一方面实业板块优质企业的金融需求能够经由产品创设环节成为财富管理客户投资标的，金控成员公司起牵线搭桥作用；另一方面通过借助实业板块在各自经营领域的知识经验，金控旗下的资产管理公司尤其是另类投资机构可以更好地识别潜在的优秀投资标的，进而提高资产回报水平，为投资者创造更大价值。当然，金控集团开展产融协同尤其需要注重合规与风险隔离。

以招商金控为例，招商金控依托招商局集团在交通物流、城市开发运营、绿色能源等实业板块的布局，规范推进各实业板块公司与旗下招商资本、招商创投、国家级基金等投资平台机构，以及招商银行、招商证券等投资银行部门联动。一方面通过供应链融资、银行贷款、股权合作等为实业公司拓展业务提供有力支持,另一方面创设优质金融产品为投资者提供稳健低风险选择。实例如2021年招商金控成员公司助力招商蛇口产业园封闭式基础设施证券投资基金募集(以下简称"蛇口产园REIT"),该产品是大湾区第一单产业园区公募REITs项目,也是首批公募REITs网下认购倍数最高的。其中产品原始权益人为招商蛇口,而招商金控旗下博时基金担任基金管理人,博时资本担任计划管理人,招商银行担任基金托管行,招商证券担任财务顾问以及簿记管理人,旗下招商财富为蛇口产园REIT的战略投资人。蛇口产园REIT在深交所上市,成为保险资金、产业基金、银行理财等公众投资者重点关注的产品。

此外,我们看到,中信金控也通过产融协同联动的方式服务实体经济,在服务专精特新上市客户数、发行公募REITs规模等方面均位居市场前列,在服务实体经济的同时,也盘活了存量资产。数据显示,截至2022年年末,中信银行累计服务"专精特新"企业15 294户;服务上市公司、拟上市公司4 580户。此外,自2021年6月首批公募REITs上市,至2023年6月,全市场已上市公募REITs共计27只,发行规模超900亿元。其中,"中信联合舰队"是一个亮眼的存在。中信银行、中信证券、华夏基金作为中信集团内的兄弟单位,积极联合,组建公募REITs"中信联合舰队",充分发挥各自的客户资源及专业执行能力,优势互补,强化协同,联合推进基础设施REITs业务工作。目前"中信联合舰队"为超过10只已上市公募REITs项目提供专业服务,成功发行项目数量及规模均位居全市场前列,已成为公募REITs市场的著名品牌。

对外开放

当前的大财富管理市场,是一个百万亿级体量的市场,面对庞大且迅速增长的财富客群和AUM,以及客户越来越多元化的需求,单靠一家财富管理机构自身所能提供的产品和服务往往是不够的，并且再大的金融机构也无法在各个细分领域均做到绝对领先于同业。唯有共同树立为客户创造价值的理念，共同培育市场，实现优势互补、合作共赢，共同做大做强财富生态圈，才能满足客户全生命周期的财富管理需求，使财富管理市场得到健康发展。因此必须坚持以客户为中心的经营理念，为客户提供全市场领先的管理人、策略与产品，同时给予客户充分的选择可能，在加快自身发展与推动内部协同的同时，金控公司也应坚持财富管理对外开放，着力与合作伙伴构建开放融合的金融新生态，实现合作共赢。大财富生态平台作为桥梁连接着客户与各资产管理人，通过聚合内外部资源，既能够为客户提供更多元、丰富的财富产品，为客户创造价值，还能广泛连接各内外部的合作伙伴，实现机构间的合作共赢，符合财富管理行业高质量发展、满足人民美好生活需要的应有之义。

中信金控致力于在财富管理领域共创一个数字化、集约化、开放化、国际化的平台，推动构建开放融合的金融新生态。2023年5月，中信金控举办首届财富管理人大会构建大财富管理生态平台，聚集中信金控及旗下中信银行、中信证券多家金融子公司与26家公募基金机构管理人。会上，中信金控表示，要与各资产管理机构强化业务合作，共同搭建开放生态平台。2023年2月中信金控牵头搭建的中信财富广场，集合中信集团内部9家子公司的App，下一阶段，作为一个开放的生态合作平台，中信财富广场还将链接更多体系内外的合作伙伴。会上，易方达基金总经理刘晓艳表示期待与中信共同构建开放生态平台，尤其是在推动养老金融方面加强金融投教和理念宣导合作，坚持做难而正确的事，未来一定大有可为。

同样，招商金控也积极推动成员公司建设财富开放平台。两年前，招商银行率先推出财富开放平台，聚合全市场机构，致力于和行业共同打造一个日益繁荣的财富管理服务生态圈。截至2022年年末，招商银行共引入10家同业理财成员公司的优质产品，139家优质资管机构入驻招商银行App"招财号"财富开放平台。2022年,"招财号"提供的财富资讯类内容、互动与活动服务客户超4亿人次;招商银行通过"招赢通"平台向同业客户销售第三方资管产品突破7 700亿元,同比增长24.8%。截至2022年年末,招商银行代销友行理财产品存量规模突破9 000亿元,较上年年末增长超过30%,友行理财产品存量占比超过30%。从销量角度看,2022年全年代理友行理财销量占全行理财销量比重已接近50%。未来,招商银行将继续扩大财富管理朋友圈、生态圈,进一步优势互补、双向赋能,探索合作模式从"渠道共享、产品代销""信息共享、共同陪伴",向更深层次的"运营共享、共同服务""投研共享、共同研发"升级、跃迁,更好地发挥价值创造的乘数效应。

在招商证券方面,招商证券构建以"公募优选"和"私募50"为核心的优选产品体系,打造精品产品超市;通过优化金融产品的筛选、配置、销售,做大金融产品保有量,提升客户体验。在基金投顾业务方面,招商证券不断扩大"朋友圈",重点围绕机构客户和同业两大渠道展开布局,共建合作共赢的投顾行业生态环境。目前,招商证券主要通过两个方式展开基金合作工作:一是引入与输出相结合,发掘与基金公司、信托公司等同业机构的合作机会;二是以定制策略为抓手,发掘与银行、财务公司、企业等机构客户的合作机会。截至2023年上半年,招商证券基金投顾累计签约规模超160亿元,签约客户数超5万户。招商银行、招商证券打造财富开放平台的实践成功实现了客户、金融机构与合作伙伴的多方共赢,在最大程度上保障了客户利益。

金控全面风险管理

防范化解金融风险,特别是防止发生系统性金融风险,是金融工作的根本性任务，也是金融工作的永恒主题。高度重视风险是金融机构经营展业的基础，金控也不例外，风险管理能力始终是金控的核心能力。招商金控原总经理洪小源在招商金控揭牌仪式上提出："金融关于时间，风险关于不确定性，不确定性存在于时间中，风险塑造金融。"以时间价值为基础的金融业务必然承担风险，因此要拥抱和管理风险。《金控管理办法》提出，金控公司应当建立与金融控股集团组织架构、业务规模、复杂程度和声誉影响相适应的全面风险管理体系。

金控公司具有防控风险的职责，需要督促成员公司全面管理各类风险，财富管理业务相关风险也在其中。风险不仅包括信用风险、市场风险，还包括流动性风险、操作风险、声誉风险等，风险也可能从表外向表内进行传染，因财富管理业务开展不规范而导致金融机构亏损甚至破产的事例并不少见。目前与财富管理密切相关的风险主题主要有三个方面：建立匹配大财富管理业务的风险管理体系，将相关业务纳入风险计量并计提充足拨备；建立健全合作机构和产品的准入风险管理机制，探索穿透底层资产风险管理；客户、产品、资产的风险及员工与机构的能力两两之间要相互匹配，做好投资者适当性管理。

金控风险管理体系建设

金控公司对风险的高度重视是由内外因素共同驱动的。一方面，外部环境日趋复杂，防范金融风险是政策导向。在金控集团发展过程中，少部分非金融企业向金融业盲目扩张，组织架构复杂，隐匿股权架构，交叉持股，循环注资，虚假注资，还有少数股东干预金融机构的经营，利用关联交易隐蔽输送利益、套取金融机构资金等，对经济金融的平稳运行造成损害，如明天系、华信系、安邦系等。为此监管部门对金控公司实施准入管理和持续监管，强调风险隔离，强调防范风险跨机构、跨行业、跨市场传染，也有利于金控开展有益的创新，更好地支持实体经济。另一方面，如前文所述，金融机构承担风险、经营风险、管理风险，风险管理能力始终是金控集团的核心能力，优秀的风险管理是良好经营业绩的基础，是实现战略目标的基本保障。

《金控管理办法》对金控公司风险管理的核心要求包括并表管理、全面风险管理、风险偏好、风险暴露管理与统一授信、风险隔离与关联交易、信息披露等多个方面。当前，主要金控公司均已认识到风险管理工作的重要性，并加快建设和完善风险管理体系。因涉及跨法人机构与多层级管理、跨金融业态与多行业监管要求等，金控的风险管理复杂度高，面临诸多挑战。由于起步较晚、部分监管细则尚未出台等因素，金控公司整体风险管理体系建设完善程度与银行、保险等其他持牌机构相比尚有较大差距，数字化建设亦有待提高。

具体实践中，关于多层级的全面风险管理，中信集团构筑"四层三道"风险管理架构，"四层"即以公司治理为基础，董事会、管理层、总部部门、子公司四个层面自上而下，"三道"为下属公司、风险管理牵头部门、稽核审计和纪检监察部门。[①] 招商金控则搭建"三层三道"风险防线，"三层"指招商局集团、招商金控、成员企业三层主体，每个主体内部都有三道防线，共同将风险控制在可容忍范围内。光大集团提出"三线四墙"全面风险管控体系，严守业务经营、管理支持、审计监督的"三道防线"，筑牢战略、体制、制度、信息的"四道防火墙"。关于风险管理的数字化转型，中信金控通过全面风险管理系统母子公司一体化建设，整合跨业态金融数据，开发风险管理技术工具，打造风险合规管理的

[①] 参见普华永道的《金控公司全面风险管理研究白皮书》。

支持平台，推动风险管理"管理上云、数据入湖"。招商金控则建设了多个风险管理子系统赋能成员公司提升风险管理能力，截至 2022 年 6 月，已建设关联交易管理、集中度风险、风险隔离评估、客户评级系统等 16 个管理类或智能工具类子系统。关于风险偏好管理等其他方面，招商金控提出"八项原则"，包括无风险偏好不开业；灵敏应对周期性风险；高度关注金控整体风险，包括关联交易、集中度和流动性风险；金控统一风险标准下，关注不同金融企业个性化风险等。

财富管理业务纳入风险计量

随着大财富管理业务的发展，背后风险的规模、复杂性、隐蔽性和传染性等也在逐渐增强，金控风险管理的范畴需要随之扩充，忽视风险管理，财富管理就是"建在沙滩上的大厦"，难以经受住时间和周期的考验。① 提升风险管理水平是为客户创造价值乃至促进共同富裕的根基，金控公司须引导推动成员公司做好财富管理业务全流程的风险管理，研究将表外业务风险纳入计量；须探索建立集团层面的大财富风险管理体系，寻求风险管理能力与大财富管理风险规模相匹配。

监管部门对表外业务风险管理的重视程度也在提高。2022 年 12 月，原银保监会发布《商业银行表外业务风险管理办法》，提出商业银行应将表外业务纳入全面风险管理体系，对所承担的信用风险、市场风险、操作风险等及时识别、计量、评估、监测、报告、控制或缓释，并建立与业务、风险、资本相关联的管理机制。该管理办法还提

---

① 参见王良在招商银行 2023 财富合作伙伴论坛的致辞《时代共振财富共赢价值共创》。

出，对代理投融资服务类和中介服务类业务，重点监管操作风险、声誉风险，关注业务操作规范、客户投诉、金融消费者保护等情况。商行开展相关业务不得以任何形式约定或承诺承担信用风险。财富管理业务主要涉及代理投融资服务和中介服务类业务，需要加强对操作风险和声誉风险的重视。具体而言，操作风险主要是业务开展不规范、卖者尽责不到位造成的，出现投资者识别不到位、销售不合规等情况，导致客户诉讼或监管处罚等。声誉风险则主要源于代销产品违约事件，客户通过监管举报、法院诉讼、媒体报道等方式扩大舆情，最终对机构品牌形象造成损害，可能导致处罚赔款、客户流失等一系列后果。此外还有潜在的信用风险，尽管法规三令五申"打破刚兑"，但社会层面的刚兑预期未完全打破且金融机构存量业务多有销售不规范或产品不合规等情况，迫于客户压力，金融机构可能承担部分甚至全部产品亏损，即表外风险最终传导到表内。

为促进大财富管理业务稳健发展，金控应推动成员公司充分重视财富管理业务的风险管理，参照表内业务建立起业务、风险、资本相关联的管理机制。金融机构可以基于审慎、稳健、实质重于形式等原则，研究将表外业务风险尤其是操作风险纳入风险加权资产计算，并相应计提减值拨备，从而建立风险吸收层，提升风险抵御能力。例如，招商金控通过招商银行董事会风险与资本管理委员会等推动招商银行充分重视大财富管理业务风险，优化和调整风险偏好，增加大财富管理风险偏好陈述，建立前瞻性风险监测指标体系，扩充操作风险等指标的内涵等。招商银行则提出打造覆盖全风险、全机构、全客户、全资产、全流程、全要素的"六全"风险管理体系，为大财富管理保驾护航。

金控公司还须进一步探讨，在金控集团层面建立覆盖全部财富管理、资产管理类成员公司和各项相关业务的全面风险管理体系，并参照表内业务，建立风险监测指标体系、实施集中度管理等。例如定期监测成员公司各类资管产品、代销产品的底层资产投向，识别和评估整体市场风险，开展必要的限额管控。或者基于稳定稳健的前瞻性判断，统一推动成员公司风险偏好修改，对风险高发的行业领域、区域采取一定限制性策略等。此外，金控还可推动相关风险管理体制机制建设较为成熟的成员公司向管理较为薄弱的成员公司输出风控系统与防控经验等。在金控牵头下，成员公司之间可以在合规前提下就财富管理相关风险共享风险信息、风控技术、风控流程等，在风险事件发生后也可协同加快风险的处置化解。从公开信息上可看到，中信金控已在推动成员公司协同化解风险，中信银行2022年协同处置债权本金合计54亿元。

选择与拓展合作机构

开放已成为财富管理行业的必然趋势。代销机构通过推出"财富号"，引入资管机构线上"开店"，一方面能帮助资管机构拓宽线上化运营和服务渠道，另一方面也能丰富自身的产品体系和服务生态，提升用户体验。可见，开放随之带来的是数量及类型更为丰富、多元的财富管理产品和机构。选择与拓展优质的合作机构，则成为财富管理平台推动开放的前提和关键之一。

对合作机构及其产品制定审慎的准入标准，意味着从源头上控制和防范风险。以银行代销理财产品为例，尽管银行在开展代销业务的过程中，销售的并非自己的理财产品，履行的是代销责任，从"卖者尽责"的角度来看，银行的义务是将其代销产品的相关信息揭示到位，说明产品的收益特点及风险属性，并且辨别投资人，做到将合适的产品通过合适的渠道卖给合适的客户，就是尽责合规了。然而一旦代销产品出现逾期或者亏损，作为代销方的银行首当其冲，最后往往引发受托人、代销方和委托人（投资者）三方权责划分问题，此类纠纷多诉诸法庭。这不仅令银行可能因面临合规风险而蒙受损失，还会由于投资者及社会舆论对公司形成负面评价而面临声誉风险，不利于品牌价值和正常经营。

因此，财富管理机构在推动平台开放的同时，有必要加强合作机构管理，建立机构准入、评估和退出机制，以防范风险从合作机构向自身的传导。一是应对合作机构开展尽职调查，甄选信用状况良好、经营行为规范、内部管理健全的机构开展合作。二是完善审批流程，严禁未经授权开展合作。三是应定期评估合作机构资质和信用情况，建立风险预警机制，提升风险管理前瞻性。对于出现风险预警信号、存在潜在风险隐患和违法违规行为的合作机构，应及时终止合作。此外，应严格审慎制定与合作机构的协议条款，保证客户知情权和自主选择权，在风险承担、信息披露、风险揭示等方面明晰权责边界。

金控公司虽然不直接经营财富管理的具体业务，但仍具有防控风险的职责，因此也需要督促成员公司落实产品、合作机构的准入标准。在招商金控的监督和推动下，招商银行在财富管理方面严格实施从准入到退出的全流程管理。招商银行强调做好财富管理产品与销售客群的风险适配，健全信息披露机制；不断加强对产品底层资产的风险识别能力，建立健全风险应急和处置机制；持续提高对合作机构产品发行和风险管理水平的甄别能力，以及完善合作机构和产品的准入管理架构、流程及决策标准，针对不同类型、不同风险特征的机构和产品建立差异化的管理流程和准入标准，并加强集中度和限额管理，做到管理的全覆盖。此外，招商银行严格执行无准入不销售、超限额不销售、产品风险与客户风险承受能力不匹配不销售、产品信息披露不合规不销售的原则，并强化销售后产品风险监测和存续期管理的力度，建立健全风险应急和处置机制。

在风险可控及业务合规的前提下，招商银行秉承开放态度，优选合作伙伴，主动与不同金融机构建立合作关系，形成"强强"合作。经过对众多合作机构的密集走访和调研，在充分了解机构诉求的基础上，招商银行将行内平台的各种能力，包括产品创新能力、活动运营能力、内容生产能力、风险管理能力、大数据能力等有机串联起来，通过财富开放平台开放给合作机构，对其赋能并与之共融，从而将招商银行自身的平台化与智能化能力进一步衍生成为一种生态化的能力，更好地连接客户与机构，更好地服务客户。

做好投资者适当性管理

投资者适当性管理是指基于金融产品和服务的复杂性与投资者的风险承受能力相匹配的原则，金融服务机构应保障投资者投资适合其能力与需求的金融产品和服务。投资者适当性管理的主要内涵包括"了解客户""了解产品""适当匹配"。① 自 2005 年投资者适当性引入国内监管体系后，中国投资者适当性管理制度在监管、立法、司法层面均已有体现。2019 年新修订的《证券法》首次将适当性义务纳入法律框架；资管新规及其配套细则明确了金融服务机构适当性义务的原则。除此之外，监管针对股票、股指、期货、债券等部分资产或产品制定了专门的制度指引。

在共同富裕的要求下，居民财产性收入增加，大众的财富管理需求也被逐步释放、挖掘。2022 年是资管新规正式实施的元年，然而"卖者尽责、买者自负"的原则还未能全然实施，一部分投资者心中仍有根深蒂固的"刚兑信仰"，"风险自担"的投资理念缺失；部分财

---

① 资料来源：佚名. 中国财富管理转型期的投资者适当性管理的运用、局限与解决［EB/OL］. 卓纬律师事务所，2021－11－15. https://www.chancebridge.com/article/?id=1809.

富管理机构仍停留于产品销售阶段，无视产品与客户的风险偏好、风险承受能力以及资产规模须匹配的原则，对高佣金的追求诱发短视行为，这很可能导致恶性循环，在引发道德风险的同时也使得机构面临合规风险、声誉风险。

投资者适当性管理是解决上述问题的关键。对此，金控公司应推动成员公司构建以投资者保护为中心的财富管理投资者适当性管理体系。在财富管理机构层面，通过进行投资者分类与识别，明确财富管理细分市场及其目标客群，促使财富管理机构摆脱"卖方代销机构"角色与定位的掣肘，向更高层次的"买方投顾"模式进阶；在投资者层面，通过风险提示与告知义务加快投资者教育，打破长期以来的"刚性兑付"的思维惯性，为财富管理行业培育理性投资客群；在产品层面，基于"将适当的产品销售给合适的投资者"原则，打造满足保守、稳健、激进等多层次财富管理需求的产品供给端，最终实现普惠金融及金融创新。

以招商证券为例，招商证券针对投资者保护与教育，打造和运营实体投教基地，通过投资者看得见、摸得着、能参与的基地建设，让投资者持续便利获得教育和服务。招商证券实体投教基地位于广东省深圳市南山区南海大道新能源大厦，秉持以人为本、分级分类投教理念，向投资者提供了形式多样、内容丰富的投教作品，帮助投资者了解和学习证券市场知识和政策法规，提升国民金融素养，培育成熟理性的投资者。在投资者适当性管理方面，2021年招商证券在原有的《风险测评问卷》基础上新设计一套基金投顾投资者需求问卷，希望通过需求问卷进一步拓展了解客户需求；基金投顾系统持续进行快速响应和更新迭代，增加了App支持客户7×24小时任意比例转出，支持客户解约后仍可保留底仓成分基金；支持存量持仓发生适当性不匹配时选择转换为适配的组合策略；制定全新的考核制度，以开展基金投顾业务为契机，加速推进财富管理业务从重销售向重保有转型。

发力财富管理助力共同富裕是新时代提出的新任务新要求，金控必须充分认识和把握财富管理与共同富裕之间相互促进、共生共荣的关系，在做大做强做优财富管理时要恪守金融工作的政治性与人民性原则，着力推动财富服务普惠化、大众化，要发挥专业化和市场化优势，持续提升为客户创造价值的能力。金控也要认识到财富管理促进共同富裕的边界，要坚持市场化路径和商业可持续原则。金控公司须持续探索现代化、市场化金融企业管理机制，坚持战略引领，把发力财富管理助力共同富裕作为核心发展战略之一，并优化评价考核体系，推动成员公司加快服务模式升级。在具体转型路径上，金控要坚决践行以客户为中心的经营理念，积极推动买方投顾转型；应加大金融科技投入，赋能业务降本提效，以平台化加速普惠化；应把握综合金融服务优势，推动成员公司协同合作，构建大财富管理价值循环链；应坚持对外开放，打造服务生态圈；应构建全面风险管理体系，有效应对大财富管理风险。互惠互利、共生共赢，涓滴成流、终成江河，金控将着力推动财富管理发展为客户、股东乃至社会创造效益，最终助力共同富裕的实现。

第八章

共富时代的行为金融与财富管理

在资本市场中，面向大众的财富管理服务是实现共同富裕的重要手段。这种服务可以提供给广大投资者更加公平、透明和安全的投资渠道和服务，帮助他们实现财富增值，同时也能促进市场公平竞争，防范金融风险，促进经济发展和社会稳定。因此，共同富裕和面向大众的财富管理服务是中国资本市场政策的重要方向。

我国金融市场的投资者普遍存在金融素养不足、行为偏误严重等问题，对居民财富的增长带来了严重的影响。研究表明，行为偏误在低财富群体中的影响尤为明显，财富管理资源向高财富群体集中，导致居民财富管理中的不平衡和不公平问题日益突出。因此，转化行为金融理论体系研究成果，进而降低投资者行为偏误，是提升居民福利水平的重要途径，也是在财富管理市场中推动共同富裕目标的重要抓手。

在当前的发展阶段，我国的财富管理机构面临多种挑战和问题，例如财富产品单一、服务模式僵化、缺乏专业人才和规范机制，以及投资者金融素养不足等，这些问题需要得到有效解决。在此，我们提出了一种创新思路，即将行为金融学研究成果引入财富管理业中，以提供更加精准和有效的服务，改善投资者的决策行为和财富管理效果。行为金融学研究人员通过研究人类的行为特征和偏误，可以为投资者量身定制投资标签，并提供个性化服务，以提高投资者的投资收益率和满意度。我们对我国财富管理业面临的多种问题和挑战进行了深入剖析，并在这些问题和挑战的基础上，提出了一系列政策建议和行动方案。这些措施的实施将有助于推动我国财富管理业向更加规范、专业、创新、服务化的方向发展，为实现共同富裕目标做出积极贡献。

我们重点探讨行为金融与财富管理的内在联系，并从资产端、基金端、理财顾问端三个层面，提出财富管理市场的现状与发展的政策建议。在资产端，我们提出两个主要的政策建议。首先，基于行为金融学的理念，推行个性化的财富管理，以更好地满足投资者的需求和偏好。其次，鼓励和助推个人养老金参与，以支持社会共同富裕的目标。在基金端，我们也提出两方面的建议。首先，完善公募基金评价指标体系，以提高公募基金的透明度和可信度。其次，分析公募基金评级行业面临的现状与困境，以帮助政策制定者更好地理解市场的需求和挑战。在理财顾问端，我们聚焦于行业规范，建议采取措施加强对理财顾问行业的监管和规范，以提高行业的透明度和信誉度，从而更好地服务投资者。

一是基于行为金融学的个性化财富管理与助推。 针对大众财富管理存在的问题，我们建议以行为金融学为理论基础，发展"分析需求、配置推荐、助推引导"三位一体的个性化财富管理模式。该模式可以更好地满足投资者的需求和偏好，促进资产配置的多样化。同时，在个性化财富管理模式中，我们提出了三个关键方面：客户行为诊断、行为资产配置调整方案和基于行为金融学的投资者教育。这些方面将帮助投资者更好地理解自己的行为和偏好，以更好地进行资产配置和投资决策。另外，我们建议大力发展买方投顾模式，提升投资者教育和意识，完善监管与行业标准以及建立投顾评价机制。这些措施将有助于提高行业的透明度和可信度，从而更好地服务投资者。

二是助推个人养老金参与。 我们首先对个人养老金项目的现有规则进行了评述，包括开户渠道、缴纳金额、税收优惠和投资选择四个方面。其次，我们梳理了个人养老金项目施行半年以来的效果，发现虽然已经具备相当的开户规模，但是入金和投资行为远低于预期。再次，我们总结了施行过程中体现出的推进痛点，包括缺少养老观念、不习惯低流动性和对现行规则的理解偏差等问题。最后，从行为助推的角度，我们提出了一系列进一步提高个人养老金参与情况的方案。

三是完善公募基金评价指标体系。 目前的基金评级机构主要关注风险收益和投研能力等方面,但忽略了投资者保护和基金公司治理等角度的指标。因此,我们提出了包括行为偏误、利益冲突、信息披露、产品可得性、稳定性、投研能力、持仓偏好、风险与盈利八个方面在内的新基金评价体系,其中包含了百余项指标。相比于传统评级和指标,新评价体系能够更好地预测基金的长期收益和运营稳定性。此外,新评价体系还能指导投资者做出更好的投资决策,并帮助监管机构发现潜在的基金合规和投资者保护问题。

四是公募基金评级行业的现状与困境。评级行业需要为投资者提供更可靠的投资参考。然而,目前存在以下问题:首先,评级机构的主要利润来源是基金管理或销售公司,而不是散户投资者,这种利益冲突可能影响评级的客观性。其次,投资平台通常提供多个评级机构对同一只基金的评级,这种多样化的评级导致散户难以做出选择。再次,目前我国基金评级市场由七家持牌机构组成,机构间的竞争关系有待研究和完善。最后,国内评级的指标体系不够全面,包括对产品合规性、风格稳定性和守约性的评价指标较少,且所占权重也较低。

五是理财顾问行业的行为与规范。完备的制度体系是理财顾问服务惠及全体人民的前提条件。中国理财顾问行业面临两个挑战:一是综合性理财服务模式将导致利益冲突风险加剧;二是理财顾问的资格认证体系不完善,专业人员供给不足。为了加强监管制度建设和职业素养培养,我们基于发达市场经验提出三点政策建议:首先,以利益冲突为切入点,提升综合性监管能力;其次,建立理财顾问行为规范体系,包括不当行为公示和资格认证制度;最后,向中低收入人群提供优质理财服务,包括提供优质理财服务、针对性开发理财产品和培育中小理财顾问机构。这些政策建议旨在为理财顾问行业提供更好的规范和指导,以确保其能够为投资者提供可靠的服务(见图8.1)。

```
┌─────────────────────────────────────────┐
│              财富管理市场                │
│  ┌──────┐   ┌──────────────────────────┐ │
│  │ 资产 │   │1.基于行为金融学的个性财富管理与助推│ │
│  │      │   │2.助推个人养老金参与        │ │
│  └──────┘   └──────────────────────────┘ │
│      ⇓                                   │
│  ┌──────┐   ┌──────────────────────────┐ │
│  │ 基金 │   │3.完善公募基金评价指标体系  │ │
│  │      │   │4.公募基金评级行业的现状与困境│ │
│  └──────┘   └──────────────────────────┘ │
│      ⇓                                   │
│  ┌────────┐ ┌──────────────────────────┐ │
│  │理财顾问│ │5.理财顾问行业的行为与规范│ │
│  └────────┘ └──────────────────────────┘ │
└─────────────────────────────────────────┘
```

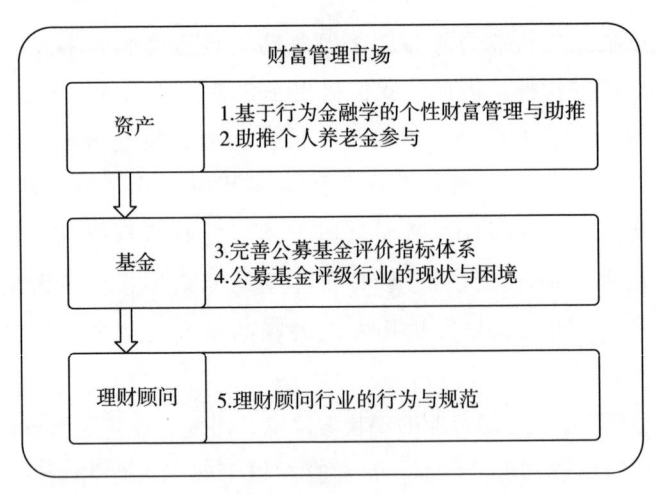

图 8.1　研究框架结构

共同富裕下的行为金融与财富管理

财富管理对于实现共同富裕的重要性及其发展困境

共同富裕旨在推动社会公正和公平，以实现所有人的经济繁荣。中国经济过去数十年不凡的发展创造与积累了大量的财富，财富管理格局也发生了重大变革，面向大众的理财咨询与财富管理已经成为推动共同富裕的重要手段之一。当前我国财富管理市场规模不断扩大，各阶层人民理财需求日益增长，财富管理行业担负着增加居民财产性收入，落实共同富裕战略的重要使命。

中国境内的财富管理市场从 2005 年开始发展，现已成为全球财富管理行业成长速度最快的市场。中国经济的快速增长，积累了大量财富，加之居民的高储蓄率、人口结构老龄化等因素，蓄积了巨大的财富管理需求，为市场提供了强大的发展动力。泽平宏观和新湖财富联合发布的《中国财富报告2022》显示，2021年中国居民财富总量达687万亿元，2005—2021年年均复合增速高达14.7%，财富增速远超美日，户均资产约134.4万元，中国居民财富规模仅次于美国。2018年以来，资管新规打破银行理财刚性兑付，转型家族信托本源业务，资本市场注册制，直接融资比重提高，股票、债券、公募基金等资产占比提高至19%，居民持有的信托资产占比提高至2.4%，现金和存款占比保持在55%附近。

随着利率市场化的推进，以及刚性兑付的逐步打破，理财产品从过去以银行信贷产品为底层资产，开始朝向日渐丰富多元的方向发展。市场化改革顺势推进、理财产品净值型改造、对外开放程度加强等因素，都有利于进一步满足投资者对理财服务的殷切需求。小康家庭与一般大众已经不满足于把钱存在单一式的银行保本固收产品上，对于高质量高层次的理财产品和服务展现出了殷切需求。

在这样的背景下，发展大众财富管理的重要性愈发凸显。同时，我国财富管理机构发展还处于摸索和实验阶段，尚存以下问题和发展困境。

财富产品单一，服务模式僵化

现有的财富产品单一，个性化服务难以落地，导致很多人无法享受到定制化的理财服务。目前的传统理财服务对投资者只提供几种固定理财产品进行选择，这可能导致投资者购买与自身需求和风险偏好不符的产品，最终无法实现财富增长。此外，投资者对于理财服务个性化的需求机构更精确地了解投资者独特的人口学特征、资产状况和性格，从投资者各个维度的信息出发，制订因人而异、恰合时宜的理财方案。现有的财富机构对此缺乏必要的知识与技能储备，使得个人化的服务质量难以控制，个性化的服务成本难以控制。

目前理财机构服务方式僵化，以经纪业务为主的佣金导向模式，产生了靠天吃饭的业绩压力，以至于在市场竞争的不断加剧下，获客成本不断增加。一方面，机构很难适应投资者导向的长期经营模式，不能好好了解投资者的真实需求；另一方面，机构很难有针对性地对接合适的理财产品，以至于陷入短线操作的销售导向的恶性循环。

专业人才缺乏，规范机制欠缺

国内理财市场需求庞大，但专业顾问人才数量缺乏，导致理财顾问服务质量一般，周转率非常高，缺乏外部认证。理财顾问缺乏足够的产品知识训练，没有全盘理解投资者理财需求的实际经验，甚至屈服于业绩压力而强迫推销产品。此外，理财产品的选择和说明过程缺乏适当的规范和监督，也缺乏独立的第三方机构或评估系统，无法对投顾机构和从业人员的绩效进行评估和排名。这些问题使得居民对于理财机构产生了不信任感，并且各种理财爆雷事件也加剧了这种情况。

完备的制度体系是财富管理业务不可或缺的前提。财富市场的健康发展需要建立更加规范和透明的机制，以提高投资者对于理财机构的信任度。需要加强对于理财产品的监管和规范，确保产品的质量和透明度，并提高投资者对于理财产品的选择能力和风险意识。同时，需要建立更加科学和有效的评估机制，对于投顾机构和从业人员的绩效进行评估和排名，以提高市场的透明度。

财富市场的新发展要求监管部门也应做到与时俱进，着力于化解潜在利益冲突，确立新规范新秩序。为保障投资者权益，我国进行了一系列理财产品改革，例如打破刚兑、推动净值化，这意味着理财产品不再保证收益，投资者须承担市场风险。监管部门需要起到指导作用，促进财富管理机构提供更专业、个性化的服务，协助投资者理解和管理投资风险。

投资者缺乏金融素养，投资者教育不完善

投资者的金融素养水平直接影响其金融和投资行为。高水平的金融素养有助于投资者积极参与风险市场，合理分散资产组合，并获得较高的风险收益。金融素养还有助于提高投资者的金融风险意识，识别各类金融产品中存在的风险，并避免投资超出自身风险承受能力，减少理财损失。然而，现实情况是投资者普遍缺乏评估投资风险和选择适当投资策略的知识和能力，无法理解长期和分散化投资的重要性。

目前的投资者教育缺乏明确的咨询目的，无法了解投资者的学习机制。投资者教育模式也无法因材施教，准确判断投资者的金融素养，缺乏有针对性地不断改进投资者的咨询方式和内容。同时，投资者教育工作并没有体系化地实施，缺乏自上而下、多部门的协同合作。因此，金融机构、教育部门和消费者权益保护组织需要共同推进投资者教育和保护工作。

行为金融对于促进共同富裕的重要性

为什么投资者赚不到钱？从历史表现来看，权益类基金的长期收益其实是非常可观的。但是，过去几年来，投资者往往困惑于："为什么基金明明赚了钱，我还是赚不到钱？"A股市场投资人在牛市期间购买较多权益基金，而在熊市期间则赎回基金，行为金融学给出的解释是基金在短期内盈利后，投资人往往会很快将其赎回；而相反，当基金赔钱时，投资人却套牢其中，久久舍不得卖出。在过去几十年，研

究发现，大众投资者在进行资产投资中会发生如股票市场参与度过低①、投资组合欠分散②、损失厌恶③、过度自信④等行为偏误。这些对投资偏误的认知构成了理解投资者投资行为的理论基础。

财富管理市场的发展同样也存在不平衡的现象，造成财富管理普及化过程中的发展不均衡与公平公正问题。一方面，研究发现大多数散户在股票投资行为上存在各种行为偏误，因而无法实现投资稳定增长。行为偏误对投资收益的负面影响在低财富群体中更加显著，长期上导致低财富群体对财富管理与权益类投资缺乏信任感。另一方面，在财富管理普及的过程中，机构的资源往往集中于高财富人群，使低财富群体无法公平地享受财富管理市场发展的红利。如何使财富管理能够平等且有效地服务于广大群众既是实现共同富裕的必要要求，也是一个急需从技术和认知上实现突破的发展难题。

要实现这一突破，需要科技赋能传统的财富管理行业，将私人银行高净值人群服务落地到财富管理尾端人群，解决财富管理服务不平衡的问题。首先，需要运用科学的知识去了解广大投资，特别是中小财富群体。行为金融学着力于认知投资者的投资者行为，从本质上去认识这个投资"人"，科学地刻画他们的行为就是行为金融学的研究

---

① 资料来源：Calvet, Laurent E., John Y. Campbell, and Paolo Sodini. 2007. "Down or Out: Assessing the Welfare Costs of Household Investment Mistakes." *Journal of Political Economy* 115 (5): 707-47.

② 资料来源：Goetzmann, William N., and Alok Kumar. 2008. "Equity Portfolio Diversification." *Review of Finance* 12 (3): 433-63.

③ 资料来源：Shefrin, Hersh, and Meir Statman. 1985. "The Disposition to Sell Winners Too Early and Ride Losers Too Long: Theory and Evidence." *The Journal of Finance* 40 (3): 777-90.

④ 资料来源：Barber, Brad M., and Terrance Odean. 2001. "Boys Will Be Boys: Gender, Overconfidence, and Common Stock Investment." *The Quarterly Journal of Economics* 116 (1): 261-92.

内容。因为广大投资者在金融投资决策上的行为往往都是不理性的，行为金融学的知识有助于识别行为偏误，挖掘行为偏误的心理根源，从源头上降低偏误所产生的影响。通过行为金融学的研究方式，我们可以首先获知投资人会出现哪些行为特征和偏误，从而更进一步地分析如何改善投资者的决策行为。

接下来，为什么投资者存在差异性？已有研究表明，在同样的世界经济背景之下，不同的投资者对此有不同的预期；在同样的宏观外部冲击面前，每个投资者调整资产配置的方向都是不一样的。在一项针对高净值投资者的调研中发现，投资者个体的异质性可以解释投资者对未来股市预期的绝大部分差异。换言之，即使是在不同的市场外部环境下，个人特质对预期的影响也依然是非常大的，乐观的人对未来总是偏于乐观，悲观的人对未来总是偏于悲观。因此，应基于客户画像设计资产配置方案，在关注投资行为的基础上，更进一步分析底层投资逻辑，提供进一步量身定做的资产配置解决方案。

其次，现有的行为金融学研究成果能够告诉我们：为什么大部分家庭不投资权益类投资？阻碍普通居民投资金融市场的原因可以简要归纳为参与成本过高。参与成本的来源有很多，包括风险规避、模糊规避、缺乏信任、缺乏体验、缺乏知识等。既往的研究表明，透过助推与模拟体验方法提高投资者金融知识水平、降低偏误，能够鼓励投资者参与投资，购买保险并优化资产配置。

行为金融赋能下的财富管理创新

当前我国居民对财富管理的殷切需求与财富管理发展的瓶颈之间的矛盾，需要我们通过新的思维、新的技术去改革去完善当下的财富管理机构的发展。我们提倡将金融科技与传统财富管理相结合，发挥大数据分析的优势，并且运用科技手段降低个性化服务的成本，从而实现我国财富管理大跨步地发展，助力落实全国人民的共同富裕。

行为金融学赋能的投资者行为画像

互联网、数字化经济与人工智能的迅速发展与普及使专业的理财服务可以更加低成本更有效率地服务广大投资者，专属理财服务在中小投资者中的普及化已成必然。首先，大数据与机器学习为行为金融学的理论提供了强有力的工具，从而实现自动化的专属理财服务。在行为金融学的理论框架下，通过对投资者行为特征与投资性格的深入挖掘，可以生成全面准确的投资者行为画像。再次，通过机器学习与大数据挖掘，可以量化计算每位投资者投资偏误的致命性与顽固性，为投资者量身定制分析方案来增强投顾方案以及投教方案的有效性和接受度。其次，利用机器学习算法和大数据挖掘技术，结合投资者投资行为特征，可以将投资者分群并学习生成可商业化的投资标签。

进一步说，前沿的行为金融学理论思想可以帮助我们更有效地影响投资者行为：基于对投资者行为特征的深刻刻画，使用有效的行为工具，提供投资者专属的基金推荐与资产配置方案；基于投资者的用户画像和基金收益特征，衡量两者的相似关系，将风格相似的投资者和基金产品进行匹配，真正实现个性化的投资者陪伴服务。

行为金融学赋能的资产配置方案

行为金融学思想从更贴近投资者想法的角度揭示了现有资产配置产品的问题以及可能的改进方法。投资者的真实决策模式偏离理性模型，存在行为偏误，而目前市场上大多数投顾算法模型都基于传统的现代投资组合理论。由于缺乏对投资者个性化需求的深入理解，当前的产品推荐系统往往无法为投资者提供精准的产品推荐。基于简单的风险等级匹配规则进行产品推荐，缺乏个性化服务。投资者普遍存在算法厌恶，对个性化、有温度的服务存在需求。而大多数关于投资者个性化偏好、风险态度的问卷，仅仅得到从"安全"到"投机"等数个等级的风险偏好水平，如果单纯依靠机器学习算法，可能造成产品推荐可解释性差、投资者难以理解等问题。

行为金融学思想指导下的财富管理产品，以个性化投资性格分组为前提，以行为投资组合理论为基础，以行为干预与助推为手段，最终实现个性化资产配置方案与投资者教育，提升投资者转化率与长期留存率。

行为金融学赋能的助推

传统上生硬地向投资者推荐投资组合与金融资产，大众投资者可能由于缺乏金融知识，无法理解复杂的金融工具，进而选择不使用智能投顾服务。适当的解释、教育与引导助推对于提高财富管理产品的效果有非常重要的价值。

针对投资者的行为偏误与缺乏相关金融知识，财富管理服务可以通过科学化的助推帮助投资者实现最优资产配置。首先，在助推方面，巧妙的金钱激励对投资决策的促进作用在多国都被验证是有效的。其次，人类在决策中倾向于从众。已有文献发现，提供同伴信息可以改变人们的行为。再次，交互页面上信息的简化能够极大地改变用户的决策，页面颜色也会影响人们的认知与决策，尤其是风险决策与跨期决策。

此外，人们的注意力水平也影响着投资决策。例如，数项有关基金投资的研究发现，将基金费用后置或者降低基金费用的明显程度，均有助于提高人们的基金投资。而在给定的投资标的中选择最优标的时，时间压力会导致人们做出次优决策，因此设法延长思考和决策时间,帮助人们慢下来,也有助于提高决策质量。

行为金融学赋能的投资者教育

传统的投教在解释银行含义、教授复利概念等方面取得了良好的效果。但是这方面的投教往往局限于非常基础的金融知识,不能满足更深层的金融需求。整体上,对于简单概念的针对性解释是有用的,但是对于复杂概念,现有文献对此知之甚少。虽然传统金融机构在非常努力地进行金融知识教育,但是基于行为金融的投教方式,如助推策略等却意义重大。它可以做到既尊重人的主观决策,又降低了干预成本,还在潜移默化中改善了投资决策。

目前大部分的投资者教育仍然是在线下进行的。但是在金融活动越来越多地转移到线上的今天,投资者教育也需要在线上模式上做出更革新性的探索。最近的研究提供了一些可以借鉴的案例:养老金计算原理的投教视频能够提升人们的养老投资。比如,让用户在观看投教视频时写下自己的财务目标、提供一对一的财务咨询服务对促进人们观看投教视频的行为都被证明是卓有成效的。

基于行为金融学的个性化财富管理与助推

发展基于投资者行为的财富管理的重要意义

随着家庭财富的积累,理财意识开始觉醒,大众出现多元化的风险偏好与投资目标,对财富管理产品有更多的个性化需求。与此同时,目前市场上针对大众人群的财富管理供给是滞后于需求的。传统财富管理业务下沉至大众人群时，可能存在以下问题。首先，当前市场财富管理机构主要是根据自身的产品线为投资者提供服务，缺乏客户的个性化需求分析。其次，许多机构开始尝试使用智能投顾的模式降低传统人工投顾的成本，但只考虑了投资人风险偏好等单一维度，未对投资者行为偏好与行为偏误进行深入分析。最后，当前的财富管理产品对于投资者的理财教育不足，也较少利用行为金融理论对投资行为进行引导与助推。

因此，为了更好地实现面向大众的财富管理业务在推动共同富裕中的重要作用，需要改进传统的财富管理模式，以行为金融为理论基础，发展"分析需求、配置推荐、助推引导"三位一体的个性化财富管理模式。

大众财富管理的现状、困境与相关研究

中国家庭资产配置现状

中国的居民资产规模总量稳步增加，配置集中于银行存款、理财等稳健金融资产。依据人民银行调查统计司发布的《2019年中国城镇居民家庭资产负债情况调查》数据，我国城镇居民户均资产规模超300万元。从总量上看，居民资产分布存在显著差异，最富有的10%家庭持有近一半的资产。这说明小部分高净值投资者拥有大量的可投资资产，通常可以接触到私人银行等财富管理服务。而更多的大众财富投资者的资产规模相对较小，对其进行专业有效的财富管理指导有助于实现共同富裕的宏伟目标（见图8.2）。

从资产配置上来看，家庭资产主要集中于实物资产，金融资产主要投资于银行存款与理财，资本市场参与不足。中国家庭资产主要投资于住房、商铺、汽车等实物的资产，金融资产仅占20.4%，其中又

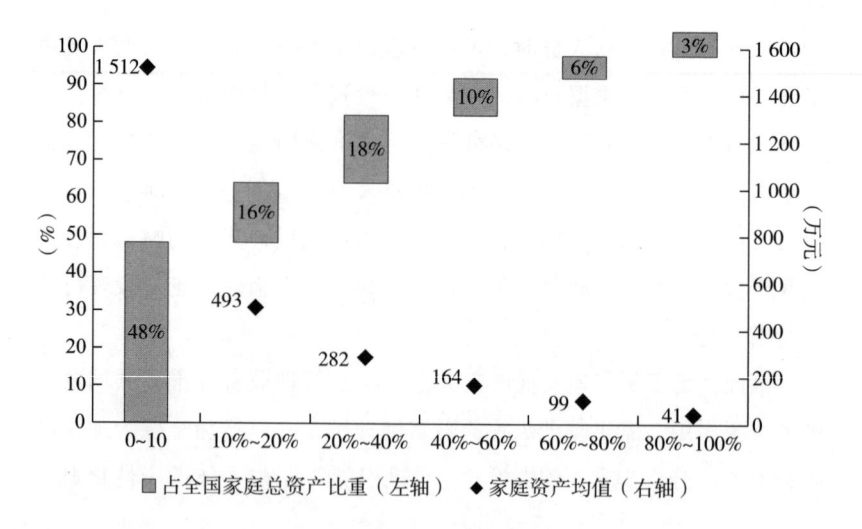

图 8.2　2019 年中国居民家庭总资产分布（资产由高到低分组）
资料来源：中国人民银行。

有 70% 以上的金融资产投资于银行活期、定期存款、理财等相对稳健的资产。金融资产中，仅有 10% 投资于股票、基金等权益类资产，占家庭总资产比例约为 2%（见图 8.3）。

虽然我国投资者在风险资产上的投资意愿有所增强，但仍低于稳健资产。 由上海交通大学中国金融研究院、蚂蚁集团联合发布的《中国居民投资理财行为调研报告》（2022 年 8 月）中指出，相比于 2021 年，2022 年在股票资产上的投资有所提升，但仍位列银行存款、公募基金（包括货币基金）、债券之后。这可能是由于投资者损失厌恶等偏误导致（见图 8.4）。

从投资期限上来看，多数投资者仍倾向于 1 年期以下的短期投资。 对于基金投资者来说，超过 60% 的投资者持有基金时长在 1 年内。具体到股票型基金，超过 70% 的投资者不能忍受持续 1 年以上的亏损。这一事实说明，投资者对于风险资产的耐心相对更低，更容易出现短视偏误、频繁交易等问题（见图 8.5）。

2019年城镇居民家庭总资产分布

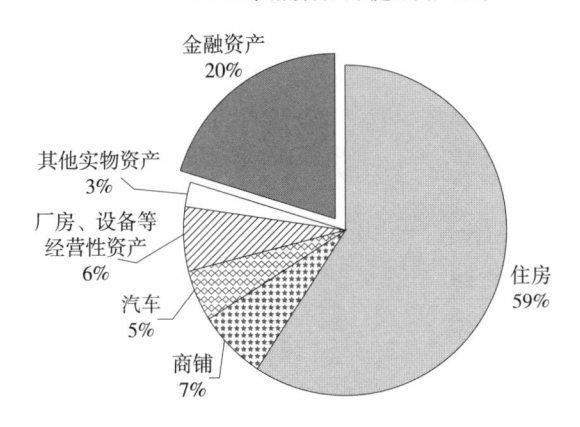

- 金融资产 20%
- 其他实物资产 3%
- 厂房、设备等经营性资产 6%
- 汽车 5%
- 商铺 7%
- 住房 59%

2019年城镇家庭金融资产分布

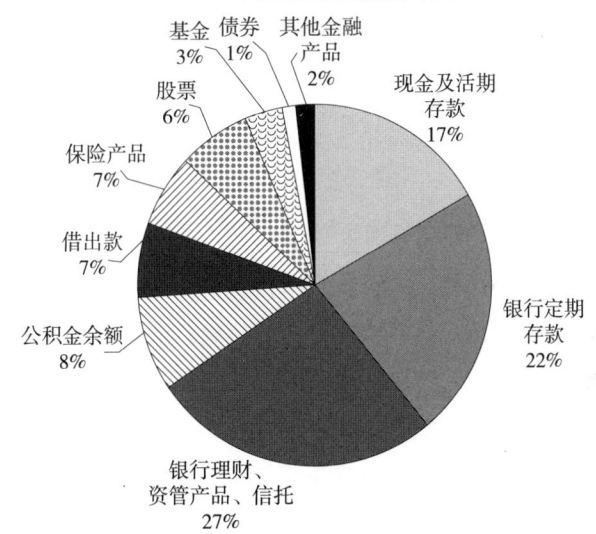

- 基金 3%
- 债券 1%
- 其他金融产品 2%
- 股票 6%
- 保险产品 7%
- 借出款 7%
- 公积金余额 8%
- 银行理财、资管产品、信托 27%
- 银行定期存款 22%
- 现金及活期存款 17%

图 8.3　2019 年中国居民家庭资产配置情况

资料来源：中国人民银行。

参与风险投资的投资者的盈利情况不尽如人意。 由景顺长城基金、富国基金、交银施罗德基金共同撰写的《公募权益类基金投资者盈利洞察报告》显示，就回报率而言，机构客户整体胜过个人客户，基金

第八章　共富时代的行为金融与财富管理

您目前投资比例最高的三项理财资产是？（最多可选三项）

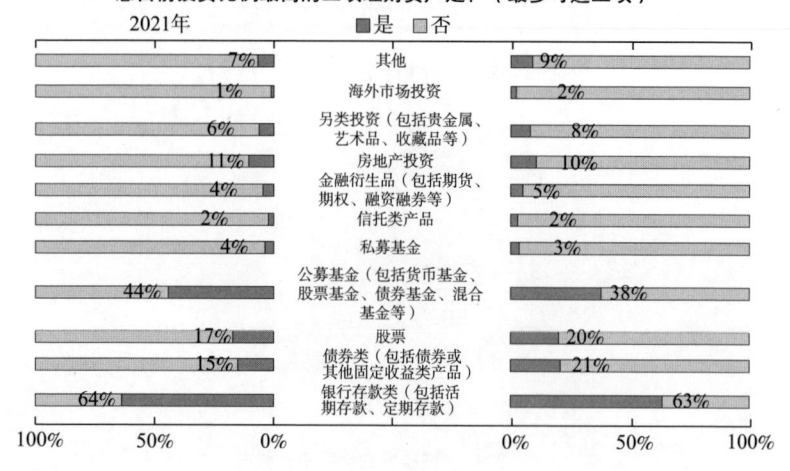

2021年		是	否
7%	其他		9%
1%	海外市场投资		2%
6%	另类投资（包括贵金属、艺术品、收藏品等）		8%
11%	房地产投资		10%
4%	金融衍生品（包括期货、期权、融资融券等）		5%
2%	信托类产品		2%
4%	私募基金		3%
44%	公募基金（包括货币基金、股票基金、债券基金、混合基金等）		38%
17%	股票		20%
15%	债券类（包括债券或其他固定收益类产品）		21%
64%	银行存款类（包括活期存款、定期存款）		63%

图8.4　2022年中国居民投资理财行为调查：理财资产占比
资料来源：《中国居民投资理财行为调研报告》。

赚钱，基民不赚钱，基民损耗率高达60%。从性别上看，女性的收益率高于男性，交易频率低于男性。从年龄上看，年龄越高，投入金额越大，收益率越高。在具体的投资行为中，持仓时间与回报率正相关，交易频率与回报率负相关。客户交易存在止盈止损行为，这有助于免受短时期更大亏损，但是因此失去长期超额收益机会。对于不同波动水平的产品而言，年化波动率较高或较低的产品均无法获得较高的收益率；波动率较高时，短期持有人数占比提升；更高的基金波动率对持基体验产生负面影响，影响持仓时长，影响平均收益率。对于不同回撤水平的产品而言，最大回撤高于50%时，平均收益水平显著高于其他回撤区间；回撤越大，持有低于3个月的比例越高。定投客户的盈利人数占比和平均收益率高于非定投客户；定投亏损10%以上的客户明显低于非定投客户；定投有助于拉长客户持仓时间，提升客户盈利水平。明星基金盈利人数占比更高，平均收益率更高；客户留存率较低；回撤较大；大部分收益集中在少数上涨阶段。封闭期基金在市场向好阶段是好的,市场下行阶段则无法及时止损。

您通常愿意持有基金等理财产品的时长是?

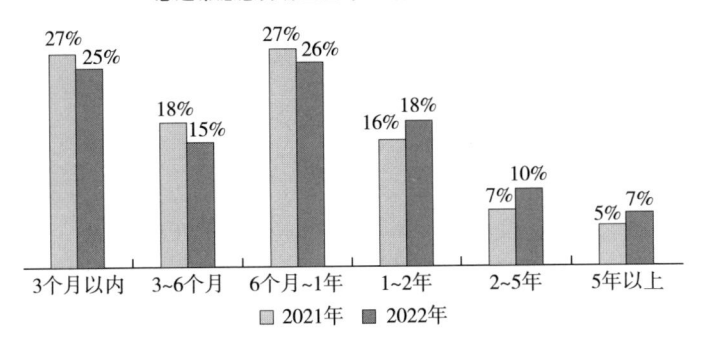

期限	2021年	2022年
3个月以内	27%	25%
3~6个月	18%	15%
6个月~1年	27%	26%
1~2年	16%	18%
2~5年	7%	10%
5年以上	5%	7%

您买入股票基金之后,可以接受的最长亏损时长是?

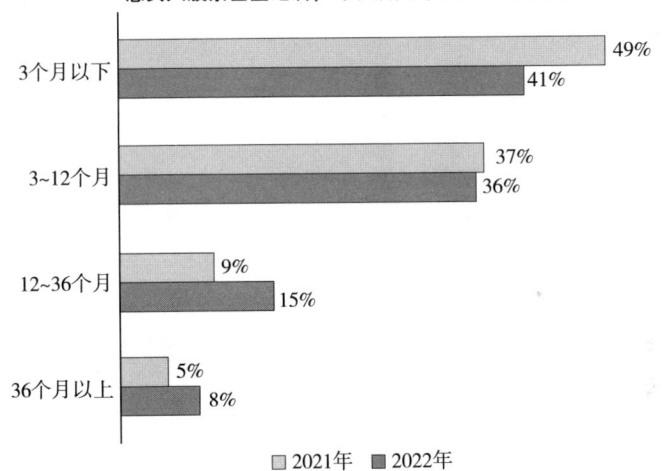

期限	2021年	2022年
3个月以下	49%	41%
3~12个月	37%	36%
12~36个月	9%	15%
36个月以上	5%	8%

图8.5 2022年中国居民投资理财行为调查:资产持有期限
资料来源:《中国居民投资理财行为调研报告》。

最后,投资者对于投顾服务了解与接受程度低,使用投顾服务也不一定能增加长期投资意愿。受访投资者中仅有21%了解并尝试过基金投顾服务。即使在使用投顾服务的投资者中,也有超过一半的投资者并不放心完全由投顾决定买卖操作,会自己每天盯盘（见图 8.6）。

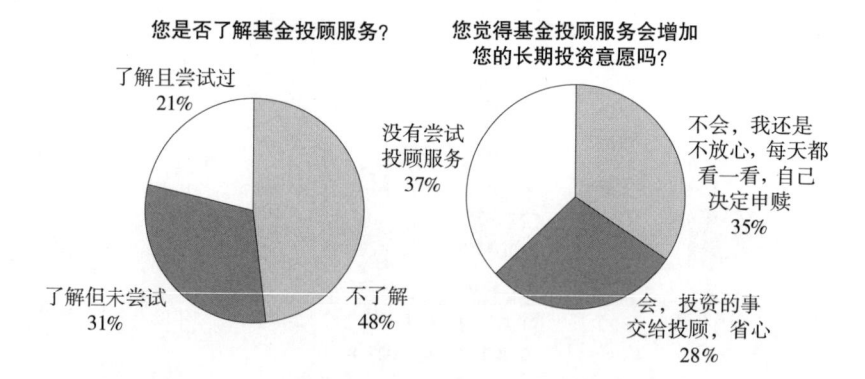

您是否了解基金投顾服务？
- 了解且尝试过 21%
- 了解但未尝试 31%
- 不了解 48%

您觉得基金投顾服务会增加您的长期投资意愿吗？
- 没有尝试投顾服务 37%
- 不会，我还是不放心，每天都看一看，自己决定申赎 35%
- 会，投资的事交给投顾，省心 28%

图 8.6　2022 年中国居民投资理财行为调查：投顾服务使用情况
资料来源：《中国居民投资理财行为调研报告》。

面向大众财富管理的潜在问题

相较于高净值客户的私人银行服务，近年来大众人群的财富管理需求主要由智能投顾产品满足。智能投顾（robo-advisor），作为近年来新兴的投资模式，在全球范围内快速发展。据商业咨询公司 Statista 预测，2022 年全球智能投顾行业管理的资产规模将达到 1.8 万亿美元，且在未来 4 年保持年均 16.7% 的增长。[①] 在国内市场上，无论是金融科技公司，还是传统的金融机构，都在积极地抢占市场，整个行业的资产管理规模与投资人数量也在快速增长。然而，在当前的财富管理市场中，面向大众的财富管理服务存在一些潜在的问题。

第一，投顾服务的整体使用率较低，尤其是潜在受益更大的群体

[①] 资料来源：https://www.statista.com/outlook/dmo/fintech/digital-investment/robo-advisors/worldwide。

对投顾服务的接受度低。研究者分别使用德国①与印度②的智能投顾数据，发现虽然采纳投顾建议的客户获得了一定程度的收益提升，但总体上投顾服务的使用率较低，而且投资绩效差、经验较少、资产较少、最需要投顾服务的客户反而更不倾向于使用智能投顾。

第二，**财富管理产品缺乏对投资者行为偏误的考虑，个性化程度不足**。目前市场上大多数投顾算法模型都基于传统的现代投资组合理论，③关注客户的财务状况和风险承受能力，基于简单的风险等级匹配规则进行产品推荐。这可能忽视了其他可能影响投资决策的因素，如投资者的收益目标、行为偏误、生活方式和健康状况等。同时，投资者的真实决策模式偏离理性模型，存在行为偏误。由于缺乏对投资者个性化需求的深入理解，当前的产品推荐系统往往无法为投资者提供精准的产品推荐。这可能导致投资者购买到并不适合自己的产品，从而影响投资的满意度和收益，不利于投资者长期持有。

第三，**服务过程过于机械，投资者难以理解，缺乏必要引导与助推**。生硬地向投资者推荐投资组合与金融资产，大众投资者可能由于缺乏金融知识，无法理解复杂的金融工具，进而选择不使用智能投顾服务。④美国先锋基金的全托管式智能投顾服务的相关研究发现，虽

---

① 资料来源：Bhattacharya, Utpal, Andreas Hackethal, Simon Kaesler, Benjamin Loos, and Steffen Meyer. 2012. "Is Unbiased Financial Advice to Retail Investors Sufficient? Answers from a Large Field Study." *The Review of Financial Studies* 25 (4): 975–1032.

② 资料来源：D'Acunto, Francesco, Nagpurnanand Prabhala, and Alberto G Rossi. 2019. "The Promises and Pitfalls of Robo-Advising." *The Review of Financial Studies* 32 (5): 1983–2020.

③ 资料来源：Beketov, Mikhail, Kevin Lehmann, and Manuel Wittke. 2018. "Robo Advisors: Quantitative Methods inside the Robots." *Journal of Asset Management* 19 (6): 363–70.

④ 资料来源：Campbell, John Y., Howell E. Jackson, Brigitte C. Madrian, and Peter Tufano. 2011. "Consumer Financial Protection." *The Journal of Economic Perspectives* 25 (1): 91–114.

然对于使用投顾服务的客户，全托管的模式解决了投资者不按投顾建议进行交易的问题，但由于对算法的不信任，客户的退出率较高。① 另一项针对投顾服务的调查发现，即使是智能投顾的用户，也认为一定程度的与人工投顾的互动能够提升信任感与满意度。② 由于信任感的缺失，投资者可能产生技术厌恶，反而倾向于使用人工服务。③。

基于行为金融学的财富管理模式探索

结合大众人群对于财富管理服务个性化、多元化的需求，考虑到当前大众财富管理产品的现状，接下来探索以行为金融学为理论基础，按客户行为诊断、行为资产配置推荐、个性化投教引导三步走的财富管理模式进行。

客户行为诊断

准确估计投资者风险偏好及其他个性化参数，对给出正确的投资建议至关重要。目前金融机构的主流做法是通过问卷获取客户风险偏好特征，而这些问卷的问题往往基于客户自己的主观评价，同时不同

---

① 资料来源：Rossi, Alberto G., and Stephen P. Utkus. 2020. "Who Benefits from Robo-Advising? Evidence from Machine Learning." SSRN Scholarly Paper ID 3552671. Rochester, NY: Social Science Research Network.
② 资料来源：Rossi, Alberto G., and Stephen P. Utkus. 2020. "The Needs and Wants in Financial Advice: Human versus Robo-Advising." SSRN Scholarly Paper ID 3759041. Rochester, NY: Social Science Research Network.
③ 资料来源：Dietvorst, Berkeley J., Joseph P. Simmons, and Cade Massey. 2015. "Algorithm Aversion: People Erroneously Avoid Algorithms after Seeing Them Err." *Journal of Experimental Psychology: General* 144 (1): 114.

机构对于客户回答的解读标准不尽相同。更重要的是，除风险偏好外，客户其他的行为特征，如损失厌恶、过度自信等，都会改变客户对资产配置的需求。

通过大数据分析与行为实验相结合，财富管理机构可以完整了解客户的投资性格与投资行为。大数据技术通过收集和分析投资者历史金融决策，得到客户多维行为指标与基准画像。行为实验通过精心设计的行为测试问卷，对历史数据进行校准，反映客户真实偏好与潜在偏误，进一步丰富和精细化客户画像（见图 8.7）。

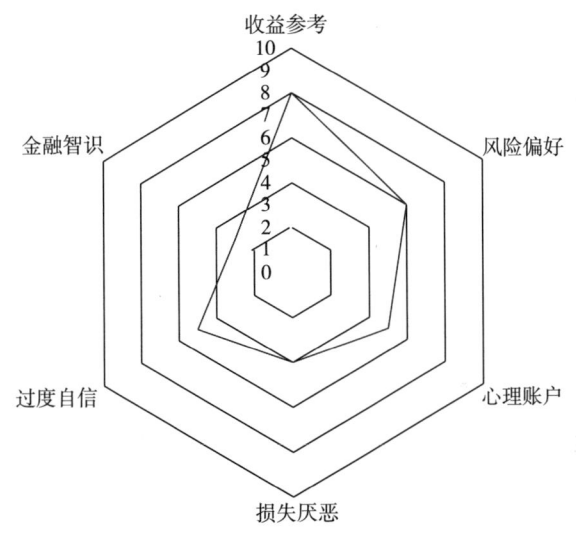

图 8.7　多维投资性格指标示例

行为资产配置调整方案

行为资产配置模型在风险偏好的基础上，考察损失厌恶、过度自信等行为特征或偏误，为客户提供最优化的资产配置比例建议。

现代投资组合理论仅区分不同投资者的风险偏好程度，并为风险厌恶相同的投资者提供同质化的投资建议。在深入分析、理解投资者行为偏好与需求后,利用行为投资组合理论,通过随机最优化方法,得到适合投资者的个性化投资组合。通过精准识别客户行为偏好,能够灵活地在迎合客户需求和调整客户行为偏误之间取得良好的平衡(见图8.8)。

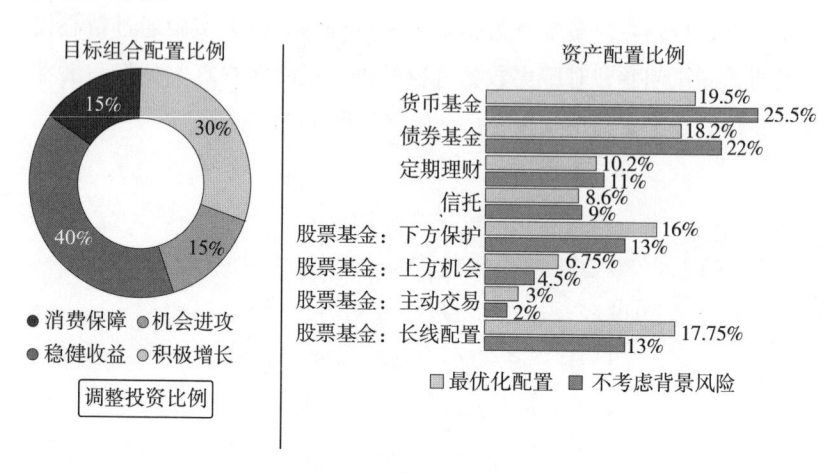

图8.8 行为资产配置方案示例

以投资者损失厌恶为例,行为金融学理论表明,当投资者财富低于预期时带来的痛苦,是数倍于财富高于预期时所带来的快乐的。有研究显示投资者100元损失的失落平均需要250元的后续收益来平复。损失厌恶使得投资者过度逃避风险投资,即使投资者可以承受一定的风险,并以此得到更高的回报。同时投资者在实际决策时,关心的不是"期望收益率""风险"等抽象的概念,而是能否达到预期投资目标与是否发生损失。因此,当我们以传统模型为投资者配置风险(以波动率衡量)适当的产品,但经常会触发小额亏损,损失厌恶投资者也会提前离场,从而无法享受长期持有带来的收益。而行为投资组合模型直接以损失概率与目标达成率作为优化目标,更为投资者接受,从而通过组合投资、合理配置,大幅降低投资者对单一品种损失的敏感度，减少损失厌恶的负面影响，做正确的长期投资（见图8.9）。

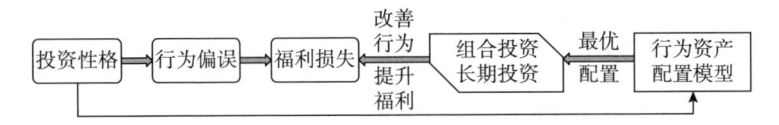

图 8.9　行为资产配置方案改善投资行为逻辑闭环

基于行为金融学的投资者教育

对于投资者的行为偏误，财富管理服务既可以迎合投资者的行为特性，也可以通过教育和指导帮助投资者纠正行为偏误。

1. 迎合投资者行为的助推方法

首先，金钱激励对投资决策的促进作用在多国都被验证是有效的。例如，对于化肥投资这样一种具有时间紧迫性的跨期决策，一项在肯尼亚的研究表明，小额限时折扣也能够促使人们提高对化肥的投资，避免拖延行为。① 在英国，购买债券参与抽奖的活动能够促进人们购买债券的行为。② 荷兰的一项研究也同样证实抽奖能够促进养老储蓄行为，并且抽大奖比设置很多小奖要更有用。③ 这些研究启示我们，金钱激励有用，但是激励设计同样重要。

其次，交互页面上信息的简化也能够极大地改变用户的决策。例

---

① 资料来源：Duflo, E., Kremer, M., & Robinson, J. (2011). Nudging Farmers to Use Fertilizer: Theory and Experimental Evidence from Kenya. American Economic Review, 101 (6), 2350–2390.
② 资料来源：Tufano, P. (2008). Saving whilst Gambling: An Empirical Analysis of UK Premium Bonds. American Economic Review, 98 (2), 321–326.
③ 资料来源：Bauer, R., Eberhardt, I., & Smeets, P. (2022). A Fistful of Dollars: Financial Incentives, Peer Information, and Retirement Savings. The Review of Financial Studies, 35 (6), 2981–3020.

如，基金产品信息虽然会详细地向投资者披露，但是由于内容过于纷繁复杂，投资者无法高效、正确地理解，导致信息披露并未能够在最大程度上保护投资者。一项研究创造性地给投资者提供了其他用户对信息的总结（主要内容是产品之间的比较，例如"这个产品手续费相对来说比较低"），使得用户看到可读性更强的产品信息，并发现用户在这种信息下可以做出更好的决策。① 在此基础上，交互信息还可以考虑从两方面改进，一是如何保证他人提供信息的质量，二是如何在影响用户决策的关键页面上精简信息。这两方面均有待更多的实证研究。

此外，人们的注意力水平也影响着投资决策。 例如，短信荐股被研究证实是可以定向提高股票投资的手段。② 但是在获客成本越发高企的今天，我们或许需要重新评估这一手段的成本收益比。数项有关基金投资的研究则发现，将基金费用后置③或者降低基金费用的明显程度④，均有助于提高人们的基金投资。而在给定的投资标的中选择最优标的时，时间压力会导致人们做出次优决策，因此设法延长思考和决策时间，帮助人们慢下来，也有助于提高决策质量。⑤

---

① 资料来源：Gunaratne, J., Burke, J., & Nov, O. (2017). Empowering Investors with Social Annotation When Saving for Retirement. Proceedings of the 2017 ACM Conference on Computer Supported Cooperative Work and Social Computing, 1066-1081.

② 资料来源：Attention triggers and investors' risk-taking. (2022). Journal of Financial Economics, 143 (2), 846-875.

③ 资料来源：Badoer, D. C., Costello, C. P., & James, C. M. (2020). I can see clearly now: The impact of disclosure requirements on 401 (k) fees. Journal of Financial Economics, 136 (2), 471-489.

④ 资料来源：Kronlund, M., Pool, V. K., Sialm, C., & Stefanescu, I. (2021). Out of sight no more? The effect of fee disclosures on 401 (k) investment allocations. Journal of Financial Economics, 141 (2), 644-668.

⑤ 资料来源：Liao, L., Wang, Z., Xiang, J., Yan, H., & Yang, J. (2021). User Interface and Firsthand Experience in Retail Investing. The Review of Financial Studies, 34 (9), 4486-4523.

2. 纠偏目的的投教方法

对于极度缺乏基本金融常识的成年人，例如向没有使用过银行的人解释银行的含义，有助于使他们在银行开户并且开始在银行存钱。① 在此基础上，教复利概念②和教养老金计算公式③，有助于提高养老投资。对于学生来讲，大量实地实验表明，通过案例学习和讨论来帮助他们塑造适合的金钱观、将金融学和经济学课程设为必修课、增强数学教育等手段，都对他们长期的财务状况是有益的。④ 教时间偏好的耐心程度，可以降低人们对当下享乐的偏好。⑤

传统的投教在解释银行含义、教授复利概念等方面取得了良好的效果。但是这方面的投教往往局限于非常基础的金融知识，不能满足更深层的金融需求。整体上看，对于简单概念的针对性解释是有用的，但是对于复杂概念，现有文献对此知之甚少。

一些近年来的研究探究了投教方法的创新。教授简单法则可以帮

---

① 资料来源：Cole, S., Sampson, T., & Zia, B. (2011). Prices or Knowledge? What Drives Demand for Financial Services in Emerging Markets? The Journal of Finance, 66 (6), 1933-1967.

② 资料来源：Song, C. (2019). Financial Illiteracy and Pension Contributions: A Field Experiment on Compound Interest in China. The Review of Financial Studies, hhz074.

③ 资料来源：Boyer, M. M., d'Astous, P., & Michaud, P.-C. (2022). Tax-Preferred Savings Vehicles: Can Financial Education Improve Asset Location Decisions? The Review of Economics and Statistics, 104 (3), 541-556.

④ 资料来源：Brown, M., Grigsby, J., van der Klaauw, W., Wen, J., & Zafar, B. (2016). Financial Education and the Debt Behavior of the Young. The Review of Financial Studies, 29 (9), 2490-2522.

⑤ 资料来源：Alan, S., & Ertac, S. (2018). Fostering Patience in the Classroom: Results from Randomized Educational Intervention. Journal of Political Economy, 126 (5), 1865-1911.

助人们更简单地做金融决策。① 通过一项模拟随机洪灾的游戏,有助于教育农户购买农业保险,分散外部风险。② 让人们围在一起的讨论式学习比授课式学习的金融教育效果更好。③ 教育用户的家人④和用户的邻居⑤,可以提升金融教育的效果。对话型的 AI 机器人可以提升投资者信任度。⑥ 一项最新的研究还探讨了复合式投教的效果,将投教与金钱激励、助推、投顾等结合,发现设定目标和提供投顾咨询均有助于提高人们对于投教的接受度,但是金钱激励对此没有额外的效果。⑦

在金融活动越来越多地转移到线上的今天,投资者教育也需要在传统的线下模式上做出更有革新性的探索。一系列研究发现,将金融

---

① 资料来源:Drexler, A., Fischer, G., & Schoar, A. (2014). Keeping It Simple: Financial Literacy and Rules of Thumb. American Economic Journal: Applied Economics, 6 (2), 1–31.

② 资料来源:Cai, J., & Song, C. (2017). Do disaster experience and knowledge affect insurance take-up decisions? Journal of Development Economics, 124, 83–94.

③ 资料来源:Kaiser, T., & Menkhoff, L. (2022). Active learning improves financial education: Experimental evidence from Uganda. Journal of Development Economics, 157, 102870.

④ 资料来源:Doi, Y., McKenzie, D., & Zia, B. (2014). Who you train matters: Identifying combined effects of financial education on migrant households. Journal of Development Economics, 109, 39–55.

⑤ 资料来源:Haliassos, M., Jansson, T., & Karabulut, Y. (2020). Financial Literacy Externalities. The Review of Financial Studies, 33 (2), 950–989.

⑥ 资料来源:Hildebrand, C., & Bergner, A. (2021). Conversational robo advisors as surrogates of trust: Onboarding experience, firm perception, and consumer financial decision making. Journal of the Academy of Marketing Science, 49 (4), 659–676.

⑦ 资料来源:Carpena, F., Cole, S., Shapiro, J., & Zia, B. (2019). The ABCs of Financial Education: Experimental Evidence on Attitudes, Behavior, and Cognitive Biases. Management Science, 65 (1), 346–369.

学概念植入电视剧中，可以起到良好的投教作用，具体可以影响开立银行账户①、增加储蓄②、正规途径借贷③、创业④等。

政策建议

综合当前投顾行业发展存在的问题与学术研究的视角，我们提出如下政策建议。

第一，针对投顾服务覆盖度低的问题，鼓励更多的机构进入投顾市场，增加市场竞争，以提高服务质量和降低费用。为降低财富管理场景中的信息不对称问题，引入独立的第三方机构或评估系统，对投顾机构和从业人员的绩效进行评估和排名。这将帮助投资者做出更明智的选择，并提高整个行业的服务质量。

第二，针对个性化提供财富管理产品的问题，结合历史投资行为诊断和行为测试问卷的结果，为刻画投资者类型提供更多参数。利用行为资产配置方案，从投资者的投资感受出发，设计个性化的投资组合建议，引导投资者长期投资。引入智能投顾和机器学习算法，以提供更精确的投资建议和个性化的投资组合管理。合理利用金钱激励吸

---

① 资料来源：Coville, Aidan, et al. "The Nollywood Nudge: An Entertaining Approach to Saving." World Bank Policy Research Working Paper 8920（2019）.
② 资料来源：Chopra, Felix. "Media Persuasion and Consumption: Evidence from the Dave Ramsey Show." Available at SSRN（2021）.
③ 资料来源：Berg, G., & Zia, B.（2017）. Harnessing Emotional Connections to Improve Financial Decisions: Evaluating the Impact of Financial Education in Mainstream Media. Journal of the European Economic Association, 15（5），1025–1055.
④ 资料来源：Bjorvatn, K., Cappelen, A. W., Sekei, L. H., Sørensen, E. Ø., & Tungodden, B.（2020）. Teaching Through Television: Experimental Evidence on Entrepreneurship Education in Tanzania. Management Science, 66（6），2308–2325.

引投资者迈出尝试的第一步。与此同时，完善监管框架，确保投资者的风险承受能力和投资目标与推荐的投资产品相匹配。建立透明度机制，要求投顾机构公开披露其投资策略、绩效和费用结构，以便投资者能够做出知情决策。

第三，针对投顾与投资者之间的沟通障碍与信任程度问题，鼓励和支持金融科技公司在投资者教育方面做出创新，通过信息简化、游戏化投教、对话型AI、投教概念影片等形式，提高投资者对买方投顾模式的认识和理解，提高投资者对投教的需求。逐步引导投资者了解如何评估投资风险、选择适当的投资策略，并理解长期和分散化投资的重要性。监管部门对不同项目进行效果评估，横向比较投顾效果，鼓励投顾机构的创新行为，增强投资者对于投顾行业的信任程度。

助推个人养老金参与

为了应对人口老龄化对养老体系的冲击，我国在2022年11月开始在全国36个城市试点推出了个人养老金项目。项目施行半年以来，我们对其效果进行了梳理和评述，并从行为助推的角度出发，结合学术理论和国际实践，提出了一系列进一步提高个人养老金参与情况的研究方案，包括开户、入金、投资行为等方面。这项研究对于推进我国养老金体系的健康发展具有重要意义。通过对个人养老金项目的效果进行评估，并提出相应的研究方案，可以更好地引导和鼓励广大民众参与个人养老金计划。同时，结合行为助推的理念，可以更好地促进个人养老金市场的发展，提高市场的透明度和公正性，为广大老年人提供更加优质的服务。为了进一步探究学术理论的落地实践可行性，我们与平安银行展开了相关合作。

出台个人养老金项目的社会经济背景

人口老龄化问题

老龄化已经成为中国当下的重要问题。中国历次人口普查表明,近年来中国的总人口增速持续放缓(见表8.1)。其中,近20年的人口增长速度放缓更为明显。2010年相较于2000年,人口增速仅为5.84%。2020年相较于2010年,人口增速仅为5.38%。与人口增长率下降同步出现的是中国老龄人口占比加速上升(见表8.2)。65岁及以上人口比例已经从2010年的8.87%增加到了2020年的13.50%,增加了4.63个百分点,相当于增加了52.20%。另外,2020年的人口普查发现,劳动年龄(15~64岁)人口占比出现下降,这在1982年以来尚属首次。

表8.1 中国历次人口普查情况:总人数及增长率

普查年份	总人口(万人)	较上次普查的人口增长率(%)
1953	59 435	—
1964	69 458	16.86
1982	100 818	45.15
1990	113 368	12.45
2000	126 583	11.66
2010	133 972	5.84
2020	141 178	5.38

资料来源:国家统计局。

表8.2 中国历次人口普查情况:各年龄组人口比例 (%)

普查年份	65岁及以上人口比例	较上次人口普查的变化	15~64岁人口比例	较上次人口普查的变化
1953	4.43	—	59.31	—
1964	3.57	-0.86	55.75	-3.56

续表

普查年份	65岁及以上人口比例	较上次人口普查的变化	15~64岁人口比例	较上次人口普查的变化
1982	4.91	1.34	61.50	5.75
1990	5.57	0.66	66.74	5.24
2000	6.96	1.39	70.15	3.41
2010	8.87	1.91	74.53	4.38
2020	13.50	4.63	68.55	-5.98

资料来源：国家统计局。

中国人口老龄化对社会保障制度提出了极大挑战。目前中国的总抚养比约为38%，在世界范围内尚属较低水平。但是伴随着人口结构的进一步转变和"人口红利"的衰减，预计2055年中国的总抚养比将超过75%（见图8.10），远远高于世界平均水平。

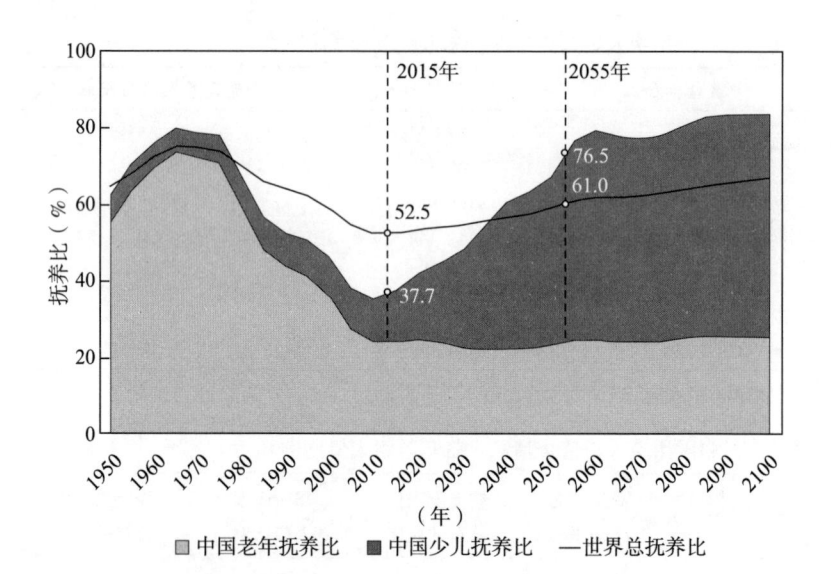

图8.10 中国总抚养比、老年抚养比、少儿抚养比
资料来源：联合国经济与社会事务部人口司。

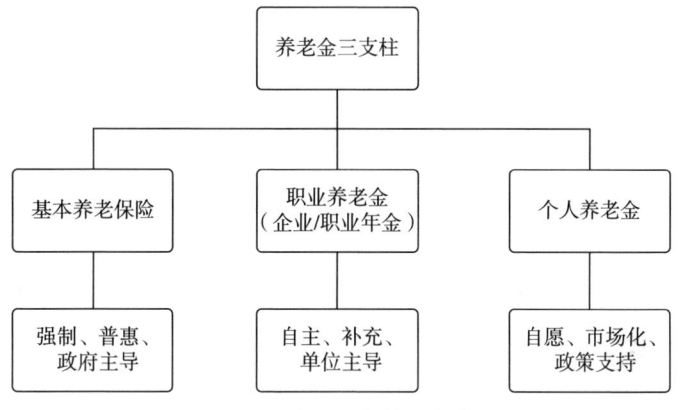

中国现有的养老体系

中国现有的养老体系分为三大支柱,如图 8.11 所示。

```
                养老金三支柱
    ┌───────────────┼───────────────┐
基本养老保险      职业养老金        个人养老金
                (企业/职业年金)
    │                │                │
强制、普惠、      自主、补充、      自愿、市场化、
政府主导          单位主导          政策支持
```

图 8.11 中国现有的养老体系

第一支柱为基本养老保险, 由政府主导,具备强制和普惠的性质。根据人社部的数据,截至 2023 年 3 月底,全国基本养老保险参保人数已达 10.52 亿。**第二支柱为职业养老金,** 包括企业年金和职业年金两类,由工作单位自主补充。企业年金的参与对象为企业职工。截至 2021 年年末,全国有 11.75 万户企业建立企业年金,参加职工 2 875 万人。职业年金的参与对象为机关事业单位职工。**第三支柱为个人养老金,** 由个人自愿参与,政策提供支持。

基本养老保险的覆盖率高,但是缴费额度较低,参与者退休后领取到的金额有限。并且由于人口老龄化的冲击,基本养老保险对养老的保障作用受到了严重威胁。职业养老金由单位主导,个人同样难以主动把握保障额度,并且覆盖人群有限。与之相比,个人养老金的自主性远高于职业养老金与基本养老保险。**从整体上看,个人养老金将会承担未来更多的养老资金压力,为人们提高更多的保障,与共同富裕的目标一致。**

个人养老金项目的现行框架与落地中面临的问题

开户渠道

从账户的开设渠道来看,个人养老金账户可通过全国统一线上服务入口或者商业银行渠道,在个人养老金信息管理服务平台开立。

值得注意的是,这个账户具有唯一性,参加人只能选择一家符合条件的商业银行开立一个个人养老金账户,以后只能在本行储存和管理个人养老金。开户相当于锁定了这位用户,为银行带来长期的客户价值。各家商业银行有较为强烈的动机邀请用户在本行开通个人养老金账户。

缴纳金额

目前缴纳个人养老金的上限为12 000元/年。限制缴纳金额主要是为了避免高收入群体通过这一渠道过多避税,削减累进税的效果,扩大收入差距。与之类似,美国的个人退休账户制度也设置了年缴纳金额的上限。

但是需要商榷的问题是:12 000元是不是适合个人养老金目标人群的上限额度?对于绝大多数的中国人来说,自主参与养老投资是一件陌生的事情(建立养老认知、理解现有规则都需要人们付出较大的时间成本和决策成本,因此,参与的好处必须足够大,才会吸引人们花时间、花心思去从零开始考虑参与)。而根据市场反应,很多人认为12 000元的缴纳额对退休后的养老金影响微乎其微,因此选择不参与。

税收优惠

目前最重要的政策支持是参与个人养老金可以享受个人所得税的

税前扣除优惠。① 因此，个人所得税边际税率越高，参与个人养老金的退税优惠越大。具体来说，个人养老金是按照自然年计算，即当年1月1日~12月31日缴存的个人养老金额度可以算入当年的个人所得税税前扣除部分。用户需要在个人养老金账户内开具缴费证明，并在次年3月开始的个人所得税核算时上传证明，经审核后方可获得退税。

这个过程存在诸多体验不流畅的问题。首先，缴存个人养老金必须由用户主动操作，尚不能设置自动扣款、定期扣款，导致用户容易在年末遗忘，错过当年的缴存机会。其次，缴存个人养老金后不能立刻获得当年的税收减免，时间相差至少3个月，当下的获得感较差。

此外，购买个人养老金的养老基金产品还可减免相关费率及手续费。② 这些费用，尤其是其中以年化计算的费用，从储存到退休的累计减免水平将是非常可观的。但是现阶段各家银行主要专注于推动开户和缴费，尚未重点宣传投资养老基金的费率优惠。

投资选择[③]

个人养老金账户封闭运行，账户内资金可以是活期存款形式，也可以用于购买符合监管规定的养老储蓄、养老理财、养老基金和养老保险四类产品。2022年1月1日，资管新规正式落地，这意味着资产管理行业的理财产品将打破刚性兑付。所以，每位参加人需要根据自己的风险偏好审慎选择。

---

① 在缴费环节，个人向个人养老金资金账户的缴费，按照12 000元/年的限额标准，在综合所得或经营所得中据实扣除。而在领取环节，需要缴纳3%的税费。
② 其中包括，商业银行对资金账户免收年费、账户管理费、短信费、转账手续费；个人养老金理财产品发行机构、销售机构和托管机构应在商业可持续基础上，对个人养老金理财产品的管理费和托管费设置优惠的费率标准，豁免认（申）购费等销售费用。
③ 参见个人养老金产品目录：http：//si.12333.gov.cn/235611.jhtml。

养老储蓄共有 465 个产品，期限集中在 1~5 年，其利率高于银行普通存款产品，受存款保险的保护，更适合有养老储备需求且风险偏好较低的群体，也适合临近退休的群体。**养老基金**目前共有 137 个产品，都是定期 FOF，持有期为 1 年、3 年、5 年不等，包含"目标日期型"和"目标风险型"两类。目前，入选标准是最近 4 个季度末规模不低于 5 000 万元的养老目标基金，并且投资风格稳定、投资策略清晰、长期业绩良好、运作合规稳健。**养老保险**的类型包括专属商业养老保险、年金保险、两全保险、万能保险等，目前共有 32 个产品。养老保险产品具有预定利率，在个人养老金体系中具有托底或兜底作用；收益较为稳定，适合风险厌恶型客户或风险承受力低的群体；此外，年金化领取能够有效分散实际寿命超过预期寿命的长寿风险。**养老理财**产品起步较晚，目前共有 18 个产品。

目前人们是如何在不同类型的产品之间选择投资的呢？实际上，**由于金融素养不足，长期投资经验较少，人们的做法往往是不做任何投资，只是把钱放在活期账户里**。这样，存储个人养老金的用户仅仅获得了节税一项优惠，而没有享受到复利作用带来的长期投资的价值。

个人养老金项目的参与情况及推进痛点

参与情况

人社部数据显示，截至 2022 年年底，个人养老金参加人数 1 954 万人，缴费人数 613 万人，总缴费金额 142 亿元。相当于人均存钱 727 元，远小于存钱上限 12 000 元。截至 2023 年 3 月底，个人养老金参与人数 3 324 万人。据《证券日报》报道，仅 900 多万人完成了资金储存，占开户的 30% 左右。

根据平安银行的消息，在存钱的 900 万用户中，仅有约 90 万用户（约占存钱用户数的 10%）存满 12 000 元，有约 630 万用户（约占存钱用户数的70%）存钱少于100元。

可见，现阶段的重要问题是进一步提高个人养老金的参与质量：引导适合参与个人养老金的人开户，而不是让银行工作人员拉亲戚朋友帮助完成开户指标，促进适合参与个人养老金的人的资金储存行为，并逐步培养养老投资行为。

推进痛点

中国施行个人养老金项目最大的挑战之一是，人们对于养老问题普遍没有明确的概念，缺乏为自己负责的养老观念。在参与基本养老保险时，可选择空间比较少，自己没有真正决定过从什么时候开始存养老金、存多少钱、投资哪些产品等。因此，当个人养老金这一项目出现的时候，由于需要同时做一系列复杂和重要的决策，超过了人们原本的金融知识和养老认知水平。

其次，人们不愿意参加个人养老金很大程度上在于没有长期投资的经验，不习惯极低的流动性。一般情况下，个人养老金账户中的钱需要到退休时才可以取出。极低的流动性让不少开户者选择观望。根据西南财经大学中国家庭金融调查与研究中心、蚂蚁集团研究院、蚂蚁理财智库联合发布的《中国家庭财富指数调研报告》，在不打算开通或者不确定是否要开通个人养老金账户的人群中，有22%的受访对象认为个人养老金账户实施强制储蓄，不能随意取出，资金流动受限。

在项目推出的初期，人们在很大程度上依赖于其他社交网络用户等对规则的解读来决定自己是否要参与个人养老金。但是由于社交网络上的用户的金融知识良莠不齐，在对于一些规则的理解上存在偏差。例如，有用户认为，自己不参与的原因是担心存进去的钱以后取不出来。他们忽视了个人养老金与基本养老体系的最大区别在于个人账户的独立性，存进去的钱都在个人名下。又如，有用户认为，资金需要一直在个人养老金账户放到退休，不仅没有流动性，而且毫无投资的自由度可言，将会一直锁定至退休才可以取出。然而实际上，养老储蓄、养老理财和养老基金均为1~5年期，到期时可以在个人养老金内部赎回更换其他产品，有一定投资的自由度。

国内各银行推行个人养老金项目的做法

信息宣传

各家银行均在App内设置了个人养老金版块，并提供了信息推送。首先，各银行会介绍个人养老金在我国养老体系当中第三支柱的重要作用。其次，各银行将个人养老金的宣传重点放在税收优惠细则的介绍上。此外，为提高用户对个人养老金项目的注意力水平，各机构还将个人养老金版块在首页设置了直达入口，方便用户访问时快速找到。为了触达不经常访问App的用户，各银行还通过电话、短信等方式向用户直接宣传个人养老金项目。

在个人养老金页面，多家平台还提供了节税计算器与养老计算器的功能，帮助用户理解自身情况。在养老计算器中，用户只需输入出生年份、工作地点、月收入等信息，便能计算退休后每月到手的社保养老金金额。如果输入目标养老金金额，还可以进一步计算出养老金缺口有多大，进而引导用户考虑参与个人养老金。在节税计算器中，用户输入收入水平、预计投资个人养老金金额等信息，便可以获知自己能够获得多大的税收减免。

金钱激励

首先，在开户时，各银行或提供固定金额的奖励，或提供不固定的抽奖。例如，在交通银行首次开户可获赠58元支付贴金券礼包；在邮储银行开户最高可领500元红包。在实际推广开户过程中，出现了一定的薅羊毛现象，即用户对参与个人养老金无兴趣，但是愿意通过开户获得奖励，银行虽然抢占了他们的市场，但是对于存钱和投资没有实质影响。

其次，为了进一步推动用户向个人养老金账户中存钱，各银行大多设置了多层次的激励机制。例如，中国银行的机制为，个人养老金资金账户累计金融资产首次达标至1 000元及以上的客户，有机会叠加获赠20元话费券；首次达标至12 000元及以上的客户，有机会叠加获赠50元话费券。然而，在没有培养起长期投资习惯的情况下，仅仅依靠红包吸引存钱的效果不佳。

再次，银行也对个人养老金账户内部的投资行为给予了一定的优惠。例如，农业银行和建设银行对养老基金的申购费率打5折，兴业银行和民生银行对养老基金开展申购费率1折优惠活动。然而，阻碍用户购买养老基金的并不是费用本身，而是对于养老投资的认知。

各银行也通过拉新裂变的方式扩充用户数量，并为此提供了不亚于本人开户行为本身的激励。例如，在交通银行推荐1~10名好友首次开户，可获得最高280元奖励。各家银行对好友拉新的激励设置非常高，这对于个人养老金项目的推广而言是有合理性的，因为关系网络中的收入水平会比较相近，而且具有一定的羊群效应，用户推荐比银行随机对某一位用户进行推广的成功概率要大。

关于促进个人养老投资的其他做法及讨论

默认规则

1998年4月1日起，美国401(k)养老金计划施行了一项改革，主要内容为：从用户主动参与的模式改为了用户默认参与的模式；设定了养老金的默认存钱比例为收入的3%；养老金账户内的资金默认投资于货币基金。① 这一变化的效果如图8.12所示。改为默认参与后，401(k)参与率从37%提升至86%，缴纳比例集中在默认的3%。

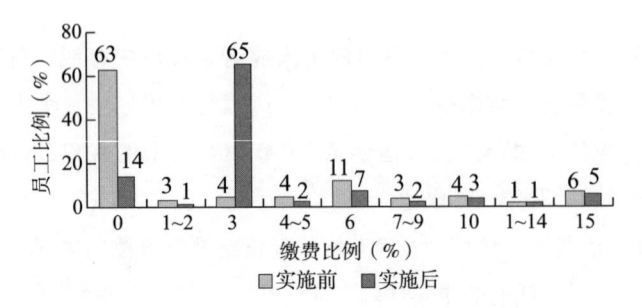

图8.12 默认规则实施前后的401（k）参与情况
资料来源：Madrian and Shea, 2001。

默认规则有两方面的价值，首先，默认规则降低了人们主动操作去开户和存钱的交易成本。其次，默认规则也降低了人们后续每一次的决策成本。默认规则不是一种强制规则，人们可以自由更改。但在政策中实施默认规则时，需要再讨论的问题是：实施默认规则是否对某些用户造成误导，导致他们的利益受到损害？如何恰当地为每个用户提供个性化的最优默认选项？

可能是考虑到这些现实中的复杂因素，我国的个人养老金项目目前没有任何利用默认规则的设计。但是国外经验表明，**恰当设计的默认规则能够有效提高个人养老金的参与水平**。如果能够在人们进入劳动力市场时默认开通账户，根据用户过往的存钱金额或者计划的参与

---

① 资料来源：Madrian, B. C., & Shea, D. F. (2001). The Power of Suggestion: Inertia in 401 (k) Participation and Savings Behavior. *The Quarterly Journal of Economics*, *116* (4), 1149-1187.

金额自动扣款,并直接购入投资产品,将会非常有力地推动人们更多参与养老金投资。

渐进方案

为了帮助人们逐渐建立养老储蓄习惯,美国、英国、澳大利亚等多国采用了储蓄自动升级的方案——"明天储蓄更多"(Save More Tomorrow)。这是一套利用行为经济学设计的帮助人们逐渐建立养老储蓄习惯的方法,其核心是让人们事先承诺在将来按照工资涨幅提高缴存金额。[1] 这一项目充分体现了行为经济学的作用,利用了当下享乐偏误、损失厌恶、默认原则等因素。2006年,这一方法被写入了美国的《养老金保护法》(Pension Protection Act),据统计,已经惠及美国1 500万养老储蓄不足的群体。

"明天储蓄更多"机制与传统投资顾问建议的转化率对比如图8.13所示。收到传统投资顾问的养老投资建议之后,建议采纳率仅为27.6%。而提供"明天储蓄更多"参与机会的人中,有高达78.3%的人愿意参与其中。

我国的个人养老金目前没有类似的承诺机制,如果银行可以在合规的情况下与用户签订类似的渐进缴存方案,或者仅仅是对用户的承诺给出提醒信息,可能也会有助于人们逐渐提高个人养老金参与水平。

同伴效应

有大量研究表明,人们存在社会学习的现象,通过同伴的行为来

---

[1] 资料来源:Thaler, R. H., & Benartzi, S. (2004). Save More Tomorrow™: Using Behavioral Economics to Increase Employee Saving. *Journal of Political Economy*, 112 (S1), S164−S187.

决定自己的行为。例如，迪弗洛与泽斯（Duflo and Saes，2002）分析了美国某所大学的全部教职工的养老保险参与情况，发现人们自身的参与情况与同事平均的参与情况高度相关。而且人们与自身更为相似的细分人群（划分标准包括性别、年龄、工龄、工种、部门等）的相关度更高。①

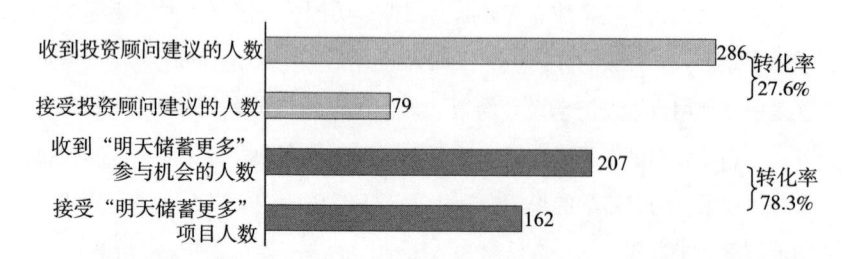

```
收到投资顾问建议的人数              286  转化率
接受投资顾问建议的人数       79           27.6%
收到"明天储蓄更多"
参与机会的人数              207          转化率
接受"明天储蓄更多"
项目人数                  162           78.3%
```

图 8.13 "明天储蓄更多"机制与传统投资顾问建议的转化率对比
资料来源：Thaler and Benartzi, 2004。

一项近年来在智利进行的实地实验，以短信形式告知同伴的储蓄情况。② 对比图 8.14 中两条提供同伴信息（同伴压力组与同伴信息组）的折线和对照组的折线可知，提供同伴信息显著增加了人们自身的储蓄行为。

此外，文献中涉及的情境与中国的个人养老金项目背景最大的不同，在于个人养老金处于项目初期推广阶段。人们不参与，很大程度上恰恰是因为同伴效应，因为同事和朋友不参与，自己也不参与。因此，在初期推广时需要采用其他的思路。

---

① 资料来源：Duflo, Esther, and Emmanuel Saez. "Participation and investment decisions in a retirement plan: The influence of colleagues' choices." *Journal of public Economics* 85.1 (2002): 121-148.

② 资料来源：Kast, F., Meier, S., & Pomeranz, D. (2018). Saving more in groups: Field experimental evidence from Chile. *Journal of Development Economics*, 133, 275-294.

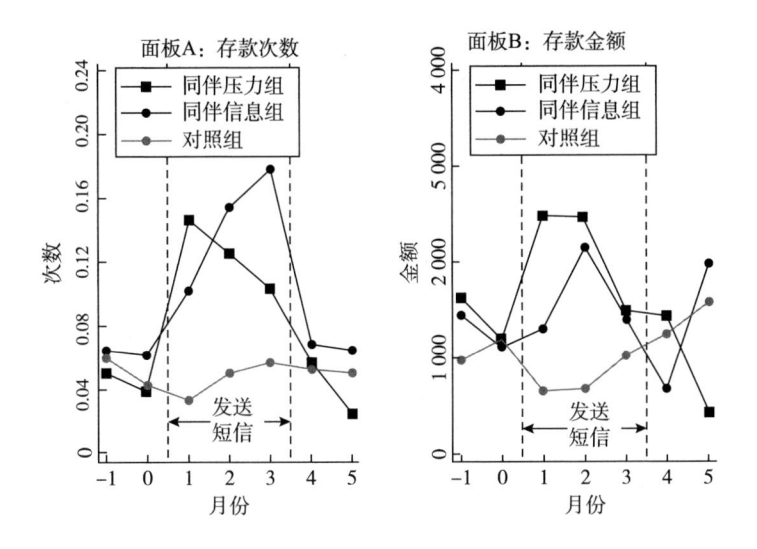

图 8.14　提供同伴储蓄信息对个人储蓄行为的影响

注：左图展示了月度存款次数，右图展示了月度存款金额，并进行了 5% 缩尾处理。实验开始于 2009 年 8 月（月份 1），结束于 10 月（月份 3）。金额以智利比索为单位。
资料来源：Kast，Meier and Pomeranz，2018。

针对个人养老金下一阶段推进的建议

下一阶段推进个人养老金项目的重难点共有两个。其一，在于继续推动适合参与个人养老金的人群开户。其二，在于推动已开户用户存钱并养成长期存钱的习惯。综合个人养老金的推进现状、商业银行的现有做法和文献中的研究结论，我们对此分别提出政策建议。

首先，对于推动适合参与个人养老金的人群开户，建议如下：

第一，适当提高收入水平较高的人群的缴费上限，提高他们参与个人养老金的优惠幅度；对未达个人所得税起征额的群体提供正向补贴，提高他们参与个人养老金的积极性。

第二，提高从个人养老金缴费到获得税收优惠的流畅度，提高参与个人养老金的获得感。例如，可以将个人养老金信息与个人所得税汇缴系统打通，无须用户上传材料，自动计算退税金额，并且可以允许用户在次年3月汇缴税费期间补缴上一年度的个人养老金。

其次，对于推动已开户用户存钱并养成长期存钱的习惯，建议如下：

第一，针对人们对现行规则的错误解读，适当调整信息宣传的着重点，由前期的介绍基本规则，转向回应人们的常见疑问，更加聚焦于解决人们在参与个人养老金时的真实关切问题。

第二，针对人们普遍缺乏养老概念的问题，首先，通过主动触达用户的信息宣传，强调预期寿命延长的趋势与退休后维持生活质量的需求，引导人们重视养老问题。其次，借鉴默认规则与渐进方案，在保障用户权益的前提下，设计更有利于用户逐步培养养老习惯的存钱机制。例如，允许银行探索设置个人养老金的创新存钱机制，如自动扣款功能和渐进缴存方案，逐步培养用户的养老储蓄习惯。

第三，针对人们不接受低流动性的问题，首先，对个人养老金账户内购买养老产品提供红包或补贴，鼓励用户将账户内的活期存款购买为养老产品，而不是长期持有活期存款，增加对于低流动性的金钱补偿。其次，根据用户的风险水平与距离退休的年龄，提供官方推荐的投资组合，设置默认选项，简化投资产品的选择过程，提高长期投资的参与程度，确保低流动性对标适当的长期回报。

完善公募基金评价指标体系

完善公募基金评价体系的重要性

广大的中小投资者在选择风险资产进行财富管理时，最常见的投资标的是公募基金。为中小投资者提供高质量的投资工具，能够帮助投资者实现有效的财富管理与财富增值，有助于实现共同富裕目标。在此背景下，完善公募基金评价指标体系具有重要的意义，主要包括以下几点。

促进公平投资

一个完善的公募基金评价指标体系可以为投资者提供决策参考，帮助他们从众多的基金产品中选出最适合自己的投资目标和风险承受能力的基金。这有助于平衡市场上的投资机会，使所有人都能在投资中得到公平的待遇。

提高市场透明度

基金评价指标体系能够让基金的运作更加透明，投资者可以通过比较不同基金的评价指标，了解其风险和收益情况，从而做出更明智的投资决策。这有助于防止资本过度集中，推动财富的均衡分布。

推动财富管理行业的转型

在共同富裕的大背景下，基金评价指标体系可以激发基金公司之间的竞争，推动基金公司提升管理水平和服务质量，逐渐转变为更注重服务广大中小投资者的财富管理机构。

保护投资者权益

基金评价指标体系能够帮助投资者更好地理解和评估基金产品，防止基金公司以复杂的产品设计或误导性的营销手段欺诈投资者，保障投资者的权益，避免贫富差距的进一步扩大。

推动公募基金市场的健康发展

基金评价指标体系的完善，能够推动公募基金市场的健康发展，提升其在整个金融体系中的地位和作用，为实现社会的共同富裕提供重要的支持。

当前公募基金评价体系现状与问题

公募基金评价现状

当前公募基金评价体系主要根据风险和收益两大要素进行评价。其中，收益指标通常包括累计收益率、年化收益率和超额收益等。这些指标直接反映了基金的投资效果，是投资者最关心的评价因素。但单纯从收益来评价基金可能会忽略其潜在的风险。而风险指标通常包括标准差、夏普比率、特雷诺比率等。这些指标可以帮助投资者理解基金的风险水平和风险调整后的收益水平。除此之外，一些评价体系还考虑了基金管理人的择时与选股能力等因素。但总体来说，大多数评级机构以风险调整后的收益作为对基金的主要评价依据，采用指标较为单一，同质化比较严重。

表8.3总结了中国市场现有的七家获批开展基金评价业务的评级机构各自的指标体系与权重组成。**晨星、银河证券、招商证券三家机构主要以风险调整后收益作为唯一或主要评价指标**，但是它们都有各自计算风险调整收益的方式。**天相、济安、上海证券均选择在风险调整收益基础上增加了管理人选股与择时能力的指标**，但这三家机构的权重选择存在显著差异。天相、济安还是选择将评级中约七成权重置于风险调整收益之上，而上海证券则在评级指标多元化上更为激进，将评级权重平分于风险调整收益、选股能力与择时

能力三者之上。**海通证券是唯一一个将契约因素纳入基金评级的机构**。所谓契约因素,是指基金经理人是否很好地履行了"代客理财"的契约,具体来说,海通证券用与业绩基准比较的超额收益、基金换手率、是否遵守投资比例来衡量。从理念上看,契约因素属于基金合规、治理与投资者保护的范畴,是基金评级从单一收益指标迈向综合评级的第一步,但从具体指标上来看,尚显简单。**最后,在各指标的权重设置上,各家评级机构都没有给出设置依据与客观标准。**

表8.3 各家基金评级机构指标体系概览

评级机构	一级指标	权重
晨星	风险调整后收益	100%
银河证券	风险调整后收益	未披露
招商证券	风险调整后收益	主要(具体未披露)
	收益与基准相关性	次要(具体未披露)
天相投顾	风险调整后收益	70%
	择时能力	15%
	选股能力	15%
济安金信	盈利能力	74%
	抗风险能力	13%
	选股择时能力	13%
上海证券	风险调整后收益	33%
	择时能力	33%
	选股能力	33%
海通证券	简单收益	35%
	风险调整后收益	30%
	持股调整收益	20%
	契约因素	15%

资料来源:中国证券基金业协会。

境外成熟市场经验

在境外成熟市场中，金融产品的评级评价除了关注传统收益指标，同时也引入了适当性要求。如晨星发布的 Stewardship Grade，不仅从基金策略、风险和收益等角度对基金进行评价，还关注基金的公司文化、基金经理激励方式、管理层质量等维度，从而对基金治理、可持续性发展做出评价。

当前我国基金投资者保护机制与监管规定缺乏系统性。作为对比，《欧盟金融市场工具指导》（MiFID）对金融市场与金融机构的投资者保护机制，贯穿了从产品设计、运营到销售的全流程，设计了投资者保护与金融产品合规的主要框架，如图 8.15 所示。从产品设计与运营的角度看，MiFID 要求贯彻投资者保护要求，在产品设计时注意投资者适当性，在运营时要求保证对投资者交易的最优执行。从公司内部控制角度看，要求合规部门拥有独立性，负责人不得与业务部门兼任，要设立按时按要求的内部控制报告机制。在基金产品销售前，尤其要注意投资者分类制度与适当性管理，对投资者销售合适的产品，并对费用进行明确公示。最后，在产品销售后，需要有完善的信息存档、披露机制以及投诉的途径。这一框架对基金的综合评价提供了参考。

学术研究中也指出，有许多因素会影响基金的长期收益稳定性。经典文献研究发现，过去的净值收益表现或晨星评级呈现反转效应，即过去表现好的基金未来反而表现更差。[①] 这说明，并不能仅仅依靠历史收益对基金未来长期收益和经营稳定性做出可靠评价。许多其他

---

① 资料来源：Carhart, M. (1997), On persistence in mutual fund performance, Journal of Finance, 52 (1), 57–82. Blake, C. A. and Morey, M. (2000). Morningstar ratings and mutual fund performance, Journal of Financial and Quantitative Analysis, 35, 451–483.

的基金特征,如基金规模①、基金换手率②、基金经理能力指标③等,都对基金未来收益有显著影响。

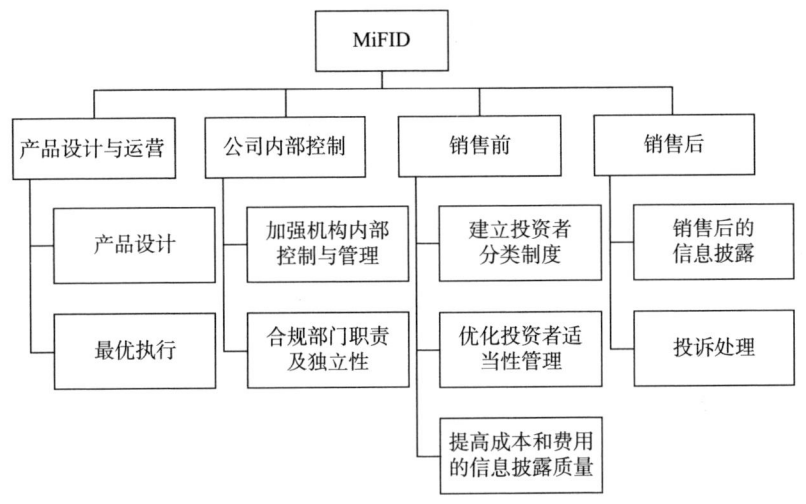

```
                          MiFID
         ┌──────────┬──────────┼──────────┬──────────┐
    产品设计与运营   公司内部控制      销售前        销售后

    ┌──────────┐  ┌──────────┐  ┌──────────┐  ┌──────────┐
    │  产品设计 │  │加强机构内部│  │建立投资者 │  │销售后的   │
    │          │  │控制与管理 │  │分类制度   │  │信息披露   │
    └──────────┘  └──────────┘  └──────────┘  └──────────┘

    ┌──────────┐  ┌──────────┐  ┌──────────┐  ┌──────────┐
    │  最优执行 │  │合规部门职责│ │优化投资者适│  │投诉处理   │
    │          │  │及独立性   │  │当性管理   │  │          │
    └──────────┘  └──────────┘  └──────────┘  └──────────┘

                                ┌──────────┐
                                │提高成本和费用│
                                │的信息披露质量│
                                └──────────┘
```

图 8.15 欧盟金融市场工具指导框架

过去的研究还关注了基金管理人与投资者潜在的利益冲突导致的业绩操纵、行为偏误等对基金绩效的影响。基金经理职业发展取决于基金绩效,当基金经理面对过高的职业风险时,可能会选择过度的风险承担,从而降低基金的未来绩效。④ 基金经理还可能会通过粉饰业

---

① 资料来源:Pastor, L., Stambaugh, R. F. & Taylor, L. A. (2014). Scale and skill in active management. SSRN.
② 资料来源:Pastor, L., Stambaugh, R. F. & Taylor, L. A. (2015). Do funds make more when they trade more? SSRN.
③ 资料来源:Kacperczyk, M., Sialm, C., & Zheng, L. (2008). Unobserved actions of mutual funds. Review of Financial Studies, 21 (6), 2379-2416.
④ 资料来源:Hu, P., Kale, J. Pagani, M. & Subramanian, A. (2011). Fund flows, performance, managerial career concerns, and risk taking. Management Science, 57 (4), 628-646.

绩的方式对基金定期报告进行操纵，误导投资者决策，这对基金长期稳定发展也有损害。① 最后，基金经理能否与投资人利益对齐，对未来收益有显著影响，当经理人自持基金比例更高时，往往能使基金获得更好的收益表现。② 这些维度的指标都对基金的综合评价有参考价值。

当前存在的问题

公募基金评价体系在实际应用中存在一些问题和挑战，主要表现在以下几个方面。

1. 评价指标存在局限性

目前的评价体系主要集中在收益和风险两大要素，虽然这两个方面是投资决策的重要考量，但仍然有很多其他重要的因素被忽略。例如，晨星Stewardship Grade评级中的基金治理、基金管理层质量等，MiFID中强调的投资者保护、信息披露质量、合规行为等，都是影响基金经营与长期收益的重要因素，应当在基金评级指标中予以考虑。此外，社会责任投资正在成为一个重要的趋势，但在当前的评价体系中，ESG因素往往被忽视。

2. 长期收益预测能力差

当前评级对于长期收益稳定性的预测能力较差。例如，一只基金在短期内取得了高收益，但这可能是由于基金经理采取了高风险的投资策略，而这种策略在长期内可能无法持续。反之，一只基金在短期

---

① 资料来源：Wang, X. (2012). Prevalence of mutual fund window dressing, working paper, Iowa State University.
② 资料来源：Khorana, A., Servaes, H. & Wedge, L. (2007). Portfolio manager ownership and fund performance, Journal of Financial Economics, 85 (1), 179-204.

内的表现可能不佳，但这可能是因为基金经理正在为长期的投资机会做准备。因此，评价体系需要更多地考虑基金的长期表现，而不仅仅是短期收益。

3. 评价体系不透明

当前的评价体系常常对外部投资者来说是暗箱操作。虽然评价结果会公布，但评价的具体过程和评价指标的权重等信息通常不会被公开，这可能会导致投资者对评价结果产生误解。例如，投资者可能会过于依赖评级机构的评级结果，而忽视了自己的投资目标和风险承受能力。此外，评价体系的不透明也可能使基金公司有机会通过一些手段来"优化"评价结果，而这可能并不符合投资者的最佳利益。

完善基金评价指标的路径分析

构建多维度评价指标体系

从上述讨论可以看到，基金的长期收益、稳健运营与许多因素有关，若只考虑收益和风险，便不能得出对于基金完整的评价。为了构建完善的基金评价指标体系，还需要考虑以下几个方面。

基金治理：基金的管理和运营是影响其表现的关键因素之一，欧盟 MiFID 对公司内部控制、合规部门设定等进行了详细规定。在进行基金评价时，也应当纳入基金治理，这可能包括基金的管理结构、决策程序、风险管理政策等。一个良好的基金治理结构能够保证基金的运营顺利，并有利于保护投资者的利益。

行为偏误：基金经理的行为和决策可能受到各种心理和情绪因素的影响，这被称为行为偏误。通过对基金经理的行为偏误进行评估，可以帮助投资者更好地理解基金的投资策略和风险。

利益冲突：由于基金管理人和投资人之间存在天然的利益冲突，即委托—代理问题，导致基金管理人可能采取业绩操纵等行为，误导投资者进行决策。因此，考察基金利益冲突问题和业绩操纵行为也是基金评价的重要方面。

投资者保护：基金的投资者保护政策也是评价其表现的重要因素。MiFID要求金融产品在销售前建立投资者分类，进行适当性管理，在销售后建立完善的投诉反馈机制。具体到基金销售，包括基金的赎回政策、费用结构、投资者服务等。一个良好的投资者保护政策能够保护投资者的权益，并有助于增强投资者的信心。

信息披露：基金的信息披露政策是评价其透明度和公平性的重要指标。这可能包括基金的投资策略、持仓情况、费用结构等。一个良好的信息披露政策能够帮助投资者更好地理解基金的运营情况，并有助于提高基金的公信力。

综合以上各维度指标，我们利用目前公开可得的数据，构建了基金评价新的综合指标体系。该指标体系包含行为偏误、利益冲突、信息披露、产品可得性、稳定性、投研能力、持仓偏好、风险与盈利八个维度，百余项指标，主要在以下方面对传统指标体系尝试进行改进：

更新的评价角度：更多从投资者保护视角考察基金能否为投资者实现利益最大化。

更广的指标维度：指标来源于学术文献、过往研究成果、爬虫、基金公开数据库多维指标。

更合理的权重设置：采用基于评价目标最优化的指标加权权重计算。

更强的适用性：综合评价指标体系对于基金收益、资金流动有较强的预测能力。

基金评价体系的效果评估

从评级对投资者决策与基金未来业绩的预测能力角度看,基金综合评级的表现有以下特点。

与现有评级相关性低,能够提供附加信息。从图 8.16 中可以看到,基金综合评级与现有基金评级之间的相关程度较低,而传统基金评级之间相关程度较高。这说明现有评级主要考虑风险调整收益作为评级依据,反映了同质信息。基金综合评价能够为投资者与市场提供附加信息。图 8.17 展示了综合评级各分项指标与现有评级的相关性热力图,可以看到风险与收益子项确实与传统评级有最大的关联,而信息披露、产品可得性、持仓偏好、利益冲突等维度都与现有评级相关性较低,从而为市场提供了更多维度的信息内容。

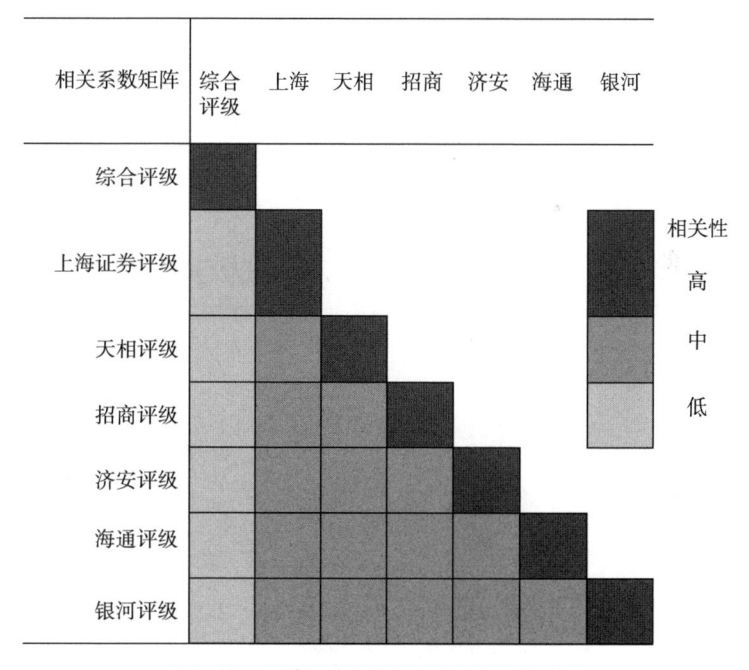

图 8.16 现有机构评级与综合评级相关性

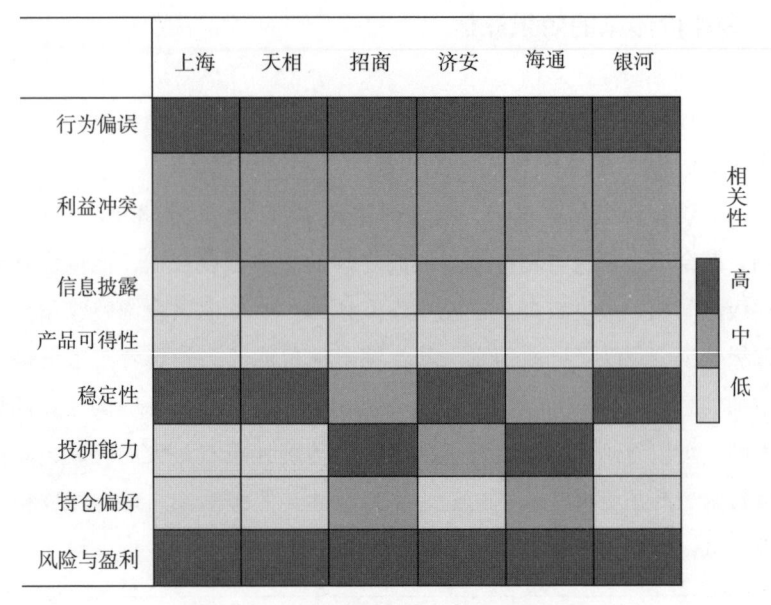

图 8.17 二级指标与现有机构评级相关性

相比于传统评级，综合评级对未来基金的资金净流入有更强的预测能力，更好地反映出投资者决策。图 8.18 展示了基金综合评级、现有评级以及其他

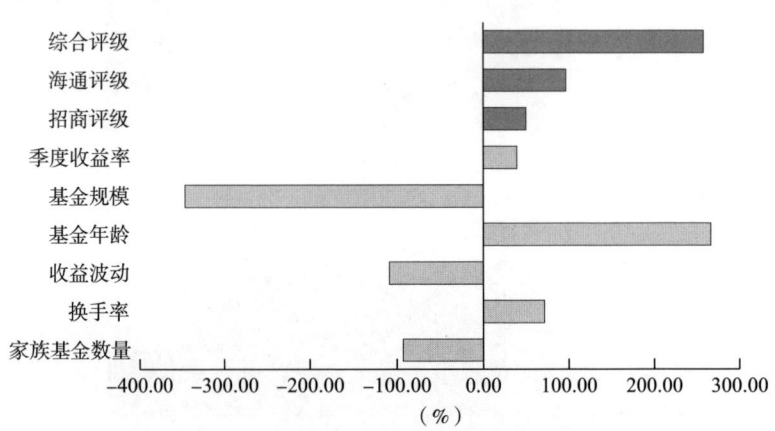

图 8.18 综合评级对基金资金流入的预测

基金特征对于基金下季度资金流入的变动贡献程度。所有特征变量均进行了标准化，使其可以横向比较。综合评级单位变动对资金净流入有正向作用，作为对比，比同时期海通评级、招商评级等传统评级变动能够多预测 2~4 倍的资金流入。在其他基金特征控制变量中，只有基金规模和基金年龄能够达到类似的预测效果。

综合评级对基金长短期收益均有较强的预测能力。传统评级对长短期基金收益的预测能力不稳定，存在不一致的结果。图 8.19、图 8.20 分别展示了综合评级对下一季度与下一年度市场调整收益的预测能力，说明无论是短期还是长期收益，综合评级都有稳定一致的正向预测能力。

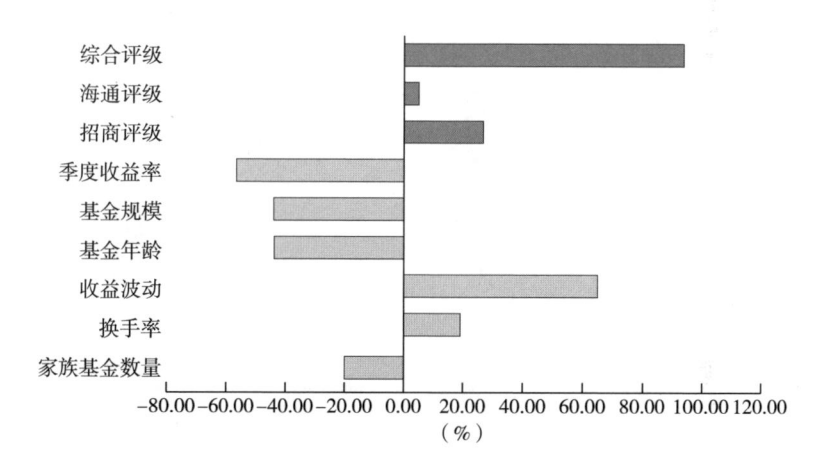

图 8.19 综合评级短期收益预测能力

各二级细分指标均表现出较强的预测能力。图 8.21、图 8.22 分别展示了综合评级各个二级指标对于未来长期收益和长期资金净流入预测的贡献度。我们发现风险收益与投研能力无论是对于未来收益还是资金流入的预测都做出了较大贡献，说明现有评级体系有一定的合理支出。但另一方面，基金的信息披露、投资者保护、基金治理等因素也对基金未来表现的预测起到重要作用。

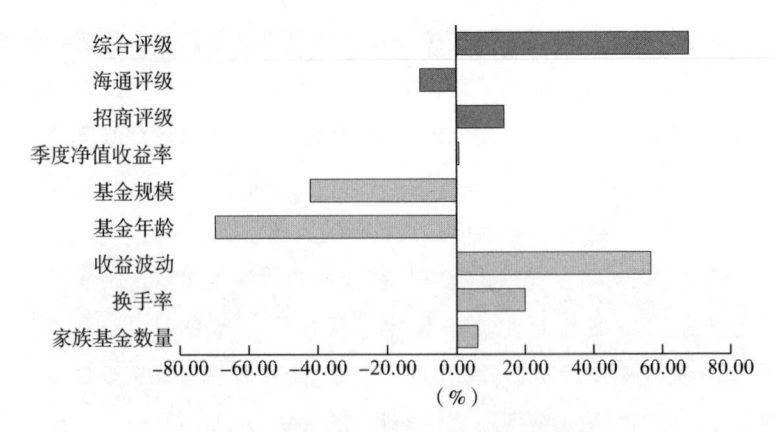

图 8.20 综合评级长期收益预测能力

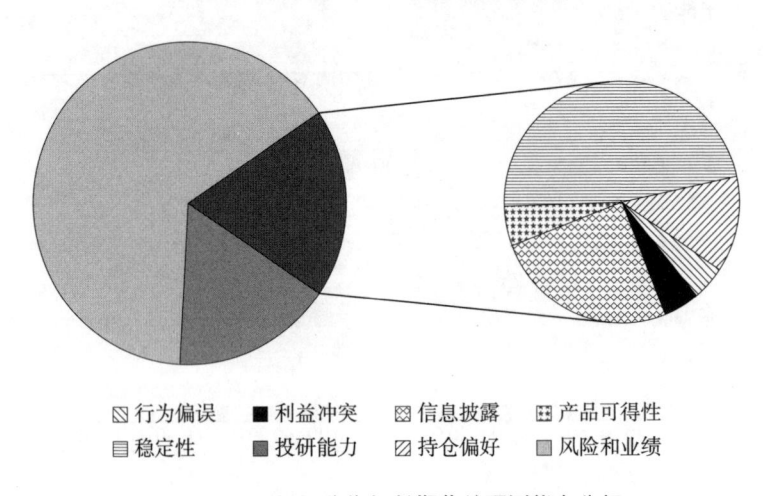

图 8.21 二级细分指标长期收益预测能力分解

政策建议

推广多维度评价指标体系：鼓励评价机构构建并使用多维度的评价指标体系，包括收益、风险、基金经理的经验和能力、基金公司的管理水平和声誉、基金的投资策略和投资风格、基金的规模和流动性等。同时，应将 ESG 因素纳入评价体系，以鼓励基金公司进行社会责任投资。

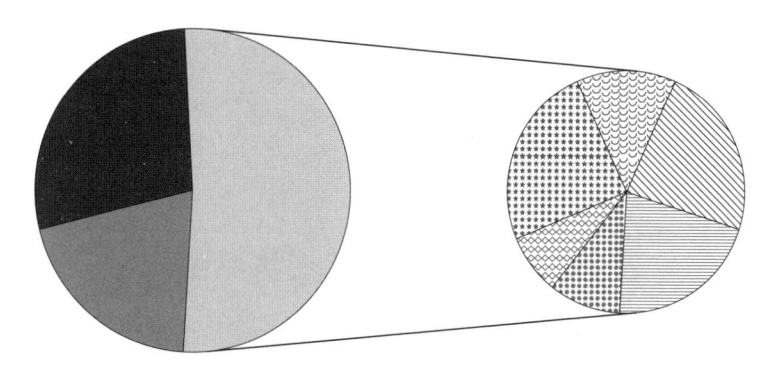

图 8.22　二级细分指标长期资金流入预测能力分解

图例：⊞ 行为偏误　☒ 利益冲突　☰ 信息披露　⊠ 产品可得性　◨ 稳定性　▨ 投研能力　☷ 持仓偏好　■ 风险和业绩

提高评价体系透明度：相关部门应制定规定，要求评价机构公开评价的具体方法和流程，明确各个评价指标的权重，以及评价结果的含义。同时，评价机构应定期更新和修订评价体系，以反映市场的最新发展，回应投资者的问题和疑虑，以及根据投资者的反馈来改进评价体系。这样不仅可以增强评价体系的透明度，也可以提高投资者的满意度和信心。

建立长期评价机制：鼓励评价机构建立长期的评价机制，如设置一个长期的评价周期（如 3 年、5 年等），并引入滚动评价，以更好地反映基金的长期表现。

规范评价机构行为：相关部门应制定规范，明确评价机构的职责和义务，如公正公平地进行评价，不得为追求利润而偏离评价原则。同时，应设立监管机制，对评价机构进行监督，防止其行为偏离规范。

加强投资者教育：相关部门和评价机构应加强投资者教育，让投资者理解和掌握评价体系，避免盲目追求短期收益。同时，应鼓励投资者根据自己的投资目标和风险承受能力，结合评价结果，做出明智的投资决策。

以上政策建议旨在构建一个更全面、更透明、更注重长期表现的公募基金评价体系，以更好地服务投资者和市场。

公募基金评级行业的现状与困境

公募基金评级行业在共同富裕视角下的重要意义

公募基金评级行业在引导投资者做出更明智的投资决策、提高金融市场透明度、引导资金流向优质基金、促进基金行业自律与竞争等方面发挥着关键作用。在我国经济转型和金融市场改革的关键时期，强化公募基金评级行业的重要性和意义显得尤为突出，它通过为投资者提供专业、客观的基金评级信息，引导资金合理流动，促进社会资源的优化配置，推动共同富裕的实现。

首先，公募基金评级行业有助于推动财富公平分配。通过对基金的综合评估，投资者可以更明智地进行投资决策，实现有限资金的最大效益。这有助于中低收入群体通过科学的理财规划积累财富并改善生活状况，缩小与高收入群体的财富差距，促进共同富裕。其次，公募基金评级行业引导资金流向优质基金。基金评级可以为投资者提供优质的投资产品参考，优化资本市场的资源配置。再次，公募基金评级行业发挥着普及投资知识的作用。通过对基金的评级和分析，投资者可以更好地了解投资知识，提高投资素养，这有助于提高全社会的投资意识和能力，促进国民财富的增长，实现共同富裕。最后，公募基金评级行业促进基金行业自律与竞争。基金评级的存在使得基金公司对其产品的管理和投资有了更高的要求，有助于提高基金行业的自律性和竞争力，进一步促进基金行业的健康发展，为社会提供更多优质的投资产品。

公募基金评级行业的现状与困境

公募基金行业在过去 24 年中实现了市场规模和基金数量的大幅度增长格局，从 1998 年年末的 100 亿元上涨到 2023 年 1 季度末的 26.36 万亿元，约占整个资产管理市场的 40%。2022 年公募基金各项费用收入合计达 2 400 亿元。在持有人结构方面，个人持有公募基金占比达 52.48%，而 FOF、混合型、股票型和 QDII 基金主要由个人投资者持有，占比分别为 92.09%、80.28%、62.58% 和 69.48%。

随着中国居民财富的不断增长，居民投资理财意识不断加强，未来 10~20 年，中国公募基金行业管理规模预计还会有 3~5 倍的成长空间。因此，如何管理大规模资产、迈上高质量发展新台阶，成为全行业面临的重要课题。公募基金评级行业在降低了投资者的搜索和决策成本、提高金融市场透明度、引导资金流向优质基金、促进基金行业自律与竞争等方面发挥着关键作用。

中国基金评级机构的发展历程可分为三个阶段。第一个阶段是 21 世纪头 10 年的初创期。随着中国基金市场的逐渐崛起，基金评级需求开始显现。大型券商和研究机构主导基金评级的发展，主流评级机构包括理柏、晨星、银河和海通等。第二个阶段是 2007—2010 年的发展期。基金评价尚未纳入监管范围，发展不够规范，国内各种基金评级机构至少有十种以上，它们的评判标准各不相同，评级结果呈现多样化，市场对独立、专业的基金评级的需求逐渐加强。第三个阶段是从 2010 年 1 月 1 日开始的基金评价规范化发展阶段。《证券投资基金评价业务管理暂行办法》的实施为基金评价行业提供了较为规范和全面的监管框架。2010年5月17日，中国证券业协会公布了第一批具备会员资格的10家基金评价机构名单。2019年，10家基金评价机构签署了《坚持长期评价 发挥专业价值》倡议书，旨在强化长期评价导向，促进权益类基金发展，培育基金业长期发展的良好环境。

经过十多年的发展，基金评级行业逐步走向规范化和专业化。然而，基金评级行业依然面临一些挑战和问题。只有通过改革和完善基金评级行业的相关制度，才能为投资者提供更可靠的投资参考，进而推动公募基金行业迈向高质量发展。目前，我国基金评级行业存在以下问题。

第一，国外基金评级是投资者付费的模式，而我国的基金评级是卖方模式，这种激励机制是存在一定问题的。国内评级机构的利润来源并不是数量众多、对评级需求强烈的散户投资者，而是基金管理公司、基金销售公司。在这种盈利模式下，潜在的利益冲突会损害评级的客观性。机构在提供评级服务时，可能会权衡与其存在利益相关的基金管理公司、销售机构等多方利益，由于各个评级机构的利益关系和动机不一样，那么其给出的评级会受到不同程度的干扰。

第二，即使假设所有评级机构都是独立运营，不存在利益冲突问题，国内投资平台也通常会展示多家机构的评级，而同一只基金有多个评级可能引起散户认知上的困难，并不一定能帮助投资者做出更好的选择（见图8.23和图8.24）。

一方面，由于评级机构的评级标准和方法不统一等，导致对同一只基金的评级差异较大，投资者为了规避这种不确定性，会减少对该只基金的交易。① 表8.4的结果显示，评级差异性对基金的资金流量

---

① 资料来源：Jiajun Jiang, Yu-Jane Liu, Ruichang Lu, Zhiyi Zhuo, 2024, Mutual fund rating inconsistency and investors' reaction, Working paper.

存在显著负向影响，评级差异性越大，基金的资金流入越小。

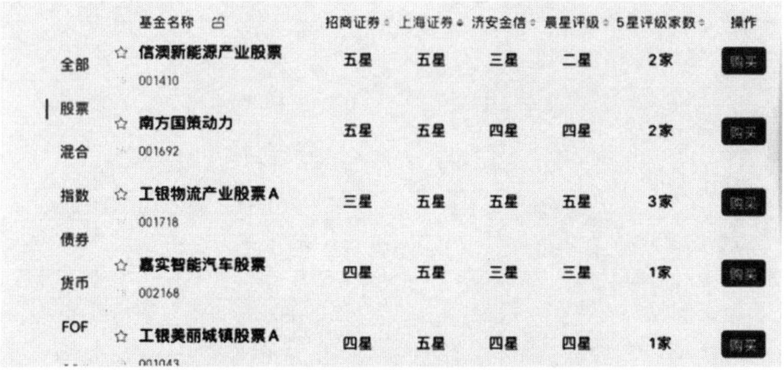

	基金名称	招商证券	上海证券	济安金信	晨星评级	5星评级家数	操作
全部	信澳新能源产业股票 001410	五星	五星	三星	二星	2家	购买
股票	南方国策动力 001692	五星	五星	四星	四星	2家	购买
混合							
指数	工银物流产业股票A 001718	三星	五星	五星	五星	3家	购买
债券							
货币	嘉实智能汽车股票 002168	四星	五星	三星	三星	1家	购买
FOF	工银美丽城镇股票A 001043	四星	五星	四星	四星	1家	购买

图 8.23　天天基金 App 基金评级展示页面

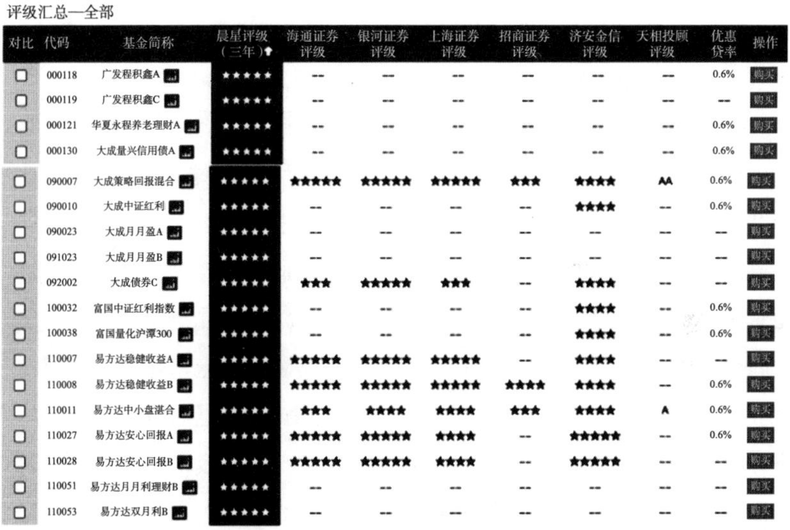

评级汇总—全部

对比	代码	基金简称	晨星评级（三年）	海通证券评级	银河证券评级	上海证券评级	招商证券评级	济安金信评级	天相投顾评级	优惠贷率	操作
□	000118	广发程积鑫A	★★★★★	--	--	--	--	--	--	0.6%	购买
□	000119	广发程积鑫C	★★★★★	--	--	--	--	--	--	--	购买
□	000121	华夏永程养老理财A	★★★★★	--	--	--	--	--	--	0.6%	购买
□	000130	大成量兴信用债A	★★★★★	--	--	--	--	--	--	0.6%	购买
□	090007	大成策略回报混合	★★★★★	★★★★★	★★★★★	★★★★★	★★★	★★★★	AA	0.6%	购买
□	090010	大成中证红利	★★★★★	--	--	--	--	★★★★	--	0.6%	购买
□	090023	大成月月盈A	★★★★★	--	--	--	--	--	--	--	购买
□	091023	大成月月盈B	★★★★★	--	--	--	--	--	--	--	购买
□	092002	大成债券C	★★★★★	★★★	★★★★★	★★★	--	★★★★	--	--	购买
□	100032	富国中证红利指数	★★★★★	--	--	--	--	★★★★	--	0.6%	购买
□	100038	富国量化沪潭300	★★★★★	--	--	--	--	★★★★	--	0.6%	购买
□	110007	易方达稳健收益A	★★★★★	★★★★★	★★★★★	★★★★★	--	★★★★	--	--	购买
□	110008	易方达稳健收益B	★★★★★	★★★★★	★★★★★	★★★★★	★★★★	★★★★	--	0.6%	购买
□	110011	易方达中小盘湛合	★★★★★	★★★	★★★★	★★★★	★★★	★★★★	A	0.6%	购买
□	110027	易方达安心回报A	★★★★★	★★★★★	★★★★★	★★★★	--	★★★★★	--	0.6%	购买
□	110028	易方达安心回报B	★★★★★	★★★★★	★★★★★	★★★★	--	★★★★★	--	--	购买
□	110051	易方达月月利理财B	★★★★★	--	--	--	--	--	--	--	购买
□	110053	易方达双月利B	★★★★★	--	--	--	--	--	--	--	购买

图 8.24　和讯网基金评级展示页面

表 8.4　评级差异性对基金资金流的影响

项目	基金资金流	个人投资者资金流	机构投资者资金流
评级不一致性	-0.0176^{***} (−3.36)	-0.00826^{*} (−1.97)	-0.0102^{***} (−3.93)

续表

项目	基金资金流	个人投资者资金流	机构投资者资金流
业绩	1.217***	0.350***	0.661***
	(7.93)	(3.27)	(8.19)
评级	0.0171***	0.0129***	0.00108
	(4.15)	(4.82)	(0.77)
截距项	0.894***	0.375***	0.342***
	(5.95)	(3.73)	(4.76)
控制变量	是	是	是
时间与基金固定效应	是	是	是
样本量	33 622	33 582	33 582
调整后 R2	0.163	0.157	0.0749

注：按照基金和时间双重聚类计算标准误（Petersen, 2009），括号内为相应的 t 值。
*$p<0.1$, **$p<0.05$, ***$0<0.01$。

另一方面，在面对评级差异较大的基金时，投资者需要花费时间和精力分析评级差异及其优劣。这不仅增加了投资者的信息搜寻成本，还可能使他们放弃参考基金评级，从而降低评级的影响力。我们发现，当评级不一致性较高时，基金评级对资金流动的解释能力减弱。表8.5 的结果显示，在低不一致性的评级情况下，评级可以解释 11.0% 的资金流动；而在高不一致性的评级情况下，只能解释 6.3% 的资金流动。面对多个评级公司给出的不同评级结果，投资者可能会遭遇信息过载的问题。在评级差异性较高时，投资者可能难以确定哪个评级更为可靠和准确，从而面临困难的投资决策，进而减弱对基金评级信号的反应。相反，在基金评级差异性较低的情况下，投资者对评级和过去业绩信息两个信号的反应程度会提高。

我们使用"评级机构逐步覆盖基金"和"晨星评级公司的扩展基金覆盖范围"两个外生冲击来缓解可能存在的内生性问题，发现一致的结果：外生冲击导致评级不一致性增加，会降低评级对基金资金流的解释能力。这些结果表明，在评级具有较高不一致性的情况下，投资者可能会在他们的投资决策中回避参考评级（见图8.25 和图8.26）。

表 8.5 "评级"和"业绩"两个信号对资金流的解释力度：评级差异性

	无评级样本		有评级的基金			评级不一致性高			评级不一致性低		
	业绩	业绩	业绩	评级	业绩与评级	业绩	评级	业绩与评级	业绩	评级	业绩与评级
业绩	1.222***	1.122***	1.189***		1.108***	1.131***		1.172***	1.294***		0.978***
	(32.51)	(18.13)	(36.56)		(25.45)	(20.92)		(18.42)	(29.75)		(14.59)
评级 2				−0.00710**	−0.0278***		−0.0180**	−0.0289***		−0.00965***	−0.0292***
				(−2.03)	(−7.80)		(−2.02)	(−3.28)		(−2.05)	(−6.00)
评级 3				−0.00693**	−0.0446***		−0.0142	−0.0429***		−0.00800**	−0.0437***
				(−2.07)	(−12.27)		(−1.59)	(−4.78)		(−2.00)	(−9.34)
评级 4				−0.0265***	−0.0296***		−0.0176*	−0.0315***		−0.0307***	−0.0208***
				(7.61)	(−7.24)		(1.95)	(−3.39)		(7.13)	(−3.75)
评级 5				−0.0988***	−0.0206***		−0.0378***	−0.0257**		−0.119***	−0.0464***
				(23.80)	(4.01)		(3.22)	(−2.12)		(25.98)	(6.86)
截距项	−0.0709***	−0.0565***	−0.0641***	−0.0335***	−0.0356***	−0.0716***	−0.0235***	−0.0400***	−0.0680***	−0.0407***	−0.0415***
	(−49.25)	(−21.93)	(−42.24)	(−11.61)	(−12.45)	(−28.11)	(−2.76)	(−4.71)	(−31.93)	(−12.75)	(−13.06)
调整后 R2	0.0591	0.0520	0.0736	0.0686	0.0845	0.0622	0.0437	0.0639	0.0863	0.0993	0.110
时间固定效应	是	是	是	是	是	是	是	是	是	是	是
样本量	29 564	13 151	37 428	37 428	37 428	15 774	15 774	15 774	18 357	18 357	18 357

注：按照基金和时间双重聚类计算标准误（Petersen, 2009），括号内为相应的 t 值。* $p<0.1$，** $p<0.05$，*** $p<0.01$。

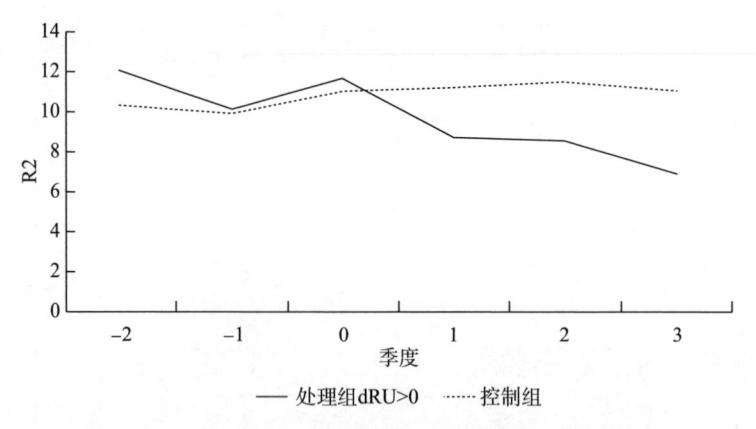

图 8.25　评级公司逐步覆盖基金对评级解释力的处理效应

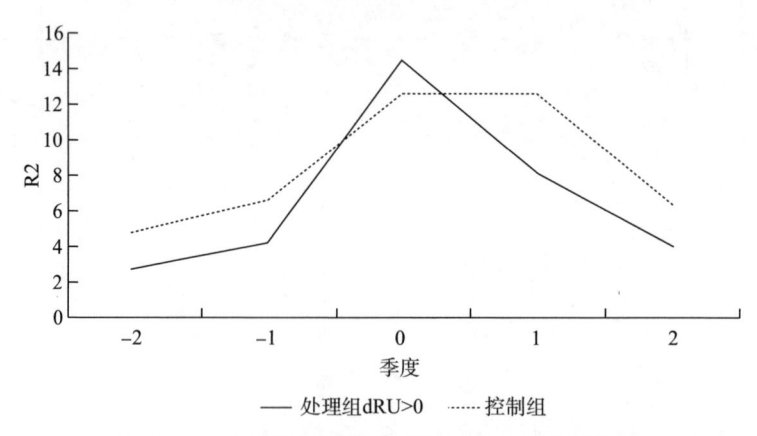

图 8.26　晨星扩大覆盖面对评级解释力的处理效应

第三，合适的基金评级机构数目对于评级市场发展是十分重要的。目前美国是以晨星一家独大的市场结构，可能导致市场低效率和一些扭曲的情形。我国的基金评级市场由七家持牌基金评价机构组成，七家机构各自占有一定的市场份额。这一结构，虽促进了评级机构间的竞争，有助于提升评级的信息质量，但是竞争多并不一定会形成更好的均衡，合适的基金评级机构数目对于评级市场发展是十分重要的。从传统理论上讲，"声誉考虑"是机构发布高质量评级的动机之一，其存在的必要条件是市场上有足够多的长期的利益。若竞争很激烈，各评级机构所拥有的市场份额很小，分得的未来长期利润低，会导致评级机构持续发布高质量评级的动机降低，因短期利益而发布有偏评级的风险提高。

第四，国内评级关于产品合规性、风格稳定性、守约性的评价指标少，所占权重低。这使得评级结果可能无法全面客观地反映基金的实际情况，导致投资者在参考评级时无法做出最优决策。

成熟市场的现状与研究

共同基金在金融市场中的地位日益凸显。2011—2021 年，全球开放式基金的数量增长逾 40%。① 截至 2021 年年底，全球受监管基金管理的总净资产达到 71.1 万亿美元，相较于 2020 年年底的 63.0 万亿美元，同比增长 13%。② 全球公募基金主要集中在美国和欧洲，分别占总规模的 48% 和 33%。美国作为公募基金的主要市场，2021 年美国共同基金的总净资产约为 34.15 万亿美元。在美国，家庭是共同基金的主要投资者，持有 88% 的共同基金。共同基金在美国家庭中的渗透率相对稳定，具体来说，每五个美国家庭中就有超过两个拥有共同基金。③ 大多数投资者将养老作为主要投资目标，有 92% 的家庭表示养老储蓄是他们的投资目标之一。

面对庞大的全球市场，基金评价的重要性和需求日益凸显，受到全球范围内的关注。晨星公司、理柏、Zacks、CFRA、TheStreet 等均为公募基金提供评级服务，其中晨星公司被视为国际主流基金评级机构的代表，国外基金投资平台大多只展示晨星评级。晨星公司专注于为全球投

---

① 资料来源：https：//www.statista.com/topics/1441/mutual-funds/#topicOverview。
② 资料来源：https：//www.statista.com/statistics/949668/net-assets-regulated-open-end-funds-worldwide/。
③ 资料来源：https：//www.statista.com/statistics/331914/total-net-assets-mutual-funds-worldwide/。

资者提供基金评级、研究和数据分析服务，其评级体系涵盖了广泛的基金种类，包括股票基金、债券基金、指数基金和其他类型的基金。晨星的评级系统分为基金星级评价和基金定性评级，广泛认可并被投资者作为决策的重要参考。理柏基金评价体系主要从收益、风险、费用等角度出发，对基金的五个指标分别进行同类排名和评级，包括总回报、稳定回报、保本能力、费用及税收效率，基金的指标得分每月更新。

美国基金评级市场的运行和监管为我国提供了许多有益的参考，主要体现在以下几个方面。

基金评级具有广泛的影响力，对投资者行为起到引导作用。[①] 晨星评级对投资者的影响已受到广泛研究，对基金流动和基金规模具有显著影响。[②] 有研究发现，通过提供专业但易于获取的评级指标，基金评级有助于投资者做出更佳的投资选择。[③] 然而，我国的基金评级市场尚未出现类似的权威评级机构，与国外评级行业相比，权威性仍有待提高。

评级机构是独立的、第三方的，缓解了利益冲突问题，提高了评级结果的公信力。 研究发现，基金评级可能受到利益冲突的负面影响，当评级机构从公募基金收取交易佣金时，公募基金的评级可能过于乐观。[④]

[①] 在众多评级机构中，晨星评级尤为突出，据悉在美国的独立金融顾问和规划师中占据了高达80%的市场份额。

[②] 资料来源：Reuter, J., & Zitzewitz, E. (2021). How Much Does Size Erode Mutual Fund Performance? A Regression Discontinuity Approach∗. Review of Finance, 25 (5), 1395-1432; Ben-David, I., Li, J., Rossi, A., & Song, Y. (2021). What Do Mutual Fund Investors Really Care About? The Review of Financial Studies, Journal Article. https://doi.org/10.1093/rfs/hhab081.

[③] 资料来源：Evans, R. B., & Sun, Y. (2021). Models or Stars: The Role of Asset Pricing Models and Heuristics in Investor Risk Adjustment. The Review of Financial Studies, 34 (1), 67-107. https://doi.org/10.1093/rfs/hhaa043.

[④] 资料来源：Zeng, Y., Yuan, Q., & Zhang, J. (2015). Blurred stars: Mutual fund ratings in the shadow of conflicts of interest. Journal of Banking & Finance, 60, 284-295.

而在我国，部分评级机构为券商的下属部门，其母公司与基金公司存在商业关系，可能影响评级的客观公正性。因此，我国基金评级市场需要进一步加强对利益冲突的监督和管理。

评级方法公开透明，且更新频率较高。美国基金评级公司大多提供了详尽的评级方法和标准说明，让投资者能够充分理解评级背后的逻辑和依据。提升评级透明度有助于增强投资者对评级结果的信任和认可。此外，基金评级具备较高的更新频率（每月一次），以实时反映市场变动和基金表现。

评级具有更强的全面性和前瞻性。2011年推出的晨星分析师评级引入了多个定性指标，由专业研究分析师团队对其覆盖范围内的基金进行定性评估，分析师评级反映了分析师对基金未来表现的洞察力和观点。评级主要依据对基金管理层的访谈，从投资流程、投研团队、基金公司、业绩表现和价格费用五个方面进行评价。与仅关注基金历史收益率的定量分析相比，这种定性评级针对基金管理能力进行评估。综合评价方法有助于全面衡量基金的表现，并具有较强的前瞻性，为投资者提供更为可靠的参考依据。

推动基金评级行业规范发展

结合我国公募基金评级行业的实际情况、成熟市场的监管现状和相关科学研究成果，我们对推动公募基金评级行业规范发展、促进居民共同富裕，提出政策建议如下。

第一，强化买方评级模式。为降低评级机构利益冲突对基金评级客观性和投资者福利的影响，评级机构应将服务重心从卖方转向买方，以投资者为中心发布客观且专业的评级。这有助于降低评级机构与基金公司间的利益冲突，提高评级公正性和独立性。监管部门可鼓励和支持买方评级模式的发展，以提高评级质量。

第二，加强监管，规范评级机构的信息披露。监管部门应要求基金评级机构披露与评级相关的所有潜在利益冲突，包括与被评基金公司、基金管理人及其他关联方之间的经济利益和商业关系。此外，评级机构应公开披露收入来源、与基金公司等相关方的商业关系，以提高评级过程透明度。

第三，完善基金评级体系，发挥基金评价机构评价引领作用，引导投资者关注长期投资业绩、价值投资、理性投资。完善基金评级体系的重要性在于为投资者提供更为准确、全面和前瞻性的参考信息，帮助投资者做出更明智的投资决策。基金评级体系的完善可以从以下几个方面进行。

一是引导和监督评级机构在评级方法和标准的使用上，推动对基金进行综合评价。例如，增加对基金经理风格稳定性、基金合规性、基金守约性的评价，以提高评级质量，助力投资者挑选优质基金，促进基金评级行业的健康、有序发展。具体而言，增加对基金招募说明书和基金合同的评价，例如评估基金在不同资产类别（如股票、债券、现金等）之间的配置策略，以及其与招募说明书和基金合同约定的投资方向、投资范围的符合程度。

二是提高基金评价指标体系的透明度，有助于投资者更好地理解。由于投资知识和习惯的局限，投资者在评价基金产品时往往关注单一指标，如收益率、最大回撤等。因此，评级机构在解释基金评价指标时，应详述复杂指标的构建方式，并结合简单示例进行说明，以便投资者理解基金评价方法及指标的参考价值，增强投资者对评级结果的信任和认可，有助于引导投资者更好地借鉴专业评级机构的评级结果。

第四，加强投资者教育。评级机构可以着力开展投资者教育，不仅可以提高自身的声誉，增强评级结果的影响力，更重要的是促进投资者获取更多知识和经验，有助于实现共同富裕的目标。通过普及投资知识，使更多人能够参与到资本市场，分享经济增长的成果。

一是提供专业的投资知识和深度分析。基金评级机构可通过撰写专业报告、定期发布市场分析、研究报告等,为投资者提供有针对性的投资知识和深度分析,这样可以帮助投资者更好地了解市场动态,提高投资者的市场敏感度和投资技能,从而实现共同富裕。

二是强化评级结果的解读和传播。基金评级机构应当注重评级结果的解读和传播,通过可视化、图表化等方式,使投资者更容易理解评级结果及其背后的逻辑。同时,评级机构可通过社交媒体、官方网站、合作媒体等多种渠道,普及评级知识,提高投资者对基金评级的认知度和理解程度。

三是建立投资者互动平台。评级机构可以设立专门的投资者互动平台,收集投资者的意见和建议,及时解答投资者的疑问,为投资者提供个性化的投资建议。这将有助于与投资者建立良好的互动关系,提升评级机构的品牌形象。

理财顾问行业的行为与规范

理财顾问行业在共同富裕视角下的重要意义

党的二十大报告提出,要"完善按要素分配政策制度,探索多种渠道增加中低收入群体要素收入,多渠道增加城乡居民财产性收入"。当前我国理财市场规模不断扩大,各阶层人民理财需求日益增长,理财顾问行业担负着增加居民财产性收入,落实共同富裕战略的重要使命。

财富管理一方面可以帮助中低收入群体理财致富,通过科学的理财规划积累财富并改善生活状况,使有限的资金产生最大效益,实现与高收入群体的财富差距缩小。另一方面可以提高居民的理财知识和技能，防范金融风险，帮助居民识别各类金融产品中存在的风险，避免居民投资超出自身风险承受能力，减少理财损失的发生，使财产性收入持续稳定增加。

但完备的制度体系是财富管理业务惠及全体人民、促进共同富裕的前提条件。我国理财顾问行业正处于高速发展和转型升级的关键时期，如何化解潜在利益冲突，平稳转型业务模式，并最终建立规范秩序，是监管部门面临的重要课题。加强理财顾问行业与共同富裕的内在连结，提供惠及各阶层人民的财富管理服务，是实施党中央重要指示的必由之路，也是实现共同富裕目标的题中之义。

理财顾问行业的现状与困境

随着中国居民财富的迅速积累，财富管理需求显著上升，理财顾问行业呈现快速发展态势。2020年中国个人可投资资产总规模达241万亿人民币，可投资资产在1 000万元以上的高净值人群达262万人，2018—2020年规模年均复合增长率为15%。① 预期中等收入群体的扩容将进一步释放出财富管理业务的消费潜力。根据国家发展改革委员会提出的"中等收入群体倍增计划"，到2035年，我国中等收入群体将从目前的4亿人左右增长到8亿人左右，占总人口之比从30%左右提高到60%左右，② 预计未来十年中国理财顾问行业将进一步提速发展。

与此同时，我国理财顾问业务也进入转型升级的关键阶段。传统销售中介模式逐渐演进，银行、资产管理公司、保险公司、信托公司

---

① 资料来源：招商银行与贝恩咨询，《2021 中国私人财富报告》。
② 参见 https://www.ndrc.gov.cn/fggz/jyysr/jysrsbxf/202204/t20220427_1323432.html；https://epaper.gmw.cn/gmrb/html/2021-11/09/nw.D110000gmrb_20211109_2-16.htm。

以及第三方平台等财富管理机构，基于各自竞争优势积极推动产业创新。以客户为中心的全渠道服务模式不断涌现，理财业务范围扩展到资产配置、税收筹划和继承信托等方面。服务对象群体也在稳步扩大，金融科技的广泛应用使得中低收入居民有机会获得定制化智能投资顾问服务，但这将带来两个新的挑战。

第一，综合性财富管理业务加剧利益冲突风险。财富管理业务可以提供多方位、跨领域服务，但随着服务范围的扩大，理财顾问与客户的利益冲突风险随之增加。一是报酬机制引发的冲突。复杂的收费方式成为双方利益冲突的主要来源。例如，按资产管理规模收费会导致理财顾问忽视小规模客户利益，按交易佣金收费会导致理财顾问频繁交易以获得高额佣金，多种收费方式并存则会使利益冲突进一步加剧。如果报酬机制本身无法有效规避利益冲突和财富分化，财富管理服务将难以惠及所有客户群体，难以促进共同富裕。

二是利益关系扩散引发的冲突。转型后理财顾问需要与更广泛的合作伙伴建立业务关系，如基金公司、私募股权等。这会使理财顾问与客户之间的利益关系变得更加复杂，并产生潜在利益冲突。理财顾问向客户推荐金融产品和金融服务时，可能受合作伙伴影响，不利于客户利益。

三是多重代理关系引发的冲突。个人理财顾问常同时为多个客户管理不同投资账户，这会产生多种利益冲突。如优先推荐高收费账户、在客户账户间进行不必要交易等。而客户间也可能存在利益冲突，如交易时机选择、产品推荐顺序等，理财顾问往往会依据客户资产规模或关系亲密程度，向部分客户倾斜，造成客户间的不公平。

相对应的，目前我国对综合性理财业务的监管能力相对薄弱。现行监管体系主要源于传统证券、银行和保险分业监管，对理财顾问行为的理解主要局限在销售中介环节，缺少综合性理财业务监管经验。

第二，理财顾问资格认证体系不完善，专业人员供给不足。由单一销售产品向全面财富管理转变后,理财顾问的业务范围将大幅扩展,对其职业道德和技能水平提出更高要求。在职业道德方面,目前缺乏统一的职业道德标准,各金融机构自行组织理财顾问培训,理财顾问的行为标准不统一也不透明,一旦出现理财失误或欺诈事件,消费者缺乏相应索赔依据,较难评价理财顾问提供的服务是否适当。

在技能水平方面,目前缺乏具备理财规划能力的理财顾问。综合性理财服务要求理财顾问掌握更加广泛的技能与知识。如果缺乏必要的专业理财规划与管理能力,理财顾问不仅无法达成为客户提供系统性的理财规划与资产配置,反而可能误导客户投资并造成财务损失。但现有理财顾问的专业水平难以在短期内迅速提高,相关人才缺口较大。

成熟市场的现状与研究

2020年,全球理财顾问行业资产规模达121万亿美元,① 预期未来几年仍将保持快速增长。以美国理财顾问行业为例,35%的家庭采用了理财顾问服务,② 共计提供33万个就业岗位,预期未来10年内就业增速保持在15%左右,远高于其他职业。③ 美国理财顾问行业建立了相对完善的监管体系,对理财顾问在不适当建议、虚假陈述、未授权交易、过度交易等方面的不当行为进行了较强的监督和管理,目前全行业存在理财顾问的不当行为比例为7%。④ 美国理财顾问市场的运行和监管可以给我国提供较多参考。

---

① 参见 https://www.statista.com/topics/2282/private-wealth-management/。
② 参见 https://www.statista.com/statistics/1176393/financial-advisor-usa/。
③ 参见 https://www.bls.gov/ooh/business-and-financial/personal-financial-advisors.htm。
④ 资料来源:Egan, Mark, GregorMatvos, and AmitSeru. 2019, The market for financial adviser misconduct, Journal of Political Economy, 2019, 27 (1): 233-295.

第一，理财顾问行业监管体系。美国理财顾问服务主要由证券经纪商和投资顾问两类机构提供。证券经纪商主要受美国金融业监管局（FINRA）监督管理。管理资产规模超过1亿美元的大型投资顾问公司由美国证券交易委员会监管，管理资产规模低于1亿美元的投资顾问公司主要由各州政府自行监管。图8.27展示了这种监管架构的设计，其中部分理财顾问公司同时开展了投资顾问和证券经纪商业务，则在各业务类别上分别接受相应监管机构的监督。

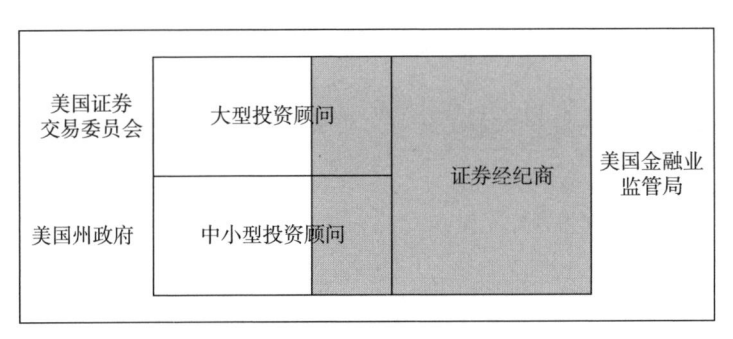

图8.27 美国理财顾问行业监管体系

监管信息会通过政府网站向投资者实时披露。对于证券经纪商来说，美国金融业监管局通过BrokerCheck网站，对持有证券经纪商从业资格的个体和具备证券经纪商业务执照的公司进行了信息披露，投资者可以通过名称或编号搜索到每一个个体或公司的披露信息。对个体的信息披露内容包括：姓名、执业编号、从业经历、职业资格证书、行政/民事/刑事记录等。对公司的信息披露内容包括：公司基本信息、投诉与诉讼记录等。投资顾问监管信息的披露方式和内容与证券经纪商类似，SEC通过投资顾问公共披露系统（Investment Adviser Public Disclosure，简写为IAPD）进行信息披露。

其中，投诉与诉讼记录是信息披露的重点。披露的类别包括客户投诉、民事诉讼、财务决算、监管处罚、刑事诉讼等，均详细披露了处置阶段（如上诉、调查、判决等阶段）、发生时间、纠纷内容等信息。

这种联邦和州政府共同参与、SEC 与金融业监管局双重管理的监管体系有几个优点：一是根据公司规模差异化管理，小型公司监管难度较大，州政府通过近距离监管可以更好地履行职责；二是避免监管权力过度集中，将部分监管权力分散或下放，可以减少监管失误或腐败风险；三是有效降低了监管成本，委托州政府监管小型机构明显减轻了 SEC 的监管压力。

但美国理财顾问行业的监管体系也存在一些问题。相关研究发现，SEC 将部分管理资产在 1 亿美元左右的理财顾问公司的监管权下放给州政府后，这类公司的客户投诉数量上升了 30%~40%。州政府未能有效履行职责，其监管资源有限导致监管效果下降，未能实现监管权力下放的初衷并损害了客户利益。①

此外，当前监管体系没有对综合性业务形成有效制约。我们的研究发现，同时开展经纪业务和投资顾问业务的理财顾问公司，其不当行为发生概率约为单一业务公司的 5 倍。一方面这些公司通过捆绑收费、内部交易等手段，损害客户利益并获得额外收益；另一方面复杂的产品与服务体系加剧了理财顾问和客户之间的信息不对称程度，部分公司针对金融素养较低或金融资产较少的客户群体实施了更多利益侵害。

第二，理财顾问资格认证体系。美国建立了统一的理财顾问资格认证体系，有严格的考试制度评估理财顾问的职业道德和专业水平。考试类别主要有两类：一是证券行业基础考试（SIE），测试广泛的金融证券知识，对所有 18 岁以上人群开放考试；二是专业能力考试，按照经纪人、投资顾问等职业需求分别设计考试内容。

其资格认证体系具备较强参考价值。一方面是高度重视对职业道

---

① 资料来源：Charoenwong, Ben, AlanKwan, and TarikUmar. 2019, Does Regulatory Jurisdiction Affect the Quality of Investment–Adviser Regulation, American Economic Review, 109（10）：3681-3712.

德的考察。相关研究显示，增加职业道德相关试题的比重后，理财顾问不当行为概率降低了 25%，①职业道德考试不仅改变了理财顾问对规则的认知，更重要的是改变了理财顾问对行为适当性的判断。另一方面，资格认证考试成为行业准入门槛。在保证理财顾问的最低素质的同时，也帮助监管部门有效控制从业人数，维持理财顾问之间适度的竞争关系。我们的研究发现，放宽参加理财顾问资格考试的身份限制后，理财顾问之间的竞争加剧，不当行为概率减少了约 1/10。

第三，理财顾问服务对共同富裕的作用。 在成熟市场中，理财顾问行业虽然推动了居民财富增长，但也加剧了社会财富分化。首先，富裕阶层更愿意接受理财顾问建议并因此改善了投资表现。学者依托欧洲某理财顾问公司进行实验，他们向该公司客户免费提供投资建议，并发现富裕的和金融知识丰富的投资者更倾向于接受建议并改善了投资组合表现。②基于荷兰数据的研究同样显示，高金融素养家庭更倾向于寻求专业投资建议，与金融素养较低且更相信自己投资决策的家庭相比，高金融素养家庭在专业建议的帮助下平均增加了 50 个基点的收益率。③

其次，理财顾问存在"嫌贫爱富"倾向。理财顾问更愿意向经验丰富并具备良好金融知识的高端客户提供更好的理财咨询服务。而对

---

① 资料来源：Kowaleski, Zachary T., Andrew G. Sutherland, and Felix W. Vetter. 2020. Can ethics be taught? Evidence from securities exams and investment adviser misconduct. Journal of Financial Economics, 138 (1): 159-175.

② 资料来源：Utpal Bhattacharya, Andreas Hackethal, Simon Kaesler, Benjamin Loos, and Steffen Meyer. 2012. "Is Unbiased Financial Advice to Retail Investors Sufficient? Answers from a Large Field Study." Review of Financial Studies 25 (4): 975-1032.

③ 资料来源：Von Gaudecker and Hans Martin. 2015. "How Does Household Portfolio Diversification Vary with Financial Literacy and Financial Advice?" Journal of Finance 70 (2): 489-507.

于金融素养较低的客户，理财顾问往往不提供切实有效的咨询服务，进而加剧了社会贫富分化。[1]

推动理财顾问行业规范发展

结合我国理财顾问行业的实际情况、成熟市场的监管现状和相关科学研究成果，我们对推动理财顾问行业规范发展、促进居民共同富裕，提出政策建议如下。

第一，以利益冲突为切入点，提升综合性监管能力。 理财市场的参与主体主要包括理财顾问、理财公司与投资者三方。加强对三者之间利益关系的监督管理，可以有效提高对理财市场的综合监管能力。首先，应识别财富管理业务运营过程中潜在的利益冲突，特别是在产品设计、资产配置、交易执行等关键环节，分析潜在利益冲突及可能给投资者带来的风险。其次，应建立利益冲突管理机制，须建立清晰的报告管理流程，确保各类业务中的利益冲突得到适当的识别、记录和管理。最后，应要求理财公司进行定期的审核与报告。应定期委聘外部独立机构，对其利益冲突管理机制和治理效果进行审核与评估。审核结果应向投资者及监管机构进行定期报告。

第二，建立理财顾问行为规范体系。 为规范理财市场秩序，保护投资者权益，建立统一的理财顾问行为规范体系是当下的重点工作。政府应主导制定相应规范，在广泛征集行业意见的基础上，制定科学合理的理财顾问资质要求和业务标准。具体而言，该体系应包括两个基本制度：一是理财顾问不当行为公示制度，通过对理财顾问不当行为的公开曝光，提高行业自律意识，维护投资者权益；二是理财顾问

---

[1] 资料来源：Riccardo Calcagno and Chiara Monticone. 2015. "Financial Literacy and the Demand for Financial Advice." Journal of Banking and Finance 50：363-80.

资格认证制度，建立统一的理财顾问资质认证体系，规范从业人员资格，保障理财咨询服务专业化。

一是建立理财顾问不当行为公示制度。为降低投资者信息不对称程度，建议建立理财顾问不当行为公示平台，具体步骤如下：

（1）制定行为准则。制定理财顾问行业自律准则，明确理财顾问职业道德和服务标准。

（2）总结常见类型。收集典型违规违法案例，相关案例可来源于投资者投诉、同行举报、监管发现等。然后总结理财顾问不当行为的常见类型，如提供产品不当陈述、信息披露不及时、未授权交易等。①

（3）确定处理规程。对不同类型的不当行为给出相应的处理办法，包括警告、处罚、公示等。

（4）建立披露平台。通过监管机构网站或行业协会网站，公示已经认定的不当行为，对相关当事人的基本信息、不当行为类型、处理结果等予以公示。

二是建立统一的理财顾问资格认证制度。在考试资格方面，建议设定相对宽松的考试参与条件，鼓励更多人参与理财顾问资格认证考试，增加理财顾问专业人员供给，维持理财顾问之间的市场竞争。在考试内容上，应加强对职业道德相关知识的考查。具体来说，应增加对职业道德规范和原则的理解及应用的考查内容，加大对职业道德案例分析和处置的考查比例。同时，也应加大对不道德和非法行为的认知及后果的考查，以确保考生具备职业道德意识和判断能力。在考试机构上，建议成立独立的理财顾问资格认证机构，负责组织并监督理

---

① 目前，美国理财顾问行业主要依据公开信息披露来判断理财顾问是否出现不当行为。这些公开信息包括客户投诉、监管机构的处罚决定、刑事诉讼的最终判决以及民事诉讼的最终判决等。如果这些信息表明理财顾问存在过失，则会被认定为存在不当行为。

财顾问资格认证的具体审核与评定工作。对符合规定标准的申请人发放理财顾问资格认证证书，证书需要定期续展。

第三，向中低收入人群提供优质理财服务。一是鼓励理财顾问向中低收入群体提供优质理财服务。鼓励金融机构在理财顾问的业绩考核和薪酬体系中增加普惠金融业绩指标与奖励机制。例如，可设置中小投资者服务数量、客户满意度等量化指标，使之成为理财顾问业绩考核的重要组成部分。有效引导理财顾问关注中小投资者，如果理财顾问的薪酬与所服务的客户规模完全挂钩，可能会出现"马太效应"，即过度偏向大型高收费客户，而忽视中小投资者的需求。这会导致理财服务的差距扩大，大客户获得优质服务，而中小投资者获得的服务质量不高。

二是鼓励金融机构针对中低收入群体特点开发理财产品。推动金融机构针对中低收入群体的具体情况，开发风险适度、收益相对稳定的理财产品，降低最低投资门槛，增加理财机会。鼓励理财顾问向金融机构反映不同群体的理财需求与偏好，促进金融机构开发更加符合居民风险承受能力与收益预期的理财产品，为更广泛的中低收入群体提供更多财产性收益机会。

三是鼓励地方政府培育中小理财顾问机构。中小机构更贴近基层客户，能够根据区域特点和客户需求提供针对性强的理财产品与服务。但与大型机构相比，中小机构人力、技术与资金资源较为匮乏，制约了中小机构在理财领域的快速发展。建议地方政府和监管部门制定优惠政策，为中小理财机构提供培训与投融资支持。通过建立人才培养机制、开发专项技术援助资金和优化融资环境等方式，帮助中小理财机构解决发展难题，促进机构成长壮大。这既能扩大理财服务覆盖面，更好地满足基层居民需求，也有利于加大行业内部竞争，推动产品创新和服务升级，为基层居民提供更加丰富和便捷的理财选择，使理财行业整体呈现出良性增长态势。

致谢

在《共富时代财富管理》一书付梓之际，我们向所有为本书的编写和出版付出辛勤努力的负责人、团队成员以及默默支持我们的专家学者和业界人士致以最诚挚的谢意。

作为课题组负责人，我们希望总报告部分为本书的框架和核心内容奠定坚实的基础。在此，非常感谢项目成员谌江瑞和李凯，你们丰富的学识和扎实的调研，以及与各分课题组的协调等，为本书的顺利出版提供了极大的帮助。

关于银行业篇章，我们感谢负责人杨凯生，以及成员王海璐、赵柏功、景麟德、李洁如和林佳禾的卓越贡献。你们对国内外的深入分析让我们对银行业的过去、现状和未来有了更加清晰的认识。

关于证券业篇章，我们感谢负责人肖钢、吴波，以及成员梁东擎、周建、赵欣、张帅帅和赵文嵩的用心投入。你们的独到见解为我们揭示了证券市场的内在逻辑和复杂性。

关于保险业篇章，我们感谢负责人周延礼，以及成员金鼎、魏晨阳、朱俊生、许闲和何剑钢的辛勤付出。你们从产品、市场、政策、案例多角度展示了保险在共富时代财富管理中发挥的重要作用。

关于信托业篇章，我们感谢负责人漆艰明，以及成员蔡概还、薛晴、和晋予、简永军、应汇康和高雅。你们利用专业知识全面梳理了信托业过去的发展经验、当前面临的挑战和未来共同富裕下转型的机遇。

关于基金业篇章，我们感谢负责人谢卫，以及成员刘喜勤和季晟的卓越贡献。你们的专业指导帮助我们更好地理解了基金在共富时代财富管理中重要的地位。

关于金融控股篇章，我们感谢负责人洪小源，以及成员张健、朱立伟、徐佳娜、林晓铭、廖星和周家正。你们的深入思考为我们揭示了金控在财富管理中的综合性作用。

关于行为金融篇章，我们感谢负责人刘玉珍、卢瑞昌，以及成员施雨水、江嘉骏、陈泽阳和王陈豪。你们的专业视角让我们对各种行为决策中的心理因素有了更深入的把握。

最后，我们也衷心感谢各位评审专家对本书的专业指导支持。银行业评审专家王祖继、李礼辉，证券业评审专家屠光绍、王忠民，保险业评审专家刘尚希、王广谦，信托业评审专家刘世锦、刘元春，基金业评审专家尹艳林、黄益平，金融控股评审专家常振明、王一鸣，以及行为金融评审专家伊志宏。你们的专业知识和宝贵意见对本书的完善起到了不可或缺的作用。

本书的完成是团队协作的成果，每一位负责人、成员和评审专家的智慧和努力都是不可或缺和弥足珍贵的。衷心感谢所有参与本书编写和出版过程的人员，是你们的共同努力让这部多元视角的思想之作得以早日与读者朋友们见面，能与广大读者分享这一学术成果，我们倍感荣幸。

肖钢　金李